DAVID M[illegible]UF



# TRANSLITER[illegible]D ENGLISH-YIDDISH YIDDISH-ENGLISH

## *Dictionary*

A word clearly spoken is like
a pattern of golden apples on a silver mosaic
(Proverbs 25:11)

HARDUF BOOKS
11 PLUM TREEWAY
WILLOWDALE, ONTARIO, CANADA
M2R 3J1

This book was typeset in Israel.

First printing, October 1991, 2000 copies



PUBLISHED BY D.M. HARDUF

11 Plum Treeway
Willowdale, Ontario, Canada
M2R 3J1
ISBN 0-920243-22-3

IMPRIMÉ AU CANADA
PRINTED IN CANADA

# ABBREVIATIONS

| | | | |
|---|---|---|---|
| adj | adjective | m | masculine |
| adv | adverb | masc | masculine |
| coll | collective | n | noun |
| conj | conjunction | pl | plural |
| cont | contemptuous | prep | preposition |
| f | feminine | pron | pronoun |
| fem | feminine | sing | singular |
| interj | interjection | v | verb |

# קירצונגען

| | | | |
|---|---|---|---|
| א״א | און אַנדערע | נ | לשון־נקבה |
| אאז״ו | און אַזוי ווײַטער | ס | לשון־סתּם, מין סתּמי |
| אדוו | אַדווערבּ | פ״נ | פּרט־נאָמען |
| אדי | אַדיעקטיוו | פּראָנ | פּראָנאָם |
| א״ע | און ענלעכע | פּרעפּ | פּרעפּאָזיציע |
| וו | ווערבּ | קאָל | קאָלעקטיוו |
| וכ׳ | וכדומה | קאָנ | קאָניונקציע |
| ז | לשון־זכר | ר | לשון־רבּים |

# PRONUNCIATION KEY

| LETTER | SOUND EQUIVALENT | REMARKS |
|---|---|---|
| א | silent | Written before the following vowels and diphthongs: |
| | | ו (u, pronounced like oo in ooze); |
| | | וי (oi, a in oil); |
| | | י (i, as in if); |
| | | יי (ei, as in eight); |
| | | ײַ (ai, as in Ainu, ice) |
| אַ | a | as in fast |
| אָ | o | as in hot |
| בּ | b | |
| ב | v | |
| ג | g | as in go |
| ד | d | |
| ה | h | as in hot |
| ו | u | as in put; soon |
| וּ | u | וּוו — uv, וווּ — vu, וּי uy |
| וו | v | |
| וי | oi | as in voice |
| ז | z | |
| זש | zh | like zh in Dr. Zhivago, or z in seizure |
| ח | ch | as in Bach |
| ט | t | |
| י | i | as in lid; machine |
| יִ | i | |
| י | y | as in yes |
| יי | ei | as in weigh |
| ײַ | ai | like i in fine |
| כּ | k | |
| כ | ch | as in Bach |
| ך | ch | |

| LETTER | SOUND EQUIVALENT | REMARKS |
|---|---|---|
| ל | l | as in leg; hello |
| מ | m | |
| ם | m | |
| נ | n | |
| ן | n | |
| ס | s | |
| ע | e | as in red; or like *i* in a final syllable (pencil) |
| פּ | p | |
| פֿ | f | |
| ף | f | |
| צ | ts | |
| ק | k | |
| ר | r | |
| ש | sh | as in shrub |
| שׂ | s | |
| תּ | t | |
| ת | s | |

An apostrophe (') is used to show that the above letter pairs of *oi ei ai ts sh* represent two separate speech sounds. For example:

tno'im תּנאָים

fe'ikeit פֿעאיקייט

moza'ik מאָזאַאיק

kroit'salat קרויטסאַלאַט

arois'helfen אַרויסהעלפֿן

This Volume Is Dedicated
To The Loving Memory Of
Abhraham Y. Finkler z"l

Legendary Head of a Jewish Partisan
Group during World War II

Nosi of Kupath Rabbi Meir Baal
HaNes Kolel Polin Yerusholayim—
Toronto

Founder of the Marilyn Finkler
Cancer Research Centre at BIU

Founder of the Arnold and Leona
Finkler Institute of
Shoah Research at BIU

Member of the Board of Trustees,
Ba-Ilan University, Israel

אברהם יעקב בהר"ר ישראל יוסף ז"ל.
נאסף אל אבותיו בשם טוב. ד' בניסן תשמ"ט:

Born to the distinguished Rabbinical Dynasty of Radoshitz, Abhraham Y. Finkler z"l proved to be profoundly loyal to the unique values of his spiritual inheritance.

מצבה בהר הזיתים לזכרון משפחת בית-ראדושיץ אשר נספו בשואה

ה' אלהי ישועתי.
שפוך חמתך על הנאצים. ועוזריהם
ביד. בפה. בשתיקה. בכחש.
ובעמידה מנגד בדעת שלמה:
מחה אותם מעל פני האדמה
כמו שמחית את דור המבול
כי אכלו את יעקב ויכלהו
ואת נוהו השמו:

# A a

**a, A** n — אַ ז (ען) (בוכשטאַב)
*a (buchshtab)*

**a** indefinite article — אַ (למשל: אַ לאַנד)
*a (lemoshel: a land)*

**abandon** v — פֿאַרלאָזן; אויפֿגעבן
*farlozen; oifgeben*

**abandonment** n — פֿאַרלאָזונג נ
*farlozung*

**abase** v — דערנידעריקן; פֿאַרשעמען
*derniderikn; farshemen*

**abbey** n — קלויסטער ז (ס)
*kloister*

**abbreviate** v — פֿאַרקירצן
*farkirtsen*

**abbreviation** n — פֿאַרקירצונג נ (ען)
*farkirtsung*

**abdomen** n — בויך ז (בײַכער)
*boich (baicher)*

**abhor** v — עקלען, מיאוסן זיך
*eklen, miesen zich*

**ability** n — פֿעאיקייט נ (ן)
*fe'ikeit*

**able** adj — פֿעאיק
*fe'ik*

**abnormal** adj — אומנאָרמאַל
*umnormal*

**abode** n — וווינאָרט ס (וווינערטער)
*voinort (voinerter)*

**abolish** v — אָפּשאַפֿן
*opshafen*

**abolition** n — אָפּשאַפֿונג נ (ען)
*opshafung*

**abominable** adj — עקלדיק
*ekeldik*

**abound** v — זײַן בשפע
*zain beshefe*

**about** prep, adv — וועגן; אַרום; אומגעפֿער, אַן ערך
*vegen; arum; umgefer, an erech*

**above** prep, adv — איבער; העכער; אויבן
*iber; hecher; oiben*

**above** (also above-mentioned) adj — אויבן־דערמאָנט
*oiben-dermont*

**abridge** v — פֿאַרקירצן
*farkirtsen*

**abridgment** n — פֿאַרקירצונג נ (ען)
*farkirtsung*

**abroad** adv — אין אויסלאַנד
*in oisland*

**abrogate** v — בטל מאַכן
*botel machen*

**abrupt** adj — פּלוצעמדיק; שאַרף
*plutsemdik; sharf*

**abscess** n — געשוויר ס (ן)
*geshvir*

**absence** n — אָפּוועזנהייט נ
*opvezenheit*

**absent** adj — פֿעלנדיק; ניטאָ
*felendik; nito*

absolute adj אַבסאָלוט
*absolut*

absolutely adv דורכויס
*durchois*

absorb v אײַנזאַפּן
*ainzapen*

absorbed adj פאַרטיפט; פאַרטאָן
*fartift; farton*

abstain v אָפּהאַלטן זיך
*ophalten zich*

abstract adj אַבסטראַקט
*abstrakt*

abstract n קיצור ז (ים)
*kitser (kitsurim)*

absurd adj אַבסורד
*absurd*

absurdity n אַבסורד ז (ן)
*absurd*

abundance n שפע נ (ס)
*shefe*

abuse v באַניצן לרעה
*banitsen leroe*

abyss n אָפּגרונט ז (ן)
*opgrunt*

acacia n אַקאַציע נ (ס)
*akatsye*

academy n אַקאַדעמיע נ (ס)
*akademye*

accelerate v פאַרגיכערן
*fargicheren*

accent n אַקצענט ז (ן)
*aktsent*

accentuate v אַקצענטירן
*aktsentiren*

accept v אָננעמען
*onnemen*

acceptable adj פּאַסיק
*pasik*

acceptance n אָננעמונג נ
*onnemung*

access n צוטריט ז (ן)
*tsutrit*

accessible adj צוטריטלעך
*tsutritlech*

accessory n צוגאָב ז (ן); מיטפאַרברעכער ז
*tsugob; mitfarbrecher*

accident n צופאַל ז (ן); אומגליק ס (ן)
*tsufal; umglik*

acclaim v אַפּלאָדירן; באַגריסן
*aplodiren, bagrisen*

accommodate v צופרידן שטעלן; אײַנאָרדענען
*tsufriden shtelen; ainordenen*

accompany v באַגלייטן
*bagleiten*

accomplice n מיטפאַרברעכער ז (ס)
*mitfarbrecher*

accomplish v אויספירן; דערגרייכן
*oisfiren, dergreichen*

accomplishment n דערגרייך ז (ס)
*dergreich*

accord n הסכם ז (ס); האַרמאָניע נ (ס)
*heskem; harmonye*

accord v אײַנשטימען
*ainshtimen*

accordingly adj וועדליק דעם;

דעריבער

*vedlik dem; deriber*

according to לויט, ווערליק

*loit, vedlik*

accordion n אַקאָרדיאָן ז (ען)

*akordyon*

accost v ווענדן זיך (מיט פרעכקייט)

*venden zich (mit frechkeit)*

accoucheur n אַקושאָר ז (ן)

*akushor*

accoucheuse n אַקושאָרקע נ (ס)

*akushorke*

account n חשבון ז (ות), באַריכט ז (ן); קאָנטע נ (ס); ווערדע נ (ס)

*cheshben (cheshboines), baricht; konte; verde*

account v באַריכטן; באַרעכענען, באַטראַכטן

*barichten; barechenen, batrachten*

accountable adj פאַראַנטוואָרטלעך

*farantvortlech*

accountant n רעכנמײַסטער ז (ס)

*rechenmaister*

accrue v צוּוואַקסן

*tsuvaksen*

accumulate v אָנזאַמלען

*onzamlen*

accurate adj פּינקטלעך

*pinktlech*

accursed adj פאַרשאָלטן

*farsholten*

accusation n באַשולדיקונג נ (ען)

*bashuldikung*

accuse v באַשולדיקן

*bashuldiken*

accused adj באַשולדיקט

*bashuldikt*

accused n באַשולדיקטער ז, אָנגעקלאָגטער ז

*bashuldikter, ongeklogter*

accustom v צוגעוויינען

*tsugeveinen*

ache n ווייטיק ז (ן)

*veitik*

ache v וויי טאָן; בענקען

*vei ton; benken*

achieve v דערגרייכן

*dergreichen*

achievement n דערגרייך ז (ן)

*dergreich*

acid adj זויער

*zoier*

acid n זײַערס ס (ן)

*zaiers*

acknowledge v באַשטעטיקן

*bashtetiken*

acknowledgment n באַשטעטיקונג נ (ען)

*bashtetikung*

acorn n חזיר־ניסל ס (עך)

*chazer-nisel (-nislech)*

acquaint v באַקענען

*bakenen*

acquaintance n באַקאַנטער ז; באַקאַנטשאַפט נ (ן)

*bakanter; bakant'shaft*

acquire v אײַנשאַפן זיך, דעראָבערן

*ainshafen zich, deroberen*

acquit v פרײַזאָגן
*fraizogen*

acquittal n פרײַזאָגונג נ (ען)
*fraizogung*

acre n אַקער ז (ס)
*aker*

acrobat n אַקראָבאַט ז (ן)
*akrobat*

acronym n ראשי־תּיבות ר (ן)
*roshe-teives*

across prep, adv איבער, אויף יענער זײַט; אין קאָנטאַקט מיט; אַריבער
*iber, oif yener zait; in kontakt mit; ariber*

act n אַקט ז (ן), טאַט נ (ן)
*akt, tat*

act v פירן זיך; שפּילן, אויפטרעטן
*firen zich; shpilen, oiftreten*

acting adj אַמטירנדיק
*amtirendik*

action n טואונג נ (ען); האַנדלונג נ; קאַמף ז (ן)
*tuung; handlung; kamf*

active adj טעטיק
*tetik*

activity n טעטיקייט נ (ן)
*tetikeit*

actor n אַקטיאָר ז (ן), שוישפּילער ז (ס)
*aktyor, shoishpiler*

actress n אַקטריסע נ (ס), שוישפּילערין נ (ס)
*aktrise, shoishpilerin*

actual adj פאַקטיש
*faktish*

acuity n שאַרפקייט נ
*sharfkeit*

acumen n שאַרפזיניקייט נ
*sharfzinikeit*

ad n אַנאָנס ז (ן)
*anons*

adage n שפּריכוואָרט ס (שפּריכווערטער)
*shprichvort (shprichverter)*

adamant adj אומפּשרותדיק
*umpshoresdik*

adapt v צופּאַסן
*tsupasen*

add v צוגעבן, צולייגן, מוסיף זײַן
*tsugeben, tzuleigen, moisef zain*

addict n אַדיקט ז (ן)
*adikt*

addition n חיבור ז (ים); צוגאָב ז (ן)
*chiber (chiburim); tsugob*

address n אַדרעס ז (ן); רעדע נ (ס)
*adres; rede*

address v אַדרעסירן; ווענדען זיך צו
*adresiren; venden zich tsu*

adept adj טאַט־פעאיק
*tat-fe'ik*

adequate adj גענוגיק
*genugik*

adhere n קלעפּן זיך; בלײַבן געטרײַ
*klepen zich; blaiben getrai*

adherent n אָנהענגער ז (ס)
*onhenger*

adhesive adj קלעפּיק
*klepik*

adjacent adj דערבײַיאיק, נאָענט
*derbaiik; noent*

adjective n אַדיעקטיוו ז (ן)
*adyektiv*

adjourn v אָפּלייגן (אַ זיצונג)
*opleigen (a zitsung)*

adjust v צופּאַסן; רעגולירן
*tsupasen; reguliren*

adjustment n צופּאַסונג נ (ען)
*tsupasung*

adjutant n אַדיוטאַנט ז (ן)
*adyutant*

ad-lib v אימפּראָוויזירן
*improviziren*

administer v אָנפירן
*onfiren*

administration n אַדמיניסטראַציע נ (ס)
*administratsye*

administrator n אַדמיניסטראַטאָר ז (ן)
*administrator*

admirable adj באַווּנדערלעך, אויסגעצייכנט
*bavunderlech, oisgetseichent*

admiral n אַדמיראַל ז (ן)
*admiral*

admiration n באַווּנדערונג נ
*bavunderung*

admire v באַווּנדערן
*bavunderen*

admirer n פאַרערער ז (ס)
*farerer*

admissible adj דערלאָזלעך
*derlozlech*

admit v אַרײַנלאָזן; אָנערקענען
*arainlozen; onerkenen*

admittance n אַרײַנגאַנג־רעכט ס
*araingang-recht*

admonish v וואָרענען
*vorenen*

admonition n וואָרענונג נ (ען)
*vorenung*

adopt v אַדאָפּטירן; אָננעמען
*adoptiren; onnemen*

adoption n אַדאָפּטירונג נ (ען); אָננעמען ס
*adoptirung; onnemen*

adore v פאַרגעטערן; פאַרהערלעכן
*fargeteren; farherlechen*

adorn v באַפּוצן, אויסצירן
*baputsen, oistsiren*

adult adj דערוואַקסן
*dervaksen*

adult n דערוואַקסענער ז
*dervaksener*

adultery n ניאוף ז (ים) (פאַרשוועכונג פון זיווג)
*nief (farshvechung fun ziveg)*

advance v גיין פאָראויס; שטײַגן
*gein forois; shtaigen*

advance n פאָראויסגאַנג ז (פאָראויסגענג)
*foroisgang (foroisgeng)*

advancement n פראָגרעס ז; העכערונג (אין ראַנג) נ
*progres; hecherung (in rang))*

advantage n יתרון ז (ות)
*yisren (yisroines)*

advantageous adj גינציק
*gintsik*

adventure n אַוואַנטורע נ (ס); פּאַסירונג נ (ען)
*avanture; pasirung*

adventurer n אַוואַנטוריסט ז (ן)
*avanturist*

adventurous adj אַוואַנטוריסטיש
*avanturistish*

adverb n אַדווערבּ ז (ן)
*adverb*

adversary n קעגנער, קעגענער ז (ס)
*kegner, kegener*

adverse adj אומגינציק; אומפריַינדלעך
*umgintsik; umfraindlech*

adversity n אומגליק ס (ן); שוועריקייט נ (ן)
*umglik; shverikeit*

advertise v אַנאָנסירן
*anonsiren*

advertisement n אַנאָנס ז (ן)
*anons*

advice n עצה נ (עצות)
*eitse (eitses)*

advisable adj ראַטזאַם
*ratzam*

advise v ראָטן, געבּן אַן עצה
*roten, geben an eitse*

adviser n ראַטגעבּער ז (ס), יועץ ז (ים)
*ratgeber; yoiets*

advocate v רעקאָמענדירן
*rekomendiren*

advocate n שטיצער ז (ס); אַדוואָקאַט ז (ן)
*shtitser; advokat*

aerial n אַנטענע נ (ס)
*antene*

aesthetic, esthetic adj עסטעטיש
*estetish*

aesthetics, esthetics n (takes sing. v.) עסטעטיק נ
*estetik*

aether, ether n עטער ז
*eter*

afar adv פון דער וויַיטן
*fun der vaiten*

affable adj ליבּלעך; אָנגענעם
*liblech; ongenem*

affair n ענין ז (ים), עסק ז (ים); ראָמאַן ז (ען)
*inyen (inyonim), eisek (asokim); roman*

affect v ווירקן
*virken*

affection n ליבּשאַפט נ (ן)
*libshaft*

affectionate adj ליבּלעך, וואַרעם
*liblech; varem*

affidavit n אַפידייוויט ז (ן)
*afideivit*

affiliate v פאַרבּינדן; פאַראייניקן זיך
*farbinden; fareiniken zich*

affinity n נאָענטשאַפט נ (ן)
*noent'shaft*

affirm v באַשטעטיקן
*bashtetiken*

affirmative adj באַשטעטיקט
*bashtetikt*

affix v אָנהעפטן, צוטשעפּען
*onheften, tsut'shepen*

afflict v פּלאָגן
*plogen*

affliction n פּלאָג נ (ן), אָנשיקעניש ס (ן)
*plog, onshikenish*

affluence n רײַכקייט נ; שפע נ
*raichkeit; shefe*

affluent adj רײַך
*raich*

afford v האָבן דאָס געלט פֿאַר; זײַן אומשטאַנד; פֿאַרשאַפֿן
*hoben dos gelt far; zain umshtand; farshafen*

affront n באַליידיקונג נ (ען)
*baleidikung*

aforesaid adj אויבנדערמאָנט
*oibendermont*

afraid adj דערשראָקן
*dershroken*

afresh adv פֿון דאָס נײַ
*fun dos nai*

after prep & adv נאָך; שפּעטער; פֿון הינטן
*noch; shpeter; fun hinten*

aftereffect n נאָכעפֿעקט ז (ן)
*nochefekt*

afterlife n עולם־הבא ז
*oilem-habe*

aftermath n נאָכווירק ז (ן)
*nochvirk*

afternoon n נאָכמיטאָג ז (ן)
*nochmitog*

aftertaste n נאָכגעשמאַק ז (ן)
*nochgeshmak*

afterthought n נאָכגעדאַנק ז (ען)
*nochgedank*

afterward, afterwards adv נאָך דעם, דערנאָך
*noch dem, dernoch*

again adv ווידער, נאָך אַ מאָל
*vider, noch a mol*

against prep קעגן; אַנטקעגן
*kegen; antkegen*

agave n אַגאַווע נ (ס) (מידבר־געוויקס)
*agave (midber-geviks)*

age n עלטער ז; תּקופה נ (תּקופות)
*elter; tkufe (tkufes)*

aged adj אַלט
*alt*

agency n אַגענטור נ (ן)
*agentur*

agent n אַגענט ז (ן)
*agent*

aggravate v פֿאַרערגערן; אויפֿרעגן
*farergeren; oifregen*

aggression n אַגרעסיע נ (ס), אָנפֿאַל ז (ן)
*agresye, onfal*

aggressive adj אַגרעסיוו
*agresiv*

aggressor n אָנפֿאַלער ז (ס)
*onfaler*

agile adj פלינק
*flink*

agility n פלינקייט נ
*flinkeit*

agitate v טרייסלען; אויפרודערן
*treislen; oifruderen*

agitation n טרייסלונג נ (ען); העצע נ (ס)
*treislung; hetse*

agitator n אַגיטאַטאָר ז (ן)
*agitator*

ago adv מיט... צוריק, פריִער
*mit... tsurik, frier*

— long ago לאַנג צוריק
*lang tsurik*

agony n יסורים ר
*yesurim*

agree v מסכּים זײַן, אײַנשטימען
*maskem zain, ainshtimen*

agreeable adj ליב; אײַנשטימיק
*lib; ainshtimik*

agreement n אָפּמאַך ז (ן), הסכּם ז (ס)
*opmach, heskem*

agribusiness n אַגריהאַנדל ז
*agrihandel*

agriculture n אַגריקולטור נ, ערדאַרבעט נ
*agrikultur, erdarbet*

agronomy n אַגראָנאָמיע נ
*agronomye*

ah interj אַ! אַך!
*a! ach!*

aha interj אַהאַ!
*aha!*

ahead adv פאָראויס
*forois*

ahoy interj אַהוי! (רוף אָדער באַגריסונג פון מאַטראָזן)
*ahoi! (ruf oder bagrisung fun matrozen)*

aid v העלפן
*helfen*

aid n הילף נ
*hilf*

aide-de-camp n אַדיוטאַנט ז (ן)
*adyutant*

ail v קרענקען
*krenken*

ailment n קרענק נ (ן)
*krenk*

aim v צילן; שטרעבן
*tsilen; shtreben*

aim n ציל ז (ן); שטרעבונג נ (ען)
*tsil; shtrebung*

aimlessly adv אָן אַ ציל
*on a tsil*

air n לופט נ; מעלאָדיע נ (ס)
*luft; melodye*

airfield n פליפעלד ס (ער)
*flifeld (flifelder)*

air force לופט־מיליטער ס, לופטפלאָט ז (ן)
*luft-militer, luftflot*

airmail n לופטפּאָסט נ
*luftpost*

airplane n עראָפּלאַן ז (ען)

*eroplan*

airport n — לופטפּאָרט ז (ן)
*luftport*

airy adj — לופטיק; דעליקאַט
*luftik; delikat*

aisle n — דורכגאַנג ז (ען) (צווישן רייען פון שטולן, א״ע)
*durchgang (tsivishen reien fun shtulen, etc.)*

alarm n — אַלאַרעם ז (ס); שרעק ז (ן)
*alarem; shrek*

alarm v — איבערשרעקן
*ibershreken*

alarm clock — וועקזייגער ז (ס)
*vekzeiger*

alas interj — וויי!
*vei!*

album n — אַלבאָם ז (ען)
*albom*

alchemy n — אַלכעמיע נ
*alchemye*

alcohol n — אַלקאָהאָל ז (ן)
*alkohol*

alderman n — שטאָט־יועץ ז (ים)
*shtot-yoiets*

alert adj — וואַכזאַם, וואַכיק
*vachzam; vachik*

alert n — אַלאַרעם ז (ס); גרייטקייט־צושטאַנד ז (ן)
*alarem; greitkeit-tsushtand*

alert v — אַלאַרמירן, וואָרנען
*alarmiren; vornen*

alertness n — וואַכזאַמקייט נ
*vachzamkeit*

algebra n — אַלגעבּרע נ
*algebre*

alibi n — אַליבּי ז (ס)
*alibi*

alien adj — פרעמד
*fremd*

alien n — אויסלענדער ז
*oislender*

alienate v — אָפּפרעמדן
*opfremden*

alike adj, adv — גלייַך; ענלעך
*glaich; enlech*

alimony n — אַלימענטן ר
*alimenten*

alive adj — לעבעדיק
*lebedik*

all adj, pron, adv — אַלע; גאַנץ; אַלץ; אין גאַנצן, גאָר
*ale; gants; alts; in gantsen, gor*

allegation n — טענה נ (ות); באַשולדיקונג נ (ען)
*taine (taines); bashuldikung*

allege v — טענהן, האַלטן
*tainen, halten*

allegiance n — געטרייַשאַפט נ (צו אַ פאָלק, וכ׳)
*getraishaft (tsu a folk, etc.)*

allegory n — אַלעגאָריע נ (ס)
*alegorye*

allergic adj — אַלערגיש
*alergish*

allergy n — אַלערגיע נ (ס)
*alergye*

alleviate v לינדערן
*linderen*

alley n געסל ס (עך)
*gesel (geslech)*

alliance n אַליאַנץ נ (ן), בונד ז (ן)
*alyants, bund*

alliteration n אַליטעראַציע נ (ס)
*aliteratsye*

allocate v צוטיילן
*tsuteilen*

allow v דערלויבן
*derloiben*

allowance v געלט־שטיצע נ (ס) (וואָכנגעלט, וכ׳); הנחה נ (הנחות)
*gelt-shtitse (vochengelt, etc,); hanoche (hanoches)*

alloy n געשמעלץ ס (ן)
*geshmelts*

all right רעכט; גוט; געזונט
*recht; gut; gezunt*

allude v אָנדײַטן, מרמז זײַן
*ondaiten, meramez zain*

ally n פאַרבינדעטער ז
*farbindeter*

almighty adj אַלמעכטיק
*almechtik*

the Almighty n אַלמעכטיקער ז (גאָט)
*almechtiker (got)*

almond n מאַנדל ז (ען)
*mandel (mandlen)*

almost adv כמעט (זייער נאָענט צו, שיִער ניט)
*kimat (zeier noent tsu; shier nit)*

alms n pl צדקה נ; נדבה נ (נדבות)
*tsdoke; nedove (nedoves)*

aloft adv אויבנאַרויף
*oibenaroif*

alone adj, adv איינזאַם; אַליין
*einzam; alein*

along prep, adv לענג־אויס; ווײַטער; פאָראויס; צוזאַמען
*leng-ois; vaiter; forois; tsuzamen*

alongshore adv בײַם ברעג
*baim breg*

aloof adj גלײַכגילטיק; קיל, צוריקגעהאַלטן
*glaichgiltik; kil, tsurikgehalten*

alp n הויכער באַרג ז
*hoicher barg*

alphabet n (העברעאישער) אַלפבית ז (ן); אַלפאַבעט ז (ן)
*(hebre'isher) alefbeis; alfabet*

Alps n pl אַלפּן ר פ״נ
*alpen*

already adv שוין
*shoin*

also adv אויך, אויכעט
*oich, oichet*

altar n אַלטאַר ז (ן); מזבח ז (ות)
*altar; mizbeiech (mizbeiches)*

alter v איבערמאַכן

*ibermachen*

alternate adj יעדער צווייטער; אַנדערער
*yeder tsveiter; anderer*

alternate v אָפּבײַטן; בײַטן זיך
*opbaiten; baiten zich*

alternative n אַלטערנאַטיוו נ (ן), ברירה נ (ברירות)
*alternativ, breire (breires)*

although adj כאָטש
*chot'sh*

altitude n הייך נ (ן)
*heich*

altogether adv בסך־הכּל, אין גאַנצן, אינגאַנצן
*besachakel/besach-hakel, in gantsen, ingantsen*

altruism n אַלטרואיזם ז
*altruizm*

aluminium n אַלומיניום ז
*aluminyum*

always adv שטענדיק, תּמיד
*shtendik, tomed/tomid*

amateur n אַמאַטאָר ז (ן)
*amator*

amaze v דערשטוינען
*dershtoinen*

amazement n דערשטוינונג נ, פאַרגאַפונג נ
*dershtoinung, fargafung*

ambassador n אַמבאַסאַדאָר ז (ן)
*ambasador*

ambiguous adj צווייטײַטשיק
*tsveitait'shik*

ambition n אַמביציע נ
*ambitsye*

ambitious adj אַמביציעז
*ambitsyez*

ambulance n אַמבולאַנס ז (ן)
*ambulans*

ambuscade, ambush n אַמבוסקאַדע נ (ס), לאָקער ז (ן)
*ambuskade, loker*

ameliorate v פאַרבעסערן
*farbeseren*

amen interj אמן!
*omein!*

amend v אויסבעסערן
*oisbeseren*

amendment n אויסבעסערונג נ (ען); הוספה נ (הוספות)
*oisbeserung; hoisofe/hesofe (hoisofes/hesofes)*

amiable adj ליבהאַרציק
*libhartsik*

amicable adj פרײַנדלעך
*fraindlech*

amid, amidst prep אינמיטן; צווישן
*inmiten; tsvishen*

ammunition n אַמוניציע נ
*amunitsye*

amnesty n אַמנעסטיע נ
*amnestye*

among, amongst prep צווישן
*tsvishen*

amortization n אַמאָרטיזאַציע נ
*amortizatsye*

amortize v אַמאָרטיזירן

*amortiziren*

**amount** n — סכום ז (ען)
*schum*

**amount** v — באַטרעפן
*batrefen*

**amphibian** n — אַמפיביע נ (ס)
*amfibye*

**amphibious** adj — אַמפיביש
*amfibish*

**ample** adj — גענוגיק; ברייט
*genugik; breit*

**amputate** v — אַמפוטירן
*amputiren*

**amulet** n — קמיע נ (ות)
*kameie (kameies)*

**amuse** v — פאַרווײַלן
*farvailen*

**amusement** n — פאַרווײַלונג נ (ען)
*farvailung*

**an** indefinite article — אַן (דוגמא: אַן עפל)
*an (dugme: an epel)*

**anachronism** n — אַנאַכראָניזם ז (ען)
*anachronizm*

**analogous** adj — אַנאַלאָגיש
*analogish*

**analogy** n — אַנאַלאָגיע נ (ס)
*analogye*

**analysis** n — אַנאַליז ז (ן)
*analiz*

**analyze** v — אַנאַליזירן
*analiziren*

**anarchist** n — אַנאַרכיסט ז (ן)
*anarchist*

**anarchy** n — אַנאַרכיע נ
*anarchye*

**anathema** n — חרם ז (ס); פאַרשאָלטענער ז
*cheirem; farsholtener*

**anatomy** n — אַנאַטאָמיע נ
*anatomye*

**ancestor** n — אָב ז
*ov*

**ancestors** n pl — אבות ר, אור־עלטערן ר
*oves, ur-elteren*

**anchor** n — אַנקער ז (ס)
*anker*

**anchor** v — פאַראַנקערן
*farankeren*

**ancient** n — פאַרצײַטיש; זייער אַלט
*fartsaitish; zeier alt*

**and** conj — און
*un*

**anecdote** n — אַנעקדאָט ז (ן)
*anekdot*

**anemia** n — אַנעמיע נ (פאַראָרעמקייט פון בלוט)
*anemye (faroremkeit fun blut)*

**anemone** n — אַנעמאָנע נ (ס), פסח־בלום נ (ען)
*anemone, peisech-blum*

**anesthetic** n — אַנעסטעטיק ז (ן)
*anestetik*

**anew** adv — פון דאָס נײַ, פונסנײַ
*fun dos nai, funsnai*

**angel** n — מלאך ז (ים)
*malech (malochim)*

**anger** n — כעס ז, צאָרן ז

*kaas, tsoren*

**anger** v דערבייזערן, דערצערענען
*derbeizeren, dertserenen*

**angle** nווינקל ז (ען)
*vinkel (vinklen)*

**angry** adj בייז, צאָרנדיק
*beiz, tsorendik*

**anguish** n פּײַן נ, יסורים ר
*pain, yesurim*

**animal** n חיה נ (חיות)
*chaie (chaies)*

**animate** v מונטערן, באַלעבן
*munteren, baleben*

**ankle** n קנעכל ס (עך)
*knechel (knechlech)*

**annex** v אַנעקסירן, אָנשליסן
*aneksiren, onshlisen*

**annex** n אַנעקס ז (ן), צובוי ז (ען)
*aneks, tsuboi*

**annihilate** v פֿאַרטיליקן
*fartiliken*

**annihilation** n פֿאַרטיליקונג נ
*fartilikung*

**anniversary** n יאָרטאָג ז (יאָרטעג)
*yortog (yorteg)*

**annotate** v שרײַבן נאָטיצן
*shraiben notitsen*

**announce** v מעלדן, באַקאַנט מאַכן
*melden, bakant machen*

**announcement** n מעלדונג נ (ען), מודעה נ (מודעות)
*meldung, moidoe/medoe (moidoes/medoes)*

**annoy** v דערקוטשען; טשעפּען
*derkut'shen; t'shepen*

**annual** adj יערלעך
*yerlech*

**annul** v בטל מאַכן, אָפּשאַפֿן
*botel machen, opshafen*

**anoint** v זאַלבן
*zalben*

**another** adj אַן אַנדער
*an ander*

**answer** n ענטפֿער ז (ס)
*entfer*

**answer** v ענטפֿערן
*entferen*

**ant** n מוראַשקע נ (ס)
*murashke*

**antagonism** n אַנטאַגאָניזם ז
*antagonizm*

**antenna** n אַנטענע נ (ס)
*antene*

**anthem** n הימען ז (ס); לויב־ליד ס (ער)
*himen; loib-lid (lider)*

**anthology** n אַנטאָלאָגיע נ (ס)
*antologye*

**anthropology** n אַנטראָפּאָלאָגיע נ
*antropologye*

**antibiotic** n אַנטיביאָטיק ז (ן)
*antibiotik*

**anticipate** v פֿאָראויסזען; ריכטן זיך, דערוואַרטן
*foroiszen; richten zich, dervarten*

**antipathy** n אַנטיפּאַטיע נ (ס)
*antipatye*

**antiquarian** n אַנטיקוואַר ז (ן)
*antikvar*

**antique** adj פֿאַרצײַטיש
*fartsaitish*

**antique** n אַנטיק ז (ן)
*antik*

**anti-Semite** n אַנטיסעמיט ז (ן)
*antisemit*

**anti-Semitic** adj אַנטיסעמיטיש
*antisemitish*

**anti-Semitism** n אַנטיסעמיטיזם ז
*antisemitizm*

**antiseptic** n אַנטיסעפּטיק ז (ן)
*antiseptik*

**antonym** n אַנטאָנים ז (ען)
*antonim*

**anvil** n קאָוואַדלע נ (ס)
*kovadle*

**anxiety** n אומרו נ (ען); דאגה נ (דאגות)
*umru; daige/daage (daiges/daages)*

**anxious** adj אומרואיק; נײַגעריק
*umruik; naigerik*

**any** adj אַבי וועלכער
*abi velcher*

**anybody** pron יעדער איינער; ווער נאָר
*yeder einer; ver nor*

**anybody** n חשובער פּאַרשוין ז (חשובע פּאַרשוינען)
*choshever parshoin (chosheve parshoinen)*

**anyhow** adv ווי עס איז; סײַ ווי סײַ
*vi es iz; sai vi sai*

**anything** pron, n אַבי וואָס; עפּעס
*abi vos; epes*

**anyway** adv סײַ ווי סײַ, יעדן פֿאַלס, יעדנפֿאַלס
*sai vi sai, yeden fals, yedenfals*

**anywhere** adv אַבי ווּ, ערגעץ
*abi vu, ergets*

**apartment** n דירה נ (דירות), ווױנונג נ (ען)
*dire (dires), voinung*

**ape** n מאַלפּע נ (ס)
*malpe*

**ape** v מאַלפּעווען, נאָכקרימען
*malpeven, nochkrimen*

**aphorism** n אַפֿאָריזם ז (ען)
*aforizm*

**apologetic** adj אַפּאָלאָגעטיש
*apologetish*

**apologize** v אַנטשולדיקן זיך
*ant'shuldiken zich*

**apology** n אַנטשולדיקונג נ (ען)
*ant'shuldikung*

**apostrophe** n אַפּאָסטראָף ז (ן)
*apostrof*

**appall** n דערשיטערן
*dershiteren*

**appalling** adj גרויליק
*groilik*

**apparel** n קליידונג נ
*kleidung*

**apparel** v באַקליידן; אויספּוצן זיך

*bakleiden; oisputsen zich*

**apparent** adj קלאָר; קענטיק
*klor; kentik*

**apparently** adv משמעות, באַשײמפּערלעך
*mashmoes, bashaimperlech*

**appeal** n אויפרוף ז (ן); צוצי ז (ען); אַפּעלאַציע נ (ס)
*oifruf; tsutsi; apelatsye*

**appeal** v אַפּעלירן; געפעלן
*apeliren; gefelen*

**appear** v אויסזען; אויפטרעטן; דערשײַנען
*oiszen; oiftreten; dershainen*

**appearance** n אויסזען ס; אויפטריט ז (ן); דערשײַנונג נ (ען)
*oiszen; oiftrit; dershainung*

**appease** v באַרואיקן; באַפרידיקן; נאָכגעבן
*baruiken; bafridiken; nochgeben*

**appeasement** n באַרואיקונג נ (ען); נאָכגעבונג נ
*baruikung; nochgebung*

**appendix** n בלינדע קישקע נ (ס); הוספה נ (צו אַ בוך אָדער דאָקומענט)
*blinde kishke; hoisofe (tsu a buch oder dokument)*

**appetite** n אַפּעטיט ז (ן)
*apetit*

**applaud** v אַפּלאָדירן
*aplodiren*

**applause** n אַפּלאָדיסמענטן ר
*aplodismenten*

**apple** n עפּל ז
*epel*

**applesauce** n עפּל־צימעס ז (ן); (סלענג) שטות ז/ס (ים)
*epel-tsimes; (sleng) shtus (shtusim)*

**appliance** n מכשיר ז (ים)
*machsher (machshirim)*

**application** n אָנווענדונג נ (ען); אַפּליקאַציע נ (ס), ביטע נ (ס)
*onvendung; aplikatsye, bite*

**apply** v אָנווענדן; אָנגעבן (אַ ביטע)
*onvenden; ongeben (a bite)*

**appoint** v נאָמינירן, באַשטימען
*nominiren, bashtimen*

**appointment** n באַשטימונג נ (ען); אָפּשמועס ז (ן)
*bashtimung; opshmues*

**appraisal** n שאַצונג נ (ען)
*shatsung*

**appraise** v שאַצן
*shatsen*

**appreciate** v אָנערקענען; זײַן דאַנקבאַר
*onerkenen; zain dankbar*

**apprehend** v באַזאָרגט זײַן; אַרעסטירן; באַנעמען, תּופס זײַן
*bazorgt zain; arestiren; banemen, toifes zain*

**apprehension** n חשש ז (ים); אַרעסט ז (ן); תּפיסה נ, באַנעם ז (ען)

*chshash (chshoshim); arest; tfise, banem*

**apprentice** n לערנייִנגל ס (עך) *lerenyingel (lerenyinglech)*

**approach** v צוגיין, דערנענטערן זיך *tsugein, dernenteren zich*

**approach** n צוגאַנג ז (ען) *tsugang*

**appropriate** adj פּאַסיק, געהעריק *pasik, geherik*

**appropriate** v צוטיילן; צונעמען פֿאַר זיך *tsuteilen; tsunemen far zich*

**approve** v באַשטעטיקן; מסכּים זײַן *bashtetiken; maskem zain*

**approximately** adv בערך, אומגעפֿער *beerech, umgefer*

**apricot** n אַפּריקאָס ז (ן) *aprikos*

**April** n אַפּריל ז (ן) *april*

**apron** n פֿאַרטעך ז (ער) *fartech*

**apt** adj פּאַסיק *pasik*

**aptitude** n טאַלענט ז (ן); געלענק ס (ען) *talent; gelenk*

**aquarium** n אַקוואַריום ז (ס) *akvaryum*

**aqueduct** n אַקוועדוקט ז (ן) *akvedukt*

**arbitrary** adj קאַפּריזיק; טיראַניש *kaprizik; tiranish*

**arbitration** n בוררות ס *boreres/borerus*

**arbitrator** n בורר ז (ים) *boirer (borerim)*

**arch** n בויגן ז (ס) *boigen*

**archaeology, archeology** n אַרכעאָלאָגיע נ *archeologye*

**archer** n פֿײַלן־בויגער ז (ס) *failen-boiger*

**archipelago** n אַרכיפּעלאַג ז (ן) *archipelag*

**architect** n אַרכיטעקט ז (ן) *architekt*

**architecture** n אַרכיטעקטור נ (ן) *architektur*

**archives** n pl אַרכיוו ז (ן) *archiv*

**area** n שטח ז (ים); ראַיאָן ז (ען); געביט ס (ן) *shetech (shtochim); rayon; gebit*

**arena** n אַרענע נ (ס) *arene*

**argue** v אַרגומענטירן; טענהן *argumentiren; tainen/taanen*

**argument** n אַרגומענט ז (ן); טענה נ (טענות) *argument; taine/taane (taines/taanes)*

**aria** n אַריע נ (ס) *arye*

arid adj טרוקן
*truken*

arise v אויפשטיין
*oifshtein*

aristocracy n אַריסטאָקראַטיע נ (ס)
*aristokratye*

aristocrat n אַריסטאָקראַט ז (ן)
*aristokrat*

aristocratic adj אַריסטאָקראַטיש
*aristokratish*

arithmetic n אַריטמעטיק נ
*aritmetik*

ark n נחס תּיבה נ
*noiechs teive*

— Holy Ark ארון־קודש ז
*oren-koidesh*

arm n אָרעם ז (ס)
*orem*

arm v באַוואָפענען
*bavofenen*

armada n אַרמאַדע נ (ס)
*armade*

armament n באַוואָפענונג נ (ען)
*bavofenung*

armaments n pl וואָפן ס (ן)
*vofen*

armchair n פֿאָטעל ז (ן)
*fotel*

armed adj באַוואָפנט
*bavofent*

armistice n וואָפן־שטילשטאַנד ז (ן)
*vofen-shtilshtand*

armor, armour n פּאַנצער ז (ס)
*pantser*

arms n pl געווער ס
*gever*

army n אַרמיי נ (ען), מיליטער ס
*armei, militer*

aroma n אַראָמאַט ז (ן)
*aromat*

around adv, prep אַרום; אַנטקעגן; לעבן
*arum; antkegen; leben*

arouse v אויפרודערן
*oifruderen*

arrange v אײַנאָרדענען; צוגרייטן
*ainordenen; tsugreiten*

arrangement n אײַנאָרדענונג נ (ען); צוגרייטונג נ (ען)
*ainordenung; tsugreitung*

arrest v אַרעסטירן
*arestiren*

arrest n אַרעסט ז (ן)
*arest*

arrive v אָנקומען
*onkumen*

arrogance n פֿאַררינסנקייט נ, גאווה נ
*farrisenkeit, gaive/gaave*

arrow n פֿײַל נ (ן)
*fail*

arsenal n אַרסענאַל ז (ן)
*arsenal*

arson n אונטערצינדונג נ (ען)
*untertsindung*

art n קונסט נ (ן)
*kunst*

artichoke n אַרטישאָק ז (ן)
*artishok*

article n — אַרטיקל ז (ן) (מאמר; פּאַראַגראַף; חפץ; אָרגאַניש ביַיוואָרט פון סובסטאַנטיוו: אַ, אַן, קיין, דער, די, דאָס)
*artikel (maimer/maamer; paragraf; cheifets; organish baivort fun substantiv: a, an, kein, der, di, dos)*

articulate adj — דיַיטלעך
*daitlech*

artifact n — אַרטיפאַקט ז (ן)
*artifakt*

artificial adj — געמאַכט; קינסטלעך
*gemacht, kinstlech*

artillery n — אַרטילעריע נ
*artilerye*

artisan n — בעל־מלאָכה נ (־מלאָכות)
*bal-meloche (-meloches)*

artist n — קינסטלער ז (ס)
*kinstler*

artistic adj — קינסטלעריש
*kinstlerish*

as adv, conj — ווי, גליַיך ווי; אַלס; אַזוי ווי; ווען, בעת
*vi, glaich vi; als; azoi vi; ven, beeis*

ascend v — אַרויפגיין; אַרויפשטיַיגן
*aroifgein; aroifshtaigen*

ascent n — אַרויפגאַנג ז (ען); אויפשטיַיג ז
*aroifgang; oifshtaig*

ash n — אַש ס
*ash*

ash tray — אַש־טעצל ס (עך), אַש־בעכער ז (ס)
*ash-tetsel (-tetslech), ash-becher*

aside adv — אין אַ זיַיט
*in a zait*

ask v — פרעגן; בעטן
*fregen; beten*

aspect n — אַספּעקט ז (ן)
*aspekt*

asphalt n — אַספאַלט ז
*asfalt*

aspiration n — אַספּיראַציע נ (ס), שטרעבונג נ (ען)
*aspiratsye, shtrebung*

aspire v — שטרעבן
*shtreben*

aspirin n — אַספּירין ז (ען)
*aspirin*

ass n — אייזל ז (ען)
*eizel (eizlen)*

assail v — באַפאַלן
*bafalen*

assailant n — אָנפאַלער ז (ס)
*onfaler*

assault v — אָנגריַיפן
*ongraifen*

assault n — אָנגריַיף ז (ן)
*ongraif*

assemble v — צונויפזאַמלען; צונויפשטעלן
*tsunoifzamlen; tsunoifshtelen*

assembly n — פאַרזאַמלונג נ (ען)
*farzamlung*

assert v — פעסטשטעלן
*fest'shtelen*

assess v — טאַקסירן; אָפּשאַצן

*taksiren; opshatsen*

**assessor** n — טאַקסאַטאָר ז (ן); שאַצער ז (ס)
*taksator; shatser*

**asset** n — פּלוס ז (ן), מעלה נ (מעלות)
*plus, maile/maale (mailes/maales)*

**assets** n pl — אַקטיוון ר
*aktiven*

**assiduous** *adj* — פלײַסיק
*flaisik*

**assignment** n — אויפגאַבע נ (ס)
*oifgabe*

**assimilate** v — אַסימילירן
*asimiliren*

**assimilation** n — אַסימילאַציע נ (ס)
*asimilatsye*

**assist** v — אַרויסהעלפן
*arois'helfen*

**assistance** n — הילף נ; אונטערשטיצונג נ
*hilf; untershtitsung*

**assistant** n — אַסיסטענט ז (ן)
*asistent*

**associate** v — פאַרבינדן; חברן זיך
*farbinden; chaveren zich*

**associate** n — שותּף ז (ים); חבר ז (ים); מיטאַרבעטער ז (ס)
*shutef (shutfim); chaver (chaveirim); mitarbeter*

**association** n — פאַרבאַנד ז (ן); פאַראייניקונג נ (ען)
*farband; fareinikung*

**assort** v — סאָרטירן
*sortiren*

**assorted** adj — פאַרשיידענערלײ
*farsheidenerlei*

**assume** v — משער זײַן; נעמען אויף זיך; פּרעטענדירן
*meshaer zain; nemen oif zich; pretendiren*

**assure** v — פאַרזיכערן
*farzicheren*

**asterisk** n — שטערנדל כ (עך)
*shterendel (shterendlech)*

**astonish** v — פאַרוווּנדערן
*farvunderen*

**astonishment** n — פאַרוווּנדערונג נ (ען)
*farvunderung*

**astray** adv, adj — אַוועק פון גלײַכן וועג; פאַרבלאָנדזשעט
*avek fun glaichen veg; farblondzhet*

**astrology** n — אַסטראָלאָגיע נ
*astrologye*

**astronaut** n — אַסטראָנאַט ז (ן)
*astronat*

**astronomer** n — אַסטראָנאָם ז (ען)
*astronom*

**astronomy** n — אַסטראָנאָמיע נ
*astronomye*

**asylum** n — אַזיל ז (ן)
*azil*

**at** prep — אין; בײַ, לעבן; אויף; צו
*in; bai, leben; oif; tsu*

**atheism** n — אַטעאיזם ז
*ate'izm*

**athlete** n — אַטלעט ז (ן)

*atlet*

**athletic** adj אַטלעטיש
*atletish*

**athletics** n. pl. (takes sing. v.) אַטלעטיק נ
*atletik*

**atlas** n אַטלאַס ז (ן)
*atlas*

**atmosphere** n אַטמאָספער נ (ן)
*atmosfer*

**atom** n אַטאָם ז (ען)
*atom*

**atomic** adj אַטאָמיש
*atomish*

**atonement** n פאַרגעבונג נ
*fargebung*

**atrocious** adj גרויזאַם
*groizam*

**atrocity** n אַכזריותדיקער טאַט ז
*achzoryesdiker tat*

**attach** v צוטשעפּען; צובינדן; ביַילייגן
*tsut'shepen; tsubinden; baileigen*

**attack** v אַטאַקירן, באַפאַלן
*atakiren, bafalen*

**attack** n אַטאַק ז (ן), אָנפאַל ז (ן)
*atak, onfal*

**attain** v דערגרייכן
*dergreichen*

**attainment** n דערגרייכונג ז (ען)
*dergreichung*

**attempt** v פּרוּוון
*pruven*

**attempt** n פּרוּוו ז (ן)
*pruv*

**attend** v ביַיזיַין; באַגלייטן; באַדינען
*baizain; bagleiten; badinen*

**attendance** n ביַיזיַין ס
*baizain*

**attendant** n באַדינער ז (ס)
*badiner*

**attention** n אויפמערקזאַמקייט נ
*oifmerkzamkeit*

**attentive** adj אויפמערקזאַם
*oifmerkzam*

**attic** n בוידעם ז (ס)
*boidem*

**attitude** n שטעלונג נ (ען)
*shtelung*

**attorney** n אַדוואָקאַט ז (ן)
*advokat*

**attract** v צוציִען
*tsutsien*

**attraction** n צוציאונג נ (ען); אַטראַקציע נ (ס)
*tsutsiung; atraktsye*

**attractive** adj צוציִענדיק; חנעוודיק
*tsutsiendik; cheinevdik*

**attrition** n צערײַבונג נ; אָפּפאַלונג נ (דורך עמעריטור, רעזיגנירונג, א"ע)
*tseraibung; opfalung (durch emeritur, rezignirung, etc.)*

**auburn** adj רויט־ברוין
*roit-broin*

**auction** n ליציטאַציע נ (ס)
*litsitatsye*

audacity n מוט ז
*mut*

audible adj הערעוודיק
*herevdik*

audience n עולם ז (ס); אוידיענץ נ (ן)
*oilem; oidyents*

auditorium n אוידיטאָריע נ (ס)
*oiditorye*

augment v פֿאַרגרעסערן
*fargreseren*

august adj דערהויבן
*derhoiben*

August n אויגוסט ז (ן)
*oigust*

aunt n מומע נ (ס)
*mume*

austerity n צנע נ
*tsene*

authentic adj אויטענטיש
*oitentish*

author n מחבר ז (ים)
*mechaber (mechabrim)*

author v מחבר זײַן, פֿאַרפֿאַסן
*mechaber zain, farfasen*

authority n אויטאָריטעט נ (ן)
*oitoritet*

authorize v באַפֿולמעכטיקן
*bafulmechtiken*

auto n אויטאָ ז (ס)
*oito*

autobiography n
אויטאָביאָגראַפֿיע נ (ס)
*oitobiografye*

autograph n אויטאָגראַף ז (ן)
*oitograf*

autograph v אויטאָגראַפֿירן
*oitografiren*

automat n אויטאָמאַט ז (ן)
*oitomat*

automatic adj אויטאָמאַטיש
*oitomatish*

automation n אויטאָמאַציע נ
*oitomatsye*

automobile n אויטאָמאָביל ז (ן)
*oitomobil*

autonomous adj אויטאָנאָמיש
*oitonomish*

autonomy n אויטאָנאָמיע נ (ס)
*oitonomye*

autumn n האַרבסט ז (ן)
*harbst*

autumnal adj האַרבסטיק
*harbstik*

availability n פֿאַראַנענקייט נ
*faranenkeit*

available adj פֿאַראַניק
*faranik*

avalanche n לאַווינע נ (ס)
*lavine*

avarice n געלטגײַציקייט נ,
תאוות־הממון נ
*geltgaitsikeit,*
*taaves-hamomoin*

avaricious adj געלטגײַציק
*geltgaitsik*

avenge v נעמען נקמה
*nemen nekome*

avenue n אַלייע נ (ס)

*aleie*

average adj דורכשניטלעך
*durchshnitlech*

average n דורכשניט ז (ן)
*durchshnit*

aversion n עקל ז (ען)
*ekel (eklen)*

avert v פאַרהיטן
*farhiten*

aviation n אַוויאַציע נ
*aviatsye*

avocado n אַוואָקאַדאָ ז (ס)
*avokado*

avoid v אויסמײַדן
*oismaiden*

avow v מודה זײַן עפנטלעך
*moide zain efentlech*

await v וואַרטן אויף
*varten oif*

awaken v אויפוועקן
*oifveken*

award v באַלוינען; צופסקענען
*baloinen; tsupaskenen*

award n אויסצייכענונג נ (ען); צופסקענונג נ (ען)
*oistseichenung; tsupaskenung*

aware adj וויסיק; אינפאָרמירט
*visik; informirt*

awareness n וויסיקייט נ
*visikeit*

away adv, adj אַוועק; ניטאָ; ווײַט
*avek; nito; vait*

awe n אָפּשײַ ז, יראת־הכבוד ס
*opshai, yires-hakoved*

awful adj שרעקלעך; זייער שלעכט
*shreklech; zeier shlecht*

awkward adj אומגעלומפּערט; פּריקרע
*umgelumpert; prikre*

awl n נאָל נ (ן)
*nol*

ax, axe n האַק נ (העק)
*hak (hek)*

axiom n אַקסיאָם נ (ען) (אָנגענומענער פּרינציפּ)
*aksyom (ongenumener printsip)*

axis n אַקס נ (ן)
*aks*

azan n מאָסלעמישער רוף ז (צום ציבור־געבעט)
*moslemisher ruf (tsum tsiber-gebet)*

azure adj הימל־בלוי
*himel-bloi*

# B b

b, B n — בע ז (ען) (בוכשטאַב) — *be (buchshtab)*

babble v — פלאַפלען, בעבען — *plaplen, beben*

babble n — פלאַפלערײַ ס — *plaplerai*

baby n — זויג־קינד ס (־קינדער), בייבי ס (ס) — *zoig-kind (-kinder), beibi*

babysitter n — קינדהיטער ז (ס) — *kindhiter*

bachelor n — בחור ז (ים) — *bocher (bocherim)*

back n — רוקן ז (ס); הינטן ז (ס) — *ruken; hinten*

back adj, adv — הינטערשט; צוריק — *hintersht; tsurik*

back v — שטיצן — *shtitsen*

backbone n — רוקנבײן ז (ער) — *rukenbein (rukenbeiner)*

background n — הינטערגרונט ז (ן) — *hintergrunt*

backing n — אונטערשטיצונג נ — *untershtitsung*

backlash n — קריקשלאָג ז — *krikshlog*

backward adj — צוריקגעשטאַנען — *tsurikgeshtanen*

backwards adv — אויף צוריק — *oif tsurik*

bacteriology n — באַקטעריאָלאָגיע נ — *bakteryologye*

bacterium n — באַקטעריע נ (ס) — *bakterye*

bad adj — שלעכט — *shlecht*

badge n — עמבלעם נ (ען), אָפּצייכן ז (ס) — *emblem, optseichen*

badly adv — שלעכט; זייער — *shlecht; zeier*

baffle v — פלעפן; פאַרשטערן; קעמפן אָן הצלחה — *plefen; farshteren; kemfen on hatsloche*

bag n — זעקל ס (עך); טאָרבע נ (ס); בײַטל ז (ען) — *zekel (zeklech); torbe; baitel (baitlen)*

bagatelle n — שיבוש ז (ים), קלייניקייט נ (ן) — *shibesh (shibushim), kleinikeit*

bagel n — בייגל ז — *beigel*

baggage n — באַגאַזש ז (ן) — *bagazh*

baggy adj — לויז — *loiz*

bail n קויציע נ
*koitsye*

bake v באַקן
*baken*

baker n בעקער ז (ס)
*beker*

bakery n בעקערײַ נ (ען)
*bekerai*

baksheesh, bakshish n באַקשיש ז (ן)
*bakshish*

balalaika n באַלאַלײַקע נ (ס)
*balalaike*

balance n וואָג נ (ן); גלײַכוואָג נ; בילאַנץ ז (ן)
*vog; glaichvog; bilants*

balance v באַלאַנסירן (וואָג); בילאַנצירן (חשבון)
*balansiren (vog); bilantsiren (cheshben)*

balcony n באַלקאָן ז (ען)
*balkon*

bald adj פּליכעוואַטע, ליסע
*plichevate, lise*

bale n פּאַק ז (פּעק)
*pak (pek)*

ball n באַלעם ז (ס)
*balem*

ball n באַל ז (בעלער)
*bal (beler)*

ballad n באַלאַדע נ (ס)
*balade*

ballet n באַלעט ז (ן)
*balet*

balloon n באַלאָן ז (ען)
*balon*

ballot n שטימצעטל ז (ען/עך); שטימען ס; שטים נ (ען)
*shtimtsetel (shtimtsetlen/shtimtsetlech); shtimen; shtim*

ballot v שטימען
*shtimen*

ballroom n טאַנצזאַל ז (ן)
*tantszal*

balm n באַלזאַם ז
*balzam*

balm of Gilead גילעדער באַלזאַם ז (זען ירמיה ח׳, כב); אַמעריקאַנער טאָפּאָליע נ
*gilader balzam; amerikaner topolye*

balmy adj באַלזאַמיש (מילד; שמעקעדיק); (סלענג) נאַריש; משוגע
*balzamish (mild; shmekedik); (sleng) narish; meshuge*

baloney n, interj (סלענג) שטות ז; בלאָטע!
*(sleng) shtus; blote!*

balsam poplar אַמעריקאַנער טאָפּאָליע נ (ס)
*amerikaner topolye*

bambino n בייבי ס (ס), וויקלקינד ס (ער)
*beibi, vikelkind (vikelkinder)*

bamboo n באַמבוס ז (ן)
*bambus*

bamboozle v אָפּנאַרן

*opnaren*

ban n פאַרבאָט ז (ן); חרם ז (ס)

*farbot; cheirem*

ban v פאַרווערן

*farveren*

banal adj באַנאַל

*banal*

banality n באַנאַליטעט נ (ן)

*banalitet*

banana n באַנאַנע נ (ס)

*banane*

banana oil פרעטענציעזע דיבורים

*pretentsyeze diburim*

band n באַנד נ (בענדער), בענדל ס (עך); באַנדע נ (ס); קאַפּעליע נ (ס)

*band (bender), bendel (bendlech); bande; kapelye*

bandage n באַנדאַזש ז (ן)

*bandazh*

bandage v באַנדאַזשירן

*bandazhiren*

bandana, bandanna n גרויס קאָפּטיכל ס

*grois koptichel*

bandeau n קאָפּבאַנד נ

*kopband*

bandit n באַנדיט ז (ן)

*bandit*

bandy v אַרומוואַרפן; געבן און נעמען; אויסבײַטן

*arumvarfen; geben un nemen; oisbaiten*

bane n אַ סיבה פון טויט, רעה, אָדער רואין.

*a sibe fun toit, roe, oder ruin.*

baneful adj סכּנת־נפשותדיק; שעדלעך

*sakones-nefoshesdik; shedlech*

bang n טראַסק ז (ן), קנאַל ז (ן)

*trask, knal*

bang v טראַסקען, קנאַלן

*trasken, knalen*

banish v פאַרטרײַבן, פאַרשיקן

*fartraiben, farshiken*

banishment n פאַרטרײַבונג נ (ען)

*fartraibung*

banjo n באַנדזשאָ ז (ס)

*bandzho*

bank n ברעג ז (ן); באַנק נ/ז (בענק)

*breg; bank (benk)*

bank account n באַנק־קאָנטע נ (ס)

*bank-konte*

banker n באַנקיר ז (ן)

*bankir*

bank holiday לעגאַלער יום־טוב ז (פון פרײַטיק ביז מאָנטיק בכלל)

*legaler yontev (fun fraitik biz montik biklal)*

bankrupt adj באַנקראָט

*bankrot*

bankruptcy n באַנקראָט ז (ן)

*bankrot*

banner n פאָנע נ (ס); פאָן נ (ען)

*fone; fon*

banner adj אָנזעעוודיק, בולט

*onzeevdik, boilet*

banquet n באַנקעט ז (ן)
*banket*

bantam n באַנטאַם ז (קליינער האָן; קורץ־געוויקסיקער קעמפער)
*bantam (kleiner hon; kurts-geviksiker kemfer)*

bantling n קונדאַס, קונדס ז (ים); יונגאַטש ז (עס)
*kundas, kundes (kundeisim); yungat'sh*

baptize v טויפן
*toifen*

bar n שטאַנג ז (ען); שטיקל ס (עך); מניעה נ (מניעות); אַדוואָקאַטנשאַפט נ; שענק נ (ען)
*shtang; shtikel (shtiklech); menie (menies); advokatenshaft; shenk*

barb n שטעכלקע נ (ס)
*shtechelke*

barbarian n באַרבאַר ז (ן)
*barbar*

barbarism n באַרבאַריזם ז (ען)
*barbarizm*

barbarous adj באַרבאַריש
*barbarish*

barbed adj שטעכיק
*shtechik*

barber n שערער ז (ס)
*sherer*

barbershop n שערערײַ נ (ען)
*shererai*

bard n פּאָעט און זינגער ז (פֿון אַמאָליקע צײַטן)
*poet un zinger (fun amolike tsaiten)*

Bard of Avon שעקספּיר
*shekspir*

bare adj נאַקעט, בלויז
*naket, bloiz*

bare v אַנטבלויזן, אויפֿדעקן
*antbloizen, oifdeken*

barefoot adj, adv באָרוועס
*borves*

barely adv קוים
*koim*

bargain n מציאה נ (מציאות); אָפּמאַך ז (ן)
*metsie (metsies); opmach*

bargain v דינגען זיך
*dingen zich*

barge n באַרקע נ (ס)
*barke*

baritone n באַריטאָן ז (ען)
*bariton*

bark n ביל ז (ן); קאָרע נ (ס)
*bil; kore*

bark v בילן; אָפּרײַבן (קאָרע; הויט)
*bilen; opraiben (kore; hoit)*

barley n גערשט ז (ן)
*gersht*

bar mitzvah n בר־מיצווה ז (־מיצוות)
*bar-mitsve (-mitsves)*

barn n שײַער ז (ן)
*shaier*

barometer n באַראָמעטער ז (ס)

*barometer*

baron n בּאַראָן ז (ען)
*baron*

baroness n בּאַראָנעסע נ (ס)
*baronese*

baroque adj בּאַראָקיש; אויסגעפּוצט; מליצהדיק
*barokish; oisgeputst; melitsedik*

baroque n בּאַראָק ז (סטיל)
*barok (stil)*

barracks n קאַזאַרמע נ (ס)
*(takes either a sg. or pl. v.)*
*kazarme*

barracuda n בּאַראַקודע נ (ס) (פיש)
*barakude (fish)*

barrel n פאַס נ (פעסער)
*fas (feser)*

barren adj פרוכטלאָז
*fruchtloz*

barricade n בּאַריקאַדע נ (ס)
*barikade*

barricade v בּאַריקאַדירן
*barikadiren*

barrier n מחיצה נ (מחיצות); שטרויכלונג נ (ען); גרענעץ ז (ן)
*mechitse (mechitses); shtroichlung; grenets*

barter n בּײַטהאַנדל ז
*baithandel*

barter v אויסבּײַטן
*oisbaiten*

base n בּאַזע נ (ס)
*baze*

base v בּאַזירן
*baziren*

base adj געמיין
*gemein*

baseball n בּייסבּאָל ז
*beisbol*

baseless adj אומבּאַגרינדעט
*umbagrindet*

basement n אונטערגאָרן ז (ס)
*untergoren*

basement apartment n קעלערוווינונג נ (ען)
*kelervoinung*

bashful adj שעמעוודיק
*shemevdik*

basic adj גרונטיק, פונדאַמענטאַל
*gruntik, fundamental*

basically adv אין גרונט
*in grunt*

basis n בּאַזיס ז (ן), גרונט ז (ן)
*bazis, grunt*

bask v וואַרעמען זיך
*varemen zich*

basket n קויש ז (ן)
*koish*

basketball n קוישבּאָל ז
*koishbol*

bass n (מוזיק) בּאַס ז (ן)
*(muzik) bas*

bastard n ממזר ז (ים)
*mamzer (mamzeirim)*

bat n פלעדערמויז נ (פלעדערמײַז)
*fledermoiz (fledermaiz)*

batch n פּעקל ס (עך), בּינטל ס (עך)

*pekel (peklech),*
*bintel (bintlech)*

**bath** n — באָד נ (בעדער)
*bod (beder)*

**bathe** v — באָדן
*boden*

**bathing suit** n — באָדקאָסטיום ז (ען)
*bodkostyum*

**bathroom** n — וואַשצימער ז (ן)
*vashtsimer*

**bathtub** n — וואַנע נ (ס)
*vane*

**battalion** n — באַטאַליאָן ז (ען)
*batalyon*

**batter** v — צעשלאָגן
*tseshlogen*

**battery** n — באַטעריע נ (ס)
*bateryе*

**battle** n — שלאַכט נ (ן)
*shlacht*

**battlefield** n — שלאַכטפעלד ס (ער)
*shlachtfeld (shlachtfelder)*

**bawd** n — זונה נ (זונות)
*zoine (zoines)*

**bawl** v — שרײַען; וויינען הילכיק; (סלענג) אָנשרײַען, געבן אַ פסק
*shraien; veinen hilchik; (sleng) onshraien, geben a psak*

**bay** n — בוכטע נ (ס), אײַנגאָס ז (ן)
*buchte, aingos*

**bayonet** n — באַגנעט ז (ן)
*bagnet*

**bazaar** n — באַזאַר ז (ן)
*bazar*

**bazooka** n — באַזוקע נ (ס)
*bazuke*

**be** v — זײַן
*zain*

**beach** n — ברעג ז (ן); פלאַזשע נ (ס)
*breg; plazhe*

**beacon** n — לײַכט־טורעם ז (ס); פֿײַער־סיגנאַל ז (ן)
*laicht-turem; faier-signal*

**bead** n — קרעל נ (ן)
*krel*

**beadle** n — שמש ז (ים)
*shames (shamosim)*

**beak** n — שנאָבל ז (ען)
*shnobel (shnoblen)*

**beam** n — שטאַנג ז (ען); קלאָץ ז (קלעצער); שטראַל ז (ן)
*shtang; klots (kletser); shtral*

**beam** v — שטראַלן, שײַנען; קוועלן
*shtralen, shainen; kvelen*

**bean** n — (גרויסער) באָב ז (עס); (קליין) בעבל ס (עך)
*(groiser) bob; (klein) bebel (beblech)*

**bear** v — טראָגן; פֿאַרטראָגן, אויסהאַלטן; געבוירן
*trogen; fartrogen, ois'halten; geboiren*

**bear** n — בער ז (ן) (חיה)
*ber (chaie)*

**beard** n — באָרד נ (בערד)
*bord (berd)*

bearing n האַלטונג נ (ען); שײַכות ס
*haltung; shaiches*

bearings n pl אָריענטאַציע נ
*oryentatsye*

beast n חיה נ (חיות); בעסטיע נ (ס), ווילדע חיה
*chaie; bestye, vilde chaie*

beat v שלאָגן; קלאַפּן
*shlogen; klapen*

beat n קלאַפּ ז (קלעפּ); טאַקט ז (ן)
*klap (klep); takt*

beatnik n ביטניק ז (עס)
*bitnik*

beautiful adj שײן
*shein*

beauty n שײנקײט נ; שײנהײט נ (ן), שײנע פֿרוי נ (ען)
*sheinkeit; sheinheit, sheine froi*

beaver n ביבער ז (ס) (חיה)
*biber (chaie)*

because conj ווײַל, וואָרעם, מחמת
*vail, vorem, machmes*

beckon v ווינקען; צוציִען
*vinken; tsutsien*

becloud v פֿאַרוואָלקענען; פֿאַרטונקלען
*farvolkenen; fartunklen*

become v ווערן
*veren*

becoming adj פּאַסיק; שײן
*pasik; shein*

bed n בעט ס (ן)
*bet*

bedbug n וואַנץ נ (ן)
*vants*

bedding n בעטגעוואַנט ס
*betgevant*

bedeck v באַצירן
*batsiren*

bedlam n באַלאַגאַן ז (ען); דולהויז ס (דולהײַזער)
*balagan; dulhoiz (dulhaizer)*

bedroom n שלאָפֿצימער ז (ן)
*shloftsimer*

bee n בין נ (ען)
*bin*

beef n רינדפֿלײש ס, רינדערנס ס
*rindfleish, rinderens*

beehive n בינשטאָק ז (ן)
*binshtok*

beep n פּיפּס ז (ן)
*pips*

beep v פּיפּסן
*pipsen*

beer n ביר ס
*bir*

beet n בוריק ז (עס)
*burik*

beetle n זשוק ז (עס)
*zhuk*

befall v געשען, פּאַסירן
*geshen, pasiren*

befitting adj פּאַסיק
*pasik*

befog v פֿאַרנעפּלען; מאַכן אומקלאָר
*farneplen; machen umklor*

before prep, adv, conj פאַר; פריִער; איידער
*far; frier; eider*

befriend v באַפרייַנדן זיך
*bafrainden zich*

befuddle v צעטומלען
*tsetumlen*

beg v בעטן; בעטלען, שנאָרן
*beten; betlen, shnoren*

beggar n בעטלער ז (ס), שנאָרער ז (ס)
*betler, shnorer*

begin v אָנהייבן, אָנהויבן, אָנפאַנגען
*onheiben, onhoiben, onfangen*

beginner n אָנהייבער ז (ס), אָנפאַנגער ז (ס)
*onheiber, onfanger*

beginning n אָנהייב ז (ן), אָנפאַנג ז (ען)
*onheib, onfang*

begrudge v זשאַלעווען, ניט פאַרגינען; מקנא־זייַן
*zhaleven, nit farginen; mekane zain*

beguile v אָפּנאַרן, פאַרפירן
*opnaren, farfiren*

behalf n טובה נ; זייַט נ; אינטערעס ז
*toive; zait; interes*

in behalf of לטובת
*letoives*

behave v אויפפירן זיך
*oiffiren zich*

behavior n אויפפירונג נ (ען)

behest n באַפעל ז (ן)
*bafel*

behind n הינטן ז (ס), געזעס ס (ן)
*hinten, gezes*

behind prep, adv הינטער; הינטן
*hinter, hinten*

behind adj הינטערשטעליק
*hintershtelik*

behold v זען; באַמערקן
*zeen, bamerken*

beholden adj דאַנק־שולדיק
*dank-shuldik*

beige adj בייזש (קאָליר)
*beizh (kolir)*

being n זייַן ס; באַשעפעניש ס (ן)
*zain; bashefenish*

belated adj פאַרשפּעטיקט
*farshpetikt*

belch n גרעפּץ ז (ן)
*grepts*

belch v גרעפּצן
*greptsen*

beleaguer v באַלאַגערן; פּלאָגן
*balageren; plogen*

belief n גלויבן ז (ס)
*gloiben*

believe v גלויבן, גלייבן; מיינען
*gloiben, gleiben; meinen*

believer n גלויביקער ז
*gloibiker*

belittle v גרינגשעצן
*gringshetsen*

bell n גלאָק ז (גלעקער)
*glok (gleker)*

belle n יפהפיה נ (יפהפיות), שיינהייט נ (ן)
*yefeifie, sheinheit*

belles-lettres n pl (takes sing. v.) בעלעטריסטיק נ
*beletristik*

bellicose adj קעמפעריש
*kemferish*

belligerency n מלחמה־צושטאַנד ז (ן)
*milchome-tsushtand*

belligerent adj מלחמהדיק
*milchomedik*

belligerent n בעל־מלחמה ז
*bal-milchome*

bellow v ריטשען
*rit'shen*

belly n בויך ז (בײַכער)
*boich (baicher)*

bellyache n בויכווייטיק ז (ן)
*boichveitik*

bellyache v מרוקען; באַקלאָגן זיך (איבער קלייניקייטן)
*mruken; baklogen zich (iber kleinikeiten)*

belong v געהערן
*geheren*

beloved adj באַליבט
*balibt*

below prep, adv אונטער; אונטן
*unter; unten*

belt n פּאַס ז (ן); פּאַסיק ז (עס)
*pas; pasik*

bema n בעלעמער ז (ס), בימה נ (בימות)
*belemer, bime (bimes)*

bemoan v באַקרעכצן; באַקלאָגן
*bakrechtsen; baklogen*

bench n באַנק נ (בענק)
*bank (benk)*

bend v בייגן
*beigen*

bend n בייג ז (ן)
*beig*

beneath prep, adv אונטער; אונטן; אין דער נידער, אינדערנידער
*unter; unten; in der nider, indernider*

benediction n ברכה נ (ברכות)
*broche (broches)*

benefactor n טובה־טוער ז (ס), נדיב ז (ים)
*toive-tuer, nodiv (nedivim)*

beneficiary n געניסער ז (ס)
*geniser*

benefit n טובה נ (טובות), נוצן ז (ס)
*toive (toives), nutsen*

benefit v ברענגען נוצן; געניסן
*brengen nutsen; genisen*

benevolence n וווילטעטיקייט נ
*voiltetikeit*

benevolent adj וווילטעטיק
*voiltetik*

bequeath v איבערלאָזן (אין אַ צוואה)
*iberlozen (in a tsavoe)*

bequest n עזבון ז (ות)
*izoven (izvoines)*

beret n בערעט ז (ן)
*beret*

berry n יאַגדע נ (ס)
*yagde*

berth n שיפּבעטל ס (עך);
אַנקערונגס־פּלאַץ ז (־פּלעצער)
*shifbetel (shifbetlech);*
*ankerungs-plats (-pletser)*

beseech v בעטן ערנסט
*beten erenst*

beside prep בײַ, לעבן; אויסער
*bai, leben; oiser*

besides adv, prep דערצו; אויך;
אויסער
*dertsu; oich; oiser*

besiege v באַלאַגערן
*balageren*

best adj, adv בעסט; צום בעסטן
*best; tsum besten*

bestow v באַשענקען
*bashenken*

best seller בעסטסעלער ז (ס)
(בעסט־פאַרקויפלעך בוך)
*best'seler*
*(best-farkoiflech buch)*

bet n געוועט ס (ן)
*gevet*

bet v וועטן זיך
*veten zich*

betray v פאַרראַטן, בוגד זײַן
*farraten, boiged zain*

betrayal n פאַרראַט ז (ן),
בגידה נ (בגידות)
*farrat, bgide (bgides)*

better adj, adv בעסער
*beser*

better v אויסבעסערן
*oisbeseren*

betterment n פאַרבעסערונג נ (ען)
*farbeserung*

between prep, adv צווישן;
אינצווישן
*tsvishen; intsvishen*

beverage n געטראַנק ס (ן)
*getrank*

beware v היטן זיך
*hiten zich*

bewilder v צעטומלען
*tsetumlen*

bewitch v פאַרכישופן; באַצויבערן
*farkishefen; batsoiberen*

beyond prep, adv הינטער; אויסער;
אויף יענער זײַט;
ווײַטער
*hinter; oiser;*
*oif yener zait; vaiter*

bias n פאָראורטל ז (ען)
*forurtel (forurtlen)*

Bible n ביבל נ; תנך ז
*bibel; tenach/tanach*

Biblical, biblical adj ביבליש; תנכיש
*biblish; tanachish*

bibliography n ביבליאָגראַפיע נ
*bibliografye*

bibliophile n ביבליאָפיל ז (ן)
*bibliofil*

bicker v אַמפּערן זיך (איבער
אַ קלייניקייט)

*amperen zich (iber a kleinikeit)*

bicycle n — ראָווער ז (ן), ביציקל ז (ען) — *rover, bitsikel (bitsiklen)*

bid v — הייסן, באַפעלן; אָנבאָטן; זאָגן (אַ באַגריסונג); בעטן — *heisen, bafelen; onboten; zogen (a bagrisung); beten*

bid n — אָנבאָט ז (ן) — *onbot*

bidder n — אָנבאָטער ז (ס) — *onboter*

bidding n — באַפעל ז (ן); אָנבאָט ז (ן) — *bafel; onbot*

big adj — גרויס — *grois*

bigot n — ביגאָט ז (ן), פאַנאַטיקער ז (ס) — *bigot, fanatiker*

bigamy n — ביגאַמיע נ — *bigamye*

bigotry n — פאַנאַטיזם ז; אומטאָלעראַנץ נ — *fanatizm; umtolerants*

bigshot n — (סלענג) קנאַקער ז (ס) — *(sleng) knaker*

bigwig n — (שמועסדיק) מכובד ז (ים) — *(shmuesdik) mechubed (mechubodim)*

bike n — ביציקל ז (ען) — *bitsikel (bitsiklen)*

bikini n — ביקיני נ (ס) — *bikini*

bilateral adj — צווייזײַטנדיק — *tsveizaitendik*

bile n — גאַל נ — *gal*

bilingual adj — צוויישפּראַכיק — *tsveishprachik*

bilk v — באַשווינדלען — *bashvindlen*

bill n — חשבון ז (ות); באַנקנאָט ז (ן); געזעץ־פּראָיעקט ז (ן); שנאָבל ז (ען) — *cheshben (cheshboines); banknot; gezets-proyekt; shnobel (shnoblen)*

bill v — שיקן אַ חשבון — *shiken a cheshben*

billiards n (takes a sing. v.) — ביליאַרד ז — *bilyard*

billion n — ביליאָן ז (ען) — *bilyon*

billionaire n — ביליאָנער ז (ן) — *bilyoner*

billy goat — (שמועסדיק) באָק ז (בעק) — *(shmuesdik) bok (bek)*

bimah n — בימה נ (ות) — *bime (bimes)*

bind v — בינדן; אײַנבינדן — *binden; ainbinden*

bindery n — בינדערײַ נ (ען) — *binderai*

biochemistry n — ביאָכעמיע נ — *biochemye*

biography n — ביאָגראַפיע נ (ס) — *biografye*

biology n — ביאָלאָגיע נ

*biologye*

biotic adj ביאָטיש
*biotish*

bird n פויגל ז (פייגל)
*foigel feigel0*

bird of peace שלום־פויגל ז, טויב נ (ן)
*sholem-foigel, toib*

bird of prey רויבפויגל ז (רויבפייגל)
*roibfoigel (roibfeigel)*

birth n געבורט ס/נ (ן)
*geburt*

birth certificate מעטריקע נ (ס)
*metrike*

birthday n געבורטסטאָג ז (געבורטסטעג)
*geburt'stog (geburt'steg)*

birthright n בכורה נ
*bchoire*

biscuit n ביסקוויט ז (ן)
*biskvit*

bit n שטיקל ס (עך); ביסל ס (עך)
*shtikel (shtiklech)*
*bisel (bislech)*

bitch n צויג נ (צײַג); כלבטע נ (ס), מרשעת נ (ן)
*tsoig (tsaig); klafte, mirshaas*

bitchy adj רישעותדיק, שלעכט
*rishesdik, shlecht*

bite n ביס ז (ן); ביסן ז (ס)
*bis; bisen*

bite v בײַסן
*baisen*

biting adj בײַסיק
*baisik*

bitter adj ביטער
*biter*

bitterness n ביטערקייט נ
*biterkeit*

bizarre adj ביזאַר (מאָדנע, משונהדיק; פאַנטאַסטיש; גראָטעסק)
*bizar (modne, meshunedik; fantastish; grotesk)*

black adj שוואַרץ
*shvarts*

blackboard n טאָוול ז (ען)
*tovel (tovlen)*

blacken v פאַרשוואַרצן
*farshvartsen*

blackmail n שאַנטאַזש ז
*shantazh*

blackmail v שאַנטאַזשירן
*shantazhiren*

blacksmith n שמיד ז (ן)
*shmid*

blade n שאַרף נ (ן) (פון אַ מעסער); ראַזיר־מעסערל ס (עך); גרעזל ס (עך)
*sharf (fun a meser); razir-meserel (-meserlech); grezel (grezlech)*

blame n שולד נ
*shuld*

blame v האַלטן פאַראַנטוואָרטלעך; טאַדלען
*halten farantvortlech; tadlen*

blank adj בלאַנק, בלויז, ליידיק
*blank, bloiz, leidik*

blank n בלאַנק ז (ען), בלויז ז (ן)
*blank, bloiz*

blanket n קאָלדרע נ (ס); דעק נ (ן)
*koldre; dek*

blanket v איַינדעקן
*aindeken*

blare v ריטשען; קוויטשען
*rit'shen; kvit'shen*

blaspheme v לעסטערן
*lesteren*

blast n בלאָז ז (ן); אויפריַיס ז (ן)
*bloz; oifrais*

blast v אויפריַיסן
*oifraisen*

blatant adj שריַיאיק; גראָב
*shraiik; grob*

blaze n פלאַם ז (ען)
*flam*

blaze v פלאַמען, פלאַקערן
*flamen, flakeren*

blazing adj פלאַמענדיק
*flamendik*

bleach n בלייעכץ ס
*bleiechts*

bleach v בלייכן
*bleichen*

bleak adj וויסט; קאַלט און אומעטיק
*vist; kalt un umetik*

bleat v מעקען (ווי אַ קאַלב); בעקען (ווי אַ שעפּס)
*meken (vi a kalb)*
*beken (vi a sheps)*

bleed v בלוטיקן
*blutiken*

blemish n פגם ז (ים)
*pgam (pgomim)*

blend n געמיש ס (ן)
*gemish*

blend v אויסמישן; צונויפגיסן זיך
*oismishen; tsunoifgisen zich*

bless v בענטשן
*bent'shen*

blessing n ברכה נ (ברכות)
*broche (broches)*

blind adj בלינד
*blind*

(window) blind n שטאָרע נ (ס)
*shtore*

blind v בלינד מאַכן; פאַרבלענדן
*blind machen; farblenden*

blindness n בלינדקייט נ
*blindkeit*

blink v פינטלען; בלינצלען, בלינצן
*pintlen; blintslen, blintsen*

blintz, blintze n בלינצע נ (ס)
*blintse*

bliss n גליקזעליקייט נ
*glikzelikeit*

blister n בלאָטער ז (ס)
*bloter*

blitzkrieg n בליצקריג ז (ן)
*blitskrig*

blizzard n זאַווערוכע נ (ס)
*zaveruche*

bloated adj געשוואָלן;

אויפגעבלאָזן
*geshvolen; oifgeblozen*

bloc n בלאָק ז (ן), גרופּע נ (ס)
*blok, grupe*

block n קלעצל ס (עך); בלאָק ז (ן)
(פֿון הײַזער); פֿאַרצאַם ז (ען)
*kletsel (kletslech); blok*
*(fun haizer); fartsam*

block v פֿאַרשטעלן; בלאָקירן
*farshtelen; blokiren*

blockade n בלאָקאַדע נ (ס)
*blokade*

blockhead n שוטה ז (שוטים)
*shoite (shoitim)*

blond adj בלאָנד
*blond*

blonde n בלאָנדינע נ (ס),
בלאָנדינקע נ (ס)
*blondine, blondinke*

blood n בלוט ס
*blut*

bloodshed n בלוט־פֿאַרגיסונג נ
*blut-fargisung*

bloody adj בלוטיק
*blutik*

bloom n בלי ז
*bli*

bloom v בליִען
*blien*

blossom n בליִעכץ ס; קווייט ז (ן)
*bliechts; kveit*

blossom v בליִען, צוויטען
*blien, tsviten*

blot n פֿלעק ז (ן); קלעק ז (ן)
*flek; klek*

blot v באַפֿלעקן; אָפּקלעקן
*bafleken; opkleken*

blotter n קלעקער ז (ס)
*kleker*

blotting paper n קלעקפּאַפּיר ס
*klekpapir*

blouse n בלוזע נ (ס), בלוזקע נ (ס)
*bluze, bluzke*

blow n בלאָז ז (ן);
קלאַפּ ז (קלעפּ), זעץ ז (ן)
*bloz; klap (klep), zets*

blow v בלאָזן
*blozen*

blue adj בלאָ, בלוי
*blo, bloi*

blue n בלויער קאָליר ז
*bloier kolir*

bluff n בלאָף ז (ן)
*blof*

bluff v בלאָפֿן, אָפּנאַרן
*blofen, opnaren*

blunder n (נאַרישער) פֿעלער ז (ן)
*(narisher) feler*

blunder v באַנאַרישן זיך
*banarishen zich*

blunt adj טעמפּ; אָפֿן, שאַרף
*temp; ofen, sharf*

blurt v אַרויסכאַפּן זיך
*aroischapen zich*

blush v רויטלען זיך
*roitlen zich*

boar n וואַלד־חזיר ז (ים)
*vald-chazer (-chazeirim)*

board n ברעט נ (ער);
דירעקטאָריום ז (ס)
*bret (breter); direktoryum*

board v פאַרדעקן מיט ברעטער;
אײַנאָרדנען זיך אין אַ
פּאַנסיאָן; אַרויפגיין
(אויף אַ שיף, צוג, א״ע)
*fardeken mit breter;*
*ainordnen zich in*
*a pansyon; aroifgein*
*(oif a shif, tsug, etc.)*

boarding house פּאַנסיאָן ז (ען)
*pansyon*

boast n באַרים ז (ען)
*barim*

boast v באַרימען זיך
*barimen zich*

boaster n באַרימער ז (ס)
*barimer*

boat n לאָטקע נ (ס),
שיפל ס (עך)
*lotke, shifel (shiflech)*

body n קערפּער ז (ס)
*kerper*

bodyguard n לײַב־וואַך נ (ן);
לײַב־שומר ז (ים)
*laib-vach; laib-shoimer*
*(-shomrim)*

bogey n שד ז (ים)
*shed (sheidim)*

boil v קאָכן, זידן
*kochen, ziden*

boiler n קעסל ז (ען)
*kesel (keslen)*

boiling adj קאָכעדיק
*kochedik*

bold adj דרייסט
*dreist*

boldness n דרייסטקייט נ
*dreistkeit*

bolster n לאַנג קישל ס (עך)
*lang kishel (kishlech)*

bolster v אונטערשפּאַרן מיט
אַ קישל; אונטערשטיצן
*untershparen mit a kishel;*
*untershtitsen*

bonanza n רײַכער גראָבן ז
(פון מינעראַלן); (שמועסדיק)
אוצר ז (ות), שמאַלצגרוב נ (ן)
*raicher groben (fun mineralen);*
*(shmuesdik) oitser (oitsres),*
*shmaltsgrub*

bolt n ריגל ז (ען)
*rigel (riglen)*

bolt v פאַרריגלען
*farriglen*

bomb n באָמבע נ (ס)
*bombe*

bomb v וואַרפן באָמבעס
*varfen bombes*

bombard v באָמבאַרדירן
*bombardiren*

bond n בונד ז (ן); קייט נ (ן);
אָבליגאַציע נ (ס)
*bund; keit; obligatsye*

bondage n קנעכטשאַפט נ
*knecht'shaft*

bone n ביין ז (ער)

*bein (beiner)*

bonnie, bonny adj פריילעך; ליב
*freilech; lib*

bonus n באָנוס ז (ן), פּרעמיע נ (ס)
*bonus, premye*

bon voyage גליקלעכע רײַזע!
*glikleche raize!*

bony adj ביינערדיק
*beinerdik*

boo v שרײַען "בו"; אויספײַפן
*shraien "bu"; oisfaifen*

booby n גולם ז (ס); טיפּש ז (ים)
*goilem; tipesh (tipshim)*

book v באַשטעלן
*bashtelen*

book n בוך ס (ביכער); ספר ז (ים)
*buch (bicher); seifer (sforim)*

bookbinder n אײַנבינדער ז (ס)
*ainbinder*

bookcase n ביכערשאַנק נ (ביכערשענק)
*bichershank (bichershenk)*

bookkeeper n בוכהאַלטער ז (ס)
*buchhalter*

bookkeeping n בוכהאַלטעריע נ
*buchhalterye*

booklet n ביכל ס (עך)
*bichel (bichlech)*

bookseller n בוכהענדלער ז (ס), מוכר־ספרים ז (מוכרי־ספרים)
*buchhendler, moicher-sforim (moichre-sforim)*

bookstore n ביכער־קראָם נ (ען)
*bicher-krom*

boom n בום ז (ען) (הילכיקער קלאַנג); אויפבלי ז (ען)
*bum (hilchiker klang); oifbli*

boom v מאַכן בום־קלאַנגען; אויפבליִען
*machen bum-klangen; oifblien*

boomerang n בומעראַנג ז (ען)
*bumerang*

boon adj פריילעך
*freilech*

boon n ברכה נ (ברכות); טובה נ (טובות); נוץ ז/נ (ן)
*broche (broches); toive (toives); nuts*

boor n זשלאָב ז (עס), כאַם ז (עס)
*zhlob, cham*

boost v אונטערהייבן
*unterheiben*

boot n שטיוול ז
*shtivel*

booth n בײַדל ס (עך)
*baidel (baidlech)*

bootleg v שמוגלען (ליקער, א"ע)
*shmuglen (liker, etc.)*

bootlegger n שמוגלער ז (ס) (פון ליקער, א"ע)
*shmugler (fun liker, etc.)*

bootlicker n אונטערלעקער ז (ס)
*unterleker*

booty n רויב ס
*roib*

booze n אַלקאָהאָל־געטראַנק ס (ען)
*alkohol-getrank*

border n ראַנד ז (ן); גרענעץ ז (ן); ברעג ז (ן)
*rand; grenets; breg*

border v גרענעצן זיך
*grenetsen zich*

borderline n גרענעץ ז (ן)
*grenets*

bore v בויערן; נודיען
*boieren, nudyen*

bore n נודניק ז (עס)
*nudnik*

boredom n לאַנגווײַל ז
*langvail*

boring adj לאַנגווײַליק
*langvailik*

born adj געבוירן
*geboiren*

borough n שטאָטטײל ז (ן)
*shtotteil*

borrow v באָרגן; לײַען
*borgen; laien*

borscht, borsht n באָרשט ז (ן)
*borsht*

bosom n בוזעם ז (ס)
*buzem*

boss n שעף ז (ן); בעל־הבית ז (בעלי־בתּים)
*shef; balebos (balebatim)*

boss v אויפפּאַסן; באַלעבאַטעווען איבער, שאַפן זיך מיט
*oifpasen; balebateven iber, shafen zich mit*

bossy adj הערשעריש
*hersherish*

botany n באָטאַניק נ
*botanik*

botch v פושערן, פּאַרטאַטשעווען
*fusheren, partat'sheven*

both adj, pron, conj בײדע; סײַ... סײַ
*beide; sai... sai*

bother n קלאַפּאָט, קלאָפּאָט ז (ן)
*klapot, klopot*

bother v טשעפּען; באַלעסטיקן
*t'shepen; balestiken*

bottle n פלאַש נ (פלעשער)
*flash (flesher)*

bottom n גרונט ז (ן), דנאָ ז (ען)
*grunt, dno*

boudoir n בודואַר ז (ן)
*buduar*

bough n צווײַג נ (ן)
*tsvaig*

boulder n פעלדז ז (־)
*feldz*

boulevard n בולוואַר ז (ן)
*bulvar*

bounce n אָפּשפּרונג ז (ען)
*opshprung*

bounce v אָפּשפּרינגען; צוריקגעשיקט ווערן (אַ טשעק אָן דעקונג)
*opshpringen; tsurikgeshikt veren (a t'shek on dekung)*

bound v שפּרינגען
*shpringen*

bound n שפּרונג ז (ען)
*shprung*

**bound** n (often **bounds**) תּחום ז (ען)
*tchum*

**boundary** n גרענעץ ז (ן)
*grenets*

**bounty** n ברייטהאַרציקייט נ; באַלוינונג נ (ען)
*breithartsikeit; baloinung*

**bouquet** n בוקעט ז (ן)
*buket*

**bourgeoisie** n בורזשואַזיע נ
*burzhuazye*

**bow** v בייגן זיך, פֿאַרנייגן זיך
*beigen zich, farneigen zich*

**bow** n פֿאַרנייג ז (ן); בויגן ז (ס)
*farneig; boigen*

**bowels** n pl געדערעם ר
*gederem*

**bowl** n שיסל נ (ען)
*shisel (shislen)*

**box** n קאַסטן ז (ס), קעסטל ס (עך); פּושקע נ (ס); לאָזשע נ (ס)
*kasten, kestel (kestlech); pushke; lozhe*

**boxing** n באָקס ז (ספּאָרט)
*boks (sport)*

**boy** n ייִנגל ז/ס (עך)
*yingel (yinglech)*

**boycott** n בויקאָט ז (ן)
*boikot*

**boycott** v בויקאָטירן
*boikotiren*

**bracelet** n בראַסלעט ז (ן)
*braslet*

**bracket** n קלאַמער ז (ן); שטײַערקלאַס ז (ן)
*klamer; shtaierklas*

**brackish** adj געזאַלצן; אָן טעם
*gezaltsen; on taam*

**brag** v באַרימען זיך
*barimen zich*

**braggart** n באַרימער ז (ס)
*barimer*

**braid** n צאָפּ ז (צעפּ)
*tsop (tsep)*

**Braille** (Also **braille**) n ברײַל ז, ברײַלשריפט נ
*brail, brailshrift*

**brain** n מוח ז (ות)
*moiech (moiches)*

**brains** n pl שׂכל ז, אינטעליגענץ נ
*seichel, inteligents*

**brake** n טאָרמאַז ז (ן)
*tormaz*

**brake** v האַמעווען, טאָרמאַזירן
*hameven, tormaziren*

**bran** n קלײַען ר
*klaien*

**branch** n צווײַג נ (ן); פֿיליאַל ז (ן)
*tsvaig; filyal*

**branch out** v צעצווײַגן זיך
*tsetsvaigen zich*

**brand** n בראַנדצייכן ז (ס); מאַרקע נ (ס)
*brandtseichen; marke*

**brand** v בראַנדן; שטעמפּלען
*branden; shtemplen*

**brandish** v פֿאָכען (אַ שווערד, א״א)
*fochen (a shverd, etc.)*

**brandy** n קאָניאַק ז (ן)
*konyak*

**brass** n מעש ס
*mesh*

**brass** adj מעשן
*meshen*

**brat** n יונגאַטש ז (עס)
*yungat'sh*

**brave** adj בראַוו, מוטיק, דרייסט
*brav, mutik, dreist*

**brave** v שטיין אַקעגן (אָן מורא)
*shtein akegen (on moire)*

**bravery** n מוט ז, דרייסטקייט נ
*mut, dreistkeit*

**bravo** interj בראַוואָ!
*bravo!*

**brawl** n קריגעריַי ס (ען)
*krigerai*

**brawl** v קריגן זיך, ראַנגלען זיך
*krigen zich, ranglen zich*

**bray** n ריטש ז (פון אַן אייזל)
*rit'sh (fun an eizel)*

**bray** v ריטשען
*rit'shen*

**brazen** adj מעשן; פרעך, חוצפהדיק
*meshen; frech, chutspedik*

**breach** n דורכבראָך ז (ן); ברעכונג נ (ען)
*durchbroch; brechung*

**breach** v דורכברעכן
*durchbrechen*

**bread** n ברויט ס (ן)
*broit*

**breadth** n ברייט נ
*breit*

**break** n בראָך ז (ן); הפסקה נ (ות)
*broch; hafsoke (hafsokes)*

**break** v ברעכן, צעברעכן
*brechen, tsebrechen*

**breakable** adj צעברעכלעך
*tsebrechlech*

**breakdown** n איַינבראָך ז (ן); צעענצלונג נ (ען)
*ainbroch; tseentslung*

**breakfast** n פרישטיק ז (ן), פת־שחרית ס
*frishtik, pas-shachris*

**breakneck** adj געפערלעך שנעל
*geferlech shnel*

**breakthrough** n דורכבראָך ז (ן)
*durchbroch*

**breast** n ברוסט נ (בריסט)
*brust (brist)*

**breath** n אָטעם ז (ס)
*otem*

**breathe** v אָטעמען
*otemen*

**breed** n אויסברי ז (ען); שטאַם ז (ען); ראַסע נ (ס)
*oisbri; shtam; rase*

**breed** v געבוירן; האָדעווען
*geboiren; hodeven*

**breeze** n ווינטל ס (עך)
*vintel (vintlech)*

**brevity** n קורצקייט נ
*kurtskeit*

**brew** n געבריַי ס (ען)

*gebrai*

**brew** v — בּרײַען (בּיר); פאַרבּריִען (טיי)
*braien (bir); farbrien (tei)*

**bribe** n — שוחד־געלט ס (ער), כאַבּאַר ז
*shoiched-gelt (-gelter), chabar*

**bribe** v — משַחד זײַן; אונטערקויפן
*meshached zain; unterkoifen*

**bribery** n — אונטערקויפונג נ; שוחד־נעמונג נ
*unterkoifung; shoiched-nemung*

**brick** n — ציגל ז
*tsigel*

**bricklayer** n — מויערער ז (ס)
*moierer*

**bride** n — כלה נ (כלות)
*kale (kales)*

**bridegroom** n — חתן ז (ים)
*chosen (chasonim)*

**bridesmaid** n — אונטערפירערין נ (ס)
*unterfirerin*

**bridge** n — בּריק נ (ן)
*brik*

**bridge** v — בּויען אַ בּריק
*boien a brik*

**bridle** n — צוים נ (ען), צײַמל ס (עך)
*tsoim; tsaimel (tsaimlech)*

**bridle** v — אַרויפלייגן אַ צײַמל (אויף אַ פערד); צוימען
*aroifleigen a tsaimel (oif a ferd); tsoimen*

**brief** adj — קורץ
*kurts*

**briefcase** n — טעקע נ (ס)
*teke*

**briefly** adv — בּקיצור
*bekitser*

**brigade** n — בּריגאַדע נ (ס)
*brigade*

**brigand** n,adj — בּריגאַנט ז (ן); בּאַנדיט ז (ן)
*brigant; bandit*

**bright** adj — ליכטיק; גלאַנציק; אינטעליגענט
*lichtik; glantsik; inteligent*

**brighten** v — בּאַלײַכטן; דערפרייען
*balaichten; derfreien*

**brilliant** adj — גלאַנציק; גאוניש
*glantsik; geoinish*

**brilliant** n — בּריליאַנט ז (ן)
*brilyant*

**brim** n — ראַנד ז (ן); זוים ז (ען); בּרעג ז (ן)
*rand; zoim; breg*

**brine** n — זאַלצוואַסער ס
*zaltsvaser*

**bring** v — בּרענגען
*brengen*

**bring up** — דערציִען (אַ קינד)
*dertsien (a kind)*

**brink** n — ראַנד ז (ן); בּרעג ז (ן/עס)
*rand; breg*

**brisk** adj — לעבּעדיק, מונטער; פריש
*lebedik, munter; frish*

**bristle** n — האַרטע האָר נ
*harte hor*

**bristle** v — שטײַפן זיך

| | | | |
|---|---|---|---|
| | *shtaifen zich* | | *shvoger* |
| brittle adj | צעבּרעכלעך *tsebrechlech* | brotherly adj | בּרודעריש; פרײַנדלעך *bruderish; fraindlech* |
| broad adj | בּרייט *breit* | brow n | בּרעם נ (ען); שטערן ז (ס) *brem; shteren* |
| broadcast n | טראַנסמיסיע נ (ס) *transmisye* | browbeat v | אָנשרעקן *onshreken* |
| broadcast v | טראַנסמיטירן *transmitiren* | brown adj, n | בּרוין; בּרוינער קאָליר ז *broin; broiner kolir* |
| broil v | בּראָטן (איבּער אָדער אונטער אַ פײַער) *broten (iber oder unter a faier)* | browse v | בּלעטערן; פּאַשען זיך *bleteren; pashen zich* |
| | | bruise n | סיניאַק ז (עס) *sinyak* |
| broke adj | אָן געלט *on gelt* | bruise v | צעקלאַפּן; בּאַליידיקן *tseklapen; baleidiken* |
| brokenhearted adj | זייער טרויעריק *zeier troierik* | brunette n | בּרונעטקע נ (ס) *brunetke* |
| broker n | בּראָקער ז (ס); מעקלער ז (ס) *broker; mekler* | brush n | בּאַרשט נ (ן); פּענדזל ז (ען) *barsht; pendzel (pendzlen)* |
| bronze n | בּראָנדז ס *brondz* | brush v | בּאַרשטן; פּוצן *barshten; putsen* |
| brooch n (Also broach) | בּראָש נ (ן) *brosh* | brutal adj | בּרוטאַל, גרויזאַם *brutal, groizam* |
| brook n | טײַכל ס (עך) *taichel (taichlech)* | brute n | בּעסטיע נ (ס); אכזר ז (ים) *bestye; achzer (achzorim)* |
| brook v | דולדן; טאָלערירן *dulden; toleriren* | bubble n | בּלעזל ס (עך) *blezel (blezlech)* |
| broom n | בּעזעם ז (ער) *bezem (bezemer)* | bubble v | בּלעזלען *blezlen* |
| broth n | יויך נ (ן) *yoich* | buccaneer n | פּיראַט ז (ן) *pirat* |
| brother n | בּרודער ז (בּרידער) *bruder (brider)* | buck n | הירש ז (ן); (סלענג) דאָלאַר ז (ן) *hirsh; (sleng) dolar* |
| brother-in-law n | שוואָגער ז (ס) | bucket n | עמער ז (ס) |

*emer*

bud n קנאָספּ ז (ן)
*knosp*

bud v שפּראָצן
*shprotsen*

budge v רירן זיך; ענדערן אַ מיינונג
*riren zich; enderen a meinung*

budget n בודזשעט ז (ן)
*budzhet*

budget v בודזשעטירן
*budzhetiren*

buffet n בופעט ז (ן)
*bufet*

bug n אינסעקט ז (ן)
*insekt*

bug v רייצן זיך; דערקוטשען
*reitsen zich; derkut'shen*

buggy n וואָגן ז (ס), וועגעלע ס (ך)
*vogen, vegele*

build v בויען
*boien*

building n בנין ז (ים); בויאונג נ
*binyen (binyonim); boiung*

bulb n (בלומען־) ציבעלע נ (ס); עלעקטריש לעמפּל ס (עך)
*(blumen-) tsibele; elektrish lempel (lemplech)*

bulk n פאַרנעם ז (ען); גרייס נ (ן); גרעסטער טייל ז
*farnem; greis; grester teil*

bulky adj פאַרנעמיק
*farnemik*

bull n ביק ז (עס)
*bik*

bulldozer n בולדאָזער ז (ס)
*buldozer*

bullet n קויל נ (ן)
*koil*

bulletin n בולעטין ז (ען)
*buletin*

bullock n יונגער ביק ז; עקסל ס (עך)
*yunger bik; eksel (ekslech)*

bully n אוממענלעכער טיראַן ז; שלעגער ז (ס)
*ummenlecher tiran; shleger*

bulwark n שוץ־וואַל ז (ן)
*shuts-val*

bum n שלעפער ז (ס)
*shleper*

bum v ארומגיין ליידיק
*arumgein leidik*

bumblebee n זשומזשע נ (ס)
*zhumzhe*

bump n זעץ ז (ן), שטויס ז (ן); בייל ז (ן)
*zets, shtois; bail*

bump v אָנשטויסן זיך
*onshtoisen zich*

bun n קליינע בולקע נ (ס); (האָר) גרעק ז (ן)
*kleine bulke; (hor) grek*

bunch n הענגל ס (עך); חבֿרה נ (חבֿרות)

*hengel (henglech); chevre (chevres)*

bunch v הײפֿלען זיך
*haiflen zich*

bundle n בינטל ס (עך), פּעקל ס (עך)
*bintel (bintlech), pekel (peklech)*

bundle v אײַנפּאַקן
*ainpaken*

bungalow n באָנגאַלאָ ז (ס)
*bongalo*

bungle v פּאַרטאַטשעווען
*partat'sheven*

bungler n פּאַרטאַטש ז (ן)
*partat'sh*

bunny n (שמועסדיק) קרוליק ז (עס), קיניגל ס (עך)
*(shmuesdik) krulik, kinigel (kiniglech)*

burden n לאַסט נ (ן), משׂא נ (ות)
*last, mase (masoes)*

burden v באַלאַסטיקן, באַלאָדן
*balastiken, baloden*

bureau n ביוראָ ז/ס (ען)
*byuro*

bureaucracy n ביוראָקראַטיע נ
*byurokratye*

burglar n אַרײַנבּרעכער ז (ס)
*arainbrecher*

burglary n אַרײַנבּרעך ז (ן)
*arainbrech*

burial n קבורה נ (קבורות)
*kvure (kvures)*

burly adj שווער און שטאַרק
*shver un shtark*

burn v ברענען; פֿאַרברענען
*brenen; farbrenen*

burning n פֿאַרברענונג נ (ען)
*farbrenung*

burro n קלײנער אײזל ז (קלײנע אײזלען)
*kleiner eizel (kleine eizlen)*

burrow n קאַנורע נ (ס)
*kanure*

burst v אויפֿרײַסן; פּלאַצן
*oifraisen; platsen*

burst n אויפֿרײַס ז (ן)
*oifrais*

bury v באַגראָבן
*bagroben*

bus n אויטאָבוס ז (ן)
*oitobus*

bush n קוסט ז (ן); ווילדער וואַלד ז
*kust; vilder vald*

bushel n בושל ז (ען) (מאָס)
*bushel (bushlen) (mos)*

bushy adj קוסטיק
*kustik*

business n באַשעפֿטיקונג נ (ען); געשעפֿט ס (ן); עסק ז (ים)
*basheftikung; gesheft; eisek (asokim)*

bust n ביוסט ז (ן)
*byust*

busy adj פֿאַרנומען
*farnumen*

but conj, prep, adv אָבער; אַחוץ; נאָר

*ober; achuts; nor*

butcher n קצב ז (ים); קײַלער; רוצח ז (ים)
*katsev (katsovim); kailer; retseiech/rotseiech (rotschim)*

butcher v שעכטן; קאַליע מאַכן
*shechten; kalye machen*

butcher shop יאַטקע נ (ס)
*yatke*

butt n קאָלבע נ (ס) (פון אַ פיסטויל); שטאָפּסל ס (עך) (פון אַ פּאַפּיראָס); ציל ז (ן); אָביעקט ז (ן) (פון חוזק)
*kolbe (fun a pistoil); shtopsel (fun a papiros); tsil; obyekt (fun choizek)*

butt v שטויסן
*shtoisen*

butter n פּוטער נ
*puter*

butterfingers n לײמענער גולם ז (takes sing. v.)
*leimener goilem*

butterfly n פלאַטערל ס (עך)
*flaterel (flaterlech)*

buttermilk n פּוטערמילך נ
*putermilch*

buttocks n pl געזעס ס (ן)
*gezes*

button n קנאָפּ ז (קנעפּ), קנעפּל ס (עך)
*knop (knep), knepel (kneplech)*

button v פאַרקנעפּלען
*farkneplen*

buy v קויפן
*koifen*

buyer n קונה ז (ים); אײַנקויפער ז (ס)
*koine (koinim); ainkoifer*

buzz n זשום ז (ען)
*zhum*

buzz v זשומען, זומזען
*zhumen, zumzen*

by prep בײַ, לעבן; דורך; לויט; אויף; מיט
*bai, leben; durch; loit; oif; mit*

bygone adj פריִערדיק
*frierdik*

bygones n pl אַמאָליקע פּאַסירונגען ר
*amolike pasirungen*

bylaw n סטאַטוט ז (ן)
*statut*

byline n מחבר־שורה נ (אין אַ צײַטונג)
*mechaber-shure (in a tsaitung)*

# C c

c C n — צע ז (ען) (בוכשטאַב)
*tse (buchshtab)*

cab n — טאַקסי ז״נ (ס)
*taksi*

cabbage n — קרויט ס (ן)
*kroit*

cabbagetown n — (קאַנאַדיש) קרויט־שטעטל ס (עך); דלות־קוואַרטל ז (ען)
*(kanadish) kroit-shtetel (-shtetlech); dales-kvartel (-kvartlen)*

cabin n — בײַדל ס (עך); קאַבינע נ (ס)
*baidel (baidlech); kabine*

cabinet n (often Cabinet) — שענקל ס (עך); קאַבינעט ז (מיניסטאָרן)
*shenkel (shenklech); kabinet (oft: ministoren)*

cable n — קאַבל ז (ען)
*kabel (kablen)*

cable v — טעלעגראַפירן
*telegrafiren*

cackle v — גאָגערן; פּלוידערן
*gogeren; ploideren*

cactus n — קאַקטוס ז (ן)
*kaktus*

cadet n — קאַדעט ז (ן)
*kadet*

café n — קאַפע־הויז ס (־הײַזער)
*kafe-hoiz (-haizer)*

cafeteria n — קאַפעטעריע נ (ס)
*kafeterye*

cage n — שטײַג נ (ן)
*shtaig*

cage v — אײַנשטײַגלען, פאַרשפּאַרן
*ainshtaiglen, farshparen*

cake n — קוכן ז (ס), לעקעך ז (ער); שטיקל ס (עך)
*kuchen, lekech (lekecher); shtikel (shtiklech)*

calamity n — אומגליק ס (ן)
*umglik*

calculate n — רעכענען; אויסרעכענען
*rechenen; oisrechenen*

calculus n — קאַלקולוס ז
*kalkulus*

calendar n — קאַלענדאַר ז (ן); לוח ז (ות)
*kalendar; luech (luches)*

calf n — קאַלב ס (קעלבער)
*kalb (kelber)*

caliph n — כאַליף ז (ן)
*chalif*

call n — רוף ז (ן); קורצער באַזוך ז
*ruf; kurtser bazuch*

call v — רופן
*rufen*

callous adj — פאַרהאַרטעוועט

*farhartevet*

calm adj רואיק
*ruik*

calm n רו נ
*ru*

calm v באַרואיקן
*baruiken*

calorie n קאַלאָריע נ (ס)
*kalorye*

calumny n בילבול ז (ים)
*bilbel (bilbulim)*

calypso n קאַליפסאָ ז
*kalipso*

calyx n בלומען־בעכערל ס (עך)
*blumen-becherel (-becherlech)*

camel n קעמל ז (ען)
*kemel (kemlen)*

camera n קאַמערע נ (ס), פאָטאָגראַפיר־אַפּאַראַט ז (ן); צימער ז (פון אַ שופט)
*kamere, fotografir-aparat; tsimer (fun a shoifet)*

camouflage n קאַמופלאַזש ז
*kamuflazh*

camouflage v קאַמופלירן, קאַמופלאַזשירן
*kamufliren, kamuflazhiren*

camp n מחנה נ (מחנות), לאַגער ז (ן), קעמפּ ז (ן)
*machne (machnes), lager, kemp*

camp v לאַגערן
*lageren*

campus n קאַמפּוס ז (ן)
*kampus*

can n קאַן נ (ען), פושקע נ (ס)
*kan, pushke*

can v קאָנסערווירן
*konserviren*

can auxiliary verb קענען
*kenen*

Canada n קאַנאַדע [ס]
*kanade*

Canadian adj קאַנאַדיש
*kanadish*

Canadian n קאַנאַדער ז
*kanader*

canal n קאַנאַל ז (ן)
*kanal*

canary n קאַנאַריק ז (עס)
*kanarik*

cancel v אַנולירן, בטל מאַכן
*anuliren, botel machen*

cancellation n אַנולירונג נ (ען)
*anulirung*

cancer n ראַק ז (ן)
*rak*

candid adj אָפן־האַרציק
*ofen-hartsik*

candidate n קאַנדידאַט ז (ן)
*kandidat*

candle n ליכט ס
*licht*

candlestick n לײַכטער ז (ס)
*laichter*

candor, candour n אָפן־האַרציקייט נ; ערלעכקייט נ
*ofen-hartsikeit; erlechkeit*

candy n צוקערל ס (עך)
*tsukerel (tsukerlech)*

cane n שטעקן ז (ס)
*shteken*

cannery n קאָנסערוון־פאַבריק נ (ן)
*konserven-fabrik*

cannibal n קאַניבאַל ז (ן)
*kanibal*

cannon n האַרמאַט ז (ן).
*harmat*

canon n קאַנאָן ז (ען)
*kanon*

canopy n חופה נ (חופות)
*chupe (chupes)*

cantaloupe n דינקע נ (ס)
*dinke*

cantata n קאַנטאַטע נ (ס)
*kantate*

canteen n פעלדפלאַש נ (פעלדפלעשער); קאַנטינע נ (ס)
*feldflash (feldflesher); kantine*

canton n קאַנטאָן ז (ען)
*kanton*

cantor n חזן ז (ים)
*chazen (chazonim)*

canyon n קאַניאָן ז (ען)
*kanyon*

cap n היטל ס (עך)
*hitel (hitlech)*

capability n פעאיקייט נ (ן)
*fe'ikeit*

capable adj פעאיק
*fe'ik*

capacity n אַרייַננעם ז (ען); פעאיקייט נ (ן); ראָלע נ (ס)
*arainnem; fe'ikeit; role*

cape n פעלערינע נ (ס) (אַ מאַנטל אָן אַרבל); קאַפּ ז (ן) (אַ שפּיץ לאַנד וואָס שטעקט אַרויס אין אַ וואַסער.)
*pelerine (a mantel on arbel); kap (a shpits land vos shtekt arois in a vaser.)*

caper v שפּרינגען, טאַנצן
*shpringen, tantsen*

caper n שפּיצל ס (עך); שפּרונג ז (ען)
*shpitsel (shpitslech); shprung*

capital n הויפּטשטאָט נ (הויפּטשטעט); קאַפּיטאַל ז (ן)
*hoipt'shtot (hoipt'shtet); kapital*

capitalism n קאַפּיטאַליזם ז
*kapitalizm*

capitalist n קאַפּיטאַליסט ז (ן)
*kapitalist*

capitalistic adj קאַפּיטאַליסטיש
*kapitalistish*

capital punishment טויטשטראָף נ
*toitshtrof*

Capitol n קאַפּיטאָל ז
(in Washington, D.C.)
*kapitol*

capitol n געזעצגעבערישע קאַמער נ (ן)
(in the U.S.)
*gezetsgeberishe kamer*

caprice n קאַפּריז ז (ן)
*kapriz*

capricious adj קאַפּריזיק
*kaprizik*

capsule n קאַפּסל ס (עך)
*kapsel (kapslech)*

captain n קאַפּיטאַן ז (ען)
*kapitan*

captivate v באַצויבערן
*batsoiberen*

captive adj געפֿאַנגען
*gefangen*

captive n געפֿאַנגענער ז
*gefangener*

captivity n געפֿאַנגענשאַפֿט נ
*gefangenshaft*

capture v פֿאַנגען; איינעמען, פֿאַרכאַפּן
*fangen; ainnemen, farchapen*

capture n פֿאַנג ז; איינעמונג נ, פֿאַרכאַפּונג נ
*fang; ainnemung, farchapung*

car n אויטאָ ז (ס); וואַגאָן ז (ען)
*oito; vagon*

caramel n קאַראַמעל ז (ן)
*karamel*

carat n קאַראַט ז (ן)
*karat*

caravan n קאַראַוואַן ז (ען)
*karavan*

caraway n קימל ז
*kimel*

carbon n קוילנשטאָף ז
*koilenshtof*

carbon monoxide טשאַד ז
*t'shad*

carbon paper קאַלקע נ (ס)
*kalke*

carcass n פּגר ז (ים)
*peiger (pgorim)*

card n קאָרט נ (ן); קאַרטל ס (עך)
*kort; kartel (kartlech)*

cardboard n קאַרטאָן ז
*karton*

cardigan n קאַרדיגאַן ז (ען)
*kardigan*

cardinal adj הויפּטזעכלעך, גרונטיק
*hoiptzechlech, gruntik*

cardinal n קאַרדינאַל ז (ן)
*kardinal*

cardinal number גרונטצאָל ז (ן)
*grunttsol*

care n זאָרג נ (ן); פֿאָרזיכטיקייט נ; אויפֿזיכט נ
*zorg; forzichtikeit; oifzicht*

care v זאָרגן, אַרן
*zorgen, aren*

career n קאַריערע נ (ס)
*karyere*

carefree adj זאָרגלאָז
*zorgloz*

careful adj פֿאָרזיכטיק
*forzichtik*

careless adj אומפֿאָרזיכטיק; נאַכלעסיק
*umforzichtik; nachlesik*

caress n גלעט ז (ן)
*glet*

caress v גלעטן; צערטלען
*gleten; tsertlen*

cargo n פֿראַכט ז
*fracht*

caricature n קאַריקאַטור נ (ן)
*karikatur*

carnage n בלוטבאָד נ
*blutbod*

carnation n (בלום) נעגעלע ס (ך)
*(blum) negele*

carnival n קאַרניוואַל ז (ן)
*karnival*

carob n באָקסער ז (ן)
*bokser*

carol n קריסטמעס־ליד ס (ער)
*kristmes-lid*

carousel n הוליאַנקע נ (ס)
*hulyanke*

carp n קאַרפּ ז (ן) (פיש)
*karp (fish)*

carpenter n סטאָליער ז (ס), טישלער ז (ס)
*stolyer, tishler*

carpet n טעפּעך ז (ער)
*tepech (tepecher)*

carriage n וואַגאָן ז (ען); האַלטונג נ
*vagon; haltung*

carrier n טרעגער ז (ס)
*treger*

carrot n מייער, מער ז/נ (ן)
*meier, mer*

carry v טראָגן
*trogen*

cart n פור נ (ן), וואָגן ז (ס)
*fur, vogen*

carve v שניצן; אויסקריצן (אין האָלץ און שטיין); שנײַדן (פלייש)
*shnitsen; oiskritsen (in holts un shtein); shnaiden (fleish)*

cascade n וואַסערפאַל ז (ן)
*vaserfal*

case n קאַסטן ז (ס), שיידל ס (עך); פאַל ז (ן); ענין ז (ים); בייגפאַל ז (ן) (נאָמינאַטיוו, אַקוזאַטיוו, אאַז״וו)
*kasten, sheidel (sheidlech); fal; inyen (inyonim); beigfal (nominativ, akuzativ, etc.)*

cash n מזומנים ר
*mezumonim*

cash v אײַנקאַסירן
*ainkasiren*

cashier n קאַסיר ז (ן)
*kasir*

cashmere n קאַשמיר ז (ן) (וואָל)
*kashmir (vol)*

casino n קאַסינאָ ז (ס)
*kasino*

cask n פעסל ס (עך)
*fesel (feslech)*

cast v וואַרפן; אָפּגיסן
*varfen; opgisen*

cast n גוס ז (ן); גיפּס ז (ן); (טעאַטער־) טרופּע נ (ס)
*gus; gips; (teater-) trupe*

caste n קאַסטע נ (ס)
*kaste*

castle n שלאָס ז (שלעסער)
*shlos (shleser)*

castor oil ריצנאייל ז
*ritseneil*

casual adj צופעליק; אומפאָרמעל
*tsufelik; umformel*

casualty n אומגליק־פאַל ז (ן);
קרבן ז (ות)
*umglik-fal; korben (korbones)*

cat n קאַץ נ (קעץ)
*kats (kets)*

catalog (Also catalogue) n קאַטאַלאָג ז (ן)
*katalog*

catastrophe n קאַטאַסטראָפע נ (ס)
*katastrofe*

catch v כאַפּן, פאַנגען
*chapen, fangen*

catch n כאַפּונג נ
*chapung*

catching adj אָנשטעקיק; צוציִענדיק
*onshtekik; tsutsiendik*

category n קאַטעגאָריע נ (ס)
*kategorye*

cater v צושטעלן; באַדינען
*tsushtelen; badinen*

caterpillar n שלייערל ס (עך)
*shleierel (shleierlech)*

catfish n קאַצפיש ז
*katsfish*

cathedral n קאַטעדראַל ז (ן)
*katedral*

catholic adj אוניווערסאַל
*universal*

Catholic adj קאַטויליש
*katoilish*

Catholic n קאַטאָליק ז (ן)
*katolik*

cattle n בהמות, רינדער ר; פיך ס
*beheimes, rinder; fich*

caucus n קאָקוס ז (ן)
*kokus*

cauliflower n קאַליפיאָר ז (ן)
*kalifyor*

cause n גורם ז (ים),
אורזאַך נ (ן); צוועק ז (ן)
*goirem (goirmim), urzach; tsvek*

cause v גורם זײַן, פאַראורזאַכן
*goirem zain, farurzachen*

caution n פאָרזיכטיקייט נ;
וואָרענונג נ (ען)
*forzichtikeit: vorenung*

caution v וואָרענען
*vorenen*

cautious adj פאָרזיכטיק
*forzichtik*

cavalcade n קאַוואַלקאַדע נ (ס)
*kavalkade*

cavalry n קאַוואַלעריע נ (ס)
*kavalerye*

cave n הייל נ (ן)
*heil*

caveat n וואָרענונג נ (ען),
אזהרה נ (אזהרות)
*vorenung, azhore (azhores)*

cave man הייל־מענטש ז (ן);
פרא־אָדם ז (ס)
*heil-ment'sh; pere-odem*

cavern n גרויסע הייל נ (ן)
*groise heil*

caviar n קאַוויאַר ז
*kavyar*

cavity n — לאָך ז/נ (לעכער), לעכל ס (עך); חלל ז (ס)
*loch (lecher), lechel (lechlech); cholel*

caw n — קראַקונג נ (ען) (פון אַ קראָ)
*krakung (fun a kro)*

caw v — קראַקען
*kraken*

cease v — אויפהערן
*oifheren*

cedar n — צעדערבוים ז (צעדערביימער)
*tsederboim (tsederbeimer)*

cede v — אָפטרעטן; נאָכגעבן
*optreten; nochgeben*

ceiling n — סופיט ז (ן)
*sufit*

celebrate v — פײַערן
*faieren*

celebration n — פײַערונג נ (ען)
*faierung*

celebrity n — מפורסם ז (ים); באַרימטקייט נ; פּאָפּולערקייט נ
*mefursem (mefursomim); barimtkeit; populerkeit*

celery n — כּרפּס ז, סעלעריע נ
*karpes, selerye*

celestial adj — הימליש
*himlish*

cell n — קאַמער נ (ן); קעמערל ס (עך)
*kamer; kemerel (kemerlech)*

cellar n — קעלער ז (ן ס)
*keler*

cello n — טשעלאָ ז (ס)
*t'shelo*

Celsius scale — צעלסיוס־סקאַלע נ (ס)
*tselsyus-skale*

cement n — צעמענט ז
*tsement*

cement v — צעמענטירן; צונויפקלעפּן
*tsementiren; tsunoifklepen*

cemetery n — בית־עולם ז (ס)
*bes-oilem*

censor n — צענזאָר ז (ן)
*tsenzor*

censor v — צענזורירן
*tsenzuriren*

censorship n — צענזור נ (ן)
*tsenzur*

censure n — פאָרוואָרף ז (ן)
*forvurf*

censure v — פאָרוואַרפן, טאַדלען
*forvarfen, tadlen*

census n — צענזוס ז (ן)
*tzenzus*

cent n — סענט ז (ן)
*sent*

center, centre n — צענטער ז (ס)
*tsenter*

centimeter n — צענטימעטער ז (ס)
*tsentimeter*

central adj — צענטראַל
*tsentral*

centralize v — צענטראַליזירן
*tsentraliziren*

century n — יאָרהונדערט ז (ער)
*yorhundert (yorhunderter)*

ceramics n (sg. & pl.) — קעראַמיק נ; פאָרצעלײַענע כּלים ר

*keramik; portselaiene keilim*

**cereal** n תבואה נ (תבואות); גרויפּן ר
*tvue (tvues); groipen*

**ceremonial** adj צערעמאָניאַל
*tseremonyal*

**ceremony** n צערעמאָניע נ (ס)
*tseremonye*

**certain** adj זיכער; געוויס
*zicher; gevis*

**certainly** adv אַוודאי, זיכער
*avade, zicher*

**certificate** n באַשטעטיקונג נ (ען), צערטיפיקאַט ז (ן)
*bashtetikung, tsertifikat*

**certify** v באַשטעטיקן
*bashtetiken*

**cessation** n אויפהער ז
*oifher*

**chaff** n פּלעווע נ (ס); פסולת ס
*pleve; psoiles*

**chagrin** n פאַרדראָס ז; אַנטוישונג נ
*fardros; antoishung*

**chain** n קייט נ (ן)
*keit*

**chain** v שליסן אין קייטן
*shlisen in keiten*

**chain store** קייטקראָם נ (ען)
*keitkrom*

**chair** n שטול נ (ן); קאַטעדרע נ (ס)
*shtul; katedre*

**chair** v זײַן אַ פאָרזיצער
*zain a forzitser*

**chairman** n פאָרזיצער ז (ס)
*forzitser*

**chalk** n קרײַד נ
*kraid*

**challah** n חלה נ (חלות)
(Also **hallah**)
*chale (chales)*

**challenge** n אַרויסרוף ז (ן), אַרויספאָדער ז (ן)
*aroisruf, aroisfoder*

**challenge** v אַרויסרופן, אַרויספאָדערן
*aroisrufen, aroisfoderen*

**chamber** n קאַמער נ (ן)
*kamer*

**chamber music** קאַמער־מוזיק נ
*kamer-muzik*

**chameleon** n כאַמעלעאָן ז (ען)
*chameleon*

**chamois** n זאַמש ז
*zamsh*

**champagne** n שאַמפּאַניער ז (ווײַן)
*shampanyer (vain)*

**champion** n טשעמפּיאָן ז (ען)
*t'shempyon*

**champion** v שטיצן (אַ קינסטלער, אָרגאַניזאַציע, א״ע)
*shtitsen (a kinstler, organizatsye, etc.)*

**chance** n געלעגנהייט נ (ן); צופאַל ז (ן); ריזיקע נ (ס)
*gelegenheit; tsufal; rizike*

**chance** v טרעפן; ריזיקירן
*trefen; rizikiren*

**chancellor** n קאַנצלער ז (ס)
*kantsler*

**change** n בײַט ז (ן), ענדערונג נ (ען); רעשט ז
*bait, enderung; resht*

**change** v בײַטן, טוישן
*baiten, toishen*

**channel** n קאַנאַל ז (ן)
*kanal*

**chant** n געזאַנג ס (ען) (ספּעציעל אין רעליגיעזן דינסט)
*gezang (spetsyel in religyezen dinst*

**chant** v זינגען (תּפילות, מזמורים)
*zingen (tfiles, mizmoirim)*

**chaos** n כאַאָס ז
*chaos*

**chaotic** adj כאַאָטיש
*chaotish*

**chap** n יאַט ז (ן)
*yat*

**chapel** n קאַפּעל נ (ן)
*kapel*

**chapter** n קאַפּיטל ס (עך), פּרק ז (ים); פּיליע נ (ס)
*kapitel (kapitlech), peirek (prokim); filye*

**character** n כאַראַקטער ז (ן), טבע נ (ס); אות ז (יות); העלד ז (ן) (אין אַ ראָמאַן, פּיעסע, א״ע); טיפּ ז (ן)
*charakter, teve; os (oisyes); held (in a roman, pyese, etc.); tip*

**characteristic** adj כאַראַקטעריסטיש
*charakteristish*

**characteristic** n אייגנשאַפט נ (ן)
*eigenshaft*

**characterize** v כאַראַקטעריזירן
*charakteriziren*

**charcoal** n האָלצקוילן ר
*holtskoilen*

**charge** v רעכענען; שטורעמען; באַשולדיקן; אָנלאָדן (אַ באַטעריע)
*rechenen; shturemen; bashuldiken; onloden (a baterye)*

**charge** n אָפּצאָל ז (ן); אָנגריף ז (ן); באַשולדיקונג נ (ען); לאָדונג נ (ען)
*optsol; ongrif; bashuldikung; lodung*

**chariot** n רײַטוואָגן ז (ס)
*raitvogen*

**charisma** n כאַריסמע נ (ס)
*charisme*

**charity** n וווילטעטיקייט נ (ן); צדקה נ
*voiltetikeit; tsdoke*

**charlatan** n שאַרלאַטאַן ז (ען)
*sharlatan*

**charm** n חן ז (ען); קמיע נ (ות)
*chein; kameie (kameies)*

**charm** v באַצויבערן; אַנטציקן
*batsoiberen; anttsiken*

**charming** adj חנעוודיק; אַנטציקנדיק
*cheinevdik; anttsikendik*

**chart** n קאַרטע נ (ס); דיאַגראַם נ (ען)

*karte; diagram*

chart v דיאַגראַמירן
*diagramiren*

charter n טשאַרטער ז (ס)
*t'sharter*

charter v דינגען (אַן אויטאָבוס, עראָפּלאַן, א״ע)
*dingen (an oitobus, eroplan, etc.)*

chase n געיעג ס (ן)
*geyeg*

chase v יאָגן
*yogen*

Chassid n (Also Hassid) חסיד ז (ים)
*chosid (chsidim)*

chastise v שטראָפן; זאָגן מוסר
*shtrofen; zogen muser*

chastity n צניעות ס
*tsnies*

chat n שמועס ז (ן)
*shmues*

chat v שמועסן
*shmuesen*

chateau n שאַטאָ ז (ס)
*shato*

chatelaine n באַלעבאָסטע פון אַ שאַטאָ
*baleboste fun a shato*

chattels n pl מטלטלים ר
*metaltelim*

chatter n געפּלאַפּל ס
*geplapel*

chatter v פּלאַפּלען
*plaplen*

chatterbox n פּלוידערזאַק ז (פּלוידערזעק)
*ploiderzak (ploiderzek)*

chatty adj באַרעדעוודיק
*baredevdik*

chauffeur n שאָפער ז (ן)
*shofer*

chauvinism n שאָוויניזם ז
*shovinizm*

cheap adj ביליק, וואָלוול
*bilik, volvel*

cheapen v פאַרביליקן
*farbiliken*

cheat v אָפּנאַרן
*opnaren*

cheat n אָפּנאַרער ז (ס)
*opnarer*

check n קאָנטראָל ז (ן); טשעק ז (ן), געלט־אָנווייַזונג נ (ען)
*kontrol; t'shek, gelt-onvaizung*

check v קאָנטראָלירן; צוריקהאַלטן
*kontroliren; tsurikhalten*

checkers n (takes sing. v.) דאַמקע נ (ס)
*damke*

checkmate n מאַט ז, שאַכמאַט ז
*mat, shachmat*

cheek n באַק נ (ן)
*bak*

cheeky adj חוצפּהדיק
*chutspedik*

cheer n פריילעכקייט נ; הוראַ ז (ען)
*freilechkeit; hura*

cheer v שרײַען הוראַ
*shraien hura*

cheerful adj פֿריילעך, לוסטיק
*freilech, lustik*

cheese n קעז ז (ן)
*kez*

chef n הויפּטקוכער ז (ס)
*hoiptkucher*

chemical adj כעמיש
*chemish*

chemist n כעמיקער ז (ס)
*chemiker*

chemistry n כעמיע נ
*chemye*

cherish v טײַער האַלטן
*taier halten*

cherry n קאַרש נ (ן)
*karsh*

cherub n כּרוב ז (ים), מלאך ז (ים)
*kruv (kruvim); malech (malochim)*

chess n שאַך, שאָך ז (ן)
*shach, shoch*

chest n קאַסטן ז (ס); בּרוסט נ (בּריסט)
*kasten; brust (brist)*

chestnut n קאַשטאַן ז (עס)
*kashtan*

chew v קײַען
*kaien*

chic adj שיק (עלעגאַנט; מאָדיש; ראַפֿינירט)
*shik (elegant; modish; rafinirt)*

chick n הינדל ס (עך); קינד ס (ער); (סלענג) מיידל ס/נ (עך)
*hindel (hindlech); kind (kinder); (sleng) meidel (meidlech)*

chicken n הון נ (הינער)
*hun (hiner)*

chicory n ציקאָריע נ
*tsikorye*

chief n ראָש ז (ים)
*rosh (roshim)*

chief adj עיקרדיק
*ikerdik*

chiefly adv דערעיקרשט, הויפּטזעכלעך
*derikersht, hoiptzechlech*

child n קינד ס (ער)
*kind (kinder)*

childhood n קינדער־יאָרן ר
*kinder-yoren*

childish adj קינדעריש
*kinderish*

child's play קינדערשפּיל ס/נ (ן)
*kindershpil*

chill n קעלט נ (ן)
*kelt*

chill v אָפּקילן
*opkilen*

chilly adj קיל
*kil*

chime n גלאָקנשפּיל נ/ס (ן)
*glokenshpil*

chime v קלינגען האַרמאָניש
*klingen harmonish*

chimney n קוימען ז (ס)
*koimen*

chimneysweep n קוימען־קערער ז (ס)

*koimen-kerer*

chimpanzee n — שימפּאַנזע נ (ס)
*shimpanze*

chin n — גאָמבע נ (ס)
*gombe*

china n — פּאָרצעלײַ ס
*portselai*

chip n — שפּאָן ז (שפּענער), שפּענדל ס (עך)
*shpon (shpener), shpendel (shpendlech)*

chipmunk n — טשיפּמאָנק ז (ן)
*t'shipmonk*

chirp v — טשיריקען, צירלען
*t'shiriken, tsirlen*

chisel n — דלאָט ז (ן)
*dlot*

chisel v — אויסהאַקן; (סלענג) באַשווינדלען
*oishaken; (sleng) bashvindlen*

chit-chat n — טשיט־טשעט ז (פרײַנדלעך פּלוידערײַ)
*t'shit-t'shet (fraindlech ploiderai)*

chivalry n — ריטערשאַפט נ; העפלעכקייט נ
*ritershaft; heflechkeit*

chlorine n — כלאָר ז
*chlor*

chloroform n — כלאָראָפאָרם ז
*chloroform*

chlorophyll n — כלאָראָפיל ז
*chlorofil*

chocolate n — שאָקאָלאַד ז (ן)
*shokolad*

choice n — אויסוואַל ז (ן), ברירה נ (ברירות)
*oisval, breire (breires)*

choir n — כאָר ז (ן) (אין אַ קירכע)
*chor (in a kirche)*

choke v — ווערגן, שטיקן, דערשטיקן
*vergen, shtiken, dershtiken*

cholera n — כאָלערע נ
*cholere*

choose v — אויסוויילן, קלויבן
*oisveilen, kloiben*

chop n — קאָטלעט ז (ן); האַק ז, זעץ ז (ן)
*kotlet; hak, zets*

chop v — האַקן
*haken*

chorus n — כאָר ז (ן)
*chor*

Christian n — קריסט ז (ן)
*krist*

Christmas n — ניטל ז, קריסטמעס ז (דעצעמבער 25)
*nitel, kristmes (detsember 25)*

chromium n — כראָם ז
*chrom*

chromosome n — כראָמאָסאָם ז (ען)
*chromosom*

chronic adj — כראָניש
*chronish*

chronicle n — כראָניק נ (עס)
*chronik*

chronological adj — כראָנאָלאָגיש
*chronologish*

**chronometer** n כראָנאָמעטער ז (ס)
*chronometer*

**chrysalis** n גולמל ס (עך)
*goilemel (goilemlech)*

**chrysanthemum** n כריזאַנטעמע נ (ס)
*chrizanteme*

**chubby** adj דיקלעך
*diklech*

**chuckle** v לאַכן שטיל
*lachen shtil*

**chum** n (שמועסדיק) גוטער־ברודער ז; חבר ז (ים)
*(shmuesdik) guter-bruder; chaver (chaveirim)*

**chum** v (שמועסדיק) חברן זיך
*(shmuesdik) chaveren zich*

**chummy** adj (שמועסדיק) גוטברודעריש
*(shmuesdik) gutbruderish*

**church** n קירך נ (ן), קירכע נ (ס)
*kirch, kirche*

**chutzpah** n חוצפה נ
*chutspe*

**cigar** n ציגאַר ז (ן)
*tsigar*

**cigarette** n פּאַפּיראָס ז (ן)
(Also cigaret) *papiros*

**cinnamon** n צימרינג ז
*tsimring*

**circle** n קרײַז ז (ן); ראָד נ (רעדער)
*kraiz; rod (reder)*

**circle** v רינגלען; אַרומרינגלען
*ringlen; arumringlen*

**circuit** n קרײַז ז (ן); שטראָמקרײַז ז (ן)
*kraiz; shtromkraiz*

**circular** adj קײַלעכדיק
*kailechdik*

**circular** n צירקולאַר ז (ן)
*tsirkular*

**circulate** v צירקולירן
*tsirkuliren*

**circulation** n צירקולאַציע נ (ס)
*tsirkulatsye*

**circumcision** n מילה נ
*mile*

**circumstance** n אומשטאַנד ז (ן)
*umshtand*

**circus** n צירק ז (ן)
*tsirk*

**citadel** n ציטאַדעל ז (ן)
*tsitadel*

**cite** v ציטירן
*tsitiren*

**citizen** n בירגער ז (ס)
*birger*

**citizenship** n בירגערשאַפט נ
*birgershaft*

**citron** n אתרוג ז (ים)
*esreg (esroigim)*

**citrus** n ציטרוס ז (ן)
*tsitrus*

**city** n שטאָט נ (שטעט)
*shtot (shtet)*

**civic** adj בירגערלעך
*birgerlech*

**civil** adj בירגערלעך; העפלעך
*birgerlech; heflech*

civility n — העפלעכקייט נ
heflechkeit

civilization n — ציוויליזאַציע נ (ס)
tsivilizatsye

civilize v — ציוויליזירן
tsiviliziren

civil law — בירגער־געזעץ ס
birger-gezets

civil war — ברידערקריג ז (ן)
briderkrig

claim n — תּביעה נ (תּביעות); טענה נ (טענות)
tvie (tvies); taine taines)

claim v — פאָדערן; טענהן
foderen; tainen

clamor n — ליאַרעם ז (ס), געשריי ס (ען)
lyarem, geshrei

clamor v — ליאַרעמען
lyaremen

clan n — קלאַן ז (ען)
klan

clap v — קלאַפּן; פּאַטשן בראַוואָ
klapen; pat'shen bravo

clarify v — אויפקלערן; קלאָר מאַכן
oifkleren; klor machen

clarinet n — קלאַרנעט ז (ן)
klarnet

clarity n — קלאָרקייט נ
klorkeit

clash n — צוזאַמענשטויס ז (ן)
tsuzamenshtois

clash v — צונויפשטויסן זיך
tsunoifshtoisen zich

clasp n — קליאַמרע נ (ס); האַלדזונג נ (ען)
klyamre; haldzung

clasp v — טוליען; אַרומנעמען
tulyen; arumnemen

class n — קלאַס ז (ן); סאָרט ז (ן)
klas; sort

classic n — קלאַסיש ווערק ס; קלאַסיקער ז (ס)
klasish verk; klasiker

classic, classical adj — קלאַסיש
klasish

classification n — קלאַסיפיקאַציע נ (ס)
klasifikatsye

classify v — קלאַסיפיצירן
klasifitsiren

classmate n — קלאַס־חבר ז (ים)
klas-chaver (-chaveirim)

clatter n — טראַסק ז, געקלאַפּער ס
trask, geklaper

clatter v — טראַסקען
trasken

clause n — טיילזאַץ ז (ן); פּאַראַגראַף ז (ן)
teilzats; paragraf

claw n — קרעל נ (ן), נאָגל ז (פון אַ פויגל אָדער אַ חיה)
krel, nogel (fun a foigel oder a chaie)

claw v — קרעלן, דראַפּען (מיט נעגל)
krelen, drapen (mit negel)

clay n — ליים נ/ס
leim

clean adj — ריין, זויבער
rein, zoiber

clean v רייניקן
*reiniken*

cleaning n רייניקונג נ (ען)
*reinikung*

cleanse v רייניקן
*reiniken*

clear adj קלאָר
*klor*

clear v אָפּרייניקן
*opreiniken*

clearance n אָפּראַמונג נ
*opramung*

cleave v שפּאַלטן
*shpalten*

cleft n שפּאַלט ז (ן)
*shpalt*

clemency n רחמים ס; חסד ז; מילדקייט נ (פון וועטער)
*rachmim; chesed; mildkeit (fun veter)*

clench v בײַלן (אַ פויסט); שטשעמען (ציין)
*bailen (a foist); sht'shemen (tsein)*

clergyman n גײַסטלעכער ז
*gaistlecher*

clerk n באַאַמטער ז
*baamter*

clever adj קלוג
*klug*

cliché n קלישע נ (ס), אויסגעדראָשענע פראַזע נ (ס)
*klishe, oisgedroshene fraze*

click n קנאַק ז (ן)
*knak*

click v קנאַקן; (סלענג) צופּאַסן זיך
*knaken; (sleng) tsupasen zich*

client n קליענט ז (ן)
*klient*

cliff n פעלדז ז (ן)
*feldz*

climate n קלימאַט ז (ן)
*klimat*

climax n קלימאַקס ז (ן)
*klimaks*

climax v דערגרייכן דעם קולמיניר־פּונקט
*dergreichen dem kulminir-punkt*

climb v קלעטערן
*kleteren*

climb n קלעטערונג נ
*kleterung*

cling v קלאַמערן זיך; צוקלעפּן זיך
*klameren zich; tsuklepen zich*

clinic n קליניק נ (עס)
*klinik*

clip n קלעמערל ס (עך)
*klemerel (klemerlech)*

clip v שערן; קירצן; (סלענג) באַרײַסן, אָפּנאַרן
*sheren; kirtsen; (sleng) baraisen, opnaren*

clipping n אויסשניט ז (ן)
*oisshnit*

clique n קליקע נ (ס)

*klike*

cloak n מאַנטל ז (ען); צודעק ז (ן)

*mantel (mantlen); tsudek*

clock n זייגער ז (ס)

*zeiger*

clod n גרודע נ (ס); טיפּש ז (ים)

*grude; tipesh (tipshim)*

clog v פֿאַרשטאָפּן

*farshtopen*

cloister n קלויסטער ז (ס)

*kloister*

close adj נאָענט

*noent*

cloth n שטאָף ז (ן)

*shtof*

clothe v באַקליידן

*bakleiden*

clothes n pl קליידער ר

*kleider*

clothing n קליידונג נ

*kleidung*

cloud n וואָלקן ז (ס)

*volken*

cloud v פֿאַרוואָלקענען; פֿאַרנעפּלען

*farvolkenen; farneplen*

cloudy adj פֿאַרוואָלקנט

*farvolkent*

clover n קאָניטשינע, קאָנישינע נ (פּאַשע־געוויקס)

*konit'shine, konishine (pashe-geviks)*

clown n פּאַיאַץ ז (ן)

*payats*

clown v פּאַיאַצעווען

*payatseven*

club n קלוב ז (ן); פלאָקן ז (ס), שווערער שטעקן ז

*klub; floken, shverer shteken*

club v צעשלאָגן (מיט אַ פלאָקן)

*tseshlogen (mit a floken)*

cluck v קוואָקטשען, קוואָקען

*kvokt'shen, kvoken*

clue n סליאַד־וויַיזער ז (ס); שליסל ז (צו אַ באַשייד)

*slyad-vaizer;*

*shlisel (tsu a basheid)*

clumsy adj אומגעלומפּערט

*umgelumpert*

cluster n גרופּקע נ (ס); קנויל ז (ן); הענגל ס (עך)

*grupke; knoil;*

*hengel (henglech)*

cluster v גרופּירן; וואַקסן אין הענגלעך

*grupiren; vaksen in henglech*

coach n קאַרעטע נ (ס); פּאַסאַזשיר־וואַגאָן ז (ען); בוס ז (ן); מדריך ז (ים)

*karete; pasazhir-vagon; bus;*

*madrech/madrich (madrichim)*

coach v אינסטרואירן, איַינלערנען

*instruiren, ainlernen*

coal n קוילן ר

*koilen*

coalition n קאָאַליציע נ (ס)

*koalitsye*

coarse adj גראָב; פּראָסט
*grob; prost*

coast n ברעג ז (ן)
*breg*

coat n מאַנטל ז (ען); שיכט ז (ן)
*mantel (mantlen); shicht*

coat v באַדעקן
*badeken*

coat of arms הערב ז (ן)
*herb*

co-author n קאָ־אויטאָר ז (ן)
*ko-oitor*

coax v צורעדן
*tsureden*

cobble v פֿאַרריכטן (שיך); פּאַרטאַטשעווען
*farrichten (shich); partat'sheven*

cobbler n שוסטער ז (ס); פּאַרטאַטש ז (עס)
*shuster; partat'sh*

cobblestone n ברוקשטיין ז (ער)
*brukshtein (brukshteiner)*

cobra n קאָברע נ (ס)
*kobre*

cobweb n שפּינוועבס ס
*shpinvebs*

cock n האָן ז (הענער)
*hon (hener)*

cockcrow n פֿאַרטאָג ז (ן) (צײַט פֿון האָן־קריי)
*fartog (tsait fun hon-krei)*

cockroach n טאַראַקאַן ז (עס)
*tarakan*

cocksure adj צו זיכער
*tsu zicher*

cocktail n קאָקטייל ז (ן)
*kokteil*

cocky adj זיכער בײַ זיך; גרויס בײַ זיך
*zicher bai zich; grois bai zich*

cocoa n קאַקאַאָ ז (ס)
*kakao*

coconut n קאָקאָסנוס ז (קאָקאָסניס)
*kokosnus (kokosnis)*

coddle v פּיעשטשען; קאָכן לײַכט
*pyesht'shen; kochen laicht*

code n קאָדעקס ז (ן); קאָד ז (ן)
*kodeks; kod*

coed n סטודענטקע נ (ס)
*studentke*

coeducation n קאָעדוקאַציע נ
*koedukatsye*

coerce v צווינגען, נייטן
*tsvingen, neiten*

coercion n צוואַנג ז
*tsvang*

coffee n קאַווע נ (ס)
*kave*

coffee table קאַווע־טישל ס (עך)
*kave-tishel (-tishlech)*

coffin n אָרון ז (ות)
*oren (aroines)*

cog n צאָן ז (אויפֿן ראַנד פֿון אַ ראָד)
*tson (oifen rand fun a rod)*

coherent adj בינדיק; לאָגיש
*bindik; logish*

**cohesion** n — האַפטיקייט נ
צונויפהאַלט ז
*haftikeit, tsunoifhalt*

**cohort** n — באַנדע נ (פון זעלנער)
*bande (fun zelner)*

**coin** n — מטבע נ (ות)
*matbeie (matbeies)*

**coin** v — מינצן (מטבעות);
שאַפן (ווערטער, פראַזעס)
*mintsen (matbeies);*
*shafen (verter, frazes)*

**coincidence** n — צוזאַמענפאַל ז (ן)
*tsuzamenfal*

**cold** adj — קאַלט
*kalt*

**cold** n — קעלט נ (ן); פאַרקילונג נ (ען);
קאַטער ז (ס)
*kelt; farkilung; kater*

**cold-blooded** adj — קאַלטבלוטיק
*kaltblutik*

**cold war** — קאַלטע מלחמה נ
*kalte milchome*

**coleslaw** n — קרויטסאַלאַט ז (ן)
(Also cole slaw) *kroit'salat*

**coliseum** n — קאָליסייאום ז (ס)
*koliseium*

**collaborate** v — מיטאַרבעטן
*mitarbeten*

**collage** n — קאָלאַזש ז (ן)
*kolazh*

**collapse** n — אײַנפאַלונג נ (ען)
*ainfalung*

**collapse** v — אײַנפאַלן
*ainfalen*

**collar** n — קאָלנער ז (ס)
*kolner*

**colleague** n — קאָלעגע ז (ס)
*kolege*

**collect** v — זאַמלען; אײַנמאָנען
*zamlen; ainmonen*

**collection** n — זאַמלונג נ (ען);
קאָלעקציע נ (ס)
*zamlung; kolektsye*

**collector** n — זאַמלער ז (ס);
קאָלעקטאָר ז (ן)
*zamler; kolektor*

**college** n — קאַלעדזש ז (ן)
*kaledzh*

**collide** v — צוזאַמענשטויסן זיך;
ניט מסכּים זײַן
*tsuzamenshtoisen zich;*
*nit maskim zain*

**collie** n — קאָלי ז (ס) (שאָפהונט)
*koli (shofhunt)*

**collision** n — צוזאַמענשטויס ז (ן);
קאָנפליקט ז (ן)
*tsuzamenshtois; konflikt*

**colloquialism** n — שמועסוואָרט ס
*shmuesvort*

**colloquial language** נ — שמועסשפּראַך
*shmuesshprach*

**collusion** n — צונויפרעד ז
*tsunoifred*

**cologne** n — קעלניש וואַסער ס
*kelnish vaser*

**colon** n — צווייפּינטל ס (עך)
*tsveipintel (tsveipintlech)*

**colonel** n — קאָלאָנעל ז (ן),

פּאָלקאָווניק ז (עס)
*kolonel, polkovnik*

colonial adj קאָלאָניאַל
*kolonyal*

colonialism n קאָלאָניאַליזם ז
*kolonyalizm*

colonization n קאָלאָניזאַציע נ
*kolonizatsye*

colonnade n קאָלאָנאַדע נ (ס)
*kolonade*

colony n קאָלאָניע נ (ס)
*kolonye*

color, colour n קאָליר ז (ן), פאַרב נ (ן)
*kolir, farb*

color v פאַרבן, קאָלירן
*farben, koliren*

coloratura n קאָלאָראַטור נ
*koloratur*

colored adj קאָלירט, פאַרביק
*kolirt, farbik*

colorful adj קאָלירפול, פילפאַרביק; אינטערעסאַנט
*kolirful, filfarbik; interesant*

colorless adj בלאַס, אָן קאָליר
*blas, on kolir*

colossal adj קאָלאָסאַל
*kolosal*

colossus n קאָלאָסוס ז (ן)
*kolosus*

colt n לאָשיק ז (עס)
*loshik*

column n זייַל ז (ן); רובריק נ (ן); קאָלאָנע נ (ס)
*zail; rubrik; kolone*

columnist n קאָלומניסט ז (ן)
*kolumnist*

coma n קאָמע נ (ס) (אָנהאַלטעוודיקע אומוויסיקייט)
*kome (onhaltevdike umvisikeit)*

comb n קאַם ז (ען), קעמל ס (עך)
*kam, kemel (kemlech)*

comb v קעמען, קאַמען
*kemen, kamen*

combat n שלאַכט נ (ן), קאַמף ז (ן)
*shlacht, kamf*

combat v באַקעמפן
*bakemfen*

combatant n קעמפער ז (ס)
*kemfer*

combat fatigue שלאַכט־מידקייט נ
*shlacht-midkeit*

combination n קאָמבינאַציע נ (ס)
*kombinatsye*

combine v פאַרבינדן, פאַראייניקן
*farbinden, fareiniken*

combine n קאָמבייַן ז (ען)
*kombain*

come v קומען
*kumen*

comedian n קאָמיקער ז (ס)
*komiker*

comedy n קאָמעדיע נ (ס)
*komedye*

comely adj שיין; אַטראַקטיוו
*shein; atraktiv*

comet n קאָמעט ז (ן)
*komet*

comfort n באַקוועמלעכקייט נ; טרייסט נ
*bakvemlechkeit; treist*

comfort v טרייסטן
*treisten*

comfortable adj באַקוועם
*bakvem*

comic n קאָמיקער ז (ס)
*komiker*

comic, comical adj קאָמיש
*komish*

coming adj קומענדיק
*kumendik*

comma n קאָמע נ (ס), בײַשטראָך ז (ן)
*kome, baishtroch*

command n באַפעל ז (ן); באַהערשונג נ
*bafel; bahershung*

command v באַפעלן; באַהערשן
*bafelen; bahershen*

commandant n קאָמענדאַנט ז (ן)
*komendant*

commandment n געבאָט ס; מצווה נ (מצוות)
*gebot; mitsve (mitsves)*

commando n קאָמאַנדאָ ז (ס)
*komando*

commemorate v באַערן דעם אָנדענק פון
*baeren dem ondenk fun*

commence v אָנהייבן
*onheiben*

commencement n אָנהייב ז (ן); סיום־צערעמאָניע נ (ס)
*onheib; siem-tseremonye*

commend v לויבן
*loiben*

comment n באַמערקונג נ (ען)
*bamerkung*

comment v באַמערקן
*bamerken*

commentary n קאָמענטאַר ז (ן), פּירוש ז (ים)
*komentar, peiresh (peirushim)*

commerce n האַנדל ז, מסחר ז
*handel, mischer*

commercial adj קאָמערציעל
*komertsyel*

commercial n אַנאָנס ז (ן) (אויפן ראַדיאָ אָדער טעלעוויזיע)
*anons (oifen radyo oder televizye)*

commissar n קאָמיסאַר ז (ן)
*komisar*

commission n קאָמיסיע נ (ס)
*komisye*

commit v באַגיין; איבערגעבן
*bagein; ibergeben*

commit oneself פֿאַרפּליכטן זיך
*farflichten zich*

commitment n התחייבֿות ס
*hischaives*

committee n קאָמיטעט ז (ן)
*komitet*

commodity n געבֿרויך־

אַרטיקל ז (ען)
*gebroich-artikel (-artiklen)*

common adj געוויינלעך; שותּפותדיק; פּראָסט
*geveinlech; shutfesdik; prost*

common sense שׂכל־הישר ז
*seichel-hayosher*

commotion n גערודער ס (ס)
*geruder*

commune n קאָמונע נ (ס)
*komune*

communicate v לאָזן וויסן; פֿאַרבינדן זיך
*lozen visen; farbinden zich*

communication n קאָמוניקאַציע נ
*komunikatsye*

communism n קאָמוניזם ז
*komunizm*

communist n קאָמוניסט ז (ן)
*komunist*

communist, communistic adj קאָמוניסטיש
*komunistish*

community n ציבור ז (ס); קהילה נ (קהילות)
*tsiber; kehile (kehiles)*

compact adj קאָמפּאַקט; סאָליד
*kompakt; solid*

companion n באַגלייטער ז (ס)
*bagleiter*

company n געזעלשאַפט נ; פירמע נ (ס)
*gezelshaft; firme*

compare v פֿאַרגלײַכן
*farglaichen*

comparison n פֿאַרגלײַך ז (ן)
*farglaich*

compass n קאָמפּאַס ז (ן)
*kompas*

compassion n מיטלייד נ, רחמנות ס
*mitleid, rachmones*

compatible adj אויסקומיק; אין האַרמאָניע
*oiskumik; in harmonye*

compel v צווינגען
*tsvingen*

compensate v פֿאַרגיטיקן
*fargitiken*

compensation n פֿאַרגיטיקונג נ (ען)
*fargitikung*

compete v קאָנקורירן
*konkuriren*

competence n קאָמפּעטענץ נ, פֿעאיקייט נ
*kompetents, fe'ikeit*

competent adj קאָמפּעטענט, פֿעאיק
*kompetent, fe'ik*

competition n קאָנקורענץ נ, פֿאַרמעסט ז (ן)
*konkurents, farmest*

competitor n קאָנקורענט ז (ן)
*konkurent*

compile v צוזאַמענשטעלן, זאַמלען
*tsuzamenshtelen, zamlen*

complacent adj אומפּאַרזאָרגט; צופֿרידן מיט זיך

*umfarzorgt;*
*tsufriden mit zich*

complain v באַקלאָגן זיך
*baklogen zich*

complaint n קלאַגע נ (ס), תּרעומה נ (תּרעומות)
*klage, tarume (tarumes)*

complete adj גאַנץ; פּערפעקט
*gants; perfekt*

complete v דערגאַנצן, פאַרענדיקן
*dergantsen, farendiken*

completely adv אין גאַנצן, אינגאַנצן
*in gantsen, ingantsen*

completion n פאַרענדיקונג נ
*farendikung*

complex adj פילטייליק; קאָמפּליצירט
*filteilik; komplitsirt*

complex n קאָמפּלעקס ז (ן)
*kompleks*

complexion n קאָליר ז (פון דער הויט)
*kolir (fun der hoit)*

complexity n קאָמפּליצירקייט נ; קאָמפּליקאַציע נ (ס)
*komplitsirkeit; komplikatsye*

complicate v קאָמפּליצירן
*komplitsiren*

complicated adj קאָמפּליצירט
*komplitsirt*

complication n קאָמפּליקאַציע נ (ס); חומרא נ (חומרות)
*komplikatsye; chumre (chumres)*

complicity n מיטשולד נ
*mit'shuld*

compliment n קאָמפּלימענט ז (ן), שבח ז (ים)
*kompliment, shevach (shvochim)*

compliment v קאָמפּלימענטירן
*komplimentiren*

complimentary adj לשבח; בחינמדיק
*leshevach; bechinemdik*

comply v אויספאָלגן
*oisfolgen*

composer n קאָמפּאָזיטאָר ז (ן)
*kompozitor*

composition n קאָמפּאָזיציע נ (ס); חיבור ז (ים)
*kompozitsye; chiber (chiburim)*

composure n באַהערשטקייט נ
*bahershtkeit*

compound n געהעפט ס (ן); געמיש ס (ן)
*geheft; gemish*

compound v צונויפהעפטן; מישן
*tsunoifheften; mishen*

compound adj צונויפגעהאָפטן
*tsunoifgehoften*

compound interest פּראָצענט אויף פּראָצענט ז
*protsent oif protsent*

comprehend v פאַרשטיין; באַנעמען
*farshtein; banemen*

comprehensive adj אַרומנעמיק
*arumnemik*

compress v צונויפקוועטשן
*tsunoifkvet'shen*

comprise v אַרײַננעמען
*arainnemen*

compromise n פּשרה נ (פּשרות), אויסגלײַך ז (ן)
*pshore (pshores), oisglaich*

compromise v מאַכן אַ פּשרה; שטעלן אונטער פֿאַרדאַכט
*machen a pshore; shtelen unter fardacht*

compulsion n צוואַנג
*tsvang*

compulsive adj קאָמפּולסיוו
*kompulsiv*

compulsory adj געצוווּנגען
*getsvungen*

compute v צונויפֿרעכענען
*tsunoifrechenen*

computer n קאָמפּיוטער ז (ס)
*kompyuter*

comrade n חבר ז (ים)
*chaver (chaveirim)*

con n קעגנגרונד ז (ן); (סלענג) שווינדל ז (ען)
*kegengrund; (sleng) shvindel (shvindlen)*

con v לערנען, אײַנחזרן; (סלענג) באַשווינדלען
*lernen, ainchazeren; (sleng) bashvindlen*

concave adj קאָנקאַוו
*konkav*

conceal v באַהאַלטן
*bahalten*

concede v מודה זײַן; געבן דאָס רעכט
*moide zain; geben dos recht*

conceit n פּוסטע גאווה נ; אײַנרעדעניש ס (ן)
*puste gaive; ainredenish*

conceited adj גרויס בײַ זיך, אָנגעבלאָזן
*grois bai zich, ongeblozen*

conceive v באַנעמען, פֿאַרשטיין; פֿאַרשווענגערן
*banemen, farshtein; farshvengeren*

concentrate v קאָנצענטרירן
*kontsentriren*

concentration n קאָנצענטראַציע נ (ס)
*kontsentratsye*

concentration camp (דײַטשער) קאַצעט ז (ן)
*(dait'sher) katset*

concept n באַגריף ז (ן)
*bagrif*

conception n השׂגה נ (השׂגות); פֿאַרשווענגערונג נ (ען)
*hasoge (hasoges); farshvengerung*

concern n אַרונג נ; פֿירמע נ (ס)
*arung; firme*

concern v אַרן; זײַן שײַך
*aren; zain shaiech*

concerning prep בנוגע
*benegeie/benogeie*

concert n קאָנצערט ז (ן)
*kontsert*

concession n נאָכגעבונג נ (ען); קאָנצעסיע נ (ס)
*nochgebung; kontsesye*

conciliation n אויסגלײַך ז (ן)
*oisglaich*

concise adj תּמציתדיק
*tamtsesdik*

conclude v פֿאַרענדיקן; שליסן (אַן אָפּמאַך); אַרויסדרינגען
*farendiken; shlisen (an opmach); aroisdringen*

conclusion n סוף ז (ן); שליסונג נ (ען); מסקנא נ (מסקנות)
*sof; shlisung; maskone (maskones)*

conclusive adj איבערצײַגיק; ענדגילטיק
*ibertsaigik; endgiltik*

concoct v פֿאַרקאָכן; אויסטראַכטן
*farkochen; oistrachten*

concord n האַרמאָניע ז (ס); הסכּם ז (ס)
*harmonye; heskem*

concordance n קאָנקאָרדאַנציע נ (ס)
*konkordantsye*

concrete adj קאָנקרעט, ממשותדיק
*konkret, mamoshesdik*

concrete n בעטאָן ז
*beton*

concur v מסכּים זײַן
*maskem zain*

condemn v פֿאַרמישפּטן; פֿאַרדאַמען
*farmishpeten; fardamen*

condense v געדיכט מאַכן; פֿאַרקירצן (אַ דערציילונג, א״ע)
*gedicht machen; farkirtsen (a dertseilung, etc.)*

condition n צושטאַנד ז (ן); באַדינג ז (ען), תּנאַי ז (תּנאָים)
*tsushtand; bading, tnai (tno'im)*

conditional adj באַדינגיק
*badingik*

condole v טרייסטן
*treisten*

condolence n טרייסטאויסדרוק ז (ן)
*treistoisdruk*

condominium n קאָנדאָמיניום ז (ס)
*kondominyum*

condone v פֿאַרגעבן
*fargeben*

conduct n אויפֿפֿירונג נ; אָנפֿירונג נ
*oiffirung; onfirung*

conduct v אָנפֿירן מיט
*onfiren mit*

conduct oneself אויפֿפֿירן זיך, פֿירן זיך
*oiffiren zich, firen zich*

conductor n קאָנדוקטאָר ז (ן); דיריגענט ז (ן)
*konduktor; dirigent*

cone n שישקע נ (ס)
*shishke*

confederacy n קאָנפֿעדעראַציע נ (ס)
*konfederatsye*

confer v באַראָטן זיך; באַשענקען

*baroten zich; bashenken*

conference n קאָנפערענץ נ (ן)
*konferents*

confess v מודה זײַן זיך
*moide zain zich*

confide v פאַרטרויען
*fartroien*

confidence n צוטרוי ז;
בטחון ז (ות)
*tsutroi; bitochen (bitchoines)*

confident adj זיכער בײַ זיך
*zicher bai zich*

confidential adj געהיים; פאַרטרויט
*geheim; fartroit*

confine v באַגרענעצן; פאַרשפאַרן
*bagrenetsen; farshparen*

confirm v באַשטעטיקן
*bashtetiken*

confiscate v קאָנפיסקירן
*konfiskiren*

conflict n קאָנפליקט ז (ן)
*konflikt*

conflict v זײַן שטאַרק מחולק
*zain shtark mechulek*

conform v צופאַסן זיך
*tsupasen zich*

confound v צעמישן;
ניט אונטערשיידן
*tsemishen; nit untersheiden*

confront v קאָנפראָנטירן
*konfrontiren*

confuse v צעמישן; צעטומלען
*tsemishen; tsetumlen*

confusion n צעמישונג נ;
כאַאָס ז (ן)
*tsemishung; chaos*

congeal v פאַרגליווערן
*fargliveren*

congenial adj ליב; סימפּאַטיש
*lib; simpatish*

congestion n געענג ס (עך)
*geeng*

conglomerate n קאָנגלאָמעראַט ז (ן)
*konglomerat*

congratulate v גראַטולירן,
ווינטשעווען
*gratuliren, vint'sheven*

congratulation n גליקוווּנטש ז (ן)
*glikvunt'sh*

congratulations pl מזל-טוב!
*mazel-tov!*

congregate v פאַרזאַמלען זיך
*farzamlen zich*

congregation n קהילה נ (קהילות);
פאַרזאַמלונג נ (ען)
*kehile (kehiles); farzamlung*

congress n קאָנגרעס ז (ן)
*kongres*

conifer n נאָדלבוים ז (נאָדלביימער)
*nodelboim (nodelbeimer)*

conjecture n השערה נ (השערות)
*hashore (hashores)*

conjugation n קאָניוגאַציע נ (ס)
*konyugatsye*

conjunction n קאָניונקציע נ (ס),
בינדוואָרט ס (בינדווערטער)
*konyunktsye, bindvort*
*(bindverter)*

conjure v באַשווערן; טאָן כּישוף
*bashveren; ton kishef*

connect v פֿאַרבינדן
*farbinden*

connection n פֿאַרבינדונג נ (ען)
*farbindung*

connive v מאַכן זיך נישט ווּיסנדיק (וועגן אַן אומרעכט); קאָאָפּערירן בּסוד; קאָנספּירירן
*machen zich nisht visendik (vegen an umrecht); kooperiren besod; konspiriren*

connoisseur n מבֿין ז (ים)
*meivin (mevinim)*

connotation n קאָנאָטאַציע נ (ס)
*konotatsye*

conquer v זיגן, באַזיגן; אײַננעמען
*zigen, bazigen; ainnemen*

conqueror n זיגער ז (ס)
*ziger*

conquest n אײַננעם ז (ען); זיג ז (ן)
*ainnem; zig*

conscience n געוויסן ס (ס)
*gevisen*

conscientious adj געוויסנהאַפֿטיק, געוויסנדיק
*gevisenhaftik, gevisendik*

conscious adj באַוווּסטזיניק
*bavustzinik*

consciousness n באַוווּסטזײַן ס
*bavustzain*

consecrate v מחנך זײַן, מקדש זײַן
*mechanech zain, mekadesh zain*

consecutive adj נאָכאַנאַנדיק
*nochanandik*

consensus n קאָנסענסוס ז, הסכּם־כּולם ז
*konsensus, heskem-kulem*

consent n הסכּמה נ (הסכּמות), צושטימונג נ (ען)
*haskome (haskomes), tsushtimung*

consent v מסכּים זײַן, צושטימען
*maskem zain, tsushtimen*

consequence n קאָנסעקווענץ נ (ן) (פּועל־יוצא ז (ס); וויכטיקייט נ)
*konsekvents (poiel-yoitse; vichtikeit)*

consequently adv דעריבער, נימצא
*deriber, nimtse*

conservative adj קאָנסערוואַטיוו
*konservativ*

conservatory n קאָנסערוואַטאָריע נ (ס)
*konservatorye*

consider v באַטראַכטן; נעמען אין אַכט
*batrachten; nemen in acht*

considerable adj היפּש *hipsh*

considerate adj אײַנזעעוודיק, שוינענדיק
*ainzeevdik, shoinendik*

consideration n באַטראַכטונג נ (ען); אינאַכטנעמונג נ
*batrachtung; inachtnemung*

consist v באַשטיין
*bashtein*

consistent adj ;אויסגעהאַלטן
אײַנשטימיק
*oisgehalten; ainshtimik*

consolation n טרייסט נ (ן)
*treist*

console v טרייסטן
*treisten*

consolidate v קאָנסאָלידירן
(פאַראייניקן; פעסט מאַכן;
פאַרשטאַרקן)
*konsolidiren (fareiniken; fest machen; farshtarken)*

consonant n קאָנסאָנאַנט ז (ן)
*konsonant*

conspicuous adj אָנזעעוודיק
*onzeevdik*

conspiracy n קאָנספּיראַציע נ (ס),
פאַרשווערונג נ (ען)
*konspiratsye, farshverung*

conspire v פאַרשווערן
*farshveren*

constancy n סטאַבילקייט נ;
פעסטקייט נ; לאָיאַלקייט נ
*stabilkeit; festkeit; loyalkeit*

constant adj קאָנסטאַנט (שטענדיק;
לאָיאַל)
*constant (shtendik; loyal)*

constellation n קאָנסטעלאַציע נ (ס)
*konstelatsye*

consternation n בהלה נ,
פאַראַלאַזירנדיקער שרעק ז
*behole, paralazirendiker shrek*

constipation n עצירות ס
*atsires*

constitute v ;צונויפשטעלן
פאָרמירן; באַשטימען
*tsunoifshtelen; formiren; bashtimen*

constitution n קאָנסטיטוציע נ (ס);
קערפּער־געבוי ז (ען)
*konstitutsye; kerper-geboi*

constraint n אײַנגעהאַלטנקייט נ
*aingehaltenkeit*

construct v בויען
*boien*

construction n קאָנסטרוקציע נ (ס);
געביידע נ (ס)
*konstruktsye; gebeide*

constructive adj קאָנסטרוקטיוו
*konstruktiv*

construe v אויסטײַטשן
*oistait'shen*

consul n קאָנסול ז (ן)
*konsul*

consulate n קאָנסולאַט ז (ן)
*konsulat*

consult v באַראָטן זיך
*baroten zich*

consultation n באַראָטונג נ (ען)
*barotung*

consume v פאַרניצן
*farnitsen*

consumer n געברויכער ז (ס);
קונה ז (קונים)
*gebroicher; koine (koinim)*

consumerism n קאָנסומעריזם ז
*konsumerizm*

consummate v פאַרענדיקן; מקיים

זײַן (דעם זיווג)
*farendiken;*
*mekayem zain (dem ziveg)*

contact n קאָנטאַקט ז (ן) (אָנריר ז; פֿאַרבינדונג נ)
*kontakt (onrir; farbindung)*

contact v אָנרירן; קאָמוניקירן מיט
*onriren; komunikiren mit*

contagious adj אָנשטעקיק
*onshtekik*

contain v אַנטהאַלטן, האַלטן
*anthalten, halten*

contaminate v קאָנטאַמינירן, פֿאַראומרייניקן (דורך באַרירונג)
*kontaminiren, farumreiniken (durch barirung)*

contemplate v באַטראַכטן
*batrachten*

contemporary adj מיטצײַטיש; הײַנטצײַטיק
*mittsaitish; hainttsaitik*

contemporary n בן־דור ז (בני־דור)
*ben-dor (bnei-dor)*

contempt n פֿאַראַכטונג נ
*farachtung*

contemptible adj נידערטרעכטיק
*nidertrechtik*

contemptuous adj פֿאַראַכטיק
*farachtik*

contend v טענהן; קעמפֿן
*tainen/taanen; kemfen*

content adj צופֿרידן
*tsufriden*

content v באַפֿרידיקן
*bafridiken*

contention n טענה נ (טענות)
*taine (taines)*

contentment n צופֿרידנקייט נ
*tsufridenkeit*

contents n pl אינהאַלט ז (ן)
*inhalt*

contest n פֿאַרמעסט ז (ן); קאַמף ז (ן)
*farmest; kamf*

contest v פֿאַרמעסטן זיך; באַקעמפֿן
*farmesten zich; bakemfen*

context n קאָנטעקסט ז (ן)
*kontekst*

continent n קאָנטינענט ז (ן)
*kontinent*

contingency n מעגלעכקייט נ (ן), פֿאַל ז (ן)
*meglechkeit, fal*

continual adj כּסדרדיק
*keseiderdik*

continuation n המשך ז (ים), פֿאָרזעצונג נ (ען)
*hemshech (hemsheichim), forzetsung*

continue v ממשיך זײַן, פֿאָרזעצן
*mamshech zain; forzetsen*

continuity n המשכדיקייט נ
*hemshechdikeit*

contour n קאָנטור ז (ן)
*kontur*

contraband n קאָנטראַבאַנדע נ (ס)

*kontrabande*

contract n קאָנטראַקט ז (ן), אָפּמאַך ז (ן)
*kontrakt, opmach*

contract v מאַכן אַ קאָנטראַקט; אָנשטעקן זיך (מיט אַ קרענק); אײַנציִען
*machen a kontrakt; onshteken zich (mit a krenk); aintsien*

contractor n קאָנטראַקטאָר ז (ן)
*kontraktor*

contradict v סותר זײַן, ווידערשפּרעכן
*soiser zain, vidershprechen*

contradiction n ווידערשפּרוך ז (ן)
*vidershpruch*

contrary adj היפּוכדיק, קעגנזעצלעך
*hipechdik, kegenzetslech*

contrast n קאָנטראַסט ז (ן), היפּוך ז (ים)
*kontrast, hipech (hipuchim)*

contrast v אַנטקעגנשטעלן; זײַן אַ קאָנטראַסט
*antkegenshtelen; zain a kontrast*

contribute v בײַשטײַערן
*baishtaieren*

contribution n בײַשטײַערונג נ (ען); צושטײַער ז (ס)
*baishtaierung; tsushtaier*

contrite adj נידערגעשלאָגן (דורך חרטה)
*nidergeshlogen (durch charote)*

contrive v אויסקאָמבינירן
*oiskombiniren*

control n קאָנטראָל ז (ן)
*kontrol*

control v קאָנטראָלירן
*kontroliren*

controversy n סכסוך ז (ים)
*sichsech (sichsuchim)*

conundrum n קאָנונדרום ז (אַ רעטעניש וואָס זײַן ענטפער איז אַ ווערטערשפּיל)
*konundrum (a retenish vos zain entfer iz a vertershpil)*

convalesce v קומען צו זיך
*kumen tsu zich*

convene v צונויפרופן; צוזאַמענקומען
*tsunoifrufen; tsuzamenkumen*

convenience n באַקוועמלעכקייט נ (ן)
*bakvemlechkeit*

convenient adj באַקוועם
*bakvem*

convent n קאָנווענט ז (ן)
*konvent*

convention n צוזאַמענפאָר ז (ן); אָנגענומענקייט נ (ן)
*tsuzamenfor; ongenumenkeit*

conventional adj אָנגענומען
*ongenumen*

converge v צוזאַמענקומען (צו איין פּונקט)
*tsuzamenkumen (tsu ein punkt)*

conversation n שמועס ז (ן)
*shmues*

converse v שמועסן
*shmuesen*

conversion n איבערבײַט ז (ן); גלויבנבײַט ז (ן)
*iberbait; gloibenbait*

convert v בײַטן (אַ רעליגיע); אויסבײַטן (געלט, א״ע); ענדערן
*baiten (a religye); oisbaiten (gelt, etc.); enderen*

convex adj קאָנוועקס
*konveks*

convey v טראַנספּאָרטירן; איבערגעבן
*transportiren; ibergeben*

convict v פֿאַראורטיילן
*farurteilen*

convict n פֿאַרמישפּטער ז; אַרעסטאַנט ז (ן)
*farmishpeter; arestant*

conviction n פֿאַרמישפּטונג נ (ען); איבערצײַגונג נ (ען)
*farmishpetung; ibertsaigung*

convince v איבערצײַגן
*ibertsaigen*

convoy n קאָנוווי ז (ען)
*konvoi*

convoy v עסקאָרטירן (פֿאַר שוץ)
*eskortiren (far shuts)*

convulse v טרייסלען גוואַלדיק
*treislen gvaldik*

convulsion n קאָנוווּלסיע נ (ס)
*konvulsye*

coo v וואָרקען (ווי אַ טויב)
*vorken (vi a toib)*

cook n קוכער ז (ס)
*kucher*

cook v קאָכן
*kochen*

cookbook n קאָכבוך ס (קאָכביכער)
*kochbuch (kochbicher)*

cookie n קיכל ס (עך)
*kichel (kichlech)*

cool adj קיל; גלײַכגילטיק
*kil; glaichgiltik*

cool v אָפּקילן
*opkilen*

coop n הינערשטײַג נ (ן); טויבנשטיבל ס (עך)
*hinershtaig; toibenshtibel (toibenshtiblech)*

coop v אײַנשטײַגלען; אײַנשפּאָרן
*ainshtaiglen; ainshparen*

cooperate v קאָאָפּערירן, צוזאַמענאַרבעטן
*kooperiren, tsuzamenarbeten*

cooperation n קאָאָפּעראַציע נ (ס)
*kooperatsye*

cooperative adj קאָאָפּעראַטיוו
*kooperativ*

cooperative n קאָאָפּעראַטיוו ז (ן)
*kooperativ*

coordinate adj קאָאָרדינירט
*koordinirt*

coordinate v קאָאָרדינירן, (האַרמאָניזירן; צופּאַסן)
*koordiniren (harmoniziren; tsupasen)*

coordinate n קאָאָרדינאַט ז (ן)
*koordinat*

coordination n קאָאָרדינירונג נ
*koordinirung*

cop n (סלענג) פּאָליציאַנט ז (ן)
*(sleng) politsyant*

cope v געבן זיך אַן עצה; האַנדלען דערפאָלגרײַך
*geben zich an eitse; handlen derfolgraich*

copilot n קאָפּילאָט ז (ן)
*kopilot*

copious adj שפעדיק
*shefedik*

copper n קופּער ס
*kuper*

copperhead n קופּערקאָפּ ז (שלאַנג)
*kuperkop (shlang)*

copse n געוויקסן־פּלאָנטער ז (ס), פלאַנצן־געדיכטעניש נ (ן)
*geviksen-plonter, flantsen-gedichtenish*

copy n קאָפּיע נ (ס)
*kopye*

copy v קאָפּירן
*kopiren*

copybook n העפט נ (ן)
*heft*

copyright n דרוקרעכט ס, מחבר־רעכט ס
*drukrecht, mechaber-recht*

copyright v באַקומען דאָס דרוקרעכט (אויף אַ בוך, בילד, א״ע)
*bakumen dos drukrecht (oif a buch, bild, etc.)*

copyrighted adj באַשיצט דורך דרוקרעכט
*bashitst durch drukrecht*

coquette n קאָקעטקע נ (ס)
*koketke*

coquettish adj קאָקעטיש
*koketish*

coral n קאָראַל ז (ן)
*koral*

cord n שנור ז (ן); שפּאַגאַט ז (ן)
*shnur; shpagat*

cordial adj האַרציק; וואַרעם
*hartsik; varem*

cordillera n בערג־קייט נ (ן)
*berg-keit*

cordon n קאָרדאָן ז (ען)
*kordon*

corduroy n קאָרדורוי ז (באַוולשטאָף)
*korduroi (bavelshtof)*

core n האַרץ ס (פון אַ פרוכט); תּוך ז
*harts (fun a frucht); toch*

cork n קאָריק ז (עס), פּראָפּן ז (ס)
*korik, propen*

corkscrew n פּראָפּן־ציִער ז (ס)
*propen-tsier*

corn n קוקורוזע נ; הינערואויג ס (ן)
*kukuruze; hineroig*

corn v אײַנזאַלצן
*ainzaltsen*

corned beef פּעקלפלייש ס
*pekelfleish*

corner n ווינקל ז (ען); עק ז (ן)
*vinkel (vinklen); ek*

corner v שטופּן צו אַ ווינקל

*shtupen tsu a vinkel*

cornerstone n — ווינקלשטיין ז (ער)
*vinkelshtein (vinkelshteiner)*

cornflower n — קאָרנבלום נ (ען)
*korenblum*

cornice n — גזימס ז (ן)
*gzims*

corolla n — קרוינבלעטלעך ר
*kroinbletlech*

corollary n — פועל־יוצא ז (ס); נאַטירלעכע קאָנסעקווענץ נ (ן)
*poiel-yoitse; natirleche konsekvents*

coronation n — קרוינונג נ, קריינונג נ (ען)
*kroinung, kreinung*

coroner n — קאָראָנער ז (ס)
*koroner*

coronet n — קריינדל ס (עך)
*kreindel (kreindlech)*

corporal n — קאָרפּאָראַל ז (ן)
*korporal*

corporal adj — קערפּערלעך
*kerperlech*

corporation n — קאָרפּאָראַציע נ (ס)
*korporatsye*

corps n — קאָרפּוס ז (ן)
*korpus*

corpse n — בר־מינן ז (ס)
*bar-minen*

corpulent adj — קאָרפּולענט, פעט
*korpulent, fet*

corral n — קאָראַל ז (ן) (אָפּגעצוימטער פּלאַץ פאַר בהמות)
*koral (opgetsoimter plats far beheimes)*

correct adj — ריכטיק, קאָרעקט
*richtik, korekt*

correct v — פאַרריכטן
*farrichten*

correction n — פאַרריכטונג נ (ען); תּיקון־טעות ז (ן)
*farrichtung; tiken-toes*

correctness n — ריכטיקייט נ
*richtikeit*

correlation n — קאָרעלאַציע נ (ס)
*korelatsye*

correspond v — קאָרעספּאָנדירן; שטימען
*korespondiren; shtimen*

correspondence n — קאָרעספּאָנדענץ ז (ן); האַרמאָניע נ (ס), מיטשטימונג נ
*korespondents; harmonye, mit'shtimung*

correspondent n — קאָרעספּאָנדענט ז (ן)
*korespondent*

corridor n — קאָרידאָר ז (ן)
*koridor*

corrigenda n pl — ליסטע פון תּיקון־טעותן (אין אַ בוך)
*liste fun tiken-toesen (in a buch)*

corroborate v — באַקרעפטיקן (אַנדערע עווידענץ)
*bakreftiken (andere evidents)*

corroboration n — באַשטעטיקונג נ (דורך צוגאָבלעכע באַווייַזן)

*bashtetikung*
*(durch tsugobleche bavaizen)*

corrode v צעעסן
*tseesen*

corrupt adj פֿאַרדאָרבן
*fardorben*

corrupt v פֿאַרדאַרבן
*fardarben*

corruption n קאָרופּציע נ
*koruptsye*

corsage n קאָרסאַזש ז (ן)
*korsazh*

corsair n פּיראַט ז (ן); פּיראַט־שיף נ (ן)
*pirat; pirat-shif*

corset n קאָרסעט ז (ן)
*korset*

cosmetic adj קאָסמעטיש
*kosmetish*

cosmetic n קאָסמעטיק נ
*kosmetik*

cosmic adj קאָסמיש
*kosmish*

cosmonaut n קאָסמאָנויט ז (ן)
*kosmonoit*

cosmopolitan adj קאָסמאָפּאָליטיש
*kosmopolitish*

cosmopolitan n קאָסמאָפּאָליט ז (ן)
*kosmopolit*

cosmos n קאָסמאָס ז
*kosmos*

cost n פּרײַז ז (ן); קאָסטן ר
*praiz; kosten*

cost v קאָסטן
*kosten*

costly adj טײַער, קאָסטבאַר
*taier, kostbar*

costume n קאָסטיום ז (ען)
*kostyum*

cot n פֿעלדבעטל ס (עך)
*feldbetel (feldbetlech)*

cote n שטעלכל ס (עך)
*shtelchel (shtelchlech)*

cottage n קאַטעדזש ז (עס), הײַזקע נ (ס)
*katedzh, haizke*

cottage cheese קאַטעדזש־קעז ז (ן)
*katedzh-kez*

cotton n באַוול ז
*bavel*

cotton batting וואַטע נ
*vate*

couch n סאָפֿע נ (ס)
*sofe*

couch v אויסדריקן (אין ווערטער)
*oisdriken (in verter)*

cougar n קוגואַר ז (ן)
*kuguar*

cough n הוסט ז
*hust*

cough v הוסטן
*husten*

council n ראָט ז (ן), באַראַטונגס־קערפּערשאַפֿט נ (ן)
*rot, baratungs-kerpershaft*

councilor n ראָט־מיטגליד ז (ער)
(Also councillor)
*rot-mitglid (-mitglider)*

**counsel** n עצה נ (עצות); אַדוואָקאַט ז (ן)
*eitse (eitses); advokat*

**counsel** v געבן אַן עצה, ראַטן
*geben an eitse, raten*

**counsellor** n בעל־יועץ ז (בעלי־יועצים); לויער ז (ס); מדריך ז (ים) (פון קינדער אין אַ קעמפּ)
*bal-yoiets (bale-yoietsim); loier; madrech (fun kinder in a kemp)*

**count** n ציילונג נ (ען); גראַף ז (ן)
*tseilung; graf*

**count** v ציילן; רעכענען
*tseilen; rechenen*

**— count on** פֿאַרלאָזן זיך אויף
*farlozen zich oif*

**countenance** n געזיכט ס (ער); מינע נ (ס)
*gezicht (gezichter); mine*

**countenance** v טאָלערירן
*toleriren*

**counter** n לאַנגער טיש ז (אין אַ קראָם, רעסטאָראַן, א״ע)
*langer tish (in a krom, restoran, etc.)*

**counter** v אַנטקעגנשטעלן; אָפּענטפֿערן
*antkegenshtelen; opentferen*

**counteract** v אַקעגנווירקן; שטערן
*akegenvirken; shteren*

**counterculture** n קאָנטערקולטור נ, קעגנקולטור נ (ן)
*konterkultur, kegenkultur*

**counterfeit** adj פֿאַלש, נאָכגעמאַכט
*falsh, nochgemacht*

**counterfeit** v פֿעלשן (געלט, א״ע)
*felshen (gelt, etc.)*

**counter-revolution** n קאָנטררעוואָלוציע נ (ס)
*konterrevolutsye*

**countersign** v קעגנחתמענען
*kegenchasmenen*

**countess** n גראַפֿינע נ (ס)
*grafine*

**countless** adj אומציילִיק, אָן אַ צאָל
*umtseilik, on a tsol*

**country** n לאַנד ס (לענדער); דאָרפֿישער דיסטריקט ז
*land (lender); dorfisher distrikt*

**country house** דאַטשע נ (ס)
*dat'she*

**countryside** n דאָרפֿישע געגנט נ (ן)
*dorfishe gegent*

**couple** n פּאָר נ (ן)
*por*

**couple** v פּאָרן; פֿאַראייניקן
*poren; fareiniken*

**coupon** n קופּאָן ז (ען)
*kupon*

**courage** n קוראַזש ז, מוט ז, דרייסטקייט נ
*kurazh, mut, dreistkeit*

**courageous** adj מוטיק, דרייסט
*mutik, dreist*

**courier** n קוריער ז (ן)

*kuryer*

course n קורס ז (ן); גאַנג ז, לויף ז
*kurs; gang, loif*

— in the course of במשך
*bemeshech*

— of course געוויס, אַוודאי
*gevis, avade*

course v לויפן, פליסן; יאָגן מיט הינט
*loifen, flisen; yogen mit hint*

court n הויף ז (ן); געריכט ס (ן)
*hoif; gericht*

court v באַמיִען זיך צו באַקומען; שדכנען זיך צו
*bamien zich tsu bakumen; shadchenen zich tsu*

courteous adj העפלעך
*heflech*

courtesy n העפלעכקייט נ, איידלקייט נ; העפלעכער זשעסט ז
*heflechkeit, eidelkeit; heflecher zhest*

courthouse n געריכטהויז ס; בית־דין ס (בתּי־דינין)
*gerichthoiz; bes-din (bote-dinin)*

courtly adj העפלעך; עלעגאַנט
*heflech; elegant*

court-martial n קריגסגעריכט ס (ן)
*krigsgericht*

courtyard n הויף ז (ן)
*hoif*

cousin n קוזין ז (ען); קוזינע נ (ס), קוזינקע נ (ס)
*kuzin; kuzine, kuzinke*

covenant n אָפּמאַך ז (ן); ברית ז (אין תּנך)
*opmach; bris (in tanach)*

cover n דעק נ (ן), דעקל ס (עך); טאָוול ז (ען) (פון אַ בוך)
*dek, dekel (deklech); tovel (fun a buch)*

cover v דעקן; פאַרדעקן, צודעקן
*deken; fardeken, tsudeken*

coverage n דעקונג נ (ען)
*dekung*

covert adj באַהאַלטן, געהיים
*bahalten, geheim*

cover-up, coverup n פאַרדעקונג נ (ען) (פון אַ פאַרברעך)
*fardekung (fun a farbrech)*

covet v באַגערן, גלוסטן
*bageren, glusten*

covey n קליינע טשאַטע נ (ס) (ספּעציעל פון קוראָפּאַטעס, וואַכטלען, א״ע)
*kleine t'shate (spetsyel fun kuropates, vachtlen, etc.)*

cow n קו נ (קי)
*ku (ki)*

cow v אָנשרעקן
*onshreken*

coward n פּחדן ז (ים), שרעקעוודיקער ז
*pachden (pachdonim), shrekevdiker*

cowardice n פּחדנות ס, שרעקעוודיקייט נ
*pachdones, shrekevdikeit*

cowardly adj, adv שרעקעוודיק
*shrekevdik*

cowbird n קופֿויגל ז (קופֿייגל)
*kufoigel (kufeigel)*

cowboy n קאַאובוי ז (ס)
*kauboi*

cower v אײַנבייגן זיך שרעקעוודיק
*ainbeigen zich shrekevdik*

cowhide n קוהויט נ (ן); קולעדער נ/ס (ס); לעדערנע בײַטש נ (ן)
*kuhoit; kuleder; lederne bait'sh*

co-worker n מיטאַרבעטער ז (ס)
*mitarbeter*

coy adj שעמעוודיק; באַשיידן; כּלומרשט שעמעוודיק
*shemevdik; basheiden; kloimersht shemevdik*

coyote n קאָיאָטע נ (ס)
*koyote*

cozy adj היימיש; באַקוועם און וואַרעם
*heimish; bakvem un varem*

crab n קראַב ז (ן); קריגערישער פּאַרשוין ז
*krab; krigerisher parshoin*

crack n שפּאַלט ז (ן), שפּאַרע נ (ס); טראַסק ז (ן); קנאַל ז (ן)
*shpalt, shpare; trask; knal*

crack v שפּאַלטן
*shpalten*

crackdown n פּלוצעמדיקע באַשטראָפֿונג נ (ען)
*plutsemdike bashtrofung*

cracker n פּלעצל ס (עך)
*pletsel (pletslech)*

crackpot n עקסצענטרישער פּאַרשוין ז
*ekstsentrisher parshoin*

cradle n וויג נ (ן)
*vig*

cradle v וויגן
*vigen*

cradlesong n וויגליד ס (ער)
*viglid (viglider)*

craft n מלאָכה נ (מלאָכות); פֿיפֿיקייט נ
*mloche (mloches); fifikeit*

craftiness n כיטרעקייט נ
*chitrekeit*

crafty adj כיטרע, פֿיפֿיק
*chitre, fifik*

crag n אַרויסשטאַרצנדיקער פֿעלדז ז; פֿעלדזן־וואַנט נ (־ווענט)
*aroisshtartsendiker feldz; feldzen-vant (-vent)*

cram v אָנשטאָפּן
*onshtopen*

cramp n קראַמפּ ז (ן), קאָרטש ז (ן)
*kramp, kort'sh*

crane n קראַן ז (ען) (משׂא־הייבער; וואַסער־פֿויגל)
*kran (mase-heiber; vaser-foigel)*

cranium n שאַרבן ז (ס)
*sharben*

crank n קאָרבע ז (ס); (שמועסדיק) טשודאַק ז (עס), משונהדיקער פּאַרשוין ז; מאָדנע אידעע נ (ס)
*korbe; (shmuesdik) t'shudak, meshunediker parshoin; modne idee*

cranky adj אויפגערעגט; טשודנע, משונהדיק
*oifgeregt; t'shudne, meshunedik*

crash n קראַך ז (ן); טראַסק ז (ן); צונויפשטויס ז (ן)
*krach; trask; tsunoifshtois*

crash v קראַכן; צונויפשטויסן זיך
*krachen; tsunoifshtoisen zich*

crater n קראַטער ז (ס)
*krater*

cravat n קראַוואַט ז (ן)
*kravat*

crave v לעכצן, באַגערן
*lechtsen, bageren*

craven adj פּחדניש
*pachdonish*

craving n באַגער ז (ן)
*bager*

crawl v קריכן
*krichen*

crawl n קריכונג נ
*krichung*

crayon n קרײַדל ס (עך)
*kraidel (kraidlech)*

crazy adj משוגע
*meshuge*

creak n סקריפּ ז (ן)
*skrip*

creak v סקריפּען
*skripen*

cream n סמעטענע נ (ס); קרעם ז (ען)
*smetene; krem*

crease n קנייטש ז (ן)
*kneit'sh*

crease v צעקנייטשן
*tsekneit'shen*

create v שאַפֿן, באַשאַפֿן
*shafen, bashafen*

creation n שאַפֿונג נ (ען)
*shafung*

Creation n יצירה נ (בריאת־העולם)
*yetsire (bries-hooilem)*

creative adj שעפֿעריש
*sheferish*

creator n באַשאַפֿער ז (ס)
*bashafer*

Creator n בורא ז, באַשעפֿער ז, גאָט ז
*boire, bashefer, got*

creature n באַשעפֿעניש ס (ן)
*bashefenish*

credentials n pl רעפֿערענץ־בריוו ז
*referents-briv*

credible adj גלויבווערדיק
*gloibverdik*

credit n קרעדיט ז (ן) (באָרג נ; אָנאָרקענונג נ; כּבוד ז)
*kredit (borg; onorkenung; koved)*

credit v קרעדיטירן
*kreditiren*

credit card קרעדיט־קאַרטע נ (ס)

*kredit-karte*

credulous adj גרינגגלייביק
*gringgleibik*

creed n אמונה נ (אמונות), גלויבן ז (ס)
*emune (emunes), gloiben*

creek n טײַכל ס (עך)
*taichel (taichlech)*

creep v קריכן
*krichen*

creep n קריכונג נ; (סלענג) טשודאַק ז (עס)
*krichung; (sleng) t'shudak*

cremate v קרעמירן, פֿאַרברענען
*kremiren, farbrenen*

cremation n קרעמאַציע נ
*krematsye*

crematorium n קרעמאַטאָריע נ (ס)
*krematorye*

crescendo adv קרעשענדאָ
*kreshendo*

crescent n האַלבע לבנה נ
*halbe levone*

crest n קאַם ז (ען); הערב ז (ן)
*kam; herb*

crestfallen adj דערשלאָגן
*dershlogen*

crevasse n קרעוואַס ז (ן) (אַ טיפֿע שפּאַרע אינעם אײַז פֿון אַ גלעטשער)
*krevas (a tife shpare inem aiz fun a glet'sher)*

crevice n שפּאַרע נ (ס)
*shpare*

crew n מאַנשאַפֿט נ (ן)
*manshaft*

crib n וויג נ (ן); זשאָלעב ז (עס)
*vig; zholeb*

cricket n גריל נ (ן)
*gril*

crime n פֿאַרברעכן ס (ס)
*farbrechen*

criminal adj קרימינעל
*kriminel*

criminal n פֿאַרברעכער ז (ס)
*farbrecher*

crimson adj פּורפּעלן
*purpelen*

crimson n פּורפּל ז
*purpel*

cringe v צוריקציִען זיך ציטערדיק; פֿאַרבייגן זיך שרעקעוודיק
*tsuriktsien zich tsiterdik; farbeigen zich shrekevdik*

crinkle n קנייטש ז (ן); שאָרך ז (ן)
*kneit'sh; shorch*

crinkle v אײַנקנייטשן; שאָרכן
*ainkneit'shen; shorchen*

crinoline n קרינאָלינע נ (ס)
*krinoline*

cripple n קאַליקע ז/נ (ס)
*kalike*

cripple v פֿאַרקריפּלען
*farkriplen*

crisis n קריזיס ז (ן)
*krizis*

criterion n קריטעריע נ (ס)
*kriterye*

critic n קריטיקער ז (ס)
*kritiker*

critical adj קריטיש
*kritish*

criticism n קריטיציזם ז
*krititsizm*

criticize v קריטיקירן; געפינען חסרונות
*kritikiren; gefinen chesroines*

critique n קריטיק נ (ן), אָפּשאַצונג נ (ען)
*kritik, opshatsung*

croak v קראַקען (ווי אַ קראָ, זשאַבע, א"ע)
*kraken (vi a kro, zhabe, etc.)*

crochet v שטריקן מיט אַ העקל
*shtriken mit a hekel*

crocodile n קראָקאָדיל ז (ן)
*krokodil*

crocus n קראָקוס ז (ן)
*krokus*

croissant n האַלב־לבנהדיקע בולקע נ (ס)
*halb-levonedike bulke*

crony n זייער נאָענטער פרײַנד ז
*zeier noenter fraind*

crook n האַקן ז (ס); שווינדלער ז/ס
*haken; shvindler*

crooked adj קרום; שווינדלעריש
*krum; shvindlerish*

croon v זינגען ווייך און עמאָציאָנעל
*zingen veich un emotsyonel*

crop n שניט ז (ן); גערעטעניש ס (ן)
*shnit; geretenish*

crop v ארומשנײַדן
*arumshnaiden*

croquet n קראָקעט ז
*kroket*

cross n קרייץ ז (ן), צלם ז (ים); מישלינג ז (ען), היבריד ז (ן)
*kreits, tseilem (tslomim); mishling, hibrid*

cross v אַריבערגיין; קרייצן
*aribergein; kreitsen*

cross adj אויפגעבראַכט, ברוגז
*oifgebracht, broigez*

cross-examination n דורכפאַרהער ז (ן)
*durchfarher*

cross-examine v דורכפאַרהערן
*durchfarheren*

crossing n אַריבערגאַנג ז (ען)
*aribergang*

crossroads n pl שיידוועג ז (ן), קרייצוועג ז (ן)
*sheidveg, kreitsveg*

crosswalk n גאַס־אַריבערגאַנג ז (באַצייכנט מיט ווײַסע ליניעס)
*gas-aribergang (batseichent mit vaise linyes)*

crouch v אײַנבייגן זיך
*ainbeigen zich*

crow n קראָ נ (ען)
*kro*

crow v קרייען

*kreien*

crowd n מאַסע נ (מאַסן), עולם ז; קליקע נ (ס)
*mase (masen), oilem; klike*

crowd v ענג מאַכן; שטופּן זיך
*eng machen; shtupen zich*

crowded adj ענג; געפּאַקט
*eng; gepakt*

crown n קרוין נ (ען)
*kroin*

crown v קרוינען, קריינען
*kroinen, kreinen*

crown prince קרוינפּרינץ ז (ן)
*kroinprints*

crow's-nest n אָבסערוואַציע־שטאַנד ז (ן) (ספּעציעל אויף אַ שיף)
*observatsye-shtand (spetsyel oif a shif)*

crucial adj באַשטימענדיק; זייער וויכטיק
*bashtimendik; zeier vichtik*

crucify v קרייציקן
*kreitsiken*

crude adj רוי; פּראָסט, ווולגאַר
*roi; prost, vulgar*

cruel adj אַכזריותדיק, גרויזאַם
*achzoryesdik, groizam*

cruelty n אכזריות ס, גרויזאַמקייט נ (ן)
*achzoryes, groizamkeit*

cruise n קרייס ז (ן); ים רײַזע נ (ס) (פֿאַר פֿאַרגעניגן)
*kreis; yam-raize (far fargenigen)*

cruise v קרייסירן
*kreisiren*

crumb n קרישל ס (עך), בּרעקל ס (עך)
*krishel (krishlech), brekel (breklech)*

crumble v קרישלען; צעבּרעקלען זיך
*krishlen; tsebreklen zich*

crumple v צעקנייטשן
*tsekneit'shen*

crusade n קרייצפֿאָר ז (ן); פֿאַנאַטישער קאַמף ז
*kreitsfor; fanatisher kamf*

crush v צעקוועטשן; צעשמעטערן
*tsekvet'shen; tseshmeteren*

crush n צעקוועטשונג נ; ענגשאַפֿט נ; המון ז (ען); (סלענג) פּלוצעמדיקע ליבּע נ (ס)
*tsekvet'shung; engshaft; hamoin; (sleng) plutsemdike libe*

crust n סקאָרע נ (ס); האַרטע שאָלעכץ נ (ן)
*skore; harte sholechts*

crust v באַדעקן מיט אַ הײַטל
*badeken mit a haitel*

crutch n קוליע נ (ס)
*kulye*

cry n געשריי ס (ען); רוף ז (ן); געוויין ס (ען)
*geshrei; ruf; gevein*

cry n שרײַען; וויינען
*shraien; veinen*

crybaby n וויינער ז (ס)
*veiner*

crypt n אונטערערדישער צימער ז
*untererdisher tsimer*

cryptic adj געהיים; עניגמאַטיש; מיסטעריעז
*geheim; enigmatish; misteryez*

cryptography n קריפּטאָגראַפיע נ
*kriptografye*

crystal n קריסטאַל ז (ן)
*kristal*

crystallize v קריסטאַליזירן
*kristaliziren*

cub n יונג חיהלע ס (ך) (בערל, וועלפל, טיגערל, לייבל, פיקסל, א״ע)
*yung chaiele (berel, velfel, tigerel, leibel, fiksel, etc.)*

cube n קובּ ז (ן)
*kub*

cubic adj קוביש
*kubish*

cuckoo n קוקאַווקע נ (ס)
*kukavke*

cucumber n אוגערקע נ (ס)
*ugerke*

cud n גרה נ (אויפגעשטויסענע שפּייַז)
*geire (oifgeshtoisene shpaiz)*

cuddle v טוליען זיך
*tulyen zich*

cuff n מאַנזשעט ז (ן)
*manzhet*

cuff v פליאַסקען
*flyasken*

cuff link שפּאָנקע נ (ס)
*shponke*

cuisine n קאָכונגס־מעטאָד ז (ן); מאכל ז (ים); קוך נ (ן)
*kochungs-metod; maichel/maachel (maicholim/maacholim); kuch*

culinary adj קולינאַריש
*kulinarish*

cull v אויסקלויבן
*oiskloiben*

culminate v קולמינירן
*kulminiren*

culprit n שולדיקער ז
*shuldiker*

cult n קולט ז (ן)
*kult*

cultivate v קולטיווירן
*kultiviren*

cultivation n קולטיוואַציע נ
*kultivatsye*

cultural adj קולטורעל
*kulturel*

culture n קולטור נ (ן), ציוויליזאַציע נ (ס); קולטיוואַציע
*kultur, tsivilizatsye; kultivatsye*

culture v קולטיווירן
*kultiviren*

cumbersome adj באַשווערליק
*bashverik*

cum laude מיט שבח (לויב)
*mit shevach (loib)*

cumulative adj קומולאַטיוו
*kumulativ*

**cuneiform** n פלעקל־אות ז/ס (יות) *flekel-os (-oisyes)*

**cuneiform writing** פלעקלשריפט נ *flekelshrift*

**cunning** adj כיטרע, פיפיק *chitre, fifik*

**cup** n כּוס ז (ות), גלעזל ס (עך) *kos (koises), glezel (glezlech)*

**cup** v פורעמען ווי אַ כּוס *furemen vi a kos*

**cupboard** n שאַפע נ (ס) *shafe*

**cupidity** n זשעדנעקייט נ, גיריקייט נ *zhednekeit, girikeit*

**cupola** n קופּאָל ז (ן) *kupol*

**curator** n קוראַטאָר ז (ן) (דירעקטאָר פון אַ מוזיי, א״ע) *kurator (direktor fun a muzei, etc.)*

**curb** n צײַמל ס (עך); טרעטאַרשוועל נ (ן) *tsaimel (tsaimlech); tretarshvel*

**curb** v אײַנצאַמען *aintsamen*

**cure** n היילונג נ (ען); רפואה נ (רפואות) *heilung; refue (refues)*

**cure** v היילן, אויסהיילן *heilen, ois'heilen*

**curfew** n באַוועגונגס־פאַרבאָט ז (ן) *bavegungs-farbot*

**curiosity** n נײַגעריקייט נ, קוריאָז ז (ן) *naigerikeit; kuryoz*

**curious** adj נײַגעריק; טשיקאַווע *naigerik; t'shikave*

**curl** n גרײַזל ס (עך), לאָק ז (ן); קרויז ז (ן) *graizel (graizlech), lok; kroiz*

**curl** v גרײַזלען, קרײַזלען (זיך) *graizlen, kraizlen (zich)*

**curly** adj געגרײַזלט *gegraizelt*

**currency** n מטבע נ (געלט אין צירקולאַציע) *matbeie (gelt in tsirkulatsye)*

**current** adj לויפיק *loifik*

**current** n שטראָם ז (ען) *shtrom*

**currently** adv יעצט; אין אַלגעמיין, בדרך־כּלל *yetst; in algemein, bederech-klal*

**curriculum** n קוריקולום ז (ס) *kurikulum*

**curse** n קללה נ (קללות) *klole (kloles)*

**curse** v שעלטן *shelten*

**cursed** adj פאַרשאָלטן *farsholten*

**cursive** adj קורסיוו (געשריבן אָדער געדרוקט מיט פאַרבונדענע בוכשטאַבן) *kursiv (geshriben oder gedrukt mit farbundene buchshtaben)*

cursive n קורסיוו ז (אַ דרוקשריפט וואָס אימיטירט האַנטשריפט)
*kursiv (a drukshrift vos imitirt hantshrift)*

cursory adj אײַליק; אויבערפלעכלעך
*ailik; oiberflechlech*

curt adj גראָבלעך קורץ; קורץ און שאַרף
*groblech kurts; kurts un sharf*

curtail v פאַרקירצן; שנײַדן
*farkirtsen; shnaiden*

curtain n פאָרהאַנג ז (ען)
*forhang*

curtain v אָפשיידן מיט אַ פאָרהאַנג
*opsheiden mit a forhang*

curtsey, curtsy n חן־פאַרנייג ז (פון אַ פרוי)
*chein-farneig (fun a froi)*

curve n אויסבייג ז (ן); קרומע נ (ס)
*oisbeig; krume*

curve v אויסבייגן
*oisbeigen*

curved adj אויסגעבויגן
*oisgeboigen*

cushion n קישן ז (ס)
*kishen*

cushion v געבן אַ קישן; אַבסאָרבירן אַ קלאַפּ
*geben a kishen; absorbiren a klap*

custard n קאָסטאַרד ז (ן)
*kostard*

custodian n משגיח ז (ים)
*mashgiech (mashgichim)*

custody n אויפזיכט ז (אויף קינדער); אַרעסט ז
*oifzicht (oif kinder); arest*

custom n מינהג ז (ים; פירעכץ ס (ן)
*minheg (minhogim); firechts*

customary adj אָנגענומען, געוויינטלעך
*ongenumen, geveintlech*

customer n קונה ז (קונים), קליענט ז (ן)
*koine (koinim), klient*

custom-made adj געמאַכט אויף באַשטעלונג
*gemacht oif bashtelung*

customs n pl צאָל ז
*tsol*

cut n שניט ז (ן)
*shnit*

cut v שנײַדן
*shnaiden*

cut adj געשניטן
*geshniten*

cute adj ליבלעך שיין, חנעוודיק
*liblech shein, cheinevdik*

cutlet n קאָטלעט ז (ן)
*kotlet*

cutthroat adj מערדעריש
*merderish*

cutthroat n מערדער ז (ס)
*merder*

cyanide n ציאַניד ז (ן)
*tsianid*

cybernetics n (takes sing. v.) קיבערנעטיק נ kibernetik

cyclamen n ציקלאַמען ז (ען) (בלום) tsiklamen (blum)

cycle n ציקל ז (ען); תּקופה נ (תּקופות); ביציקל ז (ען), ראָווער ז (ן) tsikel (tsiklen); tkufe (tkufes); bitsikel (bitsiklen), rover

cyclone n ציקלאָן ז (ען) tsiklon

cylinder n צילינדער ז (ס) tsilinder

cymbal n צימבל ז (ען), טאַץ ז (ן) tsimbel (tsimblen), tats

cynic n ציניקער ז (ס) tsiniker

cynical adj ציניש tsinish

cynicism n ציניזם ז tsinizm

cypress n ציפּרעס ז (ן) tsipres

czar n (Also tsar, tzar) צאַר ז (ן) tsar

# D d

d, D n דע ז (ען) (בוכשטאַב) de (buchshtab)

dachshund n דאַקסהונט ז (דאַקסהינט) daks'hunt (daks'hint)

dad n טאַטע ז (ס) tate

daddy n טאַטעשי ז (ס) tateshi

daffodil n דאַפאָדיל ז (ן), געלער נאַרציס ז dafodil, geler nartsis

daffy adj (שמועסדיק) נאַריש; צעדרייט (shmuesdik) narish; tsedreit

daft adj משוגע; נאַריש meshuge; narish

dagger n שטילעט ז (ן), קינזשאַל ז (ן) shtilet, kinzhal

dahlia n דאַליע נ (ס) (בלום) dalye (blum)

daily adv טעגלעך teglech

daily n טאָגצײַטונג נ (ען) togtsaitung

dainty adj צאַרט; איבערקלײַבעריש tsart; iberklaiberish

dairy n מילך־קראָם נ (ען) milch-krom

dairy cattle מעלקעדיקע קי ר melkedike ki

dairy food מילכיקס ס milchiks

dairyman n מילכיקער ז (ס);

מילך־הענדלער ז (ס)
*milchiker; milch-hendler*

**dais** n טריבונע נ (ס)
*tribune*

**daisy** n מאַרגעריטקע נ (ס) (בלום)
*margeritke (blum)*

**dale** n טאָל ז (ן)
*tol*

**dally** v שפילן זיך; פלירטעווען; זאַמען זיך
*shpilen zich; flirteven; zamen zich*

**dam** n דאַמבע נ (ס), טאַמע נ (ס)
*dambe, tame*

**dam** v טאַמעווען, פאַרטאַמעווען
*tameven, fartameven*

**damage** n שאָדן ז (ס)
*shoden*

**damage** v באַשעדיקן
*bashediken*

**dame** n (בריטישער טיטל) דאַמע נ (ס); (סלענג) פרוי נ (ען)
*(britisher titel) dame; (sleng) froi*

**damn** v פאַרדאַמען; שעלטן
*fardamen; shelten*

**damn** interj אַ רוח אין, צום טײַוול!
*a ruech in, tsum taivel!*

**damned** adj פאַרדאַמט; פאַרשאָלטן
*fardamt; farsholten*

**damp** adj פײַכט
*faicht*

**dampen** v אײַנפײַכטן
*ainfaichten*

**dampness** n פײַכטקייט נ
*faichtkeit*

**damsel** n מיידל ס/נ (עך)
*meidel (meidlech)*

**dance** n טאַנץ ז (טענץ)
*tants (tents)*

**dance** v טאַנצן
*tantsen*

**dancer** n טענצער ז (ס)
*tentser*

**dandruff** n שופן ר
*shupen*

**dandy** n פאַצעט ז (ן)
*fatset*

**danger** n געפאַר נ (ן), סכנה נ (סכנות)
*gefar, sakone (sakones)*

**dangerous** adj געפערלעך
*geferlech*

**dangle** v באָמבלען זיך, הענגען לויז
*bomblen zich, hengen loiz*

**dank** adj אומבאַקוועמלעך פײַכט; קיל און נאַס
*umbakvemlech faicht; kil un nas*

**dapper** adj אויסגעפוצט
*oisgeputst*

**dappled** adj געפינטלט, געשפרענקלט
*gepintelt, geshprenkelt*

**dare** v דערוועגן זיך, וואַגן; אַרויספאָדערן
*dervegen zich, vagen; aroisfoderen*

**dare** n אַרויספאָדער ז (ן)
*aroisfoder*

daredevil n — מופקר ז (ים), אײַנשטעלער ז (ס)
*mufker (mufkorim), ainshteler*

daring adj — דרייסט, העלדיש
*dreist, heldish*

dark adj — טונקל; פינסטער, פינצטער
*tunkel; finster, fintster*

dark n — פינצטער נ, חושך ז
*fintster, choishech*

darken v — פאַרטונקלען
*fartunklen*

darkness n — פינצטערניש ס
*fintsternish*

darling n — ליבלינג ז (ען), ליובע נ (ס)
*libling, lyube*

darling adj — געליבט
*gelibt*

darn v — צירעווען
*tsireven*

darn n — צירע נ (ס)
*tsire*

dash v — אַ לאָף טאָן; צעשמעטערן; פליושקען, באַשפּריצן
*a lof ton; tseshmeteren; plyushken, bashpritsen*

dash n — לאָף ז (ן); פּיצל ס (עך); פליושק ז (ן); פאַרבינדונגס־שטריך ז (ן)
*lof; pitsel (pitslech); plyushk; farbindungs-shtrich*

data n pl — דאַטן, געגעבענע ר
*daten, gegebene*

date n — דאַטע נ (ס); טייטל ז/נ (ען) (פרוכט); (שמועסדיק) אָפּשמועס ז (ן), ראַנדקע נ (ס)
*date; teitel (teitlen) (frucht); (shmuesdik) opshmues, randke*

date v — דאַטירן; (שמועסדיק) ראַנדקעווען זיך מיט
*datiren; (shmuesdik) randkeven zich mit*

dated adj — דאַטירט
*datirt*

date palm — טייטל־פּאַלמע נ (ס)
*teitel-palme*

dative n — דאַטיוו ז (ן)
*dativ*

daub v — פּאַטשקען; פאַרשמירן
*pat'shken; farshmiren*

daughter n — טאָכטער נ (טעכטער)
*tochter (techter)*

daughter-in-law n — שנור נ (שניר)
*shnur (shnir)*

daunt v — אָנשרעקן; אַנטמוטיקן
*onshreken; antmutiken*

dauntless adj — אומדערשראָקן
*umdershroken*

dawdle v — אַרומגיין ליידיק, אַרומדרייען זיך
*arumgein leidik, arumdreien zich*

dawn n — פאַרטאָג ז (ן)
*fartog*

dawn v — טאָגן
*togen*

day n — טאָג ז (טעג)
*tog (teg)*

daybreak n טאָגבראָך ז (ן), פֿאַרטאָג ז (ן)
*togbroch, fartog*

daydream n טאָגטרוים ז (ען), פֿאַנטאַזיע ז (ס)
*togtroim, fantazye*

daydream v חלומען בײַ טאָג, פֿאַנטאַזירן
*cholemen bai tog, fantaziren*

daylight n טאָגליכט ז
*toglicht*

daytime n טאָגצײַט נ
*togtsait*

daze v פֿאַרטויבן; צעטומלען
*fartoiben; tsetumlen*

daze n פֿאַרטויבונג נ; צעטומלונג נ
*fartoibung, tsetumlung*

dazzle n בלענד ז
*blend*

dazzle v בלענדן, פֿאַרבלענדן
*blenden, farblenden*

dead adj טויט
*toit*

deaden v אָפּטעמפּן
*optempen*

deadline n טערמין ז (ען) (צײַט באַגרענעצונג פֿאַר ענדיקן אַן אויפֿגאַבע)
*termin (tsait-bagrenetsung far endiken an oifgabe)*

deadlock n פֿאַרהאַק ז (ן), שטילשטאַנד ז (ן)
*farhak, shtilshtand*

deadwood n טויטהאָלץ ס (איבעריקע זאַכן)
*toitholts (iberike zachen)*

deaf adj טויב
*toib*

deafen v פֿאַרטויבן
*fartoiben*

deal n אָפּמאַך ז (ן); געשעפֿט ס (ן); מציאה נ (מציאות)
*opmach; gesheft; metsie (metsies)*

deal v האַנדלען; באַהאַנדלען
*handlen; bahandlen*

dealer n הענדלער ז (ס)
*hendler*

dealing n (Often dealings) האַנדלונג נ; משא ומתן ז (ס)
*handlung; mase umaten*

dean n דעקאַן ז (ען)
*dekan*

dear adj ליב; טײַער
*lib; taier*

dear n ליבלינג ז (ען)
*libling*

dearth n מאַנגל ז (ען)
*mangel (manglen)*

death n טויט ז (ן)
*toit*

deathblow n טויטקלאַפּ ז (טויטקלעפּ)
*toitklap (toitklep)*

deathless adj אומשטאַרביק
*umshtarbik*

death penalty טויטשטראָף נ
*toit'shtrof*

death rate שטאַרביקייט נ

*shtarbikeit*

debate n דעבאַטע נ (ס), וויכּוח ז (ים)
*debate, vikuech (vikuchim)*

debate v דעבאַטירן
*debatiren*

debauch v פאַרדאַרבן
*fardarben*

debauchery n אויסגעלאַסנקייט נ
*oisgelasenkeit*

debilitate v אָפּשוואַכן
*opshvachen*

debility n שוואַכקייט נ (ן)
*shvachkeit*

debit n דעבעט ז (ן)
*debet*

debit v דעבעטירן
*debetiren*

debonair adj פריילעך; העפלעך
*freilech; heflech*

debris n בויבּרעך ס, בּראָכשטיקער ר; מיסט ס
*boibrech, brochshtiker; mist*

debt n חוב ז (ות)
*choiv (choives)*

debtor n לווה ז (לווים)
*loive (loivim)*

debunk v אַנטפּלעקן די פאַלשקייט (פון אַ קולט, אינסטיטוציע, א״ע)
*antpleken di falshkeit (fun a kult, institutsye, etc.)*

debut n דעבּיוט ז (ן)
*debyut*

decade n יאָרצענדלינג ז (ער)
*yortsendling (yortsendliger)*

decadence n דעקאַדענץ נ (צעפאַלנקייט נ; פאַרערגערונג נ)
*dekadents (tsefalenkeit; farergerung)*

decay n צעפוילונג נ; צעפאַל ז
*tsefoilung; tsefal*

decay v פאַרפוילן; צעפאַלן זיך
*farfoilen; tsefalen zich*

decease n פּטירה נ (פּטירות)
*ptire (ptires)*

deceased adj פאַרשטאָרבן
*farshtorben*

— the deceased n נפטר ז (ים)
*nifter (niftorim)*

deceit n אָפּנאַרערײַ ס
*opnarerai*

deceive v נאַרן, אָפּנאַרן
*naren, opnaren*

decency n אָרנטלעכקייט נ, אָנשטענדיקייט נ
*orentlechkeit, onshtendikeit*

decent adj אָרנטלעך, אָנשטענדיק
*orentlech, onshtendik*

decentralize v דעצענטראַליזירן
*detsentraliziren*

deception n גענאַרערײַ ס
*genarerai*

deceptive adj אָפּנאַרעריש
*opnarerish*

decide v באַשליסן
*bashlisen*

decimal n דעצימאַל ז (ן)
*detsimal*

decimate v אומבּרענגען

(אַ סך; אַ צענטל)
*umbrengen (a sach; a tsentel)*

decimeter n — דעצימעטער ז (ס)
*detsimeter*

decipher v — דעשיפרירן
*deshifriren*

decision n — באַשלוס ז (ן)
*bashlus*

decisive adj — באַשטימיק, אַנטשלאָסן
*bashtimik, ant'shlosen*

deck n — דעק ז (ן) (פון אַ שיף); פעשל ס (עך) (קאָרטן)
*dek (fun a shif); peshel (korten)*

deck v — באַפּוצן, באַקליידן; באַדעקן
*baputsen, bakleiden; badeken*

declaim v — דעקלאַמירן
*deklamiren*

declaration n — דעקלאַראַציע נ (ס)
*deklaratsye*

declare v — דערקלערן, מעלדן
*derkleren, melden*

declassify v — דעקלאַסיפיצירן
*deklasifitsiren*

declension n — דעקלינאַציע נ (ס)
*deklinatsye*

decline n — באַרג־אַראָפּגאַנג ז (ען); אָפּשוואַכונג נ
*barg-aropgang; opshvachung*

decline v — אָפּזאָגן זיך; ווערן שוואַך; גיין באַרג־אַראָפּ; דעקלינירן
*opzogen zich; veren shvach; gein barg-arop; dekliniren*

decode v — דעשיפרירן
*deshifriren*

decontrol v — דעקאָנטראָלירן
*dekontroliren*

decor n — דעקאָר ז
*dekor*

decorate v — דעקאָרירן
*dekoriren*

decoration n — דעקאָראַציע נ (ס); מעדאַל ז (ן)
*dekoratsye; medal*

decorative adj — דעקאָראַטיוו
*dekorativ*

decorator n — דעקאָראַטאָר ז (ן)
*dekorator*

decorum n — דעקאָרום ז, נימוס ז
*dekorum, nimes*

decoy n — ציפויגל ז (ציפייגל); צישפּייַז נ (ן)
*tsifoigel (tsifeigel); tsishpaiz*

decoy v — אַרייַננאַרן (אין אַ פּאַסטקע)
*arainnaren (in a pastke)*

decrease v — פאַרמינערן; פאַרקלענערן
*farmineren; farkleneren*

decrease n — פאַרמינערונג נ (ען); פאַרקלענערונג נ (ען)
*farminerung; farklenerung*

decree n — דעקרעט ז (ן), פאַראָרדענונג נ (ען)
*dekret, farordenung*

decree v — פאַראָרדענען
*farordenen*

decrement n — שטופּנווייַזיקע פאַרמינערונג נ (ען); פאַמעלעכער פאַרלוסט ז

*shtufenvaizike farminerung; pamelecher farlust*

decrepit adj אָפּגעניצט; שוואַך; אַלט
*opgenitst; shvach; alt*

decrescendo adj, adv דעקרעשענדאָ
*dekreshendo*

decry v טאַדלען; מבטל מאַכן עפנטלעך
*tadlen; mevatel machen efentlech*

dedicate vווידמען
*vidmen*

dedication n דעדיקאַציע נ (ס), ווידמונג נ (ען)
*dedikatsye, vidmung*

deduce v אַרויסדרינגען
*aroisdringen*

deduct v אַראָפּרעכענען
*aroprechenen*

deduction n אַראָפּרעכענונג נ (ען); דעדוקציע נ (ס) (דענקונג פונעם כלל צום פרט)
*aroprechenung; deduktsye (denkung funem klal tsum prat)*

deed n אַקט ז (ן), טואונג נ (ען); פאַרקויפס־אַקט ז (ן)
*akt, tuung; farkoifs-akt*

deem v האַלטן פאַר, דענקען
*halten far, denken*

deep adj טיף
*tif*

deep n טיף נ; טיפעניש ס
*tif; tifenish*

deepen v פאַרטיפן
*fartifen*

deer n הירש ז (ן)
*hirsh*

de facto דע־פאַקטאָ, בדיעבד, אין פאַקט
*de-fakto, bedieved, in fakt*

defame v באַשמוצן (דעם נאָמען פון)
*bashmutsen (dem nomen fun)*

default n אָפּוועזנהייט נ (אינעם געריכט); פאַרנאַכלעסיקייט נ
*opvezenheit (inem gericht); farnachlesikeit*

default v ניט מעלדן זיך; פאַרנאַכלעסיקן
*nit melden zich; farnachlesiken*

defeat v באַזיגן
*bazigen*

defeat n מפּלה נ (מפּלות)
*mapole (mapoles)*

defect n דעפעקט ז (ן); פגם ז (ים)
*defekt; pgam (pgomim)*

defect v אַריבערגיין (צום שונא)
*aribergein (tsum soine)*

defective adj דעפעקטיוו
*defektiv*

defend v פאַרטיידיקן
*farteidiken*

defendant n נתבע ז (ים)
*nisbe/nitbe (nisbo'im/nitbo'im)*

defense n פאַרטיידיקונג נ
(Also defence) *farteidikung*

defer v אָפּלייגן; נאָכגעבן

*opleigen; nochgeben*

deference n — נאָכגעבונג נ; רעספּעקט ז, אָפּשײַ ז — *nochgebung; respekt, opshai*

defiance n — ווידערשפּעניקייט נ; קעגנשטעל ז — *vidershpenikeit; kegenshtel*

deficient adj — פעליק — *felik*

deficit n — דעפיציט ז (ן) — *defitsit*

defile v — מטמא זײַן; באַשמוצן — *metame zain; bashmutsen*

define v — דעפינירן — *definiren*

definite adj — באַשטימט; באַגרענעצט — *bashtimt; bagrenetst*

definite article — באַשטימטער אַרטיקל ז — *bashtimter artikel*

definition n — דעפיניציע נ (ס) — *definitsye*

definitive adj — דעפיניטיוו (איבערצײַיִק; לעצטגילטיק) — *definitiv (ibertsaigik; letstgiltik)*

deflate v — אַרויסלאָזן לופט (פון אַ באַלאָן, באַלעם א״ע); רעדוצירן — *aroislozen luft (fun a balon, balem, etc.); redutsiren*

deflation n — דעפלאַציע נ — *deflatsye*

deform v — דעפאָרמירן — *deformiren*

defraud v — באַשווינדלען — *bashvindlen*

defrost v — צעלאָזן, לאָזן אָפּגיין — *tselozen, lozen opgein*

deft adj — פלינק — *flink*

defunct adj — אויסגעשטאָרבן — *oisgeshtorben*

defy v — שטיין אַנטקעגן; ניט פאָלגן — *shtein antkegen; nit folgen*

degenerate v — דעגענערירן — *degeneriren*

degenerate n — דעגענעראַט ז (ן) — *degenerat*

degeneration n — דעגענעראַציע נ — *degeneratsye*

degenerative adj — דעגענעראַטיוו — *degenerativ*

degrade v — דעגראַדירן, דערנידעריקן — *degradiren, dernideriken*

degree n — גראַד ז (ן); שטופע נ (ס); אַקאַדעמישער טיטל ז — *grad; shtufe; akademisher titel*

deity n — גאָט ז (געטער), גאָטהייט נ (ן) — *got (geter), gotheit*

dejection n — דערשלאָגנקייט נ; אומעט ז — *dershlogenkeit; umet*

de jure — דע־יורע, להלכה — *de-yure, lehaloche*

delay n — אָפּלייג ז (ן), אָפּהאַלט ז (ן) — *opleig, ophalt*

delay v — אָפּלייגן, פאַרציִען — *opleigen, fartsien*

delegate n — דעלעגאַט ז (ן)

*delegat*

delegate v דעלעגירן
*delegiren*

delegation n דעלעגאַציע נ (ס)
*delegatsye*

delete v אויסמעקן
*oismeken*

deliberate adj אינטענציאָנעל
*intentsyonel*

deliberate v באַטראַכטן, נאָכדענקען
*batrachten, nochdenken*

deliberately adv במזיד
*bemeized/bemeizid*

deliberation n באַטראַכטונג נ (ען)
*batrachtung*

delicacy n דעליקאַטעס ז (ן);
פײַנקייט נ
*delikates; fainkeit*

delicate adj דעליקאַט, צאַרט
*delikat, tsart*

delicatessen n (קראָם) דעליקאַטעסן
ז (ס); (מאכלים) דעליקאַטעסן ר
*(krom) delikatesen;*
*(maacholim) delikatesen*

delicious adj געשמאַק
*geshmak*

delight n דערקוויקעניש נ (ן);
פאַרגעניגן ס (ס); פרייד נ (ן)
*derkvikenish; fargenigen;*
*freid*

delight v דערקוויקן; דערפרייען
*derkviken; derfreien*

delinquency n פאַרברעכערישקייט נ
*farbrecherishkeit*

delirium n דעלירױם ז
*deliryum*

deliver v צושטעלן; אויסלייזן
*tsushtelen; oisleizen*

deliverance n אויסלייזונג נ
*oisleizung*

delivery n צושטעלונג נ (ען)
*tsushtelung*

dell n טאָלכל ס (עך)
*tolchel (tolchlech)*

delta n דעלטע נ (ס)
*delte*

delude v פאַרפירן; אָפּנאַרן
*farfiren; opnaren*

deluge n מבול ז (ס), פלייצרעגן ז (ס)
*mabel, fleitsregen*

deluge v פאַרפלייצן
*farfleitsen*

delusion n אײַנרעדעניש ס (ס);
פאַרפירונג נ (ען)
*ainredenish; farfirung*

delusive adj פאַרפירעריש; פאַלש
*farfirerish; falsh*

de luxe adj לוקסוסדיק; עלעגאַנט
*luksusdik; elegant*

delve v פאָרשן טיף און גרינטלעך
*forshen tif un grintlech*

demagogic adj דעמאַגאָגיש
*demagogish*

demagogue n דעמאַגאָג ז (ן)
(Also demagog) *demagog*

demagogy n דעמאַגאָגיע נ
*demagogye*

demand n פאָדערונג נ (ען); נאָכפרעג ז

*foderung; nochfreg*

demand v פאָדערן; מאָנען

*foderen; monen*

demeanor n אויפפירונג נ

*oiffirung*

demented adj משוגע

*meshuge*

demigod n דעמיגאָט ז, האַלבגאָט ז (האַלבגעטער)

*demigot, halbgot (halbgeter)*

demise n פטירה נ (פטירות)

*ptire (ptires)*

demobilize v דעמאָבּיליזירן

*demobiliziren*

democracy n דעמאָקראַטיע נ

*demokratye*

democrat n דעמאָקראַט ז (ן)

*demokrat*

democratic adj דעמאָקראַטיש

*demokratish*

demography n דעמאָגראַפיע נ

*demografye*

demolish v צעשטערן; אַראָפּרײַסן

*tseshteren; aropraisen*

demolition n צעשטערונג נ; רואין ז/נ

*tseshterung; ruin*

demon n דעמאָן ז (ען), שד ז (ים)

*demon, shed (sheidim)*

demonic adj דעמאָניש

*demonish*

demonstrate v דעמאָנסטרירן; באַווײַזן

*demonstriren; bavaizen*

demonstration n דעמאָנסטראַציע נ (ס); באַווײַז ז (ן)

*demonstratsye; bavaiz*

demoralization n דעמאָראַליזאַציע נ

*demoralizatsye*

demoralize v דעמאָראַליזירן

*demoraliziren*

demote v אַראָפּנידערן אין ראַנג

*aropnideren in rang*

den n נאָרע נ (ס); צימערל ס (פאַר לערנען אָדער אָפּרו)

*nore; tsimerel (far lernen oder opru)*

denial n אָפּלייקענונג נ (ען)

*opleikenung*

denigrate v פאַרשוואַרצן ס'פּנים

*farshvartsen s'ponem*

denizen n אײַנוווינער ז (ס); רעזידענט ז (ן)

*ainvoiner; rezident*

denomination n דענאָמינאַציע נ (ס)

*denominatsye*

denominator n דענאָמינאַטאָר ז (ן)

*denominator*

denote v באַטײַטן

*bataiten*

denounce v פאַרדאַמען; מסרן

*fardamen; maseren*

dense adj געדיכט

*gedicht*

density n געדיכטקייט נ

*gedichtkeit*

dent n אײַנשניט ז (ן), קאַרב ז (ן)

*ainshnit, karb*

dentist n דענטיסט ז (ן)

*dentist*

**denture** n — געציין ס (ען) — *getsein*

**denude** v — מאַכן נאַקעט — *machen naket*

**deny** v — לייקענען — *leikenen*

**deodorant** n — דעאָדאָראַנט ז (ן) — *deodorant*

**depart** v — אַוועקגיין; אַרויספאָרן; אָפּווייַכן — *avekgein; aroisforen; opvaichen*

**department** n — דעפּאַרטעמענט ז (ן), אָפּטיילונג נ (ען) — *departement, opteilung*

**departure** n — אָפּשייד ז; אַוועקפאָר ז (ן); אָפּווייַך ז (ן) — *opsheid; avekfor; opvaich*

**depend** v — זייַן אָפּהענגיק; פאַרלאָזן זיך אויף — *zain ophengik; farlozen zich oif*

**dependable** adj — גלייבווערדיק; סאָליד — *gleibverdik; solid*

**dependence** n — אָפּהענגיקייט נ — *ophengikeit*

**depict** v — אויסמאָלן; באַשרייַבן — *oismolen; bashraiben*

**deplete** v — אויסשעפּן — *oisshepen*

**deplorable** adj — באַדויערלעך — *badoierlech*

**deplore** v — באַדויערן; באַקלאָגן — *badoieren; baklogen*

**deploy** v — צעשטעלן סיסטעמאַטיש — *tseshtelen sistematish*

**depone** v — דעפּאָנירן, מעיד זייַן שריפטלעך — *deponiren, meiid zain shriftlech*

**deponent** n — עדות ז (ספּעציעל אין שריפט) — *eides (spetsyel in shrift)*

**deport** v — דעפּאָרטירן, פאַרטרייַבן; אויפפירן זיך — *deportiren, fartraiben; oiffiren zich*

**deportation** n — דעפּאָרטירונג נ (ען) — *deportirung*

**deportment** n — אויפפירונג נ; גראַציעזע האַלטונג נ — *oiffirung; gratsyeze haltung*

**depose** v — אַראָפּזעצן (פון אַמט); מעיד זייַן (ספּעציעל אין שריפט) — *aropzetsen (fun amt); meiid zain (spetsyel in shrift)*

**deposit** n — אייַנצאָלונג נ (ען); אייַנצאָל ז (ן); פּקדון ז (ות/ס); מינעראַל־שיכט ז (ן) — *aintsolung; aintsol; pikoden (pikdoines); mineral-shicht*

**deposit** v — אַרייַנלייגן (געלט אין דער באַנק), אייַנצאָלן; אַוועקלייגן (אַ שיכט דורך אַ נאַטירלעכן פּראָצעס) — *arainleigen (gelt in der bank), aintsolen; avekleigen (a shicht* *durch a natirlechen protses)*

**depot** n בּוס־סטאַציע נ (ס); וואָקזאַל ז (ן); סקלאַד ז (ן), דעפּאָ ז (ס); פּראָוויאַנט־מאַגאַזין ז (ען)
*bus-statsye; vokzal; sklad, depo; provyant-magazin*

**deprave** v פאַרדאַרבּן
*fardarben*

**depraved** adj פאַרדאָרבּן; אויסגעלאַסן
*fardorben; oisgelasen*

**depravity** n פאַרדאָרבּנקייט נ
*fardorbenkeit*

**deprecate** v טענהן קעגן; נעגירן
*tainen kegen; negiren*

**depreciate** v פאַרמינערן די ווערט
*farmineren di vert*

**depreciation** n אָפּווערטונג נ
*opvertung*

**depress** v אַראָפּדריקן; דערשלאָגן; פאַראומערן
*aropdriken; dershlogen; farumeren*

**depression** n אַראָפּדריקונג נ; אײַנדריק ז (ן); אומעט נ (ס); (עקאָנאָמישע) דעפּרעסיע נ (ס)
*aropdrikung; aindrik; umet; (ekonomishe) depresye*

**deprive** v צונעמען בּײַ; ניט דערמעגלעכן
*tsunemen bai; nit dermeglechen*

**depth** n טיף נ, טיפקייט נ (ען); טיפעניש ס (ן)
*tif, tifkeit; tifenish*

**depth bomb** טיפבּאָמבּע נ (ס)
*tifbombe*

**deputy** n פאַרטרעטער ז (ס)
*fartreter*

**derail** v אַראָפּלאָזן (פון די בּאַן־שינעס)
*aroplozen (fun di ban-shines)*

**derange** v צעמישן; מאַכן משוגע
*tsemishen; machen meshuge*

**derelict** adj פאַרלאָזן, הפקרדיק
*farlozen, hefkerdik*

**derelict** n הפקר־שיף נ (ן); סאָציאַלער אויסוווּרף ז
*hefker-shif; sotsyaler oisvurf*

**deride** v אָפּשפּעטן, אָפּלאַכן, חוזקן
*opshpeten, oplachen, choizeken*

**derision** n געשפּעט ס, שפּאָט ז, חוזק ז
*geshpet, shpot, choizek*

**derisive** adj שפּאָטיש, חוזקדיק
*shpotish, choizekdik*

**derive** v אַרויסדרינגען
*aroisdringen*

**derogate** v אַוועקנעמען; מינערן; פאַרערגערן זיך
*aveknemen; mineren; farergeren zich*

**derogatory** adj גרינגשעציק; אומכּבֿודיק
*gringshetsik; umkovedik*

**derrick** n דעריק ז (עס) (משׂא־הייבער ז; בּויערונג־טורעם ז)
*derik (mase-heiber;*

*boierung-turem)*

dervish n דערווּיש ז (ן)
*dervish*

descend v אַראָפּגיין; אָנגרײַפֿן פּלוצעם; שטאַמען פֿון
*aropgein; ongraifen plutsem; shtamen fun*

descendant n אָפּשטאַמלינג ז (ען)
*opshtamling*

descent n אַראָפּגאַנג ז (ען); אָפּשטאַם ז
*aropgang; opshtam*

describe v באַשרײַבן; שילדערן
*bashraiben; shilderen*

description n באַשרײַבונג נ (ען); שילדערונג נ (ען)
*bashraibung; shilderung*

descry v באַמערקן, דערזען
*bamerken, derzen*

desecrate v פֿאַרשוועכן, מחלל זײַן
*farshvechen, mechalel zain*

desecration n פֿאַרשוועכונג נ (ען), חילול ז
*farshvechung, chilel*

desegregate v דעסעגרעגירן
*desegregiren*

desegregation n דעסעגרעגאַציע נ (ס)
*desegregatsye*

desert n מדבר ז/נ (ס/יות)
*midber (midbers/midboryes)*

desert v פֿאַרלאָזן; דעזערטירן (אַנטלויפֿן פֿון מיליטער־דינסט)
*farlozen; dezertiren (antloifen fun militer-dinst)*

deserter n דעזערטיר ז (ן)
*dezertir*

desertion n פֿאַרלאָזונג ז (ען); דעזערטירונג נ (ען)
*farlozung; dezertirung*

deserve v זײַן ווערט, פֿאַרדינען
*zain vert, fardinen*

deserving adj ווערטיק, פֿאַרדינסטפֿול, ראוי
*vertik, fardinstful, roe/rouy*

design n צייכענונג נ (ען); פּלאַן ז (פּלענער)
*tseichenung; plan (plener)*

design v אָנצייכענען; אויספּלאַנעווען
*ontseichenen; oisplaneven*

designate v באַצייכענען; באַשטימען, נאָמינירן
*batseichenen; bashtimen nominiren*

designation n באַצייכענונג נ (ען); באַשטימונג נ (ען)
*batseichenung; bashtimung*

desirable adj געוווּנטשן
*gevunt'shen*

desire v באַגערן; פֿאַרלאַנגען
*bageren; farlangen*

desire n באַגער ז (ן), חשק ז; פֿאַרלאַנג ז (ען)
*bager, cheishek; farlang*

desist v אויפֿהערן; אָפּלאָזן פֿון
*oifheren; oplozen fun*

desk n שרײַבטיש ז (ן)
*shraibtish*

desolate adj וויסט; פֿאַראומערט;

עלנט נ
*vist; farumert; elent*

**desolate** v פאַרוויסטן, חרוב מאַכן
*farvisten, chorev machen*

**desolation** n וויסטקייט נ; אומעט ז; עלנט נ
*vistkeit; umet; elent*

**despair** n פאַרצווייפלונג נ (ען), ייִאוש
*fartsveiflung, yiesh*

**despair** v זײַן פאַרצווייפלט, אויפגעבן האָפענונג
*zain fartsveifelt, oifgeben hofenung*

**despairing** adj פאַרצווייפלט
*fartsveifelt*

**desperado** n דעספעראַדאָ ז (ס), געפערלעכער פאַרברעכער ז
*desperado, geferlecher farbrecher*

**desperate** adj ייִאושדיק; מופקרדיק
*yieshdik; mufkerdik*

**despicable** adj נבזהדיק
*nivzedik*

**despise** v פאַראַכטן; אַראָפקוקן (אויף)
*farachten; aropkuken (oif)*

**despite** prep טראָץ, ניט געקוקט אויף
*trots, nit gekukt oif*

**despoil** v אויסראַבעווען, באַרויבן
*oisrabeven, baroiben*

**despondency** n דערשלאָגנקייט נ, געפאַלנקייט נ; אַנטמוטיקונג נ
*dershlogenkeit, gefalenkeit; antmutikung*

**despondent** adj דערשלאָגן; אַנטמוטיקט
*dershlogen, antmutikt*

**despot** n דעספאָט ז (ן); טיראַן ז (ען); באַדריקער ז (ס)
*despot; tiran; badriker*

**despotic** adj דעספאָטיש
*despotish*

**dessert** n דעסערט ז (ן), נאָכשפּײַז נ (ן)
*desert, nochshpaiz*

**destination** n פאָרציל ז (ן); באַשטימטער ציל ז
*fortsil; bashtimter tsil*

**destined** adj באַשערט

**destiny** n גורל ז (ות), שיקזאַל ז (ן)
*goirel (goiroles), shikzal*

**destitute** adj פאַראָרעמט
*faroremt*

**destroy** v צעשטערן; חרוב מאַכן; פאַרניכטן
*tseshteren; chorev machen; farnichten*

**destroyer** n פאַרניכטער ז (ס); (קריגשיף) דעסטרויער ז (ס)
*farnichter; (krigshif) destroier*

**destruction** n צעשטערונג נ (ען); חורבן ז (ות); פאַרניכטונג נ
*tseshterung; churben (churbones); farnichtung*

**destructive** adj שעדלעך
*shedlech*

desultory adj שפּרינגעוודיק; אומפאַרבונדן; אָן אַ ציל אָדער מעטאָד
*shpringevdik; umfarbunden; on a tsil oder metod*

detach v אָפּטיילן; אָפּטשעפּען; אָפּשיידן
*opteilen; opt'shepen; opsheiden*

detachment n אָפּשיידונג נ; אָפּטייל ז (ן), גרופּע נ (ס); גלײַכגילט ז
*opsheidung; opteil, grupe; glaichgilt*

detail n פּרט ז (ים), פּיטשעווקע נ (ס), דעטאַל ז (ן); קליינע גרופּע נ (ס)
*prat (protim), pit'shevke, detal; kleine grupe*

detail v דעטאַלירן, צעטיילן אויף פּרטים; באַשטימען (פֿאַר אַ ספּעציעלער אויפֿגאַבע)
*detaliren, tseteilen oif protim; bashtimen (far a spetsyeler oifgabe)*

detain v פֿאַרהאַלטן
*farhalten*

detect v אָפּשפּירן; אויסגעפֿינען
*opshpiren; oisgefinen*

detection n אָפּשפּיר ז
*opshpir*

detective n דעטעקטיוו ז (ן), געהיים־אַגענט ז (ן)
*detektiv, geheim-agent*

detention n אַרעסט ז
*arest*

deter v צוריקהאַלטן; אַנטמוטיקן
*tsurikhalten; antmutiken*

deteriorate v פֿאַרערגערן זיך; מאַכן ערגער
*farergeren zich; machen erger*

determination n אַנטשלאָסנקייט נ; באַשלוס ז (ן)
*ant'shlosenkeit; bashlus*

determine v באַשליסן, דעצידירן; פֿעסטשטעלן; באַשטימען
*bashlisen, detsidiren; fest'shtelen; bashtimen*

determinism n דעטערמיניזם ז
*determinizm*

deterrent adj צוריקהאַלטנדיק; אָפּשרעקנדיק
*tsurikhaltendik; opshrekendik*

deterrent n צוריקהאַלט ז (ן); אָפּשרעק ז (ן)
*tsurikhalt; opshrek*

detest v פֿײַנט האָבן, האַסן
*faint hoben, hasen*

dethrone v אַראָפּזעצן פֿון טראָן
*aropzetsen fun tron*

detonate v אויפֿרײַסן
*oifraisen*

detonator n דעטאָנאַטאָר ז (ן)
*detonator*

detour n דעטור ז (ן), אַרומוועג ז (ן)
*detur, arumveg*

detour v דעטורירן
*deturiren*

detract v מינערן
*mineren*

detriment n רעה נ (רעות); שאָדן ז (ס)
*roe (roes); shoden*

detrimental adj שעדלעך
*shedlech*

Deuteronomy n ספר דברים ז
*seifer dvorim*

devaluate v דעוואַלואירן; אָפּווערטיקן
*devaluiren; opvertiken*

devaluation n געלט־דעוואַלואַציע נ (ס); אָפּווערטיקונג נ
*gelt-devaluatsye; opvertikung*

devastate v פאַרוויסטן, חרוב מאַכן
*farvisten, chorev machen*

devastation n פאַרוויסטונג נ, חורבן ז
*farvistung, churben*

develop v אַנטוויקלען
*antviklen*

development n אַנטוויקלונג נ (ען)
*antviklung*

deviate v אָפּנייגן זיך; אָפּווײַכן
*opneigen zich; opvaichen*

device n מעכאַניש מיטל ס (מעכאַנישע מיטלען); פּלאַן ז (פּלענער); אײַנפאַל ז (ן)
*mechanish mitel (mechanishe mitlen); plan (plener); ainfal*

devil n טײַוול ז (טײַוואָלים/טײַוולאָנים)
*taivel (taivolim/taivlonim)*

devilish adj טײַוולאָניש
*taivlonish*

devious adj שלענגלדיק; אַרומוועגיק; אָפּגענייגט
*shlengeldik; arumvegik; opgeneigt*

devise v אויסקלערן; אויסגעפינען
*oiskleren; oisgefinen*

devoid adj אָן; פרײַ פון; ליידיק
*on; frai fun; leidik*

devote v אָפּגעבן זיך; ווידמען
*opgeben zich; vidmen*

devoted adj איבערגעגעבן, געטרײַ; לאָיאַל
*ibergegeben, getrai; loyal*

devotion n איבערגעגעבנקייט נ; ווידמונג נ; רעליגיעזער קולט ז
*ibergegebenkeit, vidmung; religyezer kult*

devour v פרעסן; שלינגען; פאַרצוקן
*fresen; shlingen; fartsuken*

devout adj פרום; ערנסט
*frum; ernst*

dew n טוי ז (ען), ראָסע נ (ס)
*toi, rose*

dew point טויפּונקט ז (ן)
*toipunkt*

dew-worm n טוי־וואָרעם ז (טוי־ווערעם)
*toi-vorem (toi-verem)*

dexterity n פלינקייט ס
*flinkeit*

dexterous adj פלינק
*flink*

diabetes n דיאַבעט ז, צוקערקרענק נ

*diabet, tsukerkrenk*

**diabolic** adj טײַוואָניש
*taivlonish*

**diacritical** adj דיִאַקריטיש
*diakritish*

**diadem** n דיִאַדעם ז (ס) (קרוין; קעניגלעכע קאָפּבאַנד)
*diadem (kroin; kenigleche kopband)*

**diagnosis** n דיִאַגנאָז ז (ן)
*diagnoz*

**diagonal** n דיִאַגאָנאַל ז (ן)
*diagonal*

**diagram** n דיִאַגראַם ז (ען)
*diagram*

**dial** n טעלעפאָן־רעדל ס (עך); ציפערבלאַט ז (ציפערבלעטער)
*telefon-redel (-redlech); tsiferblat (tsiferbleter)*

**dial** v אָנדרייען (דעם טעלעפאָן־נומער)
*ondreien (dem telefon-numer)*

**dialect** n דיִאַלעקט ז (ן)
*dialekt*

**dialectic** n (Also **dialectics**) דיִאַלעקטיק נ
*dialektik*

**dialogue** n n (Also **dialog**) דיִאַלאָג ז (ן)
*dialog*

**diameter** n דיִאַמעטער ז (ס)
*diameter*

**diamond** n דימענט ז (ן), בריליאַנט ז (ן)
*diment, brilyant*

**diaper** n ווינדל ס (עך), וויקעלע ס (ך)
*vindel (vindlech), vikele*

**diarrhea** n שילשול ז
*shilshel*

**diary** n טאָגבוך ס (טאָגבּיכער)
*togbuch (togbicher)*

**diaspora** n גלות ז/ס (ן), תּפוצות ר
*goles, tfutses*

**dice** n pl (sing **die**) טאָפּלשטײנער ר, ווערפל ז
*topelshteiner, verfel*

**dictate** v דיקטירן
*diktiren*

**dictation** n דיקטאַט ז (ן)
*diktat*

**dictator** n דיקטאַטאָר ז (ן)
*diktator*

**dictatorial** adj דיקטאַטאָריש
*diktatorish*

**dictatorship** n דיקטאַטור נ (ן)
*diktatur*

**diction** n דיקציע נ (חיתּוך־הדיבור ז; ריידמאַניר ז; שרײַבמאַניר ז)
*diktsye (chitech-hadiber; reidmanir; shraibmanir)*

**dictionary** n ווערטערבוך ס (ווערטערבּיכער)
*verterbuch (verterbicher)*

**didactic** adj דידאַקטיש
*didaktish*

**diddle** v אָפּנאַרן; פּוסטעפּאַסעווען

*opnaren; pustepaseven*

die v שטאַרבן
*shtarben*

diet n דיעטע נ (ס)
*diete*

differ v אונטערשיידן זיך
*untersheiden zich*

difference n אונטערשיד, אונטערשייד ז (ן)
*untershid, untersheid*

different adj אַנדער; פֿאַרשידענע ר
*ander; farshidene*

differentiate v פֿונאַנדערשיידן, מאַכן אַן אונטערשייד
*funandersheiden, machen an untersheid*

differently adv אַנדערש, אַנדערשט
*andersh, andersht*

difficult adj שווער
*shver*

difficulty n שוועריקייט נ (ן)
*shverikeit*

diffidence n אומזיכערקייט בײַ זיך נ; שעמעוודיקייט נ
*umzicherkeit bai zich; shemevdikeit*

diffident adj אומזיכער בײַ זיך; שעמעוודיק
*umzicher bai zich; shemevdik*

diffuse v צעשפּרייטן; צעגיסן
*tseshpreiten; tsegisen*

dig v גראָבן
*groben*

dig n (שמועסדיק) שטאָך ז (שטעך); סאַרקאַסטישע באַמערקונג נ (ען); אַרכעאָלאָגישע אויסגראָבונג נ (ען)
*(shmuesdik) shtoch (shtech); sarkastishe bamerkung; archeologishe oisgrobung*

digest n קיצור ז (ים); ילקוט ז (ים)
*kitser (kitsurim); yalket (yalkutim)*

digest v פֿאַרדײַען
*fardaien*

digestion n פֿאַרדײַאונג נ
*fardaiung*

digit n ציפֿער ז/נ; פֿינגער ז
*tsifer; finger*

dignified adj ווערדיק
*verdik*

dignify v געבן כּבוד, הויכאַכטן
*geben koved, hoichachten*

dignitary n מכובד ז (ים), נכבד ז (ים), שׂר ז (ים)
*mechubed (mechubodim); nichbed (nichbodim); sar (sorim)*

dignity n ווערדע נ, כּבוד ז
*verde, koved*

digress v אָפּטרעטן (פֿון דער טעמע)
*optreten (fun der teme)*

dike n (Also dyke) דאַמבע נ (ס)
*dambe*

dilapidated adj צעפֿאַלן; צעפֿוילט
*tsefalen; tsefoilt*

dilapidation n צעפֿאַלונג נ; צעפֿוילונג נ
*tsefalung; tsefoilung*

dilate v פאַרגרעסערן; אויספּרייטערן; רעדן אָדער שרײַבן אין איינצלהייטן
*fargreseren; oisbreiteren reden oder shraiben in eintselheiten*

dilemma n דילעמע נ (ס)
*dileme*

dilettante n דילעטאַנט ז (ן)
*diletant*

dilettantism n דילעטאַנטיזם ז
*diletantizm*

diligence n פלײַס ז, התמדה נ
*flais, hasmode*

diligent adj פלײַסיק
*flaisik*

dilly-dally v פאַרלירן צײַט; באַלעמוטשען
*farliren tsait; balemut'shen*

dilute v פאַרוואַסערן; אָפּשוואַכן
*farvaseren; opshvachen*

diluted adj געמישט (מיט וואַסער); אָפּגעשוואַכט
*gemisht (mit vaser); opgeshvacht*

dim adj אומקלאָר; טונקל
*umklor; tunkel*

dime n דײַם ז (ען) (10 סענטן)
*daim (10 senten)*

dimension n דימענסיע נ (ס)
*dimensye*

diminish v פאַרמינערן
*farmineren*

diminutive adj קליינטשיק, פּיצינק
*kleint'shik, pitsink*

diminutive v דימינוטיוו ז (ן)
*diminutiv*

dimple n חן־גריבעלע ס (ך)
*chein-gribele*

din n ליאַרעם ז, געפּילדער ס
*lyarem, gepilder*

din v ליאַרעמען; קלינגען אין די אויערן; איבערחזרן ווידער און ווידער
*lyaremen; klingen in di oieren; iberchazeren vider un vider*

dine v עסן וואַרעמעס
*esen varemes*

dinette n קליינער עסצימער ז
*kleiner estsimer*

ding v קלינגען; (שמועסדיק) זאָגן אָבער און אָבער (ווידער)
*klingen; (shmuesdik) zogen ober un ober (vider)*

ding n גלאָקנקלונג ז (ען)
*glokenklung*

dining room עסצימער ז (ן)
*estsimer*

dining table עסטיש ז (ן)
*estish*

dinner n וואַרעמעס, וואַרעמס ס (ן); מיטיג ז, מיטאָג ז (ן)
*varemes, varems; mitig, mitog*

dinosaur n דינאָזאַווער ז (ס)
*dinozaver*

dip v טונקען, אײַנטונקען
*tunken, aintunken*

dip n טונק ז (ען)

*tunk*

diphthong n דיפטאָנג ז (ען)
*diftong*

diploma n דיפּלאָם ז (ען)
*diplom*

diplomacy n דיפּלאָמאַטיע נ (ס)
*diplomatye*

diplomat n דיפּלאָמאַט ז (ן)
*diplomat*

diplomatic adj דיפּלאָמאַטיש
*diplomatish*

dipper n אײַנטונקער ז (ס); קאָכלעפל ז, שעפּ־קענדל ס (עך)
*aintunker; kochlefel; shep-kendel (-kendlech)*

dippy adj (סלענג) נאַריש; פאַרשיכּורט
*(sleng) narish; farshikert*

dire adj שרעקלעך; ביטער; קאַטאַסטראָפאַל
*shreklech; biter; katastrofal*

direct adj דירעקט (גלײַך; אומפאַרמיטלט; אַבסאָלוט)
*direkt (glaich; umfarmitelt; absolut)*

direct v אָנפירן; הייסן; ווײַזן (דעם וועג); דיריגירן
*onfiren; heisen; vaizen (dem veg); dirigiren*

direction n אָנפירונג נ (ען); ריכטונג נ (ען)
*onfirung; richtung*

director n דירעקטאָר ז (ן)
*direktor*

directory n אַדרעסן־בוך ס (אַדרעסן־ביכער)
*adresen-buch (adresen-bicher)*

dirge n קלאָגליד ס (ער)
*kloglid*

dirt n שמוץ ס; ערד נ
*shmuts, erd*

dirty adj שמוציק, ברודיק
*shmutsik, brudik*

disability n אומפעאיקייט נ (ן); מום ז (ים)
*umfe'ikeit; mum (mumim)*

disable v מאַכן אומפעאיק; פאַרקריפּלען; דיסקוואַליפיצירן געזעצלעך
*machen umfe'ik; farkriplen; diskvalifitsiren gezetslech*

disadvantage n חסרון ז (ים); מינוס ז (ן); עיכּוב ז (ים); שטער ז (ן); שאָדן ז
*chisoren (chesroinim); minus; ikev (ikuvim); shter; shoden*

disaffection n אומצופרידנקייט נ; אומגעטרײַשאַפט נ
*umtsufridenkeit; umgetraishaft*

disagree v ניט מסכּים זײַן; זײַן שעדלעך
*nit maskem zain; zain shedlech*

disagreeable v אומאײַנגענעם
*umaingenem*

disagreement n אומהסכּם ז (ס)
*umheskem*

disallow v ניט דערלויבן; אָפּוואַרפן, פּסלען

*nit derloiben; opvarfen, paslen*

disappear v פאַרשוווּנדן ווערן
*farshvunden veren*

disappearance n פאַרשווינדונג נ
*farshvindung*

disappoint v אַנטוישן
*antoishen*

disappointment n אַנטוישונג נ (ען)
*antoishung*

disapprove v זײַן קעגן
*zain kegen*

disarm v אַנטוואָפענען
*antvofenen*

disarmament n אַנטוואָפענונג נ (ען)
*antvofenung*

disarray n אומאָרדענונג נ (ען)
*umordenung*

disarray v צעוואַרפן
*tsevarfen*

disaster n אומגליק ס (ן)
*umglik*

disastrous adj קאַטאַסטראָפאַל
*katastrofal*

disbelieve v ניט גלויבן
*nit gloiben*

disburse v אויסצאָלן
*oistsolen*

discard v אַוועקוואַרפן; פּטור ווערן
*avekvarfen; poter veren*

discern v דערזען; דערקענען; אונטערשיידן
*derzen; derkenen; untersheiden*

discharge v אויסשיסן; אויסלאָדן; אָפּזאָגן; מקיים זײַן; אויסגיסן; באַפרײַען, אויסשרײַבן
*oisshisen; oisloden; opzogen; mekayem zain; oisgisen; bafraien, oisshraiben*

discharge n שאָס ז (ן); אויסלאָדונג נ; אָפּזאָג ז (ן) (פון אַרבעט); אויספירונג נ; אויסגאָס ז (ן); באַפרײַאונג נ (פון אַן אינסטיטוציע)
*shos; oislodung; opzog (fun arbet); oisfirung; oisgos; bafraiung (fun an institutsye)*

disciple n תּלמיד ז (ים)
*talmed/talmid (talmidim)*

discipline n דיסציפּלין נ (ען)
*distsiplin*

discipline v דיסציפּלינירן
*distsipliniren*

disclaim v לייקענען; מוותּר זײַן
*leikenen; mevater zain*

disclose v אויפדעקן; אויסזאָגן
*oifdeken; oiszogen*

discomfort n אומבאַקוועמקייט נ (ן)
*umbakvemkeit*

disconcert v אַרײַנפירן אין פאַרלעגנהייט; שטערן; באַאומרואיקן
*arainfiren in farlegenheit; shteren; baumruiken*

disconnect v אָפּבינדן; איבעררײַסן
*opbinden; iberraisen*

discontent n אומצופרידנקייט נ
*umtsufridenkeit*

discontented adj אומצופרידן
*umtsufriden*

discontinue v אויפהערן; אָפּשטעלן
*oifheren; opshtelen*

discotheque n דיסקאָטעק ז (ן)
*diskotek*

discount v אראָפּרעכענען; געבן אַ הנחה
*aroprechenen; geben a hanoche*

discount n הנחה נ (הנחות), דיסקאָנט ז (ן)
*hanoche (hanoches); diskont*

discount store הנחה־קראָם נ (ען)
*hanoche-krom*

discourage v אַנטמוטיקן
*antmutiken*

discouraged adj אַנטמוטיקט
*antmutikt*

discouragement n אָפּמוטיקונג נ
*opmutikung*

discourse n אָפּהאַנדלונג נ (ען); שמועס ז (ן)
*ophandlung; shmues*

discourse v אָפּהאַנדלען; געבן אַ לעקציע; דרשענען; שמועסן
*ophandlen; geben a lektsye; darshenen; shmuesen*

discourteous adj אומהעפלעך
*umheflech*

discover v אַנטדעקן
*antdeken*

discovery n אַנטדעקונג נ (ען)
*antdekung*

discredit v דיסקרעדיטירן
*diskreditiren*

discredit n שאַנד נ
*shand*

discreet adj דיסקרעט
*diskret*

discrepancy n סתּירה נ (סתּירות)
*stire (stires)*

discrepant adj ניט־אויסגעשטימט
*nit-oisgeshtimt*

discretion n דיסקרעציע נ, איינזען ס
*diskretsye, ainzen*

discriminate v אונטערשיידן; דיסקרימינירן קעגן
*untersheiden; diskriminiren kegen*

discrimination n דיסקרימינאַציע נ
*diskriminatsye*

discrown v אַנטקרוינען, אַראָפּזעצן אַ מלך
*antkroinen, aropzetsen a meilech*

discuss v דיסקוטירן
*diskutiren*

discussion n דיסקוסיע נ (ס)
*diskusye*

disdain v פֿאַראַכטן
*farachten*

disdain n פֿאַראַכטונג נ
*farachtung*

disease n קראַנקייט נ (ן), קרענק נ (ען)
*krankeit, krenk*

disembark v לאַנדן (פֿון אַ שיף אָדער עראָפּלאַן)
*landen (fun a shif oder eroplan)*

disembarkation n לאַנדונג נ
*landung*

disenchant v באַפרייַען פון אַן אילוזיע
*bafraien fun an iluzye*

disentangle v אויפפלאָנטערן
*oifplonteren*

disesteem n גרינגשעצונג נ
*gringshetsung*

disfavor n אומחן ז (ען)
*umchein*

disgrace n בזיון ז (ות), חרפה נ (חרפות), שאַנדע נ (ס)
*bizoyen (bizyoines), charpe/cherpe (charpes/cherpes), shande*

disgrace v מבייש זייַן
*mevayesh zain*

disgraceful adj שענדלעך
*shendlech*

disguise v פאַרשטעלן
*farshtelen*

disguise n פאַרשטעלונג נ (ען)
*farshtelung*

disgust n עקל ז
*ekel*

disgust v עקלען
*eklen*

disgusting adj עקלדיק
*ekeldik*

dish n שיסל נ (ען); מאכל ז (ים); געריכטס ס (ן)
*shisel (shislen); maachel/maichel (maacholim/maicholim); gericht's*

dishes n pl געפעס ס (קאָלעקטיוו)
*gefes*

dishevel v צעשויבערן (האָר); צעוואַרפן (קליידער)
*tseshoiberen (hor); tsevarfen (kleider)*

dishonest adj אומערלעך
*umerlech*

dishonor n אומכּבוד ז
*umkoved*

dishonor v שענדן
*shenden*

dishwasher n געפעס־וואַשער ז (ס)
*gefes-vasher*

disinclined adj אומוויליק
*umvilik*

disinfection n דיסאינפעקציע נ (ס)
*disinfektsye*

disintegrate v צעפאַלן זיך
*tsefalen zich*

disintegration n צעפאַלונג נ
*tsefalung*

disinterested adj אומצדדימדיק, אָן אַ פּניה
*umtsdodimdik, on a pnie*

dislike n אומחן ז (ען)
*umchein*

dislike v פייַנט האָבן
*faint hoben*

disloyal adj אומלאָיאַל
*umloyal*

dismal adj פינצטער; אומעטיק; קלאָגעדיק
*fintster; umetik; klogedik*

**dismantle** v צענעמען (אויף שטיקער)
*tsenemen (oif shtiker)*

**dismay** n אָפּהענטיקייט נ;
פאַרדראָס ז
*ophentikeit; fardros*

**dismay** v אָפּהענטיק מאַכן; אַלאַרמירן
*ophentik machen; alarmiren*

**dismember** v צעגלידערן
*tsegklideren*

**dismiss** v אָפּזאָגן, אָפּשאַפן (פון
אַרבעט); אַוועקשיקן; אָפּוואַרפן
*opzogen, opshafen (fun arbet);*
*avekshiken; opvarfen*

**dismissal** n אָפּזאָג ז (ן),
אָפּשאַף ז (ן)
*opzog, opshaf*

**disobedient** adj אומפאָלגעוודיק
*umfolgevdik*

**disobey** v ניט פאָלגן
*nit folgen*

**disorder** n אומאָרדענונג נ (ען);
מהומה נ (מהומות); קראַנקייט נ (ן)
*umordenung; mehume*
*(mehumes); krankeit*

**disorder** v צעמישן; גורם זיין
אַ קרענק
*tsemishen; goirem zain a krenk*

**disorderly** adj צעוואָרפן; צעיושעט
*tsevorfen; tseyushet*

**disorganize** v דיסאָרגאַניזירן
*disorganiziren*

**disorient** v דיסאָריענטירן
*disoryentiren*

**disparage** v מבטל מאַכן;
דיסקרעדיטירן
*mevatel machen; diskreditiren*

**disparagement** n ביטול ז,
גרינגשעצונג נ
*bitel, gringshetsung*

**disparity** n אונטערשייד ז (ן)
*untersheid*

**dispatch** v אַרויסשיקן; מיטטיילן;
דורכפירן שנעל
*aroisshiken; mitteilen;*
*durchfiren shnel*

**dispatch** n אַרויסשיקונג נ;
מיטטיילונג נ (ען); גיכקייט נ
*aroisshikung; mitteilung;*
*gichkeit*

**dispel** v אַוועקטרײַבן, צעטרײַבן
*avektraiben, tsetraiben*

**dispense** v אויסטיילן; צוגרייטן און
געבן (מעדיצינען);
אַדמיניסטרירן (דאָס געזעץ)
*oisteilen; tsugreiten*
*un geben (meditsinen);*
*administriren (dos gezets)*

— **dispense with** אויסקומען אָן
*oiskumen on*

**dispeople** v אויסראָטן די
באַפעלקערונג
*oisroten di bafelkerung*

**disperse** v צעטרײַבן; צעשפּרייטן
*tsetraiben; tseshpreiten*

**dispirit** v אַנטמוטיקן; דערשלאָגן
*antmutiken; dershlogen*

**displace** v פאַרנעמען (דאָס אָרט פון);
פאַררוקן; פאַרטרײַבן

*farnemen (dos ort fun);*
*farruken; fartraiben*

display v אויסשטעלן
*oisshtelen*

display n אויסשטעל ז (ן)
*oisshtel*

displease v מאַכן אומצופרידן;
ניט געפעלן
*machen umtsufriden; nit gefelen*

disposal n באַזייַטיקונג נ (ען);
אַוועקגעבונג נ; אייַנריכטונג נ (ען),
אייַנאָרדענונג נ (ען)
*bazaitikung; avekgebung;*
*ainrichtung, ainordenung*

dispose v באַזייַטיקן; אַוועקגעבן;
פטור ווערן פון;
אייַנריכטן; נוטה זייַן
*bazaitiken; avekgeben;*
*poter veren fun;*
*ainrichten; noite zain*

disposed adj וויליק; נוטה
*vilik; noite*

disposition n געמיט ס (ער);
טענדענץ נ (ן)
*gemit (gemiter); tendents*

dispossess v פאַרטרייַבן; צונעמען בייַ
*fartraiben; tsunemen bai*

dispute n וויכּוח ז (ים); סיכסוך ז (ים)
*vikuech (vikuchim);*
*sichsech (sichsuchim)*

dispute v האָבן אַ פלוגתּא;
טענהן קעגן
*hoben a plogte;*
*tainen kegen*

disregard v איגנאָרירן; ניט נעמען
אין אַכט; באַהאַנדלען
אָן רעספעקט
*ignoriren; nit nemen in acht;*
*bahandlen on respekt*

disrepute n שאַנד נ; שם־רע ז,
שלעכטער נאָמען ז
*shand; shem-ra, shlechter*
*nomen*

disrespect n אומרעספעקט ז,
אומהעפלעכקייט נ,
אומדרך־ארץ ז
*umrespekt, umheflechkeit,*
*umderech-erets*

disrespectful adj אומהעפלעך
*umheflech*

disrobe v אויסטאָן
*oiston*

disrupt v צעשטערן
*tseshteren*

dissatisfaction n אומצופרידנקייט נ
*umtsufridenkeit*

dissatisfied adj אומבאַפרידיקט
*umbafridikt*

dissatisfy v מאַכן אומצופרידן;
ניט באַפרידיקן
*machen umtsufriden;*
*nit bafridiken*

dissect v צעגלידערן; אַנאַליזירן
*tsegliderен; analiziren*

dissection n צעגלידערונג נ (ען);
אַנאַליז ז (ן)
*tsegliderung; analiz*

dissemble v פאַרמאַסקירן (די געפילן,

געדאַנקען, פלענער, א"ע); פרעטענדירן
*farmaskiren (di gefilen, gedanken, plener, etc.); pretendiren*

**disseminate** v פאַרשפרייטן
*farshpreiten*

**dissension** n בייזער אומהסכם ז; קריגעניש ס (ן)
*beizer umheskem; krigenish*

**dissent** v האָבן אַן אַנדער מיינונג; אָפשיידן זיך (פון דעם עסטאַבלישמענט)
*hoben an ander meinung; opsheiden zich (fun dem establishment)*

**dissent** n ניינזאָגונג נ; (רעליגיעז אָדער פאָליטיש) התנגדות ס (ן)
*neinzogung; (religyez oder politish) hisnagdes*

**dissenter** n ניינזאָגער ז (ס); מתנגד ז (ים); פורש ז (ים)
*neinzoger; misnaged (misnagdim); poiresh (porshim)*

**dissertation** n דיסערטאַציע נ (ס)
*disertatsye*

**disservice** n בערישע טובה; רעה נ; שאָדן ז (ס)
*berishe toive; roe; shoden*

**dissidence** n ניט־אײַנשטימיקייט נ; התנגדות ס
*nit-ainshtimikeit; hisnagdes*

**dissident** n דיסידענט ז (ן), פורש ז (ים)
*disident, poiresh (porshim)*

**dissimilar** adj ניט־ענלעך
*nit-enlech*

**dissipate** v צעשפרייטן; צעטרײַבן; פאַרתכלעווען, פאַרשווענדן; פאַרהוליען
*tseshpreiten; tsetraiben; fartachleven, farshvenden; farhulyen*

**dissociate** v אָפשיידן
*opsheiden*

**dissolution** n אויפלייזונג נ, פונאַנדערלאָזונג נ; צעלאָזונג נ (ען)
*oifleizung, funarderlozung; tselozung*

**dissolve** v אויפלייזן (פאַרלאַמענט); צעגיין, צעלאָזן (צוקער, זאַלץ, א"ע)
*oifleizen (parlament); tsegein, tselozen (tsuker, zalts, etc.)*

**dissuade** v אָפרעדן
*opreden*

**distance** n ווײַטקייט נ (ן), מרחק ז (ים); שטרעקע נ (ס); דיסטאַנץ נ, (מאַניר) קילקייט נ
*vaitkeit, merchek (merchokim); shtreke; distants, (manir) kilkeit*

**distant** adj ווײַט
*vait*

**distaste** n אומטעם ז (ען), דערווידער ז (ס)
*umtaam, dervider*

**distasteful** adj דערווידערדיק

*dervíderdik*

distend v אויפבלאָזן; אויסציִען *oifblozen; oistsien*

distil v דיסטילירן *distiliren*

distinct adj דײַטלעך; קלאָר; באַזונדער *daitlech; klor; bazunder*

distinction n אונטערשיידונג נ; אונטערשייד ז (ן); אויסצייכענונג נ (ען) *untersheidung; untersheid; oistseichenung*

distinguish v אונטערשיידן; אויסצייכענען זיך *untersheiden; oistseichenen zich*

distinguished adj אָנגעזען *ongezen*

distortion n פאַרדרייאונג נ (ען); פאַרקרים ז (ען) *fardreiung; farkrim*

distract v אָפּווענדן (די אויפמערקזאַמקייט); צעטומלען *opvenden (di oifmerkzamkeit); tsetumlen*

distraction n אָפּווענדונג נ (ען); צעטראָגנקייט נ *opvendung; tsetrogenkeit*

distress n נויט נ; צרה נ *noit; tsore*

distress v מצער זײַן; אָנטאָן יסורים *metsaer zain; onton yesurim*

distressed area אָפּגעשטאַנענער ראַיאָן ז *opgeshtanener rayon*

distribute v פאַרשפּרייטן; אויסטיילן *farshpreiten; oisteilen*

distribution n פאַרשפּרייטונג נ (ען); אויסטיילונג נ (ען) *farshpreitung; oisteilung*

distributor n פאַרשפּרייטער ז (ס) *farshpreiter*

district n דיסטריקט ז (ן) *distrikt*

distrust v ניט געטרויען *nit getroien*

distrust n אומצוטרוי ז *umtsutroi*

distrustful adj אומצוטרוילעך; חשדימדיק *umtsutroilech; chshodimdik/chashodimdik*

disturb v שטערן; צעמישן; באַאומרואיקן *shteren; tsemishen; baumruiken*

disturbance n שטערונג נ (ען); גערודער ס (ס); מהומה נ (מהומות) *shterung; geruder; mehume (mehumes)*

disunite v צעשיידן; אָפּטיילן; צעבּרעכן (דאָס אחדות פון) *tsesheiden; opteilen; tsebrechen (dos achdes fun)*

disunity n אומאַחדות ס

*umachdes*

disuse n אומבאַניץ ז
*umbanits*

disuse v אויפהערן צו באַניצן
*oifheren tsu banitsen*

ditch n גראָבן ז (ס); אָפּפלוס־קאַנאַל ז (ן)
*groben; opflus-kanal*

ditch v (סלענג) פאַרלאָזן, פּטור ווערן פון
*(sleng) farlozen, poter veren fun*

ditty n לידל ס (עך)
*lidel (lidlech)*

diurnal adj טאָגיק (טעטיק בײַ טאָג); טאָגלעך
*togik (tetik bai tog); toglech*

diva n דיוואַ נ (ס) (פּרימאַדאָנע נ; באַרימטע אָפּערע־זינגערין נ)
*diva (primadone; barimte opere-zingerin)*

dive v טויכן, אונטערטוקן זיך
*toichen, untertuken zich*

dive n טויכונג נ (ען), טוקונג נ (ען)
*toichung, tukung*

diver n טויכער ז (ס), טוקער ז (ס)
*toicher, tuker*

diverge v פונאַנדערגיין זיך; צעצווײַגן זיך
*funandergein zich; tsetsvaigen zich*

diverse adj פאַרשיידנאַרטיק
*farsheidenartik*

diversify v מאַכן פאַרשיידנאַרטיק
*machen farsheidenartik*

divert v אָפּווענדן; אָפּקערן זיך; אָפּציִען (די אויפמערקזאַמקייט)
*opvenden; opkeren zich; optsien (di oifmerkzamkeit)*

divest v אויסטאָן, צונעמען (קליידער, געווער, א״ע); אַוועקנעמען (רעכט, ראַנק, א״ע)
*oiston, tsunemen (kleider, gever, etc.); aveknemen (recht, rank, etc.)*

divide v טיילן; צעטיילן
*teilen; tseteilen*

divided highway צעטיילטער שאָסיי ז (אַן אויטאָסטראַד וואָס האָט אַ מיטלפּאַס צווישן זײַנע שפּאַלירן)
*tseteilter shosei (an oitostrad vos hot a mitelpas tsvishen zaine shpaliren)*

divided usage צעטיילטער באַניץ ז (למשל: די צוויי אַרויסרעדן פון either — אײַדזער און אידזער — א״ע; די צוויי אויסלייגן פון honor און honour, א״ע)
*tseteilter banits (lemoshel: di tsvei aroisreden fun* either *— aidzer un idzer — etc.; di tsvei oisleigen fun* honor *un* honour, *etc.)*

dividend n דיווידענד ז (ן)
*dividend*

divine adj געטלעך; הימליש;

(שמועסדיק) אויסגעצייכנט
*getlech; himlish;*
*(shmuesdik) oisgetseichent*

divinity n גאָטהייט נ (ן); געטלעכקייט נ; טעאָלאָגיע נ
*gotheit; getlechkeit; teologye*

division n צעטיילונג נ (ען); אָפּטייל ז (ן); דיוויזיע נ (ס); (אַריטמעטיק) חילוק ז
*tseteilung; opteil; divizye; (aritmetik) chilek/chiluk*

divisive adj שפּאַלטעריש
*shpalterish*

divorce n גט ז (ן)
*get*

divorce v געבן אַ גט; גטן זיך
*geben a get; geten zich*

divorced adj געגט
*geget*

divulge v מגלה זײַן, אויסזאָגן
*megale zain, oiszogen*

dizziness n שווינדלעניש ס (ן), קאָפּ־שווינדל ז (ען)
*shvindlenish, kop-shvindel*

dizzy adj קאָפּ־שווינדלענדיק, שווינדלדיק
*kop-shvindlendik, shvindeldik*

do v טאָן, מאַכן
*ton, machen*

docent n דאָצענט ז (ן)
*dotsent*

docile adj געהאָרכזאַם, פאָלגעוודיק
*gehorchzam, folgevdik*

docility n געהאָרכזאַמקייט נ
*gehorchzamkeit*

dock n דאָק ז (ן) (מאָל ז; ווערף נ); באַשולדיקטערס־קעמערל ס (עך) (אין אַ קרימינאַל־געריכט)
*dok (mol; verf); bashuldikters-kemerel (in a kriminal-gericht)*

dockyard n שיפבוי־ווערקשטאַט ז (ן)
*shifboi-verkshtat*

doctor n (מעדיצין) דאָקטער ז (דאָקטוירים); (הויך־געבילדעטער) דאָקטאָר ז (ן)
*(meditsin) dokter (doktoirim); (hoich-gebildeter) doktor (doktoren)*

doctor v דאָקטערן (פּראַקטיצירן מעדיצין, היילן; פעלשן)
*dokteren (praktitsiren meditsin, heilen; felshen)*

doctorate n דאָקטאָראַט ז (ן)
*doktorat*

doctrinaire n דאָקטרינער ז (ס)
*doktriner*

doctrine n דאָקטרין נ (ען)
*doktrin*

document n דאָקומענט ז (ן)
*dokument*

document v דאָקומענטירן
*dokumentiren*

dodder v טרייסלען; וואַקלען זיך
*treislen; vaklen zich*

dodge v אויסמײַדן; אַרויסדרייען זיך

*oismaiden; aroisdreien zich*

**dodge** n פלוצעמדיקע אָפּקערונג נ (ען); אַרויסדריי ז (ען)

*plutsemdike opkerung; aroisdrei*

**doe** n הינד נ (ן)

*hind*

**doer** n טוער ז (ס)

*tuer*

**doff** v אַראָפּנעמען; אויסטאָן

*aropnemen; oiston*

**dog** n הונט ז (הינט)

*hunt (hint)*

**dogged** adj אײַנגעשפּאַרט; פאַרביסן

*aingeshpart; farbisen*

**doggerel** n שוואַכע פּאָעזיִע

*shvache poezye*

**doggie** n הינטל ס (עך)

*hintel (hintlech)*

**doghouse** n בודע נ (ס)

*bude*

**dogma** n דאָגמע נ (ס)

*dogme*

**dogmatic, dogmatical** adj דאָגמאַטיש

*dogmatish*

**dog-tired** adj זייער מיד

*zeier mid*

**doings** n pl מעשׂים ר; אויספירונג נ

*maisim/maasim; oiffirung*

**dolce** adj (מוזיק) זיס; ווייך

*((muzik) zis; veich*

**dole** n קיצבה נ

*kitsve*

**dole** v אויסטיילן קיצבה

*oisteilen kitsve*

**doll** n ליאַלקע נ (ס); (סלענג) שיין מיידל ס

*lyalke; (sleng) shein meidel*

**dollar** n דאָלאַר ז (ן)

*dolar*

**dolmen** n דאָלמען ז (ען)

*dolmen*

**dolor, dolour** n (פּאָעטיש) טרויער ז

*(poetish) troier*

**doloroso** adj (מוזיק) וויינעוודיק

*(muzik) veinevdik*

**dolphin** n דעלפין ז (ען)

*delfin*

**domain** n הערשאַפט־תּחום ז (ען); גוט ס (גיטער); געביט ס (ן)

*hershaft-tchum; gut (giter); gebit*

**dome** n קופּאָל ז (ן)

*kupol*

**domestic** adj היימיש; היג; שטוביק

*heimish; hig; shtubik*

**domestic** n דינסט נ (ן); משרת ז/ס (ים)

*dinst; meshores (meshorsim)*

**domesticate** v אײַנשטוביקן; צוגעוווינען (צו אַ היים)

*ainshtubiken; tsugevoinen (tsu a heim)*

**domicile** n וווינאָרט ז (וווינערטער)

*voinort (voinerter)*

**dominate** v באַהערשן

*bahershen*

**domineering** adj הערשעריש;

גדלותדיק
*hersherish; gadlesdik*

dominion n — דאָמיניע נ (ס); הערשאַפט נ
*dominye; hershaft*

don v — אָנטאָן (אַ מלבוש)
*onton (a malbesh)*

donate v — מנדב זײַן, בײַשטײַערן
*menadev zain, baishtaieren*

donation n — נדבה נ (נדבות), בײַשטײַער ז (ן)
*nedove (nedoves), baishtaier*

donkey n — אייזל ז (ען)
*eizel (eizlen)*

donor n — מנדב ז (ים)
*menadev (menadvim)*

do-nothing n — ליידיק־גייער ז (ס)
*leidik-geier*

Don Quixote — דאָן־קיכאָט ז (ן), אומפּראַקטישער טרוימער ז
*don-kichot, umpraktisher troimer*

doom n — שיקזאַל ז (ן); אונטערגאַנג ז (ען)
*shikzal; untergang*

doom v — באַשטימען (צו אַ שרעקלעכן גורל)
*bashtimen (tsu a shreklechen goirel)*

door n — טיר נ (ן)
*tir*

doorknob n — קליאַמקע נ (ס)
*klyamke*

doorstep n — שוועל נ (ן)
*shvel*

dope n — (סלענג) נאַרקאָטיק נ (ן); נאַרקאָטיקער ז (ס); טיפּש ז (ים)
*(sleng) narkotik; narkotiker; tipesh (tipshim)*

dope v — (סלענג) געבן אַ נאַרקאָטיק צו; פאַרטויבן
*(sleng) geben a narkotik tsu; fartoiben*

dopey, dopy adj — (סלענג) פאַרטויבט; זייער נאַריש
*(sleng) fartoibt; zeier narish*

dormant adj — שלאָפנדיק; אומטעטיק
*shlofendik; umtetik*

dormitory n — גרויסע שלאָפשטוב נ; (קאַלעדזש) אינטערנאַט ז (ן)
*groise shlofshtub; (kaledzh) internat*

dose n — דאָזע נ (ס)
*doze*

dose v — געבן אַ מעדיצין; אויסמישן
*geben a meditsin; oismishen*

dossier n — אַקטן־טאַש ז (ן)
*akten-tash*

dot n — פונקט ז (ן); פּינטעלע ס (ך)
*punkt; pintele*

dot v — פּינטלען
*pintlen*

dotted adj — געפּינטלט
*gepintelt*

double adj — טאָפּל
*topel*

double n — טאָפּלער ז (ס)
*topler*

double v טאָפּלען
*toplen*

double-cross v (שמועסדיק) פֿאַרראַטן; אָפּנאַרן
*(shmuesdik) farraten; opnaren*

double talk טאָפּלרייד ר, פֿאַלשע ווערטער ר
*topelreid, falshe verter*

doubt v צווייפֿלען, זײַן מסופּק
*tsveiflen, zain mesupek*

doubt n צווייפֿל ז (ען), ספֿק ז (ות)
*tsveifel (tsveiflen), sofek (sfeikes)*

doubtful adj צווייפֿלהאַפֿט, מסופּקדיק
*tsveifelhaft, mesupekdik*

doubtless adj, adv זיכער; אָן צווייפֿל
*zicher; on tsveifel*

douche n דוש ז (ן), טוש ז (ן); וואַסערשפּריץ ז (ן)
*dush, tush; vasershprits*

douche v דושירן; נעמען אַ דוש
*dushiren; nemen a dush*

dough n טייג ס
*teig*

doughy adj טייגיק; ווייכלעך
*teigik; veichlech*

dour adj אומעטיק; אָנגעכמורעט; שטרענג; פֿאַרביסן
*umetik; ongechmuret; shtreng; farbisen*

douse v באַגיסן; (שמועסדיק) פֿאַרלעשן
*bagisen; (shmuesdik) farleshen*

dove n טויב נ (ן); רודף־שלום ז (רודפֿי־שלום)
*toib; roidef-sholem (roidfe-sholem)*

dovecot, dovecote n טויבנשלאַק ז (ן), טויבנהײַזל ס (עך)
*toibenshlak, toibenhaizel (toibenhaizlech)*

dowdy adj שלומפּערדיק
*shlumperdik*

down adv, prep, interj אונטן; אַראָפּ; אַראָפּ מיט; נידער (מיט...)!
*unten, arop; arop mit; nider (mit...)!*

downcast adj אַראָפּגעפֿאַלן, הכנעהדיק
*aropgefalen, hachnoedik*

downhill adv אַראָפּ־באַרג
*arop-barg*

downhill adj אַראָפּ־באַרגיק; ערגער
*arop-bargik; erger*

down payment האַנטגעלט ס
*hantgelt*

downstairs adv אַראָפּ די טרעפּ
*arop di trep*

downstairs n אונטערשטער שטאָק ז
*untershter shtok*

down-to-earth adj פּראַקטיש, זאַכלעך
*praktish, zachlech*

downtown n אונטערשטאָט נ
*untershtot*

dowry n נדן נ (ס)
*naden*

doze v דרעמלען

*dremlen*

dozen n טוץ ז (ן)
*tuts*

drab adj גרוילעך; מאָנאָטאָניק
*groilech; monotonik*

draft n (לופט) צוג ז (ן); פלאַן ז (פלענער); סקיצע נ (ס); (באַנק) דרעפט ז (ן); מאָבילירונג נ (צום מיליטער)
*(luft) tsug; plan (plener); skitse; (bank) dreft; mobilizirung (tsum militer)*

draft v סקיצירן; נעמען (אין מיליטער)
*skitsiren; nemen (in militer)*

drag v שלעפּן
*shlepen*

drag n שלעפּונג נ; נאָכשלעפּ ז; שלעפּקראַפט נ; שטער ז (ן)
*shlepung; nochshlep; shlepkraft; shter*

dragnet n שלעפּנעץ נ (ן)
*shlepnets*

dragon n דראַקאָן ז (ען)
*drakon*

drain v טריקענען; אָפּצאַפּן; אָפּרינען
*trikenen; optsapen; oprinen*

drain n אָפּרין ז (ען); לאַסט נ (ן)
*oprin; last*

drainage n דרענאַזש ז
*drenazh*

drake n קאַטשער ז (ס)
*kot'sher*

drama n דראַמע נ (ס)
*drame*

dramatic adj דראַמאַטיש
*dramatish*

dramatist n דראַמאַטורג ז (ן)
*dramaturg*

dramatize v דראַמאַטיזירן
*dramatiziren*

dramaturgy n דראַמאַטורגיע נ
*dramaturgye*

drape n גאַרדין ז (ען)
*gardin*

drastic adj דראַסטיש
*drastish*

draw v ציִען; שעפּן; צייכענען
*tsien; shepen; tseichenen*

draw n צי ז (ען); רעמי ז
*tsi; remi*

drawback n חסרון ז (ים/ות); אָפּהאַלט ז (ן)
*chisoren (chesroinim/chesroines); ophalt*

drawer n שופלאָד ז (ן)
*shuflod*

drawing n צייכענונג נ (ען); ציאונג נ (ען)
*tseichenung; tsiung*

drawl v רעדן מיט אויסגעצויגענע וואָקאַלן
*reden mit oisgetsoigene vokalen*

drawl n פּאַמעלעך און אויסגעצויגן רעדעניש ס (ן)
*pamelech un oisgetsoigen redenish*

dread v מורא האָבן, שרעקן זיך
*moire hoben, shreken zich*

dread n שרעק ז, אימה נ
*shrek, eime*

dreadful adj שרעקלעך, אימהדיק
*shreklech, eimedik*

dream n חלום ז (ות); טרוים ז (ען)
*cholem (chaloimes); troim*

dream v חלומען; טרוימען
*cholemen; troimen*

dreamy adj פאַרחלומט; אומקלאָר
*farcholemt; umklor*

dreary adj נודנע; אומעטיק
*nudne; umetik*

dredge n דרעדזש ז (עס) (אַ גראָבמאַשין וואָס שעפּט ערד פונעם גרונט פון אַ טײַך, פּאָרט, א״ע)
*dredzh (a grobmashin vos shept erd funem grunt fun a taich, port, etc.)*

dredge v פאַרטיפערן, שעפּן (מיט אַ דרעדזש)
*fartiferen, shepen (mit a dredzh)*

dregs n pl אָפּזעץ ז (ן) (פון מאַטעריע); אָפּפאַל ז
*opzets (fun materye); opfal*

drench v דורכווייקן
*durchveiken*

Dresden n דרעזדען ס (פּאָרצעלײַ)
*drezden (portselai)*

dress n קלייד ס (ער)
*kleid (kleider)*

dress v אָנטאָן; פאַרבאַנדאַזשירן
*onton; farbandazhiren*

dress coat פראַק ז (ן)
*frak*

dressmaker n נייטאָרין נ (ס)
*neitorin*

dressy adj אויסגעפּוצט; לעצטמאָדיש
*oisgeputst; letstmodish*

dribble v טריפן, קאַפּען; פאַרסלינען זיך; באַוועגן אַ באַלעם מיט שוואַכע קלעפּ.
*trifen, kapen; farslinen zich; bavegen a balem mit shvache klep.*

dribble n טריפונג נ (ען); רעגנדל ס (עך); טראָפּן ז (ס); קליינע סומע נ (ס)
*trifung; regendel (regendlech); tropen; kleine sume*

driblet n קליינע סומע נ (ס)
*kleine sume*

drift v טראָגן; געטראָגן ווערן; וואַנדערן; אָנהויפענען
*trogen; getrogen veren; vanderen; onhoifenen*

drift n לויף ז; טענדענץ נ (ן); הויפן ז (ס) (אָנגעשיט דורכן ווינד)
*loif; tendents; hoifen (ongeshit durchen vind)*

drill n בויער ז (ס); מושטיר ז (ן)
*boier; mushtir*

drill v בויערן; מושטירן
*boieren; mushtiren*

**drink** v טרינקען; שיכורן
*trinken; shikeren*

**drink** n טרונק ז (ען); געטראַנק ס (ען)
*trunk; getrank*

**drinker** n טרינקער ז (ס); שיכור ז (ים)
*trinker; shiker (shikurim)*

**drip** v טריפן, קאַפּען
*trifen, kapen*

**drip** n טריפונג נ (ען); (סלענג) נודניק נ (עס)
*trifung; (sleng) nudnik*

**drive** v טרײַבן; שאָפירן, פירן
*traiben; shofiren, firen*

**drive** n שפּאַציר־פאָר ז (ן); אימפּעט ז; ענערגיע נ
*shpatsir-for; impet; energye*

**drivel** v פאַרסלינען זיך; רעדן נאַרישקייטן
*farslinen zich; reden narishkeiten*

**drivel** n רינענדיק שפּײַעכץ ס; פלאַפּלערײַ ס
*rinendik shpaiechts; plaplerai*

**driver** n שאָפער ז (ן)
*shofer*

**drizzle** v שפּרייען
*shpreien*

**drizzle** n שפּריירעגן ז (ס)
*shpreiregen*

**dromedary** n דראָמעדער ז (ן) (איינהויקערדיקער קעמל)
*dromeder (einhoikerdiker kemel)*

**drone** n דראָן ז (ען) (זכר פון אַ בין); ליידיק־גייער ז (ס); זשום ז (ען)
*dron (zocher fun a bin); leidik-geier; zhum*

**drone** v זשומען; רעדן אין אַ מאָנאָטאָנישן טאָן
*zhumen; reden in a monotonishen ton*

**drool** v פאַרסלינען זיך; (שמועסדיק) פלאַפּלען
*farslinen zich; (shmuesdik) plaplen*

**drool** n רינענדיק שפּײַעכץ
*rinendik shpaiechts*

**droop** v אַראָפּהענגען; זײַן טרויעריק
*arophengen; zain troierik*

**droop** n אַראָפּהענגונג נ; (סלענג) אַנטיסאָציאַלער פּאַרשוין ז
*arophengung; (sleng) antisotsyaler parshoin*

**drop** n טראָפּן ז (ס); אַראָפּהאַנג ז; פאַלן ס
*tropen; arophang; falen*

**drop** v פאַלן; לאָזן פאַלן
*falen; lozen falen*

— **drop out** אַרויספאַלן (פון אַ שולע)
*aroisfalen (fun a shule)*

**droshky** n דראָשקע נ (ס)
*droshke*

**drought** n טריקעניש נ (ן)
*trikenish*

**drove** n סטאַדע נ (ס); המון ז (ען)
*stade; hamoin*

**drover** n טרײַבער ז (פון בהמות צום

מאַרק); בהמות־הענדלער ז (ס)
*traiber (fun beheimes tsum mark); beheimes-hendler*

**drown** v דערטרינקען; דערטרונקען ווערן
*dertrinken; dertrunken veren*

**drowse** v שלעפערן; דרימלען
*shleferen; drimlen*

**drowse** n שלעפעריקייט נ
*shleferikeit*

**drowsy** adj שלעפעריק
*shleferik*

**drub** v שלאָגן (מיט אַ שטעקן); דרעשן; באַזיגן
*shlogen (mit a shteken); dreshen; bazigen*

**drudge** n האָרעפּאַשניק ז (עס)
*horepashnik*

**drudge** v האָרעווען
*horeven*

**drudgery** n האָרעוואַניע נ
*horevanye*

**drug** n מעדיצין נ (ען); נאַרקאָטיק ז (ן)
*meditsin; narkotik*

**drug** v געבן אַ נאַרקאָטיק, נאַרקאָטיזירן
*geben a narkotik, narkotiziren*

**drugstore** n אַפּטייקקראָם נ (ען)
*apteikkrom*

**drum** n פּויק נ (ן)
*poik*

**drum** v פּויקן
*poiken*

**drummer** n פּויקער ז (ס); (שמועסדיק) האַנדל־רײַזנדער ז (ס)
*poiker; (shmuesdik) handel-raizender*

**drunk** n (סלענג) שיכּור ז (ים)
*(sleng) shiker (shikurim)*

**drunkard** n שיכּור ז (ים)
*shiker (shikurim)*

**dry** adj טרוקן
*truken*

**dry** v טריקענען, אויסטריקענען
*trikenen, oistrikenen*

**dry cleaning** כעמישע רייניקונג נ (פֿון מלבושים אָדער געוועבן)
*chemishe reinikung (fun malbushim oder geveben)*

**dry farm** v באַאַרבעטן אַ פֿאַרם וואָס האָט ווייניק רעגן און קיין באַוואַסערונג.
*baarbeten a farm vos hot veinik regen un kein bavaserung.*

**dual** adj צווייאיק
*tsveiik*

**dualism** n דואַליזם ז
*dualizm*

**dub** n (סלענג) ליימענער גולם
*(sleng) leimener goilem*

**dubious** adj מסופּקדיק; פּראָבלעמאַטיש
*mesupekdik; problematish*

**ducat** n דוקאַט ז (ן)
*dukat*

**duchess** n הערצאָגין נ (ס), פֿירשטין נ (ס)

*hertsogin, firshtin*

duchy n הערצאָגשאַפט נ (ן)
*hertsogshaft*

duck n קאַטשקע נ (ס)
*kat'shke*

duck v אונטערטונקען זיך; (שמועסדיק) אויסמײַדן; (סלענג) מאַכן פּלײטה
*untertunken zich; (shmuesdik) oismaiden; (sleng) machen pleite*

dud adj אָן אַ נוצן; ווערטלאָז
*on a nutsen; vertloz*

dud n פּושטשאַק ז (עס)
*pusht'shak*

due adj געהעריק; פעליק
*geherik; felik*

due adv גענוי, פּונקט
*genoi, punkt*

due n רעכט ס, חוב ז
*recht, choiv*

— dues pl מיטגליד־אָפּצאָל ז (ן)
*mitglid-optsol*

duel n דועל ז (ן)
*duel*

duet n דועט ז (ן)
*duet*

duffel bag דופעל־זאַק ז (־זעק)
*dufel-zak (-zek)*

duffel coat דופעל־מאַנטל ז (ען)
*dufel-mantel (-mantlen)*

duffer n (שמועסדיק) לײַדאַק ז (עס)
*(shmuesdik) laidak*

dugout n אויסגראָב ז (ן)
*oisgrob*

duke n פירשט ז (ן), הערצאָג ז (ן)
*firsht, hertsog*

dull adj טעמפּ; מאַט; נודנע
*temp; mat; nudne*

dullard n טיפּש ז (ים), פאַרשטאָפּטער קאָפּ ז
*tipesh (tipshim), farshtopter kop*

duly adv ווי געהעריק
*vi geherik*

dumb adj שטום; (שמועסדיק) נאַריש; נודנע
*shtum; (shmuesdik) narish; nudne*

dumb-bell n (ספּאָרט) באַלעמס־געוויכט ס (ן); (סלענג) טיפּש ז (ים), טעמבעל ז (ס)
*(sport) balems-gevicht; (sleng) tipesh (tipshim), tembel*

dumb show פּאַנטאָמימע נ
*pantomime*

dumdum bullet דומדום־קויל ז (ן)
*dumdum-koil*

dummy n גולם ז (ס/ים)
*goilem (goilems/goilomim)*

dump v אָנוואַרפן; וואַרפן אויפן מאַרק; (סלענג) אַוועקוואַרפן; פּטור ווערן פון
*onvarfen; varfen oifen mark; (sleng) avekvarfen; poter veren fun*

dump n מיסטהויפן ז (ס); לאַגער ז (ס/ן) (מיט קלעצער בײַ אַ טײַך); (סלענג) שמוציק אָרט ס

*misthoifen; lager (mit kletser bai a taich); (sleng) shmutsik ort*

**dumpling** n קניידל ס (עך)
*kneidel (kneidlech)*

**dumps** n pl (שמועסדיק) אומעט ז (ן)
*(shmuesdik) umet*

**dumpy** adj קורץ און דיק
*kurts un dik*

**dun** v מאָנען, פאָדערן אַ חוב ווידער און ווידער
*monen, foderen a choiv vider un vider*

**dun** n מאָנונג נ; מאָנער ז (ס)
*monung; moner*

**dunce** n שוטה ז (ים)
*shoite (shoitim)*

**dune** n דיונע נ (ס)
*dyune*

**dung** n מיסט ס
*mist*

**dung** v באַמיסטיקן
*bamistiken*

**dungeon** n קאַרצער ז (ס)
*kartser*

**dungeon** v פאַרשפּאַרן (אין אַ קאַרצער)
*farshparen (in a kartser)*

**dunghill** n מיסטבערגל ס (עך); מנוּוול ז (ים)
*mistbergel (mistberglech); menuvel (menuvolim)*

**dunk** v אײַנטונקען
*aintunken*

**dupe** n יאָלד ז (ן), לעמעשקע ז/נ (ס)
*yold, lemeshke*

**dupe** v אָפּנאַרן; פאַרפירן
*opnaren; farfiren*

**duplex** adj טאָפּל
*topel*

**duplex** n דופלעקס ז (ן)
*dupleks*

**duplicate** v דופּליקירן
*duplikiren*

**duplicate** n דופּליקאַט ז (ן)
*duplikat*

**duplicity** n צוויי־פּנימדיקייט נ
*tsvei-ponemdikeit*

**durable** adj דויערהאַפטיק; אויסהאַלטעוודיק
*doierhaftik; oishaltevdik*

**duration** n מֶשֶך ז; געדויער ז (ס)
*meshech; gedoier*

**during** prep בשעת, אין משך פון
*beshaas, in meshech fun*

**dusk** n פאַרנאַכט ז
*farnacht*

**dusky** adj האַלבּ־טונקל
*halb-tunkel*

**dust** n שטויבּ ז
*shtoib*

**dust** v אָפּשטויבּן
*opshtoiben*

**dustup** n (סלענג) היציק קריגערײַ ס
*(sleng) hitsik krigerai*

**dusty** adj שטויבּיק
*shtoibik*

**Dutch uncle** (שמועסדיק) קפדן ז (ים)

*(shmuesdik) kapden (kapdonim)*

duty n — פֿליכט נ (ן); צאָל ז — *flicht; tsol*

dwarf n — קאַרליק ז (עס) — *karlik*

dwell v — וווינען — *voinen*

dwelling n — וווינונג נ (ען) — *voinung*

dwindle v — ווערן ווייניקער — *veren veiniker*

dye n — פֿאַרב נ (ן) — *farb*

dye v — פֿאַרבן — *farben*

dying adj — שטאַרבנדיק — *shtarbendik*

dynamic adj — דינאַמיש — *dinamish*

dynamics n (takes sing. v.) — דינאַמיק נ — *dinamik*

dynamite n — דינאַמיט ז — *dinamit*

dynamite v — אויפֿרייַסן מיט דינאַמיט — *oifraisen mit dinamit*

dynast n — (ירושהדיקער) הערשער ז (ס) — *(yerushediker) hersher*

dynasty n — דינאַסטיע נ (ס) — *dinastye*

# E e

e, E n — ע ז (ען) (בוכשטאַב) — *e (buchshtab)*

each pron, adj — איטלעך, יעדער — *itlech, yeder*

eager adj — לָהוט, גיריק — *lohet, girik*

eagerness n — חשק ז, גיריקייט נ — *cheishek, girikeit*

eagle n — אָדלער ז (ס) — *odler*

eaglet n — אָדלערל ס (עך). — *odlerel (odlerlech)*

ear n — אויער ז (ן); זאַנג ז (ען) — *oier; zang*

earl n — גראַף ז (ן) — *graf*

early adv — פֿרי — *fri*

early adj — פֿריצײַטיק — *fritsaitik*

earmuff n — אויער־דעקל ס (עך) — *oier-dekel (-deklech)*

earn v — פֿאַרדינען — *fardinen*

earnest adj — ערנסט, ערנצט — *ernst, erntst*

earnest n — האַנטגעלט ס; ערבון ז — *hantgelt; eiroven*

earnings n pl פאַרדינסט ס (ן)
*fardinst*

earring n אויררינגל ס (עך)
*oiringel (oiringlech)*

earth n ערד נ
*erd*

earthly adj ערדיש; די־וועלטיק
*erdish; di-veltik*

earthquake n ערד־ציטערניש ס (ן)
*erd-tsiternish*

earthy adj ערדיש; פּראָסט, גראָב
*erdish; prost, grob*

ease n געמיטלעכקייט נ; לײַכטקייט נ
*gemitlechkeit; laichtkeit*

ease v מאַכן לײַכט, פֿאַרגרינגערן
*machen laicht, fargringeren*

east n מזרח ז
*mizrech*

eastern adj מזרחדיק
*mizrechdik*

eastward adv צום מזרח
*tsum mizrech*

easy adj לײַכט, גרינג
*laicht; gring*

easygoing adj געלאַסן
*gelasen*

eat v עסן
*esen*

eatable adj עסבאַר, עסעוודיק
*esbar, esevdik*

eatables n pl עסנוואַרג ס
*esenvarg*

eatery n (שמועסדיק) רעסטאָראַן נ (ען)
*(shmuesdik) restoran*

eaves n pl ראַנד ז (ן) (פֿון אַ דאַך)
*rand (fun a dach)*

eavesdrop v אונטערהערן
*unterheren*

eavesdropper n אונטערהערער ז (ס)
*unterherer*

ebb n ים־אָפּפֿלוס ז (ן), ים־אָפּפֿלייץ ז (ן); זינקונג נ
*yam-opflus; yam-opfleits; zinkung*

ebb v אָפּפֿליסן, אָפּפֿלייצן; זינקען, פֿאַלן
*opflisen, opfleitsen; zinken, falen*

ebony n עבנהאָלץ ס
*ebenholts*

ebullient adj שפּרודלדיק
*shprudeldik*

eccentric adj עקסצענטריש, אויסטערליש
*ekstsentrish, oisterlish*

eccentric n טשודאַק ז (עס)
*t'shudak*

echelon n עשעלאָן ז (ען)
*eshelon*

echo n עכאָ ז (ס), אָפּהילך ז (ן)
*echo, ophilch*

echo v אָפּהילכן; נאָכזאָגן
*ophilchen; nochzogen*

eclipse n עקליפּס ז (ן) (ליקוי־לבנה ז; ליקוי־חמה ז; פֿאַרטונקלונג נ)
*eklips (like/likuy-levone; like-chame; fartunklung)*

eclipse v פֿאַרטונקלען

| | |
|---|---|
| | *fartunklen* |
| ecology n | עקאָלאָגיע נ |
| | *ekologye* |
| economic adj | עקאָנאָמיש |
| | *ekonomish* |
| economical adj | שפּאָרעוודיק |
| | *shporevdik* |
| economics n (takes sing. v.) | עקאָנאָמיק נ |
| | *ekonomik* |
| economist n | עקאָנאָמיסט ז (ן) |
| | *ekonomist* |
| economize v | אײַנשפּאָרן |
| | *ainshporen* |
| economy n | עקאָנאָמיע נ |
| | *ekonomye* |
| ecstasy n | עקסטאַז ז |
| | *ekstaz* |
| ecumenism n | עקומעניזם ז |
| | *ekumenizm* |
| Eden n | גן־עדן ז/ס |
| | *gan-eiden* |
| edge n | קאַנט ז (ן), ראַנד ז (ן); שאַרף נ (ן) (פֿון אַ שווערד, מעסער, א"ע); (שמועסדיק) פֿאָרהאַנט נ |
| | *kant, rand; sharf (fun a shverd, meser, etc.); (shmuesdik) forhant* |
| edgy adj | נערוועז; שאַרף |
| | *nervez; sharf* |
| edible adj | עסבאַר |
| | *esbar* |
| edict n | עדיקט ז (ן), פֿאַראָרדענונג נ (ען) |
| | *edikt, farordenung* |
| edifice n | געבײַדע נ (ס) |
| | *gebaide* |
| edit v | רעדאַקטירן |
| | *redaktiren* |
| edition n | אויפֿלאַגע נ (ס) |
| | *oiflage* |
| editor n | רעדאַקטאָר ז (ן) |
| | *redaktor* |
| editorial n | לייט־אַרטיקל ז (ען) |
| | *leit-artikel (-artiklen)* |
| educate v | בילדן, דערציִען |
| | *bilden, dertsien* |
| education n | בילדונג נ, דערציאונג נ |
| | *bildung, dertsiung* |
| educational adj | דערציִעריש |
| | *dertsierish* |
| educator n | דערציִער ז (ס) |
| | *dertsier* |
| eel n | ווענגער ז (ס), שלאַנגען־פֿיש ז |
| | *venger, shlangen-fish* |
| eerie, eery adj | טשודנע, אומהיימלעך; איבערגעשראָקן |
| | *t'shudne, umheimlech; ibergeshroken* |
| efface v | אָפּמעקן, אויסמעקן; פֿאַרווישן; מאַכן אומאָנזעעוודיק |
| | *opmeken, oismeken; farvishen; machen umonzeevdik* |
| effect n | עפֿעקט ז (ן), ווירקונג נ (ען) |
| | *efekt, virkung* |
| effect v | ווירקן; גורם זײַן |
| | *virken; goirem zain* |
| effective adj | ווירקעוודיק; גילטיק |

virkevdik, giltik

effectual adj ווירקזאַם
virkzam

effectuate v גורם זײַן; אויספירן
goirem zain; oisfiren

effeminate adj פאַרצערטלט, ווײַבעריש
fartsertelt, vaiberish

effendi n עפענדי ז (ס), (טורקישער) נכבד ז
efendi, (turkisher) nichbed

efficiency n עפעקטיווקייט נ
efektivkeit

efficient adj עפעקטיוו
efektiv

effigy n געשטאַלט ס/נ (ן)
geshtalt

effort n מי נ; אָנשטרענגונג נ (ען)
mi; onshtrengung

effrontery n חוצפה נ
chutspe

effusion n אויסגאָס ז (ן); געפיל־אויסגוס ז (ן)
oisgos; gefil-oisgus

effusive adj צו עמאָציאָנעל
tsu emotsyonel

egg n איי ס (ער)
ei (eier)

egg v אונטערטרײַבן, צואײַלן; אָנמוטיקן
untertraiben, tsuailen; onmutiken

ego n איך ז (ן)
ich

egocentric adj עגאָצענטריש
egotsentrish

egoism n עגאָאיזם ז
ego'izm

egoist n עגאָאיסט ז (ן)
ego'ist

egoistic adj עגאָאיסטיש
ego'istish

egotism n עגאָטיזם ז
egotizm

egregious adj מערקווערדיק אָדער אויסערגעוויינטלעך שלעכט
merkverdik oder oisergeveintlech shlecht

egress n אַרויסגאַנג ז (ען)
aroisgang

eh interj איי! הע! האַ?
ei! he! ha?

eight adj אַכט
acht

eighteen adj אַכצן
achtsen

eighth adj אַכט
acht

eighth n אַכטל ס (עך)
achtel (achtlech)

eightieth adj אַכציקסט
achtsikst

eightieth n אַכציקסטל ס (עך)
achtsikstel (achtsikstlech)

eighty adj אַכציק
achtsik

either adj, pron, adv, conj איינער אָדער דער אַנדערער (פון צוויי); יעדער;

אויך ניט; אָדער... אָדער
*einer oder der anderer (fun tsvei); yeder; oich nit; oder ... oder*

eject v אַרויסוואַרפן
*aroisvarfen*

ejection n אַרויסוואַרף ז (ן)
*aroisvarf*

elaborate adj פּרָטימדיק
*protimdik*

elaborate v באַאַרבעטן אין איינצלהייטן
*baarbeten in eintselheitem*

elapse v פאַרבײַגיין
*farbaigein*

elastic adj עלאַסטיש
*elastish*

elasticity n עלאַסטישקייט נ
*elastishkeit*

elate v מאַכן פריילעך אָדער שטאָלץ
*machen freilech oder shtolts*

elbow n עלנבויגן ז (ס)
*elenboigen*

elbow v שטויסן (מיט די עלנבויגנס); שטופּן
*shtoisen (mit di elenboigens); shtupen*

elbow grease (שמועסדיק) שווערע אַרבעט נ
*(shmuesdik) shvere arbet*

elbowroom n רחבותדיק אָרט ס
*rachvesdik ort*

elder adj עלטער
*elter*

elder n עלטערער מענטש ז; אָב ז (ות); מכובד ז (ים)
*elterer ment'sh; ov (oves); mechubed (mechubodim)*

elderly adj אַלטער, אַלטלעך
*alter, altlech*

elect v אויסוויילן
*oisveilen*

elected adj אויסגעווײלט
*oisgeveilt*

election n וואַלן ר
*valen*

electric adj עלעקטריש
*elektrish*

electrician n עלעקטריקער ז (ס)
*elektriker*

electricity n עלעקטריע נ
*elektrye*

electronics n עלעקטראָניק נ
*(takes sing v.)*
*elektronik*

elegance n עלעגאַנץ נ
*elegants*

elegant adj עלעגאַנט
*elegant*

elegy n עלעגיע נ (ס), קלאָג־ליד ס (ער)
*elegye, klog-lid (-lider)*

element n עלעמענט ז (ן)
*element*

elementary adj עלעמענטאַר
*elementar*

elementary school פאָלקשול נ (ן)
*folkshul*

elephant n העלפאַנד ז (ן),

עלפאַנט ז (ן)
*helfand, elfant*

**elevate** v אויפהייבן; דערהייבן
*oifheiben; derheiben*

**elevation** n דערהייבונג נ (ען); הייך נ (ן)
*derheibung; heich*

**elevator** n ליפט ז (ן); שפּײַכלער ז (ס)
*lift; shpaichler*

**eleven** adj עלף
*elf*

**eleventh** adj עלפט
*elft*

**eleventh** n עלפטל ס (עך)
*elftel (elftlech)*

**elf** n עלף ז (ן), שרעטל ס (עך)
*elf, shretel (shretlech)*

**elfish** adj עלפיש; שטיפעריש
*elfish; shtiferish*

**eligible** adj פּאַסיק
*pasik*

**eliminate** v באַזײַטיקן, אויסשליסן
*bazaitiken, oisshlisen*

**elimination** n באַזײַטיקונג נ
*bazaitikung*

**elite, élite** n עליט ז (ן), עליטע נ (ס)
*elit, elite*

**elitism** n עליטיזם ז
*elitizm*

**elixir** n עליקסיר ז (אוניווערסאַלע תּרופה נ; אַלקאָהאָליש הייל־געטראַנק ס; תּמצית ז/ס)
*eliksir (universale trufe; alkoholish heil-getrank; tamtses)*

**ellipse** n עליפּס ז (ן), אָוואַל ז (ן)
*elips, oval*

**ellipsis** n עליפּסיס ז (ן) (פֿאַרפֿעלונג פֿון אַ וואָרט אָדער ווערטער אין אַ זאַץ)
*elipsis (farfelung fun a vort oder verter in a zats)*

**elliptic** adj עליפּטיש
*eliptish*

**elm** n אולם ז, עלם ז (ען) (בוים)
*ulm, elm (boim)*

**elocution** n עלאָקוציע נ, ריידקונסט נ
*elokutsye, reidkunst*

**elope** v אַוועקלויפֿן מיט אַ געליבטן
*avekloifen mit a gelibten*

**eloquence** n עלאָקווענץ נ, כּוח־הדיבור ז
*elokvents, koiech-hadiber*

**else** adj, adv אַנדערש; אַניט; נאָך
*andersh; anit; noch*

**elsewhere** adv אַנדערש וווּ
*andersh vu*

**elucidate** v באַלײַכטן; דערקלערן
*balaichten; derkleren*

**elude** v אַרויסדרייען זיך; אויסמײַדן
*aroisdreien zich; oismaiden*

**emaciate** v אויסמאָגערן
*oismogeren*

**emaciated** adj אויסגעמאָגערט
*oisgemogert*

**emaciation** n אויסמאָגערונג נ
*oismogerung*

emanate v שטאַמען, אַרויסקומען; אַרויספליסן
*shtamen, aroiskumen; aroisflisen*

emancipate v עמאַנציפּירן, באַפרײַען (פון רעכט־באַגרענעצונג, קנעכטשאַפט, א״ע)
*emantsipiren, bafraien (fun recht-bagrenetsung, knecht'shaft, etc.)*

emancipation n עמאַנציפּאַציע נ
*emantsipatsye*

embalm v אײַנבאַלזאַמירן; אויפהיטן
*ainbalzamiren; oifhiten*

embankment n שוץ־וואַנט נ (־ווענט)
*shuts-vant (-vent)*

embargo n עמבאַרגאָ ז (ס)
*embargo*

embark v אַרויפגיין (אויף אַ שיף, בוס, א״ע) אַלס פּאַסאַזשיר; אַוועקזעצן אויף אַ שיף; אָנהייבן
*aroifgein (oif a shif, bus, etc.) als pasazhir; avekzetsen oif a shif; onheiben*

embarras v אַרײַנפירן אין אַ פאַרלעגנהייט
*arainfiren in a farlegenheit*

embarrassment n פאַרלעגנהייט נ (ן)
*farlegenheit*

embassy n אַמבאַסאַדע נ (ס)
*ambasade*

embattle v אויסשטעלן אין שלאַכט־אָרדענונג; פאָרטיפיצירן
*oisshtelen in shlacht-ordenung; fortifitsiren*

embed v אײַנפאַסן
*ainfasen*

embellish v באַצירן; פאַרשענערן
*batsiren; farsheneren*

ember n האָלאָוועשקע נ (ס)
*holoveshke*

embers pl הייס אַש ס
*heis ash*

embezzle v פאַרשווינדלען
*farshvindlen*

embitter v פאַרביטערן
*farbiteren*

emblem n עמבלעם נ (ען)
*emblem*

embodiment n פאַרקערפּערונג נ (ען)
*farkerperung*

embolden v געבן מוט
*geben mut*

embrace v אַרומאָרעמען, אַרומנעמען זיך; אַרײַננעמען, כולל זײַן
*arumoremen, arumnemen zich; arainnemen, koilel zain*

embrace n אַרומאָרעמונג נ (ען)
*arumoremung*

embroider v העפטן, שטיקן; צוגעבן דמיונדיקע דעטאַלן; מגזם זײַן
*heften, shtiken; tsugeben dimyendike detalen; megazem zain*

embroidery n העפטונג נ, שטיקערײַ ס; געהאַפט ס (ן)

*heftung, shtikechts; gehaft*

embroil v אַרײַנציִען אין אַ קריגערײַ; פאַרוויקלען; צעמישן (ענינים, א"ע)

*araintsien in a krigerai; farviklen; tsemishen (inyonim, etc.)*

embryo n עובר ז (ס/ים)

*uber (ubers/uborim)*

emend v אויסבעסערן, פאַרריכטן

*oisbeseren, farrichten*

emerald n שמאָראַק ז (ן) (אײדלשטײן)

*shmorak (eidelshtein)*

emerge v אַרויסקומען; אַרויפשווימען; אַנטפּלעקן זיך

*aroiskumen; aroifshvimen; antpleken zich*

emergency n נויטפאַל ז (ן)

*noitfal*

emeritus adj עמעריטוס

*emeritus*

emigrant n עמיגראַנט ז (ן)

*emigrant*

emigrate v עמיגרירן

*emigriren*

emigration n עמיגראַציע נ (ס)

*emigratsye*

eminence n עמינענץ נ

*eminents*

eminent adj עמינענט (פון זײער הויכן ראַנג; דערהויבן; אָנגעזען)

*eminent (fun zeier hoichen rang; derhoiben; ongezen)*

emit v אַרויסלאָזן

*aroislozen*

emotion n עמאָציע נ (ס)

*emotsye*

emotional adj עמאָציאָנעל

*emotsyonel*

emperor n קײסער ז (קײסאָרים)

*keiser (keisorim)*

emphasis n הדגשה נ, אונטערשטרײַכונג נ

*hadgoshe, untershtraichung*

emphasize v אונטערשטרײַכן, אַרויסהײבן

*untershtraichen, arois'heiben*

emphatic adj עמפאַטיש, אונטערגעשטראָכן,

*emfatish, untergeshtrochen*

empire n אימפּעריע נ (ס)

*imperye*

emperical adj עמפּיריש (באַזירט אויף אָבסערוואַציע און פּראַקטיק)

*empirish (bazirt oif observatsye un praktik)*

emplane v אַרויפגײן אויף אַן עראָפּלאַן

*aroifgein oif an eroplan*

employ v אָנשטעלן; באַשעפטיקן; באַניצן

*onshtelen; basheftiken; banitsen*

employee n אָנגעשטעלטער ז

*ongeshtelter*

employer n אַרבעט־געבער ז (ס)

*arbet-geber*

employment n אַרבעט־ באַשעפטיקונג נ
*arbet-basheftikung*

empower v באַפולמאַכטיקן; דערמעגלעכן
*bafulmachtiken; dermeglechen*

empress n קייסערינע נ (ס)
*keiserine*

empty adj ליידיק
*leidik*

empty v אויסליידיקן; אויסגיסן
*oisleidiken; oisgisen*

emulate v נאָכטאָן (כּדי צו זײַן גלײַך מיט עמעצן)
*nochton (kedei tsu zain glaich mit emetsen)*

enable v דערמעגלעכן
*dermeglechen*

enact v פֿאַראָרדענען; שפּילן (אַ טעאַטער־אַקט)
*farordenen; shpilen (a teater-akt)*

enamel n עמאַל ז (ן)
*emal*

enamored adj פֿאַרליבט
*farlibt*

enchain v שמידן אין קייטן; האַלטן פֿעסט
*shmiden in keiten; halten fest*

enchant v באַצויבערן
*batsoiberen*

enchantment n באַצויבערונג נ
*batsoiberung*

encircle v אַרומרינגלען
*arumringlen*

encirclement n אַרומרינגלונג נ
*arumringlung*

enclose v אַרומצוימען; בײַלייגן
*arumtsoimen; baileigen*

enclosed adj בײַגעלייגט
*baigeleigt*

encomium n גרויסער שבח ז; לויב־געזאַנג ס (ען)
*groiser shevach; loib-gezang*

encompass v אַרומרינגלען; אײַנשליסן
*arumringlen; ainshlisen*

encore interj ביס! נאָך אַ מאָל!
*bis! noch a mol!*

encore n ביס ז (ן), הדרן ז (ס)
*bis; hadren*

encore v שרײַען "ביס!"
*shraien "bis!"*

encounter v באַגעגענען; קאָנפֿראָנטירן אין קאַמף
*bagegenen; konfrontiren in kamf*

encounter n באַגעגעניש ס (ן); פֿײַנדלעכע קאָנפֿראָנטאַציע נ (ס)
*bagegenish; faindleche konfrontatsye*

encourage v דערמוטיקן, צוגעבן מוט
*dermutiken, tsugeben mut*

encouragement n דערמוטיקונג נ (ען)
*dermutikung*

encroach v מסיג גבול זײַן

*maseg gvul zain*

encumber v באַלאַסטן, באַשווערן
*balasten, bashveren*

encyclopedia n ענציקלאָפּעדיע נ (ס)
*entsiklopedye*

end n ענד נ (ן), סוף ז (ן); עק ז (ן); צוועק ז (ן); רעזולטאַט ז (ן)
*end, sof; ek; tsvek; rezultat*

end v ענדיקן
*endiken*

endanger v שטעלן אין געפאַר
*shtelen in gefar*

endear v מאַכן באַליבט
*machen balibt*

endeavor v באַמיִען זיך
*bamien zich*

endeavor n באַמיאונג נ (ען)
*bamiung*

ending n סוף ז (ן); (גראַמאַטיק) ענדונג נ (ען) (צו שאַפן די מערצאָל פון סובסטאַנטיוון, א"ע)
*sof; (gramatik) endung (tsu shafen di mertsol fun substantiven, etc.)*

endless adj אומענדלעך
*umendlech*

endorse v אינדאָרסירן
*indorsiren*

endorsement n אינדאָרסירונג נ (ען)
*indorsirung*

endow v באַשענקען; באַגאָבן
*bashenken; bagoben*

endurable adj דערטרעגלעך, צו דערלײַדן
*dertreglech, tsu derlaiden*

endurance n אויסהאַלט ז; אויסדויער ז
*ois'halt; oisdoier*

endure v אויסהאַלטן, סובל זײַן; אָנהאַלטן, ממשיך זײַן
*ois'halten, soivel zain; onhalten, mamshech zain*

enduring adj אָנהאַלטעוודיק, לאַנגדויערדיק
*onhaltevdik, langdoierdik*

enemy n שׂונא ז (ים), פֿײַנד ז
*soine (sonim), faind*

energetic adj ענערגיש
*energish*

energy n ענערגיע נ (ס)
*energye*

enervate v אָפּשוואַכן
*opshvachen*

enfeeble v מאַכן שוואַך
*machen shvach*

enfold v אײַנוויקלען; אַרומנעמען
*ainviklen; arumnemen*

enforce v אויפצווינגען; נייטן
*oiftsvingen; neiten*

enforcement n אויפצווינגונג נ
*oiftsvingung*

enfranchise v געבן וואַל־רעכט; באַפרײַען
*geben val-recht; bafraien*

engage v באַשעפטיקן; אָנשטעלן, דינגען; פֿאַרפּליכטן זיך
*basheftiken; onshtelen, dingen; farflichten zich*

engaged adj פאַרקנסט (חתן אָדער כלה נאָך די תּנאים); באַשעפטיקט, פאַרנומען
*farknast (chosen oder kale noch di tno'im); basheftikt, farnumen*

engagement n פאַרקנסונג נ (ען), תּנאים־אַקט ז (ן); אָפּרעד ז (ן)
*farknasung, tno'im-akt; opred*

engaging adj זייער אַטראַקטיוו; חנעוודיק
*zeier atraktiv; cheinevdik*

engender v גורם זײַן; שאַפן, פּראָדוצירן
*goirem zain; shafen, produtsiren*

engine n מאָטאָר ז (ן); מאַשין נ (ען)
*motor; mashin*

engineer n אינזשעניר ז (ן)
*inzhenir*

engineer v פּלאַנירן
*planiren*

England n ענגלאַנד [ס]
*england*

English adj ענגליש
*english*

English n *(language)* ענגליש ס
*english*

Englishman n ענגלענדער ז
*englender*

engraft v צושטשעפּען, גרעפטן, מרכּיב זײַן; פאַרפונדעווען
*tsusht'shepen, greften, markev zain; farfundeven*

engrave v אויסגראַווירן; אויסקריצן
*oisgraviren; oiskritsen*

engrossed adj פאַרטיפט; פאַרטאָן
*fartift; farton*

engulf v פאַרשלינגען
*farshlingen*

enhance v הייבן; פאַרבעסערן
*heiben; farbeseren*

enigma n עניגמע נ (ס) (רעטעניש ס (ן); געהיימניש ס (ן)
*enigme (retenish; geheimnish)*

enjoin v פאַראָרדענען
*farordenen*

enjoy v הנאה האָבן, געניסן; ווײַלן זיך
*hanoe hoben, genisen; vailen zich*

enjoyment n הנאָה נ (הנאות)
*hanoe (hanoes)*

enkindle v צעפײַערן; צעהיצן
*tsefaieren; tsehitsen*

enlarge v פאַרגרעסערן
*fargreseren*

enlargement n פאַרגרעסערונג נ (ען)
*fargreserung*

enlighten v באַלײַכטן, אויפקלערן
*balaichten, oifkleren*

enlist v פאַרשרײַבן זיך (אין דער אַרמיי, א״ע); אײַנשאַפן (פאַר אַ צוועק) די הילף און שטיצונג פון
*farshraiben zich (in der armei, etc.); ainshafen (far a tsvek) di hilf un shtitsung fun*

enliven v מאַכן לעבעדיק; אויפהײַטערן; דערפרייען
*machen lebedik; oifhaiteren; derfreien*

enmesh v פֿאַנגען אין אַ נעץ; פֿאַרפּלאָנטערן
*fangen in a nets; farplonteren*

enmity n פֿײַנדשאַפֿט נ
*faindshaft*

ennoble v מאַכן פֿאַר אַן אַדלמאַן; פֿאַראיידלען; דערהייבן
*machen far an adelman; fareidlen; derheiben*

enormous adj אומגעהײַער; זייער גרויס
*umgehaier; zeier grois*

enough adj גענוגיק, גענוגנדיק
*genugik; genugendik*

enough adv גענוג
*genug*

enough interj גענוג! ניט מער!
*genug! nit mer!*

enplane v אַרויפֿגיין אויף אַן עראָפּלאַן
*aroifgein oif an eroplan*

enrage v דערצערענען
*dertserenen*

enrapture v אַנטציקן
*anttsiken*

enrich v רײַך מאַכן, באַרײַכערן
*raich machen, baraicheren*

enroll v פֿאַרשרײַבן
*farshraiben*

enshroud v פֿאַרדעקן; פֿאַרשלייערן
*fardeken; farshleieren*

ensign n פֿאָן (פֿענער); פֿאָנע נ (ס); ראַנג־צייכן ז (ס)
*fon (fener); fone; rang-tseichen*

enslave v פֿאַרשקלאַפֿן, פֿאַרקנעכטיקן
*farshklafen, farknechtiken*

enslavement n פֿאַרקנעכטונג נ
*farknechtung*

ensnare v כאַפּן אין אַ סילצע
*chapen in a siltse*

ensue v קומען נאָך; אַרויסקומען (אַלס אַ רעזולטאַט)
*kumen noch; aroiskumen (als a rezultat)*

entail v פֿאַראורזאַכן; פֿאַרלאַנגען; באַשטימען אַ ירושה
*farurzachen; farlangen; bashtimen a yerushe*

entangle v פֿאַרפּלאָנטערן
*farplonteren*

entanglement n פֿאַרפּלאָנטערונג נ (ען)
*farplonterung*

enter v אַרײַנגיין, אַרײַנקומען, אַרײַנטרעטן; אַרײַנשרײַבן
*araingein, arainkumen, araintreten; arainshraiben*

enterprise n אונטערנעמונג נ (ען); איניציאַטיוו נ (ן)
*unternemung; initsyativ*

entertain v פֿאַרווײַלן; אויפֿנעמען (אַ גאַסט)
*farvailen; oifnemen (a gast)*

entertainment n פֿאַרווײַלונג נ (ען)

*farvailung*

enthrall v באַצויבערן; פאַרשקלאַפן (Also enthral)
*batsoiberen, farshklafen*

enthrone v אַרויפזעצן אויפן טראָן; דערהייבן
*aroifzetsen oifen tron; derheiben*

enthusiasm n ענטוזיאַזם ז, התלהבות ס
*entuzyazm, hislaives/ hislahaves*

entice v צורעדן; אַרײַננאַרן
*tsureden; arainnaren*

entire adj גאַנץ
*gants*

entirely adv אין גאַנצן, אינגאַנצן
*in gantsen, ingantsen*

entitle v געבן אַ טיטל; באַרעכטיקן
*geben a titel; barechtiken*

entitlement n באַרעכטיקונג נ
*barechtikung*

entomb v באַערדיקן
*baerdiken*

entomology n ענטאָמאָלאָגיע נ
*entomologye*

entrain v אַרויפגיין אויף אַ באַן
*aroifgein oif a ban*

entrance n אַרײַנגאַנג ז (ען)
*araingang*

entrap v כאַפּן אין אַ פּאַסטקע
*chapen in a pastke*

entreat v שטאַרק בעטן
*shtark beten*

entrench v באַפעסטיקן מיט שאַנצן; מסיג־גבול זײַן
*bafestiken mit shantsen; maseg-gvul zain*

entrust v אָנגעטרויען
*ongetroien*

entry n אַרײַנקום ז (ען); פאַרשרײַבונג נ (ען)
*arainkum; farshraibung*

envelop v אײַנהילן
*ainhilen*

envelope n קאָנווערט ז (ן)
*konvert*

envenom v פאַרסמען; פאַרביטערן
*farsamen; farbiteren*

environment n סביבה נ (סביבות)
*svive (svives)*

envisage v פאָראויסזען
*foroiszen*

envy n קינאָה נ (קינאות); ניט־פאַרגינערישקייט נ
*kine (kines); nit-farginerishkeit*

envy v מקנא זײַן, ניט פאַרגינען
*mekane zain, nit farginen*

enzyme n ענזים ז (ען)
*enzym*

epaulet, epaulette n עפּאָלעט ז (ן), שליפע נ (ס)
*epolet, shlife*

ephemera n עפעמערע נ (ס) (קיקיון־דיונה ז; אײנטאָגפליג נ)
*efemere (kikoyen-deyoine; eintogflig)*

ephemeral adj עפעמעריש (איינטאָגיק; קורצדויערדיק; קורצלעביק)
*efemerish (eintogik; kurtsdoierdik; kurtslebik)*

ephemerid n עפעמעריד ז (ן), מײַ־פליג נ (ן)
*efemerid, mai-flig*

epic n עפאָס ז (ן), עפּאָפּעע נ (ס)
*epos, epopee*

epic, epical adj עפיש
*epish*

epicure n עפיקור ז (ן), פײַנשמעקער ז (ס), מפונק ז (ים)
*epikur, fainshmeker, mefunek (mefunokim)*

epidemic n עפידעמיע נ (ס)
*epidemye*

epidemic, epidemical adj עפידעמיש
*epidemish*

epigram n עפיגראַם ז (ען)
*epigram*

epigraph n עפיגראַף ז (ן)
*epigraf*

epilepsy n עפילעפסיע נ (ס)
*epilepsye*

epilog, epilogue n עפילאָג ז (ן)
*epilog*

episode n עפיזאָד ז (ן)
*epizod*

episodic adj עפיזאָדיש
*epizodish*

epitaph n עפיטאַף ז (ן)
*epitaf*

epithet n עפיטעט ז (ן)
*epitet*

epoch n עפּאָכע נ (ס), תקופה נ (תקופות)
*epoche, tkufe (tkufes)*

eponym n עפּאָנים ז (ען)
*eponim*

equal adj גלײַך
*glaich*

equal n גלײַכער ז; גלײַכן ס
*glaicher; glaichen*

equality n גלײַכקייט נ; גלײַכהייט נ
*glaichkeit; glaichheit*

equalization n אויסגלײַכונג נ
*oisglaichung*

equalize v אויסגלײַכן
*oisglaichen*

equator n עקוואַטאָר ז
*ekvator*

equilibrium n עקוויליבריום ז, גלײַכוואָג נ
*eqvilibryum, glaichvog*

equinox n עקווינאָקס ז, גלײַכנאַכט נ
*ekvinoks, glaichnacht*

equip v אויסשטאַטן; אויסריכטן
*oisshtaten; oisrichten*

equipment n אויסשטאַטונג נ; אויסריכט ז (ן)
*oisshtatung; oisricht*

equitable adj אָרנטלעך, גערעכט, יושרדיק
*orntlech/orentlech; gerecht; yoisherdik*

equity n יושר ז

*yoisher*

**equivalence** n גלײַכווערט נ
*glaichvert*

**equivalent** adj גלײַכווערטיק
*glaichvertik*

**equivalent** n עקוויוואַלענט ז (ן)
*ekvivalent*

**equivocal** adj צוויידײַטיק; אומבאַשלאָסן; ספקדיק
*tsveidaitik; umbashlosen; sofekdik*

**equivocation** n צווייטײַטשיקייט נ; טאָפּלטײַטשיקער אויסדרוק ז
*tsveitait'shikeit; topeltait'shiker oisdruk*

**era** n תּקופה נ (תּקופות), ערע נ (ס)
*tkufe (tkufes), ere*

**eradicate** v אויסוואָרצלען
*oisvortslen*

**eradication** n אויסוואָרצלונג נ
*oisvortslung*

**erase** v אויסמעקן
*oismeken*

**eraser** n מעקער ז (ס)
*meker*

**erect** adj שטייענדיק; אויפגעשטעלט
*shteiendik; oifgeshtelt*

**erect** v אויפשטעלן; אויפבויען
*oifshtelen; oifboien*

**ermine** n האַרמל ז (ען) (וויזעלע); שטעלע, ראַנג, אָדער פליכטן פון אַ שופט.
*harmel (vizele); shtele, rang, oder flichten fun a shoifet.*

**erode** v אָפשווענקען
*opshvenken*

**erosion** n אָפשווענקונג נ
*opshvenkung*

**erosive** adj אָפשווענקענדיק
*opshvenkendik*

**erotic** adj עראָטיש
*erotish*

**err** v האָבן אַ טעות, טועה זײַן זיך; בּאַגיין אַ פעלער
*hoben a toes, toie zain zich; bagein a feler*

**errand** n גאַנג ז (גענג)
*gang (geng)*

**errand boy** שיקייִנגל ס/ז (עך)
*shikyingel (shikyinglech)*

**errata** n pl תּיקון־טעותן ר
*tiken-toesen*

**erratic** adj עראַטיש (ניט־פעסט; אומרעגולער; משונהדיק)
*eratish (nit-fest; umreguler; meshunedik)*

**erroneous** adj טעותדיק; אומקאָרעקט
*toesdik; umkorekt*

**error** n טעות ז (ן), גרײַז ז (ן)
*toes, graiz*

**erudite** adj געלערנט
*gelerent*

**erudition** n געלערנטקייט נ
*gelerentkeit*

**erupt** v אויסבּרעכן
*oisbrechen*

**escalate** v אַרויפלייטערן
*aroifleiteren*

escalation n עסקאַלירונג נ
*eskalirung*

escalator n עסקאַלאַטאָר ז (ן)
*eskalator*

escape v אַנטרונען ווערן, ניצול ווערן; אַוועקלויפן
*antrunen veren*
*nitsel veren; avekloifen*

escape n אַנטרינונג נ (ען); אַוועקלויף ז (ן)
*antrinung; avekloif*

eschatology n עסכאַטאָלאָגיע נ
*eschatologye*

escort n באַגלייטער ז (ס); באַגלייטונג נ
*bagleiter; bagleitung*

escort v באַגלייטן, באַלייטן
*bagleiten, baleiten*

esculent adj עסבאַר
*esbar*

esophagus n וועשט ז (ן)
*veishet*

espalier n ביימער־גראַטע נ (ס)
*beimer-grate*

especial adj ספּעציעל; באַזונדער
*spetsyel; bazunder*

especially adv ספּעציעל; באַזונדערש
*spetsyel; bazundersh*

Esperanto n עספּעראַנטאָ ס (שפּראַך)
*esperanto (shprach)*

espionage n שפּיאָנאַזש ז
*shpyonazh*

espouse v חתונה האָבן; אָננעמען (אַן אידעע, רעליגיע, א״ע)
*chasene hoben; onnemen*
*(an idee, religye, etc.)*

Esquire (Esq.) הער ז (געשריבן נאָכן משפחה־נאָמען)
*her (geshriben nochen*
*mishpoche-nomen*

essay n עסיי ז (ען)
*esei*

essence n מהות ז (ן); תּמצית ז/ס (ן); סענץ ז (ן) (פון טיי, א״ע)
*mahus; tamtses;*
*sents (fun tei, etc.)*

essential adj פונדאַמענטאַל; עיקרדיק; נייטיק; מהותיק; תּמציתדיק
*fundamental; ikerdik;*
*neitik; mahusik; tamtsesdik*

essential n אַבסאָלוט־נייטיקער עלעמענט ז; מוז־זאַך נ (ן)
*absolut-neitiker element;*
*muz-zach*

essentially adj אין תּוך; הויפּטזעכלעך
*in toch; hoiptzechlech*

establish v אויפשטעלן, גרינדן; פעסטשטעלן
*oifshtelen, grinden; fest'shtelen*

establishment n גרינדונג נ; אינסטיטוציע נ (ס); פירמע נ (ס)
*grindung; institutsye; firme*

— the Establishment
פירערשאַפט נ; מאה־דעה נ
*firershaft; meie-deie*

estate n גוט ס (גיטער);

פאַרמעגן ס (ס); שטאַנד ז (ן)
*gut (giter); farmegen; shtand*

esteem v — אַכטן, שעצן; מיינען, האַלטן
*achten, shetsen; meinen, halten*

esteem n — אַכטונג נ; אָנזען ז
*achtung; onzen*

esthetic adj — עסטעטיש
*estetish*

esthetics n (takes sing. v.) — עסטעטיק נ
*estetik*

estimate n — אָפּשאַץ ז (ן), שאַצונג נ (ען)
*opshats, shatsung*

estimate v — שאַצן, אָפּשאַצן
*shatsen, opshatsen*

estimation n — אָפּשאַצונג נ (ען)
*opshatsung*

estrange v — אָפּפרעמדן
*opfremden*

etc., et cetera — עט צעטעראַ, א״א, אאז״וו, א״ע
*et tsetera*

etch v — אײַנגראַווירן (מיט דער הילף פון זויערס)
*aingraviren (mit der hilf fun zoiers)*

eternal adj — אייביק
*eibik*

eternity n — אייביקייט נ
*eibikeit*

eternize v — פאַראייביקן
*fareibiken*

ether n — עטער ז
*eter*

ethereal adj — לײַכט; לופטיק; דעליקאַט; הימליש
*laicht; luftik; delikat; himlish*

ethical adj — עטיש
*etish*

ethics n (takes sing. v.) — עטיק נ
*etik*

ethnic, ethnical adj — עטניש
*etnish*

ethnography n — עטנאָגראַפיע נ
*etnografye*

ethnology n — עטנאָלאָגיע נ
*etnologye*

etiquette n — עטיקעט ז
*etiket*

etymological adj — עטימאָלאָגיש
*etimologish*

etymologist n — עטימאָלאָג ז (ן)
*etimolog*

etymology n — עטימאָלאָגיע נ (ס)
*etimologye*

etymon n — עטימאָן ז (ען)
*etymon*

eucalyptus n — אייקאַליפּטוס ז (ן)
*eikaliptus*

eulogize v — לויבן; מספּיד זײַן
*loiben; masped zain*

eulogy n — הויכע לויב נ (ן); הספּד ז (ים)
*hoiche loib; hesped (hespeidim)*

eunuch n — סריס ז (ים)
*sores (serisim)*

euphemism n — אייפעמיזם ז (ען), לשון־נקיה ס
*eifemizm, loshen-nekiye*

euphemistic adj אייפעמיסטיש
*eifemistish*

euphony n הארמאָנישער קלאַנג ז
*harmonisher klang*

euphoria n אייפאָריע נ
(אַ געפיל פון ווילזײַן)
*eiforye (a gefil fun voilzain)*

euphuism n מליצה נ (מליצות)
*melitse (melitses)*

evacuate v עוואַקואירן
*evakuiren*

evacuation n עוואַקואירונג נ (ען)
*evakuirung*

evade v אויסמײַדן
*oismaiden*

evaluate v אָפּשאַצן
*opshatsen*

evaluation n אָפּשאַצונג נ (ען)
*opshatsung*

evanesce v פאַרשוווּנדן ווערן
שטופנווײַז
*farshvunden veren shtufenvaiz*

evangelism n עוואַנגעליזם ז
*evangelizm*

evaporate v אויסוועפּן זיך
*oisvepen zich*

evasion n אויסמײַדונג נ (ען)
*oismaidung*

evasive adv אויסמײַדנדיק
*oismaidendik*

eve n ערֶב ז
*erev*

even adj, adv גלײַך; גלאַט;
גראָד; אפילו
*glaich; glat; grod; afile*

even v אויסגלײַכן
*oisglaichen*

even-handed adj אומצדָדימדיק
*umtsdodimdik*

evening n אָונט ז (ן)
*ovent*

event n געשעעניש ס (ן)
*gesheenish*

eventual adj סוף־כל־סופיק; מעגלעך
*sof-kol-sofik; meglech*

eventuality n מעגלעכע
פּאַסירונג נ (ען)
*megleche pasirung*

eventually adv סוף־כל־סוף; ענדלעך
*sof-kol-sof; endlech*

ever adv שטענדיק; אַ מאָל;
יעדנפאַלס
*shtendik; a mol; yedenfals*

everglade n זומפּ־שטח ז (ים)
*zump-shetech (-shtochim)*

evergreen adj אימער־גרין
*imer-grin*

evergreen n אימער־גרינער בוים
אָדער קשאַק ז
*imer-griner boim*
*oder kshak*

everlasting adj אייביק
*eibik*

every adj יעדער, איטלעכער; אַלע
*yeder, itlecher; ale*

everybody pron יעדער פּערזאָן;
יעדער איינער
*yeder perzon; yeder einer*

everyday adj טאָג־טעגלעך; וואָכעדיק; געוויינטלעך
*tog-teglech; vochedik; geveintlech*

everyone pron יעדער איינער
*yeder einer*

everyplace adv אומעטום
*umetum*

everything pron אַלץ, אַלצדינג
*alts, altsding*

everywhere adv אומעטום
*umetum*

evict v אַרויסוואַרפן (אַ לאָקאַטאָר); פאַרטרײַבן
*aroisvarfen (a lokator); fartraiben*

evidence n עדות־זאָגונג נ; באַווײַזן ר, ראיות ר
*eidus-zogung; bavaizen, raies*

evident adj דײַטלעך; קלאָר
*daitlech; klor*

evil adj שלעכט; בייז
*shlecht; beiz*

evil n שלעכטס ס, רשעות ס; בייזס ס
*shlecht's, rishes; beizes*

evil eye עין־הרע ז (ס), בייז־אויג ס
*ein-hore/aien-hore, beiz-oig*

evil-eyed adj בייז־אויגיק
*beiz-oigik*

evil talk לשון־הרע ס
*loshen-hore*

evince v אַרויסווײַזן, באַווײַזן
*aroisvaizen, bavaizen*

evoke v אַרויסרופן; אַרויסברענגען
*aroisrufen; aroisbrengen*

evolution n עוואָלוציע נ (ס)
*evolutsye*

evolve v אַנטוויקלען שטופנווײַז
*antviklen shtufenvaiz*

exacerbate v פאַרערגערן; דערצערענען
*farergeren; dertserenen*

exact adj גענוי, פּינקטלעך
*genoi, pinktlech*

exact v אַרויסקריגן; פֿאָדערן
*aroiskrigen; foderen*

exactly adv פּונקט, עקזאַקט, בדיוק
*punkt, ekzakt, bediek/bediyuk*

exaggerate v מגזם זײַן, איבערטרײַבן
*megazem zain, ibertraiben*

exaggeration n גוזמא נ (ות)
*guzme (guzmes)*

exalt v דערהייבן; לויבן; גלאָריפיצירן
*derheiben; loiben; glorifitsiren*

examination n אויספאָרשונג נ (ען); אונטערזוכונג נ (ען); עקזאַמען ז (ס)
*oisforshung; unterzuchung; ekzamen*

examine v דורכקוקן, אונטערזוכן; עקזאַמינירן
*durchkuken, unterzuchen; ekzaminiren*

example n משל ז (ים), בײַשפּיל ז (ן); מאָדעל ז (ן)
*moshel (mesholim), baishpil;*

*model*

למשל, — for example
צום בײַשפּיל
*lemoshel, tsum baishpil*

exasperate v צערײצן, דערצערענען
*tsereitsen, dertserenen*

ex cathedra עקס קאַטעדרע,
מיט אויטאָריטעט
*eks katedre, mit oitoritet*

excavate v אויסגראָבן
*oisgroben*

excavation n אויסגראָבונג נ (ען)
*oisgrobung*

exceed v זײַן גרעסער; איבערשטײַגן
*zain greser; ibershtaigen*

exceeding adj איבערשטײַגנדיק;
זייער גרויס
*ibershtaigendik; zeier grois*

excel v אויסצייכענען זיך
*oistseichenen zich*

excellence n אויסגעצייכנטקייט נ
*oisgetseichentkeit*

excellent adj אויסגעצייכנט
*oisgetseichent*

except prep אויסער, אַחוץ
*oiser, achuts*

except v אַרויסנעמען; אויסשליסן
*aroisnemen; oisshlisen*

exception n אויסנאַם ז (ען)
*oisnam*

exceptional adj אויסנאַמיק
*oisnamik*

excerpt n אויסצוג ז (ן); ציטאַט ז (ן)
*oistsug; tsitat*

excess n אוממאָסיקייט נ;
אומאײַנגעהאַלטנקייט נ;
איבערמאָס נ (ן), עודף ז (ים)
*ummosikeit;*
*umaingehaltenkeit;*
*ibermos, oidef (oidfim)*

excess adj עקסטרע; עודפדיק
*ekstre; oidefdik*

excessive adj צו פיל; איבערמאָסיק
*tsu fil; ibermosik*

excessively adv צו; איבער דער מאָס
*tsu; iber der mos*

exchange v אויסטוישן, אויסבײַטן
*oistoishen, oisbaiten*

exchange n אויסטויש ז (ן),
אויסבײַט ז (ן); בערזע נ (ס);
(טעלעפאָן) צענטראַלע נ (ס)
*oistoish, oisbait; berze;*
*(telefon) tsentrale*

exchangeable adj אויסבײַטעוודיק
*oisbaitevdik*

exchequer n אוצר ז (ות) (פון אַ מדינה)
*oitser (fun a medine)*

excitable adj היציק
*hitsik*

excite v צעהיצן; אויפרעגן;
אויפברויזן; אַנטוועקן;
סטימולירן
*tsehitsen; oifregen; oifbroizen;*
*antveken; stimuliren*

excitement n געמיט־אויפברויז ז (ן);
אויפרעגונג נ (ען)
*gemit-oifbroiz; oifregung*

exciting adj אויפברויזיק; שפּאַנענדיק

*oifbroizik; shpanendik*

**exclaim** v אויסרופן
*oisrufen*

**exclamation** n אויסרוף ז (ן)
*oisruf*

**exclamation mark** אויסרופצייכן ז (ס)
*oisruftseichen*

**exclude** v אויסשליסן
*oisshlisen*

**exclusion** n אויסשליסונג נ (ען)
*oisshlisung*

**exclusive** adj עקסקלוזיוו (אויסשליסיק; איינציק, ניט־צעטיילט; איבערקלײַבעריש)
*ekskluziv (oisshlisik; eintsik, nit-tseteilt; iberklaiberish)*

**excommunicate** v אַרײַנלייגן אין חרם
*arainleigen in cheirem*

**excommunication** n חרם ז (ס/ים)
*cheirem (cheirems/charomim)*

**excoriate** v אָפּשינדן; פֿאַרדאַמען
*opshinden; fardamen*

**excrement** n צואה נ, דרעק ס
*tsoie, drek*

**excrescence** n אָנוווּקס ז (ן)
*onvuks*

**excruciating** adj זייער ווייטיקדיק; שמערצלעך
*zeier veitikdik; shmertslech*

**excursion** n שפּאַציר ז (ן)
*shpatsir*

**excuse** v מוחל זײַן, אַנטשולדיקן
*moichel zain; ant'shuldiken*

**excuse** n תּירוץ ז (ים), אויסרייד ז (ן); אַנטשולדיקונג נ (ען)
*terets (terutsim), oisreid; ant'shuldikung*

**execute** v דורכפֿירן; הינריכטן, אויספֿירן אַ טויט־אורטייל
*durchfiren; hinrichten, oisfiren a toit-urteil*

**execution** n דורכפֿירונג נ (ען); הינריכטונג נ (ען), עקזעקוציע נ (ס)
*durchfirung; hinrichtung, ekzekutsye*

**executioner** n הענקער ז (ס)
*henker*

**executive** n עקזעקוטיוו ז (ן); עקזעקוטיווע נ (ס)
*ekzekutiv; ekzekutive*

**executor** n עקזעקוטאָר ז (ן)
*ekzekutor*

**exegesis** n פּרשנות ס (פֿון תּנך); אויסטײַטשונג נ (ען); טײַטש זה (ן)
*parshones (fun tnach/tanach); oistait'shung; tait'sh*

**exemplar** n מאָדעל ז (ן); דוגמא נ (ות)
*model; dugme (dugmes)*

**exemplary** adj מוסטערדיק
*musterdik*

**exemplify** v זײַן אַ מוסטער
*zain a muster*

**exempt** v באַפֿרײַען (פֿון אַ פֿליכט, א״ע)
*bafraien (fun a flicht, etc.)*

**exemption** n באַפרײַאונג נ (ען)
*bafraiung*

**exercise** n איבונג נ (ען)
*ibung*

**exercise** v איבן; טרענירן; דורכפירן
*iben; treniren; durchfiren*

**exert** v אָנווענדן
*onvenden*

— **exert oneself** אָנשטרענגען זיך
*onshtrengen zich*

**exertion** n אָנשטרענגונג נ (ען); באַמיאונג נ (ען); אָנווענדונג נ
*onshtrengung; bamiung; onvendung*

**exhale** v אויסאָטעמען; אויסוועפּן זיך
*oisotemen; oisvepen zich*

**exhaust** v אויסשעפּן; אויסמאַטערן
*oisshepen; oismateren*

**exhaust** n אַרויסשטויס ז (ן)
*aroisshtois*

**exhausted** adj זייער מיד, פאַרמאַטערט
*zeier mid, farmatert*

**exhausting** adj אויסמאַטערנדיק
*oismaterendik*

**exhaustion** n אויסגעמאַטערקייט נ; אויסשעפּונג נ
*oisgematerkeit; oisshepung*

**exhaustive** adj אויסשעפּיק; כּוללדיק
*oisshepik; koileldik*

**exhibit** v אויסשטעלן; ווײַזן
*oisshtelen; vaizen*

**exhibit** n אויסשטעלונג נ (ען); עקספּאָנאַט ז (ן)
*oisshtelung; eksponat*

**exhibition** n אויסשטעלונג נ (ען); פאָרשטעלונג נ (ען)
*oisshtelung; forshtelung*

**exhilarate** v אויפהײַטערן, פריילעך מאַכן
*oifhaiteren, freilech machen*

**exhort** v דוחק זײַן, צורעדן שטאַרק
*doichek zain, tsureden shtark*

**exigency** n נויטפאַל ז (ן)
*noitfal*

**exile** v אַרויסשיקן אין גלות
*aroisshiken in goles*

**exile** n גלות ס (ן); פאַרשיקונג נ (ען); פאַרשיקטער ז
*goles; farshikung; farshikter*

**exist** v עקזיסטירן, זײַן
*ekzistiren, zain*

**existence** n עקזיסטענץ נ, קיום ז
*ekzistents, kiem/kiyem*

**exit** n אַרויסגאַנג ז (ען)
*aroisgang*

**exit** v אַרויסגיין
*aroisgein*

**exodus** n אויסוואַנדערונג נ (ען)
*oisvanderung*

**Exodus** n ספר שמות ז
*seifer shmois*

**ex officio** עקס אָפיציאָ (אויפן סמך פונעם אַמט)
*eks ofitsyo (oifen smach funem amt)*

exonerate v ריינוואַשן (פון שולד); באַפרייַען (פון פליכט)
*reinvashen (fun shuld); bafraien (fun flicht)*

exorbitant adj איבערמאָסיק; באַרייַסעריש
*ibermosik; baraiserish*

exorcise v משביע זייַן, אַרויסטרייַבן (אַ רוח, שד, א״ע)
*mashbie zain, aroistraiben (a ruech, shed, etc.)*

exotic adj עקזאָטיש, פרעמד
*ekzotish, fremd*

expand v אויסשפרייטן; אויסברייטערן
*oisshpreiten; oisbreiteren*

expanse n אויסשפרייט ז (ן)
*oisshpreit*

expansion n אויסברייטערונג נ (ען)
*oisbreiterung*

expansionism n עקספּאַנסיאָניזם ז
*ekspansyonizm*

expatiate v רעדן (אָדער שרייַבן) באריכות
*reden (oder shraiben) baariches*

expatriate v מגרש זיין; פאַרלאָזן דאָס פאָטערלאַנד
*megaresh zain; farlozen dos foterland*

expect v דערוואַרטן; ריכטן זיך
*dervarten; richten zich*

expectation n דערוואַרטונג נ (ען)
*dervartung*

expediency n נוצלעכקייט נ; לוינבאַרקייט נ
*nutslechkeit; loinbarkeit*

expedite v צואַיַלן
*tsuailen*

expedition n עקספּעדיציע נ (ס)
*ekspeditsye*

expel v אַרויסטרייַבן
*aroistraiben*

expenditure n הוצאה נ (הוצאות); פאַרניץ ז
*hetsoe/hoitsoe (hoitsoes); farnits*

expense n הוצאה נ (הוצאות), קאָסטן ר
*hoitsoe (hoitsoes), kosten*

expensive adj קאָסטבאַר, טייַער
*kostbar, taier*

experience n איבערלעבונג נ (ען); דערפאַרונג נ (ען)
*iberlebung; derfarung*

experience v איבערלעבן, דורכמאַכן
*iberleben, durchmachen*

experienced adj דערפאַרן
*derfaren*

experiment n עקספּערימענט ז (ן), אויספּרוּוו ז (ן)
*eksperiment, oispruv*

experiment v עקספּערימענטירן, אויספּרוּוון
*eksperimentiren, oispruven*

expert n עקספּערט ז (ן), מומחה ז (מומחים)
*ekspert, mumche (mumchim)*

expertise n עקספּערטיז ז, פאַכמאַנשאַפט נ

*ekspertiz, fachmanshaft*

expiate v תּשובה טאָן
*t'shuve ton*

expiation n תּשובה נ
*t'shuve*

expire v אויסגיין, ענדיקן זיך; שטאַרבן
*oisgein, endiken zich; shtarben*

explain v דערקלערן; אויסטײַטשן
*derkleren; oistait'shen*

explanation n דערקלערונג נ (ען); אויסטײַטשונג נ (ען)
*derklerung; oistait'shung*

expletive n עקספּלעטיוו ז (ן) (אַ שבועה אָדער אויסגעשריי; אויספילונגס־וואָרט)
*ekspletiv (a shvue oder oisgeshrei; oisfilungs-vort)*

explicit adj דײַטלעך, קלאָר
*daitlech, klor*

explode v אויפרײַסן
*oifraisen*

exploit n העלדנטאַט ז (ן), גבורה נ (גבורות)
*heldentat, gvure (gvures)*

exploit v אויסניצן; עקספּלואַטירן
*oisnitsen; ekspluatiren*

exploitation n אויסנוץ ז; עקספּלואַטאַציע נ
*oisnuts; ekspluatatsye*

exploration n אויספאָרשונג נ (ען)
*oisforshung*

explore v אויספאָרשן
*oisforshen*

explorer n אויספאָרשער ז (ס)
*oisforsher*

explosion n אויפרײַס ז (ן)
*oifrais*

explosive adj אויפרײַסיק
*oifraisik*

explosive n אויפרײַס־מאַטעריאַל ז (ן)
*oifrais-materyal*

exponent n עקספּאָנענט ז (ן) (פאַרטײַטשער ז; פאָרשטייער ז; טיפּ ז; [אַלגעברע] פּאָטענץ־ווײַזער ז)
*eksponent (fartait'sher; forshteier; tip; [algebre] potents-vaizer)*

export v עקספּאָרטירן
*eksportiren*

export n עקספּאָרט ז; עקספּאָרט־אַרטיקל ז (ען)
*eksport; eksport-artikel (-artiklen)*

exporter n עקספּאָרטער ז (ס)
*eksporter*

expose v אויסשטעלן (אין געפאַר); אויפדעקן; אַנטפּלעקן
*oisshtelen (in gefar); oifdeken; antpleken*

exposition n אויסשטעלונג נ (ען); אויסטײַטשונג נ (ען)
*oisshtelung; oistait'shung*

exposure n אויסשטעלן ס; אויסגעשטעלטקייט נ; אויפדעקונג נ
*oisshtelen; oisgeshteltkeit;*

*oifdekung*

expound v קלאָר מאַכן; אויסטײַטשן, מבאר זײַן
*klor machen; oistait'shen, mevaer zain*

express v אויסדריקן, אַרויסרעדן
*oisdriken, aroisreden*

express n עקספּרעס ז (ן)
*ekspres*

express adj, adv קלאָר; בפירוש
*klor; befeiresh*

expression n אויסדריק ז (ן); מינע נ (ס)
*oisdrik; mine*

expressionism n עקספּרעסיאָניזם ז
*ekspresyonizm*

expressive adj אויסדריקלעך
*oisdriklech*

expressly adv בפירוש; ספּעציעל
*befeiresh; spetsyel*

expressway n אויטאָסטראַד ז (ן)
*oitostrad*

expulsion n פֿאַרטרײַבונג נ
*fartraibung*

expunge v אויסמעקן
*oismeken*

expurgate v אַרויסנעמען גראָבע ווערטער פֿון (אַ בוך, בריוו, א״ע); רייניקן
*aroisnemen grobe verter fun (a buch, briv, etc.); reiniken*

exquisite adj זייער שיין; שאַרף; צאַצקעדיק
*zeier shein; sharf; tsatskedik*

extemporize v עקסטעמפּאָרירן, טאָן (עפּעס) אומצוגעגרייט
*ekstemporiren, ton (epes) umtsugegreit*

extend v אויסשטרעקן; פֿאַרלענגערן; פֿאַרברייטערן
*oisshtreken; farlengeren; farbreiteren*

extension n פֿאַרלענגערונג נ (ען); געשפּרייט ס
*farlengerung; geshpreit*

extensive adj ברייט; אַרומנעמענדיק
*breit; arumnemendik*

extent n גרייס נ; מאָס נ
*greis; mos*

extenuate v פֿאַרקלענערן (די שולד, א״ע); לינדערן
*farkleneren (di shuld, etc.); linderen*

exterior adj דרויסנדיק
*droisendik*

exterior n דרויסן ז (ס)
*droisen*

exterminate v אויסראָטן
*oisroten*

extermination n אויסראָטונג נ
*oisrotung*

external adj אויסנדיק, אויסערלעך
*oisendik, oiserlech*

extinct adj אויסגעשטאָרבן; אויסגעלאָשן
*oisgeshtorben; oisgeloshen*

extinguish v אויסלעשן; פאַרניכטן
*oisleshen; farnichten*

extirpate v אויסוואָרצלען; אויסראָטן
*oisvortslen; oisroten*

extol, extoll v שטאַרק לויבן
*shtark loiben*

extort v שאַנטאַזשירן, אַרויספּרעסן
*shantazhiren, aroispresen*

extortion n שאַנטאַזש ז
*shantazh*

extra adj עקסטרע
*ekstre*

extract v אַרויסציִען
*aroistsien*

extract n עקסטראַקט ז (ן)
(אויסצוג ז; קאָנצענטראַט ז)
*ekstrakt*
*(oistsug; kontsentrat)*

extraction n אויסרײַסונג נ (ען); אָפּשטאַם ז (ען)
*oisraisung; opshtam*

extradite v אויסליפערן
*oisliferen*

extraneous adj אויסערלעך; זײַטיק; פרעמד
*oiserlech; zaitik; fremd*

extraordinary adj אויסערגעוויינלעך
*oisergeveinlech*

extravagance n
פאַרשווענדערישקייט נ, פזרנות ס
*farshvenderishkeit, pazrones*

extravagant adj פאַרשווענדעריש, אויסברענגעריש
*farshvenderish, oisbrengerish*

extreme adj עקסטרעם
*ekstrem*

extreme n עקסטרעם נ (ען)
*ekstrem*

extremity n עקסטרעמקייט נ; ערגסטער מצב ז
*ekstremkeit; ergster matsev*

— the extremities pl ענדגלידער ר
(הענט אָדער פיס)
*endglider (hent oder fis)*

extricate v אויספּלאָנטערן; באַפרײַען
*oisplonteren; bafraien*

extrovert n עקסטראָווערט ז (ן)
*ekstrovert*

exuberant adj זייער שפעדיק; איבערפליסיק
*zeier shefedik; iberflisik*

exude v אויסשוויצן; אַרויסטריפן; אַרויסגעבן, אַרויסלאָזן
*oisshvitsen; aroistrifen;*
*aroisgeben, aroislozen*

exult v זײַן פריילעך; שפּרינגען פון פרייד; שטאָלצירן
*zain freilech; shpringen fun*
*freid; shtoltsiren*

eye n אויג ס (ן)
*oig*

eye v אָנקוקן
*onkuken*

eyebrow n ברעם נ (ען)
*brem*

eye-catching adj (שמועסדיק) צוציִענדיק,

אַטראַקטיוו; אָנזעעוודיק
*(shmuesdik) tsutsiendik, atraktiv; onzeevdik*

**eyeglasses** n pl — ברילן ר
*brilen*

**eyelash** n — וויִע נ (ס)
*vie*

**eyelid** n — אויגן־דעקל ס (עך)
*oigen-dekel (-deklech)*

**eyesight** n — רְאִיה נ
*rie/re'iye*

**eyrie, eyry** n — נעסט נ (פון אַן אָדלער, א"ע)
*nest (fun an odler, etc.)*

# F f

**f, F** n — עף ז (ען) (בוכשטאַב)
*ef (buchshtab)*

**fable** n — פאַבל נ (ען) (אַ משל, לעגענדע אָדער מעשׂהלע וואָס זייערע כאַראַקטערן זײַנען רעדנדיקע חיות אָדער דוממים.)
*fabel (fablen) (a moshel, legende oder maisele vos zeiere charakteren zainen redendike chaies oder doimemim.)*

**fabled** adj — דערציילט אין פאַבלען אָדער לעגענדעס; פיקטיוו
*dertseilt in fablen oder legendes; fiktiv*

**fabric** n — שטאָף ז (ן)
*shtof*

**fabricate** v — אויסאַרבעטן; אויסטראַכטן; פעלשן
*oisarbeten; oistrachten; felshen*

**fabrication** n — אויסאַרבעטונג נ; שקר ז (ים)
*oisarbetung; sheker (shkorim)*

**fabulous** adj — דערשטוינענדיק; פאַנטאַסטיש
*dershtoinendik; fantastish*

**face** n — פּנים ס (ער)
*ponem (penemer)*

**face** v — קוקן אין פּנים; באַגעגענען; קעגנשטעלן זיך
*kuken in ponem; bagegenen; kegenshtelen zich*

**facet** n — שליף ז (ן) (פון איידלשטיינער); אַספּעקט ז (ן)
*shlif (fun eidelshteiner); aspekt*

**facetious** adj — וויציק, שפּאַסיק
*vitsik, shpasik*

**facile** adj — לײַכט
*laicht*

**facilitate** v — פאַרלײַכטערן
*farlaichteren*

**facility** n — לײַכטקייט נ;

אויסהעלף ז (ן)
*laichtkeit; ois'helf*

— **facilities** pl באַקוועמלעכקייטן ר
*bakvemlechkeiten*

**facsimile** n פאַקסימילע נ (ס), גענויע קאָפּיע נ (ס)
*faksimile, genoie kopye*

**fact** n פאַקט ז (ן)
*fakt*

**faction** n פראַקציע נ (ס); עגאָאיסטישע גרופּע נ (ס); אינערלעכע מחלוקה נ (מחלוקות)
*fraktsye; ego'istishe grupe; inerleche machloike (machloikes)*

**factor** n פאַקטאָר ז (ן) (גורם ז; כפלער ז; אַגענט ז)
*faktor (goirem; keifler; agent*

**factorize** v (מאַטעמאַטיק) באַשטימען די כפלערס פון
*(matematik) bashtimen di keiflers fun*

**factory** n פאַבריק נ (ן)
*fabrik*

**faculty** n פעאיקייט נ (ן); פאַקולטעט ז (ן)
*fe'ikeit; fakultet*

**fad** n פאַרבײַגייענדיקע מאָדע נ (ס); האָבי ז (ס) (אַקטיוויטעט פון אַ חובב)
*farbaigeiendike mode; hobi (aktivitet fun a choivev)*

**fade** v אָפּגעבליאַקעוועט ווערן; וועלקן; נעלם ווערן; אַוועקשטאַרבן; אָפּבליאַקעווען
*opgeblyakevet veren; velken; neelem veren; avekshtarben; opblyakeven*

**fag** v האָרעווען; אויסמאַטערן
*horeven; oismateren*

**fag** n האָרעוואַניע נ (ס); האָרעפּאַשניק ז (עס)
*horevanye; horepashnik*

**fail** v דורכפאַלן; פאַרפעלן
*durchfalen; farfelen*

**failure** n דורכפאַל ז (ן)
*durchfal*

**faint** adj אומקלאָר; שוואַך
*umklor; shvach*

**faint** v חלשן
*chaleshen*

**faint** n חלשות ס
*chaloshes*

**faint-hearted** adj פחדנותדיק, שרעקעוודיק
*pachdonesdik, shrekevdik*

**fair** adj יושרדיק, גערעכטיק; נישקשהדיק; גינציק; העל; שיין; זוניק
*yoisherdik, gerechtik; nishkoshedik; gintsik; hel; shein; zunik*

**fair** n יריד ז (ים)
*yarid/yerid (yeridim)*

**fair play** קאָרעקטע שפיל נ (ן); אָנשטענדיקער פאַרמעסט ז; פײַנע האַנדלונג נ (ען)

*korekte shpil; onshtendiker farmest; faine handlung*

**fair-weather** adj גוט פאַר אַ שיינעם וועטער; פעלנדיק אין נויטצײַט
*gut far a sheinem veter; felendik in noittsait*

**fairy** n פעע נ (ס)
*fee*

**fairy tale** באָבע־מעשׂה נ (־מעשׂיות)
*bobe-maise (-maises)*

**faith** n אמונה נ (אמונות), גלויבן ז (ס); נאמנות ס; צוטרוי ז
*emune (emunes), gloiben; neemones; tsutroi*

**faithful** adj געטרײַ
*getrai*

**faithfulness** n געטרײַשאַפט נ
*getraishaft*

**fake** adj פאַלש; נאָכגעמאַכט
*falsh; nochgemacht*

**fake** v מאַכן אַן אָנשטעל; פעלשן
*machen an onshtel; felshen*

**fake** n אָנשטעל ז (ן); שווינדל ז (ען)
*onshtel; shvindel (shvindlen)*

**fakir** n פאַקיר ז (ן)
*fakir*

**falcon** n פאַלקאָן ז (ן)
*falkon*

**fall** v פאַלן; חל זײַן; אויספאַלן
*falen; chal zain; oisfalen*

**fall** n פאַל ז (ן); פאַלן ס; האַרבסט ז (ן)
*fal; falen; harbst*

**fallacious** adj טעותדיק; פאַלש
*toesdik; falsh*

**fallacy** n פאַלשע אידעע נ (ס); טעותדיקע סברה נ (סברות)
*falshe idee; toesdike svore (svores)*

**fallible** adj עלול צו האָבן אַ טעות
*olel tsu hoben a toes*

**fallout** n אָפּשטויב ז (פון אַן אַטאָמישן אויפרײַס)
*opshtoib (fun an atomishen oifrais)*

**fallow** adj איבערגעאַקערט און אומפאַרזײַעט במשך אַ סעזאָן.
*ibergeakert un umfarzaiet bemeshech a sezon*

**false** adj פאַלש
*falsh*

**falsehood** n פאַלשקייט נ; שקר ז (ים)
*falshkeit; sheker (shkorim)*

**falsify** v פעלשן
*felshen*

**falsity** n פאַלשקייט נ
*falshkeit*

**falter** v וואַקלען זיך
*vaklen zich*

**fame** n באַרימטקייט נ
*barimtkeit*

**famed** adj באַרימט
*barimt*

**familiar** adj באַקאַנט; היימיש; באַפרײַנדט
*bakant; heimish; bafraindt*

**familiarity** n באַקאַנטשאַפט נ;

היימישקייט נ;
אומפאָרמאַליטעט נ (ן)
*bakant'shaft; heimishkeit; umformalitet*

family n פאַמיליע נ (ס),
משפחה נ (משפחות)
*familye, mishpoche (mishpoches)*

family name פאַמיליע־נאָמען ז (־נעמען)
*familye-nomen (-nemen)*

family tree גענעאַלאָגישער בוים ז
*genealogisher boim*

famine n הונגער ז
*hunger*

famish v אויסהונגערן
*ois'hungeren*

famous adj באַרימט
*barimt*

fan n פאָכער ז (ס);
(שמועסדיק) חובב ז (ים)
*focher; (shmuesdik) choivev (chovevim)*

fan v פאָכן
*fochen*

fanatic n פאַנאַטיקער ז (ס)
*fanatiker*

fanatical adj פאַנאַטיש
*fanatish*

fanaticism n פאַנאַטיזם ז
*fanatizm*

fanciful adj משונהדיק;
פאַנטאַזיעדיק; אומרעאַל
*meshunedik; fantazyedik; umreal*

fancy adj געצאַצקעט
*getsatsket*

fancy n פאַנטאַזיע נ (ס);
קאַפּריז ז (ן); ליבשאַפט נ (צו);
פּרעפערענץ נ (ן)
*fantazye; kapriz; libshaft (tsu); preferents*

fancy v פאָרשטעלן זיך; ליב האָבן
*forshtelen zich; lib hoben*

fanfare n פאַנפאַר ז (ן)
*fanfar*

fang n שפּיציקער צאָן ז
(פון אַ שלאַנג, הונט, וואָלף, א״ע)
*shpitsiker tson (fun a shlang, hunt, volf, etc.)*

fantail n פאָכערווײדל ז (ען)
(פון אַ טויב, א״ע)
*focherveidel (fun a toib, etc.)*

fantastic adj פאַנטאַסטיש
*fantastish*

fantasy n פאַנטאַזיע נ (ס)
*fantazye*

far adj, adv ווײַט; ווײַטער;
אַ סך; העט
*vait; vaiter; a sach; het*

faraway adj ווײַט; פאַרחלומט
*vait; farcholemt*

farce n פאַרס ז (ן)
*fars*

fare v גיין, אײַנאָרדענען זיך;
אויסלאָזן זיך; געשען
*gein, ainordenen zich; oislozen zich; geshen*

fare n פּאָרגעלט ס; שפּײַז נ (ן)

*forgelt; shpaiz*

farewell *interj* זײַ (זײַט) געזונט, שלום!

*zai (zait) gezunt, sholem!*

farewell n געזעגענונג נ (ען)

*gezegenung*

far-fetched adj שוואַך־פֿאַרבונדן; אומלאָגיש

*shvach-farbunden; umlogish*

far-flung adj פֿאַרשפּרייט

*farshpreit*

farm n פֿאַרם נ (ען)

*farm*

farm v באַאַרבעטן (לאַנד)

*baarbeten (land)*

farmer n פֿאַרמער ז (ס)

*farmer*

far-reaching adj ווײַטגרייכיק

*vaitgreichik*

far-sighted adj ווײַטזעאיק

*vaitze'ik*

farther adj, adv ווײַטערדיק; ווײַטער

*vaiterdik; vaiter*

farthing n (פֿאַרצײַטנס) קלענסטע בריטישע מטבע נ; (פֿיגוראַטיוו) גראָשן ז (ס); פּרוטה נ (פּרוטות)

*(fartsaitens) klenste britishe matbeie; (figurativ) groshen; prute (prutes)*

fascinate v באַצויבערן

*batsoiberen*

fascism n פֿאַשיזם ז

*fashizm*

fascist adj פֿאַשיסטיש

*fashistish*

fascist n פֿאַשיסט ז (ן)

*fashist*

fashion n מאָדע נ (ס); אופֿן ז (ים), שטייגער ז (ס)

*mode; oifen (oifonim), shteiger*

fashion v פֿורעמען, פֿאָרמירן, געשטאַלטן

*furemen, formiren, geshtalten*

fashionable adj מאָדיש

*modish*

fast adj, adv גיך, שנעל; געשווינד

*gich, shnel; geshvind*

fast v פֿאַסטן

*fasten*

fast n תּענית ז (ים)

*tones/taanis (taaneisim)*

fasten v צופֿעסטיקן; צוטשעפּען

*tsufestiken; tsut'shepen*

fastidious adj איבערקלײַבעריש

*iberklaiberish*

fastidiousness n איבערקלײַבערישקייט נ

*iberklaiberishkeit*

fastness n פֿעסטונג נ/ס (ען); גיכקייט נ

*festung; gichkeit*

fat adj פֿעט; שמאַלציק; פֿרוכטבאַר; רײַך; נאַריש

*fet; shmaltsik; fruchtbar; raich; narish*

fat n פֿעטס ס; שמאַלץ ס

*fet's; shmalts*

fatal adj פֿאַטאַל

*fatal*

fatalism n פאַטאַליזם ז
*fatalizm*

fatalist n פאַטאַליסט ז (ן)
*fatalist*

fatality n טויטפאַל ז (ן); באַשטימונג נ (פון גורל)
*toitfal; bashtimung (fun goirel)*

fate n גורל ז/ס (ות), שיקזאַל ז/ס (ן)
*goirel (goiroles), shikzal*

fated adj באַשטימט פון גורל; באַשערט
*bashtimt fun goirel; bashert*

fateful adj גורלדיק
*goireldik*

fathead n (סלענג) פאַרשטאָפּטער קאָפּ
*(sleng) farshtopter kop*

father n פאָטער ז (ס), טאַטע ז (ס)
*foter, tate*

father v מוליד זײַן; פאַרנעמען זיך מיט עמעצן ווי אַ פאָטער.
*moiled zain; farnemen zich mit emetsen vi a foter.*

fatherhood n פאָטערלעכקייט נ
*foterlechkeit*

father-in-law n שווער ז (ן)
*shver*

fatherland n פאָטערלאַנד ס (פאָטערלענדער)
*foterland (foterlender)*

fatherly adj פאָטערלעך
*foterlech*

fathom n קלאַפּטער ז (לענגמאָס)
*klafter (lengmos)*

fathom v מעסטן די טיף; דערגרונטעווען; פאַרשטיין אינגאַנצן
*mesten di tif; dergrunteven; farshtein ingantsen*

fatigue n מידקייט נ
*midkeit*

fatigue v מיד מאַכן, פאַרמאַטערן
*mid machen, farmateren*

fatling n געשטאָפּטע בהמה נ
*geshtopte beheime*

fatten v שטאָפּן, אויספּאַשען, פעט מאַכן; באַמיסטיקן (ערד)
*shtopen, oispashen, fet machen; bamistiken (erd)*

faucet n קראַן ז (ען), קראַנט ז (ן)
*kran, krant*

fault n פעלער ז (ס), חסרון ז (ים); שולד נ (ן)
*feler, chisoren (chesroinim); shuld*

fault v באַשולדיקן
*bashuldiken*

faulty adj פעלערדיק
*felerdik*

fauna n פאַונע נ, בעלי־חיים־קעניגרײַך ס
*faune, baale-chaiyim-kenigraich*

favor, favour n טובה נ (טובות); צושטימונג נ (ען); גנאָד נ (ן), געפעליקייט נ (ן)
*toive (toives); tsushtimung;*

*gnod, gefelikeit*

favor v זײַן גוטגינציק צו; צושטימען; זײַן ענלעך צו
*zain gutgintsik tsu; tsushtimen; zain enlech tsu*

favorable adj גוטגינציק; גינסטיק, גינציק
*gutgintsik; ginstik, gintsik*

favored adj באַהאַנדלט מיט גנאָד; טאַלאַנטירט
*bahandelt mit gnod; talantirt*

favorite adj באַליבט
*balibt*

favorite n ליבלינג ז (ען)
*libling*

favoritism n פאַוואָריטיזם ז (איבערהאַנט־געבונג נ; גינציקייט נ)
*favoritizm (oiberhant-gebung; gintsikeit)*

fawn adj געלבלעך־ברוין
*gelblech-broin*

fawn n הירשעלע ס (ך)
*hirshele*

fawn v ווײַזן ליבשאַפט; אונטערלעקן זיך
*vaizen libshaft; unterleken zich*

faze v (שמועסדיק) שטערן; אַרויסלאָזן
*(shmuesdik) shteren; aroislozen*

fear n שרעק ז (ן), מורא נ (ס); זאָרג נ (ן)
*shrek, moire; zorg*

fear v שרעקן זיך, מורא האָבן; זײַן באַזאָרגט
*shreken zich, moire hoben; zain bazorgt*

fearful adj שרעקעדיק; (שמועסדיק) זייער שלעכט
*shrekedik; (shmuesdik) zeier shlecht*

feasible adj דורכפירלעך
*durchfirlech*

feast n פײַערלעכע סעודה נ
*faierleche sude*

feast v האָבן אַ סעודה; משׂמח זײַן
*hoben a sude; mesameiech zain*

feat n העלדנטאַט ז (ן)
*heldentat*

feather n פעדער נ (ן)
*feder*

feather v באַדעקן מיט פעדערן; באַפּוצן
*badeken mit federen; baputsen*

featherbrained adj לײַכטזיניק; נאַריש
*laichtzinik; narish*

feature v אויסשטעלן; אונטערשטרײַכן
*oisshtelen; untershtraichen*

feature n פנים־טייל ז (ן); שטריך ז (ן)
*ponem-teil; shtrich*

features pl פנים ס;

דײַטלעכע אײגנשאַפט נ
*ponem; daitleche eigenshaft*

February n פעברואַר ז (ן)
*februar*

federal adj פעדעראַל
*federal*

federalism n פעדעראַליזם ז
*federalizm*

federalist n פעדעראַליסט ז (ן)
*federalist*

federation n פעדעראַציע נ (ס)
*federatsye*

fee n אָפּצאָל ז (ן)
*optsol*

feeble adj שוואַך
*shvach*

feed v שפּײַזן, דערנערן; עסן
*shpaizen, derneren: esen*

feel v טאַפּן; פילן
*tapen; filen*

feel n געטאַפּ ס (ן); אָנריר ז (ן); חוש־המישוש ז
*getap; onrir; chush-hamishesh*

feeling n געפיל ס (ן); עמאָציע נ (ס)
*gefil; emotsye*

feign v מאַכן אַן אָנשטעל, פּרעטענדירן
*machen an onshtel, pretendiren*

feigned adj אויסגעטראַכט; אומרעאַל
*oisgetracht; umreal*

felicitate v ווינטשן (מזל־טוב); גראַטולירן
*vint'shen (mazel-tov); gratuliren*

felicity n גליק ס (ן); גליקזעליקייט נ
*glik; glikzelikeit*

feline adj וואָס געהערט צו קעץ; קעציש; כיטרע; גנביש
*vos gehert tsu kets; ketsish; chitre; gneivish/ganeivish*

feline n אַ בעל־חיים פון דער משפחה קעץ
*a baal-chaiyem fun der mishpoche kets*

fell adj גרויזאַם; געפערלעך
*groizam; geferlech*

fell v אומוואַרפן; אַראָפּהאַקן
*umvarfen; arophaken*

fell n פעל נ (ן)
*fel*

fella n (סלענג) חברה־מאַן ז (־לײַט)
*(sleng) chevre-man (-lait)*

fellah n פעלאַך, פאַלאַח ז (ן) (אַ פויער אין אַראַבישע לענדער)
*felach, falach (a poier in arabishe lender)*

fellow n יונג ז (ען); חבר ז (ים)
*yung; chaver (chaveirim)*

fellowship n חברשאַפט נ (ן)
*chavershaft*

felon n קרימינעלער פאַרברעכער ז
*krimineler farbrecher*

felonious adj קרימינעל; בייזוויליק
*kriminel; beizvilik*

felony n קרימינעלער פאַרברעך ז
*krimineler farbrech*

felt adj פילצן
*filtsen*

felt n פילץ ס
*filts*

female adj ווײַבלעך
*vaiblech*

female n נקבה נ (נקבות)
*nekeive (nekeives)*

feminine adj ווײַבלעך; פרויאיש; מיידלש; צאַרט
*vaiblech; froiish; meidelsh; tsart*

feminine gender לשון־נקבה ס
*loshen-nekeive*

feminism n פעמיניזם ז
*feminizm*

fence n פלויט ז (ן); צוים ז (ען); פאַרצאַמונג נ; שווערדן־פעכט ז
*ploit; tsoim; fartsamung; shverden-fecht*

fence v פאַרצאַמען, אַרומצוימען; פעכטן (מיט אַ שווערד)
*fartsamen, arumtsoimen; fechten (mit a shverd)*

fencing n פעכטערײַ ס
*fechterai*

fend v אָפּשטויסן; באַשיצן; (שמועסדיק) אײַנאָרדענען זיך
*opshtoisen; bashitsen; (shmuesdik) ainordenen zich*

ferment v פערמענטירן, יוירן, יערן
*fermentiren, yoiren, yeren*

ferment n פערמענט ז (ן)
*ferment*

fermentation n יוירונג נ
*yoirung*

fern n פעדערגראָז ס (ן)
*federgroz*

ferocious adj גרויזאַם
*groizam*

ferret n געלבלעך־ווײַס וויזעלע ס (ך)
*gelblech-vais vizele*

ferret v יאָגן מיט וויזעלעך; אויסשפּירן
*yogen mit vizelech; oisshpiren*

ferry n טײַך־דורכגאַנג ז (ען); איבערפיר־שיפל ס (עך)
*taich-durchgang; iberfir-shifel (-shiflech)*

ferry v אַריבערשיפן
*aribershifen*

fertile adj פרוכטבאַר, פרוכפּערדיק
*fruchtbar, fruchperdik*

fertility n פרוכטבאַרקייט נ
*fruchtbarkeit*

fertilize v (ערד) באַמיסטיקן; (בּיִאָלאָגיע) באַפרוכפּערן
*(erd) bamistiken; (biologye) bafruchperen*

fertilizer n באַמיסטעכץ ס (ן)
*bamistechts*

fervent adj זייער הייס, התלהבותדיק
*zeier heis; hislahavesdik*

fervor, fervour n הייסקייט נ; ברען ז; התלהבות ס
*heiskeit; bren; hislahaves/hislaives*

**fester** v אייטערן; פֿאַרפֿוילן; זײַן אויפֿגעבראַכט
*eiteren; farfoilen; zain oifgebracht*

**fester** n אייטערדיקע ווונד נ (ן)
*eiterdike vund*

**festival** n יום־טוב ז (ים); פֿעסטיוואַל ז (ן)
*yontef/yom-tev (-toivim); festival*

**festive** adj יום־טובֿדיק; פֿײַערלעך
*yom-tevdik; faierlech*

**festivity** n פֿײַערונג נ (ען); שׂמחה נ (שׂמחות)
*faierung; simche; (simches)*

**fetch** v ברענגען; פֿאַרקויפֿט ווערן; (שמועסדיק) צוציִען, אַנטציִקן; געבן אַ קלאַפּ
*brengen; farkoift veren; (shmuesdik) tsutsien, anttsiken; geben a klap*

**fetching** adj (שמועסדיק) אַטראַקטיוו
*(shmuesdik) atraktiv*

**fetid** adj שטינקענדיק
*shtinkendik*

**fetish** n פֿעטיש ז (ן)
*fetish*

**fetishism** n פֿעטישיזם ז
*fetishizm*

**fetor** n געשטאַנק ס (ען)
*geshtank*

**fetter** n פֿיס־קייט נ (ן)
*fis-keit*

**fetter** v צוקייטלען די פֿיס פֿון; שליסן אין קייטן; בינדן; צוריקהאַלטן
*tsukeitlen di fis fun; shlisen in keiten; binden; tsurikhalten*

**fettle** n מצבֿ ז; באַפּוץ ז (ן)
*matsev; baputs*

**fetus** n עובֿר ז (ים) (אין די שפּעטערע סטאַדיעס פֿון זײַן אַנטוויקלונג)
*uber (uborim) (in di shpetere stadyes fun zain antviklung)*

**feud** n בלוט־סכסוך ז (צווישן משפּחות, שבֿטים, א״ע)
*blut-sichsech (tsvishen mishpoches, shvotim, etc.)*

**feud** v עוסק זײַן אין אַ בלוט־סכסוך
*oisek zain in a blut-sichsech*

**feudal** adj פֿעאָדאַל
*feodal*

**feudalism** n פֿעאָדאַליזם ז
*feodalizm*

**fever** n פֿיבער ז (ס), היץ נ
*fiber, hits*

**feverish** adj פֿיבעריש, היציק
*fiberish, hitsik*

**few** adj ווייניק; עטלעכע
*veinik; etleche*

**fiancé** n חתן ז (ים)
*chosen (chasonim)*

**fiancée** n כּלה נ (כּלות)
*kale (kales)*

fiasco n דורכפאַל ז (ן)
*durchfal*

fiat n אַרביטראַרישער באַפעל ז, גזרה נ (גזרות)
*arbitrarisher bafel, gzeire (gzeires)*

fib n קינדערישער שקר ז
*kinderisher sheker*

fib v זאָגן קינדערישע ליגנס
*zogen kinderishe ligens*

fibber n קינדערישער ליגנער ז
*kinderisher ligner*

fiber, fibre n פיבּרע נ (ס), געוועב־פאָדעם ז (פון פלאַנץ, בעל־חי, אָדער סינטעטישן שטאָף); געוועבס ס (ן); כאַראַקטער ז (ן)
*fibre, geveb-fodem (fun flants, baal-chai, oder sintetishen shtof); gevebs; charakter*

fickle adj בײַטעוודיק; קאַפּריזיק
*baitevdik; kaprizik*

fiction n פיקציע נ (ס); בעלעטריסטיק נ
*fiktsye; beletristik*

fictional adj בעלעטריסטיש; דמיונדיק
*beletristish; dimyendik*

fictious adj אומרעאַל; פאַלש
*umreal; falsh*

fiddle n (שמועסדיק) פידל ז (ען); (סלענג) גענאַרערײַ
*(shmuesdik) fidel (fidlen); (sleng) genarerai*

fiddle v (שמועסדיק) פידלען; שפּילן זיך, פאַרנעמען זיך מיט שטותים; (סלענג) אָפּנאַרן
*(shmuesdik) fidlen; shpilen zich, farnemen zich mit shtusim; (sleng) opnaren*

fiddle-faddle n (שמועסדיק) גאָרנישט זאָגנדיקע רעדע נ; טריוויאַלער טאַט ז
*(shmuesdik) gornisht zogendike rede; trivyaler tat*

fiddle-faddle v (שמועסדיק) עוסק זײַן אין נאַרישקייטן
*(shmuesdik) oisek zain in narishkeiten*

fiddle-faddle interj נאַרישקייט! בלאָטע!
*narishkeit! blote!*

fiddler n פידלער ז (ס)
*fidler*

fidelity n געטרײַשאַפט נ
*getraishaft*

fidget v ניט קענען אײַנזיצן; זײַן אומרואיק
*nit kenen ainzitsen; zain umruik*

fidgety adj אומרואיק
*umruik*

fie interj פוי!
*foi!*

fief n פעאָדאַלישע נחלה נ (נחלות)
*feodalishe nachle (nachloes)*

field n פעלד ס (ער); געבּיט ס (ן)
*feld (felder); gebit*

field marshal פעלדמאַרשאַל ז (ן)
*feldmarshal*

field mouse פעלדמויז נ (פעלדמײַז)
*feldmoiz (feldmaiz)*

fieldstone n פעלדשטיין ז (ער)
*feldshtein (feldshteiner)*

fiend n טײַוול ז (טײַוואָלים/טײַוולאָנים); (שמועסדיק) אַדיקט ז (ן)
*taivel (taivolim/taivlonim); (shmuesdik) adikt*

fierce adj ווילד; שטורמיש
*vild; shturmish*

fiery adj פֿײַערדיק
*faierdik*

fiesta n יום־טוב ז (ים); פֿײַערונג נ (ען)
*yontef/yom-tev (-toivim); faierung*

fifteen adj פופצן
*fuftsen*

fifteenth adj פופצעט
*fuftset*

fifth adj פינפט
*finft*

fifth n פינפטל ס (עך)
*finftel (finftlech)*

fifth column פינפטע קאָלאָנע נ (ס)
*finfte kolone*

fifty adj פופציק
*fuftsik*

fig n פֿײַג נ (ן)
*faig*

fight n קאַמף ז (ן); געשלעג ס (ן)
*kamf; geshleg*

fight v קעמפן; שלאָגן זיך
*kemfen; shlogen zich*

fighter n קעמפער ז (ס); פּראָפעסיאָנעלער באָקסער ז
*kemfer; profesyoneler bokser*

figurative adj פיגוראַטיוו
*figurativ*

figure n ציפער ז (ן); געשטאַלט ס (ן); כאַראַקטער ז (ס)
*tsifer; geshtalt; charakter*

figure v רעכענען; פיגורירן; אָנזעען זיך; (שמועסדיק) לייגן זיך אויפן שׂכל
*rechenen; figuriren; (shmuesdik) leigen zich oifen seichel*

filch v צולקחנען
*tsulakchenen*

file n פֿײַל נ (ן), טעקע נ (ס); קאַרטאָטעק נ (ן); שערענגע נ (ס), ריי נ (ען); (מכשיר) פֿײַל נ (ן), רײַבפֿײַל נ (ן)
*fail, teke; kartotek; sherenge, rei; (machsher) fail, raibfail*

file v אַרײַנלייגן דאָקומענטן אין פֿײַלן, אײַנסדרן אין טעקעס; מאַרשירן אין שערענגעס; פֿײַלן, אויסגלעטן אָדער פֿאַררײַבן מיט אַ פֿײַל.
*arainleigen dokumenten in failen, ainsaderen in tekes; marshiren in sherenges; failen, oisgleten oder farraiben mit*

*a fail.*

filial adj פּאַסיק פֿאַר אַ זון אָדער טאָכטער.
*pasik far a zun oder tochter.*

filibuster n פיליבּוסטער ז (ס); פיליבּוסטערער ז (ס)
*filibuster; filibusterer*

filibuster v פיליבּוסטערן
*filibusteren*

filigree n פיליגראַן ז (ען)
*filigran*

fill v אָנפילן; אויספילן
*onfilen; oisfilen*

fill n גענוגקייט נ; פולע באַשפּײַזונג נ; אָנפילונג נ; אָנשיט ז (ן)
*genugkeit; fule bashpaizung; onfilung; onshit*

fillet n שמאָלע באַנד נ (בענדער); פילע ז (ען)
*shmole band (bender); file*

fillet v פאַרבינדן אָדער באַפּוצן מיט אַ באַנד.
*farbinden oder baputsen mit a band.*

filling n געפילעכץ ס (ן); פילונג נ (ען); (צאָן) פלאָמבע נ (ס)
*gefilechts; filung; (tson) plombe*

fillip n שנעל ז (ן); סטימול ז (ן)
*shnel; stimul*

fillip v שנעלן; סטימולירן
*shnelen; stimuliren*

filly n יונגע קליאַטשע נ (ס)
*yunge klyat'she*

film n הײַטל ס (עך); פילם ז (ען)
*haitel (haitlech); film*

filter n פילטער ז (ס)
*filter*

filter v פילטרירן
*filtriren*

filth n שמוץ ס
*shmuts*

filthy adj שמוציק
*shmutsik*

fin n פלוספעדער נ (ן) (פון פיש)
*flusfeder (fun fish)*

finagle v (שמועסדיק) אַרײַנדרייען זיך; אָפּנאַרן
*(shmuesdik) araindreien zich; opnaren*

final adj לעצט; ענדגילטיק
*letst; endgiltik*

finale n (מוזיק) פינאַל ז (ן); סוף ז (ן)
*(muzik) final; sof*

finality n ענדלעכקייט נ; לעצטגילטיקייט נ
*endlechkeit; letstgiltikeit*

finalize v פאַרענדיקן, מסיים זײַן
*farendiken, mesayem zain*

finally adv לסוף
*lesof*

finance n פינאַנצן ר
*finantsen*

finance v פינאַנצירן
*finantsiren*

financial adj פינאַנציעל

*finantsyel*

financier n פינאַנציסט ז (ן)

*finantsist*

find v געפינען; דערוויסן זיך; (געזעץ) דעצידירן און דערקלערן

*gefinen; dervisen zich; (gezets) detsidiren un derkleren*

find n געפינס ס (ן)

*gefins*

finding n דערגרייאונג נ; באַשלוס ז (ן)

*dergeiung; bashlus*

fine adj פײַן (אויסגעצייכנט; זייער דין; שאַרף; צאַרט; עלעגאַנט; שיין; קלאָר; ריין)

*fain (oisgetseichent; zeier din; sharf; tsart; elegant; shein; klor; rein)*

fine adv (שמועסדיק) זייער גוט

*(shmuesdik) zeier gut*

fine n געלטשטראָף נ (ן), קנס ז (ים)

*geltshtrof, knas (knosim)*

fine v באַשטראָפן מיט געלט, קנסענען

*bashtrofen mit gelt, kansenen*

fine arts שיינע קונסטן ר (מאָלערײַ, סקולפּטור, אַרכיטעקטור, ליטעראַטור, א״ע)

*sheine kunsten (molerai, skulptur, architektur, literatur, etc.)*

finesse n פײַנקייט נ;

געניטשאַפט נ; טאַקט ז

*fainkeit; genit'shaft; takt*

finger n פינגער ז

*finger*

finger v פינגערן (אָנרירן מיט פינגער; צולקחנען; [סלענג] טײַטלען אויף)

*fingeren (onriren mit finger; tsulakchenen; [sleng] taitlen oif)*

fingerprint n פינגערדרוק ז (ן)

*fingerdruk*

fingerprint v נעמען די פינגערדרוקן פון

*nemen di fingerdruken fun*

fingertip n שפּיץ פינגער ז

*shpits finger*

finicky n איבערקלײַבעריש

*iberklaiberish*

finish v ענדיקן; אויסאַרבעטן

*endiken; oisarbeten*

finish n סוף ז; אויסאַרבעטונג נ (ען)

*sof; oisarbetung*

finished adj געענדיקט; פאַרטיק

*geendikt, fartik*

fir n יאָדלע נ (ס)

*yodle*

fire n פײַער ז/ס (ן); שׂרפה נ (שׂרפות)

*faier; sreife (sreifes)*

fire v אָנצינדן; אויסשיסן; (שמועסדיק) אָפּזאָגן (פון אַרבעט)

*ontsinden; oisshisen; (shmuesdik) opzogen (fun arbet)*

firefighter n פײַער־לעשער ז (ס)

*faier-lesher*

firefly n — גליווערמל ס (עך)
*glivermel (glivermlech)*

fireplace n — קאַמין ז (ען)
*kamin*

fireside n — היימפֿײַער ז (ן); היים נ (ען)
*heimfaier; heim*

firm adj — פֿעסט
*fest*

firm v — מאַכן אָדער ווערן פֿעסט
*machen oder veren fest*

firm n — פֿירמע נ (ס)
*firme*

firmament n — הימל־געוועלבונג נ (ען); הימל ז (ען)
*himel-gevelbung; himel (himlen)*

first adj — ערשט
*ersht*

first adv — ערשטנס
*ershtens*

first aid — גיכע הילף נ
*giche hilf*

first-class adj — ערשטקלאַסיק; אויסגעצייכנט
*ershtklasik; oisgetseichent*

firstling n — ערשטלינג ז (ען)
*ershtling*

first name — פּערזענלעכער נאָמען ז
*perzenlecher nomen*

fiscal adj — פֿינאַנציעל
*finantsyel*

fish n — פֿיש ז
*fish*

fish v — פֿאַנגען פֿיש
*fangen fish*

fisherman n — פֿישער ז (ס)
*fisher*

fish story — (שמועסדיק) גוזמאדיקע מעשׂה נ (מעשׂיות)
*(shmuesdik) guzmedike maise (maises)*

fishy adj — ענלעך צו אַ פֿיש; (שמועסדיק) מסופּקדיק; ניט גלאַטיק
*enlech tsu a fish; (shmuesdik) mesupekdik; nit glatik*

fission n — שפּאַלטונג נ (ען)
*shpaltung*

fissure n — שפּאַלט ז (ן)
*shpalt*

fissure v — שפּאַלטן; געשפּאָלטן ווערן
*shpalten; geshpolten veren*

fist n — פֿויסט נ (ן)
*foist*

fisticuffs n pl — פֿויסטן־קאַמף ז (ן)
*foisten-kamf*

fit adj — פּאַסיק; געזונט
*pasik; gezunt*

fit v — פּאַסן
*pasen*

fit n — צופּאַסונג נ (ען); (קרענק) אַטאַקע נ (עס); (כּעס) אויסברוך ז (ן); קורצער צײַט־אָפּשניט ז (ן)
*tsupasung; (krenk) atake;*

(kaas) oisbruch;
kurtser tsait-opshnit

fitful adj איבעררײַסיק; אומרעגולער
iberraisik; umreguler

fitness n טויגיקייט נ; פּאַסיקייט נ
toigikeit; pasikeit

fitting adj פּאַסיק
pasik

five adj פינף
finf

fix v פאַרפעסטיקן; פאַרריכטן
farfestiken; farrichten

fix n (שמועסדיק) קלעם נ
(shmuesdik) klem

fixture n אײַנריכטונג נ (ען)
ainrichtung

fjord, fiord n פיאָרד ז (ן)
fyord

flabbergast v (שמועסדיק) מאַכן
געפּלעפט; דערשטוינען
(shmuesdik) machen gepleft;
dershtoinen

flabby adj שלאַף; שלאַבעריק;
ווייכלעך
shlaf; shlaberik; veichlech

flaccid adj שלאַף; שוואַך
shlaf; shvach

flag n פאָן נ (ען/פענער)
fon (fonen/fener)

flag v דעקאָרירן מיט פענער;
סיגנאַליזירן מיט אַ פאָן;
שלאַף ווערן; מיד ווערן
dekoriren mit fener;
signaliziren mit a fon;
shlaf veren; mid veren

flagellate v שמײַסן
shmaisen

flagrant adj רײַסיק; סקאַנדאַליעז
raisik; skandalyez

flair n חוש ז (ים);
נאַטירלעכער טאַלאַנט ז
chush (chushim);
natirlecher talant

flake n שטיקל ס (עך); שנייעלע ס (עך)
shtikel (shtiklech); shneiele

flake v אָפּשיילן זיך אין שטיקלעך
opsheilen zich in shtiklech

flamboyant adj פלאַמענדיק;
אויסגעפּוצט; אויסשטעלעריש;
פילפאַרביק
flamendik; oisgeputst;
oisshtelerish; filfarbik

flame n פלאַם ז (ען)

flame v פלאַמען; פונאַנדערברענען
זיך; צעפלאַמען זיך; רויטלען זיך
flamen; funanderbrenen zich;
tseflamen zich; roitlen zich

flame adj רויטלעך־אָראַנזש
roitlech-oranzh

flamenco n פלאַמענקאָ ז (ס)
(שפּאַנישער טאַנץ)
flamenko (shpanisher tants)

flaming adj פלאַם־פײַערדיק
flam-faierdik

flammable adj ברענעוודיק
brenevdik

flannel n פלאַנעל ז
flanel

flare n אָנצינדונג נ; שײַנסיגנאַל ז (ן)
*ontsindung; shainsignal*

flare v אויפפלאַמען; שײַנען
*oifflamen; shainen*

flaring adj פלאַמענדיק
*flamendik*

flash n פינקל ז; בליץ ז (ן)
*finkel; blits*

flash v פינקלען; בליצן
*finklen; blitsen*

flashback n צוריקקוק ז (ן)
(אין אַ דערציילונג, נאָוועלע, א״ע)
*tsurikkuk (in a dertseilung, novele, etc.)*

flashlight n לאַמטערל ס (עך)
*lamterel (lamterlech)*

flashy adj בליציק
*blitsik*

flask n פלאַקאָן ז (ען)
*flakon*

flat adj פלאַטשיק; פלאַך; אַבסאָלוט
*plat'shik; flach; absolut*

flat n דירה נ (דירות); פלאַכער חלק ז; פלאַך לאַנד ס; (שמועסדיק) פּאַנטשער ז
*dire (dires); flacher cheilek; flach land; (shmuesdik) pant'sher*

flatfish n משה־רבנוס פיש ז
*moishe-rabeines fish*

flatten v פלאַטשיק מאַכן
*plat'shik machen*

flatter v חנפענען
*chanfenen*

flatterer n חונף ז (ים)
*choinef (chonfim)*

flattery n חניפה נ (חניפות)
*chanife (chanifes)*

flavor, flavour n טעם ז (ען); אַראָמאַט ז (ן)
*taam; aromat*

flavor v צוריכטן, באַווירצן
*tsurichten, bavirtsen*

flaw n פגם ז (ים)
*pgam (pgomim)*

flaw v באַשעדיקן; קאַליע ווערן
*bashediken; kalye veren*

flawless adj פערפעקט; אָן אַ פגם
*perfekt, on a pgam*

flax n פלאַקס ז
*flaks*

flaxen adj פלאַקסן
*flaksen*

flay v שינדן די הויט; זידלען; באַרויבן
*shinden di hoit; zidlen; baroiben*

flea n פלוי ז (פליי)
*floi (flei)*

flea market פליימאַרק ז (פליימערק)
*fleimark (fleimerk)*

fleck n פלעק ז (ן); שפּרענקל ס (עך)
*flek; shprenkel (shprenklech)*

fleck v באַפלעקן; באַשפּרענקלען
*bafleken; bashprenklen*

flecked adj באַשפּרענקלט (מיט פלעקן)

*bashprenkelt (mit fleken)*

flection, flexion n בייגונג נ (ען); פלעקסיע נ (ס)
*beigung; fleksye*

fledgling, fledgeling n אפרוח ז (ים), עופעלע ס (עך); אָנפאַנגער ז (ס), אומדערפאַרענער ז
*efroiech (efroichim), eifele/oifele; onfanger, umderfarener*

flee v אַנטלויפן
*antloifen*

fleece n שאָף־וואָל נ
*shof-vol*

fleece v שערן, שנײַדן (וואָל); שינדן; באַראַבעווען; באַשווינדלען
*sheren, shnaiden (vol); shinden; barabeven; bashvindlen*

fleecy adj וואָל־האָריק; ווייך און ווײַס
*vol-horik; veich un vais*

fleer v שפּעטן; אָפּחוזקן
*shpeten; opchoizeken*

fleet n פלאָט ז (ן)
*flot*

fleet adj שנעל, גיך
*shnel, gich*

fleeting adj פאַרגייענדיק
*fargeiendik*

flesh n פלייש ס (ן); קערפּער ז (ס); גשמיות ס
*fleish; kerper; gashmies*

flesh and blood בשׂר־ודם ז; מענטשלעכע נאַטור נ; לײַבלעכער קרובֿ ז
*boser-vodom; ment'shleche natur; laiblecher korev*

flexibility n בייגיקייט נ
*beigikeit*

flexible adj בייגעוודיק
*beigevdik*

flick n לײַכטער קלאַפּ ז
*laichter klap*

flicker v צאַנקען; ברענען מיט אַ וואַקלדיק פײַערל
*tsanken; brenen mit a vakeldik faierel*

flicker n צאַנק ז (ען); פונק ז (ען)
*tsank; funk*

flier, flyer n פּילאָט ז (ן); (שמועסדיק) פליבלעטל ס (עך)
*pilot; (shmuesdik) flibletel (flibletlech)*

flight n פלי ז (ען); גאָרן ז (ס); אַנטלויפונג נ; אַנטלויף ז (ן)
*fli; goren; antloifung; antloif*

flighty adj קאַפּריזיק; לײַכטזיניק
*kaprizik; laichtzinik*

flimflam n (שמועסדיק) שטות ז; גענאַרערײַ ס
*(shmuesdik) shtus; genarerai*

flimflam v באַשווינדלען
*bashvindlen*

flimsy adj לײַכט און דין; נישטיק
*laicht un din; nishtik*

flimsy n דין פּאַפּיר ס

אין סטאַדעס, א״ע; פליִען אין
טשאַטעס; צונויפזאַמלען זיך
*gein oder zamlen zich in stades, etc.; flien in t'shates; tsunoifzamlen zich*

*din papir*

flinch v — צוריקציִען זיך (פון אַ שווערקייט, א״ע)
*tsuriktsien zich (fun a shverikeit, etc.)*

flinch n — צוריקצי ז (ען)
*tsuriktsi*

fling v — שלײַדערן; וואַרפן
*shlaideren; varfen*

fling n — וואָרף ז (ן); הוליאַנקע נ (ס); פלינג ז (ן) (סקאָטישער טאַנץ)
*vorf; hulyanke; fling (skotisher tants)*

flint n — פלינט ז (ן), פײַערשטיין ז (ער)
*flint, faiershtein (faiershteiner)*

flinty adj — פלינטיק (האַרט ווי אַ פלינט; זייער האַרט; אומדערטרעגלעך)
*flintik (hart vi a flint; zeier hart; umdertreglech)*

flirt v — פלירטעווען
*flirteven*

float v — שווימען; האַלטן זיך אויפן אויבערפלאַך פון וואַסער.
*shvimen; halten zich oifen oiberflach fun vaser.*

flock n — (בעלי־חיים) סטאַדע נ (ס); טשערעדע נ (ס); טשאַטע נ (ס); (מענטשן) המון ז (ען); עדה נ (עדות)
*(baale-chaiyim) stade; t'sherede; t'shate; (ment'shen) hamoin; eide (eides)*

flock v — גיין אָדער זאַמלען זיך

floe n — שווימענדיק שטיק אײַז ס
*shvimendik shtik aiz*

flog v — שמײַסן; האַקן
*shmaisen; haken*

Flood n — מבול ז, נחס וואַסער (אין תנך)
*mabel, noiechs vaser (in tanach)*

flood n — פאַרפלייצונג נ (ען); מבול ז (ען)
*farfleitsung; mabel (mablen)*

flood v — פאַרפלייצן
*farfleitsen*

floor n — פאָדלאָגע נ (ס), דיל ז (ן); שטאָק ז; (פאַרלאַמענט) וואָרט ס
*podloge, dil; shtok; (parlament) vort*

floor v — באַדעקן מיט אַ פאָדלאָגע; אַנידערוואַרפן; (שמועסדיק) צעטומלען
*badeken mit a podloge; anidervarfen; (shmuesdik) tsetumlen*

flop v — פאָכען, קלאַפּן מיט; פאַלן אומגעלומפּערט; (שמועסדיק) דורכפאַלן
*fochen, klapen mit; falen umgelumpert; (shmuesdik) durchfalen*

flop n — קלאַפּונג נ; (שמועסדיק) דורכפאַל ז (ן)

*klapung; (shmuesdik) durchfal*

**flophouse** n ביליקער האָטעל ז
*biliker hotel*

**flora** n פלאָרע נ (ס), געוויקסן־וועלט נ (ן)
*flore, geviksen-velt*

**floral** adj בלומיק
*blumik*

**florid** adj רויטלעך; ראָזיק; פאַרפוצט
*roitlech; rozik; farputst*

**florist** n פלאָריסט ז (ן) (בלומען־גערטנער; בלומען־פאַרקויפער)
*florist (blumen-gertner; blumen-farkoifer)*

**flounder** v צאַפּלען; זײַן אומבאַהאָלפן אָדער צעטומלט און באַגיין פעלערס.
*tsaplen; zain umbaholfen oder tsetumelt un bagein felers.*

**flounder** n (פיש) פלאָנדערקע נ (ס)
*(fish) flonderke*

**flour** n מעל נ
*mel*

**flour** v שפרענקלען מיט מעל; מאַכן מעל
*shprenklen mit mel; machen mel*

**flourish** v בליִען, האָבן דערפאָלג; פאָכען (אַ שווערד, שטעקן, א״ע)
*blien, hoben derfolg; fochen (a shverd, shteken, etc.)*

**flourish** n פאָכע נ (ס); דראַמאַטישער זשעסט ז; פּוץ ז; מליצה נ (מליצות)
*foche; dramatisher zhest; puts; melitse (melitses)*

**flout** v אָפּשפּעטן, חוזקן
*opshpeten, choizeken*

**flout** n שפּאָט ז; באַליידיקונג נ (ען)
*shpot; baleidikung*

**flow** v שטראָמען, פליסן
*shtromen, flisen*

**flow** n שטראָם ז (ען); גאָס ז (ן)
*shtrom; gos*

**flower** n בלום נ (ען)
*blum*

**flower** v בליִען
*blien*

**flowergirl** n בלומען־פאַרקויפערין נ (ס)
*blumen-farkoiferin*

**flowerpot** n וואַזאָן ז (ען), בלומען־טאָפּ ז (־טעפּ)
*vazon, blumen-top (-tep)*

**flowery** adj באַבלומט; בלומיק; מליצהדיק
*bablumt; blumik; melitsedik*

**flu** n (שמועסדיק) אינפלוענציע נ
*(shmuesdik) influentsye*

**flub** v פאַרפושערן; פאַרפאַרטאַטשעווען
*farfusheren; farpartat'sheven*

**flub** n דורכפאַל ז (ן); טעות ז/ס (ן/ים)
*durchfal; toes (toesen/teusim)*

**fluctuate** v וואַקלען זיך

*vaklen zich*

fluctuation n — וואַקלעניש ס (ן)
*vaklenish*

fluency n — פליסיקייט נ; שנעלקייט נ (אין שפּראַך־באַנוץ)
*flisikeit; shnelkeit (in shprach-banuts)*

fluent adj — פליסיק; שנעל
*flisik; shnel*

fluff n — פּוך ז
*puch*

fluffy adj — פּוכיק
*puchik*

fluid n — פליסיקייט נ (ן)
*flisikeit*

fluid adj — פליסיק, גיסיק
*flisik, gisik*

flunk v — (שמועסדיק) דורכפאַלן (אין אַן עקזאַמען)
*(shmuesdik) durchfalen (in an ekzamen)*

flunkey, flunky n — משרת ז (ים); חונף ז (ים)
*meshores (meshorsim); choinef (chonfim)*

fluorescence n — פלואָרעסצענץ נ
*fluorestsents*

fluoridate v — פלואָרידירן
*fluoridiren*

fluoride n — פלואָריד ז
*fluorid*

flurry n — ווייע ז (ען); לײַכטער שניי־פאַל ז; אויפרודער ז (ן)
*veie; laichter shnei-fal; oifruder*

flurry v — אויפרודערן; צעטומלען
*oifruderen; tsetumlen*

flush adj — פאַררויטלט; שפעדיק; גלײַך, גלאַט
*farroitelt; shefedik; glaich, glat*

flush v — רויט ווערן; גליִען; צעהיצן; דורכשווענקען
*roit veren; glien; tsehitsen; durchshvenken*

flush n — פאַררויטלונג נ; גלי ז; שווענקונג נ (ען)
*farroitlung; gli; shvenkung*

fluster n — אויפרעגונג נ (ען); צעמישעניש ס (ן)
*oifregung; tsemishenish*

fluster v — אויפרעגן; צעטומלען
*oifregen; tsetumlen*

flute n — פלייט נ (ן)
*fleit*

flute v — שפּילן אויף אַ פלייט
*shpilen oif a fleit*

flutter v — פלאַטערן, פאָכען
*flateren, fochen*

flutter n — פלאַטער ז, פאָך ז
*flater, foch*

flux n — פליסונג נ; המשכדיקע ענדערונג נ (ען)
*flisung; hemshechdike enderung*

fly n פליג נ (ן)
*flig*

fly v פליִען
*flien*

fly-by-night adj, n אומבאַגלייבט; (שמועסדיק) אומפאַראַנטוואָרטלעכער פערזאָן ז
*umbagleibt; (shmuesdik) umfarantvortlecher perzon*

fly-in camp (קאַנאַדישער) יעגערס־לאַגער וואָס איז צוטריטלעך נאָר מיטן עראָפּלאַן.
*(kanadisher) yegers-lager vos iz tsutritlech nor miten eroplan.*

flying colors הצלחה נ (הצלחות); נצחון ז (ות)
*hatsloche (hatsloches); nitsochen (nitschoines)*

flyleaf n ליידיקער בלאַט (אינעם אָנהייב אָדער ענד פון אַ בוך)
*leidiker blat (inem onheib oder end fun a buch)*

foal n לאָשיק ז (עס) (יונג פערד ס; יונגער אייזל ז)
*loshik (yung ferd; yunger eizel)*

foam n שוים ז (ען)
*shoim*

foam v שוימען
*shoimen*

foamy adj שוימיק
*shoimik*

fob n זייגערל־קעשענע נ (אין הויזן); קייטעלע ס (ך) (פון אַ קעשענע־זייגערל); דריי ז (ען)
*zeigerel-keshene (in hoizen); keitele (fun a keshene-zeigerel); drei*

fob v אָפּטאָן אַ שפּיצל; אָפּנאַרן
*opton a shpitsel; opnaren*

focus n פאָקוס ז (ן)
*fokus*

focus v פאָקוסירן; קאָנצענטרירן
*fokusiren; kontsentriren*

fodder n געפיטער ס, קאָרמע נ
*gefiter, korme*

foe n פֿײַנד ז, שׂונא ז (ים)
*faind, soine (sonim)*

foehn n הייסער ווינט (אין די אַלפּן)
*heiser vint (in di Alpen)*

fog n נעפּל ז (ען); אומקלאָרקייט נ
*nepel (neplen); umklorkeit*

fog v פאַרנעפּלען; מאַכן אומקלאָר
*farneplen; machen umklor*

foggy adj נעפּלדיק, פאַרנעפּלט
*nepeldik, farnepelt*

foghorn n נעפּל־האָרן ז (־הערנער) (אַ האָרן וואָס וואָרנט שיפן אין נעפּלדיקן וועטער); הויך־גרילציקע שטים נ (ען)
*nepel-horen (-herner) (a horen vos vorent shifen in nepeldiken veter); hoich-griltsike shtim*

foible n שוואַכקייט נ (ן) (אין כאַראַקטער)
*shvachkeit (in charakter)*

foil v פאַרשטערן; פאַרמײַדן;

באַדעקן מיט אַ דינער פּלאַטע
*farshteren; farmaiden; badeken mit a diner plate*

foil n — שטער ז (ן); דינער מעטאַל־טאָוול ז
*shter; diner metal-tovel*

fold v — פֿאַלדעווען; אײַנקנײטשן; (שמועסדיק) פֿאַרמאַכן (אַ געשעפֿט מיט פֿאַרלוסט)
*faldeven; ainkneit'shen; (shmuesdik) farmachen (a gesheft mit farlust)*

fold n — פֿאַלד ז (ן); קנײטש ז (ן); אָפּגעצוימטער פּלאַץ ז (פֿאַר שעפּסן); עֵדה נ (עדות)
*fald; kneit'sh; opgetsoimter plats (far shepsen); eide (eides)*

foliage n — געבלעטער ס
*gebleter*

folio n — פֿאָליאָ ז (ס)
*folyo*

folk n — פֿאָלק ס
*folk*

— folks pl — (שמועסדיק) אײגענע, קרובים ר
*(shmuesdik) eigene, kroivim*

folk dance — פֿאָלקסטאַנץ ז (פֿאָלקסטענץ)
*folkstants (folkstents)*

folklore n — פֿאָלקלאָר ז
*folklor*

folk music — פֿאָלקסמוזיק ז
*folksmuzik*

folk song — פֿאָלקסליד ס (ער)
*folkslid (folkslider)*

folkway n — פֿאָלק־מינהג ז (ים)
*folk-minheg (-minhogim)*

follow v — נאָכפֿאָלגן, נאָכגיין; אַרויסדרינגען
*nochfolgen, nochgein; aroisdringen*

follower n — אָנהענגער ז (ס), נאָכפֿאָלגער ז (ס)
*onhenger, nochfolger*

following adj — פֿאָלגנדיק
*folgendik*

following n — אָנהענגערשאַפֿט נ
*onhengershaft*

folly n — נאַרישקייט נ (ן), שטות ז (ים)
*narishkeit, shtus (shtusim)*

foment v — אויפֿרודערן; קורירן מיט וואַרעמקייט און פֿײַכטקייט
*oifruderen; kuriren mit varemkeit un faichtkeit*

fond adj — ליב
*lib*

fondle v — צערטלען, פּיעשטשען
*tsertlen, pyesht'shen*

food n — שפּײַז נ (ן)
*shpaiz*

food store — שפּײַזקראָם נ (ען)
*shpaizkrom*

fool n — נאַר נ (נאַראָנים), שוטה ז (שוטים)
*nar (naronim); shoite (shoitim)*

fool v — נאַרן; אַרײַננאַרן; שפּאַסן
*naren; arainnaren; shpasen*

**fool around** פוסטעפּאַסעווען
*pustepaseven*

**foolhardy** adj נאַריש דרייסט; היציק
*narish dreist; hitsik*

**foolish** adj נאַריש
*narish*

**foot** n פוס ז (פיס); צופוסנס ז (פון אַ באַרג)
*fus (fis); tsufusens (fun a barg)*

**foot** v גיין; באַצאָלן דעם חשבון
*gein; batsolen dem cheshben*

**football** n פוטבאָל ז (ן)
*futbol*

**foothill** n צופוסנס־בערגל ס (עך)
*tsufusens-bergel (-berglech)*

**foothold** n פוס־אָנהאַלט ז (ן)
*fus-onhalt*

**footing** n אָנשפּאַר ז (ן); באַציאונג נ (ען)
*onshpar; batsiung*

**footpath** n סטעשקע נ (ס)
*steshke*

**footprint** n פוסדרוק ז (ן), שפּור נ (ן)
*fusdruk, shpur*

**footstep** n טריט ז
*trit*

**footstool** n פוסבענקל ס (עך)
*fusbenkel (fusbenklech)*

**fop** n פאַצעט ז (ן)
*fatset*

**foppish** adj פאַצעטיש; פוסט
*fatsetish; pust*

**for** prep, conj פאַר; אויף; צו; נאָך; ווײַל, וואָרעם
*far; oif; tsu; noch; vail, vorem*

**forbid** v פאַרווערן
*farveren*

**forbidden** adj פאַרבאָטן
*farboten*

**forbidding** adj אָפּשרעקנדיק
*opshrekendik*

**force** n כּוח ז (ות), קראַפט נ (ן)
*koiech (koiches), kraft*

**force** v צווינגען
*tsvingen*

**forced** adj געצוווּנגען
*getsvungen*

**forceful** adj עפעקטיוו; שטאַרק
*efektiv; shtark*

**forcible** adj זייער קרעפטיק; געצוווּנגען
*zeier kreftik; getsvungen*

**forcibly** adv מיט גוואַלד
*mit gvald*

**ford** n פאָרד ז (ן), טײַך־דורכגאַנג ז (ען)
*ford, taich-durchgang*

**ford** v אַריבערגיין אַ טײַך
*aribergein a taich*

**forecast** v פאָראויסזאָגן
*foroiszogen*

**forecast** n פאָראויסזאָג ז (ן)
*foroiszug*

**forefather** n אָב ז (ות)
*ov (oves)*

**forefinger** n טײַטפינגער ז

*taitfinger*

forehead n שטערן ז (ס)
*shteren*

foreign adj פרעמד
*fremd*

foreigner n אויסלענדער ז; פרעמדער ז
*oislender; fremder*

forelock n טשופּרינע נ (ס)
*t'shuprine*

foreman n אויפזעער ז (ס) (אין אַ פאַבריק); פאָרזיצער ז (ס) (פון אַ זשורי)
*oifzeer (in a fabrik); forzitser (fun a zhuri)*

foremost adj פאָדערשט, ערשט
*fodersht, ersht*

forename n ערשטער נאָמען ז
*ershter nomen*

forenoon n פאַרמיטאָג ז (ן)
*farmitog*

forerunner n פאָראויסגייער ז (ס); העראַלד ז (ן); אָנזאָג ז (ן)
*foroisgeier; herald; onzog*

foresee v פאָראויסזען
*foroiszen*

foreskin n ערלה נ (ערלות)
*orle (orles)*

forest n וואַלד ז (וועלדער)
*vald (velder)*

forest v באַוואַלדן
*bavalden*

foretell v פאָראויסזאָגן
*foroiszogen*

forever adv אויף אייביק
*oif eibik*

foreword n פאָרוואָרט ס (פאָרווערטער), הקדמה נ (הקדמות)
*forvort (forverter), hakdome (hakdomes)*

forge n שמעלץ־אויוון ז (ס); שמידעריַי נ (ען), קוזניע נ (ס)
*shmelts-oiven; shmiderai, kuznye*

forge v שמידן; פעלשן
*shmiden; felshen*

forgery n פעלשונג נ (ען)
*felshung*

forget v פאַרגעסן
*fargesen*

forget-me-not n פאַרגעס־מיך־ניט ס (פעלד־בלימעלע)
*farges-mich-nit (feld-blimele)*

forgive v מוחל זײַן, פאַרגעבן
*moichel zain, fargeben*

fork n גאָפּל ז (ען); שיידוועג ז (ן)
*gopel (goplen); sheidveg*

forlorn adj פאַרלאָזן; עלנט; אומגליקלעך; פאַרצווייפלט
*farlozen; elent; umgliklech; fartsveifelt*

form n פאָרעם נ (פאָרמען)
*forem (formen)*

form v פאָרמירן, פורעמען
*formiren, furemen*

formal adj פאָרמאַל
*formal*

**formalism** n פאָרמאַליזם ז
*formalizm*

**formality** n פאָרמאַליטעט נ (ן)
*formalitet*

**format** n פאָרמאַט ז (ן)
*format*

**formation** n פאָרמירונג נ (ן); פאָרמאַציע נ (ס)
*formirung, formatsye*

**formative** adj פאָרמאַטיוו
*formativ*

**former** adj פריִערדיק; אַמאָליק
*frierdik; amolik*

**formerly** adv פריִער; פאַר צײַטנס
*frier; far tsaitens*

**formidable** adj אימהדיק; זייער שטאַרק
*eimedik; zeier shtark*

**formula** n פאָרמולע נ (ס)
*formule*

**formulate** v פאָרמולירן
*formuliren*

**forsake** v פאַרלאָזן
*farlozen*

**forsaken** adj פאַרלאָזט
*farlozt*

**fort** n פאָרט ז (ן)
*fort*

**forte** n שטאַרקער פונקט ז
*shtarker punkt*

**forte** adj, adv (מוזיק) הילכיק; פאָרטע
*(muzik) hilchik; forte*

**forthcoming** adj אָנקומענדיק
*onkumendik*

**forthright** adj ערלעך; דירעקט
*erlech; direkt*

**forthwith** adv תּיכּף־ומיד, באַלד
*teikef-umiyad, bald*

**fortification** n באַפעסטיקונג נ (ען)
*bafestikung*

**fortify** v באַפעסטיקן
*bafestiken*

**fortissimo** adj, adv (מוזיק) זייער הילכיק; פאָרטיסימאָ
*(muzik) zeier hilchik; fortisimo*

**fortitude** n מוט ז, דרייסטקייט נ; תּקיפות ס
*mut, dreistkeit; takifes*

**fortnight** n צוויי וואָכן ר
*tsvei vochen*

**fortress** n פעסטונג נ (ען)
*festung*

**fortuitous** adj צופעליק
*tsufelik*

**fortunate** adj מזלדיק
*mazeldik*

**fortunately** adv צום גליק
*tsum glik*

**fortune** n פאַרמעגן ס (ס); עשירות ס; מזל ז/ס (ות); הצלחה נ (הצלחות)
*farmegen; ashires; mazel (mazoles); hatsloche (hatsloches)*

**forty** adj פערציק
*fertsik*

**forum** n פאָרום ז (ס)
*forum*

**forward** adv, adj פאָראויס; פאָדערשט; געוואַגט;

פראָגרעסיוו
*forois; fodersht; gevagt; progresiv*

forward v איבערשיקן; פּראָטעזשירן
*ibershiken; protezhiren*

forwards adv פאָראויס
*forois*

fossil n פאָסיל ז (ן)
*fosil*

foster v האָדעווען; שטיצן
*hodeven; shtitsen*

foul adj שמוציק, ברודיק
*shmutsik, brudik*

foul v באַשמוצן; פאַרפּלאָנטערן זיך
*bashmutsen; farplonteren zich*

found v מיסד זײַן; באַזירן; גיסן, שמעלצן
*meyased zain; baziren; gisen, shmeltsen*

foundation n יסוד ז (ות), פונדאַמענט ז (ן); פונדאַציע נ (ס)
*yesod (yesoides), fundament; fundatsye*

founder v זינקען; צוזאַמענברעכן זיך; געשטרויכלט ווערן
*zinken; tsuzamenbrechen zich; geshtroichelt veren*

founder n מיסד ז (ים), גרינדער ז (ס)
*meyased (meyasdim), grinder*

foundling n געפונען קינד ס, אונטערגעוואָרפן קינד ס
*gefunen kind, untergevorfen kind*

foundry n גיסאַרניע נ (ס)
*gisarnye*

fountain n פאָנטאַן ז (ען); קוואַל ז (ן)
*fontan; kval*

fountain pen n קוואַלפּען נ (ען), פילפעדער נ (ס)
*kvalpen, filfeder*

four adj פיר
*fir*

fourteen adj פערצן
*fertsen*

fourth adj פערט
*fert*

fourth n פערטל ס (עך)
*fertel (fertlech)*

fowl n עוף ס (ות)
*of (oifes)*

fowler n עופות־פאַנגער ז (ס)
*oifes-fanger*

fox n פוקס ז (ן)
*fuks*

fox v (שמועסדיק) איבערכיטרעווען
*(shmuesdik) iberchitreven*

foxy adj כיטרע
*chitre*

foyer n אַרײַנגאַנג־זאַל ז (ן), פאָיע ז (ען)
*araingang-zal, foye*

fracas n געשלעג ס (ן); קריגערײַ ס (ען)
*geshleg; krigerai*

fraction n פראַגמענט ז (ן), ברוכטייל ז (ן); (מאַטעמאַטיק) ברוכצאָל נ (ן)

*fragment, bruchteil; (matematik) bruchtsol*

fracture v צעבּרעכן
*tsebrechen*

fracture n בּרוך ז (ן)
*bruch*

fragile adj בּרעכעוודיק; שוואַך
*brechevdik; shvach*

fragment n פראַגמענט ז (ן)
*fragment*

fragmentary adj פראַגמענטאַריש
*fragmentarish*

fragrance n אָנגענעמער אַראָמאַט ז
*ongenemer aromat*

fragrant adj שמעקעדיק, אַראָמאַטיש
*shmekedik, aromatish*

frail adj בּרעכיק; שוואַך
*brechik; shvach*

frailty n שוואַכקייט נ (ן); מאָראַלישער מום ז
*shvachkeit; moralisher mum*

frame n ראַם נ (ען), רעם נ (ען)
*ram, rem*

frame v איינראַמען, איינרעמלען; פאָרמירן; (סלענג) אויסקלערן אַ בּילבּול
*ainramen, ainremlen; formiren; (sleng) oiskleren a bilbel*

frame-up n בּילבּול ז (ים)
*bilbel (bilbulim)*

franc n פראַנק ז (ען) (פראַנצויזישע מטבּע)
*frank (frantsoizishe matbeie)*

franchise n שטימרעכט ס; קאָנצעסיע נ (ס)
*shtimrecht; kontsesye*

frank adj אָפן; אָפנהאַרציק
*ofen; ofenhartsik*

frankness n אָפנקייט נ
*ofenkeit*

franctic adj טירופדיק; ווילד (מיט צאָרן, שרעק, ווייטאָג, א״ע)
*teirefdik; vild (mit tsoren, shrek, veitog, etc.)*

fraternal adj בּרודעריש
*bruderish*

fraternity n בּרודערשאַפט נ (ן); סטודענטן־פאַרבּאַנד ז (ן)
*brudershaft; studenten-farband*

fraud n שווינדל ז (ען); (שמועסדיק) שווינדלער ז (ס)
*shvindel (shvindlen); (shmuesdik) shvindler*

fraudulent adj שווינדלעריש
*shvindlerish*

Fräulein n פרײַלין נ (ס)
*frailin*

fray n געשלעג ס (ן)
*geshleg*

fray v אָפניצן; אָפּרײַבּן
*opnitsen; opraiben*

frazzle v אויסמאַטערן
*oismateren*

freak n פאַרזעעניש ס (ן); קאַפּריז ז (ן)
*farzeenish; kapriz*

freakish adj זייער משונהדיק,

מחוץ־לדרך־הטבע
*zeier meshunedik, michuts-lederech-hateve*

freckle n זומער־שפרענקעלע ס (ך)
*zumer-shprenkele*

freckle v באַשפרענקלען; באַשפרענקלט ווערן (מיט זומער־שפרענקעלעך)
*bashprenklen; bashprenkelt veren (mit zumer-shprenkelech)*

freckly adj זון־געשפרענקלט
*zun-geshprenkelt*

free adj פריַי, אומאָפּהענגיק; אומזיסט; ריין פון; פּטור; דערלויבט; ניט־געצאַמט; גוטוויליק
*frai, umophengik; umzist; rein fun; poter; derloibt; nit getsamt; gutvilik*

free v באַפריַיען
*bafraien*

freebooter n פּיראַט ז (ן)
*pirat*

freedom n פריַיהייט נ (ן)
*fraiheit*

free port פריַיער פּאָרט ז
*fraier port*

freeze v פרירן; פאַרפרירן; פאַרפרוירן ווערן
*friren; farfriren; farfroiren veren*

freeze n פאַרפרירונג נ (ען); פראָסט ז (פרעסט)
*farfrirung; frost (frest)*

freezing adj פאַרפרוירנדיק; פראָסטיק
*farfroirendik; frostik*

freight n פראַכט ז, משׂא נ (ות); פראַכט־געלט ס
*fracht, mase (mases/masoes); fracht-gelt*

freighter n פראַכט־שיף נ (ן)
*fracht-shif*

freight train פראַכט־באַן נ (ען)
*fracht-ban*

frenzy n טירוף ז; געמיט־אויפברויז ז (ן)
*teiref; gemit-oifbroiz*

frequency n פרעקווענץ נ (ן); אָפטקייט נ (ן)
*frekvents; oftkeit*

frequent adj אָפט
*oft*

frequently adj אָפט, אָפט מאָל, אַ סך מאָל
*oft, oft mol, a sach mol*

fresco n פרעסקאָ ז (ס)
*fresko*

fresh adj פריש; (וואַסער) ניט־זאַלציק, זיס; (סלענג) חוצפהדיק
*frish; (vaser) nit-zaltsik, zis; (sleng) chutspedik*

fret v זיַין קאַפּריזנע, פאַרדאגהט, אָדער אומצופרידן; ברוגזן זיך; ערגערן
*zain kaprizne, fardaiget, oder umtsufriden; broigezen zich;*

*ergeren*

fret n קאַפּריזנע תּרעומה נ (תּרעומות)
*kaprizne tarume (tarumes)*

friar n אָרדן־ברודער ז (־ברידער)
*orden-bruder (-brider)*

friction n רייַבונג נ; מחלוקת ס (ן)
*raibung; machloikes*

Friday n פרייַטאָג ז, פרייַטיק ז (ן)
*fraitog, fraitik*

fridge n (שמועסדיק) פרידזשידער ז (ן)
*(shmuesdik) fridzhider*

fried adj געפּרעגלט
*gepregelt*

friend n פריינד ז
*fraind*

friendless adj אָן פרייַנד
*on fraind*

friendly adj פרייַנדלעך
*fraindlech*

friendship n פרייַנדשאַפט נ (ן)
*fraindshaft*

frigate n פרעגאַט ז (ן), פרעגאַטע נ (ס)
*fregat, fregate*

frigate bird פרעגאַט־פויגל ז (אַ טראָפּישער ים־פויגל וואָס גנבעט די שפּייַז פון אַנדערע פייגל.)
*fregat-foigel (a tropisher yam-foigel vos ganvet di shpaiz fun andere feigel.)*

fright n שרעק ז (ן), פּלוצעמדיקע מורא נ (ס)
*shrek, plutsemdike moire*

frighten v שרעקן; דערשרעקן, אָנשרעקן
*shreken; dershreken, onshreken*

frightened adj דערשראָקן
*dershroken*

frightening adj אָנשרעקנדיק, מוראדיק
*onshrekendik, moiredik*

frightful adj שרעקלעך
*shreklech*

frigid adj זייער קאַלט; פריריק
*zeier kalt; fririk*

frill n פרענזל ס (עך); (שמועסדיק) אומניצלעכע צאַצקע נ (ס)
*frenzel (frenzlech); (shmuesdik) umnitsleche tsatske*

fringe n פראַנג נ (ען), פראַנדז נ (ן/פרענדז); ראַנד ז (ן)
*frang, frandz (frandzen/frendz); rand*

fringe benefit ראַנדן־בענעפיט ז (ן)
*randen-benefit*

frisk v שפּרינגען פריילעך; (סלענג) באַזוכן (אַ פּערזאָן) פאַר באַהאַלטן געווער.
*shpringen freilech; (sleng) bazuchen (a perzon) far bahalten gever.*

frisky adj שפּילעוודיק
*shpilevdik*

fritter v צעטרענצלען ביסלעכווייַז, פאַרתּכלעווען צו ביסלעך; צעברעכן אויף ברעקלעך, צעפּיצלען

*tsetrentslen bislechvaiz, fartachleven tsu bislech; tsebrechen oif breklech, tsepitslen*

fritter n פראַגמענט ז (ן), ברעקל ס (עך); פריטער ז (ס) (אַ געפּרעגלט טייג־קיכל מיט געפילעכץ)
*fragment, brekel (breklech); friter (a gepregelt teig-kichel mit gefilechts)*

frivolous adj לײַכטזיניק; נאַריש; קליינלעך, טריוויאַל
*laichtzinik; narish; kleinlech, trivyal*

frizzle v גרײַזלען, מאַכן קליינע לאָקן
*graizlen, machen kleine loken*

frizzle n גרײַזל ס (עך)
*graizel (graizlech)*

frizzly, frizzy adj גרײַזלדיק
*graizeldik*

fro adv צוריק
*tsurik*

— to and fro אַהין און צוריק
*ahin un tsurik*

frock n ראָק ז (רעק); כאַלאַט ז (ן)
*rok (rek); chalat*

frog n זשאַבע נ (ס), פראָש נ (פרעש)
*zhabe, frosh (fresh)*

frogman n (מיליטער) טונקער ז (ס), זשאַבעניק ז (עס)
*(militer) tunker, zhabenik*

frolic n שטיפערײַ ס (ען)
*shtiferai*

frolic v שטיפן
*shtifen*

frolicsome adj שטיפעריש
*shtiferish*

from prep פון
*fun*

front n פאָרנט ז (ן); פראָנט ז (ן)
*forent; front*

front v זײַן אין פראָנט פון; שטיין אַקעגן
*zain in front fun; shtein akegen*

frontal adj פאָרנטיק; פראָנטיק
*forentik; frontik*

frontier adj גרענעץ ז/נ (ן); גרענעץ־ראַיאָן ז (ען)
*grenets; grenets-rayon*

front-page adj (נײַעס) וויכטיק
*(naies) vichtik*

frost n פראָסט ז (פרעסט)
*frost (frest)*

frost v באַדעקן (אַן אויבערפלאַך) מיט פראָסט; באַדעקן מיט אַ באַצוקערונג
*badeken (an oiberflach) mit frost; badeken mit a batsukerung*

frosting n באַצוקערונג נ (ען)
*batsukerung*

frosty adj פראָסטיק
*frostik*

froth n ברויזעכץ ס; שוים ז (ען)
*broizechts; shoim*

froth v ברויזן; שוימען

*broizen; shoimen*

**frou-frou** n — שאָרך ז (ן) (ספּעציעל פון קליידער); (שמועסדיק) געצאַצקעטע באַפּוצונגען ר
*shorch (spetsyel fun kleider); (shmuesdik) getsatskete baputsungen*

**frown** n — שטערן־קנייטשונג נ (ען); בייזער פּנים־אויסדרוק ז
*shteren-kneit'shung; beizer ponem-oisdruk*

**frown** v — קנייטשן דעם שטערן; קרימען זיך
*kneit'shen dem shteren; krimen zich*

**frozen** adj — געפרוירן, פאַרפרוירן; זייער קאַלט
*gefroiren, farfroiren; zeier kalt*

**frugal** adj — שפּאָרעוודיק; קוים גענוגיק
*shporevdik; koim genugik*

**fruit** n — פרוכט נ (ן), פּרי נ (פּירות); אויפּס ס; פּראָדוקט ז (ן); רעזולטאַט ז (ן)
*frucht, peire (peires); oips; produkt; rezultat*

**fruit** v — טראָגן פרוכטן
*trogen fruchten*

**fruitful** adj — פרוכטיק, פרוכט־טראָגנדיק; רווחדיק
*fruchtik, frucht-trogendik; revechdik*

**fruition** n — פרוכט־אַרויסגעבונג נ; דערגרייכונג נ (ען)
*frucht-aroisgebung; dergreichung*

**fruitless** adj — פרוכטלאָז, אומפרוכטיק
*fruchtloz, umfruchtik*

**fruit store** — פרוכטן־קראָם נ (ען)
*fruchten-krom*

**fruity** adj — באַטעמט, שמעקעדיק (ווי אַ פרוכט); (שמועסדיק) זייער אינטערעסאַנט
*bataamt, shmekedik (vi a frucht); (shmuesdik) zeier interesant*

**frustrate** v — צונישט מאַכן; מעכּב זײַן
*tsunisht machen; meakev zain*

**frustration** n — צונישט־מאַכונג נ (ען); פאַרשטערונג נ (ען)
*tsunisht-machung; farshterung*

**fry** v — פּרעגלען
*preglen*

**fry** n — געפּרעגלטע שפּײַז נ (ן); פּיקניק ז (ן) (ווו געפּרעגלטע שפּײַזן ווערן סערווירט)
*gepregelte shpaiz; piknik (vu gepregelte shpaizen veren servirt)*

**fry** n pl — יונגע פישעלעך ר; קינדער ר; קלייניקייטן ר
*yunge fishelech; kinder; kleinikeiten*

**frying pan** — פּאַטעלניע נ (ס), פּאַן נ (ען)
*patelnye, fan*

**fuel** n — ברענשטאָף ז, ברענוואַרג ס
*brenshtof, brenvarg*

**fuel** v באַזאָרגן מיט ברען־מאַטעריאַלן
*bazorgen mit bren-materyalen*

**fugitive** adj אַנטלאָפן; פאַרגייענדיק; קורץ־דויערנדיק
*antlofen; fargeiendik; kurts-doierendik*

**fugitive** n אַנטלאָפענער ז, בורח ז (ים)
*antlofener, boreiech (borchim)*

**fulcrum** n אָנשפּאַר ז (ן), אָנשפּאַר־פּונקט ז (ן) (פאַר אַ הייבער)
*onshpar, onshpar-punkt (far a heiber)*

**fulfill** v דערפילן, אויספירן, מקיים זײַן
*derfilen, oisfiren, mekayem zain*

**fulfillment** n דערפילונג נ, אויספירונג נ (ען)
*derfilung, oisfirung*

**full** adj פול; גאַנץ
*ful; gants*

**full moon** פולע לבנה נ
*fule levone*

**fullness** n פולקייט נ
*fulkeit*

**fully** adv אין גאַנצן, אינגאַנצן, גאָר
*in gantsen, ingantsen, gor*

**fumble** v טאַפּן אומגעלומפּערט; באָבּרען זיך
*tapen umgelumpert; bobren zich*

**fumbler** n אומגעשיקטער מענטש ז
*umgeshikter ment'sh*

**fume** n רויך ז (ן); גאַז ז (ן); כעס ז
(Usually **fumes** pl)
*roich; gaz; kaas*

**fume** v רייכערן; כעסן זיך
*reicheren; kaasen zich*

**fumigate** v אויסרייכערן, דיסאינפיציִרן מיט רויך
*oisreicheren, disinfitsiren mit roich*

**fun** n הנאה נ; פאַרווײַלונג נ; שפּאַס ז (ן)
*hanoe; farvailung; shpas*

**function** n פונקציע נ (ס)
*funktsye*

**function** v פונקציאָנירן
*funktsyoniren*

**fund** v אַוועקלייגן געלט פאַר אַ ספּעציעלן צוועק.
*avekleigen gelt far a spetsyelen tsvek.*

**fund** n פאָנד ז (ן)
*fond*

— **funds** pl געלט ס, געלטער ר
*gelt, gelter*

**fundamental** adj פונדאַמענטאַל, יסודותדיק, עיקרדיק
*fundamental, yesoidesdik, ikerdik*

**fundamental** n יסוד ז (ות), עיקר ז (ים)
*yesod (yesoides), iker (ikrim/ikorim)*

**fundamentally** adv אין גרונט
*in grunt*

**fundamentalism** n פונדאַמענטאַליזם ז

*fundamentalizm*

funeral n — לוויה נ (לוויות)
*levaye (levayes)*

funereal adj — לוויהדיק; טרויעריק
*levayedik; troierik*

fungus n — שוואָם ז (ען); (הויט־קרענק) לישײַ ז (ען)
*shvom;*
*(hoit krenk) lishai*

funicular n — קאַבלבאַן נ, הענגבאַן נ (ען)
*kabelban, hengban*

funk n — (שמועסדיק) מורא נ (ס); פּאַניק נ (עס)
*(shmuesdik) moire; panik*

funnel n — לייקע נ (ס)
*leike*

funnel v — גיסן דורך אַ לייקע
*gisen durch a leike*

funny adj — וויציק, שפּאַסיק; (שמועסדיק) מאָדנע
*vitsik, shpasik;*
*(shmuesdik) modne*

fur n — פּעלץ ז (ן)
*pelts*

fur coat — פוטער ז (ס)
*futer*

furious adj — צאָרנדיק, מלא־כּעס; ווילד, שטורמיש
*tsorendik, mole-kaas;*
*vild, shturmish*

furlough n — אורלויב ז (ן)
*urloib*

furnace n — אויוון ז (ס); שמעלץ־אויוון ז (ס)
*oiven; shmelts-oiven*

furnish v — פאַרזאָרגן מיט, צושטעלן, געבן; אויסמעבלירן; אויסשטאַטן
*farzorgen mit, tsushtelen,*
*geben; oismebliren; oisshtaten*

furnishings n pl — מעבל ס; אויסשטאַטונג נ (ען)
*mebel; oisshtatung*

furniture n — מעבל ס
*mebel*

furor n — אויפשטורמונג נ (ען); מאַניע נ (ס); שגעון ז (ות)
*oifshturmung; manye;*
*shigoen (shigoines)*

furrier n — קירזשנער ז (ס)
*kirzhner*

furrow n — אַקער־ראָוו ז (ן), אַקער־שניט ז (ן); לאַנגע גאַרע נ (ס); טיפער קנייטש ז
*aker-rov, aker-shnit; lange*
*gare; tifer kneit'sh*

furrow v — מאַכן אַקער־ראָוון; אַקערן; קנייטשן
*machen aker-roven; akeren;*
*kneit'shen*

further adj — ווײַטערדיק
*vaiterdik*

further adv — ווײַטער
*vaiter*

further v — פּראָטעזשירן, שטיצן
*protezhiren, shtitsen*

furthermore adv — מער פון דעם,

אַחוץ דעם, דערצו
*mer fun dem, achuts dem, dertsu*

furtive adj גנביש
*ganeivish/gneivish*

furuncle n פורונקול ז (ן)
*furunkul*

fury n צאָרן ז; ירגזון ז
*tsoren; yirgozun*

fuse n צינדשנור ז (ן); (עלעקטריע) זיכערהייט־קאָריק ז (עס)
*tsindshnur; (elektrye) zicherheit-korik*

fuse v צונויפשמעלצן
*tsunoifshmeltsen*

fusion n צונויפשמעלצונג נ (ען)
*tsunoifshmeltsung*

fuss n טאַראַראַם ז (ען); קאָפּ־דרייעניש ס (ן)
*tararam; kop-dreienish*

fuss v טאַראַראַמעווען; אַרומטאַנצן; פּאָרען זיך; צאַצקען זיך
*tararameven; arumtantsen; poren zich; tsatsken zich*

fussy adj איבערקלײַבעריש
*iberklaiberish*

futile adj ווערטלאָז; נישטיק; טריוויאַל; אומנוצלעך
*vertloz; nishtik; trivyal; umnutslech*

futility n אומוויכטיקייט נ; אומנוציקייט נ
*umvichtikeit; umnutsikeit*

future n צוקונפט נ, עתיד ז
*tsukunft, osed/osid*

future adj צוקונפטיק
*tsukunftik*

futurism n פוטוריזם ז
*futurizm*

fuzz n פוך ז; (סלענג) פּאָליצײַ נ; פּאָליציאַנט ז (ן)
*puch; (sleng) politsei; politsyant*

fuzz v מאַכן פוכיק; ווערן פוכיק
*machen puchik; veren puchik*

fuzzy adj פוכיק; פאַרווישט, אומקלאָר
*puchik; farvisht, umklor*

# G g

g, G n גע ז (ען) (בוכשטאַב)
*ge (buchshtab)*

gab n (שמועסדיק) פּלאַפּלערײַ ס
*(shmuesdik) plaplerai*

gab v פּלאַפּלען, פּלוידערן
*plaplen, ploideren*

gabardine n גאַבאַרדין ז (ען)
*gabardin*

gabble v רעדן שנעל און אומפאַרשטענדלעך; בעבבען; גאָגערן (ווי אַ גאַנדז אָדער אַ קאַטשקע)

reden shnel un umfarshtendlech; beben; gogeren (vi a gandz oder a kat'shke)

**gabby** adj — זייער באַרעדעוודיק
*zeier baredevdik*

**gaberdine** n — קאַפּאָטע נ (ס)
*kapote*

**gad** v — אַרומזוכן פאַרגעניגן, אַרומגיין אָן אָפּרו
*arumzuchen fargenigen; arumgein on opru*

**gadfly** n — בהמות־פליג נ (ן); חטאים־זוכער ז (ס)
*beheimes-flig; chato'im-zucher*

**gadget** n — (קליינע מעכאַנישע) המצאה נ (המצאות)
*(kleine mechanishe) hamtsoe (hamtsoes)*

**gag** n — שפּרײַזל ס (עך); (סלענג) שפּאַס ז (ן)
*shpraizel (shpraizlech); (sleng) shpas*

**gag** v — פאַרשפּרײַזלען
*farshpraizlen*

**gaga** adj — (סלענג) נאַריש; לעכערלעך ענטוזיאַסטיש
*(sleng) narish; lecherlech entuzyastish*

**gaggle** v — גאָגערן, גאָנערן, גאָגאָטשען (ווי אַ גאַנדז)
*gogeren, goneren, gogot'shen (vi a gandz)*

**gaggle** n — גאָגערונג נ (ען)
*gogerung*

**gaiety** n — פריילעכקייט נ, אויפגעלייגטקייט נ, שׂמחה נ
*freilechkeit, oifgeleigtkeit, simche*

**gaily** adv — פריילעך, בשׂמחה
*freilech, besimche*

**gain** v — געווינען; צונעמען (וואָג); מרוויח זײַן
*gevinen; tsunemen (vog); marviech zain*

**gain** n — געווינס ס (ן); ריווח ז (רווחים)
*gevins; revech (revochim)*

**gainful** adj — ריווחדיק
*revechdik*

**gainsay** v — ווידערשפּרעכן, רעדן אַנטקעגן; אָפּלייקענען
*vidershprechen, reden antkegen; opleikenen*

**gait** n — גאַנג ז (גענג), הילוך ז; גייאונגס־אופן ז (ים)
*gang (geng); hilech; geiungs-oifen (-oifonim)*

**gal** n — (שמועסדיק) מיידל ס/נ (עך)
*(shmuesdik) meidel (meidlech)*

**gala** n — פײַערונג נ (ען)
*faierung*

**gala** adj — פײַערלעך, יום־טובדיק
*faierlech, yom-tevdik*

**galaxy** n — גאַלאַקסיע נ (ס); פּראַכטפולע גרופּע נ (ס)
*galaksye; prachtfule grupe*

**gale** n — שטורעם־ווינט ז (ן)

*shturem-vint*

gall n גאַל נ; ביטערקייט נ; (שמועסדיק) חוצפה נ
*gal; biterkeit; (shmuesdik) chutspe*

gallant adj גאַלאַנט (איידל; דרייסט; מהודר; העפלעך צו פרויען)
*galant (eidel; dreist; mehuder; heflech tsu froien)*

gallery n גאַלעריע נ (ס)
*galerye*

gallon n גאַלאָן ז (ען)
*galon*

gallop n גאַלאָפּ ז (ן)
*galop*

gallop v גאַלאָפּירן
*galopiren*

galore adv בשפע
*beshefe*

galoshes n pl קאַלאָשן ר
*kaloshen*

gambit n (שאַך) גאַמביט ז (ן); עפענונג־מאַנעווער ז (ס)
*(shach) gambit; efenung-manever*

gamble v שפּילן אויף געלט; וועטן זיך; אײַנשטעלן, ריזיקירן
*shpilen oif gelt; veten zich; ainshtelen, rizikiren*

gamble n אײַנשטעלעניש ס (ן); געוועט ס (ן); אַזאַרטשפּיל נ (ן); ריזיקע נ (ס)
*ainshtelenish; gevet; azart'shpil; rizike*

gambler n אַזאַרטשפּילער ז (ס)
*azart'shpiler*

game n שפּיל נ (ן); (יעגערײַ) געווילד ס
*shpil; (yegerai) gevild*

gander n גאָנער ז (ס)
*goner*

gang n באַנדע נ (ס), כנופיא נ (כנופיות)
*bande; knufye (knufyes)*

gang v (שמועסדיק) גרופּירן זיך אין אַ באַנדע; אַטאַקירן אין אַ באַנדע
*(shmuesdik) grupiren zich in a bande; atakiren in a bande*

gangster n גענגסטער ז (ס)
*gengster*

gap n אײַנרײַס ז (ן); בלייז ז (ן), בלאַנק ז (ען)
*ainrais; bleiz, blank*

gape v גאַפן (עפענען דאָס מויל ברייט; גענעצן; גלאָצן מיט אַן אָפן מויל)
*gafen (efenen dos moil breit; genetsen; glotsen mit an ofen moil)*

garage n גאַראַזש ז (ן)
*garazh*

garage v האַלטן אין אַ גאַראַזש
*halten in a garazh*

garb n לבוש ז (ים), קליידונג נ (ען)
*levush (levushim), kleidung*

garb v באַקליידן
*bakleiden*

garbage n מיסט ס;

אָפּפאַל ז (ן)
*mist; opfal*

**garble** v צעדרייען, פֿאַלש פֿאָרשטעלן; צעמישן (פֿאַקטן, דערקלערונגען, כּתבים, א״ע)
*tsedreien, falsh forshtelen; tsemishen (fakten, derklerungen, ksovim, etc.)*

**garden** n גאָרטן (ס/גערטנער)
*gorten (gortens/gertner)*

**garden** v גערטנערן
*gertneren*

**gardener** n גערטנער ז (ס)
*gertner*

**gardenia** n גאַרדעניע נ (ס) (בלום; קשאַק)
*gardenye (blum; kshak)*

**gardening** n גערטנערײַ ס
*gertnerai*

**gargle** v גאָרגלען, שווענקען (דעם גאָרגל)
*gorglen, shvenken (dem gorgel)*

**gargle** n שווענקעכץ ס (ן)
*shvenkechts*

**garland** n קראַנץ ז (קרענץ); אַנטאָלאָגיע נ (ס)
*krants (krents); antologye*

**garland** v דעקאָרירן מיט קרענץ
*dekoriren mit krents*

**garlic** n קנאָבל ז
*knobel*

**garment** n מלבוש ז/ס (ים)
*malbesh (malbushim)*

**garment** v באַקליידן
*bakleiden*

**garner** v אײַנשפּײַכלערן
*ainshpaichleren*

**garner** n תּבֿואה־שפּײַכלער ז (ס); סקלאַד ז (ן)
*tvue-shpaichler; sklad*

**garnish** v גאַרנירן (צוגעבן געווירצן אָדער באַפּוצונגען צו שפּײַז; באַצירן)
*garniren (tsugeben gevirtsen oder baputsungen tsu shpaiz; batsiren)*

**garret** n בוידעם ז (ס); דאַכשטיבל ס (עך)
*boidem; dachshtibel (dachshtiblech)*

**garrison** n גאַרניזאָן ז (ען)
*garnizon*

**garrison** v אײַנלאָקירן, באַזעצן (סאָלדאַטן)
*ainlokiren, bazetsen (soldaten)*

**garrulity** n באַרעדעוודיקייט נ
*baredevdikeit*

**garrulous** adj באַרעדעוודיק
*baredevdik*

**garter** n זאָקנבענדל ס (עך)
*zokenbendel (zokenbendlech)*

**gas** n גאַז ז (ן); גאַזאָלין ז
*gaz; gazolin*

**gas mask** גאַז־מאַסקע נ (ס)
*gaz-maske*

**gasoline** n גאַזאָלין ז, בענזין ז
*gazolin, benzin*

**gasp** v סאַפּען

*sapen*

gastronomy n גאַסטראָנאָמיע נ
*gastronomye*

gate n טויער ז (ן)
*toier*

gather v זאַמלען
*zamlen*

gathering n איינזאַמלונג נ;
פאַרזאַמלונג נ (ען)
*ainzamlung; farzamlung*

gauche adj אומגעלומפערט;
אָן טאַקט
*umgelumpert; on takt*

gaudy adj (קאָליר) רייסיק,
שרייאיק
*(kolir) raisik, shraiik*

gauge n סטאַנדאַרד־מאָס נ (ן);
מעסטונג־סקאַלע נ (ס)
*standard-mos; mestung-skale*

gauge v מעסטן גענוי; אָפּשאַצן
*mesten genoi; opshatsen*

gaunt adj זייער דאַר און
ביינערדיק
*zeier dar un beinerdik*

gauze n גאַזע נ
*gaze*

gavel n העמערל ס (עך)
(פון אַ שופט, פאָרזיצער, א״ע)
*hemerel (hemerlech)*
*(fun a shoifet, forzitser, etc.)*

gawk n אומגעלומפערטער נאַר ז
*umgelumperter nar*

gawk v גלאָצן נאַריש
*glotsen narish*

gay adj פריילעך; לעבעדיק
*freilech; lebedik*

gaze v אָנקוקן (מיט ווונדער,
פאַרגעניגן, אָדער אינטערעס.)
*onkuken (mit vunder,*
*fargenigen, oder interes.)*

gaze n שטאַרקער בליק ז (מיט כוונה)
*shtarker blik (mit kavone)*

gazebo n גאַזיבאָ ז (ס) (אַ זומער־הויז,
באַלקאָן, א״ע וואָס הערשן איבער
אַ ווייטער פּאַנאָראַמע.)
*gazibo (a zumer-hoiz,*
*balkon, etc. vos hershen iber*
*a vaiter panorame.)*

gazelle n גאַזעל ז (ן)
*gazel*

gazette n צייטונג נ (ען);
אָפיציעלער זשורנאַל ז
*tsaitung; ofitsyeler zhurnal*

gear n ציינראָד נ (ציינרעדער);
(אויטאָמאָביל) גאַנג ז (געגנג);
אויסשטאַטונג נ (ען),
כלים ר (פאַר אַ ספּעציעלן צוועק)
*tseinrod (tseinreder);*
*(oitomobil) gang (geng);*
*oisshtatung, keilim (far*
*a spetsyelen tsvek)*

gear v צופּאַסן; אויסשטאַטן
*tsupasen; oisshtaten*

geezer n (סלענג) אַלטער תּרח ז
*(sleng) alter terech*

gefilte fish געפילטע פיש
(a Jewish food)
*gefilte fish*

Gehenna n גיהנום ז/ס (ס)
*gehenem*

gelatin n זשעלאַטין ז
*zhelatin*

gem n איידלשטיין ז (ער)
*eidelshtein (eidelshteiner)*

Gemara n גמרא נ
*gemore*

gender n (גראַמאַטיק) מין ז (ים)
*(gramatik) min (minim)*

gene n (ביִאָלאָגיע) גענע נ (ס)
*(biologye) gene*

genealogy n גענעאַלאָגיע נ (ס)
*genealogye*

general adj אַלגעמיין
*algemein*

general n (אַרמיי) גענעראַל ז (ן)
*(armei) general*

generality n אַלגעמיינקייט נ (ן)
*algemeinkeit*

generalize v גענעראַליזירן
*generaliziren*

generally adv בדרך־כּלל
*bederech-klal*

generate v פּראָדוצירן; שאַפן
*produtsiren*

generation n דור ז (ות);
פּראָדוצירונג נ
*dor (doires); produtsirung*

generator n גענעראַטאָר ז (ן),
דינאַמאָ ז (ס)
*generator, dinamo*

generosity n ברייטהאַרציקייט נ
*breithartsikeit*

generous adj ברייטהאַרציק
*breithartsik*

genesis n מקור ז (ות/ים);
געבורט נ (ן)
*moker/mekor*
*(mekoires/mekoirim);*
*geburt*

Genesis n ספר בראשית ז (ס)
*seifer breishes/breishis*

genetics n *(takes sing. v.)* גענעטיק נ
*genetik*

genial adj פריילעך און פרײַנדלעך;
ליבהאַרציק
*freilech un fraindlech;*
*libhartsik*

genitive n (גראַמאַטיק) געניטיוו ז (ן)
*(gramatik) genitiv*

genius n זשעני ז (ען), גאון ז (גאונים)
*zheni, goen (geoinim)*

genocide n גענאָסיד, גענאָציד ז (ן)
*genosid, genotsid*

genteel adj איידל; העפלעך;
עלעגאַנט;
כּלומרשט אַריסטאָקראַטיש
*eidel; heflech; elegant;*
*kloimersht aristokratish*

gentile n גוי ז (ים), ערל ז (ים)
*goi (goyim), orel (areilim)*

gentle adv צאַרט; מילד;
וויל־געבוירן
*tsart, mild; voil-geboiren*

gentleman n דזשענטלמען,
דזשענטעלמען ז (ער)
(בעל־מידות ז, איידעלער מענטש ז;

הער ז)
*dzentelmen (dzhentelmener) (baal-mides, eideler ment'sh; her)*

gentleness n אײדלקײט נ; צאַרטקײט נ; מילדקײט נ
*eidelkeit; tsartkeit; mildkeit*

genuine adv עכט
*echt*

genuineness n עכטקײט נ
*echtkeit*

genus n גענוס ז (ן)
*genus*

geography n געאָגראַפיע נ (ערד־באַשרײַבונג; טאָפּאָגראַפישע שטריכן פון אַ שטח.)
*geografye (erd-bashraibung, topografishe shtrichen fun a shetech.)*

geology n געאָלאָגיע נ
*geologye*

geometry n געאָמעטריע נ
*geometrye*

geophysics n געאָפיזיק נ
*(takes sing. v.)* *geofizik*

geopolitics n געאָפּאָליטיק נ
*(takes sing. v.)* *geopolitik*

geranium n געראַניום ז (ס) (פלאַנץ)
*geranyum (flants)*

germ n גערמע נ (ס)
*germe*

germane adv שײכדיק, שײַכותדיק, שײך צו
*shayechdik, shaichesdik, shayech tsu*

German shepherd dog דײַטשישער שאָפהונט ז
*dait'shisher shofhunt*

germinate v שפּראָצן
*shprotsen*

gerund n גערונד ז (ן), גערונדיום ז (ס) (אַ װערבאַלע פאָרעם װאָס װערט גענוצט װי אַ זאַכװאָרט. בײַשפּיל: She taught dancing.)
*gerund, gerundyum (a verbale forem vos vert genutst vi a zachvort. baishpil:)*

gesticulate v זשעסטיקולירן, מאַכן אימפּעטיקע תּנועות.
*zhestikuliren, machen impetike tnues.*

gesture n זשעסט ז (ן)
*zhest*

gesture v מאַכן זשעסטן
*machen zhesten*

get v קריגן, באַקומען; װערן; פאַרשטײן
*krigen,bakumen; veren; farshtein*

— get about גײן פון אָרט צו אָרט; פאַרשפּרײטן זיך
*gein fun ort tsu ort; farshpreiten zich*

— get across (שמועסדיק) איבערצײַגן
*(shmuesdik) ibertsaigen*

— get after אָנשרײַען ; דוחק זײַן
*onshraien; doichek zain*

— get ahead מצליח זײַן, אַרויפאַרבעטן זיך
*matsliech zain, aroifarbeten zich*

— get along אויסקומען מיט ; עלטער ווערן
*oiskumen mit; elter veren*

— get around אַרומפאָרן ; אָפּנאַרן
*arumforen; opnaren*

— get at אויסגעפינען ; צוקומען צו
*oisgefinen; tsukumen tsu*

— get away אַוועקגיין ; אַנטלויפן
*avekgein; antloifen*

— get away with (שמועסדיק) אויסמײַדן אַ שטראָף
*(shmuesdik) oismaiden a shtrof*

— get back צוריקקומען ; צוריקקריגן ; (סלענג) נעמען נקמה
*tsurikkumen; tsurikkrigen; (sleng) nemen nekome*

— get behind שטיצן ; זײַן הינטערשטעליק
*shtitsen; zain hintershtelik*

— get by דורכקומען ; האָבן פרנסה בצימצום
*durchkumen; hoben parnose betsimtsem*

— get down to קאָנצענטרירן זיך אויף
*kontsentriren zich oif*

— get in אַרײַנגיין ; באַקאַנט ווערן
*araingein; bakant veren*

— get it פאַרשטיין ; (שמועסדיק) ווערן באַשטראָפט אָדער אויסגעזידלט
*farshtein; (shmuesdik) veren bashtroft oder oisgezidelt*

— get nowhere ניט פּראָגרעסירן ; ניט האָבן דערפאָלג
*nit progresiren; nit hoben derfolg*

— get off אַראָפּגיין ; אַרויסגיין ; אָפּקומען מיט
*aropgein; aroisgein; opkumen mit*

— get on אַרויפגיין, אויפזעצן זיך ; אויסקומען מיט ; מצליח זײַן ; עלטער ווערן
*aroifgein, oifzetsen zich; oiskumen mit; matsliech zain; elter veren*

— get out interj אַרויס !
*arois!*

— get out of אַרויסקריגן ; אַרויסדרייען זיך
*aroiskrigen; aroisdreien zich*

— get over קומען צו זיך ; געזונט ווערן ; (סלענג) קלאָר מאַכן, איבערצײַגן
*kumen tsu zich; gezunt veren; (sleng) klor machen,*

*ibertsaigen*

— get there (שמועסדיק) צוקומען צום ציל
*(shmuesdik) tsukumen tsum tsil*

— get through to פאַרבינדן זיך מיט; מאַכן זיך פאַרשטענדלעך
*farbinden zich mit; machen zich farshtendlech*

— get to קענען, זײַן אין שטאַנד; דערגרייכן
*kenen, zain in shtand; dergreichen*

— get up אויפשטיין
*oifshtein*

getaway n אַנטלויף ז (ן); (פאַרמעסט) סטאַרט ז (ן)
*antloif; (farmest) start*

get-up-and-go n (שמועסדיק) ענערגיע נ (ס); איניציאַטיוו נ (ן)
*(shmuesdik) energye; initsyativ*

gewgaw n (אומניצלעך) שפּילכל ס (עך); צאַצקע נ (ס)
*(umnitslech) shpilchel (shpilchlech); tsatske*

geyser n גייזער ז (ס)
*geizer*

ghastly adj גרויליק; שוידערלעך; טויט־בלאַס
*groilik; shoiderlech; toit-blas*

ghetto n געטאָ נ (ס)
*geto*

ghost n רוח ז (ות) (פון אַ מת)
*ruech (fun a mes)*

ghost writer פאַרבאָרגענער שרײַבער ז
*farborgener shraiber*

ghoul n גרויזאַמער דעמאָן ז; קברים־רויבער ז (ס)
*groizamer demon; kvorim-roiber*

ghoulish adj דעמאָניש; ברוטאַל און אָפּשטויסנדיק
*demonish; brutal un opshtoisendik*

giant n ריז ז (ן)
*riz*

gibber v פּלאַפּלען אָן אַ זינען
*plaplen on a zinen*

gibberish n אומזיניק פּלאַפּלערײַ ס
*umzinik plaplerai*

giddy adj שווינדלדיק; לײַכטזיניק
*shvindeldik; laichtzinik*

gift n מתּנה נ (מתּנות), געשאַנק ס (ען); טאַלאַנט ז (ן)
*matone (matones), geshank; talant*

gifted adj טאַלאַנטירט
*talantirt*

gigantic adj גיגאַנטיש, ריזיק
*gigantish, rizik*

giggle v כיכען, כיכיקען
*chichen, chichiken*

giggle n כיך ז (ן), נאַריש געלעכטערל ס
*chich, narish gelechterel*

gild v באַגילדן, פאַרגילטן
*bagilden, fargilten*

— **gild the lily** באַפּוצן אומנויטיק
*baputsen umnoitik*

**gill** n זשאַברע נ (ס) (אָטעם־אָרגאַן בײַ פיש)
*zhabre (otem-organ bai fish)*

**gimlet** n עקבער ז (ס)
*ekber*

**gimmick** n דזשימדזשיק ז (עס), המצאה נ (המצאות); שפּיצל ס (עך)
*dzhimdzhik, hamtsoe (hamtsoes); shpitsel (shpitslech)*

**giraffe** n זשיראַף ז (ן)
*zhiraf*

**gird** v אָנגורטן; אַרומפּאַסעווען
*ongurten; arumpaseven*

**girl** n מיידל ס/נ (עך)
*meidel (meidlech)*

**girlish** adj מיידלש
*meidelsh*

**gist** n תּמצית ז, עיקר ז
*tamtses, iker*

**give** v געבן
*geben*

**give-and-take** n יושרדיקער אויסבײַט ז; קעגנזײַטיקע נאָכגעבונג נ
*yoisherdiker oisbait; kegenzaitike nochgebung*

**given** adj געגעבן; באַשטימט
*gegeben; bashtimt*

**gizzard** n פּופּיק ז (עס)
*pupik*

**glacier** n גלעטשער ז (ס)
*glet'sher*

**glad** adj צופרידן
*tsufriden*

**gladden** v דערפרייען
*derfreien*

**gladiator** n גלאַדיאַטאָר ז (ן)
*gladyator*

**gladiolus** n גלאַדיאָלוס ז (ן), שווערדן־בלום נ (ען)
*gladyolus, shverden-blum*

**gladly** adv גערן; מיט פרייד
*geren; mit freid*

**gladsome** adj צופרידן; פריילעך
*tsufriden; freilech*

**glamor, glamour** n רייצנדיקער בלישטש ז; צויבער ז
*reitsendiker blisht'sh; tsoiber*

**glamorous** adj בלישטשיק און רייצנדיק; באַצויבערנדיק
*blisht'shik un reitsendik; batsoiberendik*

**glance** n בליק ז (ן), קוק ז (ן)
*blik, kuk*

**glance** v וואַרפן אַ בליק
*varfen a blik*

**gland** n דריז נ (ן)
*driz*

**glare** n שטאַרקער אָפּשײַן ז; בייזער קוק ז
*shtarker opshain; beizer kuk*

**glare** v אָפּשײַנען שטאַרק; גלאָצן בייז
*opshainen shtark; glotsen beiz*

**glaring** adj בלענדנדיק;

גלאָצנדיק בייז; אויגן־רײַסיק
*blendendik;*
*glotsendik beiz; oigen-raisik*

glass adj — גלעזערן
*glezeren*

glass n — גלאָז ס; שויב נ (ן); (טרינקונג) גלאָז נ/ס (גלעזער); גלעזל ס (עך)
*gloz; shoib;*
*(trinkung) gloz (glezer);*
*glezel (glezlech)*

glasses n pl — ברילן ר
*brilen*

glassware n — גלאָזוואַרג ס
*glozvarg*

glassy adj — גלעזערן; גלאַטיק; גלאָצנדיק
*glezeren; glatik; glotsendik*

glaze v — אַרײַנשטעלן שויבן; גלאַזירן
*arainshtelen shoiben; glaziren*

glaze n — גלאַזור נ (ן)
*glazur*

glazier n — גלעזער ז (ס)
*glezer*

gleam n — קורצער ליכט־שטראַל ז; טונקעלע ליכט נ
*kurtser licht-shtral;*
*tunkele licht*

gleam v — גליִען; אויפבליצן; שײַנען קורץ אָדער שוואַך
*glien; oifblitsen;*
*shainen kurts oder shvach*

glee n — פרייד נ (ן); פריילעכקייט נ
*freid; freilechkeit*

glee club — געזאַנג־קלוב ז (ן)
*gezang-klub*

gleeful adj — פריידיק; פריילעך
*freidik; freilech*

glen n — שמאָלער טאָל ז
*shmoler tol*

glib adj — שנעל־רעדנדיק (און אָפט ניט־אמת)
*shnel-redendik*
*(un oft nit-emes)*

glide v — גליטשן זיך; שוועבן; פאַרגיין שטיל אָדער שטופנווײַז
*glit'shen zich; shveben;*
*fargein shtil oder shtufenvaiz*

glider n — (עראָפּלאַן) לופט־שוועבער ז (ס)
*(eroplan) luft-shveber*

glimmer v — גלימערן, צאַנקען
*glimeren, tsanken*

glimpse n — בליק ז (ן), קוק ז (ן)
*blik, kuk*

glimpse v — כאַפּן אַ בליק
*chapen a blik*

glisten v — שימערירן, שעמערירן
*shimeriren, shemeriren*

glitter v — גלאַנצן; בלישטשען
*glantsen, blisht'shen*

glitter n — גלאַנץ ז; בלישטש ז
*glants; blisht'sh*

gloat v — אַרויסווײַזן רשעותדיקע באַפרידיקונג; גלאָצן
*aroisvaizen rishesdike*
*bafridikung; glotsen*

global adj גלאָבאַל
*global*

globe n קײַלעך ז (ער); ערד־קײַלעך ז; גלאָבוס ז (ן)
*kailech (kailecher); erd-kailech; globus*

globetrotter n וועלט־רײַזנדער ז (ס)
*velt-raizender*

gloom n פינצטערניש ס; אומעט ז
*fintsternish; umet*

gloomy adj פינצטער; אומעטיק
*fintster; umetik*

glorify v גלאָריפיצירן (פאַרהערלעכן; הויך האַלטן)
*glorifitsiren (farherlechen; hoich halten)*

glorious adj גלאָריעדיק
*gloryedik*

glory n גלאָריע נ (ס) (גרויסער כבוד אָדער שבח ז; באַרימטקייט נ; פראַכט נ; שטראַלנדיקע שיינקייט נ; גליקזעליקייט נ; ליכטקראַנץ ז)
*glorye (groiser koved oder shevach; barimtkeit; pracht; shtralendike sheinkeit; glikzelikeit; lichtkrants)*

gloss n גלאָסע נ (ס), אָפּטײַטש ז (ן); גלאַנץ ז; אָנשטעל ז (ן)
*glose, optait'sh; glants; onshtel*

gloss v פאַרטײַטשן בקיצור; צוגעבן אַ גלאַנץ
*fartait'shen bekitser; tsugeben a glants*

— gloss over פאַרגלעטן (טעותים, פגמים, א"ע)
*fargleten (teusim, pgomim, etc.)*

glossary n גלאָסאַר ז (ן)
*glosar*

glossy adj גלאַטיק און גלאַנציק
*glatik un glantsik*

glove n הענטשקע נ (ס)
*hent'shke*

glove v אָנטאָן הענטשקעס
*onton hent'shkes*

glover n הענטשקער ז (ס), הענטשקעס־מאַכער ז (ס)
*hent'shker, hent'shkes-macher*

glow n גלי ז, שײַן נ
*gli, shain*

glow v גליִען, שײַנען
*glien, shainen*

glower v קוקן בייז; אָנכמורען דאָס פנים
*kuken beiz; onchmuren dos ponem*

glower n בייזער קוק ז
*beizer kuk*

glowing adj שײַנענדיק
*shainendik*

glow-worm n גלי־וואָרעם ז (־ווערעם)
*gli-vorem (-verem)*

gloze v פאַרגלעטן (זינד, חסרונים, א"ע); רעדן חניפה
*fargleten (zind, chesroinim, etc.); reden chanife*

glue n קליי ז (ען)
*klei*

**glue** v — קלעפן; אָנקלעפן
*klepen; onklepen*

**gluey** adj — קלעפיק
*klepik*

**glum** adj — אָנגעכמורעט
*ongechmuret*

**glut** v — פאַרפלייצן (דעם מאַרק מיט סחורה); איבערפילן; פרעסן
*farfleitsen (dem mark mit schoire); iberfilen; fresen*

**glut** n — פאַרפלייצונג נ (ען) (פונעם מאַרק מיט סחורות); איבערזעטיקונג נ
*farfleitsung (funem mark mit schoires); iberzetikung*

**glutton** n — פרעסער ז (ס)
*freser*

**gluttony** n — פרעסערײַ ס
*freserai*

**gnarl** n — סוק ז (עס), סענק ז (עס)
*suk, senk*

**gnarled** adj — סוקעוואַטע, סענקעוואַטע
*sukevate, senkevate*

**gnash** v — קריצן מיט די ציין
*kritsen mit di tsein*

**gnat** n — מוק ז/נ (ן)
*muk*

**gnaw** v — גריזשען, נאָגן
*grizhen, nogen*

**gnome** n — שרעטל ס (עך)
*shretel (shretlech)*

**Gnosticism** n — גנאָסטיציזם ז
*gnostitsizm*

**go** v — גיין; פאָרן
*gein; foren*

— go about — פאַרנעמען זיך מיט; אַרומגיין
*farnemen zich mit; arumgein*

— go ahead — גיין פאָראויס
*gein forois*

— go along — מסכים זײַן
*maskem zain*

— go astray — בלאָנדזשען
*blondzhen*

— go at — אַטאַקירן
*atakiren*

— go away — אַוועקגיין, אַוועקפאָרן
*avekgein, avekforen*

— go back — צוריקגיין
*tsurikgein*

— go by — פאַרבײַגיין; פירן זיך לויט
*farbaigein; firen zich loit*

— go down — אַראָפגיין; אונטערגיין
*aropgein; untergein*

— go for — (שמועסדיק) פרובירן צו באַקומען; זײַן ענטוזיאַסטיש וועגן
*(shmuesdik) prubiren tsu bakumen; zain entuzyastish vegen*

— go in — אַרײַנגיין
*araingein*

— go off — אויסשיסן
*oisshisen*

— go on — אָנגיין, טאָן זיך

*ongein, ton zich*

— go out אַרויסגיין; אויסגיין
*aroisgein; oisgein*

— go over אַריבערגיין; איבערגיין
*aribergein; ibergein*

— go through דורכגיין; דורכמאַכן, איבערלעבן
*durchgein; durchmachen, iberleben*

— go through with דערענדיקן
*derendiken*

— go together גיין צוזאַמען; זײַן באַפרײַנדט
*gein tsuzamen; zain bafraindet*

— go under אונטערגיין
*untergein*

— go up אַרויפגיין
*aroifgein*

— go with גיין מיט; זײַן פּאַסיק
*gein mit; zain pasik*

goad n טרײַב־שטעקן ז (ס) (פאַר בהמות); סטימול ז (ן)
*traib-shteken (far beheimes); stimul*

goad v סטימולירן, שטויסן (אין אַ געוויסער ריכטונג)
*stimuliren, shtoisen (in a geviser richtung)*

goal n ציל ז (ן)
*tsil*

goat, she-goat n ציג נ (ן), קאָזע נ (ס)
*tsig; koze*

— he-goat n ציגנבאָק ז, בּאָק ז (בּעק), צאַפּ ז (עס)
*tsigenbok, bok (bek), tsap*

goatee n צאַפּנבערדל ס, קמץ־בּערדל ס (עך)
*tsapenberdel, komets-berdel*

gobble v פרעסן; אײַנשלינגען; האָלדערן (ווי אַן אינדיק)
*fresen, ainshlingen; holderen (vi an indik)*

go-between n פאַרמיטלער ז (ס)
*farmitler*

goblet n בּעכער ז (ס)
*becher*

god n גאָט ז (געטער), אָפּגאָט ז (אָפּגעטער)
*got (geter), opgot (opgeter)*

God n גאָט ז, באַשעפער ז, אייבערשטער ז
*got, bashefer, eibershter*

goddess n געטין נ (ס)
*getin*

goggles n pl שוץ־ברילן ר
*shuts-brilen*

gold n גאָלד ס
*gold*

golden adj גאָלדן
*golden*

goldfish n גאָלדפיש ז
*goldfish*

goldsmith n גאָלדשמיד ז (ן)
*goldshmid*

golf n גאָלף ז
*golf*

Goliath n גלית ז (פּרט־נאָמען פון

אַ פּלישתּישן גיגאַנט); ריז ז (ן)
*golyas (prat-nomen fun a plishtishen gigant); riz*

**Gomorrah, Gomorrha** n עמורה, עמרה (ס) (פּרט־נאָמען פון אַ כנענישער שטאָט); עקסטרעמלעך רשעותדיק אָרט
*amora (prat-nomen fun a knaanisher shtot); ekstremlech rishesdik ort*

**gondola** n גאָנדאָלע נ (ס)
*gondole*

**good** adj גוט
*gut*

**good** n גוטס ס; טובה נ
*gutes; toive*

**good-bye** interj אַ גוטן טאָג; אַ גוטע נאַכט; אַ גוט יאָר; זײַ (זײַט) געזונט
*a guten tog; a gute nacht; a gut yor; zai (zait) gezunt*

**good day** interj אַ גוטן טאָג; — אַ גוט יאָר
*a guten tog; — a gut yor*

**good evening** interj אַ גוטן אָוונט; — אַ גוט יאָר
*a guten ovent; — a gut yor*

**good morning** interj גוט מאָרגן; — אַ גוט יאָר
*gut morgen; — a gut yor*

**good night** interj אַ גוטע נאַכט; — אַ גוט יאָר
*a gute nacht; — a gut yor*

**goods** n pl סחורה נ (סחורות)
*schoire (schoires)*

**goof** n (סלענג) טיפּש ז (ים); גראָבער פעלער ז
*(sleng) tipesh (tipshim); grober feler*

**goof** v באַנאַרישן זיך; אָפּטאָן אַ פעלער
*banarishen zich; opton a feler*

— **goof off** פוסטעפּאַסעווען; אַרויסדרייען זיך פון
*pustepaseven; aroisdreien zich fun*

**goose** n גאַנדז (גענדז)
*gandz (gendz)*

**gooseberry** n אַגרעס ז (ן)
*agres*

**goose flesh, goose pimples** גענדזענע הויט נ (פון קעלט אָדער שרעק)
*gendzene hoit (fun kelt oder shrek)*

**goose step** גענדזנטריט ז
*gendzentrit*

**gorge** n באַרגשפּאַלט ז (ן); פרעסערישקייט נ
*bargshpalt; freserishkeit*

**gorge oneself** פרעסן; אָנשטאָפּן זיך
*fresen; onshtopen zich*

**gorgeous** adj זייער שיין, פּרעכטיק
*zeier shein, prechtik*

**gorilla** n גאָרילע נ (ס); (סלענג)

בעל־כּוח ז, שטאַרקער ז
*gorile; (sleng) baal-koiech, shtarker*

**gormandize** v פרעסן
*fresen*

**gory** adj בלוטיק
*blutik*

**gosh** interj אָווא!
*ova!*

**Goshen** n גושן, גשן (ס) (פּרט־נאָמען פון אַ מיצרישן דיסטריקט אין תּנך); שפע־לאַנד ס
*goshen (prat-nomen fun a mitsrishen distrikt in tanach); shefe-land*

**gosling** n גענדזל ס (עך)
*gendzel (gendzlech)*

**gospel** n עוואַנגעליע נ (ס)
*evangelye*

**gossamer** n ארץ־ישׂראל־פעדעם ר
*erets-yisroel-fedem*

**gossamer** adj זייער דין און לײַכט
*zeier din un laicht*

**gossip** n רכילות ס (ן), באַרעדונג נ (ען); באַרעדער ז, הולך־רכיל ז
*rechiles, baredung; bareder, hoilech-rochil*

**gossipmonger** n הולך־רכיל ז (הולכי־)
*hoilech-rochil (holche-)*

**goulash** n גולאַש ז (ן)
*gulash*

**gourmand** n שפּײַז־ליבהאָבער ז (ס)
*shpaiz-libhober*

**govern** v רעגירן, הערשן
*regiren, hershen*

**governess** n ניאַניע נ (ס)
*nyanye*

**government** n רעגירונג נ (ען)
*regirung*

**governor** n הערשער ז (ס)
*hersher*

**gown** n באַלקלייד ס (ער); בגד־כּבוד ז/ס (בּגדי־); אוניווערסיטעט־מיטגלידער ר
*balkleid (balkleider); beged-koved (bigde-); universitet-mitglider*

**gown** v אָנטאָן אַ באַלקלייד, אאַז״וו
*onton a balkleid, etc.*

**goy** n גוי ז (ים) (ניט ייִד ז; אומרעליגיעזער ייִד ז)
*goi (goyim) (nit yid; umreligyezer yid)*

**grab** v אָנכאַפּן
*onchapen*

**grab** n כאַפּונג נ (ען)
*chapung*

**grabber** n כאַפּער ז (ס)
*chaper*

**grace** n גראַציעזקייט נ, גראַציע נ (ס), חן ז (ען); גנאָד נ (ן), חסד ז (ים); בּרכּת־המזון נ
*gratsyezkeit, gratsye, chein; gnod, chesed (chasodim); birkas-hamozon*

**grace** v צוגעבן חן; טאָן אַ חסד;

מכבד זײַן
*tsugeben chein; ton a chesed; mechabed zain*

graceful adj גראַציעז
*gratsyez*

graceless adj ניט־גראַציעז, אומבּחנט
*nit-gratsyez, unbacheint*

gracious adj גנעדיק, חסדימדיק
*gnedik, chasodimdik*

gradation n גראַדאַציע נ (ס)
*gradatsye*

grade n גראַד ז (ן); קלאַס ז (ן); (שאַצונג) צייכן ז (ס)
*grad; klas; (shatsung) tseichen*

grade v גראַדירן; מאַרקירן, שטעלן צייכנס
*gradiren; markiren, shtelen tseichens*

gradual adj בּהדרגהדיק
*behadrogedik*

gradually adv שטופנווײַז, בּהדרגה
*shtufenvaiz, behadroge*

graduate v גראַדואירן
*graduiren*

graduate n גראַדואַנט ז (ן)
*graduant*

graduation n גראַדואירונג נ (ען)
*graduirung*

graffito n גראַפיטאָ ז (ס)
*grafito*

graft v שטשעפּען, גרעפטן, מרכּיב זײַן
*sht'shepen, greften, markev zain*

graft n שטשעפּ ז (ן), אײַנגעגרײַפּט צווײַגל ס; גרעפטונג נ (ען), גרײַפּונג נ (ען), הרכּבה נ (הרכּבות); שוחד ז
*sht'shep, aingegraipt tsvaigel; greftung, graipung, harkove (harkoves); shoiched*

grain n קערן ז (ער), קערנדל ס (עך); תּבואה נ (תּבואות)
*keren (kerner), kerendel (kerendlech); tvue (tvues)*

grainfield n תּבואה־פעלד ס (ער)
*tvue-feld (-felder)*

gram, gramme n גראַם ז (ען)
*gram*

grammar n גראַמאַטיק נ (עס); (לשון קודש) חכמת־הדקדוק נ
*gramatik; (loshen-koidesh) chochmas-hadikduk*

grammarian n גראַמאַטיקער ז (ס); בּעל־דקדוק (בּעלי־)
*gramatiker; baal-dikduk*

grammatical adj גראַמאַטיש
*gramatish*

gramophone n גראַמאָפאָן ז (ען)
*gramofon*

granary n שפּײַכלער ז (ס)
*shpaichler*

grand adj גרויס; גראַנדיעז
*grois; grandyez*

grandchild n אייניקל ס (עך) (נכד ז; נכדה נ)

*einikel (einiklech) (neched; nechde)*

granddaughter n — אייניקל נ/ס (עך), נכדה נ (נכדות)
*einikel (einiklech), nechde (nechdes)*

grandfather n — זיידע ז (ס)
*zeide*

grandma n — (שמועסדיק) באָבעשי נ (ס)
*(shmuesdik) bobeshi*

grandmother n — באָבע נ (ס)
*bobe*

grandpa n — (שמועסדיק) זיידעשי ז (ס)
*(shmuesdik) zeideshi*

grandson n — אייניקל ז/ס (עך), נכד ז (ים)
*einikel (einiklech), neched (nechodim)*

granite n — גראַניט ז
*granit*

grannie, granny n — (שמועסדיק) באָבעשי נ (ס); אַלטעטשקע נ (ס)
*(shmuesdik) bobeshi; altet'shke*

grant v — שענקען; באַוויליקן; נאָכגעבן
*shenken; baviliken; nochgeben*

grant n — שטיץ ז (ן); באַוויליקונג נ (ען)
*shtits; bavilikung*

granule n — קערענדל ס (עך); גרײַפּל ס (עך)
*kerendel (kerendlech); graipel (graiplech)*

grape n — ווײַנטרויב נ (ן)
*vaintroib*

grapefruit n — גרייפּפרוכט ז (ן)
*greipfrucht*

grapevine n — ווײַנשטאָק ז (ן); (שמועסדיק) רכילות־פּאָסט נ
*vainshtok; (shmuesdik) rechiles-post*

graph n — קרומע נ (ס); דיאַגראַם נ (ען)
*krume, diagram*

graphic adj — גראַפיש; בילדלעך
*grafish; bildlech*

grapple v — האַלטן פעסט; קעמפן
*halten fest; kemfen*

grasp v — אָנכאַפּן; תּופס זײַן, פאַרשטיין
*onchapen; toifes zain, farshtein*

grasp n — אָנכאַפּ ז (ן); באַנעם ז, פאַרשטאַנד ז
*onchap; banem, farshtand*

grass n — גראָז ס (ן)
*groz*

grasshopper n — (אינסעקט) שפּרינגער ז (ס)
*(insekt) shpringer*

grateful adj — דאַנקבאַר
*dankbar*

gratify v — באַפרידיקן
*bafridiken*

gratis adv — אומזיסט, בחינם
*umzist, bechinem*

gratitude n — דאַנקבאַרקייט נ
*dankbarkeit*

gratuitous adj — בחינמדיק; אָן אַ סיבה; אומנייטיק
*bechinemdik; on a sibe;*

umneitik

gratuity n — באַדינונגס־מתּנה נ (־מתּנות)
badinungs-matone (-matones)

grave adj — ערנסט, ערנצט
ernst, erntst

grave n — קבֿר ז (ים)
keiver (kvorim)

gravedigger n — קבֿרן ז (ים)
kabren (kabronim)

gravel n — זשוויר ז
zhvir

graven image — געץ ז (ן), אָפּגאָט ז (אָפּגעטער)
gets, opgot (opgeter)

gravestone n — מצבֿה נ (מצבֿות)
matseive (matseives)

graveyard n — בית־עולם ז (ס)
beis-oilem/besoilem

gravitate v — גראַוויטירן, ציִען זיך צו
gravitiren, tsien zich tsu

gravitation n — גראַוויטאַציע נ, צוציאונג נ
gravitatsye, tsutsiung

gravity n — כּוח־המושך ז, צוצי־כּוח ז; ערנסטקייט נ
koiech-hamoishech, tsutsi-koiech; ernstkeit

gravy n — פֿלייש־זאַפֿט ז (ן); בראָטיויך נ; (סלענג) לײַכטער רווח ז
fleish-zaft; brotyoich; (sleng) laichter revech

gray, grey adj — גראָ, גרוי
gro, groi

graze v — פּאַשען זיך; פֿיטערן; אָנרירן לײַכט
pashen zich; fiteren; onriren laicht

grease v — שמירן; (סלענג) געבן שוחד
shmiren; (sleng) geben shoiched

grease n — שמירעכץ ס (ן)
shmirechts

great adj — גרויס
grois

greatness n — גרויסקייט נ
groiskeit

greed n — גיריקייט נ, זשעדנעקייט נ
girikeit, zhednekeit

greedy adj — גיריק, זשעדנע
girik, zhedne

green adj — גרין
grin

green n — גרינער קאָליר ז
griner kolir

greenhorn n — אָנפֿאַנגער ז (ס) (אָן פּראַקטיק), גרינער ז
onfanger (on praktik), griner

greenhouse n — אָראַנזשעריע נ (ס)
oranzherye

greet v — באַגריסן
bagrisen

greeting n — באַגריסונג נ (ען), גרוס ז (ן)
bagrisung, grus

gregarious adj — סטאַדעדיק
stadedik

grenade n — גראַנאַט ז (ן)

granat

grief n צַער ז, טרויער ז; ערגעניש ס (ן)
*tsaar, troier; ergenish*

grievance n קריוודע נ (ס); תּרעומה נ (תּרעומות)
*krivde; tarume (tarumes)*

grieve v מצער זײַן; ערגערן זיך
*metsaer zain; ergeren zich*

grim adj פאַרבּיסן; צאָרנדיק
*farbisen; tsorendik*

grimace n העוויה נ (העוויות), גרימאַסע נ (ס)
*haavaye (haavayes), grimase*

grimace v מאַכן העוויות
*machen haavayes*

grimalkin n אַלטע קאַץ נ (קעץ); אַלטע יענטע נ (ס)
*alte kats (kets); alte yente*

grin v שמייכלען ברייט
*shmeichlen breit*

grin n בּרייטער שמייכל ז
*breiter shmeichel*

grind v מאָלן; שאַרפן; שלײַפן
*molen; sharfen; shlaifen*

grindstone n שאַרפשטיין ז (ער); שלײַפשטיין ז (ער)
*sharfshtein (sharfshteiner); shlaifshtein (shlaifshteiner)*

grip n פעסטהאַלטונג נ; כאַפּ ז
*festhaltung; chap*

grip v האַלטן פעסט; אָנכאַפּן זיך אין; אָנהאַלטן די אויפמערקזאַמקייט פון
*halten fest; onchapen zich in; onhalten di oifmerkzamkeit fun*

grippe n (קרענק) גריפּע נ (ס)
*(krenk) gripe*

grizzly adj גרוילעך; גרוי; גרוי־האָריק
*groilech; groi; groi-horik*

grizzly bear גריזליבּער ז (ן), גרויער בּער ז
*grizliber, groier ber*

groan n קרעכץ ז (ן)
*krechts*

groan v קרעכצן
*krechtsen*

grocery n שפּײַזקראָם נ (ען)
*shpaizkrom*

groom n פערד־ציכטער ז (ס); חתן ז (ים)
*ferd-tsichter; chosen (chasonim/chasanim)*

groom v ציכטן פערד; מאַכן שיין און ציכטיק.
*tsichten ferd; machen shein un tsichtik*

grope v טאַפּן; זוכן אין דער פינצטער
*tapen; zuchen in der fintster*

groschen n גראָשן ז (ס)
*groshen*

gross adj בּרוטאָ; גראָבּ, וווּלגאַר
*bruto; grob, vulgar*

gross n גראָס ז (בּרוטאָ ז; 12 טוצן ר)
*gros (bruto; 12 tutsen)*

gross v פֿאַרדינען ברוטאָ
*fardinen bruto*

grotesque adj גראָטעסק
*grotesk*

grotto n גראָטע נ (ס)
*grote*

grouch v (שמועסדיק) זײַן בייז; קלאָגן זיך
*(shmuesdik) zain beiz; klogen zich*

grouch n בייזער ז
*beizer*

grouchy adj פֿאַרבייזט; אָנגעכמורעט
*farbeizt; ongechmuret*

ground n גרונט ז (ן), באָדן ז (ס); גרונד ז (ן), סיבה נ (סיבות)
*grunt, boden; grund, sibe (sibes)*

ground v לייגן אויפֿן באָדן; פֿאַרגרונטיקן
*leigen oifen boden; fargruntiken*

groundhog n (צפֿון־אַמעריקאַנער) מורמלטיער ז
*(tsofen-amerikaner) murmeltier*

Groundhog Day מורמלטיער־טאָג ז (2 פֿעברואַר)
*murmeltier-tog (2 februar)*

groundless adj אָן אַ גרונד
*on a grund*

groundwork n פֿונדאַמענט ז (ן); באַזיס ז (ן)
*fundament; bazis*

group n גרופּע נ (ס)
*grupe*

group v גרופּירן, שטעלן אין גרופּעס
*grupiren, shtelen in grupes*

grove n וועלדל ס (עך); סעדל ס (עך)
*veldel (veldlech); sedel (sedlech)*

grovel v פֿאַלן צו די פֿיס; דערנידעריקן זיך
*falen tsu di fis; dernideriken zich*

grow v וואַקסן; קולטיווירן
*vaksen; kultiviren*

growl v וואָרטשען
*vort'shen*

growl n וואָרטש ז (ן)
*vort'sh*

grown-up adj דערוואַקסן
*dervaksen*

grown-up n דערוואַקסענער ז
*dervaksener*

growth n וווּקס ז (ו); וואַקסונג נ; אָנוווּקס ז (ן)
*vuks; vaksung; onvuks*

grudge n פֿאַראיבל ז (ען)
*faribel*

grudge v האָבן פֿאַראיבל אויף; ניט פֿאַרגינען
*hoben faribel oif; nit farginen*

gruel n שיטערע קאַשע נ (ס)
*shitere kashe*

gruel v (שמועסדיק) אויסמאַטערן,

אויסמוטשען
*(shmuesdik) oismateren, oismut'shen*

**grueling, gruelling** adj אויסמאַטערנדיק
*oismaterendik*

**gruesome** adj שוידערלעך
*shoiderlech*

**gruff** adj רוגזדיק; גרילצנדיק
*roigezdik; griltsendik*

**grumble** v וואָרטשען, מרוקען, בורטשען
*vort'shen, mruken, burt'shen*

**grumble** n וואָרטש ז (ן)
*vort'sh*

**grumbler** n מרוק ז (עס), בורטשער ז (ס)
*mruk, burt'sher*

**grumpy** adj פאַרמרוקעט; פאַרכּעסט
*farmruket, farkaast*

**grunt** n כרוקע נ (ס)
*chruke*

**grunt** v קוויטשען, יוטשען, כרוקען, גרונצן (ווי אַ חזיר)
*kvit'shen, yut'shen, chruken, gruntsen (vi a chazer)*

**guarantee** n גאַראַנטיע נ (ס)
*garantye*

**guarantee** v גאַראַנטירן, ערב זײַן
*garantiren, orev zain*

**guarantor** n גאַראַנטיעגעבער ז (ס), ערב ז (ים)
*garantyegeber, orev (orvim/areivim)*

**guard** v היטן, באַוואַכן
*hiten, bavachen*

**guard** n היטער ז (ס), וועכטער ז (ס), שומר ז (ים)
*hiter, vechter, shoimer (shomrim)*

**guardian** n אַפּוטרופּס ז (ים); שומר ז (ים)
*apetropes ((apetropsim); shoimer (shomrim)*

**guardianship** n אַפּוטרופּסות נ/ס
*apetropses*

**guava** n גויאַווע נ (ס)
*guyave*

**guerilla, guerrilla** n גערילע ז/נ (ס) (פּאַרטיזאַן ז; פּאַרטיזאַנען־קריג נ)
*gerile (partizan; partizanen-krig)*

**guess** v טרעפן; משער זײַן
*trefen; meshaer zain*

**guess** n טרעפונג נ (ען); השערה נ (השערות)
*trefung; hashore (hashores)*

**guesstimate** n טרעף־שאַצונג נ (ען), השערהדיקע אָפּשאַצונג נ (ען)
*tref-shatsung, hashoredike opshatsung*

**guesswork** n טרעפערײַ ס
*treferai*

**guest** n גאַסט ז (געסט), אורח ז (ים)
*gast (gest), oirech (orchim)*

**guff** n (שמועסדיק) נאַרישע רייד ר
*(shmuesdik) narishe reid*

**guffaw** n הילכיק און גראָב

געלעכטער ס
*hilchik un grob gelechter*

guffaw v לאַכן הילכיק
*lachen hilchik*

guidance n הדרכה נ;
פירשאַפט נ
*hadroche; firshaft*

guide n מדריך ז (ים);
פירער ז (ס)
*madrech (madrichim); firer*

guide v מדריך זײַן; פירן;
קערעווען
*madrech zain; firen; kereven*

guided missile געקערעוועטער
מיסל ז
*gekereveter misel*

guidon n פאָנעלע ס (עך);
פאָנעלע־טרעגער נ (ס)
(פאַר סיגנאַלן)
*fonele; fonele-treger*
*(far signalen)*

guild n גילדיע נ (ס); צעך ז (ן)
*gildye; tsech*

guile n כיטרעקייט נ; דריי ז (ען)
*chitrekeit; drei*

guilt n שולד נ (ן)
*shuld*

guiltless adj אומשולדיק
*umshuldik*

guilty adj שולדיק
*shuldik*

guinea pig ים־חזירל ס (־חזירימלעך)
*yam-chazerel (-chazeirimlech)*

guise n קליידונג נ; אָנשטעל ז (ן)
*kleidung; onshtel*

guitar n גיטאַר נ (ן)
*gitar*

gulch n יאַר ז (ן)
*yar*

gulf n ים־אויסגוס ז (ן)
*yam-oisgus*

gull n (ים־פויגל) מעווע נ (ס);
יאָלד ז (ן)
*(yam-foigel) meve; yold*

gull v אָפּנאַרן
*opnaren*

gullet n װײַשט ז (ן); גאָרגל ז (ען)
*veishet; gorgel (gorglen)*

gullible adj לײַכטגלייביק
*laichtgleibik*

gulp v זשליאָקען; שלינגען
*zhlyoken; shlingen*

gulp n זשליאָק ז (ן);
שלונג ז (ען)
*zhlyok; shlung*

gum n גומע נ (ס); קײַגומע נ (ס);
יאַסלע נ (ס), ציינפלייש ס
*gume; kaigume; yasle,*
*tseinfleish*

gun n כלי־זין (ביקס נ; פּיסטויל ז;
רעוואָלווער ז; האַרמאַט ז)
*kli-zayen/klezayen (biks;*
*pistoil; revolver;*
*harmat)*

gun v שיסן (מיט
אַ ביקס, א״ע)
*shisen (mit a biks, etc.)*

guru n גורו ז (ס) (אין הינדויִזם,

guttersnipe n גאַסניונג ז (ען)
*gasenyung*

guttural adj געגאָרגלט; גרילציק
*gegorgelt; griltsik*

guy n (שמועסדיק) בחור ז (ים); יאַט ז (ן)
*(shmuesdik) bocher (bocherim); yat*

guzzle v זויפן
*zoifen*

gymnasium n ספּאָרטזאַל ז (ן); (אייראָפּעאישע מיטלשול) גימנאַזיע נ (ס)
*sportzal; (eirope'ishe mitelshul) gimnazye*

gymnastics n pl גימנאַסטיק נ
*gimnastik*

gypsum n גיפּס ז
*gips*

Gypsy adj ציגײַנעריש
*tsigainerish*

Gypsy n ציגײַנער ז
*tsigainer*

gyrate v אַרומקרײַזן; דרייען זיך
*arumkraizen; dreien zich*

... אַ רעליגיעזער לערער אָדער מדריך.)
*guru (in hinduizm, a religyezer lerer oder madrech.)*

gush v אויסגיסן זיך; פלייצן
*oisgisen zich; fleitsen*

gush n שטורמישע אויסגיסונג נ (ען); פּלוצעמדיקער אויסבּרוך ז
*shturmishe oisgisung; plutsemdiker oisbruch*

gust n שטורמישער בלאָז ז; אויסבּרוך ז (ן)
*shturmisher bloz; oisbruch*

gusto n גוסט ז (ן), געשמאַק ז (ן)
*gust, geshmak*

gusty adj שטורעמדיק
*shturemdik*

gut n קישקע נ (ס)
*kishke*

— guts pl קישקעס ר; (סלענג) קוראַזש ז
*kishkes; (sleng) kurazh*

gutter n רינשטאָק ז (ן)
*rinshtok*

# H h

h, H n האַ ז (ען) (בּוכשטאַב)
*ha (buchshtab)*

ha interj האַ!
*ha!*

haberdashery n גאַלאַנטעריע־קראָם נ (ען); גאַלאַנטעריע נ
*galanterye-krom; galanterye*

habit n געוווינהייט נ (ן), הרגל ז (ים); בגד־כּהונה ז/ס (בּגדי־...)
*gevoinheit, hergel (hergeilim);*

*beged-kehune (bigde-)*

habitat n האַביטאַט ז (ן), וווין־שטח ז (ים); וווינאָרט ז (וווינערטער)
*habitat, voin-shetech (-shtochim); voinort (voinerter)*

habitual adj געוויינטלעך
*geveintlech*

habituate v צוגעווינען, אײַנגעוויינען
*tsugevoinen, aingeveinen*

hack v האַקן; אײַנשנײַדן אומגלײַך
*haken; ainshnaiden umglaich*

hack n אומגלײַכער אײַנשניט ז; האַק ז (העק); טרוקענער הוסט ז; אַלט אָדער אויסגעמאַטערט פערד ס
*umglaicher ainshnit; hak (hek); trukener hust; alt oder oisgematert ferd.*

hackneyed adj אויסגעדראָשן, באַנאַל
*oisgedroshen, banal*

haft n הענטל ס (עך) (פון אַ מעסער, שווערד, א״ע)
*hentel (hentlech) (fun a meser, shverd, etc.)*

hag n באָבעצע נ (ס); מכשפה נ (מכשפות)
*bobetse; machsheife (machsheifes)*

Haggadah, Haggada n הגדה נ (הגדות)
*hagode (hagodes)*

haggard adj אויסגעמאַטערט; אויסגעדאַרט
*oisgematert; oisgedart*

haggle v דינגען זיך
*dingen zich*

hail v באַגריסן; שרײַען ברוך־הבא; האָגלען
*bagrisen; shraien borech-habo; hoglen*

hail n באַגריסונג נ (ען); ברוך־הבא ז (ס); האָגל ז (ען)
*bagrisung; borech-habe; hogel (hoglen)*

hailstorm n האָגל־שטורעם ז (ס)
*hogel-shturem*

hair n האָר נ
*hor*

haircut n האָר־אָפּשערונג נ (ען)
*hor-opsherung*

hairdo n (פֿרויען) פריזור נ (ן)
*(froien) frizur*

hairdresser n פריזירער ז (ס)
*frizirer*

hairpin n האָרשפּילקע נ (ס)
*horshpilke*

hair-raising adj (שמועסדיק) האָר־אויפשטעלנדיק; שרעק־אָנוואַרפנדיק
*(shmuesdik) hor-oifshtelendik; shrek-onvarfendik*

hairsplitting adj פילפולדיק; זייער פאַרשפּיצט
*pilpeldik; zeier farshpitst*

**hairsplitting** n פּילפּול ז (ים)
*pilpel (pilpulim)*

**hairy** adj האָריק
*horik*

**hakim** n (מאָסלעמישער) חכם ז (ים); הערשער ז (ס); שופט ז (ים)
*(moslemisher) chochem (chachomim); hersher; shoifet (shoftim)*

**Halakah** n הלכה נ (הלכות)
*haloche (haloches)*

**halcyon** adj רואיק; פרידלעך; גליקלעך
*ruik; fridlech; gliklech*

**hale** adj קרעפטיק; געזונט
*kreftik; gezunt*

**hale** v שלעפּן מיט כוח; צווינגען צו קומען
*shlepen mit koiech; tsvingen tsu kumen*

**half** adj האַלב
*halb*

**half** n העלפט נ (ן), האַלב נ (ן)
*helft, halb*

**half moon** האַלבע לבנה נ
*halbe levone*

**half-witted** adj תּמעוואַטע; זייער נאַריש
*tamevate; zeier narish*

**hall** n זאַל ז (ן); פאָרצימער ז (ן)
*zal; fortsimer*

**hallah, challah** n חלה נ (חלות)
*chale (chales)*

**hallelujah,** לויבט דעם אייבערשטן!

**halleluiah** interj, n לויב־געזאַנג ס (צו גאָט)
*loibt dem eibershten!*
*loib-gezang (tsu got)*

**hallmark** n קוואַליטעט־שטעמפּל ז (ען)
*kvalitet-shtempel (-shtemplen)*

**hallow** v מקדש זײַן
*mekadesh zain*

**hallowed** adj געהייליקט
*geheilikt*

**hallucination** n האַלוצינאַציע נ (ס)
*halutsinatsye*

**halt** interj האַלט! בלײַב שטיין! סטאָפּ!
*halt! blaib shtein! stop!*

**halt** v אָפּהאַלטן; אָפּשטעלן זיך; מסופק זײַן; וואַקלען זיך; זײַן פעלערדיק; הינקען
*ophalten; opshtelen zich; mesupek zain; vaklen zich; zain felerdik; hinken*

**halt** n אָפּשטעל ז (ן)
*opshtel*

**halve** v צעהאַלבן
*tsehalben*

**ham** n שינקע נ (ס)
*shinke*

**hamburger** n האַמבורגער ז (ס) (קאָטלעט)
*hamburger (kotlet)*

**hamlet** n דערפל ס (עך)
*derfel (derflech)*

**hammer** n האַמער ז (ס)

*hamer*

hammer v האַמערן
*hameren*

hammer and sickle האַמער און סערפּ ז (סאָוויעטישער עמבלעם)
*hamer un serp (sovyetisher emblem)*

hammock n האַמאַק ז (ן), הענגבעטל ס (עך)
*hamak, hengbetel (hengbetlech)*

hamper v שטערן
*shteren*

hamper n גרויסער קאָרב ז (געווייִנטלעך מיט אַ דעק)
*groiser korb (geveintlech mit a dek)*

hand n האַנט נ (הענט); (זייגער־) ווײַזער ז (ס); אַרבעטער ז (ס); פיזישע הילף נ
*hant (hent); (zeiger-) vaizer; arbeter; fizishe hilf*

hand v דערלאַנגען
*derlangen*

hand grenade האַנט־גראַנאַט ז (ן)
*hant-granat*

handicap n האַנדיקאַפּ ז (ן), פאָר ז (אין אַ פאַרמעסט); שטער ז (ן); מניעה נ (מניעות)
*handikap, for (in a farmest); shter; menie (menies)*

handicap v געבן פאָר; באַגרענעצן; שטערן
*geben for; bagrenetsen; shteren*

handicapped adj באַגרענעצט; געהאַמעוועט
*bagrenetst; gehamevet*

handicraft n האַנטאַרבעט נ (ן)
*hantarbet*

handkerchief n נאָזטיכל ס (עך); טיכל ס (עך)
*noztichel (noztichlech); tichel (tichlech)*

handle n הענטל ס (עך)
*hentel (hentlech)*

handle v אָנרירן; באַהאַנדלען
*onriren; bahandlen*

handout n נדבה נ (נדבות)
*nedove (nedoves)*

handsome adj שיין
*shein*

handwriting n האַנטשריפט נ (ן)
*hant'shrift*

handy adj האַנטיק; געשיקט
*hantik; geshikt*

hang v הענגען
*hengen*

— hang around ארומדרייען זיך
*arumdreien zich*

— hang on אָנהאַלטן זיך שטאַרק
*onhalten zich shtark*

hanger n (קליידער) הענגער ז (ס)
*(kleider) henger*

hangman n הענקער ז (ס), תּלין ז (ים)
*henker, talyen (talyonim)*

hangover n אויסניכטערונג־

עפעקט ז (ן) (דערשלאָגנקייט נאָך שיכּרות); איבערבלײַבס ס (ן)
*oisnichterung-efekt (dershlogenkeit noch shikres); iberblaibs*

hang-up n (שמועסדיק) עמאָציאָנעלע שווערקייט נ (ן); עיכּוב ז (ים)
*(shmuesdik) emotsyonele shverikeit; ikev (ikuvim)*

hanker v באַגערן
*bageren*

hankering n באַגער ז (ן)
*bager*

Hanukkah, Hanuka n חנוכּה ז/נ
(Also Chanukah)
*chanike*

haphazard n טראַף ז (ן), שאַנס ז (ן)
*traf, shans*

haphazardly adv אויף טראַף
*oif traf*

hapless adj שלימזלדיק
*shlimazeldik*

happen v געשען, פּאָרקומען, טרעפן זיך
*geshen, forkumen, trefen zich*

happening n געשעעניש ס (ן), פּאַסירונג נ (ען)
*gesheenish, pasirung*

happily adj גליקלעך; אין פריידן
*gliklech; in freiden*

happiness n גליק ס (ן)
*glik*

happy adj גליקלעך; צופרידן
*gliklech; tsufriden*

harakiri n חאַראַקירי, האַראַקירי ז
*charakiri, harakiri*

harangue n באָמבאַסטישע רעדע נ (ס)
*bombastishe rede*

harangue v האַלטן אַ פּרעטענסיאָנעלע רעדע
*halten a pretensyonele rede*

harass v פּלאָגן; אָפּמאַטערן; דערגיין די יאָרן
*plogen; opmateren; dergein di yoren*

harbinger n אָנזאָגער ז (ס), מבשׂר ז (ים)
*onzoger, mevaser (mevasrim)*

harbinger v מודיע זײַן פריִער; אָנזאָגן
*moidie/medie zain frier; onzogen*

harbor, harbour n האַוון ז (ס), האַפן ז (ס); שוץ־באַהעלטעניש ס (ן)
*haven, hafen; shuts-baheltenish*

harbor v געבן שוץ; האַלטן אַ געדאַנק אָדער געפיל וועגן
*geben shuts; halten a gedank oder gefil vegen*

hard adj האַרט; שווער
*hart; shver*

hard-core adj האַרט־קערנדיק
*hart-kerendik*

hard core האַרטער קערן ז; חיותדיקער און אומבײַטעוודיקער עלעמענט ז (פון אַ גרופּע)
*harter keren; chiyesdiker*

*un umbaitevdiker element (fun a grupe)*

hardcover adj באַטאָוולט
*batovelt*

harden v האַרט מאַכן; פאַרהאַרטעוועט ווערן
*hart machen; farhartevet veren*

hard-headed adj פראַקטיש; עקשנותדיק
*praktish; akshonesdik*

hardly adv קוים, כמעט ניט; שווער; שטרענג
*koim, kimat nit; shver; shtreng*

hardship n נויט נ; מאַטערניש ס (ן)
*noit; maternish*

hardware n אײַזנוואַרג ס
*aizenvarg*

hardy adj פאַרהאַרטעוועט; שטאַרק; דרייסט
*farhartevet; shtark; dreist*

hare n האָז ז (ן)
*hoz*

harebrained adj לײַכטזיניק; אומסטאַביל
*laichtzinik; umstabil*

harem n האַרעם ז (ס)
*harem*

hark v הערן, צוהערן
*heren, tsuheren*

— hark back צוריקגיין צו אַ פריערדיקער טעמע.
*tsurikgein tsu a frierdiker teme.*

harlequin n לץ ז (ים)
*lets (leitsim)*

harlot n גאַסנפרוי נ (ען), זונה נ (זונות)
*gasenfroi, zoine (zoines)*

harm n שאָדן ז (ס)
*shoden*

harm v באַשעדיקן, טאָן שאָדן, שאַטן
*bashediken, ton shoden, shaten*

harmful adj שעדלעך, שאַטיק
*shedlech, shatik*

harmless adj אומשעדלעך
*umshedlech*

harmonica n האַרמאָניקע נ (ס)
*harmonike*

harmonious adj האַרמאָניש
*harmonish*

harmonize v האַרמאָניזירן
*harmoniziren*

harmony n האַרמאָניע נ (ס)
*harmonye*

harness n געשפאַן ס (ען)
*geshpan*

harness v אײַנשפאַנען
*ainshpanen*

harp n האַרף נ (ן), האַרפע נ (ס)
*harf, harfe*

harp v שפילן אויף דער האַרף
*shpilen oif der harf*

— harp on איבערחזרן אָן אויפהער
*iberchazeren on oifher*

harridan n אַלטע מרשעת ז (ן)
*alte mirshaas/mirshaes*

**harrow** n — בראָנע נ (ס)
*brone*

**harrow** v — בראָנעווען; צעשעדיקן; פאַרוווּנדיקן; מצער זײַן
*broneven; tseshediken; farvundiken; metsaer zain*

**harry** v — באַפאַלן; פּלאָגן
*bafalen; plogen*

**harsh** adj — האַרבּ, שטרענג; גראָבּ, רוי; גרילציק
*harb, shtreng; grob, roi; griltsik*

**harvest** n — שניט ז (ן); פּירות־אײַנזאַמלונג נ (ען); גערעטעניש ס (ן)
*shnit; peires-ainzamlung; geretenish*

**harvest** v — שנײַדן (תּבֿואה, היי); אײַנזאַמלען (פּירות)
*shnaiden (tvue, hei); ainzamlen (peires)*

**harvest moon** — פולע לבֿנה נ (אין שניטצײַט, אַרום דעם 23סטן סעפּטעמבער)
*fule levone (in shnittsait, arum dem 23sten september)*

**hashish** n — חאַשיש ז
*chashish*

**Hassid, Chassid** n — חסיד ז (ים)
*chosid (chasidim/chsidim)*

**hassle** n — אַמפּערניש ס (ן); טירחה נ (טירחות)
*ampernish; tirche (tirches)*

**hassock** n — קני־קישל ס (עך)
*kni-kishel (-kishlech)*

**haste** n — אײַלעניש ס
*ailenish*

**hasten** v — אײַלן, צואײַלן
*ailen, tsuailen*

**hasty** adj — אײַליק
*ailik*

**hat** n — הוט ז (ן/היט)
*hut (huten/hit)*

**hatch** v — אויסבריִען, אויסוואַרעמען (הינדעלעך); אויספּיקן זיך
*oisbrien, oisvaremen (hindelech); oispiken zich*

**hatchet** n — העקל ס (עך)
*hekel (heklech)*

**hate** v — האַסן, פײַנט האָבן
*hasen, faint hoben*

**hate** n — האַס ז; פײַנטשאַפט נ
*has; faintshaft*

**hateful** adj — פאַרהאַסט
*farhast*

**hatred** n — שינאה נ (שינאות), פײַנטשאַפט נ (ן)
*sine (sines), faintshaft*

**hatter** n — קירזשנער ז (ס), היטל־מאַכער ז (ס)
*kirzhner, hitel-macher*

**haughty** adj — פאַרריסן, זייער גאווהדיק
*farrisen, zeier gaavedik/gaivedik*

**haul** v — שלעפּן
*shlepen*

haul n שלעפּ ז (ן)
*shlep*

haunt v באַזוכן אָפט; נאָגן
*bazuchen oft; nogen*

haunted adj באַזוכט בײַ רוחות
*bazucht bai ruches*

have v האָבן
*hoben*

haven n האַוון ז (ס); מיקלט ז (ים)
*haven; miklet (miklotim)*

have-not n (שמועסדיק) אָרעמאַן ז (אָרעמעלײַט); אָרעם לאַנד ס (אָרעמע לענדער)
*(shmuesdik) oreman (oremelait); orem land (oreme lender)*

havoc n חורבן ז, פֿאַרוויסטונג נ
*churben, farvistung*

hawk n פֿאַלק ז (ן)
*falk*

hawk-eyed adj שאַרף־אויגיק
*sharf-oigik*

hay n היי ס
*hei*

hay fever הייפֿיבער ז/ס
*heifiber*

haystack n היי־סטויג ז (ן)
*hei-stoig*

haywire n היי־דראָט ז/ס
*hei-drot*

haywire adj פֿאַרפּלאָנטערט; עמאָציאָנעל געשטערט אָדער צערודערט.
*farplontert; emotsyonel geshtert oder tserudert.*

hazard n ריזיקע נ (ס); סכּנה נ (סכּנות)
*rizike; sakone (sakones)*

hazard v ריזיקירן
*rizikiren*

hazardous adj ריזיקאַליש; מסוכּן
*rizikalish; mesuken*

haze n נעפּל־שלייער ז (ס)
*nepel-shleier*

hazy adj פֿאַרנעפּלט; אומקלאָר
*farnepelt; umklor*

H-bomb n הידראָגען־באָמבע נ (ס)
*hidrogen-bombe*

he pron ער
*er*

he n ער ז (ן), זכר ז (ים)
*er, zocher (zchorim)*

head n קאָפּ ז (קעפּ); ראש ז (ים); פֿירער ז (ס); שעף ז (ן)
*kop (kep); rosh (roshim); firer; shef*

head adj הויפּט, העכסט, אויבער, אייבער
*hoipt, hechst, oiber, eiber*

headache n קאָפּווייטיק ז (ן)
*kopveitik*

headline n קאָפּן־שורה נ (־שורות)
*kopen-shure (-shures)*

headmaster n פּרינציפּאַל ז (ן) (פֿון אַ פּריוואַטער שולע)
*printsipal (fun a privater shule)*

headquarters הויפּטקוואַרטיר נ (ן),

n pl (often takes sing. v.) שטאַב ז (ן)
*hoiptkvartir, shtab*

headstone n מצבה נ (מצבות); ווינקלשטיין ז (ער)
*matseive (matseives); vinkelshtein (vinkelshteiner)*

headstrong adj פאַרעקשנט
*farakshent*

headwaiter n אויבערקעלנער ז (ס)
*oiberkelner*

headway n פאָרשריט ז; פּראָגרעס ז
*forshrit; progres*

heal v היילן
*heilen*

health n געזונט ס, געזונטהייט נ
*gezunt, gezuntheit*

healthy adj געזונט
*gezunt*

heap n הויפן ז (ס), קופּע נ (ס)
*hoifen, kupe*

heap v אָנהויפענען, אָנשיטן אין אַ קופּע
*onhoifenen, onshiten in a kupe*

hear v הערן
*heren*

hearing n חוש־השמיעה ז; פאַרהער ז (ן)
*chush-hashmie; farher*

hearken v (פּאָעטיש) אײַנהערן זיך
*(poetish) ainheren zich*

hearsay n שמועה נ; רכילות ס
*shmue; rechiles*

heart n האַרץ ס (הערצער)
*harts (hertser)*

— by heart בעל־פּה, אויף אויסנווייניק
*beal-pe/balpe, oif oisenveinik*

— with heart and soul — בלב־ונפש
*beleiv-vonefesh*

— heart of gold — גאָלדן האַרץ ס (זייער פרײַנדלעכע טבע)
*golden harts (zeier fraindleche teve)*

heartache n עגמת־נפש ס
*agmes-nefesh*

heart attack האַרץ־אַטאַקע נ (ס)
*harts-atake*

heartbreak n האַרץ־רײַסעניש ס
*harts-raisenish*

hearten n צוגעבן מוט
*tsugeben mut*

hearth n היימפײַער ־ (ן)
*heimfaier*

hearty adj האַרציק; אמתדיק; געשמאַק
*hartsik; emesdik; geshmak*

heat n הייסקייט נ; היץ נ (ן)
*heiskeit; hits*

heat v וואַרעמען; באַהייצן
*varemen; baheitsen*

heathen n געצן־דינער ז (ס)
*getsen-diner*

heave v הייבן; וואַרפן; שלעפן (מיט כּוח); אַרויסלאָזן (אַ זיפץ)
*heiben; varfen; shlepen (mit koiech); aroislozen (a zifts)*

heaven n הימל ז (ען)

*himel (himlen)*

heavenly adj הימליש
*himlish*

heavy adj שווער
*shver*

heavy-handed adj אומגעלומפערט; אָן טאַקט; דריקנדיק
*umgelumpert; on takt; drikendik*

Hebrew adj העברעאיש
*hebre'ish*

Hebrew n (לשון) העברעאיש ס. עִברית ס; (פערזאָן) עִברי ז (ם)
*(loshen) hebre'ish, ivris; (perzon) ivri (ivrim)*

Hebrew Scriptures תּנך ז
*tanach*

heck interj העק! (אייפעמיזם פאַר גיהנום — hell)
*hek! (eifemizm far gehenem)*

heckle v שטערן מיט צווישנרופן
*shteren mit tsvishenrufen*

heckler n צווישנרופער ז (ס)
*tsvishenrufer*

hectic adj פיבערהאַפטיק
*fiberhaftik*

hedge n לעבעדיקער פלויט ז; איינצאַם ז (ען), צוים ז (ען)
*lebediker ploit; aintsam, tsoim*

hedge v אַרומצוימען; אַרויסדרייען זיך פון (אַ דירעקטן ענטפער)
*arumtsoimen; aroisdreien zich fun (a direkten entfer)*

hedgehog n שטעכלער ז (ס)
*shtechler*

hedonism n העדאָניזם ז
*hedonizm*

heed v לייגן אַכט אויף, רעכענען זיך מיט; אײַנהערן זיך
*leigen acht oif, rechenen zich mit; ainheren zich*

heed n אינאַכטנעמונג נ; אײַנהער ז
*inachtnemung; ainher*

heedful adj פאָרזיכטיק; אײַנהעריק
*forzichtik; ainherik*

heehaw n ריטש ז (פון אַן אייזל)
*rit'sh (fun an eizel)*

heehaw v ריטשען
*rit'shen*

heel n פּיאַטע נ (ס); אָפּצאַס ז (ן)
*pyate; optsas*

hefty adj (שמועסדיק) שווער; היפש; גרויס און שטאַרק
*(shmuesdik) shver; hipsh; grois un shtark*

hegemony n העגעמאָניע נ (ס) (פּאָליטישע הערשונג נ; פירערשאַפט נ)
*hegemonye (politishe hershung; firershaft)*

heifer n טעליצע נ (ס)
*telitse*

height n הייך נ (ן); וווּקס ז (ן)
*heich; vuks*

heighten v פאַרגרעסערן; פאַרשטאַרקן; העכערן
*fargreseren; farshtarken; hecheren*

heinous adj נידערטרעכטיק; העסלעך; עקלהאַפט
*nidertrechtik; heslech; ekelhaft*

heir n יורש ז (ים)
*yoiresh (yorshim)*

heiress n יורשטע נ (ס)
*yoireshte*

heist v (סלענג) באַגזלען; באַגנבענען
*(sleng) bagazlen; baganvenen*

heist n (סלענג) גזלה נ (גזלות); גנבה נ (גנבות)
*(sleng) gzeile (gzeiles); gneive (gneives)*

helicopter n העליקאָפּטער ז (ס)
*helikopter*

heliotropism n העליאָטראָפּיזם ז
*helyotropizm*

hell n גיהנום ז/ס (ס)
*gehenem*

Hellenism n העלעניזם ז
*helenizm*

hellery n (סלענג) ווילדע אויפפירונג נ (ען); שטיפעריַי ס (ען)
*(sleng) vilde oiffirung; shtiferai*

hellish adj גיהנומדיק; טײַוולאָניש
*gehenemdik; taivlonish*

hello interj האַלאָ!
*halo!*

helm n רודער ז (ס)
*ruder*

helmet n קאַסקע נ (ס)
*kaske*

help v העלפן
*helfen*

help n הילף נ
*hilf*

helper n העלפער ז (ס)
*helfer*

helpful adj העלפיק; נוציק
*helfik; nutsik*

helpless adj אומבאַהאָלפן
*umbaholfen*

helplessness n אומבאַהאָלפנקייט נ
*umbaholfenkeit*

helpmate n העלפער ז (ספּעציעל אַ בן־זוג); העלפערין נ (בת־זוג)
*helfer (spetsyel a ben-zug); helferin (bas-zug)*

hem n זוים ז (ען) ז
*zoim*

hem v זיימען; זאָגן הם, האַ, א״ע
*zeimen; zogen hem, ha, etc.*

— hem and haw רעדן קווענקלדיק
*reden kvenkeldik*

hemisphere n העמיספער ז (ן), האַלבקײַלעך ז (ער)
*hemisfer, halbkailech (halbkailecher)*

hemoglobin n העמאָגלאָבין ז
*hemoglobin*

hemophilia n העמאָפיליע נ
*hemofilye*

hemorrhage n בלוטאויסגאָס ז (ן)
*blutoisgos*

hen n הון נ (הינער)
*hun (hiner)*

**hence** adv דעריבער; פון דאַנעט; פון איצט
*deriber; fun danet; fun itst*

**hencoop** n הינער־שטײַג נ (ען)
*hiner-shtaig*

**hep** adj (סלענג) לעצטמאָדיש
*(sleng) letstmodish*

— **hepped up** (סלענג) ענטוזיאַסטיש
*(sleng) entuzyastish*

**heptagon** n העפּטאַגאָן ז (ען)
*heptagon*

**herald** n העראַלד ז (ן), מבשׂר ז (ים)
*herald, mevaser (mevasrim)*

**herald** v מבשׂר זײַן
*mevaser zain*

**herb** n קרײַטעכץ ס (ער)
*kraitechts*

**herbarium** n הערבאַריום ז (ס)
*herbaryum*

**herd** n סטאַדע נ (ס)
*stade*

**here** adv דאָ; אַהער; אָט
*do; aher; ot*

**hereby** adv דערמיט
*dermit*

**hereditary** adj ירושהדיק
*yerushedik*

**herein** adv דערין
*derin*

**heresy** n אפּיקורסות ס. פרײַזיניקייט נ (ן)
*apikorses, fraizinikeit*

**herewith** adv דערמיט
*dermit*

**heritage** n ירושה נ (ירושות)
*yerushe (yerushes)*

**hermaphrodite** n הערמאַפראָדיט ז (ן), אנדרוגינוס ז (ן)
*hermafrodit, androigines*

**hermetic** adj הערמעטיש
*hermetish*

**hermit** n נזיר ז (ים)
*nozer (nezirim)*

**hero** n העלד ז (ן)
*held*

**heroic** adj העלדיש
*heldish*

**heroine** n העלדין נ (ס)
*heldin*

**herring** n הערינג ז (ען)
*hering*

**hesitant** adj קווענקלדיק
*kvenkeldik*

**hesitate** v קווענקלען זיך, וואַקלען זיך
*kvenklen zich, vaklen zich*

**hesitation** n קווענקלעניש ס (ן), וואַקלעניש ס (ן)
*kvenklenish, vaklenish*

**hetman** n העטמאַן ז (ען)
*hetman*

**hew** v האַקן
*haken*

**hex** v (שמועסדיק) פאַרכּישופן; שעלטן
*(shmuesdik) farkishefen; shelten*

hex n כּישוף ז (ים); קללה נ (קללות)
*kishef (kishufim); klole (kloles)*

hexagon n העקסאַגאָן ז (ען)
*heksagon*

hexagram n העקסאַגראַם ז (ען)
*heksagram*

hey interj היי!
*hei!*

heyday n בלי־יאָרן ר, בליצײַט נ
*bli-yoren, blitsait*

hibernate v ווינטערן, איבערווינטערן
*vinteren, ibervinteren*

hiccup n שלוקעכץ ז (ן)
*shlukechts*

hiccup v שלוקעכצן
*shlukechtsen*

hick n (שמועסדיק) זשלאָב ז (עס); יאָקל ז (ען)
*(shmuesdik) zhlob; yokel (yoklen)*

hide v באַהאַלטן
*bahalten*

hide n פעל נ (ן)
*fel*

hide-and-seek n באַהעלטענישן־שפּיל נ/ס (ן)
*baheltenishen-shpil*

hideous adj זייער מיאוס; שרעקלעך; עקלדיק
*zeier mies; shreklech; ekeldik*

hiding n באַהאַלטונג נ (ען); באַהעלטעניש ס (ן)
*bahaltung; baheltenish*

hierarchy n היִעראַרכיע נ (ס)
*hierarchye*

hieroglyphic n היִעראָגליף ז (ן)
*hieroglif*

higgledy-piggledy adv, adj אין אומאָרדענונג; אָנגעוואָרפן, צעמישט
*in umordenung; ongevorfen, tsemisht*

high adj הויך
*hoich*

highborn adj יחוסדיק
*yichesdik*

highbrow n (שמועסדיק) אינטעלעקטואַל ז (ן); קאָפּמענטש ז (ן)
*(shmuesdik) intelektual; kopment'sh*

highbrow adj (שמועסדיק) זייער אינטעלוקטועל; פּרעטענציעז
*(shmuesdik) zeier intelektuel; pretentsyez*

highfalutin, hifalutin adj (שמועסדיק) פּאָמפּעז, באָמבאַסטיש; פּרעטענציעז
*(shmuesdik) pompez, bombastish; pretentsyez*

high-priced adj טײַער
*taier*

high priest כּוהן גדול ־ (כּהנים גדולים)

*koihen/koien godel (kehanim gdoilim)*

high school — מיטלשול נ (ן)
*mitelshul*

highstrung adj — אָנגעשפּאַנט; נערוועז
*ongeshpant; nervez*

high treason — מלוכה־פֿאַרראַט ז (ן), בגידה־במלכות נ
*meluche-farrat, bgide-bemalches*

highway n — שאָסיי ז (ען)
*shosei*

hijack v — צוראַבעווען (ספּעציעל אומלעגאַלע סחורות אין טראַנסיט); כאַפּן אַן עראָפּלאַן, באַן, א״ע
*tsurabeven (spetsyel umlegale schoires in transit); chapen an eroplan, ban, etc.*

hike v — גיין אויף אַ לאַנגן שפּאַציר; העכערן (לוין, פּרײַז)
*gein oif a langen shpatsir; hecheren (loin, praiz)*

hike n — אַרויסשפּאַציר ז (ן), וואַנדערונג נ (ען); העכערונג נ (ען)
*aroisshpatsir; vanderung; hecherung*

hilarious adj — שאַלנדיק־פֿריילעך; עקסטרעמלעך וויציק
*shalendik-freilech; ekstremlech vitsik*

hill n — בערגל ס (עך)
*bergel (berglech)*

hilly adj — בערגלדיק
*bergeldik*

hilt n — הענטל ס (עך) (פֿון אַ שווערד, שטילעט, א״ע)
*hentel ((hentlech) (fun a shverd, shtilet, etc.)*

himself pron — זיך (אַליין)
*zich (alein)*

— he himself — ער אַליין
*er alein*

hind adj — הינטערשט
*hintersht*

hind n — הירשין נ (ס), אינדין נ (ס)
*hirshin, indin*

hinder v — אָפּהאַלטן; שטערן
*ophalten; shteren*

hindrance n — אָפּהאַלט ז (ן), עיכּוב ז (ים); שטערונג נ (ען)
*ophalt, ikev (ikuvim); shterung*

hindsight n — חכמה נאָכן טאַט נ
*chochme nochen tat*

hinge n — זאַוויעסע נ (ס); פּרינציפּ ז (ן)
*zavyese; printsip*

hint n — אָנדײַט ז (ן), וווּנק ז (ען), רמז ז (ים)
*ondait, vunk, remez (remozim)*

hint v — אָנדײַטן, מרמז זײַן
*ondaiten, meramez zain*

hip n — לענד נ (ן)
*lend*

hip adj — (סלענג) נײַמאָדיש; קלוג
*(sleng) naimodish; klug*

hip, hip interj — הוראַ!
*hura!*

**hire** v דינגען
*dingen*

**his** pron, adj זײַן; זײַנער
*zain, zainer*

**hiss** v צישען, סיקען
*tsishen, siken*

**historian** n היסטאָריקער ז (ס)
*historiker*

**historical** adj היסטאָריש
*historish*

**historical present**
היסטאָרישער הווה ז
*historisher hoive*

**history** n היסטאָריע נ (ס)
*historye*

**histrionic** adj טעאַטראַליש;
קינסטלעך, ניט־אויפריכטיק
*teatralish; kinstlech,*
*nit-oifrichtik*

**hit** v שלאָגן; טרעפן
*shlogen; trefen*

**hit** n קלאַפּ ז (קלעפּ); הצלחהדיקע
אונטערנעמונג נ (ען); שלאַגער ז (ס)
*klap (klep); hatslochedike*
*unternemung; shlager*

**hitch** v צוטשעפּען; אײַנשפּאַנען
*tsut'shepen; ainshpanen*

**hitchhike** v בעטן (אויפן וועג)
אַ נסיעה; מיטפֿאָרן בחינם
*beten (oifen veg) a nesie;*
*mitforen bechinem*

**hither** adv אַהער
*aher*

**hitherto** adv ביז איצט
*biz itst*

**hive** n בינשטאָק ז (ן)
*binshtok*

**hoard** n אוצר ז (ות),
זאַפּאַס ז (ן)
*oitser (oitsres), zapas*

**hoard** v אָנזאַמלען און אײַנשפּײַכלערן
*onzamlen un ainshpaichleren*

**hoarse** adj הייזעריק
*heizerik*

**hoary** adj גראָ; אַלט
*gro; alt*

**hoax** n ווילערישער טריק ז;
בלאָף ז (ן)
*voilerisher trik; blof*

**hoax** v אָפּטאָן אַ ווילערישן
טריק; אָפּנאַרן
*opton a voilerishen trik;*
*opnaren*

**hobble** v אונטערהינקען
*unterhinken*

**hobble** n אונטערהינקונג נ (ען);
פֿאַרלעגנהייט נ (ן)
*unterhinkung; farlegenheit*

**hobby** n האָבי ז (ס)
(באַליבטער צײַטפֿאַרברענג)
*hobi (balibter tsaitfarbreng)*

**hobo** n שלעפּער ז (ס)
*shleper*

**Hobson's choice** כלומרשטע
(למראית־עין) ברירה
*kloimershte (lemaris-ayen)*
*breire*

**hockey** n האָקי ז (ס)

*hoki*

hockshop n (שמועסדיק) לאָמבאַרד ז (ן)

*(shmuesdik) lombard*

hocus v אָפּטאָן אַ שפּיצל

*opton a shpitsel*

hocus-pocus n האָקוס־פּאָקוס ז (ן)

(כּישוף ז; אָפּנאַר ז; שפּיצל ס)

*hokus-pokus*

*(kishef; opnar; shpitsel)*

hodgepodge n מיש־מאַש ז (ן),

אָנגעוואָרף ס (ן)

*mish-mash, ongevorf*

hoe n סאַפּע נ (ס)

*sape*

hoe v סאַפּעווען

*sapeven*

hog n חזיר ז (ים); פּאַסקודניאַק ז (עס)

*chazer (chazeirim); paskudnyak*

hoggish adj חזירש; געמיין

*chazeirish; gemein*

hogwash n אָפּפאַל ז; (סלענג)

שמאָכטע נ (ס); שטות ז/ס (ים)

*opfal; (sleng) shmochte;*

*shtus (shtusim)*

hoist v אויפהייבן הויך; אַרויפציִען

*oifheiben hoich; aroiftsien*

hoity-toity adj (שמועסדיק) פאַרריסן,

גאווהדיק

*(shmuesdik) farrisen,*

*gaavedik/gaivedik*

hold v האַלטן

*halten*

hold n אָנהאַלט ז (ן);

אײַנפלוס ז (ן)

*onhalt; ainflus*

holdup n (שמועסדיק) רויב־

אָנפאַל ז (ן); אָפּהאַלט ז (ן)

*(shmuesdik) roib-onfal; ophalt*

hole n לאָך (לעכער)

*loch (lecher)*

holiday n יום־טוב ז (ים)

*yom-tev (yom-toivim)*

holydays pl וואַקאַציע נ (ס)

*vakatsye*

holier-than-thou adj צביעותדיק

*tsviesdik*

holler v שרײַען

*shraien*

hollow adj הויל, פוסט, לער

*hoil, pust, ler*

holocaust n חורבן ז (ות);

(קרבן) עולה נ (עולות)

*churben (churbones),*

*(korben) oile (oiles)*

— the Holocaust שואה נ

*(coined by Elie Wiesel)*

*shoe*

holster n לעדערן שיידל ס

(פאַר אַ פּיסטויל)

*lederen sheidel (far a pistoil)*

holy adj הייליק

*heilik*

homage n כּבוד ז, רעספּעקט ז

*koved, respekt*

home n היים נ (ען), שטוב נ (שטיבער)

*heim, shtub (shtiber)*

home adj היימיש; הויפּט

*heimish; hoipt*

home-owner n — בעל־בית ז (בעלי־בתים)
*balebos (balebatim)*

homesick adj — פאַרבענקט
*farbenkt*

homicide n — מאָרד ז (ן)
*mord*

homogeneous adj — האָמאָגעניש
*homogenish*

homonym n — האָמאָנים ז (ען)
*homonim*

homophone n — האָמאָפאָן ז (ען)
*homofon*

honest adj — ערלעך
*erlech*

honesty n — ערלעכקייט נ
*erlechkeit*

honey n — האָניק ז
*honik*

honeybee n — האָניקבין נ (ען)
*honikbin*

honeymoon n — האָניק־חודש ז
*honik-choidesh*

honor, honour n — כבוד ז
*koved*

honor v — אָפּגעבן כבוד, באַערן
*opgeben koved, baeren*

hood n — קאַפּטער ז (ס), קאַפּישאָן ז (ען)
*kapter, kapishon*

hoodlum n — כוליגאַן ז (עס)
*chuligan*

hoof n — קאָפּיטע נ (ס)
*kopite*

hook n — האָק ז (ן); העקל ס (עך)
*hok; hekel (heklech)*

hoop n — רייף נ (ן)
*reif*

hoop skirt — רייפקליידל ס (עך)
*reifkleidel (reifkleidlech)*

hop v — האָפּקען, אונטערשפּרינגען
*hopken, untershpringen*

hope n — האָפענונג נ (ען)
*hofenung*

hope v — האָפן
*hofen*

hopeful adj — פול מיט האָפענונג
*ful mit hofenung*

hopeless adj — אָן אַ האָפענונג
*on a hofenung*

hora n — האָרע נ (ס) (ישׂראלדיקער פאָלקסטאַנץ)
*hore (yisroeldiker folkstants)*

horde n — האָרדע נ (ס)
*horde*

horizon n — האָריזאָנט ז (ן)
*horizont*

hormone n — האָרמאָן ז (ען)
*hormon*

horn n — האָרן ז (הערנער)
*horen (herner)*

hornet n — פערדבין נ (ען)
*ferdbin*

hornet's nest — נעסט פון פערדבינען; וואַרטנדיקע צרה נ
*nest fun ferdbinen; vartendike tsore*

horoscope n הָאראָסקאָפּ ז (ן)
*horoskop*

horrible adj שרעקלעך; שוידערלעך
*shreklech; shoiderlech*

horrify v אָנוואַרפֿן אַ שרעק אויף
*onvarfen a shrek oif*

horror n שרעק נ (ן); שוידער ז (ס)
*shrek; shoider*

horse n פערד ס
*ferd*

horse and buggy פערד און וואָגן
*ferd on vogen*

horse-and-buggy adj אַלטמאָדיש
*altmodish*

horsefly n פערדפליג נ (ן)
*ferdflig*

horsepower n פערדנקראַפט נ
*ferdenkraft*

horseradish n כריין ז
*chrein*

horseshoe n פּאָדקאָווע נ (ס)
*podkove*

horticulture n האָרטיקולטור נ,
גערטנערײַ ס
*hortikultur, gertnerai*

hosanna interj הושענא!
*hoshano!*

hospitable adj גאַסטפרײַנדלעך
*gastfraindlech*

hospital n שפּיטאָל ז (ן)
*shpitol*

hospitality n גאַסטפרײַנדלעכקייט נ
*gastfraindlechkeit*

host n מכניס־אורח ז (מכניסי אורחים),
גאַסטגעבער ז (ס); מאַסע נ
(מאַסן); אַרמיי נ (ען)
*machnes-oirech*
*(machnise-orchim),*
*gastgeber; mase (masen); armei*

hostage n ערבניק ז (עס)
*orevnik*

hostess n גאַסטגעבערין נ (ס)
*gastgeberin*

hostile adj פֿײַנדלעך
*faindlech*

hostility n פֿײַנדלעכקייט נ
*faindlechkeit*

hostilities pl מלחמה־אַקציעס ר
*milchome-aktsyes*

hot adj הייס
*heis*

hot air (סלענג) פוסטע דיבורים ר
*(sleng) puste diburim*

hotbed n ספּעקטע נ (ס)
*spekte*

hotel n האָטעל ז (ן)
*hotel*

hotfoot adv (שמועסדיק) בחיפּזון
*(shmuesdik) bechipozen*

hothead n היצקאָפּ ז (היצקעפּ)
*hitskop (hitskep)*

hothouse n אָראַנזשעריע נ (ס)
*oranzherye*

hotspur n מופקר ז (ים)
*mufker (mufkorim)*

hot water הייס וואַסער ס; קלעם נ
*heis vaser; klem*

hound n שפּירהונט ז (שפּירהינט)

*shpirhunt (shpirhint)*

hour n — שעה נ (ען), שטונדע נ (ס)

*sho (shoen), shtunde*

house n — הויז ס (הײַזער), שטוב נ (שטיבער)

*hoiz (haizer), shtub (shtiber)*

housewife n — הויזפרוי נ (ען), באַלעבאָסטע נ (ס)

*hoizfroi, baleboste*

hovel n — אָפּגעלאָזן בײַדל ס

*opgelozen baidel*

hover v — שוועבן

*shveben*

how adv — ווי, ווי אַזוי

*vi, vi azoi*

however conj, adv — פונדעסטוועגן, אָבער; יעדנפאַלס

*fundestvegen, ober; yedenfals*

howl v — וויען; געוואַלדעווען

*voien; gevaldeven*

howl n — ווי ז (ען); געוואַלד ז (ן)

*voi; gevald*

hub n — אַקס־בוקשע נ (ס); מיטלפונקט ז (ן), צענטער ז (ס)

*aks-bukshe; mitelpunkt, tsenter*

hubbub n — הו־האַ ז

*hu-ha*

huckleberry n — טשערניצע נ (ס)

*t'shernitse*

huckster n — פעדלער ז (ס)

*pedler*

huckster v — פעדלען; דינגען זיך

*pedlen; dingen zich*

huddle v — טוליען זיך; אָנפאַקן

*tulyen zich; onpaken*

hue n — באַפאַרבונג נ (ען), שאַטירונג נ (ען); געוואַלד ז (ן)

*bafarbung, shatirung; gevald*

huff n — אָנגעבלאָזנקייט נ

*ongeblozenkeit*

— in a huff — אָנגעבלאָזן און באַליידיקט

*ongeblozen un baleidikt*

huff v — בלאָזן פון זיך; באַליידיקן

*blozen fun zich; baleidiken*

hug v — אַרומנעמען

*arumnemen*

hug n — אַרומנעם ז (ען)

*arumnem*

hum v — ברומען, זשומען

*brumen, zhumen*

hum n — ברום ז (ען)

*brum*

human adj — מענטשלעך

*ment'shlech*

humane adj — הומאַניש

*humanish*

humanity n — מענטשהייט נ

*ment'shheit*

— the humanities — הומאַניסטיק נ

*humanistik*

humble adj — באַשיידן

*basheiden*

humble v — דערנידעריקן, מזלזל זײַן

*dernideriken, mezalzel zain*

humbug n — צבועק ז (עס); בליאַגער ז (ס);

בּליאַגע נ; שקרנות ס
*tsvuak; blyager; blyage;*
*shakrones*

**humbug** v — זײַן פֿאַלש; אָפּנאַרן
*zain falsh, opnaren*

**humdrum** adj — לאַנגווײַליק
*langvailik*

**humid** adj — פֿײַכט
*faicht*

**humidity** n — פֿײַכטקייט נ
*faichtkeit*

**humiliate** v — דערנידעריקן, מבייש זײַן
*derniderikan, mevayesh zain*

**humiliation** n — דערנידעריקונג נ (ען)
*derniderikung*

**humility** n — עניוות ס
*anives*

**hummock** n — בּערגעלע ס (ך)
*bergele*

**humor, humour** n — הומאָר ז
*humor*

**humorist** n — הומאָריסט ז (ן)
*humorist*

**humorous** adj — הומאָריסטיש
*humoristish*

**hump** n — האָרב ז (ן), קעמל־הויקער ז (ס); בּערגל ס (ען)
*horb, kemel-hoiker;*
*bergel (berglech)*

**hunchback** n — הויקער ז (ס)
*hoiker*

**hundred** adj — הונדערט
*hundert*

**hunger** n — הונגער ז
*hunger*

**hungry** adj — הונגעריק
*hungerik*

**hunt** v — גיין אויף געיעג
*gein oif geyeg*

**hunt** n — געיעג ס (ן)
*geyeg*

**hunter** n — יעגער ז (ס)
*yeger*

**hurdle** n — שטרויכלונג נ (ען) (בײַם לויף־פֿאַרמעסט)
*shtroichlung*
*(baim loif-farmest)*

**hurdle** v — אַריבּערשפּרינגען; גובר זײַן
*aribershpringen; goiver zain*

**hurl** v — שלײַדערן
*shlaideren*

**hurly-burly** n — גערודער ס
*geruder*

**hurrah** interj — הוראַ!
*hura!*

**hurricane** n — הוריקאַן ז (ען)
*hurikan*

**hurry** v — אײַלן; יאָגן זיך
*ailen; yogen zich*

**hurry** n — אײַלעניש ס
*ailenish*

**hurt** v — בּאַשעדיקן; וויי טאָן
*bashediken; vei ton*

**hurt** n — ווייטיק ז (ן); ווונד נ (ן)
*veitik; vund*

**hurtful** adj — שעדלעך; ווייטיקדיק
*shedlech; veitikdik*

**husband** n — מאַן ז (ען/מענער)

*man (manen/mener)*

**hush** v אײַנשטילן; באַרואיקן
*ainshtilen; baruiken*

**hush** n שטילקייט נ
*shtilkeit*

**hush** interj שאַ!
*sha!*

**hush-hush** adj (שמועסדיק) געהיים; פֿאַרטרוילעך
*(shmuesdik) geheim; fartroilech*

**husk** n שאָלעכץ ס/נ (ן)
*sholechts*

**husky** adj הייזעריק; גרויס און שטאַרק
*heizerik; grois un shtark*

**husky** n האַסקי ז (ס) (עסקימאָסישער הונט)
*haski (eskimosisher hunt)*

**hustle** v אונטעריאָגן; שטורכען
*unteryogen; shturchen*

**hustle** n געאײַל ס; ווולגאַר שטופּעניש ס
*geail; vulgar shtupenish*

**hut** n כאַטע נ (ס)
*chate*

**huzza** interj הוראַ!
*hura!*

**hyacinth** n היאַצינט ז (ן)
*hiatsint*

**hybrid** n מישלינג ז (ען)
*mishling*

**hydrogen** n וואַסערשטאָף ז
*vasershtof*

**hydrology** n הידראָלאָגיע נ
*hidrologye*

**hydrophobia** n וואַסערשרעק נ, הינטיש משוגעת ס
*vasershrek, hintish meshugaes*

**hyena** n היענע נ (ס)
*hiene*

**hygiene** n היגיענע נ
*higyene*

**hygienic** adj היגיעניש
*higyenish*

**hymn** n לויב־געזאַנג ס (ען), לויב־ליד ס (ער)
*loib-gezang, loib-lid (-lider)*

**hyphen** n בינדשטריך ז (ן), מקף ז (ים)
*bindshtrich, makef (makofim)*

**hypnosis** n היפּנאָז ז
*hipnoz*

**hypnotize** v היפּנאָטיזירן
*hipnotiziren*

**hypocrisy** n צביעות ס
*tsvies*

**hypocrite** n היפּאָקריט ז (ן), צבֿועק ז (עס)
*hipokrit, tsvuak*

**hypothesis** n היפּאָטעז ז (ן), סבֿרא נ (סבֿרות)
*hipotez, svore (svores)*

**hyssop** n היזאָפּ ז (ן) (געווירץ־געוויקס; אין תּהלים נ״א, ט: אזוב)
*hizop (gevirts-geviks; in tilim 51,9: eizov)*

# I i

**i, I** n — **אי ז (ען) (בוכשטאַב)**
*i (buchshtab)*

**I** pron — **איך**
*ich*

**ibid., ibidem** adv — **ד"ג=דאָרטן גופא**
*d"g=dorten gufe*

**ice** n — **אײַז ס**
*aiz*

**iceberg** n — **אײַזבאַרג ז (אײַזבערג)**
*aizbarg (aizberg)*

**icebox** n — **אײַזקאַסטן ז (ס)**
*aizkasten*

**ice cream** — **אײַזקרעם ז (ען)**
*aizkrem*

**icing** n — **באַצוקערונג נ (ען)**
*batsukerung*

**idea** n — **אידעע נ (ס)**
*idee*

**ideal** n — **אידעאַל ז (ן)**
*ideal*

**ideal** adj — **אידעאַל; פערפעקט**
*ideal; perfekt*

**idealism** n — **אידעאַליזם ז**
*idealizm*

**idealist** n — **אידעאַליסט ז (ן)**
*idealist*

**idealistic** adj — **אידעאַליסטיש**
*idealistish*

**idealize** v — **אידעאַליזירן**
*idealiziren*

**identical** adj — **אידענטיש**
*identish*

**identification** n — **אידענטיפיצירונג נ (ען)**
*identifitsirung*

**identify** v — **אידענטיפיצירן**
*identifitsiren*

**identity** n — **אידענטיטעט נ (ן)**
*identitet*

**ideology** n — **אידעאָלאָגיע נ (ס)**
*ideologye*

**idiom** n — **אידיאָם ז (ען)**
*idyom*

**idiomatic** adj — **אידיאָמאַטיש**
*idyomatish*

**idiot** n — **אידיאָט ז (ן)**
*idyot*

**idiotic** adj — **אידיאָטיש**
*idyotish*

**idle** adj — **ליידיק; אומבאַשעפטיק**
*leidik; umbasheftik*

**idler** n — **ליידיקגייער ז (ס)**
*leidikgeier*

**idol** n — **געץ ז (ן), אָפּגאָט ז (אָפּגעטער)**
*gets,opgot (opgeter)*

**idolize** v — **דינען געצן; פאַרגעטערן**
*dinen getsen; fargeteren*

**idyll, idyl** n — **אידיליע נ (ס)**
*idilye*

**idyllic** adj — **אידיליש**
*idilish*

**i.e., id est** — **ד"ה=דאָס הייסט**

*d"h=dos heist*

if conj — אויב, טאָמער — *oib, tomer*

igloo n — איגלו ז (ס) — *iglu*

ignite v — אָנצינדן — *ontsinden*

ignoble adj — געמיין, אומכּבֿודיק — *gemein, umkovedik*

ignominy n — חרפּה נ (חרפּות) — *charpe (charpes)*

ignoramus n — עם־האָרץ ז (עם־הארצים) — *amorets (ameratsim)*

ignorance n — עם־הארצות ס — *ameratses*

ignore v — איגנאָרירן, מאַכן זיך נישט וויסנדיק — *ignoriren, machen zich nisht visendik*

ill adj — קראַנק — *krank*

illegal adj — אומלעגאַל — *umlegal*

illegality n — אומגעזעצלעכקייט נ (ן) — *umgezetslechkeit*

illegible adj — אומליינעוודיק — *umleinevdik*

illiteracy n — אַנאַלפאַבעטיזם ז — *analfabetizm*

illiterate adj — אַנאַלפאַבעטיש — *analfabetish*

illiterate n — אַנאַלפאַבעט ז (ן) — *analfabet*

ill-mannered adj — אומהעפלעך, גראָב — *umheflech, grob*

ill-natured adj — שלעכטהאַרציק; להכעיסדיק — *shlechthartsik; lehachesdik*

illness n — קראַנקייט נ (ן) — *krankeit*

illogical adj — אומלאָגיש — *umlogish*

ill-tempered adj — שלעכט־געשטימט; ברוגזדיק — *shlecht-geshtimt; broigezdik*

illuminate v — אילומינירן — *iluminiren*

ill-use v — שלעכט באַהאַנדלען — *shlecht bahandlen*

illusion n — אילוזיע נ (ס) — *iluzye*

illustrate v — אילוסטרירן — *ilustriren*

illustration n — אילוסטראַציע נ (ס) — *ilustratsye*

illustrious adj — זייער באַרימט — *zeier barimt*

ill will — שינאה נ (שינאות) — *sine (sines)*

image n — געשטאַלט ס (ן) — *geshtalt*

imaginary adj — פאַנטאַזירט, ניט־רעאַל — *fantazirt, nit-real*

imagination n — פאַנטאַזיע נ (ס) — *fantazye*

imagine v פאָרשטעלן זיך
*forshtelen zich*

imbecile n דומקאָפּ ז (דומקעפּ), שוטה גמור ז
*dumkop (dumkep), shoite gomer*

imbecile adj שוואַכקעפּיק
*shvachkepik*

imbibe v טרינקען; אַבסאָרבירן, איַינזאַפּן
*trinken; absorbiren, ainzapen*

imbue v אָנפילן; אינספּירירן
*onfilen; inspiriren*

imitate v אימיטירן, נאָכמאַכן
*imitiren, nochmachen*

imitation n אימיטאַציע נ (ס), נאָכמאַכונג נ (ען)
*imitatsye, nochmachung*

imitator n נאָכמאַכער ז (ס)
*nochmacher*

immaculate adj אומבאַפלעקט
*umbaflekt*

immaterial adj ניט־וויכטיק
*nit-vichtik*

immature adj אומריַיף; ניט־דערוואַקסן
*umraif; nit-dervaksen*

immediate adj באַלדיק; דירעקט
*baldik; direkt*

immediately adv באַלד, תּיכף
*bald, teikef*

immense adj ריזיק
*rizik*

immerse v איַינטונקען
*aintunken*

immigrant n אימיגראַנט ז (ן)
*imigrant*

immigrate v אימיגרירן
*imigriren*

immigration n אימיגראַציע נ (ס)
*imigratsye*

imminent adj אָט־אָטיק, נאָענט צו פּאַסירן
*ot-otik, noent tsu pasiren*

immoderate adj אָן אַ מאָס; איבערגעטריבן
*on a mos; ibergetriben*

immodest adj אומבאַשיידן
*umbasheiden*

immoral adj אוממאָראַליש
*ummoralish*

immortal adj אומשטערבלעך
*umshterblech*

immortality n אומשטערבלעכקייט נ
*umshterblechkeit*

immortalize v פֿאַראייבּיקן
*fareibiken*

immunity n אימוניטעט נ; פריַיהייט נ; שיץ ז
*imunitet; fraiheit; shits*

immunize v מאַכן ווידערשטאַנדפעאיק
*machen vidershtandfe'ik*

imp n קליינער שד ז, שדל ס (שדימלעך)
*kleiner shed, shedel (sheidimlech)*

impact n פּראַל ז (ן); שטאַרקע השפּעה נ
*pral; shtarke hashpoe*

**impair** v פאַרערגערן; באַשעדיקן
*farergeren; bashediken*

**impartial** adj אומצדדימדיק, אָביעקטיוו
*umtsdodimdik, obyektiv*

**impasse** n פאַרהאַק ז (ן); בלינד געסל ס
*farhak; blind gesel*

**impatience** n אומגעדולד ס/ג
*umgeduld*

**impatient** adj אומגעדולדיק
*umgeduldik*

**impeach** v איינשולדיקן (אין קאָנגרעס)
*ainshuldiken (in kongres)*

**impeccable** adj אָן אַ פעלער
*on a feler*

**impede** v שטערן
*shteren*

**impel** v טרײַבן; צווינגען
*traiben; tsvingen*

**impend** v דערנענטערן זיך; הענגען דראָענדיק
*dernenteren zich; hengen droendik*

**imperative** n אימפעראַטיוו ז (ן)
*imperativ*

**imperfect** adj אומפערפעקט, פעלערדיק
*imperfekt, felerdik*

**imperial** adj קייסעריש; מאַיעסטעטיש
*keiserish; mayestetish*

**imperialism** n אימפעריאַליזם ז
*imperyalizm*

**imperialist** n אימפעריאַליסט ז (ן)
*imperyalist*

**imperialistic** adj אימפעריאַליסטיש
*imperyalistish*

**imperil** v שטעלן אין געפאַר
*shtelen in gefar*

**impersonal** adj אומפערזענלעך
*umperzenlech*

**impersonate** v נאָכמאַכן; פרעטענדירן; פערזאָניפיצירן
*nochmachen; pretendiren; perzonifitsiren*

**impertinence** n חוצפה נ
*chutspe*

**impertinent** adj חוצפהדיק
*chutspedik*

**impetuous** adj האַסטיק, אײַליק
*hastik, ailik*

**impetus** n אימפעט ז (ן)
*impet*

**impious** adj ניט־פרום
*nit-frum*

**impish** adj לצניש; קונדסיש
*letsonish; kundesish*

**implant** v אײַנפלאַנצן
*ainflantsen*

**implement** n מכשיר ז (ים)
*machsher (machshirim)*

**implement** v מקיים זײַן, אויספירן
*mekayem zain; oisfiren*

**implicate** v אַרײַנציִען; פאַרפלאָנטערן; אָנדײַטן
*araintsien; farplonteren; ondaiten*

**implicit** adj אַבסאָלוט; ניט־בפירוש
*absolut; nit-befeiresh*

**implore** v שטאַרק בעטן
*shtark beten*

**imply** v געבן אָנצוהערן; באַטײַטן
*geben ontsuheren; bataiten*

**impolite** adj אומהעפלעך
*umheflech*

**import** v אימפּאָרטירן
*importiren*

**import** n אימפּאָרט ז (ן); באַטײַט ז (ן); חשיבות ס
*import; batait; chshives/chashives*

**importance** n וויכטיקייט נ
*vichtikeit*

**important** adj וויכטיק
*vichtik*

**importer** n אימפּאָרטירער ז (ס)
*importirer*

**impose** v אַרויפלייגן (אַ שטראָף, לאַסט, א״ע); מטריח זײַן
*aroifleigen (a shtrof, last, etc.); matriech zain*

**imposition** n אַרויפלייגונג נ (ען) (שטײַערן, שטראָף, א״ע); טירחה נ (טירחות); אָפּנאַרערײַ ס
*aroifleigung (shtaieren, shtrof, etc.); tirche (tirches); opnarerai*

**impossibility** n אוממעגלעכקייט נ (ן)
*ummeglechkeit*

**impossible** adj אוממעגלעך
*ummeglech*

**impostor** n שאַרלאַטאַן ז (ען)
*sharlatan*

**impotent** adj אימפּאָטענט; שוואַך
*impotent; shvach*

**impound** v פאַרהאַלטן (אין אַ לאַגער, שטאַל, א״ע); אײַנצאַמען
*farhalten (in a lager, shtal, etc.); aintsamen*

**impoverish** v פאַראָרעמען
*faroremen*

**impractical** adj אומפּראַקטיש
*umpraktish*

**impresario** n אימפּרעסאַריאָ ז (ס)
*impresaryo*

**impress** v מאַכן אַ רושם, באַאײַנדרוקן
*machen a roishem, baaindruken*

**impression** n רושם ז (ס), אײַנדרוק ז (ן)
*roishem, aindruk*

**impressive** adj רושמדיק
*roishemdik*

**imprison** v אײַנזעצן (אין תּפיסה)
*ainzetsen (in tfise)*

**improper** adj אומפּאַסיק
*umpasik*

**improve** v פאַרבעסערן
*farbeseren*

**improvement** n פאַרבעסערונג נ (ען)
*farbeserung*

**improvise** v אימפּראָוויזירן
*improviziren*

**imprudent** adj לײַכטזיניק

*laichtzinik*

impudent adj — חוצפהדיק, פרעך
*chutspedik, frech*

impulse n — אימפולס ז (ן)
*impuls*

impulsive adj — אימפולסיוו
*impulsiv*

in prep, adv — אין; אַרײַן
*in; arain*

inaccessible adj — אומדערגרייכלעך
*umdergreichlech*

inaccuracy n — אומפּינקטלעכקייט נ (ן); טעות ת״ס (ן/ים)
*umpinktlechkeit; toes (toesen/teusim)*

inactive adj — ניט־טעטיק
*nit-tetik*

inactivity n — אומטעטיקײַט נ
*umtetikeit*

inadequate adj — ניט־גענוגיק; ניט־טויגעוודיק
*nit-genugik; nit-toigevdik*

inanimate adj — אומבאַלעבט
*umbalebt*

inappropriate adj — אומפּאַסיק
*umpasik*

inapt adj — אומטויגלעך; אומפעאיק
*umtoiglech; umfe'ik*

inarticulate adj — אומדײַטלעך; ניט־קלאָררײדיק
*umdaitlech; nit-klorreidik*

inaudible adj — ניט־הערעוודיק
*nit-herevdik*

inaugurate v — מחנך זײַן
*mechanech zain*

inborn adj — אײַנגעבוירן; אינסטינקטיוו
*aingeboiren; instinktiv*

incapable adj — אומפעאיק
*umfe'ik*

incarnate v — פאַרקערפּערן
*farkerperen*

incense n — ווײַרויך ז (ן)
*vairoich*

inch n — צאָל ז (ן), אינטש ז (ן)
*tsol, int'sh*

incident n — אינצידענט ז (ן), פאַל ז (ן)
*intsident, fal*

incidental adj — צופעליק
*tsufelik*

incidentally adv — דרך־אגב
*derech-agev*

incise v — אײַנשנײַדן
*ainshnaiden*

incision n — אײַנשניט ז (ן)
*ainshnit*

incisive adj — אײַנשנײַדיק; שאַרף
*ainshnaidik; sharf*

incite v — אויפרייצן, העצן
*oifreitsen, hetsen*

incitement n — אויפרייצונג נ
*oifreitsung*

incivility n — אומהעפלעכקייט נ
*umheflechkeit*

inclination n — נייגונג נ (ען), נטיה נ (נטיות)
*neigung, netie (neties)*

incline v — נייגן זיך

*neigen zich*

include v אַרײַננעמען; מצרף זײַן
*arainnemen; metsaref zain*

inclusive adj אײַנשליסיק; כּוללדיק
*ainshlisik; koileldik*

income n הכנסה נ (הכנסות),
אײַנקונפט נ (ן)
*hachnose (hachnoses), ainkunft*

incompatible adj ניט־אויסקומיק
*nit-oiskumik*

incompetent adj אומפעאיק;
ניט־באַרעכטיקט
*umfe'ik; nit-barechtikt*

incomplete adj ניט־דערענדיקט;
ניט־גאַנץ
*nit-derendikt; nit-gants*

incomprehensible adj
אומפאַרשטענדלעך
*umfarshtendlech*

inconceivable adj אומבאַגרײַפלעך
*umbagraiflech*

inconclusive adj ניט־איבערצײַגיק
*nit-ibertsaigik*

inconsequent adj אומקאָנסעקווענט
*umkonsekvent*

inconsistent adj ניט־אײַנשטימיק;
בײַטעוודיק
*nit-ainshtimik; baitevdik*

inconspicuous adj ניט־אָנזעעוודיק
*nit-onzeevdik*

inconvenience n
אומבאַקוועמקייט נ (ן)
*umbakvemkeit*

inconvenient adj אומבאַקוועם
*umbakvem*

incorrect adj ניט־ריכטיק
*nit-richtik*

incorrupt adj אומפאַרדאָרבן;
ניט־פאַרגרײַזט
*umfardorben; nit-fargraizt*

increase v פאַרגרעסערן;
פאַרמערן זיך
*fargreseren; farmeren zich*

increase n אָנוווּקס ז (ן); פאַרמערונג נ
*onvuks; farmerung*

incredible adj אומגלייבלעך
*umgleiblech*

incriminate v אינקרימינירן
*inkriminiren*

incubator n אינקובאַטאָר ז (ן)
*inkubator*

incur v ברענגען אויף זיך
*brengen oif zich*

indecent adj ניט־אָרנטלעך
*nit-orentlech*

indecision n אומבאַשלאָסנקייט נ
*umbashlosenkeit*

indeed adv באמת, טאַקע
*beemes, take*

indefinite adj אומבאַשטימט
*umbashtimt*

indemnify v פאַרגיטיקן, צוריקצאָלן
*fargitiken, tsuriktsolen*

independence n אומאָפּהענגיקייט נ
*umophengikeit*

independent adj אומאָפּהענגיק
*umophengik*

indescribable adj אומבאַשרײַבלעך

*umbashraiblech*

**index** n — אינדעקס ז (ן)
*indeks*

**indicate** v — אָנווײַזן
*onvaizen*

**indication** n — אָנווײַז ז (ן)
*onvaiz*

**indict** v — אײַנקלאָגן
*ainklogen*

**indifference** n — גלײַכגילטיקייט נ
*glaichgiltikeit*

**indifferent** adj — גלײַכגילטיק
*glaichgiltik*

**indigence** n — אָרעמקייט נ
*oremkeit*

**indigenous** adj — אײַנגעבוירן
*aingeboiren*

**indigent** adj — אָרעם
*orem*

**indigestion** n — ניט־פאַרדײַאונג נ
*nit-fardaiung*

**indignation** n — אויפגעבראַכטקייט נ
*oifgebrachtkeit*

**indignity** n — אומווערדיקייט נ (ן); באַליידיקונג נ (ען)
*umverdikeit; baleidikung*

**indirect** adj — אומדירעקט
*umdirekt*

**indiscreet** adj — אומדיסקרעט
*umdiskret*

**indiscriminate** adj — מבולבל, ניט־איבערקלײַבנדיק
*mevulbel, nit-iberklaibendik*

**indispensable** adj — אַבסאָלוט נייטיק
*absolut neitik*

**indistinct** adj — אומקלאָר
*umklor*

**individual** n — יחיד ז (ים); פערזאָן נ (ען)
*yoched (yechidim); perzon*

**individual** adj — אינדיווידועל; פערזענלעך
*individuel; perzenlech*

**indoctrinate** v — אינדאָקטרינירן
*indoktriniren*

**indolence** n — פוילקייט נ
*foilkeit*

**indoors** adv — אינעווייניק
*ineveinik*

**induce** v — פועלן בײַ; פירן צו
*poielen bai; firen tsu*

**indulge** v — נאָכגעבן; באַפרידיקן (אַ באַגער)
*nochgeben; bafridiken (a bager)*

**indulgent** adj — נאָכגיביק; ניט־קריטיש
*nochgibik; nit-kritish*

**industrial** adj — אינדוסטריעל
*industryel*

**industrious** adj — פלײַסיק
*flaisik*

**industry** n — אינדוסטריע נ (ס)
*industrye*

**inefficient** adj — אומעפעקטיוו
*umefektiv*

**ineligible** adj — אומפאַסיק; ניט־קוואַליפיצירט
*umpasik; nit-kvalifitsirt*

**inept** adj — אומפאַסיק; אומזיניק

*umpasik; umzinik*

inertia n אינערציע נ
*inertsye*

inevitable adj אומפאַרמײַדלעך
*umfarmaidlech*

inexact adj אומפּינקטלעך
*umpinktlech*

inexpensive adj ניט־טײַער
*nit-taier*

infallible adj אומטעותדיק
*umtoesdik*

infamy n שאַנדע נ (ס)
*shande*

infant n זייגקינד ס (ער)
*zeigkind (zeigkinder)*

infantile adj קינדיש
*kindish*

infantry n אינפֿאַנטעריע נ (ס)
*infanterye*

infect v אָנשטעקן
*onshteken*

infection n אינפֿעקציע נ (ס)
*infektsye*

infer v אַרויסדרינגען
*aroisdringen*

inference n אויספֿיר ז (ן)
*oisfir*

inferior adj נידעריקער; ערגער
*nideriker; erger*

inferiority n מינדערווערטיקייט נ
*mindervertikeit*

inferiority complex שיפֿלות־קאָמפּלעקס ז (ן)
*shifles-kompleks*

infernal adj גיהנומדיק
*gehenemdik*

inferno n גיהנום ז/ס (ס)
*gehenem*

infertile adj אומפֿרוכטבאַר
*umfruchtbar*

infest v פֿאַרשרצן; ראָיען זיך
*farsheretsen; royen zich*

infidel n כּופֿר ז (ים)
*koifer (kofrim)*

infiltrate v אַרײַנדרינגען
*araindringen*

infinite adj אומענדלעך
*umendlech*

infinitive n אינפֿיניטיוו ז (ן)
*infinitiv*

infirm adj שוואַך; אומפֿעסט
*shvach; umfest*

inflame v אָנצינדן; צעפֿלאַמט ווערן
*ontsinden; tseflamt veren*

inflammation n אָנצינדונג נ (ען) (קראַנקהייט)
*ontsindung (krankheit)*

inflate v אָנבלאָזן, אויפֿבלאָזן
*onblozen, oifblozen*

inflation n אינפֿלאַציע נ (ס); אָנבלאָזונג נ (ען)
*inflatsye; onblozung*

inflection n בייגונג נ (ען)
*beigung*

inflexible adj אומבייגעוודיק
*umbeigevdik*

inflict v דערלאַנגען (אַ קלאַפּ);

אַרויפלייגן (אַ לאַסט, יסורים, א״ע)
*derlangen (a klap); aroifleigen (a last, yesurim, etc.)*

**influence** n — השפעה נ (השפעות), אײַנפלוס ז (ן)
*hashpoe (hashpoes), ainflus*

**influence** v — משפיע זײַן, באַאײַנפלוסן
*mashpie zain, baainflusen*

**influential** adj — השפעהדיק
*hashpoedik*

**influenza** n — אינפלוענציע נ (קראַנקהייט)
*influentsye (krankheit)*

**inform** v — אינפאָרמירן, מודיע זײַן; מסרן
*informiren, medie/modie zain; maseren*

**informal** adj — אומפאָרמעל
*umformel*

**information** n — אינפאָרמאַציע נ (ס)
*informatsye*

**informer** n — מסור (מוסרים)
*moser (mosrim)*

**infraction** n — (געזעץ־) ברעכונג נ (ען)
*(gezets-) brechung*

**infringe** v — ברעכן (אַ געזעץ); מסיג־גבול זײַן
*brechen (a gezets); maseg-gvul zain*

**infuriate** v — דערצערענען
*dertserenen*

**infuse** v — אַרײַנגיסן; אינספירירן; ווייקן
*araingisen; inspiriren; veiken*

**ingenious** adj — המצאהדיק; טאַלאַנטפול
*hamtsoedik; talantful*

**ingenuous** adj — אָפן־האַרציק; פשוט
*ofen-hartsik; poshet*

**ingrained** adj — פאַרוואָרצלט
*farvortselt*

**ingratitude** n — אומדאַנק
*umdank*

**ingredient** n — אינגרעדיענט ז (ן)
*ingredyent*

**inhabit** v — באַוווינען
*bavoinen*

**inhabitant** n — אײַנוווינער ז (ס), תושב ז (ים)
*ainvoiner, toishev (toishovim)*

**inhale** v — אײַנאָטעמען
*ainotemen*

**inharmonious** adj — אומהאַרמאָניש
*umharmonish*

**inhere** v — געהערן צו (אַלס אַן אייגנשאַפט)
*geheren tsu (als an eigenshaft)*

**inherent** adj — תוכיק
*tochik*

**inherit** v — ירשענען
*yarshenen*

**inheritance** n — ירושה נ (ירושות)
*yerushe (yerushes)*

**inhibit** v — מעכב זײַן
*meakev zain*

**inhibition** n — עיכוב ז (ים), אײַנהאַלט ז (ן)

*ikev (ikuvim), ainhalt*

inhumanity n — אוממענטשלעכקייט נ
*umment'shlechkeit*

inimical adj — אומפרײַנדלעך; שעדלעך
*umfraindlech; shedlech*

iniquity n — רישעות ס; עוולה נ (עוולות)
*rishes; avle (avles)*

initial adj — אָנפאַנגלעך; ערשט
*onfanglech; ersht*

initial n — איניציאַל ז (ן)
*initsyal*

initial v — אונטערשרײַבן זיך מיט ראָשי־תּיבות
*untershraiben zich mit roshe-teives*

initially adv — פון אָנהייב
*fun onheib*

initiate v — אָנהייבן; אַרײַנפירן (אין אַ חברה מיט צערעמאָניעס)
*onheiben; arainfiren (in a chevre mit tseremonyes)*

initiative n — איניציאַטיוו ז (ן)
*initsyativ*

inject v — אײַנשפּריצן (אַ פליסיקייט); אַרײַנוואַרפן (אַ באַמערקונג)
*ainshpritsen (a flisikeit); arainvarfen (a bamerkung)*

injection n — אײַנשפּריצונג נ (ען)
*ainshpritsung*

injunction n — באַפעל ז (ן); געריכט־פאַרווער ז (ן)
*bafel; gericht-farver*

injure v — באַשעדיקן; פאַרוווּנדן; באַעוולען
*bashediken; farvunden; baavlen*

injury n — שאָדן ז (ס); וווּנד נ (ן); עוולה נ (עוולות)
*shoden; vund; avle (avles)*

injustice n — אומגערעכטיקייט נ (ן); עוולה נ (עוולות)
*umgerechtikeit; avle (avles)*

ink n — טינט נ (ן)
*tint*

inkspot n — קלעק ז (ן)
*klek*

inkwell n — טינטער ז (ס)
*tinter*

in-law n — מחותּן ז (ים)
*mechuten (mechutonim)*

in memoriam — צום אָנדענק
*tsum ondenk*

inn n — קרעטשמע נ (ס)
*kret'shme*

innkeeper n — קרעטשמער ז (ס)
*kret'shmer*

innocence n — אומשולד נ
*umshuld*

innocent adj — אומשולדיק
*umshuldik*

innovate v — באַנײַען, מחדש זײַן
*banaien, mechadesh zain*

innovation n — באַנײַאונג נ (ען)
*banaiung*

innovator n — באַנײַער ז (ס)
*banaier*

innuendo n אומדירעקטער ווונק ז;
פֿאַרפֿירערישע רעפֿערענץ נ
*umdirekter vunk;*
*farfirerishe referents*

inoculate v אינאָקולירן
*inokuliren*

inoffensive adj ניט־באַליידיקנדיק;
אומשעדלעך
*nit-baleidikendik; umshedlech*

inorganic adj אומאָרגאַניש
*umorganish*

inquest n (יורידישע)
אויספֿאָרשונג נ (ען)
*(yuridishe) oisforshung*

inquire v נאָכפֿרעגן; אויספֿאָרשן
*nochfregen; oisforshen*

inquiry n אָנפֿראַגע נ (ס);
אויספֿאָרשונג נ (ען)
*onfrage; oisforshung*

inquisition n גרונטיקער אויספֿאָרש ז;
אָפֿיציעלע אויספֿאָרשונג נ (ען)
*gruntiker oisforsh;*
*ofitsyele oisforshung*

Inquisition n אינקוויזיציע ז
*inkvizitsye*

inquisitive adj זייער נײַגעריק
*zeier naigerik*

inroad n אַרײַנדרונג ז (ען);
אינוואַזיע נ (ס)
*araindrung; invazye*

insane adj משוגע;
עקסטרעמלעך נאַריש
*meshuge; ekstremlech narish*

insanitary adj אומהיגיעניש
*umhigyenish*

insanity adj משוגעת ס (ן)
*meshugaas, meshugaes*

inscribe v אײַנשרײַבן
*ainshraiben*

inscription n אויפֿשריפֿט נ (ן)
*oifshrift*

insect n אינסעקט ז (ן)
*insekt*

insecure adj אומזיכער
*umzicher*

insecurity n אומזיכערקייט נ
*umzicherkeit*

insensitive adj ניט־סענסיטיוו,
אומפֿילבאַר
*nit-sensitiv, umfilbar*

inseparable adj אומצעשיידלעך
*umtsesheidlech*

insert v אַרײַנשטעלן
*arainshtelen*

inside n אינעווייניק ז
*ineveinik*

inside adv, prep אינעווייניק; אין
*ineveinik; in*

insidious adj כיטרע;
פֿאַררעטעריש
*chitre; farreterish*

insight n אַרײַנבליק ז (ן);
טיף פֿאַרשטענדעניש ס
*arainblik;*
*tif farshtendenish*

insignia n pl כּבֿוד־אָפּצייכנס ר
*koved-optseichens*

insignificant adj אומוויכטיק

*umvichtik*

**insinuate** n מרמז זײַן קעגן עמעצן
*meramez zain kegen emetsen*

**insinuation** n אָנצוהערעניש ס (ן)
*ontsuherenish*

**insipid** adj אומבאַטעמט; נודנע; שוואַך
*umbataamt; nudne; shvach*

**insist** v באַשטײן אויף; אײַנשפּאַרן זיך
*bashtein oif; ainshparen zich*

**insolence** n חוצפּה נ (חוצפּות), עזות ס
*chutspe (chutspes), azes*

**insolent** adj חוצפּהדיק
*chutspedik*

**insolvency** n באַנקראָט ז (ן)
*bankrot*

**insomnia** n שלאָפלאָזיקייט נ
*shloflozikeit*

**inspect** v דורכקוקן
*durchkuken*

**inspection** n דורכקוק ז (ן); אינספּעקציע נ (ס)
*durchkuk; inspektsye*

**inspector** n אינספּעקטאָר ז (ן)
*inspektor*

**inspiration** n אינספּיראַציע נ (ס), באַגײַסטערונג נ (ען)
*inspiratsye, bagaisterung*

**inspire** v באַגײַסטערן
*bagaisteren*

**instability** n אומפעסטקייט נ
*umfestkeit*

**install** v אינסטאַלירן
*instaliren*

**installment** n ראַטע נ (ס)
*rate*

**installment plan** אויסצאָלפּלאַן ז
*oistsolplan*

**instance** n בײַשפּיל ז (ן); פאַל ז (ן)
*baishpil; fal*

— **for instance** למשל, צום בײַשפּיל
*lemoshel, tsum baishpil*

**instant** n רגע נ (ס), מאָמענט ז (ן)
*rege (reges), moment*

**instant** adj תּיכּפדיק, מאָמענטאַל
*teikefdik, momental*

**instantaneous** adj תּיכּפדיק
*teikefdik*

**instantly** adv תּיכּף־ומיד, אויף דער רגע
*teikef-umiyad, oif der rege*

**instead** adv אָנשטאָט
*onshtot*

**instigate** v אָנרייצן
*onreitsen*

**instil, instill** v אײַנטריפן; איבערגעבן שטופנווײַז
*aintrifen; ibergeben shtufenvaiz*

**instinct** n אינסטינקט ז (ן)
*instinkt*

**instinctive** adj אינסטינקטיוו
*instinktiv*

**institute** v אײַנשטעלן
*ainshtelen*

**institute** n — אינסטיטוט ז (ן)
*institut*

**institution** n — אינסטיטוציע נ (ס)
*institutsye*

**institutional** adj — אינסטיטוציאָנעל
*institutsyonel*

**instruct** v — אויסלערנען; באַפעלן
*oislernen; bafelen*

**instruction** n — לימוד ז
*limed*

**instructions** pl — אינסטרוקציעס ר (אָנווײַזונגען; באַפעלן)
*instruktsyes*
*(onvaizungen; bafelen)*

**instructive** adj — אינסטרוקטיוו, באַלערנדיק
*instruktiv, balerendik*

**instructor** n — אינסטרוקטאָר ז (ן)
*instruktor*

**instrument** n — אינסטרומענט ז (ן)
*instrument*

**insubordinate** adj — ווידערשפעניק
*vidershpenik*

**insubstantial** adj — ניט־ממשותדיק; נישטיק
*nit-mamoshesdik; nishtik*

**insufficient** adj — ניט־גענוגיק
*nit-genugik*

**insulin** n — אינסולין ז
*insulin*

**insult** v — באַליידיקן
*baleidiken*

**insult** n — באַליידיקונג נ (ען)
*baleidikung*

**insurance** n — פאַרזיכערונג נ (ען)
*farzicherung*

**insure** v — פאַרזיכערן
*farzicheren*

**insurgence** n — אויפשטאַנד ז (ן), בונט ז (ן)
*oifshtand, bunt*

**insurrection** n — אויפשטאַנד ז (ן)
*oifshtand*

**intact** adj — גאַנץ; אומבאַרירט
*gants; umbarirt*

**integrate** v — אינטעגרירן
*integriren*

**integrity** n — אָרנטלעכקייט, אָרענטלעכקייט נ
*orentlechkeit*

**intellect** n — אינטעלעקט ז (ן)
*intelekt*

**intellectual** adj — אינטעלעקטועל
*intelektuel*

**intellectual** n — אינטעלעקטואַל ז (ן)
*intelektual*

**intelligence** n — אינטעליגענץ נ, חכמה נ; אויסשפיר ז
*inteligents, chochme; oisshpir*

**intelligent** adj — אינטעליגענט
*inteligent*

**intelligible** adj — פאַרשטענדלעך
*farshtendlech*

**intemperate** adj — אוממעסיק; אָנגעטרונקען
*ummesik; ongetrunken*

**intend** v — האָבן בדעה
*hoben bedeie*

**intense** adj זייער שטאַרק; זייער גרויס; טיף פילעוודיק
*zeier shtark; zeier grois; tif filevdik*

**intensify** v פאַרשטאַרקן
*farshtarken*

**intensity** n שטאַרקייט נ (ן)
*shtarkeit*

**intensive** adj אינטענסיוו
*intensiv*

**intent** n כוונה נ (כוונות); צוועק ז (ן)
*kavone (kavones); tsvek*

**intention** n כוונה נ (כוונות)
*kavone (kavones)*

**intentional** adj אינטענציאָנעל (ווילנדיק; געפּלאַנעוועט)
*intentsyonel (vilendik; geplanevet)*

**intercede** v מיִען זיך פאַר
*mien zich far*

**intercept** v איבערכאַפּן
*iberchapen*

**intercession** n באַמיאונג נ (ען) (פאַר עמעצן)
*bamiung (far emetsen)*

**intercessor** n שתדלן ז (ים), אינטערווענירער ז (ס)
*shtadlen (shtadlonim), intervenirer*

**interchange** v אויסבײַטן, איבערבײַטן
*oisbaiten, iberbaiten*

**interchange** n אויסבײַט ז (ן)
*oisbait*

**interdict** v פאַרווערן, אסרן
*farveren, aseren*

**interdiction** n פאַרווער ז (ן), איסור ז (ים)
*farver, iser (isurim)*

**interest** n אינטערעס ז (ן); פּראָצענט ז (ער)
*interes; protsent*

**interest** v פאַראינטערעסירן זיך
*farinteresiren zich*

**interesting** adj אינטערעסאַנט
*interesant*

**interfere** v אַרײַנמישן זיך
*arainmishen zich*

**interference** n אַרײַנמישונג נ (ען)
*arainmishung*

**interim** n צווישנצײַט נ
*tsvishentsait*

**interim** adj דערווײַליק
*dervailik*

**interior** adj אינעווייניקסט
*ineveinikst*

**interject** v אַרײַנוואַרפן
*arainvarfen*

**interjection** n צווישנרוף ז (ן); (גראַמאַטיק) אויסרופוואָרט ס (אויסרופווערטער), אינטעריעקציע נ (ס)
*tsvishenruf; (gramatik) oisrufvort (oisrufverter), interyektsye*

**interline** v שרײַבן אָדער צייכענען צווישן ליניעס
*shraiben oder*

*tseichenen tsvishen linyes*

interlocutor n מיטשמועסער ז (ס)
*mitshmueser*

interlope v אַרײַנדרינגען; אַרײַנמישן זיך
*araindringen; arainmishen zich*

interlude n אינטערלוד ז (ן) (צווישנשפּיל נ; צווישנצײַט נ)
*interlud (tsvishenshpil; tsvishentsait)*

intermediary n פֿאַרמיטלער ז (ס)
*farmitler*

intermission n הפסקה נ (הפסקות)
*hafsoke (hafsokes)*

intermit v מפסיק זײַן, אויפֿהערן צײַטנווײַז
*mafsek zain, oifheren tsaitenvaiz*

intern v פֿאַרהאַלטן, פֿאַרשפּאַרן
*farhalten, farshparen*

intern n (also interne) אינטערן ז (אַסיסטענט־דאָקטער אין אַ שפּיטאָל)
*interen (asistent-dokter in a shpitol)*

internal adj אינערלעך
*inerlech*

internally adv אינעווייניק
*ineveinik*

international adj אינטערנאַציאָנאַל
*internatsyonal*

interpose v אַרײַנלייגן צווישן; אַרײַנוואַרפֿן (אַ וואָרט, פֿראַגע, א״ע); אינטערוועניִרן
*arainleigen tsvishen; arainvarfen (a vort, frage, etc.); interveniren*

interpret v טײַטשן, אויסטײַטשן, פֿאַרטײַטשן, מבֿאר זײַן, מפֿרש זײַן
*tait'shen, oistait'shen, fartait'shen, mevaer zain, mefaresh zain*

interpretation n אויסטײַטשונג נ (ען), ביאור ז (ים), פּירוש ז (ים)
*oistait'shung, beiur/bier (beiurim/biurim), peirush/peiresh (peirushim)*

interpreter n אויסטײַטשער ז (ס); איבערזעצער ז (ס)
*oistait'sher; iberzetser*

interrogate v אויספֿרעגן
*oisfregen*

interrogation n אויספֿרעגונג נ (ען)
*oisfregung*

interrupt v איבעררײַסן
*iberraisen*

interruption n איבעררײַס ז (ן)
*iberrais*

intersect v דורכשנײַדן; דורכקרייצן זיך
*durchshnaiden; durchkreitsen zich*

intersection n שנײַדפּונקט ז (ן); דורכקרייצונג נ (ען)
*shnaidpunkt; durchkreitsung*

intersperse v צעשפּרענקלען, צעשפּרייטן (צווישן אַנדערע

**זאַכן**
*tseshprenklen, tseshpreiten*
*(tsvishen andere zachen)*

**interurban** adj **צווישנשטאָטיש**
*tsvishenshtotish*

**interval** n **אינטערוואַל** ז (ן)
*interval*

**intervene** v **קומען צווישן; אינטערווענירן**
*kumen tsvishen; interveniren*

**intervention** n **אינטערווענץ** נ (ן)
*intervents*

**interview** n **אינטערוויו** ז (ען)
*intervyu*

**interview** v **אינטערוויואירן**
*intervyuiren*

**intestine** n **קישקע** נ (ס)
*kishke*

**intimate** adj **אינטים**
*intim*

**intimate** n **מקורב** ז (ים)
*mekorev/mekurev*
*(mekorvim/mekurvim)*

**intimate** v **געבן אָנצוהערן; מודיע זײַן** v
*geben ontsuheren;*
*moidie/medie zain*

**intimidate** v **אָנשרעקן**
*onshreken*

**into** prep **אַרײַן**
*arain*

**intolerable** adj **ניט צו פאַרטראָגן**
*nit tsu fartrogen*

**intolerance** n **אומטאָלעראַנץ** נ
*umtolerants*

**intolerant** n **אומטאָלעראַנט**
*umtolerant*

**intonation** n **אינטאָנאַציע** נ (ס)
*intonatsye*

**intone** v **אינטאָנירן**
*intoniren*

**intoxicate** v **פֿאַרשיכּורן**
*farshikeren*

**intransigent** adj **אומבייגיק; פֿאַרבּיסן; פֿאַרשטײַפֿט**
*umbeigik; farbisen; farshtaift*

**intransitive** adj **אומטראַנסיטיוו**
*umtransitiv*

**intrepid** adj **אומפֿאָרכטיק; דרייסט**
*umforchtik; dreist*

**intricate** adj **פֿאַרפֿלאָכטן; קאָמפּליצירט**
*farflochten; komplitsirt*

**intrigue** n **אינטריגע** נ (ס)
*intrige*

**intrigue** v **אינטריגירן**
*intrigiren*

**intrinsic** adj **תּוכיק; מהותדיק**
*tochik; mahusdik/mehusdik*

**introduce** v **אַרײַנפֿירן; אײַנפֿירן; פֿאָרשטעלן**
*arainfiren; ainfiren; forshtelen*

**introduction** n **אײַנפֿירן** ס; **פֿאָרשטעלן** ס; **אַרײַנפֿיר** ז (ן)
*ainfiren; forshtelen; arainfir*

**introspection** n **חשבון־הנפש** ז
*cheshben-hanefesh*

**introspective** adj **אינטראָספּעקטיוו**

*introspektiv*

**introvert** n אינטראָווערט ז (ן)
*introvert*

**intrude** v אַרײַנדרינגען; קומען אומגעבעטן
*araindringen; kumen umgebeten*

**intuition** n אינטואיציע נ (ס)
*intuitsye*

**inundate** v פאַרפלייצן
*farfleitsen*

**inundation** n איבערפלייץ ז (ן)
*iberfleits*

**inure** v פאַרהאַרטעווען; צוגעוווינען; ווירקן
*farharteven; tsugevoinen; virken*

**invade** v דורכפירן אַן אינוואַזיע; אַרײַנרײַסן זיך
*durchfiren an invazye; arainraisen zich*

**invalid** adj אומגילטיק
*umgiltik*

**invalid** n אינוואַליד ז (ן)
*invalid*

**invalidate** v מאַכן אומגילטיק
*machen umgiltik*

**invasion** n אינוואַזיע נ (ס); אַרײַנדרינגונג נ (ען)
*invazye; araindringung*

**invective** n זידלערײַ ס (ען)
*zidlerai*

**inveigh** v אָנזידלען; פּיסקעווען
*onzidlen; piskeven*

**inveigle** v צורעדן; אָפּנאַרן
*tsureden; opnaren*

**invent** v דערפינדן; אויסטראַכטן
*derfinden; oistrachten*

**invention** n דערפינדונג נ (ען); אויסטראַכטעניש ס (ן)
*derfindung; oistrachtenish*

**inventor** n דערפינדער ז (ס)
*derfinder*

**inventory** n אינווענטאַר ז (ן)
*inventar*

**invert** v איבערקערן
*iberkeren*

**invertebrate** adj אָנשדרהדיק; אָן כאַראַקטער אָדער איבערצײַגונג
*onshedredik; on charakter oder ibertsaigung*

**invest** v אינוועסטירן (געלט); באַקליידן; געבן אַ כּוח־הרשאָה; אינסטאַלירן מיט אַ צערעמאָניע
*investiren (gelt); bakleiden; geben a koiech-harshoe; instaliren mit a tseremonye*

**investigate** v פאָרשן; אויספאָרשן
*forshen; oisforshen*

**investigation** n אויספאָרשונג (ען)
*oisforshung*

**invigorate** v קרעפטיקן; געבן וויטאַליטעט
*kreftiken; geben vitalitet*

**inviolable** adj אומבאַרירלעך; הייליק
*umbarirlech; heilik*

invisible adj אומזיכטבאַר
*umzichtbar*

invitation n אײַנלאַדונג נ (ען)
*ainladung*

invite v אײַנלאַדן, פאַרבעטן
*ainladen, farbeten*

invocation n תחינה נ (תחינות)
*tchine (tchines)*

invoice n פאַקטור נ (ן)
(חשבון פאַר סחורה)
*faktur (cheshben far schoire)*

invoke v רופן צו הילף; מתפלל זײַן; בעטן רחמים
*rufen tsu hilf;*
*mispalel zain; beten rachmim*

involuntary adj ניט־ווילנדיק; שוגגדיק
*nit-vilendik; shoigegdik*

involve v אײַנוויקלען; פאַרפלאָנטערן; אײַנשליסן; נוגע זײַן
*ainviklen; farplonteren;*
*ainshlisen; nogeie/negeie zain*

invulnerable adj אומפאַרוווּנדלעך
*umfarvundlech*

inward adj אינערלעך; תּוכיק; גײַסטיק
*inerlech; tochik; gaistik*

inwardly adv אין זיך
*in zich*

inwardness n פנימיות ס; רוחניות ס; ערנסטקייט נ
*pnimies; ruchnies;*
*erenstkeit*

iodine n יאָד ז
*yod*

ion n יאָן ז (ען)
*yon*

iota n יאָטע נ (ס) (קלענסטער בוכשטאַב אין גריכישן אַלפאַבעט); קוצו־של־יוד ז; פּיצל ס (עך)
*yote (klenster buchshtab*
*in grichishen alfabet);*
*kotso/kutse-shel-yud;*
*pitsel (pitslech)*

irascible adj צעכּעסט, אויפגעבראַכט
*tsekaest, oifgebracht*

irate adj בייז, אויפגערעגט
*beiz, oifgeregt*

iridescence n רעגנבויגנדיקע קאָליריקייט נ
*regenboigendike kolirikeit*

irk v פאַרדריסן; מאַטערן
*fardrisen; materen*

irksome adj פאַרדראָסיק
*fardrosik*

iron n אײַזן ס; פּרעסאײַזן ס (ס)
*aizen; presaizen*

iron adj אײַזערן
*aizeren*

ironfisted adj ניט־נאָכגיביק; אכזריותדיק; דעספּאָטיש
*nit-nochgibik;*
*achzoriesdik; despotish*

ironhanded adj שטרענג

*shtreng*

ironic, ironical adj איראָניש
*ironish*

irony n איראָניע נ (ס)
*ironye*

irradiate v באַשטראַלן
*bashtralen*

irradiation n באַשטראַלונג נ (ען); אויפקלערונג נ
*bashtralung; oifklerung*

irrational adj אומראַציאָנעל
*umratsyonel*

irregular adj אומרעגולער
*umreguler*

irrelevant adj ניט־שײַכותדיק
*nit-shaichesdik*

irreligious adj אומרעליגיעז
*umreligyez*

irrespective adj ניט־געקוקט אויף, אומאָפּהענגיק פון
*nit-gekukt oif, umophengik fun*

irresponsibility n אומפאַראַנטוואָרטלעכקייט נ
*umfarantvortlechkeit*

irresponsible adj אומפאַראַנטוואָרטלעך
*umfarantvortlech*

irrigate v באַוואַסערן
*bavaseren*

irrigation n באַוואַסערונג נ
*bavaserung*

irritable adj רייצבאַר
*reitsbar*

irritant adj רייצנדיק, בײַסנדיק
*reitsendik, baisendik*

irritate v רייצן; דערצאָרנען
*reitsen; dertsornen*

irritation n רייצונג נ (ען)
*reitsung*

irruption n אײַנבּרוך ז (ן) [נ]
*ainbruch*

Ishmael n ישמעאל פּ״נ. הגרס זון (בּראשית ט״ז); נע־ונדניק ז (עס)
*yishmoel, hogors zun (bereishis 16); no-vonodnik*

Islam n איסלאַם ז
*islam*

Islamic adj איסלאַמיש, מאָסלעמיש
*islamish, moslemish*

island n אינדזל ז (ען)
*indzel (indzlen)*

isolate v איזאָלירן, אָפּזונדערן
*izoliren, opzunderen*

Israel n ישׂראל (בּראשית ל״ב, כט); פאָלק ישׂראל ס
*yisroel (bereishis 32, 29); folk yisroel*

— State of Israel מדינת־ישׂראל [נ]
*medines-yisroel*

Israeli n ישׂראלי ז (ים) (אײַנוווינער פון מדינת־ישׂראל)
*yisreeili (yisreeilim) (ainvoiner fun medines-yisroel)*

Israeli adj ישׂראליש
*yisreeilish*

**Israelite** n ייִד ז (ן)
*yid*

**issue** v אַרויסגעבן; אַרויספליסן; אַרויסגיין; אָפּשטאַמען פון
*aroisgeben; aroisflisen; aroisgein; opshtamen fun*

**issue** n אויסגאַבע נ (ס); אַרויספליסונג נ (ען); רעזולטאַט ז (ן); אַמפּערפּונקט ז (ן); אָפּשטאַמלינג ז (ען)
*oisgabe; aroisflisung; rezultat; amperpunkt; opshtamling*

**isthmus** n איסטמאָס ז (ן)
*istmos*

**it** pron עס
*es*

**italic** n (Often **italics** pl) איטאַליק ז (אַ דרוקשריפט וואָס בייגט זיך אויף רעכטס)
*italik (a drukshrift vos beigt zich oif recht's)*

**itch** n בײַסעניש ס (ן); אומרואיקער חשק ז
*baisenish; umruiker cheishek*

**itch** v גענדזלען זיך; בײַסן; לעכצן
*gendzlen zich; baisen; lechtsen*

**item** n פּרט ז (ים), איינצלהייט נ (ן); שטיקל נײַעס ס
*prat (protim), eintselheit; shtikel naies*

**itemize** v צעענצלען; אָנשרײַבן אין איינצלהייטן
*tseentslen; onshraiben in eintselheiten*

**iterate** v איבערחזרן
*iberchazeren*

**itinerant** adj וואַנדערנדיק
*vanderendik*

**itinerary** n רײַזע־פּלאַן ז (־פּלענער)
*raize-plan (-plener)*

**itself** pron זיך אַליין
*zich alein*

**ivory** n העלפאַנטביין ז (ער)
*helfantbein*

# J j

**j, J** n יאָט ז (ן) (בוכשטאַב)
*yot (buchshtab)*

**jabber** v פּלוידערן
*ploideren*

**jack** n יונג ז (ען); אונטערהייבער ז (ס); (קאָרטן) פּויער ז (ים)
*yung; unterheiber; (korten) poier (poierim)*

**jackal** n שאַקאַל ז (ן)
*shakal*

**jacket** n זשאַקעט ז (ן); (בוך) הילע נ (ס)

zhaket; (buch) hile

**jade** n גרינשטיין ז (ער); שקאַפּע נ (ס)
grinshtein; shkape

**jade** v אויסמאַטערן
oismateren

**jaded** adj אויסגעמאַטערט
oisgematert

**Jaffa** n יפו־מאַראַנץ ז (ן)
yafe-marants

**jaguar** n יאַגואַר ז (ן)
yaguar

**jail** n טורמע נ (ס), תּפֿיסה נ (תּפֿיסות)
turme, tfise (tfises)

**jail** v אײַנזעצן
ainzetsen

**jailbird** n (סלענג) תּפֿיסה־פֿויגל ז (ען), תּפֿיסהניק ז (עס)
(sleng) tfise-foigel, tfisenik

**jam** v קוועטשן; פֿאַרהאַקן; פֿאַרשטאָפּן
kvet'shen; farhaken; farshtopen

**jam** n געדראַנג ס (ען); קלעם נ
gedrang; klem

**jamboree** n סקויטן־צוזאַמענפֿאָר ז (ן); (סלענג) טומלדיקע שׂימחה נ
skoiten-tsuzamenfor;
(sleng) tumeldike simche

**janitor** n הויז־וועכטער ז (ס); טירהיטער ז (ס)
hoiz-vechter; tirhiter

**January** n יאַנואַר ז (ן)
yanuar

**jar** n סלוי ז (עס); גרילץ ז (ן); אויפֿטרייסלונג נ (ען)
sloi; grilts; oiftreislung

**jar** v גרילצן; אויפֿטרייסלען
griltsen; oiftreislen

**jargon** n זשאַרגאָן ז (ען)
zhargon

**jasmine** n יאַסמין ז (ען)
yasmin

**jasper** n יאַספּיס ז (ן) (איידלשטיין)
yaspis (eidelshtein)

**jaunt** n קורצע עקסקורסיע נ (ס)
kurtse ekskursye

**javelin** n וואַרפֿשפּיז נ (ן)
varfshpiz

**jaw** n קין ז (ען), קינביין ז (ער)
kin, kinbein

**jazz** n דזשעז ז (מוזיק)
dzhez

**jealous** adj קינאהדיק; אײַפֿערזיכטיק
kinedik; eiferzichtik

**jealousy** n קינאה נ (קינאות)
kine (kines)

**jeans** n pl דזשינס ר
dzhins

**jeep** n דזשיפּ ז (ן)
dzhip

**jeer** v שפּאָטן, חוזקן
shpoten, choizeken

**jeer** n סאַרקאַסטישע באַמערקונג נ (ען); אומאײַנגענעמער שרײַ ז
sarkastishe bamerkung;
umaingenemer shrai

**jehu** n שנעלער שאָפֿער ז (זען מלכים ב ט׳, כ)
shneler shofer

*(zen mlochim b 9,20)*

jell v פאַרגליווערן (זיך)
*fargliveren (zich)*

jelly n גליווער ז (ס)
*gliver*

jeopardize v שטעלן אין געפאַר
*shtelen in gefar*

jeopardy n געפאַר נ (ן), סכּנה נ (סכּנות)
*gefar, sakone (sakones)*

jeremiad n קינה נ (קינות); קלאָגליד ס (ער); ווייגעשריי ס (ען)
*kine (kines); kloglid; veigeshrei*

jerk n פּלוצעמער שלעפּ ז; צאַפּל ז (ען); (סלענג) טיפּש ז (ים)
*plutsemer shlep; tsapel (tsaplen); (sleng) tipesh (tipshim)*

jerk v אַ שלעפּ טאָן
*a shlep ton*

Jerusalem n ירושלים [ס]; הייליקע שטאָט נ
*yerusholayim; heilike shtot*

jest n וויץ ז (ן); שפּאַס ז (ן)
*vits; shpas*

jest v וויצלען זיך; שפּאָטן
*vitslen zich; shpoten*

jet n שפּריץ ז (ן); דזשעט־עראָפּלאַן ז (ען)
*shprits; dzhet-eroplan*

Jew n ייִד ז (ן)
*yid*

jewel n איידלשטיין ז (ער), אבן־טוב ז (אבנים־טובות)
*eidelshtein, even-tov (avonim-toives)*

jewelry n צירונג ס
*tsirung*

Jewish adj ייִדיש
*yidish*

Jewish n ייִדיש ס (שפּראַך)
*yidish (shprach)*

Jewish calendar (ייִדישער) לוח ז
*(yidisher) luech*

Jewry n ייִדנטום ס; ייִדן ר; (פאַרעלטערט) ייִדישע געטאָ נ (ס)
*yidentum; yiden; (fareltert) yidishe geto*

Jezebel n איזבל פ״נ (זען מלכים ב ט׳); מרשעת נ (ן)
*izevel (zen mlochim b 9); mirshaas/marshaes (marshaesen)*

jiffy n (שמועסדיק) רגע נ (ס), מאָמענט ז (ן)
*(shmuesdik) rege (reges), moment*

jig n דזשיג ז (ן) (פריילעך טענצל)
*dzhig (freilech tentsel)*

jilt v אָפּשטויסן (אַ געליבטן) אומגעריכט
*opshtoisen (a gelibten) umgericht*

jingle n געקלינגל ס (ען)
*geklingel*

jingle v קלינגלען
*klinglen*

jitter v (שמועסדיק) זײַן אויפגערעגט
*(shmuesdik) zain oifgeregt*

jitters n pl (סלענג) גוואַלדיקע נערוועזקייט נ

*(sleng) gvaldike nervezkeit*

**jittery** adj (שמועסדיק) נערוועז
*(shmuesdik) nervez*

**job** n אַרבעט נ (ן); שטעלע נ (ס)
*arbet; shtele*

**Job** n איוב פ״נ (אין תּנך); לײַדנדיקער מענטש ז
*iev/iyev (in tanach); laidendiker ment'sh*

**jockey** n זשאָקיי ז (ען)
*zhokei*

**jockey** v רײַטן אין אַ װעטלויף; אַרײַננאַרן
*raiten in a vetloif; arainnaren*

**jocose** adj וויציק; הומאָריסטיש
*vitsik; humoristish*

**jocular** adj שפּאַסיק
*shpasik*

**jocund** adj פריילעך; מונטער
*freilech; munter*

**jog** v שטויסן לײַכט; דזשאָגן (לויפן לאַנגזאַם און ריטמיש)
*shtoisen laicht; dzhogen (loifen langzam un ritmish)*

**join** v פאַרבינדן
*farbinden*

**joint** n געלענק ס (ען)
*gelenk*

**joint** adj בשותּפותדיק; פאַראייניקט
*beshutfesdik; fareinikt*

**jointly** adv בשותּפות
*beshutfes*

**joke** n וויץ ז (ן)
*vits*

**joke** v וויצלען זיך
*vitslen zich*

**joker** n וויצלער ז (ס); לץ ז (ים/לצנים)
*vitsler; lets (leitsim/leitsonim)*

**jolly** adj פריילעך
*freilech*

**jolt** v שטויסן; אויפטרייסלען
*shtoisen; oiftreislen*

**jolt** n שטויס ז (ן)
*shtois*

**Jonah** n יונה פ״נ (אין תּנך); ברענגער פון מזל־רע ז
*yoine (in tanach); brenger fun mazel-ra*

**Jordan** n (טײַך) ירדן ז; (לאַנד) ירדן [ס]
*(taich) yarden; (land) yarden*

**jostle** v שטורכען, שטויסן
*shturchen, shtoisen*

**jostle** n שטורך ז (ן), שטויס ז (ן)
*shturch, shtois*

**jot** n פּיצל ס (עך) ז
*pitsel (pitslech)*

**jot** v פאַרנאָטירן, פאַרצייכענען שנעל אָדער בקיצור
*farnotiren, fartseichenen shnel oder bekitser*

**journal** n זשורנאַל ז (ן)
*zhurnal*

**journalist** n זשורנאַליסט ז (ן)

| | | |
|---|---|---|
| | | *zhurnalist* |
| **journey** n | רײַזע ז (ס) | *raize* |
| **jovial** adj | גוטהאַרציק און פריילעך | *guthartsik un freilech* |
| **joy** n | פרייד נ (ן), שׂמחה נ (שׂמחות) | *freid, simche (simches)* |
| **joyful** adj | פריילעך; גליקלעך | *freilech; gliklech* |
| **joyless** adj | אָן פרייד; טרויעריק | *on freid; troierik* |
| **joyous** adj | פריילעך, פריידיק | *freilech, freidik* |
| **jubilance** n | ששׂון־ושׂימחה ז (־ושׂימחות) | *sosen-vesimche (-vesimches)* |
| **jubilant** adj | שאַלנדיק; זייער פריידיק | *shalendik; zeier freidik* |
| **jubilee** n | יובילײ ז (ען), יובל ז (ען) | *yubilei, yoivel (yoivlen)* |
| **Judaism** n | יהדות ס | *yahades* |
| **judge** n | שופט ז (ים), ריכטער ז (ס) | *shoifet (shoftim), richter* |
| **judge** v | מישפטן; פסקענען; דענקען | *mishpeten; paskenen; denken* |
| **judgment** n | פסק ז (ים); צופסקענונג נ (ען); אָפשאַצונג נ (ען) | *psak (psokim); tsupaskenung; opshatsung* |
| **judicious** adj | באַקלעריק, באַרעכנט | *baklerik, barechent* |

| | | |
|---|---|---|
| **jug** n | קרוג ז (קריג) | *krug (krig)* |
| **juice** n | זאַפט ז (ן) | *zaft* |
| **juicy** adj | זאַפטיק | *zaftik* |
| **juke box** | שפילקאַסטן ז (ס) | *shpilkasten* |
| **July** n | יולי ז (ס) | *yuli* |
| **jumble** v | פאַרפלאָנטערן; אויסמישן | *farplonteren; oismishen* |
| **jumble** n | פלאָנטער ז (ס); צעמישעניש ס (ן) | *plonter; tsemishenish* |
| **jumbo** n | דזשאַמבאָ ז (ס) (אַ ריזיקער מענטש, חיה, אָדער זאַך) | *dzhambo (a riziker ment'sh, chaie, oder zach)* |
| **jumbo** adj | ריזיק, גרויספאַרנעמיק | *rizik, groisfarnemik* |
| **jump** v | שפרינגען | *shpringen* |
| **jump** n | שפרונג ז (ען) | *shprung* |
| **jumpy** adj | שפרינגעוודיק; נערוועז | *shpringevdik; nervez* |
| **junction** n | פאַרבינדונג נ (ען); באַן־קנופ ז (ן) | *farbindung; ban-knup* |
| **juncture** n | העפטפונקט ז (ן); ווענדונגס־פונקט ז (ן); קריזיס ז (ן) | *heftpunkt; vendungs-punkt;* |

*krizis*

**June** n יוני ז (ס)
*yuni*

**jungle** n דזשאָנגל, דזשונגל ז (ען)
*dzhongel, dzhungel*
*(dzhunglen)*

**junior** adj ייִנגער
*yinger*

**junk** n בראָכוואָרג ס; (סלענג) אָפּפאַל ז; נאַרקאָטיק ז (ן)
*brochvarg; (sleng) opfal; narkotik*

**junta** n דזשונטע נ (ס)
*dzhunte*

**jurisdiction** n יוריסדיקציע נ (ס)
*yurisdiktsye*

**juror** n זשוראָר ז (ן), געשוווירענער ז
*zhuror, geshvoirener*

**jury** n זשורי נ (ען), געשוווירענע ר
*zhuri, geshvoirene*

**just** adj גערעכט, יושרדיק
*gerecht, yoisherdik*

**just** adv פּונקט; גראָד, אָט; נאָר, בלויז
*punkt; grod, ot; nor, bloiz*

**justice** n גערעכטיקייט נ, יושר ז
*gerechtikeit, yoisher*

**justice of the peace** פרידנס־ריכטער ז (ס)
*fridens-richter*

**justification** n באַרעכטיקונג נ (ען)
*barechtikung*

**justify** v באַרעכטיקן
*barechtiken*

**jut** v אַרויסשטעקן
*aroisshteken*

**juvenile** adj יוגנטלעך
*yugentlech*

**juxtapose** v שטעלן זײַט בײַ זײַט
*shtelen zait bai zait*

# K k

**k, K** n קאַ ז (ען) (בוכשטאַב)
*ka (buchshtab)*

**kaddish** n קדיש זס (ים)
*kadesh (kadeishim)*

**Kaiser, kaiser** n קייסער ז (קייסאָרים)
*keiser (keisorim)*

**kamikaze** n קאַמיקאַזע־פליִער ז (ס)
*kamikaze-flier*

**kangaroo** n קענגורו ז (ען)
*kenguru*

**kangaroo court** קענגורו־געריכט ס (ן)
*kenguru-gericht*

**kasha** n קאַשע נ (ס)
*kashe*

**keen** adj שאַרף; שאַרפזיניק; (סלענג) ווּנדערבאַר

*sharf; sharfzinik;*
*(sleng) vunderbar*

**keenness** n — שאַרפקייט נ; חשק ז
*sharfkeit; cheishek*

**keep** v — האַלטן; פאַרהאַלטן;
פאַרזאָרגן
*halten; farhalten; farzorgen*

**keep** n — קעסט נ, מְחיה נ;
פאַרזאָרגונג נ
*kest, michye; farzorgung*

**keeper** n — היטער ז (ס)
*hiter*

**keepsake** n — אָנדענק־צייכן ז (ס)
*ondenk-tseichen*

**keg** n — פעסל ס (עך)
*fesel (feslech)*

**kennel** n — בודע נ (ס) (פאַר הינט)
*bude (far hint)*

**kerchief** n — טיכל ס (עך);
פאַטשיילע נ (ס)
*tichel (tichlech); fat'sheile*

**kernel** n — קערן ז (ער); קערנדל ס (עך)
*keren (kerner);*
*kerendel (kerendlech)*

**kerosene** n — קעראָסין ז, נאַפט ז
*kerosin, naft*

**kettle** n — קעסל ז (ען)
*kesel (keslech)*

**ketubah, Ketubah** n — כתובה נ
(כתובות)
*ksube (ksubes)*

**key** n — שליסל ז (ען); פלאַכער
אינדזל ז (אין פלאָרידאַ)
*shlisel (shlislen); flacher*
*indzel (in florida)*

**key** adj — קאָנטראָלירנדיק;
זייער וויכטיק
*kontrolirendik; zeier vichtik*

**khaki** adj — כאַקי, געלבלעך־ברוין
*chaki, gelblech-broin*

**khaki** n — כאַקי ז (ס) (געלבלעך־
ברוינער שטאָף ז; מונדיר ז)
*chaki (gelblech-broiner*
*shtof; mundir)*

**kibbutz** n — קיבוץ ז (ים)
*kibets/kibuts (kibutsim)*

**kibitz** n (Slang) — קיבעצן
*kibetsen*

**kibitzer** n (Slang) — קיבעצער ז (ס)
*kibetser*

**kick** v — קאָפּען
*kopen*

**kick** n — קאָפּע ז (ס); (סלענג)
שפּאַנענדיקער תענוג ז
*kope;*
*(sleng) shpanendiker taineg*

**kid** n — ציגעלע ס (ך);
(שמועסדיק) קינד ס (ער)
*tsigele; (shmuesdik)*
*kind (kinder)*

**kid** v — (סלענג) חכמהן זיך; נאַרן
*(sleng) chochmen zich; naren*

**kidnap** v — קידנעפּן (אַוועקכאַפּן
אַ קינד אָדער אַ פּערזאָן)
*kidnepen (avekchapen*
*a kind oder a perzon)*

**kidney** n — ניר נ (ן)
*nir*

kill v הרגענען
*hargenen*

kill n טויטונג נ; געהרגעטע חיה נ
*toitung; gehargete chaie*

killer n רוצח ז (ים); (סלענג) עפּעס וואָס איז זייער שווער
*rotseiech (rotschim); (sleng) epes vos iz zeier shver*

killing adj סכּנת־נפשותדיק; פֿאַטאַל
*sakones-nefoshesdik; fatal*

killing n הריגה נ (הריגות); (שמועסדיק) פּלוצעמדיקע עקאָנאָמישע הצלחה נ
*harige (hariges); (shmuesdik) plutsemdike ekonomishe hatsloche*

kiln n ברענאויוון ז (ס)
*brenoiven*

kilo n קילאָגראַם ז (ען); קילאָמעטער ז (ס)
*kilogram; kilometer*

kilogram n קילאָגראַם ז (ען)
*kilogram*

kilometer, kilometre n קילאָמעטער ז (ס)
*kilometer*

kilowatt n קילאָוואַט ז (ן) *kilovat*

kilt n סקאָטיש קליידל ס
*skotish kleidel*

kin n משפּחה נ
*mishpoche*

kind adj ליב; האַרציק; פֿרײַנדלעך; צאַרט
*lib; hartsik; fraindlech; tsart*

kind n מין ז (ים); סאָרט ז (ן); שטייגער ז (ס)
*min (minim); sort; shteiger*

kindergarten n קינדער־גאָרטן ז (־גערטנער)
*kinder-gorten (-gertner)*

kindhearted adj גוטהאַרציק
*guthartsik*

kindle v צינדן; אָנצינדן זיך
*tsinden; ontsinden zich*

kindly adj, adv ליב; פֿרײַנדלעך; אָנגענעם
*lib; fraindlech; ongenem*

kindness n ליבהאַרציקייט נ
*libhartsikeit*

kine n pl (אַרכײַאיש אָדער דיאַלעקטיש) קי ר; רינדער ר
*(archaiish oder dialektish) ki; rinder*

king n קעניג ז (ן), מלך ז (ים)
*kenig, meilech (mlochim)*

kingdom n קעניגרײַך ס (ן), מלכות ס (ן)
*kenigraich, malches*

kingly adj קעניגלעך
*keniglech*

kiosk n קיאָסק ז (ן)
*kyosk*

kipper n גערויכערטער הערינג אָדער לאַקס ז
*geroicherter hering oder laks*

kirk n (סקאָטיש) קירכע נ (ס)
*(skotish) kirche*

kismet n גורל ז/ס
*goirel*

kiss v קושן
*kushen*

kiss n קוש ז (ן)
*kush*

kit n געצײַג ס
*getsaig*

kitchen n קיך נ (ן)
*kich*

kith n חברים און שכנים ר
*chaveirim un shcheinim*

kitten n קעצל ס (עך)
*ketsel (ketslech)*

kleptomania n קלעפּטאָמאַניע נ
*kleptomanye*

knack n ספּעציפֿישער טאַלאַנט ז
*spetsifisher talant*

knapsack n רוקזאַק ז (רוקזעק)
*rukzak (rukzek)*

knave n שווינדלער ז (ס); זשוליק ז (עס)
*shvindler; zhulik*

knead v קנעטן
*kneten*

knee n קני ז/נ (קניִען, קני)
*kni*

kneel v קניִען
*knien*

knickknack n צאַצקע נ (ס)
*tsatske*

knife n מעסער ז (ס)
*meser*

knife v שנײַדן אָדער שטעכן (מיט אַ מעסער)
*shnaiden oder shtechen (mit a meser)*

knight n ריטער ז (ס)
*riter*

knighthood n ריטערשאַפֿט נ
*ritershaft*

knightly adj, adv ריטעריש; מוטיק, בראַוו; ברייטהאַרציק; העפֿלעך
*riterish; mutik, brav; breithartsik; heflech*

knit v שטריקן
*shtriken*

knitting n שטריקערײַ ס
*shtrikerai*

knob n קנאָפּ ז (קנעפּ); קליאַמקע נ (ס); קײַלעכדיק בערגל ס
*knop (knep); klyamke; kailechdik bergel*

knock n קלאַפּ ז (קלעפּ), זעץ ז (ן)
*klap (klep), zets*

knock v קלאַפּן; (סלענג) קריטיקירן
*klapen; (sleng) kritikiren*

knoll n קײַלעכדיק בערגל ס
*kailechdik bergel*

knot n קנופּ ז (ן), קניפּל ס (עך); סוק ז (עס)
*knup, knipel (kniplech); suk*

knotty adj סוקעוואַטע; קניפּלדיק; פּלעפֿנדיק
*sukevate; knipeldik; plefendik*

know v וויסן; קענען
*visen; kenen*

know-how n (שמועסדיק) ידענות ס
*(shmuesdik) yadones*

knowing adj ווּיסנדיק; קלוג; קליגעריש
*visendik; klug; kligerish*

knowingly adv בּיודעים
*beyoidim*

know-it-all n (סלענג) אַלצוווייסער ז (ס)
*(sleng) altsveiser*

knowledge n וויסן ס; קענטשאַפט נ (ן)
*visen; kent'shaft*

know-nothing n אומוויסנדיקער ז, אינר־יודע ז, עם־הארץ ־
*umvisendiker; eine/eino-yodeie, amorets*

knuckle n קנעכל ס (עך)
*knechel (knechlech)*

kohlrabi n קאָלראַבּי ז (ס) (גרינס)
*kolrabi (grins)*

kook n (סלענג) משונהדיקער פּאַרשוין ז, בּריה משונה נ, טשודאַק ז (עס)
*(sleng) meshunediker parshoin, briye meshune, t'shudak*

kooky adj (סלענג) משונהדיק, מאָדנע, טשודנע
*(sleng) meshunedik, modne, t'shudne*

kopeck, kopek n קאָפּיקע נ (ס)
*kopike*

Koran n קאָראַן ז, אַלקאָראַן ז
*koran, alkoran*

kosher adj כּשר; (סלענג) לעגיטים; אָלרייַט
*kosher; (sleng) legitim; olrait*

kosher v כּשרן
*kasheren*

Kremlin n קרעמלין ז
*kremlin*

kudos n (שמועסדיק) פּרעסטיזש ז; שם ז; גלאָריע נ
*(shmuesdik) prestizh; sheim/shem; glorye*

# L l

l, L n על ז (ן) (בּוכשטאַב)
*el (buchshtab)*

label n קלעפּצעטל ז (ען); בּאַצייכענונג נ (ען)
*kleptsetel (kleptsetlen); batseichenung*

label v בּאַצייכענען
*batseichenen*

labor, labour n אַרבּעט נ (ן); האָרעוואַניע נ
*arbet; horevanye*

labor v אַרבּעטן; האָרעווען
*arbeten; horeven*

laboratory n לאַבּאָראַטאָריע נ (ס)

*laboratorye*

laborer n אַרבעטער ז
*arbeter*

labyrinth n לאַבירינט ז (ן)
*labirint*

lace n שפּיצן ר (פֿאַרפּוץ); שנירל ס (עך)
*shpitsen (farputs); shnirel (shnirlech)*

lace v פֿאַרפּוצן מיט שפּיצן; פֿאַרשנורעווען; (שמועסדיק) שמײַסן
*farputsen mit shpitsen; farshnureven, (shmuesdik) shmaisen*

lack v פֿעלן
*felen*

lack n פֿעלן ס, מאַנגל ז
*felen, mangel*

lacking adj פֿעלנדיק
*felendik*

lackluster, lacklustre adj ניט־גלאַנציק, מאַט
*nit-glantsik, mat*

laconic adj לאַקאָניש, קורץ און שאַרף
*lakonish, kurts un sharf*

lacuna n לער אָרט ס; בלאַנק ז (ען)
*ler ort; blank*

lad n ייִנגל ס/ז (עך), בחור ז (ים)
*yingel (yinglech), bocher (bocherim)*

ladder n לייטער ז (ס)
*leiter*

lady n דאַמע נ (ס)
*dame*

lag v בלײַבן הינטערשטעליק
*blaiben hintershtelik*

laggard n אָפּגעשטאַנענער ז
*opgeshtanener*

lagoon n לאַגונע נ (ס)
*lagune*

lair n נאָרע נ (ס)
*nore*

lake n אָזיערע, אָזערע נ (ס)
*ozyere, ozere*

lamb n לעמל ס (עך), שעפֿעלע ס (ך); שעפּסנס ס, שעפּסנפֿלייש ס (ן)
*lemel, shefele; shepsens, shepsenfleish*

lame adj לאָם, הינקעדיק
*lom, hinkedik*

lament v קלאָגן, יאָמערן; באַווײנען
*klogen, yomeren; baveinen*

lament n קלאָג נ, יאָמער ז (ן); קלאָגליד ס (ער)
*klog, yomer; kloglid (kloglider)*

lamentable adj יאָמערלעך; קלאָגעדיק; טרויעריק
*yomerlech; klogedik; troierik*

lamentation n יאָמער ז (ן); באַווײנונג נ (ען)
*yomer; baveinung*

Lamentations n ספֿר־איכה ז
*seifer-eicho*

lamp n לאָמפּ ז (ן/לעמפּ)
*lomp (lompen/lemp)*

lampoon n פּאַשקוויל ז (ן)

*pashkvil*

lampshade n אַבאַזשור ז (ן)
*abazhur*

lance n פּיקע נ (ס)
*pike*

land n לאַנד ס (לענדער); יבשה נ (יבשות); ערד נ
*land (lender); yaboshe (yaboshes); erd*

land v לאַנדן
*landen*

landing n לאַנדונג נ (ען)
*landung*

landlady n בעל־הביתטע נ (ס)
*balebuste/balbuste*

landlord n בעל־הבית ז (בעלי־בתּים)
*balebos (balebatim)*

landmark n לאַנדצייכן ז (ס)
*landtseichen*

landowner n ערד־אייגנטימער ז (ס)
*erd-eigentimer*

landscape n לאַנדשאַפט נ (ן)
*landshaft*

lane n שטעג ז (ן), סטעזשקע נ (ס); שפּאַליר ז (ן)
*shteg, stezhke; shpalir*

language n שפּראַך נ (ן), לשון ס (ות)
*shprach, loshen (leshoines)*

languish v שמאַכטן; שוואַך ווערן
*shmachten; shvach veren*

languor n שמאַכט נ; מידקייט נ; גלײַכגילט ז; שטילקייט נ
*shmacht; midkeit; glaichgilt; shtilkeit*

lank adj לאַנג און דין; דאַר
*lang un din; dar*

lanky adj הויך און דאַר
*hoich un dar*

lantern n לאַמטערן ז (ס), לאַנטערנע נ (ס)
*lamteren, lanterne*

lap n שויס ז (ן)
*shois*

lap v איבערשלאָגן, איבערדעקן; אײַנוויקלען; לעקן
*ibershlogen, iberdeken; ainviklen; leken*

lapel n לאַץ ז (ן)
*lats*

lapse n לײַכטער פעלער; אויסגליטש ז (ן)
*laichter feler; oisglit'sh*

lapse v באַגיין אַ לײַכטן פעלער; אויסגליטשן זיך; אויסלויפן
*bagein a laichten feler; oisglit'shen zich; oisloifen*

larcenous adj גנביש
*gneivish/ganeivish*

larceny n גנבה נ (גנבות)
*gneive (gneives)*

lard n חזיר־שמאַלץ ס
*chazer-shmalts*

larder n שפּײַזאַרניע נ (ס)
*shpaizarnye*

lares and penates הויז־געטשקעס ר (אין אַלטצײַטישן רוים)
*hoiz-get'shkes*

*(in alttsaitishen roim)*

large adj גרויס
*grois*

largely adv אין אַ גרויסער מאָס
*in a groiser mos*

largesse n נדבנות ס, ווילטעטיקייט נ; ברייטהאַרציקע מתּנה (מתּנות)
*nadvones, voiltetikeit; breithartsike matone (matones)*

lark n טרילערל ס (עך)
*trilerel (trilerlech)*

larrup v (שמועסדיק) שמײַסן; פּיצקען
*(shmuesdik) shmaisen; fitsken*

larva n לאַרווע נ ס
*larve*

larynx n גאָרגל ז (ען)
*gorgel (gorglen)*

laser n לאַזער ז (ס)
*lazer*

lash n בײַטש נ (ן); שמיץ ז
*bait'sh; shmits*

lash v שמײַסן; אויסזידלען
*shmaisen; oiszidlen*

lass n מיידל ס/נ (עך)), בחורטע נ (ס); געליבטע נ
*meidel (meidlech), bocherte; gelibte*

lassitude n מידקייט נ; שוואַכקייט נ
*midkeit; shvachkeit*

last adj לעצט
*letst*

last v דויערן, געדויערן, אָנהאַלטן
*doieren, gedoieren, onhalten*

lastly adv צו לעצט, צום סוף, לסוף
*tsu letst, tsum sof, lesof*

latch n רוקער ז (ס)
*ruker*

latch v פאַרמאַכן מיט אַ רוקער
*farmachen mit a ruker*

late adj שפּעט; פאַרשטאָרבן
*shpet; farshtorben*

lately adv לעצטנסט
*letstens*

latent adj לאַטענט (פאַרבאַהאַלטן; אָנוועזנדיק אָבער ניט אַקטיוו)
*latent (farbahalten; onvezendik ober nit aktiv)*

later adj שפּעטערדיק
*shpeterdik*

later adv שפּעטער
*shpeter*

lateral adj זײַטנדיק
*zaitendik*

latest adj לעצט
*letst*

Latin n לאַטײַן ס
*latain*

Latin adj לאַטײַניש
*latainish*

latitude n געאָגראַפישע ברייט נ; פרײַהייט נ(פון ענגע כּללים)
*geografishe breit; fraiheit (fun enge klolim)*

latter adj צווייט; שפּעטערדיק
*tsveit; shpeterdik*

laud v לויבן
*loiben*

laud n שבח ז (ים), לויב נ

*shevach/shvach (shvochim), loib*

**laudable** adj לויבווערדיק
*loibverdik*

**laugh** v לאַכן
*lachen*

**laugh** n לאַכן ס; געלעכטער ס (ס)
*lachen; gelechter*

**laughable** adj לעכערלעך
*lecherlech*

**laughter** n לאַכן ס (ס); געלעכטער ס (ס)
*lachen; gelechter*

**launch** v לאָזן אין גאַנג; וואַרפן
*lozen in gang; varfen*

**laundry** n וועשעריַי נ (ען); וועש ס
*vesherai; vesh*

**laurel** n לאָרבער־בוים ז (־ביימער)
*lorber-boim (-beimer)*

**laurels** pl לאָרבערקראַנץ ז (ן); כּבוד ז; באַרימטקייט נ; זיג ז (ן)
*lorberkrants; koved; barimtkeit; zig*

**lava** n לאַווע נ
*lave*

**lavatory** n וואַשצימער ז/ס
*vashtsimer*

**lave** v (פּאָעטיש) וואַשן
*(poetish) vashen*

**lavish** adj פּזרניש; אויסברענגעריש
*pazronish; oisbrengerish*

**lavish** v באַשיטן מיט
*bashiten mit*

**law** n געזעץ ס (ן)
*gezets*

**law-abiding** adj געזעץ־אָפּהיטנדיק
*gezets-ophitendik*

**lawbreaker** n געזעץ־ברעכער ז (ס)
*gezets-brecher*

**lawful** adj געזעצלעך
*gezetslech*

**lawless** adj אומגעזעצלעך; הפקרדיק
*umgezetslech; hefkerdik*

**lawn** n באַגראָזטער שטח ז, גראָז־בייט נ (ן), לאָנקע נ ס
*bagrozter shetech, groz-beit, lonke*

**law of Moses** תּורת־משה נ
*toires-moishe*

**law of the Medes and Persians** ניט־בײַטעוודיק געזעץ ס
*nit-baitevdik gezets*

**lawsuit** n פּראָצעס ז (ן), משפּט ז (ים)
*protses, mishpet (mishpotim)*

**lawyer** n אַדוואָקאַט ז (ן)
*advokat*

**lax** adj אָפּגעלאָזן; אומבאַשטימט
*opgelozen; umbashtimt*

**lay** v לייגן
*leigen*

— **lay off** אָפּלייגן; אַראָפּנעמען (פון אַרבעט)
*opleigen; aropnemen (fun arbet)*

— **lay out** צעלייגן; אויסשטעלן; אויסלייגן
*tseleigen; oisshtelen; oisleigen*

**layer** n שיכט ז (ן)
*shicht*

**layman** n — געוויינטלעכער פּערזאָן ז
*geveintlecher perzon*

**layoff** n — דערווײַליקער אַראָפּנעם ז (פון אַרבעט)
*dervailiker aropnem (fun arbet)*

**laze** v — פויל זײַן, פוילעצן
*foil zain, foiletsen*

**laziness** n — פוילקייט נ
*foilkeit*

**lazy** adj — פויל
*foil*

**lead** v — אָנפירן, פירן
*onfiren, firen*

**lead** n — אָנפירונג נ (ען); פאָרהאַנט נ (פאָרהענט)
*onfirung; forhant (forhent)*

**lead** n — בלײַ (ס)
*blai*

**lead, leaden** adj — בלײַען
*blaien*

**leader** n — אָנפירער ז (ס), פירער ז (ס)
*onfirer, firer*

**leadership** n — פירערשאַפט נ
*firershaft*

**leading strings** — פירנדיקע שטריקלעך ר; שטרענגע הדרכה נ
*firendike shtriklech; shtrenge hadroche*

**leaf** n — בלאַט ז/ס (בלעטער)
*blat (bleter)*

**leaf** v — אַרויסגעבן בלעטער (בוים); בלעטערן, דורכבלעטערן (בוך)
*aroisgeben bleter (boim); bleteren, durchbleteren (buch)*

**leaflet** n — בלעטל ס (עך)
*bletel (bletlech)*

**leafy** adj — באַדעקט מיט בלעטער
*badekt mit bleter*

**league** n — ליגע נ (ס), בונד ז (ן)
*lige, bund*

**leak** n — רין ז (ען)
*rin*

**leak** v — רינען
*rinen*

**leal** adj — (אַרכײַאיש אָדער סקאָטיש) לאָיאַל
*(archaiish oder skotish) loyal*

**lean** adj — דאַר; מאָגער
*dar; moger*

**lean** v — אָנלענען זיך; נוטה זײַן
*onlenen zich; noite zain*

**leaning** n — טענדענץ נ (ן), נייגונג נ (ען)
*tendents, neigung*

**leap** n — שפּרונג ז (ען)
*shprung*

**leap** v — שפּרינגען
*shpringen*

**leap year** — עיבור־יאָר ס (ן)
*iber-yor*

**learn** v — לערנען; דערוויסן זיך
*lernen; dervisen zich*

**learned** adj — געלערנט
*gelernt*

**learning** n — וויסנשאַפט נ; לומדות ס
*visenshaf; lomdes*

**lease** n — דינגונג נ; דינג־אָפּמאַך ז (ן)
*dingung; ding-opmach*

| | | |
|---|---|---|
| lease v | דינגען; פאַרדינגען | *dingen; fardingen* |
| leash n | שטריקל ס (עך) (צו האַלטן אַ הינטל) | *shtrikel (shtriklech) (tsu halten a hintel)* |
| least adj, adv | מינדסט, קלענסט; צום ווייניקסטן | *mindst, klenst; tsum veiniksten* |
| — at least | לכל־הפחות | *lechol-hapoches* |
| leather n | לעדער נ/ס | *leder* |
| leather, leathern adj | לעדערן | *lederen* |
| leave v | פאַרלאָזן; אַוועקגיין, אַוועקפאָרן | *farlozen; avekgein, avekforen* |
| leave n | דערלויבעניש ס (ן); אורלויב ז (ן) | *derloibenish; urloib* |
| leaven n | זויערטייג ס | *zoierteig* |
| leaven v | זײַערן | *zaieren* |
| leave-taking n | געזעגענונג נ (ען) | *gezegenung* |
| lechery n | אויסגעלאַסנקייט נ | *oisgelasenkeit* |
| lectern n | שטענדער ז (ס) | *shtender* |
| lecture n | לעקציע נ (ס) | *lektsye* |
| lecture v | האַלטן אַ לעקציע | *halten a lektsye* |
| lecturer n | לעקטאָר ז (ן) | *lektor* |
| ledger n | חשבונות־בוך ס (־ביכער) | *cheshboines-buch (-bicher)* |
| leech n | פיאַווקע נ (ס) | *piavke* |
| leer n | שיקל ז; בייזער קוק ז | *shikel; beizer kuk* |
| leer v | שיקלען; קוקן בייז | *shiklen; kuken beiz* |
| leeway n | אויסקערברייט נ (ן) | *oiskerbreit* |
| left adj | לינק | *link* |
| left adv | לינקס | *links* |
| left-handed adj | לינקהאַנטיק; אומגעלומפערט | *linkhantik; umgelumpert* |
| leg n | פוס ז (פיס) | *fus (fis)* |
| legacy n | עיזבון ז (ות) | *izoven (izvoines)* |
| legal adj | לעגאַל | *legal* |
| legend n | לעגענדע נ (ס) | *legende* |
| legendary adj | לעגענדאַריש | *legendarish* |
| legibility n | לייענעוודיקייט נ | *leienevdikeit* |

**legible** adj לייענעוודיק, לייענבאַר
*leienevdik, leienbar*

**legion** n לעגיאָן ז (ען)
*legyon*

**legionary** n לעגיאָנער ז (ן)
*legyoner*

**legislate** v מאַכן געזעצן
*machen gezetsen*

**legislature** n לעגיסלאַטור נ (ן)
*legislatur*

**legitimate** adj געזעצלעך, לעגיטים
*gezetslech, legitim*

**legitimize** v לעגיטימירן
*legitimiren*

**leisure** n פרייַע צייַט נ
*fraie tsait*

**lemon** n ציטרין ז (ען), לימענע נ (ס); (סלענג) פעלערהאַפטער פראָדוקט ז; לא־יוצלח ז (ס/ים)
*tsitrin, limene; (sleng) felerhafter produkt; loi-yutslech (-yutslechs/yutslechim)*

**lemonade** n לימאָנאַדע נ (ס)
*limonade*

**lend** v לייַען, באָרגן
*laien, borgen*

**length** n לענג נ (ען) *leng*

**lengthen** v לענגער מאַכן; פאַרלענגערן זיך
*lenger machen; farlengeren zich*

**lengthy** adj לאַנג; צו לאַנג
*lang; tsu lang*

**lenient** adj מילד; איידל; באַרעמהאַרציק
*mild; eidel; baremhartsik*

**lens** n לינז נ (ן) (אָפטיש גלאָז)
*linz (optish gloz)*

**lentil** n לינז נ (ן) (געוויקס)
*linz (geviks)*

**leopard** n לעמפערט ז (ן)
*lempert*

**leper** n מצורע ז (ים)
*metsoire (metsoro'im)*

**leprosy** n צרעת נ
*tsoraas*

**less** adj, adv, prep קלענער; ווייניקער; מינוס
*klener; veiniker; minus*

**lessee** n דינגער ז (ס)
*dinger*

**lessen** v ווערן ווייניקער; פאַרקלענערן
*veren veiniker; farkleneren*

**lesser** adj קלענער
*klener*

**lesson** n לעקציע נ (ס)
*lektsye*

**lessor** n פאַרדינגער ז (ס)
*fardinger*

**lest** conj כּדי ניט; טאָמער
*kedei nit; tomer*

**let** v לאָזן; פאַרדינגען
*lozen; fardingen*

**lethal** adj טויטלעך
*toitlech*

**lethargic** adj לעטאַרגיש

*letargish*

lethargy n לעטאַרגיע נ *letargye*

letter n אות ד/ס (יות), בוכשטאַב ז (ן); בריוו ז *os (oisyes), buchshtab; briv*

letter box בריוועקסטל ס (עך) *brivkestel (brivkestlech)*

letter carrier בריוו־טרעגער ז (ס) *brivtreger*

lettuce n בלעטער־סאַלאַט ז (ן), שאַלאַטן ר *bleter-salat, shalaten*

leukemia n לייקעמיע נ *leikemye*

levee n שיצוואַל ז (ן); פאָרמעלע אויפנאַמע נ (ס) *shitsval; formele oifname*

level adj גלײַך; פלאַך; (שמועסדיק) בר־דעתדיק, באַרעכנט *glaich; flach; (shmuesdik) bar-daasdik, barechent*

level n ראַנג ז (ען); הייך נ (ן); וואַסערוואָג נ (ן) *rang; heich; vaservog*

level v אויסגלײַכן *oisglaichen*

lever n הייבער ז (ס) *heiber*

leviathan n לוויתן ז (זען בבא בתרא עה, ע״א); ריז ז (ן); גרויסע זאַך נ (ן) *livyosen/levyosen (zen bovo basro/buvi basri 75a); riz; groise zach*

Levite n לוי ז (ים) *leivi (leviim/leviyim)*

Leviticus n ספר ויקרא ז *seifer-vayikro/saifer-vayikru*

levy v אַרויפלייגן (אַ שטײַער); נעמען (אין מיליטער) *aroifleigen (a shtaier); nemen (in militer)*

lewd adj אויסגעלאַסן *oisgelasen*

lexicographer n לעקסיקאָגראַף ז (ן) *leksikograf*

lexicon n לעקסיקאָן ז (ען) *leksikon*

liable adj אויסגעשטעלט אויף; פאַראַנטוואָרטלעך *oisgeshtelt oif; farantvortlech*

liaison n פאַרבינדונג נ (ען) *farbindung*

liar n ליגנער ז (ס) *ligner*

libel n באַנבלונג נ (ען) (אין שריפט); דעפאַמאַציע נ (ס) *banavlung (in shrift); defamatsye*

libel v באַנבלען; מאַכן פאַלשע אָדער באַשמוצנדיקע דערקלערונגען וועגן *banavlen, machen falshe oder bashmutsendike derklerungen vegen*

liberal adj ליבעראַל
*liberal*

liberate v באַפרײַען
*bafraien*

liberation n באַפרײַאונג נ
*bafraiung*

liberty n פרײַהייט נ (ן)
*fraiheit*

librarian n ביבליאָטעקער ז (ס)
*biblioteker*

library n ביבליאָטעק נ (ן)
*bibliotek*

licence, license n דערלויב ז (ן)
*derloib*

licence, license v געבן אַ דערלויבעניש
*geben a derloibenish*

lichen n לישײַ ז (ען)
*lishai*

lick v לעקן; (שמועסדיק) צעשלאָגן; באַזיגן
*leken; (shmuesdik) tseshlogen; bazigen*

lick n לעק ז (ן); (שמועסדיק) קלאַפּ ז (קלעפּ)
*lek; (shmuesdik) klap (klep)*

lickspittle n שפּײַעכץ־לעקער ז (ס), אונטערלעקער ז (ס); פּאַראַזיט ז (ן)
*shpaiechts-leker, unterleker; parazit*

lid n דעקל ס (עך); שטערצל ס (עך) (פון אַ טאָפּ); (שמועסדיק) אײַנהאַלט ז, צאַמונג נ
*dekel (deklech); shtertsel (shtertslech) (fun a top); (shmuesdik) ainhalt, tsamung*

lie n ליגן ז (ס), שֶקֶר ז (שְקָרים)
*ligen, sheker (shkorim)*

lie v (lied, lying) זאָגן אַ ליגן, זאָגן ליגנט, משקר זײַן
*zogen a ligen, zogen ligent, meshaker zain*

lie v (lay, lain, lying) ליגן (זײַן אין אַ האָריזאָנטאַלער פּאָזיציע; געפינען זיך אין אַ געוויסן אָרט)
*ligen (zain in a horizontaler pozitsye; gefinen zich in a gevisen ort)*

lie of the land די נאַטירלעכע שטריכן פון אַ לאַנדשאַפט.
*di natirliche shtrichen fun a landshaft.*

lieu n (אַרכײַאיש) אָרט ס
*(archaiish) ort*

— in lieu of אָנשטאָט, במקום
*onshtot, bimkom/bimkem*

lieutenant n לייטענאַנט ז (ן)
*leitenant*

life n לעבן ס (ס)
*leben*

lifeless adj אָן לעבן
*on leben*

lift v הייבן; (שמועסדיק) לקחענען, גנבענען
*heiben; (shmuesdik) lakchenen, ganvenen*

lift n הייבונג נ; הייבמאַשין נ (ען)
*heibung; heibmashin*

light adj ליכטיק; העל; לײַכט, גרינג
*lichtik; hel; laicht, gring*

light n ליכט נ/ס
*licht*

light v באַלײַכטן; אָנצינדן
*balaichten; ontsinden*

lighten v פאַרגרינגערן, פאַרלײַכטערן; באַלײַכטן; ליכטיק ווערן
*fargringeren, farlaichteren; balaichten; lichtik veren*

light-fingered adj לײַכט־פינגערדיק, גנביש
*laicht-fingerdik, ganeivish/ gneivish*

light-hearted adj אומבאַזאָרגט; פריילעך
*umbazorgt; freilech*

lighthouse n לײַכט־טורעם ז (ס)
*laicht-turem*

light-minded adj לײַכטזיניק
*laichtzinik*

lightness n גרינגקייט נ; ליכטיקייט נ; העלקייט
*gringkeit; lichtikeit; helkeit*

lightning n בליץ ז (ן)
*blits*

likable adj ליב; פּאָפּולער
*lib; populer*

like adj, prep, conj, adv גלײַך; ענלעך צו; (שמועסדיק) ווי, אַזוי ווי; וואָרשײַנלעך
*glaich; enlech tsu; (shmuesdik) vi, azoi vi; vorshainlech*

like n גלײַכן ס; ענלעכער ז
*glaichen; enlecher*

like v ליב האָבן; געפעלן
*lib hoben; gefelen*

likely adj, adv וואָרשײַנלעך, מסתּמא
*vorshainlech, mistome*

liken v צוגלײַכן
*tsuglaichen*

likeness n ענלעכקייט נ (ן); בילד ס (ער); קאָפּיע נ (ס)
*enlechkeit; bild (bilder); kopye*

likewise adv פונקט אַזוי; אויך
*punkt azoi; oich*

liking n גוסט ז; ליבשאַפט נ
*gust; libshaft*

lilac n בעז ז (ן), מײַ ז (ען)
*bez, mai*

Liliputian n ליליפּוט ז (ן), קאַרליק ז (עס)
*liliput, karlik (karlikes)*

lily n ליליע נ (ס)
*lilye*

limb n אֵבר ז (ים)
*eiver (eiverim)*

limber adj בייגעוודיק
*beigevdik*

limb of the law אַ פּאָליציאַנט, שופט, אָדער אַדוואָקאַט.
*a politsyant, shoifet, oder advokat.*

lime n קאַלך ז

*kalch*

limit n גרענעץ ז/נ (ן); שיעור ז
*grenets; shier*

limit v באַגרענעצן
*bagrenetsen*

limitation n באַגרענעצונג נ (ען)
*bagrenetsung*

limp n הינקעדיקער טראָט ז
*hinkediker trot*

limp v הינקען
*hinken*

limpid adj קלאָר; דורכזיכטיק
*klor; durchzichtik*

linden n ליפּע נ (ס)
*lipe*

line n ליניע נ (ס); שורה נ (שורות); שנור ז (ן)
*linye; shure (shures); shnur*

line v לינירן
*liniren*

lineage n ייִחוס ז
*yiches*

linen n לײַוונט נ/ס; וועש ס
*laivent; vesh*

linen adj לײַוונטן
*laiventen*

line-up, lineup n ריי נ (ען)
*rei*

linger v זוימען זיך
*zoimen zich*

linguistics n (takes sing. v) שפּראַך־וויסנשאַפט נ
*shprach-visenshaft*

link n קייטן־רינג ז (ען); פאַרבינד ז (ן)
*keiten-ring; farbind*

link v קייטלען; פאַרבינדן
*keitlen; farbinden*

lion n לייב ז (ן)
*leib*

lioness n לייביכע נ (ס)
*leibiche*

lion-hearted adj זייער דרײַסט
*zeier draist*

lip n ליפּ נ (ן)
*lip*

lip v אָנרירן מיט די ליפּן; מורמלען
*onriren mit di lipen; murmlen*

lip-service n ליפּ־שטײַער ז, מויל־מלאָכה נ; אומאֶמתדיקייט נ
*lip-shtaier, moil-meloche; umemesdikeit*

lipstick n ליפּסטיק ז (ן)
*lipstik*

liquid n פליסיקייט נ (ן)
*flisikeit*

liquid adj פליסיק
*flisik*

liquidate v ליקווידירן
*likvidiren*

liquor n בראָנפן ז (ס); משקה נ (משקאות)
*bronfen; mashke (mashkoes)*

list n ליסטע נ (ס)
*liste*

list v מאַכן אַ ליסטע; צעענצלען
*machen a liste; tseentslen*

listen v צוהערן זיך
*tsuheren zich*

listless adj גלײַכגילטיק
*glaichgiltik*

literal adj בוכשטעבלעך
*buchshteblech*

literary adj ליטעראַריש
*literarish*

literature n ליטעראַטור נ (ן)
*literatur*

litigation n געריכטס־אָנקלאָג ז (ן); לאָדעניש ס (ן)
*gericht's-onklog; lodenish*

litter n מיסט ס (ן); אומאָרדענונג נ (ען); פליד ז (ן)
*mist; umordenung; plid*

litter v אָנמיסטיקן; אָנוואַרפן
*onmistiken; onvarfen*

little adj קליין; קורץ; געמיין
*klein; kurts; gemein*

little adv ווייניק
*veinik*

little n ביסל ס
*bisel*

liturgy n ליטורגיע נ ס
*liturgye*

live v לעבן; וווינען
*leben; voinen*

livelihood n פרנסה נ (פרנסות)
*parnose (parnoses)*

lively adj לעבעדיק; מונטער
*lebedik; munter*

liver n לעבער נ (ס)
*leber*

living adj לעבעדיק
*lebedik*

living n חיונה נ
*chiyune/cheyune*

living room געסטצימער ז (ן), סאַלאָן ז (ען)
*gesttsimer, salon*

living wage חיונה־לוין ז
*chiyune-loin*

lizard n יאַשטשערקע נ (ס)
*yasht'sherke*

lo interj זע, קוק!
*ze, kuk!*

load n מַשׂא נ (משׂאות)
*mase (masoes)*

load v לאָדן; אָנלאָדן
*loden; onloden*

loaded adj אָנגעלאָדן; (סלענג) שיכור; רײַך
*ongeloden; (sleng) shiker; raich*

loaf n לעבל ס (עך)
*lebel (leblech)*

loaf v פוסטעפּאַסעווען
*pustepaseven*

loan n הלוואה נ (הלוואות)
*halvoe (halvoes)*

loan v אויסלײַען
*oislaien*

loath adj אומוויליק
*umvilik*

loathe v מיאוסן זיך, עקלען

*miesen zich, eklen*

loathsome adj מיאוס, עקלדיק
*mies, ekeldik*

lobby n לאָבי ז (ס)
*lobi*

lobe (of ear) (אויער־) לעפל ס (עך)
*(oier-) lepel (leplech)*

local adj לאָקאַל
*lokal*

locality n אָרט ס (ערטער); ראַיאָן ז (ען)
*ort (erter); rayon*

localize v לאָקאַליזירן
*lokaliziren*

location n פלאַץ ז (פלעצער))
*plats (pletser)*

loch n (סקאָטיש) אָזערע נ (ס)
*(skotish) ozere*

lock n שלאָס ז (שלעסער)
*shlos (shleser)*

lock v פאַרשליסן
*farshlisen*

locksmith n שלאָסער ז (ס)
*shloser*

lockup n (שמועסדיק)) טורמע נ (ס)
*(shmuesdik) turme*

locomotive n לאָקאָמאָטיוו ז (ן)
*lokomotiv*

locust n היישעריק ז (ן)
*heisherik*

lodge v אײַנשטיין;
וווינען צײַטווײַליק
*ainshtein; voinen tsaitvailik*

lodge n לוקסוסדיקער מאָטעל ז;
וואַלדשטיבל ס (עך); פיליע נ
(פון אַ געזעלשאַפט)
*luksusdiker motel;*
*valdshtibel (valdshtiblech);*
*filye (fun a gezelshaft)*

lodging n דערווײַליקע ווינונג נ (ען)
*dervailike voinung*

loft n בוידעמשטוב נ
*boidemshtub*

lofty adj זייער הויך; געהויבן;
שטאָלץ
*zeier hoich; gehoiben; shtolts*

log n קלאָץ ז (קלעצער);
שיף־זשורנאַל ז (ן)
*klots (kletser);*
*shif-zhurnal*

logarithm n לאָגאַריטם ז (ען)
*logaritm*

loge n לאָזשע נ (אין אַ טעאַטער)
*lozhe (in a teater)*

loggerhead n טיפש ז (ים),
פאַרשטאָפּטער קאָפּ ז
*tipesh (tipshim),*
*farshtopter kop*

logic n לאָגיק נ *logik*

logical adj לאָגיש
*logish*

logistics n לאָגיסטיק נ
(takes sing. v.) *logistik*

loin n לענד נ (ן)
*lend*

loiter v אַרומדרייען זיך
*arumdreien zich*

loneliness n עלנטקייט נ
*elentkeit*

**lonely** adj אײנזאַם, עלנט; אָפּגעזונדערט
*einzam, elent; opgezundert*

**long** adj לאַנג
*lang*

**long** v בענקען
*benken*

**long-distance** adj ווײַט־מהלכדיק
*vait-mahalechdik*

**longing** n בענקשאַפט נ (ן)
*benkshaft*

**longitude** n געאָגראַפישע לענג נ
*geografishe leng*

**long-tongued** adj מיט אַ לאַנגער צונג; באַרײדעוודיק
*mit a langer tsung; bareidevdik*

**look** v קוקן
*kuken*

**look** n קוק ז (ן), בליק ז (ן)
*kuk, blik*

**loom** n וועבשטול נ (ן)
*vebshtul*

**loon** n טיפש ז (ים)
*tipesh (tipshim)*

**loony** adj (סלענג) משוגע
*(sleng) meshuge*

**loony** n (סלענג) משוגענער ז
*(sleng) meshugener*

**loop** n פעטליע נ (ס), שלייף ז (ן)
*petlye, shleif*

**loose** adj לויז
*loiz*

**loosen** v לויז מאַכן
*loiz machen*

**loot** n רויב ס
*roib*

**loot** v באַראַבעווען; רויבן
*barabeven; roiben*

**loquacious** adj באַרײדעוודיק
*bareidevdik*

**lord** n לאָרד ז (ן); האַר ז (ן)
*lord; har*

**Lord** n גאָט ז
*got*

**lore** n קענטעניש ס (ן); וויסן ס, לערע נ
*kentenish; visen, lere*

**lorn** adj פאַרלאָזן, עלנט
*farlozen, elent*

**lose** v פאַרלירן; פאַרשפילן
*farliren; farshpilen*

**loss** n אבדה נ (אבדות), פאַרלוסט ז (ן); שאָדן ז (ס)
*aveide (aveides), farlust; shoden*

**lost** adj פאַרלוירן
*farloiren*

**lot** n גורל ז (ות); שטיק לאַנד ס
*goirel (goiroles); shtik land*

**lottery** n לאָטעריע נ (ס)
*loterye*

**loud** adj הילכיק
*hilchik*

**louse** n לויז נ (לײַז)
*loiz (laiz)*

**lousy** adj לויזיק, לײַזיק, פאַרלײַזיק;

געמײנ; (סלענג) שמוציק;
אָנגעשטאָפּט (מיט)
*loizik, laizik, farlaizik; gemein; (sleng) shmutsik; ongeshtopt (mit)*

**love** n — ליבע ז (ס)
*libe*

**love** v — ליב האָבן, ליבן
*lib hoben, liben*

**loveliness** n — שײנקײט נ; חן ז
*sheinkeit; chein*

**lovely** adj — שײן; ליב
*shein; lib*

**lover** n — געליבטער ז; אוהב ז, מוקיר ז (ים)
*gelibter; oihev, moiker/moikir (moikirim)*

**low** adj — נידעריק
*niderik*

**lower** adj — נידעריקער
*nideriker*

**lowest** adj — נידעריקסט
*niderikst*

**low-keyed** adj — צוריקגעהאַלטן
*tsurikgehalten*

**lox** n — לאַקס ז (ן)
*laks*

**loyal** adj — לאָיאַל, געטרײַ
*loyal, getrai*

**loyalty** n — לאָיאַלקײט נ, געטרײַשאַפט נ
*loyalkeit, getraishaft*

**lubricant** n — שמירעכץ ס (ן)
*shmirechts*

**lubricate** v — שמירן
*shmiren*

**lucid** adj — לײַכט (צו פאַרשטײן); קלאָר; דורכזיכטיק
*laicht (tsu farshtein); klor; durchzichtik*

**luck** n — מזל ס/ז (ות); גליק ס (ן)
*mazel (mazoles); glik*

**luckily** adv — צום גליק
*tsum glik*

**lucky** adj — מזלדיק
*mazeldik*

**lucrative** adj — רווחדיק
*revechdik*

**ludicrous** adj — חוזקדיק; לעכערלעך
*choizekdik; lecherlech*

**luggage** n — באַגאַזש ז (ן)
*bagazh*

**lukewarm** adj — לעבלעך; גלײַכגילטיק
*leblech; glaichgiltik*

**lull** v — אײַנוויגן; אײַנשלעפערן
*ainvigen; ainshleferen*

**lullaby** n — וויגליד ס (ער)
*viglid*

**lumber** n — געהילץ ס
*gehilts*

**lunacy** n — טירוף ז
*tiref/teiref*

**lunatic** n — מטורף ז (ים)
*metoref/meturef (meturofim)*

**lunch** n — לאָנטש ז (ן) (מיטאָג־עסן ס; איבערבײַסן ס)

*lont'sh*
*(mitog-esen; iberbaisen)*

luncheon n פֿאָרמעלער לאָנטש ז
*formerler lont'sh*

lung n לונג נ (ען)
*lung*

lure n צי־כּוח ז (ות);
פֿאַרנאַרעכץ ס (ן)
*tsi-koiech; farnarechts*

lure v צוציִען; אַרײַננאַרן
*tsutsien; arainnaren*

lurk v לויערן, לאָקערן
*loieren, lokeren*

luscious adj זייער געשמאַק,
מלא־טעם
*zeier geshmak, mole-taam*

lush adj ווייך און זאַפֿטיק;
בשפֿעדיק
*veich un zaftik;*
*beshefedik*

lust n באַגער ז (ן), תּאווה נ (תּאוות)
*bager, taive/taave*
*(taives/taaves)*

lust v באַגערן
*bageren*

luster, lustre n בליאַסק ז,
גלאַנץ ז (ן); באַרימטקייט נ
*blyask, glants; barimtkeit*

lustrous adj גלאַנציק
*glantsik*

lusty adj געזונט און שטאַרק
*gezunt un shtark*

luxurious adj לוקסוסדיק
*luksusdik*

luxury n לוקסוס ז (ן)
*luksus*

lynch v לינטשן
*lint'shen*

lyre n לירע נ (ס)
*lire*

lyrical adj ליריש
*lirish*

# M m

m, M n עם ז (ען) (בוכשטאַב)
*em (buchshtab)*

ma n (שמועסדיק) מאַמע נ (ס)
*(shmuesdik) mame*

macabre adj מאַקאַבריש, גרויליק,
שוידערלעך
*makabrish, groilik,*
*shoiderlech*

macaroni n pl מאַקאַראָנען ר
*makaronen*

machine n מאַשין נ (ען)
*mashin*

machine gun קוילן־וואַרפֿער ז (ס)
*koilen-varfer*

macrocosm n מאַקראָקאָסמאָס ז,
אוניווערס ז

*makrokosmos, univers*

**mad** adj משוגע; ווילד; נאַריש; (שמועסדיק) להוט; ברוגז
*meshuge; vild; narish; (shmuesdik) lohet; broigez*

**madam** n מאַדאַם נ (ען)
*madam*

**madden** v משוגע מאַכן; שטאַרק דערצערענען
*meshuge machen; shtark dertserenen*

**madhouse** n משוגעים־הויז ס (־הײַזער)
*meshugo'im-hoiz (-haizer)*

**madness** n משוגעת ס
*meshugaas*

**magazine** n זשורנאַל ז (ן); מאַגאַזין ז (ען) (פאַר קוילן אין אַ געווער)
*zhurnal; magazin (far koilen in a gever)*

**magic** n כישוף ז, מאַגיע נ; צויבער ז
*kishef, magye; tsoiber*

**magic, magical** adj מאַגיש
*magish*

**magician** n כישוף־מאַכער ז (ס)
*kishef-macher*

**magistrate** n פרידנס־ריכטער ז (ס)
*fridens-richter*

**magnanimity** n גרויסהאַרציקייט נ
*groishartsikeit*

**magnet** n מאַגנעט ז (ן)
*magnet*

**magnetic** adj מאַגנעטיש
*magnetish*

**magnetize** v מאַגנעטיזירן
*magnetiziren*

**magnificent** adj פּראַכטיק
*prachtik*

**magnify** v פאַרגרעסערן
*fargreseren*

**maid** n מויד נ (ן)
*moid*

**maiden** n מיידל נ/ס (עך); בתולה נ (בתולות)
*meidel (meidlech); bsule (bsules)*

**mail** n פּאָסט נ
*post*

**mail** v אַרויסשיקן (מיט דער פּאָסט)
*aroisshiken (mit der post)*

**mailbox** n פּאָסטקעסטל ס (עך)
*postkestel (postkestlech)*

**mailman** n בריוון־טרעגער ז (ס)
*briven-treger*

**maim** v פאַרקריפּלען; צעמזיקן
*farkriplen; tsemaziken/ tsemazeken*

**main** adj הויפּט־, עיקרדיק
*hoipt-, ikerdik*

**mainly** adv איבערהויפּט, דערעיקרשט
*iberhoipt, derikersht*

**maintain** v האַלטן; אויסהאַלטן
*halten; ois'halten*

**maintenance** n אויפהאַלטונג נ; אויסהאַלטונג נ
*oifhaltung; ois'haltung*

**maize** n קוקורוזע נ
*kukuruze*

**majestic** adj — **מאַיעסטעטיש**
*mayestetish*

**majesty** n — **מאַיעסטעט** ז/נ (ן)
*mayestet*

**major** adj — **גרעסער; וויכטיקסט**
*greser; vichtikst*

**major** n — **מאַיאָר** ז (ן)
*mayor*

**majority** n — **מערהייט** נ (ן), **רוב** ז/ס
*merheit, rov*

**make** v — **מאַכן**
*machen*

**make** n — **מאָדעל** ז (ן); **מאַרקע** נ (ס)
*model; marke*

**maladjustment** n — **שלעכטע צופּאַסונג** נ (ען)
*shlechte tsupasung*

**malady** n — **קראַנקייט** נ (ן)
*krankeit*

**malaria** n — **מאַלאַריע** נ
*malarye*

**male** n — **זכר** ז (ים)
*zocher (zchorim)*

**male** adj — **מענלעך**
*menlech*

**malice** n — **רישעות** ס, **בייזוויליקייט** נ
*rishes, beizvilikeit*

**malicious** adj — **רישעותדיק, בייזוויליק**
*rishesdik, beizvilik*

**malign** v — **באַרעדן, מוציא־שם־רע זײַן**
*bareden, moitse-shem-ra zain*

**malignant** adj — **בייזוווּקסיק**
*beizvuksik*

**mall** n — **פּראָמענאַדע** נ (ס); **אײַנקויף־צענטער** ז (ס)
*promenade; ainkoif-tsenter*

**malt** n — **מאַלץ** ס
*malts*

**maltreat** v — **שלעכט באַהאַנדלען**
*shlecht bahandlen*

**mammal** n — **זויג־באַשעפעניש** ס (ן)
*zoig-bashefenish*

**man** n — **מאַנצביל** ז (ן); **מענטש** ז (ן); **מאַן** ז (מענער)
*mantsbil; ment'sh; man (mener)*

**manage** v — **פאַרוואַלטן**
*farvalten*

**management** n — **פאַרוואַלטונג** נ (ען)
*farvaltung*

**manager** n — **פאַרוואַלטער** ז (ס)
*farvalter*

**mandate** n — **מאַנדאַט** ז (ן)
*mandat*

**mandolin** n — **מאַנדאָלין** נ (ען)
*mandolin*

**mane** n — **גריווע** נ (ס)
*grive*

**maneuver** n — **מאַנעוורע** נ (ס)
*manevre*

**manger** n — **זשאָלעב** ז (עס)
*zholeb*

**manhood** n — **זכרות** ס, **מענערשאַפט** נ
*zachres, menershaft*

**mania** n — **מאַניע** נ (ס)
*manye*

**maniac** n — **מאַניאַק** ז (ן), **מטורף** ז (ים)

*manyak, metoref/meturef (metorofim/meturofim)*

**maniacal** adj **מאַניש**
*manish*

**manicure** v **מאַניקורירן**
*manikuriren*

**manicure** n **מאַניקור** ז (ן)
*manikur*

**manifesto** n **מאַניפעסט** ז (ן)
*manifest*

**manifold** adj **פילפאַכיק**
*filfachik*

**manipulate** v **מאַניפולירן**
*manipuliren*

**mankind** n **מענטשהייט** נ
*ment'shheit*

**manna** n **מן** ז **(שמות ט״ז, טו)**
*man (shmois 16:15)*

**manner** n **אופן** ז (ים), **שטייגער** ז (ס)
*oifen (oifonim), shteiger*

**manners** pl **מידות** ר; **דרך־ארץ** ז
*mides; derech-erets*

**manor** n **גוט** ס (גיטער)
*gut (giter)*

**manslaughter** n **טייטונג** נ **(אָן פּלאַנירונג, בשוגג)**
*teitung (on planirung, beshoigeg)*

**mantle** n **מאַנטל** ז (ען)
*mantel (mantlen)*

**manual** adj **האַנט־**
*hant-*

**manual** n **האַנטבוך** ס (האַנטביכער)
*hantbuch (hantbicher)*

**manually** adv **מיט די הענט**
*mit di hent*

**manufacture** v **פאַבריצירן, אויסאַרבעטן; אויסטראַכטן**
*fabritsiren, oisarbeten; oistrachten*

**manufacture** n **פאַבריקאַציע** נ
*fabrikatsye*

**manure** n **מיסט** ס
*mist*

**manuscript** n **מאַנוסקריפּט** ז (ן), **כתב־יד** ז (ן)
*manuskript, ksav-yad*

**many** adj **פיל, אַ סך**
*fil, a sach*

**map** n **מאַפּע** נ (ס)
*mape*

**maple** n **נעזבוים** ז (נעזביימער)
*nezboim (nezbeimer)*

**mar** v **פאַרשטערן; קאַליע מאַכן**
*farshteren; kalye machen*

**marathon** n **מאַראַטאָן** ז (ען)
*maraton*

**marble** n **מאַרמאָר** ז, **מירמלשטיין** ז
*marmor, mirmelshtein*

**march** n **מאַרש** ז (ן)
*marsh*

**march** v **מאַרשירן**
*marshiren*

**March** n **מאַרץ** ז (ן)
*marts*

**mare** n **קליאַטשע** נ (ס), **שקאַפּע** נ (ס)
*klyat'she, shkape*

**margarine** n **מאַרגאַרין** ז

*margarin*

margin n — ראַנד ז (ן); קערברייט נ (ן); עודף ז (ים)
*rand; kerbreit; oidef (oidofim)*

marital adj — זיווג־
*ziveg-*

maritime adj — ים־; בײַ דעם ים
*yam-; bai dem yam*

mark n — צייכן ז (ס); סימן ז (ים); מאַרק ז (ן) (דײַטשע מטבע)
*tseichen; simen (simonim); mark (dait'she matbeie)*

mark v — באַצייכענען; שטעלן צייכנס
*batseichenen; shtelen tseichens*

marked adj — באַצייכנט; קענטיק
*batseichent; kentik*

market n — מאַרק ז (מערק)
*mark (merk)*

market v — פאַרשפרייטן אויפן מאַרק
*farshpreiten oifen mark*

marmalade n — מאַרמעלאַד ז (ן)
*marmelad*

marrano n — מאַראַן ז (ען)
*maran*

marriage n — חתונה נ (חתונות)
*chasene (chasenes)*

marrow n — מאַרך ז
*march*

marry v — חתונה האָבן; חתונה מאַכן
*chasene hoben; chasene machen*

marsh n — זומפ ז (ן)
*zump*

marshy adj — זומפיק
*zumpik*

martial adj — קריגס־
*krigs-*

martial law — קריגסגעזעץ ס
*krigsgezets*

martyr n — מאַרטירער ז (ס)
*martirer*

marvel n — וווּנדער ז (ס)
*vunder*

marvellous, marvelous adj — וווּנדערלעך
*vunderlech*

masculine adj — מענלעך
*menlech*

mash v — צעקוועטשן
*tsekvet'shen*

mask n — מאַסקע נ (ס)
*maske*

mask v — פאַרמאַסקירן
*farmaskiren*

Masora n — מסורה נ (מסורות)
*mesoire (mesoires)*

mass n — מאַסע נ (ס/מאַסן)
*mase (mases/masen)*

massacre n — הריגה נ (הריגות)
*harige (hariges)*

massacre v — אויסהרגענען
*ois'hargenen*

massage n — מאַסאַזש ז (ן)
*masazh*

massage v — מאַסאַזשירן
*masazhiren*

massive adj — מאַסיוו, פאַרנעמיק
*masiv, farnemik*

mast n — מאַסטבוים ז (מאַסטבײמער)

*mastboim (mastbeimer)*

master n מײַסטער ז (ס)
*maister*

master v באַהערשן; ווערן בקי אין
*bahershen; veren boke/boki in*

masterpiece n מײַסטערווערק ס
*maisterverk*

mastership n מײַסטערשאַפט נ
*maistershaft*

mat n ראָגאָזשע נ (ס), מאַטע נ (ס)
*rogozhe, mate*

mat v באַדעקן מיט ראָגאָזשעס
*badeken mit rogozhes*

match n שוועבעלע ס (ך); שידוך ז (ים); פאַרמעסט ז (ן)
*shvebele; shidech (shiduchim); farmest*

match v צוזאַמענפּאַסן
*tsuzamenpasen*

matchmaker n שדכן ז (ים)
*shadchen (shadchonim)*

mate n בן־זוג ז (בני־)
*ben-zug (bnei-)*

mate v פּאָרן זיך
*poren zich*

material n מאַטעריאַל ז (ן); שטאָף ז (ן)
*materyal; shtof*

material adj מאַטעריעל; גשמיותדיק
*materyel; gashmiesdik*

materialism n מאַטעריאַליזם ז
*materyalizm*

materialize v מאַטעריאַליזירן (פאַרווירקלעכן; מקוים ווערן)
*materyaliziren (farvirklechen; mekuyem veren)*

maternal adj מוטערלעך
*muterlech*

mathematical adj מאַטעמאַטיש
*matematish*

mathematician n מאַטעמאַטיקער ז (ס)
*matematiker*

mathematics n מאַטעמאַטיק נ
(takes sing. v.)
*matematik*

matriarch n מאַטריאַרך נ (ן)
*matriarch*

matriculation n מאַטורע נ (ס)
*mature*

matron n מאַטראָנע נ (ס)
*matrone*

matter n חומר ז; שטאָף ז (ן); ענין ז (ים); וויכטיקייט נ
*choimer; shtof; inyen (inyonim); vichtikeit*

matter v זײַן וויכטיק, אויסמאַכן
*zain vichtik, oismachen*

mattress n מאַטראַץ ז (ן)
*matrats*

mature adj צײַטיק, רײַף; דערוואַקסן
*tsaitik, raif; dervaksen*

mature v צײַטיק ווערן
*tsaitik veren*

matzo n מצה נ (מצות)
*matse (matses)*

mavin n (informal) (שמועסדיק) מבין ז (ים), קענער ז (ס)
*meivin (mevinim), kener*

**maximum** n — מאַקסימום ז (ס) — *maksimum*

**maximum** adj — מאַקסימאַל — *maksimal*

**may** v — מעגן — *megen*

**May** n — מײַ ז (ען) — *mai*

**maybe** adv — מעגלעך, עס קען זײַן — *meglech, es ken zain*

**mayor** n — בירגערמײַסטער ז (ס), שטאָט־פּרעזידענט ז (ן) — *birgermaister, shtot-prezident*

**mazel** n (informal) — (שמועסדיק) מזל ז, גליק ס — *(shmuesdik) mazel, glik*

**mazel tov** interj — מזל טוב! — *mazel-tov!*

**mazurka** n — מאַזורקע נ (ס) (פּוילישער טאַנץ) — *mazurke (poilisher tants)*

**meadow** n — לאָנקע נ (ס) — *lonke*

**meager, meagre** adj — קנאַפּ; מאָגער, דאַר — *knap; moger, dar*

**meal** n — סעודה נ (סעודות); מעל נ — *sude (sudes); mel*

**mean** v — מיינען, באַדײַטן — *meinen, badaiten*

**mean** adj — געמיין; נידערטרעכטיק; דורכשניטלעך — *gemein; nidertrechtik; durchshnitlech*

**meaning** n — באַדײַטונג נ (ען) — *badaitung*

**means** n pl — מיטל ס (ען); עשירות ס — *mitel (mitlen); ashires*

**meantime, meanwhile** adv — אין צווישן, דערווײַל — *in tsvishen, dervail*

**measles** n (takes sing. v.) — מאָזלען ר — *mozlen*

**measure** v — מעסטן — *mesten*

**measure** n — מאָס נ (ן) — *mos*

**measurement** n — מעסטונג נ (ען); מאָס נ (ן) — *mestung; mos*

**meat** n — פלייש ס (ן) — *fleish*

**mechanic** n — מעכאַניקער ז (ס) — *mechaniker*

**mechanical** adj — מעכאַניש — *mechanish*

**mechanics** n (takes sing. v.) — מעכאַניק נ — *mechanik*

**mechanism** n — געווערק ס (ן), מעכאַניזם ז (ען) — *geverk, mechanizm*

**mechanize** v — מעכאַניזירן — *mechaniziren*

**medal** n — מעדאַל ז (ן) — *medal*

**medallion** n — מעדאַליאָן ז (ען) — *medalyon*

**meddle** v — אַרײַנמישן זיך

*arainmishen zich*

**mediate** v פֿאַרמיטלען
*farmitlen*

**mediator** n פֿאַרמיטלער ז (ס)
*farmitler*

**medicine** n מעדיצין נ (ען)
*meditsin*

**medieval** adj מיטל־אַלטערלעך
*mitel-alterlech*

**mediocre** adj מיטלמעסיק; געוויינטלעך
*mitelmesik; geveintlech*

**meditation** n קלערן ס; התבוננות ס
*kleren; hisboinenes*

**Mediterranean** adj מיטל־לענדיש, מיטלענדיש
*mitel-lendish, mitlendish*

**Mediterranean Sea** מיטל־לענדישער ים ז
*mitel-lendisher yam*

**medley** n געמיש ס (ן)
*gemish*

**meek** adj ענייוותדיק
*anivesdik*

**meekness** n ענייוות ס
*anives*

**meet** v טרעפֿן; באַגעגענען
*trefen; bagegenen*

**meeting** n באַגעגעניש ס (ן); זיצונג נ (ען)
*bagegenish; zitsung*

**melancholy** n מעלאַנכאָליע נ (ס), מרה־שחורה נ
*melancholye, more-shchoire*

**melancholy** adj מעלאַנכאָליש, מרה־שחורהדיק
*melancholish, more-shchoiredik*

**meliorate** v פֿאַרבעסערן
*farbeseren*

**mellifluous** adj פֿליסנדיק מיט האָניק; זיס־קלינגעוודיק
*flisendik mit honik; zis-klingevdik*

**mellow** adj ווייך און זאַפֿטיק; צײַטיק; קלוג און מעסיק (דורך עלטער)
*veich un zaftik; tsaitik; klug un mesik (durch elter)*

**melodious** adj מעלאָדיש
*melodish*

**melody** n מעלאָדיע נ (ס), ניגון ז (ים)
*melodye, nigen (nigunim)*

**melon** n מעלאָן ז (ען)
*melon*

**melt** v שמעלצן
*shmeltsen*

**member** n מיטגליד ז (ער); גליד ס (ער)
*mitglid; glid (glider)*

**membrane** n הײַטל ס (עך)
*haitel (haitlech)*

**memoirs** n pl זכרונות ר, מעמואַרן ר
*zichroines, memuaren*

**memorial** n דענקמאָל ז (ן); אזכּרה נ (אזכּרות)
*denkmol; azkore (azkores)*

**memorize** v אײַנחזרן, אויסלערנען
זיך אויף אויסנווייניק
*ainchazeren, oislernen zich oif oisenveinik*

**memory** n זכרון ז (ס); אָנדענק ז (ען)
*zikoren; ondenk*

**menace** n דראָאונג נ (ען);
אָנשיקעניש ס (ן)
*droung; onshikenish*

**menace** v דראָען, סטראַשען
*droen, strashen*

**mend** v צו רעכט מאַכן
*tsu recht machen*

**menorah** n מנורה נ (מנורות)
*menoire (menoires)*

**mental** adj גײַסטיק
*gaistik*

**mentality** n מענטאַליטעט נ (ן)
(דענקפעאיקייט נ; אויסבליק ז)
*mentalitet (denkfe'ikeit; oisblik)*

**mention** v דערמאָנען
*dermonen*

**mention** n דערמאָנונג נ (ען)
*dermonung*

**mentor** n מענטאָר ז (ן)
(קלוגער און באַגלייבטער יועץ ז)
*mentor (kluger un bagleibter yoiets)*

**menu** n מעניו ז (ען),
שפּײַז־קאַרטע נ (ס)
*menyu, shpaiz-karte*

**mercenary** n געדונגענער סאָלדאַט ז
*gedungener soldat*

**merchandise** n סחורה נ (סחורות)
*schoire (schoires)*

**merchandise** v האַנדלען, קויפן
און פאַרקויפן
*handlen, koifen un farkoifen*

**merchant** n סוחר ז (ים)
*soicher (sochrim)*

**merciful** adj באַרעמהאַרציק
*baremhartsik*

**mercurial** adj קוועקזילבערדיק;
בײַטעוודיק
*kvekzilberdik; baitevdik*

**mercury** n קוועקזילבער ס
*kvekzilber*

**mercy** n רחמנות ס
*rachmones*

**mere** adj בלויז; פּשוט
*bloiz; poshet*

**merely** adv נאָר
*nor*

**merge** v צונויפגיסן; פאַראייניקן
*tsunoifgisen; fareiniken*

**merger** n צונויפגאָס ז (ן);
פאַראייניקונג נ (ען)
*tsunoifgos; fareinikung*

**merit** n ווערט ז/נ (ן); זכות ז (ן/ים)
*vert; zchus (zchusen/zchusim)*

**merit** v ווערט זײַן; קומען
*vert zain; kumen*

**merry** adj לעבעדיק, לוסטיק
*lebedik, lustik*

**mesmeric** adj היפּנאָטיש
*hipnotish*

mesmerize v היפנאָטיזירן *hipnotiziren*

mess n באַלאַגאַן ז (ען); פּאַטשקערײַ ס (ען) *balagan; pat'shkerai*

mess v באַפּאַטשקען *bapat'shken*

message n מיטטיילונג נ (ען); שליחות ס (ן) *mitteilung; shliches*

messenger n שליח ז (ים) *sheliech (shlichim)*

mess hall עסזאַל ז (ן) (אין דער אַרמיי) *eszal (in der armei)*

messy adj אָנגעוואָרפן; ברודיק *ongevorfen; brudik*

metal n מעטאַל ז (ן) *metal*

metaphor n מעטאַפאָר ז (ן) *metafor*

metaphysics n (takes sing. v.) מעטאַפיזיק נ *metafizik*

mete v צוטיילן *tsuteilen*

meteor n מעטעאָר ז (ן) *meteor*

meteorology n מעטעאָראָלאָגיע נ *meteorologye*

meter, metre n מעטער ז (ס) *meter*

method n מעטאָדע נ (ס) *metode*

methodical adj מעטאָדיש *metodish*

Methuselah n מתושלח פ״נ (בראשית ה׳, כז); אַלטעטשקער ז *mesushelech (breishis 5:27); altet'shker*

meticulous adj קפדניש *kapdonish*

metropolis n מעטראָפּאָליע נ (ס) *metropolye*

metropolitan adj גרויסשטאָטיש *groisshtotish*

mettle n געמיט ס (ער), טעמפּעראַמענט ז (ן); קוראַזש ז *gemit (gemiter), temperament; kurazh*

mew v מיאַוען, מיאַוקען (ווי אַ קאַץ) *myauen, myauken (vi a kats)*

mezuzah n מזוזה נ (מזוזות) *mezuze (mezuzes)*

mezzanine n מעזאַנין נ (ען) *mezanin*

miasma n גיפטיקע אַטמאָספער נ (ן); שלעכטע השפעה נ (השפעות) *giftike atmosfer; shlechte hashpoe (hashpoes)*

microbe n מיקראָב ז (ן) *mikrob*

microcosm n מיקראָקאָסמאָס ז (אוניווערס אין מיניאַטור) *mikrokosmos (univers in minyatur)*

microfilm n מיקראָפילם ז (ען) *mikrofilm*

microscope n מיקראָסקאָפּ ז (ן)

*mikroskop*

**mid** adj מיטל; צענטראַל
*mitel; tsentral*

**midday** n מיטן־טאָג ז (־טעג), מיטאָגצײַט נ (ען)
*miten-tog (-teg), mitogtsait*

**middle** adj, n מיטל; מיטן ז (ס)
*mitel; miten*

**middleman** n פֿאַרמיטלער ז (ס)
*farmitler*

**midget** n קאַרליק ז (עס)
*karlik (karlikes)*

**midnight** n מיטן־נאַכט נ (־נעכט)
*miten-nacht (-necht)*

**midwife** n אַקושערקע נ (ס)
*akusherke*

**miff** n (שמועסדיק) נישטיק קריגערײַ ס
*(shmuesdik) nishtik krigerai*

**might** n מאַכט נ (ן)
*macht*

**mighty** adj מעכטיק
*mechtik*

**migrant** n וואַנדערער ז (ס) (וואָס זוכט אַרבעט)
*vanderer (vos zucht arbet)*

**migration** n וואַנדערונג נ (ען)
*vanderung*

**mild** adj מילד
*mild*

**mile** n מײַל נ (ן)
*mail*

**milestone** n מײַלשטיין ז (ער)
*mailshtein*

**milieu** n סביבה נ (סביבות)
*svive (svives)*

**militancy** n קעמפֿערישער אויפֿפֿיר ז
*kemferisher oiffir*

**militarism** n מיליטאַריזם ז
*militarizm*

**military** adj מיליטעריש
*militerish*

**militia** n מיליץ נ (ן)
*milits*

**milk** n מילך נ
*milch*

**milk** v מעלקן
*melken*

**milkman** n מילכיקער ז (ס)
*milchiker*

**milksop** n פּחדן ז (ים)
*pachden (pachdonim)*

**milky** adj מילכיק
*milchik*

**mill** n מיל נ (ן)
*mil*

**mill** v מאָלן
*molen*

**millennium** n יאָרטויזנט ז (ער)
*yortoizent*

**miller** n מילנער ז (ס)
*milner*

**milliard** n מיליאַרד ז (ן)
*milyard*

**millimeter, millimetre** n מילימעטער ז (ס)
*milimeter*

**million** n מיליאָן ז (ען)
*milyon*

**millionaire** n מיליאָנער ז (ן)
*milyoner*

**millstone** n מילשטיין ז (ער)
*milshtein*

**mimic** v נאָכקרימען; נאָכמאַכן
*nochkrimen; nochmachen*

**mimic** n מימיקער ז (ס)
*mimiker*

**mimicry** n מימיק נ
*mimik*

**minaret** n מינאַרעט ז (ן)
*minaret*

**mince** v צעהאַקן
*tsehaken*

**mind** n גײַסט ז (ער); אינטעלעקט ז (ן)
*gaist; intelekt*

**mind** v אַכטונג געבן; אַרן
*achtung geben; aren*

**mine** pron מײַן, מײַנער, מײַנע
*main, mainer, maine*

**mine** n גרוב נ (ן); מינע נ (ס)
*grub;mine*

**miner** n גרעבער ז (ס)
*greber*

**mineral** n מינעראַל ז (ן)
*mineral*

**mineralogy** n מינעראַלאָגיע נ
*mineralogye*

**mingle** v מישן זיך
*mishen zich*

**miniature** n מיניאַטור נ (ן)
*minyatur*

**minimal** adj מינימאַל
*minimal*

**minimum** n מינימום ז (ס)
*minimum*

**minister** n מיניסטער ז (מיניסטאָרן), שׂר ז (ים); גלח ז (ים), גײַסטלעכער ז
*minister (ministoren), sar (sorim/sarim); galech (galochim), gaistlecher*

**mink** n מינק ז (ען)
*mink*

**minor** adj טפלדיק; מינדער־יעריק
*tofeldik; minder-yerik*

**minor** n מינדער־יעריקער ז
*minder-yeriker*

**minority** n מינאָריטעט נ (ן), מיעוט ז (ים)
*minoritet, miet (miutim)*

**mint** n מינץ נ (ן)
*mints*

**mint** v מינצן (מטבעות)
*mintsen (matbeies)*

**minus** prep מינוס
*minus*

**minus** n מינוס ז (ן)
*minus*

**minute** adj פּיצינק; דראָבנע
*pitsink; drobne*

**minute** n מינוט נ (ן)
*minut*

**minutes** pl פּראָטאָקאָל ז (ן)
*protokol*

**miracle** n נס ז (ים)

*nes (nisim)*

miraculous adj נסימדיק
*nisimdik*

mirage n מיראַזש ז (ן); אילוזיע נ (ס)
*mirazh; iluzye*

mire n טיפע בלאָטע נ (ס); זומפּ ז (ן)
*tife blote; zump*

mirror n שפּיגל ז (ען)
*shpigel (shpiglen)*

mirror v אָפּשפּיגלען
*opshpiglen*

mirth n פריילעכקייט נ
*freilechkeit*

mirthful adj פריילעך; לוסטיק
*freilech; lustik*

miry adj בלאָטיק; זומפּיק; ברודיק
*blotik; zumpik; brudik*

misadventure n בייזע פּאַסירונג נ (ען)
*beize pasirung*

misbehave v אויפפירן זיך שלעכט
*oiffiren zich shlecht*

miscarriage n מַפּלונג נ (ען)
*maplung*

miscellaneous adj פאַרשיידן
*farsheiden*

mischief n שאָדן ז (ס); שטיפעריַי ס (ען)
*shoden; shtiferai*

mischievous adj ווילעריש; שטיפעריש
*voilerish; shtiferish*

miser n קמצן ז (ים)
*kamtsen (kamtsonim)*

miserable adj קלאָגעדיק, מיזערנע
*klogedik, mizerne*

miserly adj קמצניש
*kamtsonish*

misery n נויט נ; קלאָגעדיקע שטימונג נ (ען)
*noit; klogedike shtimung*

misfortune n אומגליק ס (ן)
*umglik*

misgiving n חשש ז (ים)
*chshash (chshoshim)*

mishmash n מישמאַש ז, געמיש ס (פון ניט־ענלעכע אינגרעדיענטן)
*mishmash, gemish (fun nit-enleche ingredyenten)*

Mishna, Mishnah n משנה נ
*mishne*

mislead v פאַרפירן
*farfiren*

misprint n דרוקגרײַז ז (ן)
*drukgraiz*

mispronounce v פאַלש אַרויסרעדן
*falsh aroisreden*

misrepresent v פאַלש פאָרשטעלן
*falsh forshtelen*

Miss n פריַילין (טיטל)
*frailin (titel)*

miss n פאַרבײַישאָס ז (ן); (שמועסדיק) מיידל ס/נ (עך)
*farbaishos; (shmuesdik) meidel (meidlech)*

miss v פאַרבײַישסן; פאַרפעלן; בענקען נאָך
*farbaishisen; farfelen; benken noch*

**missile** n — מיסל ז (ען)
*misel (mislen)*

**mission** n — שליחות ס (ן); מיסיאָן ז (ען)
*shliches; misyon*

**missionary** n — מיסיאָנער ז (ן)
*misyoner*

**misspell** v — פֿאַלש אויסלייגן
*falsh oisleigen*

**mist** n — נעפּל ז (ען)
*nepel (neplen)*

**mist** v — פֿאַרנעפּלען
*farneplen*

**mistake** n — טעות ז (ן/ים); גרײַז ז (ן)
*toes (toesen/teusim); graiz*

**mistake** v — מאַכן אַ טעות
*machen a toes*

**mistaken** adj — טעותדיק
*toesdik*

**mistakenly** adv — על־פּי טעות
*al-pi toes*

**Mister** n — הער (טיטל)
*her (titel)*

**mistime** v — זאָגן אָדער טון אין דער ניט־ריכטיקער צײַט.
*zogen oder tun in der nit-richtiker tsait.*

**mistreat** v — שלעכט באַהאַנדלען
*shlecht bahandlen*

**mistress** n — בעל־הביתטע נ (ס); לערערקע נ (ס); מעטרעסע נ (ס)
*balboste/baleboste; lererke; metrese*

**mistrust** v — ניט געטרויען
*nit getroien*

**mistrust** n — אומצוטרוי ז
*umtsutroi*

**mistrustful** adj — אומצוטרוילעך; חשדימדיק
*umtsutroilech; chshodimdik*

**misty** adj — נעפּלדיק
*nepeldik*

**misunderstand** v — שלעכט פֿאַרשטיין
*shlecht farshtein*

**misunderstanding** n — אומפֿאַרשטענדעניש ס (ן)
*umfarshtendenish*

**misuse** v — ניצן לרעה; שלעכט באַהאַנדלען
*nitsen leroe; shlecht bahandlen*

**mite** n — מילב נ (ן)
*milb*

**mitigate** v — מילדערן; לינדערן
*milderen; linderen*

**mix** v — מישן
*mishen*

**moan** n — קרעכץ ז (ן)
*krechts*

**moan** v — קרעכצן
*krechtsen*

**mob** n — המון ז (ים/ען), מענטשן־מאַסע נ (ס)
*hamoin (hamoinim/hamoinen) ment'shen-mase*

**mob** v — שטופּן זיך אַרום; אָנפֿאַלן, אַטאַקירן
*shtupen zich arum; onfalen, atakiren*

**mobile** adj — באַוועגלעך

*baveglech*

**mobility** n באַוועגלעכקייט נ
*baveglechkeit*

**mobilization** n מאָביליזאַציע נ (ס)
*mobilizatsye*

**mobilize** v מאָביליזירן
*mobiliziren*

**mock** v שפּאָטן, אָפּשפּעטן, חוזקן
*shpoten, opshpeten, choizeken*

**mockery** n שפּאָט ז, חוזק ז
*shpot, choizek*

**mode** n אופן ז (ים); מאָדע נ (ס)
*oifen (ofonim); mode*

**model** n מאָדעל ז (ן)
*model*

**model** v מאָדעלירן
*modeliren*

**moderate** adj מעסיק; מילד
*mesik; mild*

**moderate** v מעסיק מאַכן
*mesik machen*

**moderation** n מעסיקייט נ
*mesikeit*

**moderator** n שליש ז (ים), בורר ז (ים)
*sholesh (shlisim),*
*boirer (borerim)*

**modern** adj מאָדערן
*moderen*

**modernize** v מאָדערניזירן
*moderniziren*

**modest** adj באַשיידן
*basheiden*

**modesty** n באַשיידנקייט נ
*basheidenkeit*

**modify** v מאָדיפיצירן
(בײַטן טיילווײַז;
פאַרמילדערן; באַגרענעצן)
*modifitsiren (baiten*
*teilvaiz; farmilderen;*
*bagrenetsen)*

**modulation** n מאָדולאַציע נ
*modulatsye*

**moist** adj פײַכט
*faicht*

**moisten** v באַנעצן
*banetsen*

**moisture** n פײַכטקייט
*faichtkeit*

**mold, mould** n פורעם ז (ס); שימל ז
*furem; shimel*

**mold, mould** v פורעמען; שימלען
*furemen; shimlen*

**moldy** adj פאַרשימלט, שימלדיק
*farshimelt, shimeldik*

**molecule** n מאָלעקול ז (ן)
*molekul*

**molehill** n קראָטבערגל ס (עך)
*krotbergel (krotberglech)*

**molest** v טשעפּען
*t'shepen*

**mollify** v באַרויקן, מפייס זײַן;
פאַרווייכערן
*baruiken, mefayes zain;*
*farveicheren*

**Moloch** n מולך ז (זען מלכים ב כ״ג, י)
*moilech (zen mlochim b 23:10)*

**molten** adj געשמאָלצן
*geshmoltsen*

**mom** n (שמועסדיק) מאַמע נ (ס), מוטער נ (ס)
*(shmuesdik) mame, muter*

**moment** n מאָמענט ז (ן)
*moment*

**momentary** adj פֿאַרבײַגייענדיק
*farbaigeiendik*

**momentous** adj זייער וויכטיק
*zeier vichtik*

**momentum** n אימפּעט ז (ן)
*impet*

**monarch** n מאָנאַרך ז (ן)
*monarch*

**monarchy** n מאָנאַרכיע נ (ס)
*monarchye*

**monastery** n מאָנאַסטיר ז (ן)
*monastir*

**Monday** n מאָנטיק ז (ן)
*montik*

**money** n געלט ס (ער)
*gelt (gelter)*

**moneyed** adj רײַך; פֿאַרמעגלעך
*raich; farmeglech*

**monk** n מאָנאַך ז (ן)
*monach*

**monkey** n מאַלפּע נ (ס)
*malpe*

**monogamy** n מאָנאָגאַמיע נ
*monogamye*

**monogram** n מאָנאָגראַם נ (ען)
*monogram*

**monologue** n מאָנאָלאָג ז (ן)
*monolog*

**monopolize** v מאָנאָפּאָליזירן
*monopoliziren*

**monopoly** n מאָנאָפּאָל ז (ן)
*monopol*

**monotheism** n מאָנאָטעאיזם ז
*monote'izm*

**monotonous** adj איינטאָניק; לאַנגווײַליק
*eintonik; langvailik*

**monster** n מאָנסטער ז (ס) (פֿאַרזעעניש ס; ריז ז; אכזר ז)
*monster*
*(farzeenish; riz; achzer)*

**monstrous** adj מאָנסטערדיק
*monsterdik*

**month** n חודש ז (חדשים), מאָנאַט ז (ן)
*choidesh (chadoshim/chodoshim),*
*monat*

**monthly** adj מאָנאַטלעך
*monatlech*

**monument** n דענקמאָל ז (ן)
*denkmol*

**moo** v מוקען (ווי אַ קו)
*muken (vi a ku)*

**mood** n שטימונג נ (ען); (גראַמאַטישער) מאָדוס ז
*shtimung; (gramatisher) modus*

**moody** adj קאַפּריזיק; אומעטיק
*kaprizik; umetik*

**moon** n לבנה נ (לבנות)
*levone (levones)*

**moony** adj לבנהדיק; פֿאַרחלומט
*levonedik; farcholemt*

**mop** n ווישבעזעם ז (ס)
*vishbezem*

**mop** v אָפּווישן
*opvishen*

**mop-up** n (שמועסדיק) נאָכווישן ס; אָפּרייניקונג נ (ען); אָפּרייניק־אַקציע נ (אין קריג)
*(shmuesdik) nochvishen; opreinikung; opreinik-aktsye (in krig)*

**moral** adj מאָראַליש, יושרדיק
*moralish, yoisherdik*

**moral** n מוסר־השׂכל ז
*muser-haskel*

— **morals** pl מידות ר
*mides*

**morale** n מאָראַל נ, שטימונג נ (ען)
*moral, shtimung*

**moralize** v מוסרן
*museren*

**morally** adv על־פּי מוסר, לויט יושר
*al-pi muser, loit yoisher*

**moratorium** n מאָראַטאָריום ז (ס)
*moratoryum*

**morbid** adj קרענקיק; גרויליק
*krenkik; groilik*

**mordant** adj בײַסיק; סאַרקאַסטיש
*baisik; sarkastish*

**more** adj, adv מערער, מער; נאָך
*merer, mer; noch*

**moreover** adv מער פון דעם, דערצו
*mer fun dem, dertsu*

**morning** n פרימאָרגן ז (ס), אינדערפרי ז (ען)
*frimorgen, inderfri*

**moron** n מאָראָן ז (ען); (שמועסדיק) שוטה ז (שוטים)
*moron; (shmuesdik) shoite (shoitim)*

**morose** adj פאַראומערט
*farumert*

**morphine** n מאָרפין נ (ען) (מעדיצין)
*morfin (meditsin)*

**morphology** n מאָרפאָלאָגיע נ
*morfologye*

**morrow** n (old use) מאָרגן ז (ס)
*morgen*

**morsel** n ביסן ז (ס)
*bisen*

**mortal** adj שטאַרביק
*shtarbik*

**mortal** n שטאַרביקער ז, בן־אדם ז (בני־)
*shtarbiker, ben-odem (bnei-)*

**mortgage** n היפּאָטעק נ (ן)
*hipotek*

**mortgage** v פאַרמשכּונען
*farmashkenen*

**mosaic** n מאָזאַאיק נ (עס)
*moza'ik (moza'ikes)*

**Moslem** n מוסולמאַן ז (מוסולמענער), מחמדאַנער ז
*musulman (musulmener), machmedaner*

**mosque** n מעטשעט ז (ן)
*met'shet*

**mosquito** n מאָסקיט ז (ן)
*moskit*

**moss** n מאָך ז (ן)
*moch*

most adj, adv מערסטע; צום מערסטן
*merste; tsum mersten*

most n רוב ס/ז
*rov*

mostly adv מערסטנס
*merstens*

mote n שטויבעלע ס (ך)
*shtoibele*

motel n מאָטעל ז (ן)
*motel*

moth n מאָל ז (ן), מאָט ז (ן)
*mol, mot*

mother n מוטער נ ((ס)
*muter*

mother v זײַן די מוטער פון; שפּײַזן און באַשיצן
*zain di muter fun;*
*shpaizen un bashitsen*

mother-in-law n שוויגער נ (ס)
*shviger*

motherland n מוטערלאַנד ס, געבורטלאַנד ס (געבורטלענדער)
*muterland,*
*geburtland (geburtlender)*

motherly adj מוטערלעך; האַרציק
*muterlech; hartsik*

mother-of-pearl n פּערל־מוטער נ
*perel-muter*

mother tongue מוטערשפּראַך נ (ן), מאַמע־לשון ס (ות)
*mutershprach,*
*mame-loshen (-leshoines)*

motion n באַוועגונג נ (ען); פֿאָרשלאָג ז (ן)
*bavegung; forshlog*

motivate v מאָטיווירן
*motiviren*

motivation n מאָטיווירונג נ (ען)
*motivirung*

motive n מאָטיוו ז (ן)
*motiv*

motor n מאָטאָר ז (ן)
*motor*

motorcycle n מאָטאָציקל ז (ען)
*mototsikel (mototsiklen)*

motto n מאָטאָ ז ((ס)
*moto*

mount v אַרויפֿגיין; שטײַגן; אויפֿזיצן
*aroifgein; shtaigen; oifzitsen*

mountain n באַרג ז (בערג)
*barg (berg)*

mountainous adj באַרגיק; זייער הויך
*bargik; zeier hoich*

mounted adj רײַטנדיק
*raitendik*

mourn v טרויערן
*troieren*

mouse n מויז נ (מײַז)
*moiz (maiz)*

mouth n מויל ס (מײַלער); פּיסק ז (עס)
*moil (mailer); pisk (piskes)*

mouthy adj פּיסקאַטע; באָמבאַסטיש
*piskate; bombastish*

move v באַוועגן; איבערציִען זיך
*bavegen; ibertsien zich*

move n באַוועג ז (ן); איבערציִ ז (ען)

*baveg; ibertsi*

**movement** n — באַוועגונג נ (ען)
*bavegung*

**movie** n — (שמועסדיק) פילם ז (ען); קינאָ ז (ס)
*(shmuesdik) film; kino*

**Mr.** (pl. Messrs.) — ה'=הער (טיטל)
*h' =her (titel)*

**Mrs.** (pl. Mmes.) — פר'=פרוי (טיטל)
*fr' =froi (titel)*

**much** adj, adv — פיל; אַ סך
*fil; a sach*

**mud** n — בלאָטע נ (ס)
*blote*

**muddle** v — פאַרפּלאָנטערן; מאַכן בלאָטיק
*farplonteren; machen blotik*

**muddy** adj — בלאָטיק; פאַרבלאָטיקט
*blotikt; farblotikt*

**muddy** v — פאַרבלאָטיקן
*farblotiken*

**muezzin** n — מואַזין ז (ען)
*muazin*

**mug** n — קופל ז (ען); (סלענג) פרצוף ז (ים); כוליגאַן ז (עס)
*kufel (kuflen); (sleng) partsef (partsufim); chuligan (chuliganes)*

**mug** v — (סלענג) באַפאַלן
*(sleng) bafalen*

**mugger** n — (סלענג) באַפאַלער ז (ס)
*(sleng) bafaler*

**muggy** adj — הייס און פײַכט; דעמפּיק און דושנע
*heis un faicht; dempik un dushne*

**mule** n — מוילאייזל ז (ען)
*moileizel (moileizlen)*

**mullah** n — מוללאַ ז (ס)
*mulla*

**multicolored** adj — פילקאָליריק
*filkolirik*

**multimillionaire** n — מולטימיליאָנער ז (ן)
*multimilyoner*

**multiplication** n — כפל ז
*keifel*

**multiply** v — כפלען, טאָפּלען; פאַרמערן זיך
*keiflen, toplen; farmeren zich*

**multitude** n — מאַסע נ (מאַסן), המון ז (ען)
*mase, hamoin (hamoinen)*

**mumble** v — בעבען
*beben*

**mummy** n — מומיע נ (ס)
*mumye*

**munch** v — קײַען בקול
*kaien bekol*

**mundane** adj — וועלטלעך, ערדיש; געוויינטלעך
*veltlech, erdish; geveintlech*

**municipality** n — מוניציפּאַליטעט נ (ן)
*munitsipalitet*

**munificent** adj — זייער ברייטגיביק
*zeier breitgibik*

**munitions** n pl — אַמוניציע נ
*amunitsye*

**murder** n — מאָרד ז (ן), רציחה נ (רציחות)
*mord, retsiche (retsiches)*

**murder** v — מאָרדן, דערהרגענען
*morden, derhargenen*

**murderer** n — מערדער ז (ס), רוצח ז (ים)
*merder, rotseiech/retseiech (rotschim)*

**murderous** adj — מערדעריש, רציחהדיק
*merderish, retsichedik*

**murk** n — פינצטערניש ס, חושך ז
*fintsternish, choishech*

**murmur** n — מורמל ז
*murmel*

**murmur** v — מורמלען
*murmlen*

**muscle** n — מוסקל ז (ען)
*muskel (musklen)*

**muse** v — קלערן, טראַכטן; זײַן פֿאַרטראַכט
*kleren, trachten; zain fartracht*

**Muse** n — מוזע נ (ס)
*muze*

**museum** n — מוזיי ז (ען), מוזעאום ז (ס)
*muzei, muzeum*

**mushroom** n — שוואָם זנ (ען), שוועמל ס (עך)
*shvom, shvemel (shvemlech)*

**mushroom** v — וואַקסן זייער שנעל
*vaksen zeier shnel*

**music** n — מוזיק נ
*muzik*

**musical** adj — מוזיקאַליש
*muzikalish*

**musician** n — מוזיקער ז (ס); קלעזמער ז (ס)
*muziker; klezmer*

**must** v — מוזן; דאַרפֿן
*muzen; darfem*

**mustache** n — וואָנסע, וואָנצע נ (ס)
*vonse, vontse*

**mustard** n — מושטאַרדע נ (געווירץ ס; טונקל־געלער קאָליר ז); מושטאַרד־געוויקס ס
*mushtarde (gevirts; tunkel-geler kolir); mushtard-geviks*

**muster** v — פֿאַרזאַמלען; צוזאַמענרופֿן (סאָלדאַטן)
*farzamlen; tsuzamenrufen (soldaten)*

**mutation** n — מוטאַציע נ (ס)
*mutatsye*

**mute** adj — שטום
*shtum*

**mutilate** v — צעקאַליעטשען
*tsekalyet'shen*

**mutiny** n — בונט ז (ן) (ספּעציעל אין דער אַרמיי)
*bunt (spetsyel in der armei)*

**mutter** v — בורטשען
*burt'shen*

**mutton** n — שעפּסנס ס

shepsens

mutual adj קעגנזײַטיק
*kegenzaitik*

muzhik n מוזשיק ז (עס)
(רוסישער פויער)
*muzhik (rusisher poier)*

muzzle n די נאָז און דער פּיסק
(פון אַ פיר־פיסיקער חיה);
מוילשלאָס ז (מוילשלעסער)
*di noz un der pisk*
*(fun a fir-fisiker chaie);*
*moilshlos (moilshleser)*

my adj מײַן
*main*

myrrh n מירע נ
*mire*

myrtle n מירט נ (ן)
*mirt*

mysterious adj מיסטעריעז,סודותדיק
*misteryez, soidesdik*

mystery n סוד ז (סודות); מיסטעריע נ
(ס); (אַרכײַאיש) גילדיע נ (ס)
*sod (soides); misterye;*
*(archaiish) gildye*

mystical adj מיסטיש
*mistish*

mysticism n מיסטיק נ
*mistik*

myth n מיטאָס ז (ן)
*mitos*

mythology n מיטאָלאָגע נ (ס)
*mitologye*

# N n

n, N n ען ז (ען) (בוכשטאַב)
*en (buchshtab)*

nab v (סלענג) אַרעסטירן; כאַפּן
*(sleng) arestiren; chapen*

nag v טאָטשען; דערקוטשען
*tot'shen; derkut'shen*

nail n טשוואָק ז (טשוועקעס);
נאָגל ז (נעגל)
*t'shvok (t'shvekes);*
*nogel (negel)*

nail v צוקלאַפּן (מיט טשוועקעס);
(שמועסדיק) האַלטן; כאַפּן;
אויפדעקן (אַ ליגן, א״ע)
*tsuklapen (mit t'shvekes);*
*(shmuesdik) halten; chapen;*
*oifdeken (a ligen, etc.)*

naive adj נאַאיוו, תּמימותדיק
*na'iv, tmimesdik*

naked adj נאַקעט
*naket*

name n נאָמען ז (נעמען)
*nomen (nemen)*

name v געבן אַ נאָמען; אָנרופן;
באַשטימען
*geben a nomen;*
*onrufen; bashtimen*

namely adv נעמלעך, דהײַנו
*nemlech, dehaine*

nap n דרימל ז (ען), דרעמל ז (עך)
*drimel (drimlen), dremel (dremlech)*

nap v דרימלען, דרעמלען
*drimlen, dremlen*

nape n קאַרק ז (עס/קערק)
*kark (karkes/kerk)*

naphta n נאַפט ז
*naft*

napkin n סערוועטקע נ (ס)
*servetke*

narcissus n נאַרציס ז (ן) (בלום)
*nartsis (blum)*

narcotic n נאַרקאָטיק ז (ן); נאַרקאָטיקער ז (ס)
*narkotik; narkotiker*

narcotic adj נאַרקאָטיש
*narkotish*

nargile n נאַרגילע נ (ס)
*nargile*

narrate v דערציילן
*dertseilen*

narration n דערציילונג נ (ען); מעשׂה נ (מעשׂיות)
*dertseilung; maase/maise (maases/maisiyes)*

narrative n סיפּור ז (ים); דערציילונגס-קונסט נ
*siper (sipurim); dertseilungs-kunst*

narrative adj דערציילעריש
*dertseilerish*

narrow adj שמאָל; ענג
*shmol; eng*

narrow v ענג מאַכן; באַגרענעצן
*eng machen; bagrenetsen*

narrow-minded adj שמאָלקעפּלדיק, איינזײַטיק
*shmolkepeldik, einzaitik*

nasty adj געמיין; פּאַסקודנע; ברודיק; זייער אומאײַנגענעם
*gemein; paskudne; brudik; zeier umaingenem*

nation n פֿאָלק ס (פֿעלקער)
*folk (felker)*

national adj נאַציאָנאַל
*natsyonal*

nationalism n נאַציאָנאַליזם ז
*natsyonalizm*

nationality n נאַציאָנאַליטעט נ ((ן); בירגערשאַפֿט נ (ן)
*natsyonalitet; birgershaft*

native n אײַנגעבוירענער ז
*aingeboirener*

native adj אײַנגעבוירן
*aingeboiren*

natty adj אויסגעפּוצט
*oisgeputst*

natural adj נאַטורעל
*naturel*

naturalism n נאַטוראַליזם ז
*naturalizm*

naturalize v נאַטוראַליזירן, אײַנבירגערן
*naturaliziren, ainbirgeren*

naturally adv נאַטירלעך
*natirlech*

natural science נאַטור־וויסנשאַפֿט נ
*natur-visenshaft*

nature n נאַטור נ (ן)
(פיזישע וועלט נ; טבע נ;
כאַראַקטער ז; מהות ס)
*natur (fizishe velt; teve;*
*charakter; mahus/mehus)*

naughty adj שטיפעריש; שלעכט;
אומגעהאָרכזאַם
*shtiferish; shlecht;*
*umgehorchzam*

nausea n מיגל ז, עקל ז
*migel, ekel*

navel n נאָפּל ז (ען), פּופּיק ז (עס);
צענטער ז (ס)
*nopel (noplen), pupik*
*(pupikes); tsenter*

navel orange נאָפּל־מאַראַנץ ז (ן)
*nopel-marants*

navigate v נאַוויגירן
*navigiren*

navy n פֿלאָט ז (ן)
*flot*

nazi n נאַצי ז (ס),
ראָבאָט־מערדער ז (ס)
*natsi, robot-merder*

near adv, adj, prep נאָענט; בײַ,
לעבן, נעבן
*noent; bai, leben, neben*

near v צוקומען נאָענט,
דערנענטערן זיך
*tsukumen noent,*
*dernenteren zich*

nearby adj, adv נאָענט; אין דער
נאָענט
*noent; in der noent*

nearly adv כמעט, זייער נאָענט צו,
שיער ניט
*kimat, zeier noent tsu,*
*shier nit*

near-sighted adj קורצזעאיק
*kurtsze'ik*

neat adj ציכטיק און סדרדיק;
שיין; ריין
*tsichtik un seiderdik; shein;*
*rein*

necessarily adv בהכרח; דווקא
*behechrech; davke*

necessary adj נויטיק, נייטיק
*noitik, neitik*

necessitate v נויטיק מאַכן
*noitik machen*

necessity n נויטיקייט, נייטיקייט נ (ן)
*noitikeit, neitikeit*

neck n האַלדז ז (העלדזער)
*haldz (heldzer)*

necklace n האַלדזבאַנד נ
(האַלדזבענדער)
*haldzband (haldzbender)*

necktie n שניפּס ז (ן); בינדע נ (ס)
*shnips; binde*

nectar n נעקטאַר ז (ן);
בלומען־זאַפֿט ז (ן)
*nektar, blumen-zaft*

need n נויט נ; באַדערפֿעניש ס (ן)
*noit; baderfenish*

need v דאַרפֿן
*darfen*

needle n נאָדל נ (ען)
*nodel (nodlen)*

needle v (שמועסדיק) שטעכן; רייצן
*(shmuesdik) shtechen; reitsen*

needlework n נאָדל-אַרבעט נ (ן); אויסנייעכץ ס (ן)
*nodel-arbet; oisneiechts*

needy adj זייער אָרעם
*zeier orem*

ne'er-do-well n לא-יוצלח ז (ס)
*loi-yutslech*

nefarious adj רישעותדיק
*rishesdik*

negation n פֿאַרנייגונג נ (ען); אָפּלייקענונג נ (ען)
*farneigung; opleikenung*

negative adj נעגאַטיוו
*negativ*

negative n נעגאַטיוו ז (ן)
*negativ*

negativism n נעגאַטיוויזם ז
*negativizm*

neglect v פֿאַרנאַכלעסיקן; פֿאַרזען
*farnachlesiken; farzen*

neglect n פֿאַרנאַכלעסיקונג נ; אָפּגעלאָזנקייט נ
*farnachlesikung; opgelozenkeit*

neglected adj פֿאַרנאַכלעסיקט; אָפּגעלאָזן
*farnachlesikt; opgelozen*

negligence n פֿאַרנאַכלעסיקונג נ
*farnachlesikung*

negligent adj נאַכלעסיק; זייער אומגעהיט
*nachlesik; zeier umgehit*

negligible adj נישטיק
*nishtik*

negotiable adj פֿאַרקויפֿלעך
*farkoiflech*

negotiate v פֿאַרהאַנדלען
*farhandlen*

negotiation n פֿאַרהאַנדלונג נ (ען)
*farhandlung*

Negro n נעגער ז (ס)
*neger*

neigh v הירזשען (ווי אַ פֿערד)
*hirzhen (vi a ferd)*

neighbor, neighbour n שכן ז (ים)
*shochen (shcheinim)*

neighborhood n קוואַרטאַל ז (ן); שכנישאַפֿט נ
*kvartal; shcheinishaft*

neighborly adj שכניש; פֿרײַנדלעך
*shcheinish; fraindlech*

neither conj, adj, pron ניט...; ניט דער ניט יענער; אויך ניט
*nit...; nit der nit yener; oich nit*

neo-nazi n נײַ-נאַצי ז (ס), פּאָטענציעלער ראָבאָט-מערדער ז
*nai-natsi, potentsyeler robot-merder*

nephew n פּלימעניק ז (עס) (ברודערן-זון; שוועסטערן-זון ז)
*plimenik (plimenikes) (bruderen-zun; shvesteren-zun)*

**nerve** n נערוו ז (ן); קוראַזש ז; (שמועסדיק) חוצפה נ
*nerv; kurazh; (shmuesdik) chutspe*

**nervous** adj נערוועז, נערוועאיש
*nervez, nerve'ish*

**nervousness** n נערוועאישקייט נ
*nerve'ishkeit*

**nervy** adj (סלענג) גראָב און בראַוו; קראַפטיק; נערוועז
*(sleng) grob un brav; kraftik; nervez*

**nest** n נעסט נ (ן)
*nest*

**nest** v נעסטן (בויען אָדער לעבן אין אַ נעסט)
*nesten (boien oder leben in a nest)*

**nest egg** נעסט־איי ס (ער); קניפּל ס (עך)
*nest-ei (-eier); knipel (kniplech)*

**nestle** v טוליען זיך; זיצן באַקוועם; זײַן באַשיצט
*tulyen zich; zitsen bakvem; zain bashitst*

**net** adj, adv נעט, ריין; נעטאָ
*net, rein; neto*

**net** n נעץ נ (ן); נעטאָ־רווח ז (ים), נעטאָוואָג נ (ן), נעטאָפּרײַז ז (ן), א״ע.
*nets; neto-revech (-revochim), netovog, netopraiz, etc.*

**net** v פֿאַנגען אין אַ נעץ; האָבן אַ ריינעם רווח
*fangen in a nets; hoben a reinem revech*

**nettle** n קראָפּעווע נ (ס)
*kropeve*

**neuter** adj סתּמי, זאַכלעך; נייטראַל
*stami, zachlech; neitral*

**neuter** n מין סתּמי ז
*min stami*

**neutral** adj נייטראַל
*neitral*

**neutrality** n נייטראַליטעט נ
*neitralitet*

**never** adv קיין מאָל ניט
*kein mol nit*

**nevertheless** adv פֿונדעסטוועגן, פֿאָרט
*fundestvegen, fort*

**new** adj נײַ
*nai*

**news** n (takes sing. v.) נײַעס ר
*naies*

**newspaper** n צײַטונג נ (ען)
*tsaitung*

**new year** נײַ־יאָר ס
*nai-yor*

**next** adj נאָענטסט, קומענדיק
*noent'st, kumendik*

**nibble** v גריזשען
*grizhen*

**nice** adj שיין; ליב; פֿײַן
*shein; lib; fain*

**niche** n נישע נ (ס)
*nishe*

**nickel** n ניקל ז

*nikel*

**nickname** n צונאָמען ז (צונעמען)
*tsunomen (tsunemen)*

**nickname** v געבן אַ צונאָמען
*geben a tsunomen*

**niece** n פּלימעניצע נ (ס)
(בּרודערן־טאָכטער נ;
שוועסטערן־טאָכטער נ)
*plimenitse*
*(bruderen-tochter;*
*shvesteren-tochter)*

**nifty** adj (סלענג) אַטראַקטיוו; מאָדיש
*(sleng) atraktiv; modish*

**niggard** n קמצן ז (ים), קאַרגער ז
*kamtsen (kamtsonim), karger*

**niggard** adj קאַרג
*karg*

**niggardly** adj, adv קמצניש
*kamtsonish*

**night** n נאַכט נ (נעכט)
*nacht (necht)*

**nightingale** n נאַכטיגאַל נ (ן),
סאָלאָוויי ז (ען)
*nachtigal, solovei (soloveien)*

**nightmare** n קאָשמאַר ז (ן)
*koshmar*

**night school** אָוונטשול נ (ן)
*ovent'shul*

**nil** n נול ז (ן)
*nul*

**nimble** adj פלינק
*flink*

**Nimrod** n נמרד פ״נ (בּראשית י׳, ח־ט);
ענטוזיאַסטישער יעגער ז
*nimroid (breishis 10:8—9);*
*entuzyastisher yeger*

**nincompoop** n טיפּש ז (ים);
תּם ז (ען)
*tipesh (tipshim);*
*tam (tamen)*

**nine** adj ניַין
*nain*

**nineteen** adj ניַינצן
*naintsen*

**nineteenth** adj ניַינצעט
*naintset*

**ninety** adj ניַינציק
*naintsik*

**ninny** n טיפּש ז (ים); תּם ז (ען)
*tipesh (tipshim); tam (tamen)*

**ninth** adj ניַינט
*naint*

**nip** v צופּן
*tsupen*

**nip** n צופּ ז (ן)
*tsup*

**nipple** n אָפּל ז (ען)
*opel (oplen)*

**nitwit** n (סלענג) שוטה גמור ז,
טיפּש שבּטיפּשים ז
*(sleng) shoite gomer,*
*tipesh shebetipshim*

**no** adv, adj ניין; קיין
*nein; kein*

**no-account** adj (שמועסדיק)
אומטויגיק; נישטיק
*(shmuesdik) umtoigik, nishtik*

**no-account** n (שמועסדיק)

אומטויגיקער ז
(shmuesdik) umtoigiker

**nobility** n אַדל ז (ירושהדיקער ראַנג); איידלקייט נ (כאַראַקטער)
adel (yerushediker rang); eidelkeit (charakter)

**noble** adj אַדלדיק; איידל
adeldik; eidel

**nobody** pron קיינער ניט
keiner nit

**nobody** n גאָרנישט ז (ן)
gornisht

**nocturnal** adj נאַכטיק
nachtik

**nocturne** n נאָקטורן ז (ען)
nokturen (nokturnen)

**nod** v שאָקלען מיטן קאָפּ (אויסצודריקן הסכּמה אָדער באַגריסונג); אַראָפּהענגען
shoklen miten kop (oistsudriken haskome oder bagrisung); arophengen

**nod** n שאָקל ז (מיטן קאָפּ)
shokel (miten kop)

**noise** n טומל ז, רעש ז
tumel, raash

**noisy** adj טומלדיק
tumeldik

**nomad** n נאָמאַד ז (ן)
nomad

**nominal** adj נאָמינאַל (נאָמענטלעך; נאָר אין נאָמען, ניט־פאַקטיש; אומוואָגיק)
nominal (nomentlech; nor in nomen, nit-faktish; umvogik)

**nominate** v נאָמינירן
nominiren

**nominative** n נאָמינאַטיוו ז (ן)
nominativ

**nonchalance** n גלײַכגילט ז
glaichgilt

**noncombatant** n ניט־קעמפער ז (ס)
nit-kemfer

**noncommittal** adj ניט־בינדנדיק
nit-bindendik

**none** pron, adv קיין, קיין שום; קיינער ניט; אין קיין פאַל; כּלל ניט
kein, kein shum; keiner nit; in kein fal; klal nit

**nonentity** n גאָרנישט ז (ן)
gornisht

**nonesuch, nonsuch** n מושלם ז (ים); כּלי יקר ז
mushlem (mushlomim); kli yoker

**non-productive** adj אומפּראָדוקטיוו
umproduktiv

**nonsense** n אומזינען ז, שטות ז/ס
umzinen, shtus

**nonsensical** adj נאַריש; אַבסורד
narish; absurd

**noodle** n לאָקש ז (ן); טיפּש ז (ים)
loksh; tipesh (tipshim)

**nook** n ווינקעלע ס (ספּעציעל אין אַ צימער)
vinkele (spetsyel in a tsimer)

**noon** n מיטאָגצײַט נ

*mitogtsait*

**noonday** n — מיטן־טאָג ז
*miten-tog*

**noontime** n — מיטאָגצײַט נ
*mitogtsait*

**noose** n — פּעטליע נ (ס)
*petlye*

**nor** conj — און ניט; און אויך ניט
*un nit; um oich nit*

**Nordic** adj — נאָרדיש
*nordish*

**norm** n — נאָרמע נ (ס)
*norme*

**normal** adj — נאָרמאַל
*normal*

**north** n — צפון ז
*tsofen*

**north** adj, adv — צפונדיק; אויף צפון
*tsofendik; oif tsofen*

**northern** adj — צפונדיק
*tsofendik*

**northwards** adv — אויף צפון
*oif tsofen*

**nose** n — נאָז נ (נעזער/נעז)
*noz (nezer/nez)*

**nose** v — שמעקן; אַרײַנשמעקן אין; אַרײַנשטעקן די נאָז; זוכן; דורכשטופּן זיך פּאַמעלעך
*shmeken; arainshmeken in; arainshteken di noz; zuchen; durchshtupen zich pamelech*

**nostalgia** n — נאָסטאַלגיע נ, בענקשאַפט נ
*nostalgye, benkshaft*

**nostril** n — נאָזלאָך נ (נאָזלעכער)
*nozloch (nozlecher)*

**nosy, nosey** adj — (שמועסדיק) גריבלעריש; זוכעריש; פרעגעריש; נײַגעריק
*(shmuesdik) griblerish; zucherish; fregerish; naigerik*

**not** adv — ניט, נישט
*nit, nisht*

**notable** adj — מערקווערדיק; אָנגעזען
*merkverdik; ongezen*

**notable** n — חשוב ז (ים), ניכבד ז (ים)
*choshev (chashuvim), nichbed (nichbodim)*

**notary** n — נאָטאַר ז (ן)
*notar*

**notary public** — נאָטאַר ז (ן)
*notar*

**note** n — נאָטיץ נ (ן); קוויטל ס (עך)
*notits; kvitel (kvitlech)*

**note** v — פאַרצייכענען; באַמערקן
*fartseichenen; bamerken*

**notebook** n — נאָטיצביכל ס (עך)
*notitsbichel (notitsbichlech)*

**nothing** n — גאָרנישט ז (ן); זעראָ ז (ס)
*gornisht; zero*

**nothing** adv — כלל ניט
*klal nit*

**notice** n — באַמערקונג נ (ען); אַכט נ; וואָרענונג נ; מעלדונג נ (ען)
*bamerkung; acht; vorenung; meldung*

**notice** v — באַמערקן; דערזען

ווײַל; נו
*yetst, itst; vail; nu*

**noway** adv אין קיין פאַל
*in kein fal*

**nowhere** adv אין ערגעץ ניט
*in ergets nit*

**noxious** adj זייער שעדלעך
*zeier shedlech*

**nuance** n ניואַנס ז (ן)
*nyuans*

**nuclear** adj נוקלעאַר
*nuklear*

**nude** adj נאַקעט
*naket*

**nuisance** n ניוסענס ז, אָנשיקעניש ס (ן)
*nyusens, onshikenish*

**null** adj אַנולירט, בטל
*anulirt, botel*

**numb** adj געלײמט
*geleimt*

**number** n צאָל נ (ן); נומער ז (ן); ציפער ז
*tsol; numer; tsifer*

**number** v נומערירן; ציילן
*numeriren; tseilen*

**numberless** adj אָן אַ צאָל
*on a tsol*

**Numbers** n (takes sing. v.) ספר־במדבר ז, חומש־הפיקודים (־הפקודים) ז
*seifer-bemidber/bamidbor, chumesh-hapikudim (-hapkudim)*

**numerous** adj פילצאָליק

bamerken; derzen

**notify** v לאָזן וויסן, אינפאָרמירן
*lozen visen, informiren*

**notion** n אידעע נ (ס); באַגריף ז (ן)
*idee; bagrif*

**notoriety** n שלעכטער נאָמען ז, שם־רע ז
*shlechter nomen, sheim-ra*

**notorious** adj טרויעריק באַוווּסט
*troierik bavust*

**notwithstanding** prep, adv, conj ניט קוקנדיק; אָפּגעזען פון; פונדעסטוועגן; כאָטש, הגם
*nit kukendik; opgezen fun; fundestvegen; chot'sh, hagam*

**noun** n זאַכוואָרט ס (זאַכווערטער)
*zachvort (zachverter)*

**nourish** v שפּײַזן, דערנערן
*shpaizen, derneren*

**nourishment** n שפּײַזונג נ; שפּײַז נ (ן)
*shpaizung; shpaiz*

**nouveau riche** נײַער עושר ז
*naier oisher*

**novel** adj חידושדיק; אומגעוויינטלעך
*chideshdik; umgeveintlech*

**novel** n נאָוועלע נ (ס)
*novele*

**novelist** n נאָוועליסט ז (ן)
*novelist*

**novelty** n חידוש ז (ים)
*chidesh (chidushim)*

**November** n נאָוועמבער ז (ס)
*november*

**now** adv, conj, interj יעצט, איצט;

*filtsolik*

**nun** n — מאָנאַשקע נ (עס)
*monashke*

**nurse** n — קראַנקן־שוועסטער נ; ניאַניע נ (ס)
*kranken-shvester; nyanye*

**nurse** v — פאַרנעמען זיך מיט (קראַנקע אָדער אַלטע מענטשן); זייגן
*farnemen zich mit (kranke oder alte ment'shen); zeigen*

**nursery** n — קינדער־צימער ז (ן); ביימערשול נ (ן); קינדערהיים נ (ען)
*kinder-tsimer; beimershul; kinderheim*

**nurture** v — דערציִען; שפּײַזן
*dertsien; shpaizen*

**nurture** n — דערציִאונג נ; שפּײַזונג נ
*dertsiung; shpaizung*

**nut** n — נוס ז/נ (ניס); (סלענג) מטורף ז (ים)
*nus (nis); (sleng) metoref (metorofim)*

**nut** v — אַראָפּנעמען צײַטיקע ניס
*aropnemen tsaitike nis*

**nutcracker** n — קנאַקניסל ס (עך)
*knaknisel (knaknislech)*

**nutrition** n — שפּײַזונג נ, דערנערונג נ
*shpaizung, dernerung*

**nutritious** adj — נאַרהאַפטיק
*narhaftik*

**nuts** adj — (סלענג) משוגע; זייער ענטוזיאַסטיש
*(sleng) meshuge; zeier entuzyastish*

**nutshell** n — נוסשאָלעכץ נ (ן)
*nussholechts*

**nuzzle** v — רײַבן מיט דער נאָז; צוטוליען זיך
*raiben mit der noz; tsutulyen zich*

**nylon** n — נײַלאָן ז
*nailon*

**nymph** n — נימפע נ (ס)
*nimfe*

# O o

**o, O** n — אָ ז (ען) (בוכשטאַב)
*o (buchshtab)*

**o, oh** interj — אָ!
*o!*

**oaf** n — שוטה ז (שוטים), פאַרשטאָפּטער קאָפּ ז
*shoite (shoitim), farshtopter kop*

**oafish** adj — זייער נאַריש, טעמפּקעפּיק
*zeier narish, tempkepik*

**oak** n — דעמב ז (ן)
*demb*

**oaken** adj דעמבן
*demben*

**oar** n רודער ז (ס), וועסלע נ (ס)
*ruder, vesle*

**oasis** n אָאַזיס ז (ן)
*oazis*

**oat** n (usually **oats** pl) האָבער ז/ס
*hober*

**oaten** adj האָבערן
*hoberen*

**oath** n שבועה נ (שבועות)
*shvue (shvues)*

**obdurate** adj פֿאַרעקשנט; האַרטנעקיק
*farakshent; hartnekik*

**obedience** n געהאָרכזאַמקייט נ
*gehorchzamkeit*

**obedient** adj געהאָרכזאַם, פֿאָלגעוודיק
*gehorchzam, folgevdik*

**obey** v פֿאָלגן, האָרכן
*folgen, horchen*

**obese** adj איבערפֿעט
*iberfet*

**object** n חפֿץ ז (ים); טעמע נ (ס); ציל ז (ן); (אין גראַמאַטיק) אָביעקט ז (ן)
*cheifets (chfeitsim/chafotsim); teme; tsil; (in gramatik) obyekt*

**object** v זײַן קעגן; ניט ליב האָבן
*zain kegen; nit lib hoben*

**objection** n קעגן־טענה נ; קעגן־געפֿיל ס
*kegen-taine/taane; kegen-gefil*

**objective** n ציל ז (ן)
*tsil*

**objective** adj אָביעקטיוו, אומצדדימדיק; רעאַל
*obyektiv, umtsodimdik; real*

**obligate** v פֿאַרפֿליכטן, מחייב זײַן
*farflichten, mechayev zain*

**obligation** n פֿאַרפֿליכטונג נ (ען)
*farflichtung*

**oblige** v פֿאַרפֿליכטן; מחייב זײַן (פֿאַר אַ טובֿה)
*farflichten; mechayev zain (far a toive)*

**obliging** adj גרייט צו טאָן טובֿות; בײַהילפֿיק
*greit tzu ton toives; baihilfik*

**oblique** adj באַלכסונדיק; אומדירעקט; ניט־מאָראַליש
*balachsendik/bealachsendik; umdirekt; nit-moralish*

**obliterate** v אָפּווישן; פֿאַרניכטן
*opvishen; farnichten*

**oblivion** n פֿאַרגעסעניש ס; פֿאַרגעסונג נ
*fargesenish; fargesung*

**oblivious** adj פֿאַרגעסלעך
*fargeslech*

**oblong** adj לענגלעך
*lenglech*

**obnoxious** adj זייער אומאײַנגענעם; דערווידערדיק
*zeier umaingenem;*

*derviderdik*

obscene adj אומאָנשטענדיק; שמוציק
*umonshtendik; shmutsik*

obscure adj טונקל, אומקלאָר; אומבאַקאַנט
*tunkel, umklor; umbakant*

obscure v פאַרטונקלען
*fartunklen*

observance n אָפּהיטונג נ; רעליגיעזע צערעמאָניע נ (ס)
*ophitung; religyeze tseremonye*

observant adj באַמערקעריש; פרום
*bamerkerish; frum*

observation n אַכטגעבונג נ; באַמערקונג נ (ען)
*achtgebung, bamerkung*

observatory n אָבסערוואַטאָריע נ (ס)
*observatorye*

obsession n אָבסעסיע נ (ס)
*obsesye*

obsolete adj פאַרעלטערט; אומנוצלעך
*fareltert; umnutslech*

obstacle n מיכשול ז (ים), שטער ז (ן), שטרויכלונג נ (ען)
*michshel (michshoilim),*
*shter, shtroichlung*

obstinacy n אײַנגעשפּאַרטקייט נ, עקשנות ס
*aingeshpartkeit, akshones*

obstinate adj אײַנגעשפּאַרט, פאַרעקשנט
*aingeshpart, farakshent*

obstruct v פאַרשטעלן; שטערן
*farshtelen; shteren*

obtain v קריגן, באַקומען
*krigen, bakumen*

obtrude v אויפצווינגען; שטופּן זיך
*oiftsvingen; shtupen zich*

obtuse adj טעמפּ
*temp*

obvious adj באַשײַמפּערלעך; דײַטלעך
*bashaimperlech; daitlech*

occasion n געלעגנהייט נ (ן); סיבה נ (סיבות)
*gelegenheit; sibe (sibes)*

occasion v פאַראורזאַכן
*farurzachen*

occasionally adv פון צײַט צו צײַט, טייל מאָל
*fun tsait tsu tsait,*
*teil mol*

Occident n מערב ז
*mairev/maarev*

occult adj אָקולט (מיסטעריעז; מאַגיש)
*okult (misteryez; magish)*

occupancy n פאַרנעמונג נ; באַזיצנעמונג
*farnemung; bazitsnemung*

occupation n באַשעפטיקונג נ (ען); (מיליטערישע) אָקופּאַציע נ (ס)
*basheftikung;*
*(militerishe) okupatsye*

occupy v פאַרנעמען; באַזעצן; באַוווינען
*farnemen; bazetsen; bavoinen*

occur v געשען, פּאַסירן;

קומען אויפן זינען
*geshen, pasiren;*
*kumen oifen zinen*

**occurrence** n געשעעניש ס (ן), פּאַסירונג נ (ען)
*gesheenish, pasirung*

**ocean** n אָקעאַן ז (ען)
*okean*

**o'clock** adv אַ זייגער
*a zeiger*

**October** n אָקטאָבער ז (ס)
*oktober*

**odd** adj מאָדנע; איבעריק; צופעליק; אומגראָדיק
*modne; iberik; tsufelik; umgrodik*

**oddball** n (סלענג) טשודאַק ז (עס)
*(sleng) t'shudak (t'shudakes)*

**oddball** adj עקסצענטריש; אויסטערליש
*ekstsentrish; oisterlish*

**odds** n pl פאָר ז, יתרון ז; שאַנסן ר
*for, yisren; shansen*

**ode** n אָדע נ (ס) (לירישע לויב־פּאָעמע)
*ode (lirishe loib-poeme)*

**odious** adj פאַרהאַסט; דערווידערדיק
*farhast; derviderdik*

**odium** n שׂנאה נ; עקל ז
*sine; ekel*

**odor, odour** n ריח ז (ות)
*reiech (reiches)*

**of** prep פון
*fun*

**off** adv, prep, adj, interj אַוועק; אַראָפּ פון; פריַי; אָן אַרבעט; גיי אַוועק!
*avek; arop fun; frai; on arbet; gei avek!*

**offal** n פּסולת ס
*psoiles*

**off-balance** adj אומפעסט; ניט־צוגעגרייט
*umfest; nit-tsugegreit*

**offcast** adj אָפּגעוואָרפן
*opgevorfen*

**off-color** adj דעפעקטיוו אין קאָליר; אומפּאַסיק; ניט געזונט
*defektiv in kolir; umpasik; nit gezunt*

**offence, offense** n באַליידיקונג נ (ען); זינד נ; אָנגריַיף ז (ן)
*baleidikung; zind; ongraif*

**offend** v באַליידיקן
*baleidiken*

**offensive** adj באַליידיקנדיק; אָפענסיוו, אָנגריַיפעריש
*baleidikendik; ofensiv, ongraiferish*

**offensive** n אָפענסיווע נ (ס), אַטאַק ז (ן)
*ofensive, atak*

**offer** v אָנבאָטן, פאָרלייגן; פאָרשלאָגן
*onboten, forleigen; forshlogen*

**offer** n אָנבאָט ז (ן); פאָרשלאָג ז (ן)
*onbot; forshlog*

**offering** n אָנבאָט ז (ן);

(אין רעליגיעזן ריטואַל) קרבן ז (ות); צושטײַער ז (ס)
*onbot; (in religyezen ritual) korben (korbones); tsushtaier*

offhand adv, adj פון דער האַנט, גלײַך אויפן אָרט, אָן פריערדיקער צוגרייטונג; אומהעפלעך
*fun der hant, glaich oifen ort, on frierdiker tsugreitung; umheflech*

office n ביוראָ ס (ען); אַמט ז (ן)
*byuro (byuroen); amt*

officer n באַאַמטער ז; אָפיציר ז (אין דער אַרמיי); פּאָליציאַנט ז (ען)
*baamter; ofitsir (in der armei); politsyant*

official n באַאַמטער ז
*baamter*

official adj אָפיציעל
*ofitsyel*

officiate v אַמטירן; אָנפירן מיט צערעמאָניאַל
*amtiren; onfiren mit tseremonyal*

offset n אָפסעט ז (דרוק)
*ofset (druk)*

offspring n נאָכוווקס ז; קינד ס (ער); רעזולטאַט ז (ן), פועל־יוצא ז (ס)
*nochvuks; kind (kinder); rezultat, poiel-yoitse*

oft adv (Archaic) אָפט
*oft*

often adv אָפט, אָפט מאָל
*oft, oft mol*

oh interj אָ! אוי!
*o! oi!*

oho interj אַהאַ, אָהאָ!
*aha, oho!*

oil n אויל ז (ן), אייל ז (ן); נאַפט ז
*oil, eil; naft*

oil v איילן, אָנאיילן
*eilen, oneilen*

oil painting אוילבילד ס (ער)
*oilbild (oilbilder)*

oil well נאַפטקוואַל ז (ן)
*naftkval*

ointment n זאַלב נ (ן)
*zalb*

O.K., OK adj, adv, interj (שמועסדיק) ריכטיק; באַשטעטיקט; גוט!
*(shmuesdik) richtik; bashtetikt; gut!*

old adj אַלט
*alt*

old-fashioned adj אַלטמאָדיש
*altmodish*

Old Testament תנך ז
*tanach/tnach*

oleander n אָלעאַנדער ז (ס) (קשאַק)
*oleander (kshak)*

olive n אָליוו ז (ן), איילבערט ז (ן)
*oliv, eilbert*

olive oil בוימל ז (ען)
*boimel (boimlen)*

Olympiad n אָלימפּיאַדע נ (ס)
*olimpyade*

ombudsman n אָמבודסמאַן ז (ען)

*ombudsman*

omelet n — אָמלעט ז (ן)
*omlet*

omen n — וואָרצייכן ז (ס), אָנזאָג ז (ן)
*vortseichen, onzog*

ominous adj — שלעכט־אָנזאָגנדיק; שרעקנדיק
*shlecht-onzogendik; shrekendik*

omission n — דורכלאָז ז (ן)
*durchloz*

omit v — דורכלאָזן; פֿאַרפֿעלן (צו טאָן)
*durchlozen; farfelen (tsu ton)*

omnipotent adj — אַלמאַכטיק, אַלמעכטיק
*almachtik, almechtik*

— the Omnipotent n — אַלמעכטיקער ז, גאָט ז
*almechtiker, got*

omnium-gatherum n — צעמישטע קאָלעקציע נ (ס)
*tsemishte kolektsye*

omnivorous adj — אַלץ־עסנדיק
*alts-esendik*

on prep, adv — אויף; וועגן; ווײַטער
*oif; vegen; vaiter*

once adv, conj — איין מאָל; ווי נאָר
*ein mol; vi nor*

oncoming adj — אָנקומענדיק
*onkumendik*

one adj — איין
*ein*

one n — איינס ז/נ (ן)
*eins*

onerous adj — באַלאַסטיקט; באַדריקנדיק
*balastikt; badrikendik*

oneself pron — זיך, זיך אַליין
*zich, zich alein*

one-sided adj — איינזײַטיק, צדדימדיק; ניט־אָביעקטיוו
*einzaitik, tsodimdik; nit-obyektiv*

onion n — ציבעלע נ (ס)
*tsibele*

onlooker n — צוקוקער ז (ס)
*tsukuker*

only adj — איינציק
*eintsik*

only adv, conj — נאָר, בלויז; נײַערט, אלא
*nor, bloiz; naiert, ele/elo*

onslaught n — שטורמישער אַטאַק ז
*shturmisher atak*

onus n — עול ז, לאַסט נ; אחריות ס
*ol, last; achrayes*

onward, onwards adv — פֿאָראויס
*forois*

ooze v — רינען פּאַוואָליע; דריפּען
*rinen pavolye; dripen*

opaque adj — ניט־דורכזעאיק; מאַט; נאַריש
*nit-durchze'ik; mat; narish*

open adj — אָפֿן
*ofen*

open v — עפֿענען
*efenen*

openhanded adj — ברייטגיביק
*breitgibik*

openhandedly adv **מיט אַן אָפֿענער האַנט**
*mit an ofener hant*

opening n **עפֿענונג** נ (ען)
*efenung*

opera n **אָפּערע** נ (ס)
*opere*

operate v **אָפּערירן**
*operiren*

operation n **אָפּעראַציע** נ (ס)
*operatsye*

opinion n **מיינונג** נ (ען)
*meinung*

opinionated adj **האַרטנעקיק; דאָגמאַטיש**
*hartnekik; dogmatish*

opium n **אָפּיום** ז
*opyum*

opponent n **קעגנער** ז (ס)
*kegner*

opportunist n **אָפּאָרטוניסט** ז (ן)
*oportunist*

opportunity n **געלעגנהייט** נ (ן)
*gelegenheit*

oppose v **זײַן קעגן; קעגנשטעלן זיך**
*zain kegen; kegenshtelen zich*

opposite adj, prep **אַנטקעגנדיק; אַנטקעגן**
*antkegendik; antkegen*

opposite n **היפּוך** ז (ים), **קאָנטראַסט** ז (ן)
*hipech (hipuchim), kontrast*

opposition n **אָפּאָזיציע** נ (ס)
*opozitsye*

oppress v **אונטערדריקן**
*unterdriken*

oppression n **אונטערדריקונג** נ
*unterdrikung*

oppressive adj **באַדריקנדיק**
*badrikendik*

opprobrious adj **שענדלעך; חרפּה־ברענגענדיק**
*shendlech;*
*charpe/cherpe-brengendik*

opt v **אָפּטירן, מאַכן אַן אויסוואַל**
*optiren, machen an oisval*

optician n **אָפּטיקער** ז (ס)
*optiker*

optimism n **אָפּטימיזם** ז
*optimizm*

optimist n **אָפּטימיסט** ז (ן)
*optimist*

optimistic adj **אָפּטימיסטיש**
*optimistish*

option n **ברירה** נ (ברירות); **אָפּציע** נ (ס), **אָפּטירעכט** ס
*breire (breires);*
*optsye, optirrecht*

optional adj **ברירהדיק**
*breiredik*

optometrist n **אָפּטאָמעטריסט** ז (ן)
*optometrist*

opulence n **עשירות** ס, **רײַכקייט** נ; **שפע** נ
*ashires, raichkeit; shefe*

opulent adj **רײַך; שפעדיק**
*raich; shefedik*

opus n שעפעריש ווערק ס (ספּעציעל אַ מוזיקאַלישע קאָמפּאָזיציע)
*sheferish verk (spetsyel a muzikalishe kompozitsye)*

or conj אָדער
*oder*

oracle n אָראַקל ז (ען)
*orakel (oraklen)*

orally adv בעל־פּה
*bal/beal-pe*

orange n מאַראַנץ ז (ן), פּאָמעראַנץ ז (ן), אָראַנזש ז (ן)
*marants, pomerants, oranzh*

orange adj אָראַנזשן, אָראַנזש (קאָליר)
*oranzhen, oranzh (kolir)*

oration n רעדע נ (ס)
*rede*

orator n אָראַטאָר ז (ן), רעדנער ז (ס)
*orator, redner*

oratorio n אָראַטאָריע נ (ס)
*oratorye*

oratory n ריידקונסט נ
*reidkunst*

orb n קײַלעך ז (ער); הימלישער קערפּער ז (זון, לבנה, פּלאַנעט אָדער שטערן)
*kailech; himlisher kerper (zun, levone, planet oder shteren)*

orbit n אָרבּיט ז (ן)
*orbit*

orchard n סאָד ז (סעדער)
*sod (seder)*

orchestra n אָרקעסטער ז (ס)
*orkester*

orchid n אָרכידעע נ (ס)
*orchidee*

ordain v אָרדינירן, נאָמינירן צו דער פּריסטערשאַפט; מסמיך זײַן; דעקרעטירן
*ordiniren, nominiren tsu der pristershaft; masmich zain; dekretiren*

ordeal n האַרבער נסיון ז; אָפּקומעניש ס (ן)
*harber nisoyen; opkumenish*

order n סדר ז (ים), אָרדענונג נ (ען); באַפעל ז (ן); באַשטעלונג נ (ען); אָרדן ז (ס)
*seider (sdorim), ordenung; bafel; bashtelung; orden*

order v באַפעלן; באַשטעלן
*bafelen; bashtelen*

orderly adj סדרדיק
*seiderdik*

ordinance n תּקנה נ (תּקנות); מינהג נ (ים)
*takone (takones); mineg/minheg (minhogim)*

ordinary adj געוויינטלעך
*geveintlech*

ore n אַרץ ס (ן)
*arts*

organ n אָרגאַן ז (ען) (אָרגל ז; אבר ז; צײַטשריפט נ)
*organ (orgel; eiver; tsait'shrift)*

organic adj אָרגאַניש

*organish*

organism n — אָרגאַניזם ז (ען)
*organizm*

organization n — אָרגאַניזאַציע נ (ס); אָרגאַניזירונג נ
*organizatsye; organizirung*

organize v — אָרגאַניזירן
*organiziren*

orgy n — אָרגיע נ (ס)
*orgye*

Orient n — אָריענט ז, מיזרח ז
*oryent, mizrech*

orient, orientate v — אָריענטירן
*oryentiren*

Oriental adj — מיזרחדיק
*mizrechdik*

Oriental n — בן־מיזרח ז (בני־), אָריענטאַל ז (ן)
*ben-mizrech (bnei-), oryental*

orientalist n — אָריענטאַליסט ז (ן)
*oryentalist*

orientation n — אָריענטירונג נ (ען)
*oryentirung*

orifice n — מויל ס (מײַלער); עפענונג נ (ען); לאָך ס/ז (לעכער)
*moil (mailer); efenung; loch (lecher)*

origin n — אָפּשטאַם ז (ען), מקור ז (ות/ים)
*opshtam, moker/mekor (mekoires/mekoirim)*

original adj — אָריגינעל
*originel*

original n — אָריגינאַל ז (ן)
*original*

originally adv — דורך אָפּשטאַם; לכתחילה, פון אָנהייב
*durch opshtam; lechatchile, fun onheib*

originate v — אַנטשטיין, אויפקומען; שטאַמען
*ant'shtein, oifkumen; shtamen*

ornament n — אויספּוצונג נ; צירונג נ; צאַצקע נ (ס)
*oisputsung; tsirung; tsatske*

ornament v — באַפּוצן; דעקאָרירן
*baputsen; dekoriren*

ornithology n — אָרניטאָלאָגיע נ
*ornitologye*

orphan n — יתום ז (ים)
*yosem (yesoimim)*

orphanage n — יתומים־הויז ס (־הײַזער)
*yesoimim-hoiz (-haizer)*

orthodox adj — אָרטאָדאָקסיש
*ortodoksish*

orthography n — אָרטאָגראַפיע נ
*ortografye*

orthopedics n (takes sing. v.) — אָרטאָפּעדיע נ
*ortopedye*

oscillate v — וואַקלען זיך
*vaklen zich*

osmosis n — אָסמאָזיס ז
*osmozis*

ostensible adj — כלומרשטיק
*kloimershtik*

ostracize v — אָסטראַקירן (אַרויסטרײַבן

אָדער אויסשליסן פון אַ גרופּע)
*ostrakiren (aroistraiben oder oisshlisen fun a grupe)*

**ostrich** n — שטרויס ז (ן)
*shtrois*

**other** adj — אַנדער
*ander*

**otherwise** adv — אַנדערש
*andersh*

**ouch** interj — אוי!
*oi!*

**ought** auxiliary verb — דאַרפֿן, זאָלן; וואָלט געדאַרפֿט
*darfen, zolen; volt gedarft*

**ounce** n — אונץ נ (ן)
*unts*

**our** adj — אונדזער
*undzer*

**oust** v — אַרויסטרײַבן; אַרויסשטופּן
*aroistraiben; aroisshtupen*

**out** adv — אַרויס
*arois*

**outbreak** n — אויסבּרוך ז (ן)
*oisbruch*

**outcast** n — אויסוואָרף ז (ן)
*oisvorf*

**outcome** n — אַרויסקום ז (ען), פּועל־יוצא ז (ס)
*aroiskum, poiel-yoitse*

**outcry** n — אויסגעשריי ז (ען); שטאַרקער פּראָטעסט ז
*oisgeshrei; shtarker protest*

**outdo** v — אַריבּערשטײַגן
*aribershtaigen*

**outdoors** adv — אין דרויסן
*in droisen*

**outing** n — אויספֿלוג ז (ן)
*oisflug*

**outlaw** n — פֿאַרבּרעכער ז (ס)
*farbrecher*

**outlaw** v — מאַכן אָדער דערקלערן אומלעגאַל
*machen oder derkleren umlegal*

**outlet** n — אויסגאַנג ז (ען)
*oisgang*

**outline** n — סקיצע נ (ס); אַלגעמיינער פּלאַן ז
*skitse; algemeiner plan*

**outline** v — סקיצירן; בּאַשרײַבּן אין ראָשי־פּרקים
*skitsiren; bashraiben in roshei-prokim*

**outlook** n — אַרויסקוק ז (ן); אויסקוק ז (ן), אויסזיכט נ (ן)
*aroiskuk; oiskuk, oiszicht*

**out-of-date** adj — אַלטמאָדיש; פֿאַרעלטערט
*altmodish; fareltert*

**out-of-the-way** adj — ווײַט; פֿאַרוואָרפֿן; ניט־געוויינטלעך
*vait; farvorfen; nit-geveintlech*

**outpour** n — אויסגאָס ז (ן)
*oisgos*

**outpour** v — אויסגיסן
*oisgisen*

**output** n — פּראָדוקציע־אַרויסגאָב נ (ן)
*produktsye-aroisgob*

outrage n נבלה נ (נבלות), מעשׂה־רע ז/נ
*nevole (nevoles), maase/maise-ra*

outrage v אויפרעגן שטאַרק; אָפּטאָן מעשׂים־רעים
*oifregen shtark; opton maasim/maisim-ro'im*

outrageous adj שענדלעך; זייער באַליידיקנדיק
*shendlech; zeier baleidikendik*

outside n דרויסנדיקע זײַט נ (ן)
*droisendike zait*

outside adj, adv, prep דרויסנדיק; אינדרויסן, אין דרויסן; מחוץ
*droisendik; indroisen, in droisen; michuts/mechuts*

outsider n דרויסנדיקר ז; פרעמדער ז
*droisendiker; fremder*

outskirts n pl שטאָט־פּעריפעריע נ (ס)
*shtot-periferye*

outspoken adj אָפן און דירעקט
*ofen un direkt*

outstanding adj אָנגעזען; ניט־באַצאָלט; אַרויסשטאַרצנדיק
*ongezen; nit-batsolt; aroisshtartsendik*

outward adj דרויסנדיק
*droisendik*

oval adj אָוואַל
*oval*

ovation n אָוואַציע נ (ס)
*ovatsye*

oven n אויוון ז (ס)
*oiven*

over prep, adv, adj איבער; אַריבער; ווידער; פאַרבײַ; אייבער
*iber; ariber; vider; farbai; eiber*

overalls n pl אָוועראָל ז (ן) (צו אַרבעט)
*overol (tsu arbet)*

overbearing adj הערשעריש; מאַכט־גיריק
*hersherish; macht-girik*

overburden v איבערלאָדן
*iberloden*

overcharge v רעכענען צו פיל, באַרײַסן
*rechenen tsu fil, baraisen*

overcoat n אויבערמאַנטל ז (ען), פּאַלטן ז (ס)
*oibermantel (oibermantlen), palten*

overcome v בײַקומען, גובר זײַן
*baikumen, goiver zain*

overdo v מגזם זײַן, איבערטרײַבן; טאָן צו פיל
*megazem zain, ibertraiben; ton tsu fil*

overhaul v רעמאָנטירן
*remontiren*

overhead n גענעראַלע אויסגאַבן ר (ווי דירה־געלט, באַלײַכטונג, שטײַערן, אאַז"וו)
*generale oisgaben (vi dire-gelt, balaichtung,*

*shtaieren, etc.)*

overlook v פֿאַרזען, פֿאַרפֿעלן; זײַן העכער פֿון; פֿאַרוואַלטן
*farzen, farfelen; zain hecher fun; farvalten*

overnight adv איבערנאַכט
*ibernacht*

overrate v איבערשאַצן
*ibershatsen*

overseas adv מעבר־לים
*meeiver-leyam*

oversleep v פֿאַרשלאָפֿן
*farshlofen*

overt adj אָפֿן; עפֿנטלעך
*ofen; efentlech*

overtake v איבעריאָגן; קומען פּלוצלינג
*iberyogen; kumen plutsling*

overthrow v אַראָפּוואַרפֿן (אַ רעגירונג); איבערקערן
*aropvarfen (a regirung); iberkeren*

overtime n צוגאָב־שעהן ר
*tsugob-shoen*

overtone n אײבערטאָן ז
*eiberton*

overweight n איבערוואָג נ
*ibervog*

overwhelm v איבערמעכטיקן; צעשמעטערן
*ibermechtiken; tseshmeteren*

overwork v איבעראַרבעטן זיך; פֿאַרקנעכטן
*iberarbeten zich; farknechten*

owe v זײַן שולדיק אָדער מחויב
*zain shuldik oder mechuyev*

owl n סאָווע נ (ס)
*sove*

owlet n יונגע סאָווע נ (ס)
*yunge sove*

own adj אייגן
*eigen*

own v פֿאַרמאָגן; זײַן דער אייגנטימער פֿון
*farmogen; zain der eigentimer fun*

owner n אייגנטימער ז (ס), באַזיצער ז (ס)
*eigentimer, bazitser*

ownership n פֿאַרמאָגערשאַפֿט נ; אייגנטום־רעכט ס
*farmogershaft; eigentum-recht*

ox n אָקס ז (ן)
*oks*

oxygen n זויערשטאָף ז
*zoiershtof*

Oyez, Oyes interj הערט!
*hert!*

oyster n אויסטער ז (ס)
*oister*

ozone n אָזאָן ז; (שמועסדיק) ריינע לופֿט נ
*ozon; (shmuesdik) reine luft*

# P p

p, P n פע ז (ען) (בוכשטאַב)
*pe (buchshtab)*

pace n טעמפאָ ז (ס); טראָט ז (טריט); שפאַן ז (ען)
*tempo; trot (trit); shpan*

pace v מעסטן אויפן שפאַן, אָפמעסטן מיט טריט
*mesten oifen shpan, opmesten mit trit*

pacific adj פרידלעך
*fridlech*

Pacific Ocean פאַציפיק ז, פאַציפישער אָקעאַן ז
*patsifik, patsifisher okean*

pacifism n פאַציפיזם ז
*patsifizm*

pacify v באַרואיקן; ברענגען פרידן צו
*baruiken; brengen friden tsu*

pack n פאַק ז (פעק); פעשל ס (עך); באַנדע נ (ס); סטײַע נ (ס), טשאַטע נ (ס)
*pak (pek); peshel (peshlech); bande; staie, t'shate*

pack v פאַקן
*paken*

package n פעקל ס (עך)
*pekel (peklech)*

package v אײַנפאַקן
*ainpaken*

pact n פאַקט ז (ן), אָפמאַך ז (ן)
*pakt, opmach*

pad n קישעלע ס (עך; אויסבעט ז (ן)
*kishele; oisbet*

pad v אויסבעטן, וואַטירן
*oisbeten, vatiren*

paddle n רודער ז (ס)
*ruder*

paddle v רודערן; (שמועסדיק) אָפשמײַסן
*ruderen; (shmuesdik) opshmaisen*

paddock n אָפגעצוימט פעלד ס (פאַר בהמות); אָפצוימונג נ (ען) (פאַר פערד אויף אַ יאָגוועג)
*opgetsoimt feld (far beheimes); optsoimung (far ferd oif a yogveg)*

paddy n רײַז־פעלד ס
*raiz-feld*

padlock n הענגשלאָס ז (הענגשלעסער)
*hengshlos (hengshleser)*

paean, pean n זיג־ליד ס; לויב־ליד ס (ער)
*zig-lid; loib-lid (-lider)*

pagan n געצן־דינער ז (ס)
*getsen-diner*

paganism n פאַגאַניזם ז

paganizm

page n — זײַט נ (ן)

zait

pageant n — פּרעכטיקער ספּעקטאַקל ז;
פּײַערלעכע פּראָצעסיע נ

prechtiker spektakel;
faierleche protsesye

pagoda n — פּאַגאָדע נ (ס)

pagode

pail n — עמער ז (ס)

emer

pain n — ווייטיק ז (ן)

veitik

— pains n pl — טירחה נ (טירחות)

tirche (tirches)

pain v — פֿאַראורזאַכן ווייטיק;
ווייטיקן

farurzachen veitik; veitiken

painful adj — ווייטיקדיק

veitikdik

painstaking adj — זייער פֿאָרזיכטיק

zeier forzichtik

paint n — פֿאַרב נ (ן)

farb

paint v — מאָלן

molen

painter n — (הויז־) מאַליער ז (ס);
(קינסטלער) מאָלער ז (ס)

(hoiz-) malyer;
(kinstler) moler

painting n — מאָלערײַ ס (ען); מאָלונג נ

molerai; molung

pair n — פּאָר נ (ן)

por

pair v — פּאָרן

poren

pajamas n pl — פּיזשאַמע נ (ס)

pizhame

pal n — (שמועסדיק) חבר ז (ים);
גוטער פֿרײַנד ז

(shmuesdik) chaver (chaveirim);
guter fraind

palace n — פּאַלאַץ ז (ן)

palats

palate n — גומען ז (ס)

gumen

pale adj — בלאַס, בלייך

blas, bleich

pale v — בלאַס ווערן; בלייך מאַכן

blas veren; bleich machen

pale n — תּחום ז (ען/ים)

tchum (tchumen/tchumim)

Palestine n — פּאַלעסטינע [נ],
ארץ־ישׂראל [ס]

palestine, erets-yisroel

palimpsest n — פּאַלימפּסעסט ז (ן)

palimpsest

palliative adj — לינדערנדיק;
אײַנשטיליק

linderendik; ainshtilik

palliative n — פּאַליאַטיוו ז (ן),
לינדער־מיטל ס (ען)

palyativ, linder-mitel
(-mitlen)

pallid adj — בלאַס

blas

palm n — האַנט־פּלאַך נ (ן);
פּאַלמע נ (ס)

*hant-flach; palme*

**palpitate** v קלאַפן זייער שנעל;
ציטערן
*klapen zeier shnel; tsiteren*

**paltry** adj קליינלעך; געמיין
*kleinlech; gemein*

**pamper** v פיעשטשען
*pyesht'shen*

**pamphlet** n בראָשור נ (ן)
*broshur*

**pan** n פאַן נ (ען), פאַטעלניע נ (ס)
*fan, patelnye*

**pane** n שויב נ (ן)
*shoib*

**panel** n פאַנעל ז (ן)
*panel*

**pang** n שטאָך ז (שטעך);
פלוצעמדיקער ווייטיק ז
*shtoch (shtech);*
*plutsemdiker veitik*

**panhandle** n פאַן־הענטל ס (עך)
*fan-hentel (-hentlech)*

**panhandle** v (שמועסדיק) בעטלען
(ספעציעל אויף דער גאַס); גיין
מיטן טעלער (מיט דער פושקע,
טאָרבע, א״ע)
*(shmuesdik) betlen (spetsyel*
*oif der gas); gein miten teler*
*(mit der pushke, torbe, etc.)*

**panic** n פאַניק נ (עס), בהלה נ
(בהלות), פלוצעמדיקער שרעק ז
*panik (panikes), behole*
*(beholes), plutsemdiker shrek*

**panic** v פאַרלירן זיך־באַהערשונג
דורך שרעק; פאַראורזאַכן אַ
פאַניק
*farliren zich-bahershung durch*
*shrek; farurzachen a panik*

**panorama** n פאַנאָראַמע נ (ס)
*panorame*

**pansy** n סאַמעטל ס (עך), אמנון־ותמר ז
(ס), חנהלעס אייגעלע ס (עך)
(בלום)
*sametel (sametlech), amnoin-*
*vetomer, chaneles eigele (blum)*

**pant** v סאַפען, סאָפען
*sapen, sopen*

**pantheon** n פאַנטעאָן ז (ען)
*panteon*

**panther** n פאַנטער ז (ן)
*panter*

**panties** n pl (שמועסדיק) אונטער־
הייזלעך ר (פון אַ פרוי)
*(shmuesdik) unter-heizlech*
*(fun a froi)*

**pants** n pl הויזן ר; אונטערהויזן ר
*hoizen; unterhoizen*

**papa** n (שמועסדיק) פאַפאַ ז (ס),
טאַטע ז (ס)
*(shmuesdik) papa, tate*

**papal** adj פויפסיש;
רוימיש־קאַטויליש
*poipsish; roimish-katoilish*

**paper** n פאַפיר ס (ן); שריפטלעכע
אַרבעט נ (ן); צײַטונג נ (ען)
*papir; shriftleche arbet; tsaitung*

**paper** adj פאַפירן
*papiren*

**paperback** n ברָאשירט ביכל ס (עך)
*broshirt bichel*
*(broshirte bichlech)*

**paprika** n פּאַפּריקע נ (ס)
*paprike*

**papyrus** n פּאַפּירוס ז (ן)
*papirus*

**parable** n משל ז (ים)
*moshel (mesholim)*

**parachute** n פּאַראַשוט ז (ן)
*parashut*

**parade** n פּאַראַד ז (ן)
*parad*

**parade** v פּאַראַדירן
*paradiren*

**paradise** n גן־עדן ז (ס)
*gan-eiden/ganeiden*

**paradox** n פּאַראַדאָקס ז (ן)
*paradoks*

**paragraph** n פּאַראַגראַף ז (ן)
*paragraf*

**parallel** adj פּאַראַלעל
*paralel*

**parallel** n פּאַראַלעל ז (ן)
*paralel*

**paralysis** n פּאַראַליז ז (ן)
*paraliz*

**paralyze** v פּאַראַליזירן
*paraliziren*

**paranoia** n פּאַראַנאָיע נ (ס)
*paranoye*

**paraphrase** v פּאַראַפראַזירן
*parafraziren*

**paraphrase** n פּאַראַפראַז ז (ן)
*parafraz*

**parasite** n פּאַראַזיט ז (ן)
*parazit*

**parasitic** adj פּאַראַזיטיש
*parazitish*

**parasol** n פּאַראַסאָל ז (ן), זון־שירעם ז (ס)
*parasol, zun-shirem*

**parcel** n פּעקל ס (עך)
*pekel (peklech)*

**parcel post** פּעקל־פּאָסט נ
*pekel-post*

**parch** v אויסטריקענען; דורשטיק מאַכן
*oistrikenen; durshtik machen*

**parchment** n פּאַרמעט ז (ן)
*parmet*

**pardon** n פאַרגעבונג נ, מחילה נ; באַגנעדיקונג נ (ען)
*fargebung, mechile;*
*bagnedikung*

**pardon** v פאַרגעבן, מוחל זײַן; אַנטשולדיקן; באַגנעדיקן
*fargeben, moichel zain;*
*ant'shuldiken; bagnediken*

**parent** n אַ פֿאָטער אָדער מוטער; מקור ז
*a foter oder muter;*
*moker/mekor*

— **parents** pl עלטערן ־
*elteren*

**parenthesis** n קלאַמער ז (ן), האַלבע לבנה נ
*klamer, halbe levone*

**parenthesize** v אײַנשליסן אין האַלבע לבנות
*ainshlisen in halbe levones*

**pariah** n פּאַריע ז (ס) (אין אינדיע); סאָציאַלער אויסוואָרף ז
*parye (in indye); sotsyaler oisvorf*

**park** n פּאַרק ז (ן)
*park*

**park** v פּאַרקירן (אַן אויטאָ)
*parkiren (an oito)*

**parlance** n לשון ס (ות); אידיאָם ז (ען)
*loshen (leshoines); idyom*

**parliament** n פּאַרלאַמענט ז (ן)
*parlament*

**parochial** adj פּאַראָקיאַל; באַגרענעצט
*parokyal; bagrenetst*

**parochial school** קהלהשע שולע נ
*koholeshe/kooleshe shule*

**parody** n פּאַראָדיע נ (ס)
*parodye*

**parole** n תּנאַי־באַפֿרײַאונג נ (ען); ערנוואָרט ס (ערנווערטער)
*tnai-bafraiung; erenvort (erenverter)*

**parrot** n פּאָפּוגײַ ז (ען), פּאַפּוגע נ (ס)
*popugai, papuge*

**parrot** v נאָכרעדן (ווי אַ פּאָפּוגײַ)
*nochreden (vi a popugai)*

**parsley** n פּעטרישקע נ (ס)
*petrishke*

**parsnip** n פּאַסטערנאַק ז (עס)
*pasternak (pasternakes)*

**part** n טייל ז (ן), חלק ז (ים); ראָלע נ (ס); צד ז (צדדים) (אין אַן אַרגומענט)
*teil, cheilek (chalokim); role; tsad (tsdodim) (in an argument)*

**part** v אָפּשיידן, אָפּטיילן; צעשיידן זיך
*opsheiden, opteilen; tsesheiden zich*

**partial** adj טיילווײַז; צדדימדיק, איינזײַטיק
*teilvaiz; tsdodimdik, einzaitik*

**participate** v נעמען אַן אָנטייל
*nemen an onteil*

**participle** n פּאַרטיציפּ ז (ן) (אין גראַמאַטיק)
*partitsip (in gramatik)*

**particle** n טיילכל ס (עך); (אין גראַמאַטיק) פּאַרטיקל ז (ען)
*teilchel (teilchlech); (in gramatik) partikel (partiklen)*

**particular** adj באַזונדער; ספּעציפֿיש
*bazunder; spetsifish*

**particular** n פּרט ז (ים)
*prat (protim)*

**particularize** v אָנגעבן אָדער אויסרעכענען אין פּרטים; דעטאַליזירן
*ongeben oder oisrechenen in protim; detaliziren*

**particularly** adv באַזונדערש, בפֿרט
*bazundersh, bifrat*

**partisan** n (עמאָציאָנעלער)

אָנהענגער ז (ס); פּאַרטיזאַנער ז (ס)
*(emotsyoneler) onhenger;*
*partizaner*

**partition** n צעטיילונג נ (ען)
*tseteilung*

**partly** adv טיילווײַז
*teilvaiz*

**partner** n שותּף ז (ים)
*shutef (shutfim)*

**partnership** n שותּפות ס (ן)
*shutfes*

**partridge** n קוראָפּאַטע נ (ס)
*kuropate*

**part-time** adj טיילצײַטיק
*teiltsaitik*

**party** n פּאַרטיי נ (ען); צד ז (צדדים); שׂימחה נ (שׂימחות), געזעלשאַפטלעכער צוזאַמענקום ז (פֿאַר פֿאַרגעניגן אָדער פֿאַרווײַלונג)
*partei; tsad (tsdodim); simche (simches), gezelshaftlecher tsuzamenkum (far fargenigen oder farvailung)*

**pass** v דורכגיין; פֿאַרבײַגיין; אַריבערגיין
*durchgein; farbaigein; aribergein*

**pass** n דורכגאַנג ז (ען); פֿאַרבײַגאַנג ז (ען); פּאַסיר־צעטל ז (ען)
*durchgang; farbaigang; pasir-tsetel (-tsetlech)*

**passable** adj דורכגאַנגמעגלעך, דורכגאַנגבאַר; נישקשהדיק
*durchgangmeglech, durchgangbar; nishkoshedik*

**passage** n איבערגאַנג ז (ען); דורכגאַנג ז (ען); אָפּשניט ז (ן) (אין אַ בוך)
*ibergang; durchgang; opshnit (in a buch)*

**passenger** n פּאַסאַזשיר ז (ן)
*pasazhir*

**passion** n לײַדנשאַפֿט נ (ן)
*laidenshaft*

**passionate** adj לײַדנשאַפֿטלעך
*laidenshaftlech*

**passionless** adj אומלײַדנשאַפֿטלעך; רואיק
*umlaidenshaftlech; ruik*

**passive** adj פּאַסיוו
*pasiv*

**Passover** n פּסח ז
*peisech*

**passport** n פּאַספּאָרט ז (ן)
*pasport*

**past** adj, adv, prep אַמאָליק; פֿאַרבײַ; ווײַטער פֿון; נאָך
*amolik; farbai; vaiter fun; noch*

**past** n פֿאַרגאַנגענהייט נ, עבֿר ז
*fargangenheit, over*

**paste** n פּאַפּ ז; פּאַסטע נ (ס)
*pap; paste*

**paste** v קלעפּן
*klepen*

**pastime** n צײַטפֿאַרברענג ז (ען)

*tsaitfarbreng*

pastry n געבעקס ס (ן)
*gebeks*

pasture n פּאַשע נ (ס)
*pashe*

pasture v פּאַשען
*pashen*

pat v קלאַפּן לײַכט
*klapen laicht*

pat n קלעפּל ס (עך)
*klepel (kleplech)*

pat adj פּאַסיק, געהעריק
*pasik, geherik*

patch n לאַטע נ (ס)
*late*

patch v לאַטען, פאַרלאַטען
*laten, farlaten*

pate n קאָפּ ז (ספּעציעל דער שפּיץ פונעם קאָפּ)
*kop (spetsyel der shpits funem kop)*

patent n פּאַטענט ז (ן)
*patent*

patent v פּאַטענטירן
*patentiren*

paternal adj פאָטערלעך; פון פאָטערס צד
*foterlech; fun foters tsad*

path n שטעג ז (ן), סטעזשקע נ (ס)
*shteg, stezhke*

pathetic adj פּאַטעטיש (רירנדיק; רחמנותדיק; קלאָגעדיק)
*patetish (rirendik; rachmonesdik; klogedik)*

pathos n פּאַטאָס ז
*patos*

patience n געדולד ס/נ
*geduld*

patient adj געדולדיק
*geduldik*

patient n פּאַציענט ז (ן)
*patsyent*

patriarch n פּאַטריאַרך ז (ן) (שטאַמפאָטער ז; זקן ז; הויפּט־בישעף ז)
*patryarch (shtamfoter; zoken; hoipt-bishef)*

patrician n פּאַטריציער ז (ס); אַריסטאָקראַט ז (ן)
*patritsyer; aristokrat*

patriot n פּאַטריאָט ז (ן)
*patryot*

patriotic adj פּאַטריאָטיש
*patryotish*

patrol v פּאַטראָלירן
*patroliren*

patrol n פּאַטראָל ז (ן)
*patrol*

patron n פּאַטראָן ז (ען) (שטענדיקער קונה ז; באַשיצער ז; ווילטוער ז)
*patron (shtendiker koine; bashitser; voiltuer)*

patronize v זײַן אַ שטענדיקער קליענט; באַשיצן אָדער העלפן; באַהאַנדלען פון אויבן אַראָפּ
*zain a shtendiker klient; bashitsen oder helfen; bahandlen fun oiben arop*

**pattern** n מוסטער ז (ן)
*muster*

**pauper** n אביון ז (ים); שנאָרער ז (ס)
*evyen (evyoinim); shnorer*

**pause** v אָפּשטעלן זיך
*opshtelen zich*

**pause** n פּויזע נ (ס), הפסקה נ (הפסקות)
*poize, hafsoke (hafsokes)*

**pave** v ברוקירן
*brukiren*

**pavement** n טראָטואַר ז (ן)
*trotuar*

**paw** n לאַפּע נ (ס)
*lape*

**pawn** v פֿאַרמשכּונען
*farmashkenen*

**pawn** n משכּון ז (משכּנות/משכּונות); פּיאָן ז (אין שאַך)
*mashken (mashkones/mashkoines); pyon (in shach)*

**pawnshop** n לאָמבאַרד ז (ן)
*lombard*

**pay** v צאָלן, באַצאָלן
*tsolen, batsolen*

**pay** n געהאַלט ס (ן)
*gehalt*

**payment** n אײַנצאָלונג נ (ען)
*aintsolung*

**pea** n אַרבעס ז
*arbes*

**peace** n פֿרידן ז, שלום ז
*friden, sholem*

**peaceful** adj פֿרידלעך
*fridlech*

**peach** n פֿערשקע נ (ס), אַפּערסיק ז (עס)
*fershke, afersik*

**peach** adj געלבלעך־ראָז
*gelblech-roz*

**peacock** n פּאַווע נ (ס)
*pave*

**peak** n שפּיץ ז (ן); הויכפּונקט ז (ן)
*shpits; hoichpunkt*

**peanut** n פֿיסטאַשקע נ (ס)
*fistashke*

— **peanuts** pl (סלענג) קליניקייט נ; קליינגעלט ס
*(sleng) kleinikeit; kleingelt*

**pear** n באַרנע נ (ס), באַר נ (ן)
*barne, bar*

**pearl** n פּערל ז
*perel*

**pearly** adj פּערלדיק, ווי אַ פּערל; באַצירט מיט פּערל
*pereldik, vi a perel; batsirt mit perel*

**peasant** n פּויער ז (ים)
*poier (poierim)*

**pebble** n שטיינדל ס (עך)
*shteindel (shteindlech)*

**peck** v דזשאָבען
*dzhoben*

**peculiar** adj מאָדנע
*modne*

**peculiarity** n מאָדנעקייט נ (ן)

*modnekeit*

pecuniary adj געלטלעך
*geltlech*

pedagog, pedagogue n
פּעדאַגאָג ז (ן), דערציִער ז (ס), לערער ז (ס)
*pedagog, dertsier, lerer*

pedal n פּעדאַל ז (ן), טרעטל ז (עך)
*pedal, tretel (tretlen)*

pedal v טרעטלען
*tretlen*

pedant n פּעדאַנט ז (ן)
*pedant*

peddle v פּעדלען (אַרומטראָגן סחורות צו פֿאַרקויפֿן)
*pedlen (arumtrogen schoires tsu farkoifen)*

peddler n פּעדלער ז (ס)
*pedler*

pedestal n פּעדעסטאַל ז (ן); באַזע נ (ס)
*pedestal; baze*

pedestrian n פֿוסגייער ז (ס)
*fusgeier*

pediatrician n קינדער־דאָקטער ז
*kinder-dokter*

pedigree n יחוס ז; שטאַמבוים ז
*yiches; shtamboim*

peek v קוקן שנעל און כיטרע; אַרײַנקוקן
*kuken shnel un chitre; arainkuken*

peek n גנבֿישער קוק ז
*ganeivisher kuk*

peel n שאָלעכץ ס/נ (ן)
*sholechts*

peel v שיילן, אָפּשיילן
*sheilen, opsheilen*

peep v אַרײַנקוקן
*arainkuken*

peep n אַרײַנקוק ז (ן)
*arainkuk*

peer n גלײַכער ז; פּער ז (ן) (בריטישער אַדלמאַן)
*glaicher; per (britisher adelman)*

peer v קוקן נאָענט
*kuken noent*

peeve v דערצערענען, רייצן
*dertserenen, reitsen*

peeve n רייצונג נ (ען)
*reitsung*

peevish adj געררייצט; קאַפּריזיק
*gereitst; kaprizik*

pelican n פּעליקאַן ז (ען) (וואַסערפֿויגל)
*pelikan (vaserfoigel)*

pelt v באַוואַרפֿן
*bavarfen*

pelt n (האָריקע) פֿעל נ (ן)
*(horike) fel*

pen n פֿעדער נ (ס), פּען נ (ען); שטעלכל ס (פֿאַר קי, שעפּסן, הינער, א״ע)
*feder, pen; shtelchel (far ki, shepsen, hiner, etc.)*

pen v שרײַבן; האַלטן אין אַ שטעלכל
*shraiben; halten in a shtelchel*

penalize v באַשטראָפֿן

*bashtrofen*

**penalty** n שטראָף נ (ן)
*shtrof*

**penchant** n שטאַרקע נטיה נ
*shtarke netie*

**pencil** n בלײַפֿעדער נ (ס), בלײַער ז (ס)
*blaifeder, blaier*

**pencil** v צײכענען אָדער שרײַבן מיט אַ בלײַער
*tseichenen oder shraiben mit a blaier*

**pend** v בלײַבן אומדעצידירט
*blaiben umdetsidirt*

**pendant** n הענג־אָרנאַמענט ז (ן)
*heng-ornament*

**pendent** adj הענגענדיק
*hengendik*

**pending** adj, prep וואַרטנדיק אויף אַ באַשלוס; ביז; במשך
*vartendik oif a bashlus; biz; bemeshech*

**penetrate** v אַרײַנדרינגען
*araindringen*

**penetrating** adj דורכדרינגלעך; שאַרף; שׂכלדיק
*durchdringlech; sharf; seicheldik*

**penetration** n אַרײַנדרונג ז (ען)
*araindrung*

**penguin** n פּינגווין ז (ען) (ים־פֿויגל)
*pingvin (yam-foigel)*

**penicillin** n פּעניצילין ז
*penitsilin*

**peninsula** n האַלבאינדזל ז (ען)
*halbindzel (halbindzlen)*

**penis** n (מענלעכער) אבר ז, פּעניס ז (ן)
*(menlecher) eiver, penis*

**penitentiary** n טורמע נ (פֿאַר גרויסע פֿאַרברעכערס)
*turme (far groise farbrechers)*

**pennant** n פֿענדל ס (עך)
*fendel (fendlech)*

**penniless** adj אָן אַ גראָשן; זייער אָרעם
*on a groshen; zeier orem*

**penny** n פּעני ז (ס); סענט ז (ן)
*peni; sent*

**penny-wise** adj שפּאָרעוודיק אין קלײנע הוצאות
*shporevdik in kleine hoitsoes*

**pension** n פּענסיע נ (ס)
*pensye*

**pensioner** n פּענסיאָנער ז (ן)
*pensyoner*

**pentagon** n פֿינפֿעק ז (ן)
*finfek*

— **the Pentagon** פּענטאַגאָן ז (דער זיכערהייטס־דעפּאַרטעמענט אין די פֿאַראייניקטע שטאַטן)
*pentagon (der zicherheit's-departement in di fareinikte shtaten)*

**Pentateuch** n חומש ז
*chumesh*

**penurious** adj קאַרג
*karg*

**penury** n גרויסע אָרעמקייט נ
*groise oremkeit*

**people** n פֿאָלק ס (פֿעלקער); מענטשן ר; (שמועסדיק) קרובים ר
*folk (felker); ment'shen; (shmuesdik) kroivim*

**pep** n (סלענג) ענערגיע נ; ענטוזיאַזם ז
*(sleng) energye; entuzyazm*

**pepper** n פעפער ז
*fefer*

**pepper** v פעפערן
*feferen*

**peppery** adj פעפערדיק; שאַרף; היציק
*feferdik; sharf; hitsik*

**per** prep אַ; דורך
*a; durch*

**perceive** v תּופֿס זײַן; מערקן
*toifes zain; merken*

**percentage** n פּראָצענט ז (ן)
*protsent*

**perception** n תּפֿיסה נ, מערקונג
*tfise, merkung*

**perch** n סידעלע, סיעדעלע נ (ס), שטאַנג זנ (ען) (פֿאַר אַ פֿויגל)
*sidele, syedele, shtang (far a foigel)*

**perch** v זיצן אָדער רוען אויף (אַ שטאַנג, דרענגל, א"ע)
*zitsen oder ruen oif (a shtang, drengel, etc.)*

**percussion** n באַקלאַפּונג נ; קלאַפּ ז (קלעפּ)
*baklapung; klap (klep)*

**percussion instrument** קלאַפּ־אינסטרומענט ז (ן) (ווי אַ פּויק אָדער טאַץ)
*klap-instrument (vi a poik oder tats)*

**peremptory** adj ענדגילטיק; אַבסאָלוט; באַשטימענדיק; הערשוויליק
*endgiltik; absolut; bashtimendik; hershvilik*

**perennial** adj יערלעך; פֿיליאָריק; לאַנגדויערדיק
*yerlech; filyorik; langdoierdik*

**perfect** adj פּערפֿעקט, פֿולקום, שלמותדיק
*perfekt, fulkum, shleimesdik*

**perfect** v פֿאַרפֿולקומען
*farfulkumen*

**perfection** n פֿולקאָמענקייט נ, שלמות ס
*fulkomenkeit, shleimes*

**perfectly** adv פֿולקאָם, בשלמות
*fulkom, bishleimes*

**perfidy** n פֿאַרראַט ז (ן); אומגעטרײַשאַפֿט נ (ן)
*farrat; umgetraishaft*

**perforate** v דורכלעכלען
*durchlechlen*

**perform** v דורכפֿירן; פּראַווען; אויפֿטרעטן
*durchfiren; praven; oiftreten*

**performance** n אויספֿירונג נ (ען);

פּאָרשטעלונג נ (ען)
*oisfirung; forshtelung*

**perfume** n פּאַרפום ז (ען)
*parfum*

**perfume** v פּאַרפומירן
*parfumiren*

**perfunctory** adj כלאחר־יד; אויבנאויפיק; גלײַכגילטיק
*kilacher-yad; oibenoifik; glaichgiltik*

**perhaps** adv אפשר, מעגלעך, פילײַכט
*efsher, meglech, filaicht*

**peril** n געפאַר נ (ן)
*gefar*

**perilous** adj געפערלעך
*geferlech*

**period** n פעריאָד ז (ן), תּקופה נ (תּקופות); פּינטל ס (עך)
*peryod, tkufe (tkufes); pintel (pintlech)*

**periodical** n צײַטשריפט נ (ן)
*tsait'shrift*

**peripatetic** adj אַרומגייענדיק, אַרומשפּאַצירנדיק
*arumgeiendik, arumshpatsirendik*

**Peripatetic** adj, n פון דער פעריפּאַטעטישער שול; אַ תּלמיד פון אַריסטאָטעל
*fun der peripatetisher shul; a talmid fun aristotel*

**periphery** n פעריפעריע נ (ס)
*periferye*

**perish** v אומקומען; פאַרפוילט ווערן
*umkumen; farfoilt veren*

**perjury** n פאַלשע שבועה נ
*falshe shvue*

**permanent** adj שטענדיק
*shtendik*

**permeate** v דורכדרינגען; דורכוועפּן זיך
*durchdringen; durchvepen zich*

**permission** n דערלויבעניש ס (ן)
*derloibenish*

**permit** v דערלויבן
*derloiben*

**permit** n דערלויבעניש ס (ן)
*derloibenish*

**perpetrate** v טאָן (אַ פאַרברעכן, נאַרישקייט, א״ע)
*ton (a farbrechen, narishkeit, etc.)*

**perpetual** adj אייביק
*eibik*

**perpetuate** v פאַראייביקן
*fareibiken*

**perplex** v צעמישן, פאַרטומלען
*tsemishen, fartumlen*

**persecute** v רודפן
*roidefen*

**persecution** n פאַרפאָלגונג נ (ען)
*farfolgung*

**perseverance** n אויסדויער ז
*oisdoier*

**persevere** v האַלטן זיך (בײַ זײַנס)
*halten zich (bai zains)*

**persist** v אָנהאַלטן

*onhalten*

**person** n פערזאָן נ (ען), פּאַרשוין ז (ען)
*perzon, parshoin*

**personal** adj פערזענלעך
*perzenlech*

**personality** n פערזענלעכקייט נ (ן)
*perzenlechkeit*

**personnel** n פערסאָנאַל ז
*personal*

**perspective** n פערספּעקטיוו נ (ן)
*perspektiv*

**perspicuous** adj דײַטלעך; קלאָר
*daitlech; klor*

**perspire** v שוויצן
*shvitsen*

**persuade** v אײַנרעדן; איבערצײַיגן
*ainreden; ibertsaigen*

**pert** adj פאַרשײַט; כוואַטסקע
*farshait, chvat'ske*

**pertain** v זײַן שייך, געהערן צו
*zain shaiech, geheren tsu*

**pertinent** adj שײַכותדיק
*shaichesdik*

**perturb** v באַאומרואיקן
*baumruiken*

**peruse** v דורכלייענען; באַטראַכטן גענוי
*durchleienen; batrachten genoi*

**perverse** adj קאַפּויערדיק; פאַרדאָרבן
*kapoierdik; fardorben*

**pessimism** n פעסימיזם ז
*pesimizm*

**pessimist** n פעסימיסט ז (ן)
*pesimist*

**pessimistic** adj פעסימיסטיש
*pesimistish*

**pest** n אָנשיקעניש ס (ן)
*onshikenish*

**pester** v דערקוטשען
*derkut'shen*

**pestilence** n מגפה נ (מגפות)
*mageife (mageifes)*

**petal** n קרוינבלעטל ס (עך)
*kroinbletel (kroinbletlech)*

**petrol** n בענזין ז
*benzin*

**petticoat** n אונטערקלייד ס (ער)
*unterkleid (unterkleider)*

**petty** adj קליינלעך; נישטיק
*kleinlech; nishtik*

**pew** n באַנק נ (אין אַ קירכע)
*bank (in a kirche)*

**phantom** n פאַנטאָם ז (ען)
*fantom*

**pharmacist** n אַפּטייקער ז (ס)
*apteiker*

**phase** n פאַזע נ (ס)
*faze*

**pheasant** n פאַזאַן ז (ען)
*fazan*

**phenomenon** n פענאָמען ז (ען)
*fenomen*

**philanthropy** n פילאַנטראָפּיע נ
*filantropye*

**philately** n פילאַטעליסטיק נ
*filatelistik*

**philology** n פילאָלאָגיע נ

filologye

philosopher n פילאָסאָף ז (ן)
filosof

philosophy n פילאָסאָפיע נ (ס)
filosofye

phlegm n שליַים ז
shlaim

phlegmatic adj פלעגמאַטיש
flegmatish

phoenix n פעניקס ז (מיטאָלאָגישער פויגל)
feniks (mitologisher foigel)

phone n (שמועסדיק) טעלעפאָן ז (ען)
(shmuesdik) telefon

phone v (שמועסדיק) טעלעפאָנירן
(shmuesdik) telefoniren

phonetic adj פאָנעטיש
fonetish

phonetics n (takes sing. v.) פאָנעטיק נ
fonetik

phony adj פאַלש
falsh

phony n צבועק ז (עס)
tsvuak (tsvuakes)

phooey interj (סלענג) פוי!
(sleng) fuy!

photo n (שמועסדיק) פאָטאָגראַפיע נ (ס)
(shmuesdik) fotografye

photogenic adj פאָטאָגעניש
fotogenish

photograph n פאָטאָגראַפיע נ (ס)
fotografye

photograph v פאָטאָגראַפירן
fotografiren

photographer n פאָטאָגראַפיסט ז (ן)
fotografist

photography n פאָטאָגראַפירונג נ
fotografirung

phrase n פראַזע נ (ס)
fraze

phrase v פאָרמולירן
formuliren

phylacteries n pl תּפילין ר
tfilin

physical adj פיזיש; פיזיקאַליש
fizish; fizikalish

physical n (מעדיצינישע) באַטראַכטונג נ (ען)
(meditsinishe) batrachtung

physician n דאָקטער ז (דאָקטוירים)
dokter (doktoirim)

physicist n פיזיקער ז (ס)
fiziker

physics (takes sing. v.) פיזיק נ
fizik

physiology n פיזיאָלאָגיע נ
fizyologye

pianist n פיאַניסט ז (ן)
pyanist

piano n פיאַנע נ (ס)
pyane

pick v קלויבן, קלײַבן
kloiben, klaiben

pick n אויסוואַל ז (ן), אויסקלײַב ז (ן)
oisval, oisklaib

picket n פיקעט ז (ן)
piket

picket v פיקעטירן

*piketiren*

pickpocket n קעשענע־גנב ז (ים)

*keshene-ganev (-ganovim)*

picnic n פּיקניק ז (ן)

*piknik*

picture n בילד ס (ער)

*bild (bilder)*

picturesque adj בילדעריש

*bilderish*

piece n שטיק ס (ער)

*shtik (shtiker)*

piecemeal adv שטיקלעכווײַז

*shtiklechvaiz*

pierce v דורכשטעכן

*durchshtechen*

piety n פרומקייט נ

*frumkeit*

pig n חזיר ז (ים)

*chazer (chazeirim)*

pigeon n טויב נ (ן)

*toib*

pigheaded adj פֿאַרעקשנט

*farakshent*

pigment n פּיגמענט ז (ן)

*pigment*

pigsty n חזיר־שטאַל ז/נ (ן)

*chazer-shtal*

pigtail n צעפּל ס (עך)

*tsepel (tseplech)*

pike n פּיקע נ (ס) (לאַנגע שפּיז); העכט (פֿיש)

*pike (lange shpiz); hecht (fish)*

pile n הויפֿן ז (ס), קופּע נ (ס); סלופּ ז (עס)

*hoifen, kupe; slup (slupes)*

pile v אָנלייגן (אין הויפֿנס)

*onleigen (in hoifens)*

pilfer v צולקחענען

*tsulakchenen*

pilgrim n פּילגרים ז (ען)

*pilgrim*

pill n פּיל נ (ן)

*pil*

pillage v רויבן

*roiben*

pillage n רויב ס

*roib*

pillar n זײַל ז (ן)

*zail*

pillow n קישן ס/ז (ס)

*kishen*

pillowcase n ציכל ס (עך)

*tsichel (tsichlech)*

pilot n פּילאָט ז (ן)

*pilot*

pin n שפּילקע נ (ס)

*shpilke*

pin v צושפּיליען

*tsushpilyen*

pincers n pl (often takes sing. v.) פּינצעט ז (ן)

*pintset*

pinch v קנײַפּן

*knaipen*

pinch n קניפּ ז (ן); נויט נ

*knip; noit*

pine n סאָסנע נ (ס)

*sosne*

**pine** v שמאַכטן
*shmachten*

**pineapple** n אַנאַנאַס ז (ן)
*ananas*

**pink** adj ראָז, ראָזעווע
*roz, rozeve*

**pinnacle** n (שלאַנק) טורעמל ס (עך); טורעמשפּיץ ז (ן); הויכפּונקט ז (ן)
*(shlank) turemel (turemlech); turemshpits; hoichpunkt*

**pioneer** n פּיאָנער ז (ן)
*pyoner*

**pious** adj פרום
*frum*

**pipe** n רער נ (ן); ליולקע נ (ס)
*rer; lyulke*

**pirate** n פּיראַט ז (ן)
*pirat*

**pit** n גרוב ז (גריבער)
*grub (griber)*

**pitcher** n קרוג ז (קריג)
*krug (krig)*

**pitiful** adj פּאַטעטיש; נעבעכדיק
*patetish; nebechdik*

**pittance** n שיבוש ז (ים)
*shibesh (shibushim/shibeshim)*

**pity** n רחמנות ס, מיטלײַד נ
*rachmones, mitlaid*

**pizza** n פּיצע נ (ס)
*pitse*

**place** n פּלאַץ ז (פּלעצער)
*plats (pletser)*

**place** v אַוועקשטעלן
*avekshtelen*

**plague** n פּלאָג נ (ן)
*plog*

**plague** v פּלאָגן
*plogen*

**plain** adj פּשוט, איינפאַך
*poshet, einfach*

**plain** n פלאַכלאַנד ס
*flachland*

**plaint** n קלאַגע נ (ס)
*klage*

**plaintiff** n אָנקלאָגער ז (ס), תּובֿע ז (ים)
*onkloger, toiveie (toivim)*

**plaintive** adj קלאָגעדיק; טרויעריק
*klogedik; troierik*

**plan** n פּלאַן ז (פּלענער)
*plan (plener)*

**plan** v פּלאַנירן, פּלאַנעווען
*planiren, planeven*

**plane** n הובל ז (ען); עראָפּלאַן ז (ען); פלאַך נ (ן); גראַד ז (ן)
*hubel (hublen); eroplan; flach; grad*

**plane** v הובלען
*hublen*

**planet** n פּלאַנעט ז (ן)
*planet*

**plankton** n פּלאַנקטאָן ז
*plankton*

**plant** n פלאַנץ נ (ן); פֿאַבריק נ (ן)
*flants; fabrik*

**plant** v פלאַנצן
*flantsen*

**plaster** n טינק ז
*tink*

plaster v טינקעווען
*tinkeven*

plasterer n טינקעווער ז (ס)
*tinkever*

plastic adj פּלאַסטיש, קנעטיק
*plastish, knetik*

plate n טעלער ז (טעלער/טעלערס)
*teler (teler/telers)*

platform n פּלאַטפֿאָרמע נ (ס)
*platforme*

platitude n אויסגעדראָשענע באַמערקונג נ (ען); פּלאַטשיקייט נ (ן)
*oisgedroshene bamerkung; plat'shikeit*

Platonic adj פּלאַטאָניש (גײַסטיק; אידעאַליסטיש)
*platonish (gaistik; idealistish)*

plausible adj גלויבווערדיק
*gloibverdik*

play v שפּילן
*shpilen*

play n שפּיל נ (ן); פֿאָרשטעלונג נ (ען); קערברייט נ
*shpil; forshtelung; kerbreit*

player n שפּילער ז (ס)
*shpiler*

playful adj שפּילעוודיק
*shpilevdik*

plead v בעטן זיך; טענהן
*beten zich; taanen/tainen*

pleasant adj אָנגענעם
*ongenem*

please v געפֿעלן; אָנטון פֿאַרגעניגן
*gefelen; ontun fargenigen*

please interj ביטע, זײַ אַזוי גוט
*bite, zai azoi gut*

pleasure n פֿאַרגעניגן ס (ס)
*fargenigen*

plebiscite n פּלעביסציט ז (ן)
*plebistsit*

pledge n צוזאָג ז (ן); משכּון ז (משכּנות)
*tsuzog; mashken (mashkones)*

pledge v צוזאָגן; פֿאַרמשכּונען
*tsuzogen; farmashkenen*

plentiful adj שפֿעדיק
*shefedik*

plenty n שפֿע נ (ס)
*shefe*

pliable adj בייגעוודיק
*beigevdik*

pliers n pl or sing. צווענגל ס (עך)
*tsvengel (tsvenglech)*

plight n קלעם נ
*klem*

plod v שלעפּן זיך; אָנשטרענגען זיך
*shlepen zich; onshtrengen zich*

plot n געהיימער פּלאַן ז; סיפּור־המעשׂה ז; (קליינער) באָדן־טייל ז (ן)
*geheimer plan; siper-hamaise/hamaase; (kleiner) boden-teil*

plot v פּלאַנעווען; קאָנספּירירן; דיאַגראַמירן
*planeven; konspiriren; diagramiren*

**plough, plow** n אַקער ז (ס)
*aker*

**plough, plow** v אַקערן
*akeren*

**ploughshare, plowshare** n אַקער־אַייזן ז (ס)
*aker-aizen*

**pluck** n פליק ז (ן)
*flik*

**pluck** v פליקן
*fliken*

**plug** n צאַפּן ז (ס), פאַרשטעקל ס (עך)
*tsapen, farshtekel (farshteklech)*

**plug** v פאַרשטאָפּן; אַרײַנשטעקן
*farshtopen; arainshteken*

**plum** n פלוים נ (ען)
*floim*

**plumber** n אינסטאַלאַטאָר ז (ן)
*instalator*

**plump** adj צוציִענדיק דיקלעך
*tsutsiendik diklech*

**plump** v פאַלן שווער אָדער פלוצלינג
*falen shver oder plutsling*

**plunder** v ראַבעווען
*rabeven*

**plunder** n רויב ס
*roib*

**plunge** n שפרונג ז (אין וואַסער, געפאַר, א״ע)
*shprung (in vaser, gefar, etc.)*

**plunge** v אַרײַנוואַרפן; אַרײַנטאָן זיך
*arainvarfen; arainton zich*

**plural** n מערצאָל נ, לשון־רבים ז/ס
*mertsol, loshen-rabim*

**plus** prep פלוס (צוגעגעבן צו; און אויך)
*plus (tsugegeben tsu; un oich)*

**plus** n פלוס ז (ן) (צוגאָב־צייכן ז; צולאָג ז; מעלה נ)
*plus (tsugob-tseichen; tsulog; maile/maale)*

**plush** n פליוש ז
*plyush*

**plush** adj (סלענג) לוקסוסדיק
*(sleng) luksusdik*

**plutocracy** n פלוטאָקראַטיע נ (ס)
*plutokratye*

**pneumonia** n לונגען־אָנצינדונג נ (ען)
*lungen-ontsindung*

**poach** v מסיג־גבול זײַן (ספּעציעל אויף יאַגד אָדער פיש־פאַנג)
*masig/maseg-gvul zain (spetsyel oif yagd oder fish-fang)*

**pocket** n קעשענע נ (ס), טאַש נ (ן)
*keshene, tash*

**pocket** v אַרײַנלייגן אין קעשענע
*arainleigen in keshene*

**pod** n שויט ז (ן)
*shoit*

**poem** n פּאָעמע נ (ס)
*poeme*

**poet** n פּאָעט ז (ן), דיכטער ז (ס)
*poet, dichter*

**poetry** n פּאָעזיע נ
*poezye*

**pogey, pogy** n (קאַנאַדישער סלענג) קיצבה נ
*(kanadisher sleng) kitsve*

**pogrom** n פאָגראָם ז (ען)
*pogrom*

**poignant** adj שאַרף; ווייטאָגדיק
*sharf; veitogdik*

**point** n פונקט ז (ן); פינטל ס (עך)
*punkt; pintel (pintlech)*

**point** v אָנווײַזן
*onvaizen*

**poison** n גיפט ז (ן), סם ז (ען)
*gift, sam*

**poison** v פאַרגיפטן, פאַרסמען
*fargiften, farsamen*

**poisonous** adj גיפטיק
*giftik*

**poke** v שטורכען
*shturchen*

**Poland** n פוילן [ס]
*poilen*

**pole** n פאָל ז (ן) (צפון־פאָל ז; דרום־פאָל ז); סלופ ז (עס)
*pol (tsofen-pol; dorem-pol) slup (slupes)*

**polemic** n אַרגומענט ז (ן); פלוגתא נ (פלוגתות)
*argument; plugte (plugtes)*

**polemics** n (takes sing. v.) פאָלעמיק נ
*polemik*

**police** n פאָליציי נ
*politsei*

**policy** n טואונג־פלאַן ז; פאָליסע נ (ס)
*tuung-plan; polise*

**polish** v פוצן; פאָליטורן
*putsen; polituren*

**polish** n פאָליטור נ (ן); גלאַנץ ז
*politur; glants*

**Polish** adj פויליש
*poilish*

**Polish** n פויליש ס (שפראַך)
*poilish (shprach)*

**polite** adj העפלעך, איידל
*heflech, eidel*

**politeness** n העפלעכקייט נ
*heflechkeit*

**political** adj פאָליטיש
*politish*

**politics** n. sing. or pl. פאָליטיק נ
*politik*

**polka** n פאָלקע נ (ס)
*polke*

**poll** n אָפשטימונג נ (ען)
*opshtimung*

**pollen** n בלומען־שטויב ז
*blumen-shtoib*

**pollute** v פאַראומרייניקן
*farumreiniken*

**pollution** n פאַראומרייניקונג נ
*farumreinikung*

**pomegranate** n מילגרוים ז (ען)
*milgroim*

**pomp** n פאָמפ ז, פראַכט נ
*pomp, pracht*

**pompom** n פאָמפאָם ז (ען) (אויטאָמאַטישער זעניט־האַרמאַט; אָרנאַמענטאַלער

קנויל פון פעדערן)
*pompom (oitomatisher zenit-harmat; ornamentaler knoil fun federen)*

**pompous** adj — **פּאָמפּעז, פּראַכטיק**
*pompez, prachtik*

**pond** n — **סאַזשלקע** נ (ס), **סטאַוו** ז (ן)
*sazhelke, stav*

**pond lily** — **וואַסער־ליליע** נ (ס)
*vaser-lilye*

**ponder** v — **באַטראַכטן**
*batrachten*

**pontiff** n — **פּויפּסט** ז (ן); **בישעף** ז (ן)
*poipst; bishef*

**pony** n — **פּאָני** ז (ס)
*poni*

**poodle** n — **פּודל** ז (ען)
*pudel (pudlen)*

**pool** n — **קאַלוזשע** נ (ס); **באַסיין** ז (ען); **צונויף** ז (ן); **ביליאַרד** ז
*kaluzhe; basein; tsunoif; bilyard*

**pool** v — **צונויפנעמען**
*tsunoifnemen*

**poor** adj — **אָרעם**
*orem*

**poorly** adv — **שוואַך, שלעכט**
*shvach, shlecht*

**Pope** or **pope** n — **פּויפּסט** ז (ן)
*poipst*

**poplar** n — **טאָפּאָליע** נ (ס)
*topolye*

**poppy** n — **מאָן** ז (ען)
*mon*

**popular** adj — **פּאָפּולער**
*populer*

**populate** v — **באַפעלקערן**
*bafelkeren*

**population** n — **באַפעלקערונג** נ (ען)
*bafelkerung*

**populous** adj — **זייער באַפעלקערט**
*zeier bafelkert*

**porcelain** n — **פּאָרצעלײַ** ס
*portselai*

**porch** n — **גאַניק** ז (עס)
*ganik (ganikes)*

**porcupine** n — **שטעכל־חזיר** ז
*shtechel-chazer*

**pork** n — **חזיר־פלייש** ס
*chazer-fleish*

**porridge** n — **קאַשע** נ (ס)
*kashe*

**port** n — **האַוון** ז (ס), **פּאָרט** ז (ן)
*haven, port*

**portable** adj — **טראָגבאַר**
*trogbar*

**portend** v — **אָנזאָגן, מבשׂר זײַן**
*onzogen, mevaser zain*

**portent** n — **אָנזאָג** ז (ן), **בייזער סימן** ז
*onzog, beizer simen*

**porter** n — **טרעגער** ז (ס)
*treger*

**portfolio** n — **פּאָרטפעל** ז (ן)
*portfel*

**portion** n — **טייל** ז (ן); **פּאָרציע** נ (ס)
*teil, portsye*

**portrait** n — **פּאָרטרעט** ז (ן)
*portret*

**portray** v שילדערן; מאָלן
*shilderen; molen*

**pose** n פּאָזע נ (ס), אָנשטעל ז (ן)
*poze, onshtel*

**pose** v פּאָזירן; שטעלן (אַ קשיא)
*poziren; shtelen (a kashe)*

**position** n פּאָזיציע נ (ס); פּאָסטן ז (ס)
*pozitsye; posten*

**positive** adj פּאָזיטיוו
*pozitiv*

**possess** v פֿאַרמאָגן, האָבן
*farmogen, hoben*

**possession** n אייגנטום־רעכט ס; פֿאַרמעגן ס (ס)
*eigentum-recht; farmegen*

**possibility** n מעגלעכקייט נ (ן)
*meglechkeit*

**possible** adj מעגלעך
*meglech*

**post** n סלופּ ז (עס); פּאָסטן ז (ס), מיליטער־סטאַציע נ (ס); פּאָסט נ (ן), פּאָסטאַמט ז (ן)
*slup (slupes); posten, militer-statsye; post, postamt*

**post** v אָנקלעפּן (אַ מודעה); שיקן מיט דער פּאָסט
*onklepen (a moidoe); shiken mit der post*

**postage** n פּאָסטגעלט ס
*postgelt*

**postage stamp** מאַרקע נ (ס)
*marke*

**post card** (Also **postcard**) פּאָסטקאַרטל ס (עך)
*postkartel (postkartlech)*

**postman** n בּריוון־טרעגער ז (ס)
*briven-treger*

**post office** פּאָסטאַמט ז (ן)
*postamt*

**postpone** v אָפּלייגן
*opleigen*

**postscript** n נאָכוואָרט ס (נאָכווערטער)
*nochvort (nochverter)*

**postulate** n פּאָסטולאַט ז (ן) (פֿונדאַמענטאַלער פּרינציפּ ז)
*postulat (fundamentaler printsip)*

**postulate** v באַהויפּטן (אָן באַווײַז); פֿאַרלאַנגען
*bahoipten (on bavaiz); farlangen*

**posture** n גוף־האַלטונג נ (ען)
*guf-haltung*

**pot** n טאָפּ ז (טעפּ)
*top (tep)*

**potash** n פּאָטאַש ז
*potash*

**potato** n קאַרטאָפֿל ז/נ
*kartofel*

**potent** adj מעכטיק
*mechtik*

**potential** adj פּאָטענציעל
*potentsyel*

**potential** n פּאָטענציאַל ז (ן)
*potentsyal*

**pother** n גערודער ס (ס)
*geruder*

**potsherd** n שערבל ס (פון אַ טאָפּ)
*sherbel (fun a top)*

**potter** n טעפּער ז (ס)
*teper*

**pouch** n זעקל ס (עך); טאַש נ (ן)
*zekel (zeklech); tash*

**poultry** n עופות ר
*oifes*

**pounce** v אַרויפפאַלן מיט די קלויען; אַ לאָז טון זיך
*aroiffalen mit di kloien; a loz tun zich*

**pounce** n קלוי ז (ען) (נאָגל פון אַ רויבפויגל)
*kloi (nogel fun a roibfoigel)*

**pound** n פונט ז (ן)
*funt*

**pound** v האַמערן
*hameren*

**pour** v גיסן
*gisen*

**pout** v אַרויסשטופּן די ליפּן; ווײַזן אומצופרידנקייט
*aroisshtupen di lipen; vaizen umtsufridenkeit*

**poverty** n אָרעמקייט נ
*oremkeit*

**powder** n פּראָשיק ז (עס); פּודער ז (ס); פּולווער ז
*proshik (proshikes); puder; pulver*

**power** n כוח ז (ות), קראַפט נ (ן); מאַכט נ (ן)
*koiech (koiches), kraft; macht*

**powerful** adj מעכטיק
*mechtik*

**powerless** adj אָן כוח; אומבאַהאָלפן
*on koiech; umbaholfen*

**power of attorney** באַפולמעכטיקונג נ
*bafulmechtikung*

**practical** adj פּראַקטיש
*praktish*

**practice** n פּראַקטיק נ
*praktik*

**practice** v פּראַקטיצירן
*praktitsiren*

**pragmatical** adj פּראַגמאַטיש
*pragmatish*

**pragmatism** n פּראַגמאַטיזם ז
*pragmatizm*

**prairie** n פּרעריע נ (ס)
*prerye*

**praise** n לויב נ (ן)
*loib*

**praise** v לויבן
*loiben*

**prance** v שפּרינגען אויף די הינטערשטע פיס; גיין קוממיות
*shpringen oif di hintershte fis; gein koimemiyes*

**prank** n שפּיצל ס (עך)
*shpitsel (shpitslech)*

**prank** v פאַרפּוצן
*farputsen*

**prate** n געפּלאַפּל ס
*geplapel*

**prattle** v פּלאַפּלען

*plaplen*

prattle n פלאַפּלערײַ ס

*plaplerai*

pray v מתפלל זײַן, דאַוונען; בעטן

*mispalel zain, davnen; beten*

prayer n תּפילה נ (תּפילות),

גבעט ס (ן)

*tfile (tfiles), gebet*

preach v פּרעדיקן, דרשענען

*prediken, darshenen*

preacher n פּרעדיקער ז (ס)

*prediker*

precarious adj אומזיכער

*umzicher*

precaution n באַוואָרעניש ס (ן)

*bavorenish*

precede v גיין ערשט; קומען

פאַר; זײַן פריִער

*gein ersht, kumen far;*

*zain frier*

precedence n פאָרהאַנט נ (פאָרהענט)

*forhant (forhent)*

precedent n פּרעצעדענט ז (ן)

*pretsedent*

precept n תּקנה נ (תּקנות)

*takone (takones)*

precious adj טײַער; באַליבט

*taier; balibt*

precipice n אָפּגרונט ז (ן), תּהום ז (ען)

*opgrunt, thom/tehom*

precipitate v דערפירן פּלוצעם צו;

שלײַדערן

*derfiren plutsem tsu;*

*shlaideren*

precise adj גענוי

*genoi*

precisely adv בדיוק, פּינקטלעך

*bediek/bediyuk, pinktlech*

precision n גענויקייט נ

*genoikeit*

preclude v אויסשליסן

*oisshlisen*

predatory adj רויבעריש

*roiberish*

predecessor n פריִערדיקער ז;

אָב ז (ות)

*frierdiker; ov (oves)*

predestination n באַשערטקייט נ

*bashertkeit*

predicament n קלעם נ, שווערע

סיטואַציע נ (ס)

*klem, shvere situatsye*

predicate n פּרעדיקאַט ז (ן)

*predikat*

predict v פאָראויסזאָגן; זאָגן נבואה

*foroiszogen; zogen nevue*

prediction n פאָראויסזאָג ז (ן);

נבואה נ (נבואות)

*foroiszog; nevue (nevues)*

predominant adj הערשנדיק

*hershendik*

preen v פּוצן די פעדערן (פויגל);

באַקליידן זיך

*putsen di federen (foigel);*

*bakleiden zich*

preface n פאָרוואָרט ס (פאָרווערטער),

הקדמה נ (הקדמות)

*forvort (forverter),*

*hakdome (hakdomes)*

**prefer** v ליבערשט האָבן, בעסער וועלן
*libersht hoben, beser velen*

**prefix** n פרעפיקס ז (ן)
*prefiks*

**pregnant** adj שוואַנגער
*shvanger*

**prejudice** n פאָראורטייל ז (ן)
*forurteil*

**premature** adj פריצײַטיק
*fritsaitik*

**premier** n פרעמיער ז (ס)
*premyer*

**premise** n (לאָגישע) הנחה נ
*(logishe) hanoche*

**premises** n pl אַ בנין מיט זײַן שטח; נכסים ר (דערמאָנט אין אַ לעגאַלן דאָקומענט)
*a binyen mit zain shetech; nechosim (dermont in a legalen dokument)*

**premium** n פרעמיע נ (ס)
*premye*

**premonition** n פאָרגעפיל ס (ן)
*forgefil*

**preparation** n הכנה נ (הכנות), צוגרייטונג נ (ען)
*hachone (hachones), tsugreitung*

**prepare** v צוגרייטן
*tsugreiten*

**preposition** n פרעפאָזיציע נ (ס)
*prepozitsye*

**preposterous** adj אַבסורד; אָן אַ זינען
*absurd; on a zinen*

**prerogative** n פרעראָגאַטיוו נ (ן) (עקסקלוזיוו רעכט)
*prerogativ (ekskluziv recht)*

**prescription** n רעצעפט ז (ן)
*retsept*

**presence** n אָנוועזנדיקייט נ, בײַזײַן ס
*onvezendikeit, baizain*

**present** adj אָנוועזנדיק; איצטיק
*onvezendik; itstik*

**present** n איצט ז; הווה ז
*itst; hoive*

**present** v געבן; פאָרשטעלן
*geben; forshtelen*

**present** n מתּנה נ (מתּנות), פרעזענט ז (ן)
*matone (matones), prezent*

**preserve** v אָפהיטן; אײַנמאַכן
*ophiten; ainmachen*

**preserve** n רעזערוואַט ז (ן); נאַציאָנאַלער פאַרק ז
*rezervat; natsyonaler park*

**preserves** pl אײַנגעמאַכטס ס (ן)
*aingemacht's*

**preside** v זײַן דער פאָרזיצער
*zain der forzitser*

**president** n פרעזידענט ז (ן)
*prezident*

**press** v דריקן; פרעסן
*driken; presen*

**press** n דרוק ז (ן); פרעסע נ
*druk; prese*

**pressing** adj דרינגלעך
*dringlech*

**pressure** n דריקונג נ (ען)
*drikung*

**prestige** n פרעסטיזש ז
*prestizh*

**presume** v משער זײַן; דערלויבן זיך
*meshaer zain; derloiben zich*

**presumption** n השערה נ (השערות); חוצפה נ
*hashore (hashores); chutspe*

**presumptuous** adj חוצפהדיק, פרעך
*chutspedik, frech*

**pretence, pretense** n אָנשטעל ז (ן)
*onshtel*

**pretend** v מאַכן אַן אָנשטעל
*machen an onshtel*

**pretext** n פרעטעקסט ז (ן), תּירוץ ז (ים), אויסרייד ז (ן)
*pretekst, terets (terutsim), oisreid*

**pretty** adj שיין
*shein*

**prevail** v הערשן; האָבן די אויבערהאַנט
*hershen; hoben di oiberhant*

**prevent** v פֿאַרמײַדן
*farmaiden*

**previous** adj פֿריִערדיק
*frierdik*

**prey (on** or *upon)* פֿאַרצוקן; רויבן; מאַטערן
*fartsuken; roiben; materen*

**prey** n רויב ס; קרבן ז
*roib; korben*

— **birds of prey** רויב־פֿייגל ר
*roib-feigel*

— **beasts of prey** רויב־חיות ר
*roib-chaies*

**price** n פּרײַז ז (ן)
*praiz*

**priceless** adj ניט אָפּצושאַצן; זייער טײַער
*nit optsushatsen; zeier taier*

**prick** n שטאָך ז (שטעך)
*shtoch (shtech)*

**prick** v שטעכן
*shtechen*

**pride** n שטאָלץ ז
*shtolts*

**priest** n פּריסטער ז (ס); כּוהן ז (ים)
*prister; koihen/koien (koihanim/koienim)*

**primary** adj ערשטיק
*ershtik*

**primitive** adj פּרימיטיוו
*primitiv*

**prince** n פּרינץ ז (ן)
*prints*

**princess** n פּרינצעסין נ (ס)
*printsesin*

**principal** adj עיקרדיק
*ikerdik*

**principal** n פּרינציפּאַל ז (ן), שול־דירעקטאָר ז (ן); קרן ז (ס)
*printsipal, shul-direktor; keren*

**principle** n פּרינציפּ ז (ן), עיקר (ים)
*printsip, iker (ikorim)*

**print** v דרוקן

*druken*

**print** n — דרוק ז (ן)
*druk*

**printer** n — דרוקער ז (ס)
*druker*

**printing** n — דרוקאַרבעט נ; הדפסה נ (הדפסות)
*drukarbet; hadpose (hadposes)*

**printing press** — דרוק־מאַשין נ (ען)
*druk-mashin*

**printing shop** — דרוקערײַ נ (ען)
*drukerai*

**priority** n — פּריאָריטעט נ (ן); פאָררעכט ס
*prioritet, forrecht*

**prison** n — טורמע נ (ס)
*turme*

**prisoner** n — אַרעסטאַנט ז (ן)
*arestant*

**pristine** adj — אורשפּרינגלעך; ערשטיק
*urshpringlech; ershtik*

**privacy** n — פּריוואַטקייט נ
*privatkeit*

**private** adj — פּריוואַט
*privat*

**privilege** n — פּריווילעגיע נ (ס)
*privilegye*

**prize** n — פּריז ז (ן)
*priz*

**probably** adv — וואָרשײַנלעך, מסתּמא
*vorshainlech, mistome*

**probation** n — אויספּרוּוו־צײַט נ (ן)
*oispruv-tsait*

**probity** n — ערלעכקייט נ
*erlechkeit*

**problem** n — פּראָבלעם נ (ען)
*problem*

**problematical** adj — פּראָבלעמאַטיש
*problematish*

**procedure** n — פּראָצעדור נ (ן)
*protsedur*

**proceed** v — גיין ווײַטער; ממשיך זײַן צו טון; שטאַמען פון
*gein vaiter; mamshech zain tsu tun; shtamen fun*

**proceeding** n — טראַנסאַקציע נ
*transaktsye*

**proceedings** pl — פּראָטאָקאָל ז; געריכט־פאַרהאַנדלונגען ר
*protokol; gericht-farhandlungen*

**proceeds** n pl — לייזונג נ; הכנסה נ, אײַנקונפט נ
*leizung; hachnose, ainkunft*

**process** n — פּראָצעס ז (ן)
*protses*

**process** v — פּראָצעסירן
*protsesiren*

**procession** n — פּראָצעסיע נ (ס)
*protsesye*

**proclaim** v — פּראָקלאַמירן, אויסרופן עפנטלעך
*proklamiren, oisrufen efentlech*

**procrastinate** v — אָפּלייגן
*opleigen*

**procure** v — אײַנשאַפן
*ainshafen*

**prod** v — שטויסן; אונטערטרײַבן

*shtoisen; untertraiben*

**prodigal** adj אויסברענגעריש; שפּעדיק
*oisbrengerish; shefedik*

**prodigious** adj ריזעדיק; ווּנדערלעך
*rizedik; vunderlech*

**prodigy** n עילוי ז (ים); ווּנדער ז (ס)
*ile/iluy (iluim/iluyim); vunder*

**produce** v פּראָדוצירן
*produtsiren*

**produce** n (פֿאַרם) פּראָדוקטן ר
*(farm) produkten*

**product** n פּראָדוקט ז (ן)
*produkt*

**production** n פּראָדוקציע נ
*produktsye*

**productive** adj פּראָדוקטיוו
*produktiv*

**profession** n פּראָפעסיע נ (ס), פֿאַך ז (ן)
*profesye, fach*

**professor** n פּראָפעסאָר ז (ן)
*profesor*

**proficiency** n בקיאות ס
*bekies*

**proficient** adj באַהאַוונט
*bahavent*

**proficient** n עקספּערט ז (ן)
*ekspert*

**profile** n פּראָפֿיל ז (ן)
*profil*

**profit** n רווח ז (רוָוחים)
*revech (revochim)*

**profit** v פֿאַרדינען, מרוויח זײַן; געניסן
*fardinen, marviech zain; genisen*

**profitable** adj רווחדיק
*revechdik*

**profound** adj זייער טיף; טיפֿזיניק
*zeier tif; tifzinik*

**profusion** n שפע נ; עקסטראַוואַגאַנץ נ
*shefe; ekstravagants*

**program, programme** n פּראָגראַם נ (ען)
*program*

**progress** n פּראָגרעס ז
*progres*

**progress** v פּראָגרעסירן
*progresiren*

**progressive** adj פּראָגרעסיוו
*progresiv*

**prohibit** v פֿאַרווערן
*farveren*

**prohibition** n פֿאַרווער ז (ן)
*farver*

**project** n פּראָיעקט ז (ן)
*proyekt*

**project** v פּלאַנירן; אַרויסשטעקן
*planiren; aroisshteken*

**proletarian** adj פּראָלעטאַריש
*proletarish*

**proletarian** n פּראָלעטאַריער ז (ס)
*proletaryer*

**proletariat** n פּראָלעטאַריאַט ז
*proletaryat*

**prolific** adj פּרוכפּערדיק

*fruchperdik*

**prolog, prologue** n פראָלאָג ז (ן)
*prolog*

**prolong** v פאַרלענגערן
*farlengeren*

**promenade** n פראָמענאַדע נ (ס)
*promenade*

**prominence** n חשיבות ס; אָנזעעוודיקייט נ
*chashives; onzeevdikeit*

**prominent** adj חשוב; אָנגעזען
*choshev; ongezen*

**promise** n צוזאָג ז (ן)
*tsuzog*

**promise** v צוזאָגן
*tsuzogen*

**promissory note** וועקסל ז (ען)
*veksel (vekslen)*

**promote** v העכערן (דעם ראַנג); פאַרשפּרייטן (אַ פּראָדוקט); העלפן (אַ צוועק)
*hecheren (dem rang); farshpreiten (a produkt); helfen (a tsvek)*

**prompt** adj פּינקטלעך
*pinktlech*

**prompt** v טרײַבן צו; באַגײַסטערן; אונטערזאָגן
*traiben tsu; bagaisteren; unterzogen*

**promptly** adv פּונקט; באַלד
*punkt; bald*

**prone** adj געניגט
*geneigt*

**proneness** n נייגונג נ (ען); טענדענץ נ (ן)
*neigung; tendents*

**pronoun** n פּראָנאָם ז (ען)
*pronom*

**pronounce** v אַרויסרעדן; דערקלערן אָפּיציעל
*aroisreden; derkleren ofitsyel*

**pronunciation** n אַרויסרעד ז, אויסשפּראַך נ (ן)
*aroisred, oisshprach*

**proof** n באַווײַז ז (ן); קאָרעקטור נ (ן)
*bavaiz; korektur*

**prop** n אונטערשפּאַרן; שטיצן
*untershparen; shtitsen*

**prop** n אָנשפּאַר ז (ן); שטיצע נ (ס)
*onshpar; shtitse*

**propaganda** n פּראָפּאַגאַנדע נ
*propagande*

**propagate** v פאַרמערן זיך; פאַרשפּרייטן
*farmeren zich, farshpreiten*

**propel** v פאָראויסטרײַבן
*foroistraiben*

**proper** adj געהעריק *geherik*

**property** n פאַרמעגן ס (ס) *farmegen*

**prophecy** n נבואה נ (נבואות)
*nevue (nevues)*

**prophesy** v זאָגן נבואה
*zogen nevue*

**prophet** n נביא ז (ים)
*novi (neviim)*

**prophetess** n נביאה נ (נביאות)
*nevie (nevies)*

propitiate v איבערבעטן
*iberbeten*

propitious adj גינציק
*gintsik*

proportion n פראָפּאָרציע נ (ס)
*proportsye*

proportional adj פּראָפּאָרציאָנעל
*proportsyonel*

proposal n פאָרשלאָג ז (ן), פאָרלייג ז (ן)
*forshlog, forleig*

propose v פאָרשלאָגן, פאָרלייגן
*forshlogen, forleigen*

proposition n פראָפּאָזיציע נ (ס)
*propozitsye*

propound v פאָרלייגן
*forleigen*

proprietor n בעל־הבית ז (בעלי־בתּים)
*balebos (balebatim)*

propriety n פּאַסיקייט נ; אָנשטענדיקייט נ
*pasikeit; onshtendikeit*

prosaic adj פּראָזאַאיש
*proza'ish*

prose n פּראָזע נ (ס)
*proze*

prosecute v אָנקלאָגן
*onklogen*

prosecutor n פּראָקוראָר ז (ן)
*prokuror*

prospect n אויסזיכט נ (ן)
*oiszicht*

prosper v מצליח זײַן; בליִען
*matsliech zain; blien*

prosperity n פּראָספּעריטעט נ, וווילזײַן ס
*prosperitet, voilzain*

prostitute n גאַסנפרוי נ (ען)
*gasenfroi*

protect v באַשיצן
*bashitsen*

protection n באַשיצונג נ (ען)
*bashitsung*

protest n פראָטעסט ז (ן)
*protest*

protest v פּראָטעסטירן
*protestiren*

Protestant n פּראָטעסטאַנט ז (ן)
*protestant*

protocol n פּראָטאָקאָל ז (ן)
*protokol*

protrude v אַרויסשטעקן
*aroisshteken*

proud adj שטאָלץ
*shtolts*

prove v באַווײַזן
*bavaizen*

proverb n שפּריכוואָרט ס (שפּריכווערטער)
*shprichvort (shprichverter)*

provide v פאַרזאָרגן; צושטעלן
*farzorgen; tsushtelen*

province n פּראָווינץ נ (ן)
*provints*

provincial adj פּראָווינציעל
*provintsyel*

provocation n פּראָוואָקאַציע נ (ס)
*provokatsye*

provoke v אויפרייצן; אַרויסרופן; גורם זײַן
*oifreitsen; aroisrufen; goirem zain*

prowess n העלדישקייט נ
*heldishkeit*

prowl v שלײַכן זיך
*shlaichen zich*

prune n געטריקנטע פלוים נ (ען)
*getrikente floim*

prune v אָפשנײַדן (איבעריקע צווײַגן)
*opshnaiden (iberike tsvaigen)*

psalm n מזמור ז (ים), הייליק ליד ס
*mizmer (mizmoirim), heilik lid*

Psalms pl (takes sing. v.) תּהילים ז, תּילים ז
*tilim*

Psalmist n דוד המלך
*dovid hameilech*

pseudonym n פּסעוודאָנים ז (ען)
*psevdonim*

psychiatry n פּסיכיאַטריע נ
*psichiatrye*

psychology n פּסיכאָלאָגיע נ
*psichologye*

pub n (שמועסדיק) שענק ז/נ (ען)
*(shmuesdik) shenk*

public adj עפנטלעך; קָהלש
*efentlech; koholesh*

public n קהל ז/ס, עולם ז (ס)
*kohol/kool, oilem*

publish v אַרויסגעבן; באַקאַנט מאַכן
*aroisgeben; bakant machen*

publisher n פאַרלעגער ז (ס)
*farleger*

pudding n פּודינג ז (ען)
*puding*

puddle n לוזשע נ (ס)
*luzhe*

pueblo n פּועבלאָ ז (ס)
*pueblo*

puerile adj קינדעריש
*kindersh*

puff v בלאָזן (מיט קורצע בלאָזונגען); סאָפּען; פּיפּקען
*blozen (mit kurtse blozungen); sopen; pipken*

puff n קורצע בלאָזונג נ (ען); שווערער אָטעם ז; צי ז (פון אַ ליולקע)
*kurtse blozung; shverer otem; tsi (fun a lyulke)*

pugnacious adj שלעגעריש
*shlegerish*

pull v ציִען; אַרויסרײַסן
*tsien; aroisraisen*

pull n צי ז (ען); (שמועסדיק) פּראָטעקציע נ
*tsi; (shmuesdik) protektsye*

pulpit n פּולפּיט ז (ן)
*pulpit*

pulse n פּולס ז (ן), דופק ז (ן)
*puls, doifek*

pulverize v צעפּולווערן, צעשטויבן
*tsepulveren, tseshtoiben*

pump n פּאָמפּע נ (ס)
*pompe*

pump v פּאָמפּען
*pompen*

**pumpkin** n קירבעס ז (ן), דיניע נ (ס)
*kirbes, dinye*

**pun** n ווערטערשפּיל נ (ן)
*vertershpil*

**punch** n זעץ ז (ן)
*zets*

**punch** v זעצן; דורכלעכלען
*zetsen; durchlechlen*

**punctual** adj פּינקטלעך
*pinktlech*

**punctuate** v פּונקטירן
*punktiren*

**puncture** n אײַנשטאָך ז (ן); לעכל ס (עך)
*ainshtoch; lechel (lechlech)*

**puncture** v אײַנשטעכן; דורכלעכלען
*ainshtechen; durchlechlen*

**pundit** n מלומד ז (ים); בר־סמכא ז (ס); עקספּערט ז (ן)
*melumed (melumodim); bar-samche; ekspert*

**pungent** adj בײַסיק; שאַרף
*baisik; sharf*

**punish** v באַשטראָפן
*bashtrofen*

**punishment** n שטראָף נ (ן)
*shtrof*

**punk** n יונגער כוליגאַן ז
*yunger chuligan*

**pup** n הינטל ס (עך); חיהלע ס (ך)
*hintel (hintlech); chaiele*

**pupa** n פּופּע נ (ס), גולמל ס (עך)
*pupe; goilemel (goilemlech)*

**pupil** n תּלמיד ז (ים), שילער ז (ס); שוואַרצאַפּל ס (ען) (פון אויג)
*talmid (talmidim), shiler; shvartsapel (shvartsaplen) (fun oig)*

**puppet** n ליאַלקע נ (ס); מאַריאָנעט נ (ן)
*lyalke; maryonet*

**puppy** n הינטעלע ס (ך)
*hintele*

**purchase** v אײַנקויפן
*ainkoifen*

**purchase** n אײַנקויף ז (ן)
*ainkoif*

**pure** adj ריין, לויטער
*rein, loiter*

**purge** v אויסרייניקן
*oisreiniken*

**purge** n רייניקונג נ (ען)
*reinikung*

**purify** v רייניקן, לײַטערן
*reiniken, laiteren*

**Purim** n פּורים ז (זען אסתּר ט׳ כ־לב)
*purim (zen ester 9:20—32)*

**purple** n פּורפּור ז
*purpur*

**purport** v באַהויפּטן; מיינען
*bahoipten; meinen*

**purpose** n צוועק ז (ן), ציל ז (ן)
*tsvek, tsil*

**purr** v מיאַוקען (ווי אַ קאַץ ווען צופרידן)
*myauken (vi a kats ven tsufriden)*

**purse** n בײַטל ז (ען)

*baitel (baitlen)*

**purse** v צוזאַמענציִען (די ליפן)
*tsuzamentsien (di lipen)*

**pursue** v נאָכיאָגן
*nochyogen*

**persuit** n נאָכיאָג ז, נאָכיאָגן ס; באַשעפטיקונג נ (ען)
*nochyog, nochyogen; basheftikung*

**pus** n מאַטעריע נ
*materye*

**push** v שטופן, שטויסן
*shtupen, shtoisen*

**push** n שטופ ז (ן), שטויס ז (ן)
*shtup, shtois*

**pussy** n קעצעלע ס (ך)
*ketsele*

**put** v לייגן; שטעלן
*leigen; shtelen*

**puzzle** n רעטעניש ס (ן); שווערע פראָבלעם נ (ען)
*retenish; shvere problem*

**puzzle** v פלעפן; פאַראינטריגירן
*plefen; farintrigiren*

**pygmy** n קאַרליק ז (עס)
*karlik (karlikes)*

**pyjamas, pajamas** n pl פיזשאַמע נ (ס)
*pizhame*

**pyramid** n פיראַמיד ז (ן)
*piramid*

**python** n פיטאָן ז (ען)
*piton*

# Q q

**q, Q** n קו ז (ען) (בוכשטאַב)
*ku (buchshtab)*

**quack** v קוואַקען (ווי אַ קאַטשקע)
*kvaken (vi a kat'shke)*

**quack** n פאַלשער דאָקטער ז; שאַרלאַטאַן ז (ען)
*falsher dokter; sharlatan*

**quadrangle** n פירעק ז (ן)
*firek*

**quagmire** n זומפ ז (ן); שווערע לאַגע נ (ס)
*zump; shvere lage*

**quail** n וואַכטל ז (ען)
*vachtel (vachtlen)*

**quaint** adj אַלטפרענקיש
*altfrenkish*

**quake** v ציטערן
*tsiteren*

**quake** n ציטער ז (ס); ערד־ציטערניש ס (ן)
*tsiter; erd-tsiternish*

**Quaker** n קווייקער ז (ס)
*kveiker*

**qualification** n קוואַליפיקאַציע נ (ס); מאָדיפיקאַציע נ (ס)
*kvalifikatsye; modifikatsye*

qualify v קוואַליפיצירן, מאַכן אָדער זײַן פּעאיק; מאָדיפיצירן, באַגרענעצן
*kvalifitsiren, machen oder zain fe'ik; modifitsiren, bagrenetsen*

qualitative adj קוואַליטאַטיוו
*kvalitativ*

quality n קוואַליטעט נ (ן)
*kvalitet*

qualm n געוויסן־פּײַן ז; פּלוצעמדיקער מיגל ז
*gevisen-pain; plutsemdiker migel*

quantitative adj קוואַנטיטאַטיוו
*kvantitativ*

quantity n קוואַנטיטעט נ (ן)
*kvantitet*

quarantine v קאַראַנטירן
*karantiren*

quarantine n קאַראַנטין ז (ען)
*karantin*

quarrel n קריגערײַ ס (ען), מחלוקת ס (ן)
*krigerai, machloikes*

quarrel v קריגן זיך
*krigen zich*

quarry n שטיינערײַ נ (ען)
*shteinerai*

quart n קוואָרט נ (ן)
*kvort*

quarter n פערטל ס (עך); קוואַרטאַל ז (ן)
*fertel (fertlech); kvartal*

quash v אונטערדריקן; אַנולירן
*unterdriken; anuliren*

queen n קעניגין נ (ס), מַלכּה נ (מַלכּות)
*kenigin, malke (malkes)*

queer adj מאָדנע, משונהדיק
*modne, meshunedik*

quell v אונטערדריקן; אײַנשטילן
*unterdriken; ainshtilen*

quench v שטילן; לעשן
*shtilen; leshen*

quest n זוכונג נ (ען)
*zuchung*

quest v זוכן
*zuchen*

question n פראַגע נ (ס), שאלה נ (שאלות)
*frage, shaile (shailes)*

question v אויספרעגן; צווייפלען
*oisfregen; tsveiflen*

question mark פרעגצייכן ז (ס)
*fregtseichen*

queue n ריי נ (ען)
*rei*

quick adj גיך, שנעל
*gich, shnel*

quicksand n זינקזאַמד ס/ז; זינק־געזעמדן ר
*zinkzamd; zink-gezemden*

quicksilver n קוועקזילבער ס
*kvekzilber*

quiescence n שטילקייט נ
*shtilkeit*

quiet adj שטיל; רואיק
*shtil; ruik*

**quiet** v באַרואיקן; אײַנשטילן
*baruiken; ainshtilen*

**quiet** n שטילקייט נ; רו נ
*shtilkeit; ru*

**quill** n געַנדזענע פעדער נ (ס)
*gendzene feder*

**quinine** n כינין ז
*chinin*

**quisling** n קוויסלינג ז (ען), פאַררעטער ז (ס)
*kvisling, farreter*

**quit** v אויפהערן; פאַרלאָזן
*oifheren; farlozen*

**quite** adv גאַנץ
*gants*

**quits** adj קוויט
*kvit*

**quiver** v צאַפּלען
*tsaplen*

**quiver** n צאַפּל ז (ען)
*tsapel*

**quixotic** adj קיכאָטיש (ריטעריש; זייער ראָמאַנטיש; ניט־פּראַקטיש)
*kichotish (riterish; zeier romantish; nit-praktish)*

**quiz** n אויספרעג ז (ן)
*oisfreg*

**quiz** v אויספרעגן; אָפּלאַכן
*oisfregen; oplachen*

**quorum** n קוואָרום ז (ס)
*kvorum*

**quota** n קוואָטע נ (ס)
*kvote*

**quotation** n ציטאַטע נ (ס)
*tsitate*

**quotation marks** ציטירצייכנס ר
*tsitirtseichens*

**quote** v ציטירן
*tsitiren*

# R r

**r, R** n ער ז (ן) (בוכשטאַב)
*er (buchshtab)*

**rabbi** n רב ז (רבנים); רבי ז (רביים)
*rov (rabonim); rebe (rabeiim)*

**rabbinical** adj רבניש
*rabonish*

**rabbit** n קיניגל ס (עך)
*kinigel (kiniglech)*

**rabble** n המון ז (ען)
*hamoin*

**rabid** adj משוגע; היציק; פאַנאַטיש
*meshuge; hitsik; fanatish*

**rabies** n הידראָפאָביע נ; הונט־משוגעת ס
*hidrofobye; hunt-meshugaas*

**raccoon** n ראַקון ז (ען), שאָפּ ז (ן)
*rakun, shop*

race n — געיעג ס (ן); ראַסע נ (ס)
*geyeg; rase*

race v — יאָגן זיך
*yogen zich*

racket n — טומל ז (ען); (שמועסדיק) שווינדל ז (ען); (טעניס־) ראַקעטקע נ (ס)
*tumel (tumlen); (shmuesdik) shvindel (shvindlen); (tenis-) raketke*

radar n — ראַדאַר ז (ן)
*radar*

radiance n — גלאַנץ ז (ען)
*glants*

radiate v — שטראַלן
*shtralen*

radiation n — באַשטראַלונג נ (ען)
*bashtralung*

radical adj — ראַדיקאַל
*radikal*

radio n — ראַדיאָ ז (ס)
*radyo*

radioactive adj — ראַדיאָאַקטיוו
*radyoaktiv*

radish n — רעטעך ז (ער)
*retech (retecher)*

raft n — טראַטווע נ (ס)
*tratve*

rag n — שמאַטע נ (ס)
*shmate*

rage n — שטורעמדיקער צאָרן ז
*shturemdiker tsoren*

rage v — שטורעמען, בושעווען
*shturemen, busheven*

ragged adj — שמאַטעדיק; אָפּגעריסן
*shmatedik; opgerisen*

ragman n — שמאַטע־הענדלער ז (ס)
*shmate-hendler*

ragtag n — פעבל ז; ערב־רב ז
*pebel; eirev-rav*

raid n — אָנפאַל ז (ן)
*onfal*

raid v — באַפאַלן
*bafalen*

rail n — רעלס ז (ן), שינע נ (ס)
*rels, shine*

rain n — רעגן ז (ס)
*regen*

rain v — רעגענען
*regenen*

rainbow n — רעגנבויגן ז (ס)
*regenboigen*

raincoat n — רעגנמאַנטל ז (ען)
*regenmantel (regenmantlen)*

rainy adj — רעגנדיק
*regendik*

raise v — אויפהייבן; העכערן (פּרייַז, געצאָלט, א״ע); האָדעווען (פיך); קולטיווירן (פלאַנצן); דערציִען (קינדער)
*oifheiben; hecheren (praiz, getsolt, etc.); hodeven (fich); kultiviren (flantsen); dertsien (kinder)*

raise n — העכערונג ז (ען); הוספה נ (הוספות)
*hecherung; hesofe/hoisofe (hesofes/hoisofes)*

**raisin** n ראָזשינקע נ (ס)
*rozhinke*

**rake** n גראַבליע נ (ס)
*grablye*

**rake** v גראַבליעווען, שאַרן
*grablyeven, sharen*

**ram** n באַראַן ז (עס),
ווידער ז (ס); שטויס־באַראַן ז
*baran (baranes),*
*vider; shtois-baran*

**ram** v שטויסן פראָנטאַל
*shtoisen frontal*

**Ramadan** n ראַמאַדאַן ז
*ramadan*

**ramble** v אַרומוואַנדערן
*arumvanderen*

**ramification** n צעצווייַגונג נ (ען)
*tsetsvaigung*

**ramify** v צעצווייַגן (זיך)
*tsetsvaigen (zich)*

**rampage** n אַרומווילדעווונג נ (ען);
ווילדער אויסבראָך ז
*arumvildevung;*
*vilder oisbroch*

**rampage** v ארומווילדעווען
*arumvildeven*

**rampant** adj אומגעצוימט;
שטורמיש
*umgetsoimt; shturmish*

**rampart** n שיצוואַל ז (ן)
*shitsval*

**ramshackle** adj אײַנפאַלנדיק
*ainfalendik*

**ranch** n ראַנטש ז (ן)
*rant'sh*

**rancor, rancour** n רישעות ס;
צולהכעיס ז
*rishes; tsulehaches/tseloches*

**random** adj צופעליק
*tsufelik*

**random** n (אַרכײַאיש) צופעליקער
אַקט ז
*(archaiish) tsufeliker akt*

— **at random** גלאַט אַזוי;
אָן אַ פּלאַן
*glat azoi; on a plan*

**range** n גרייך ז (ן) שיספּלאַץ ז;
פּאַשע־פעלד ס (ער);
בערג־קייט נ (ן)
*greich; shisplats;*
*pashe-feld (-felder);*
*berg-keit*

**range** v גרייכן
*greichen*

**rank** n ראַנג ז (ען); ריי נ (ען)
*rang; rei*

**rankle** v גורם זײַן פאַרדראָס;
צעווייטיקט זײַן
*goirem zain fardros;*
*tseveitikt zain*

**ransack** v דורכנישטערן; ראַבעווען
*durchnishteren; rabeven*

**ransom** n אויסלייזגעלט ס
*oisleizgelt*

**rap** n קלאַפּ ז (קלעפּ);
(סלענג) שולד נ (ן)
*klap (klep);*
*(sleng) shuld*

rapacious adj רויבעריש; כאַפּעריש
*roiberish; chaperish*

rape n פֿאַרגוואַלדיקונג נ (ען)
*fargvaldikung*

rape v פֿאַרגוואַלדיקן
*fargvaldiken*

rapid adj גיך, שנעל
*gich, shnel*

rapidity n גיכקייט נ
*gichkeit*

rapidly adv געשווינד
*geshvind*

rapt adj פֿאַרטיפֿט; אַנטציקט
*fartift; anttsikt*

rapture n התפעלות ס, אַנטציקונג נ
*hispailes/hispaales, anttsikung*

rare adj זעלטן; שיטער
*zelten; shiter*

rascal n יונגאַטש ז (עס), לײַדאַק ז (עס)
*yungat'sh (yungat'shes), laidak (laidakes)*

rash adj האַסטיק, צוגעאײַלט
*hastik, tsugeailt*

rash n אויסשיט ז (ן)
*oisshit*

raspberry n מאַלינע נ (ס)
*maline*

rat n שטשור ז (עס); (סלענג) פּאַרך ז (עס)
*sht'shur (sht'shures); (sleng) parch (parches)*

rate n קורס ז (ן) (פֿון וואַלוטע, פּראָצענט, א"ע); פּרײַז ז (ן); ראַנג ז (ען)
*kurs (fun valute, protsent, etc.); praiz; rang*

rate v שאַצן
*shatsen*

rather adv ליבערשט
*libersht*

ratify v ראַטיפֿיצירן, באַשטעטיקן
*ratifitsiren, bashtetiken*

ration n ראַציע נ (ס)
*ratsye*

rational adj ראַציאָנעל, שׂכלדיק
*ratsyonel, seicheldik*

rattle v קלאַפּערן; גראַגערן; רעדן שנעל
*klaperen; grageren; reden shnel*

rattle n גראַגער ז (ס), גרעגער ז (ס)
*grager, greger*

rattlesnake n קלאַפּערשלאַנג ז/נ (ען)
*klapershlang*

raucous adj גרילצנדיק
*griltsendik*

ravage v פֿאַרוויסטן
*farvisten*

raven n ראָב ז (ן)
*rob*

raven v אײַנשלינגען; רויבן
*ainshlingen; roiben*

ravenous adj פֿרעסעריש; גיריק
*freserish; girik*

ravine n באַרג־שפּאַלט ז (ן), יאַר ז (ן)
*barg-shpalt, yar*

raw adj רוי
*roi*

**ray** n שטראַל ז (ן)
*shtral*

**raze** v אײַנוואַרפן; פאַרטיליקן
*ainvarfen; fartiliken*

**razor** n ראַזיר־מעסער ז (ס)
*razir-meser*

**reach** v דערגרייכן
*dergreichen*

**react** v רעאַגירן, קעגנווירקן
*reagiren, kegenvirken*

**reaction** n רעאַקציע נ (ס)
*reaktsye*

**read** v לייענען, לעזן
*leienen, lezen*

**reader** n לייענער ז (ס);
לייענבוך ס (לייענביכער)
*leiener; leienbuch*
*(leienbicher)*

**readiness** n גרייטקייט נ
*greitkeit*

**reading** n לייענען ס, לייענונג נ
*leienen, leienung*

**ready** adj גרייט; פאַרטיק
*greit; fartik*

**real** adj רעאַל, פאַקטיש
*real, faktish*

**real estate** אומבאַוועגלעכע גיטער ר
(הויז, פעלד, א״ע)
*umbavegleche giter*
*(hoiz, feld, etc.)*

**realize** v רעאַליזירן, פאַרווירקלעכן
*realiziren, farvirklechen*

**really** adv ווירקלעך, טאַקע
*virklech, take*

**reap** v שנײַדן (תּבואה); אײַנזאַמלען
*shnaiden (tvue); ainzamlen*

**rear** n הינטן ז (ס)
*hinten*

**rear** adj הינטערשטער
*hintershter*

**rear** v דערציִען; בויען
*dertsien; boien*

**rearm** v ווידער באַוואָפענען
*vider bavofenen*

**reason** n סיבה נ (סיבות),
אורזאַך נ (ן); גרונט ז (ן);
שׂכל ז
*sibe (sibes),*
*urzach; grund; seichel*

**reason** v דענקען לאָגיש; באַגרינדן
*denken logish; bagrinden*

**reasonable** adj לאָגיש, שׂכלדיק;
מעסיק
*logish, seicheldik; mesik*

**rebate** n ראַבאַט ז (ן),
טיילווײַזער צוריקצאָל ז
*rabat, teilvaizer tsuriktsol*

**rebel** n בונטאַר ז (ן), מורד ז (ים)
*buntar, moired (mordim)*

**rebel** v בונטעווען זיך
*bunteven zich*

**rebellion** n בונט ז (ן),
אויפשטאַנד ז (ן)
*bunt, oifshtand*

**rebound** v אָפשפרינגען
*opshpringen*

**rebuff** n באַלדיקער אָפזאָג ז;
אָפשטויס ז (ן)

*baldiker opzog; opshtois*

rebuff v — גראָב אָפּזאָגן
*grob opzogen*

rebuke v — מאַכן אַ פאָרוווּרף
*machen a forvurf*

rebuke n — פאָרוווּרף ז (ן)
*forvurf*

recalcitrant adj — ווידערשפּעניק
*vidershpenik*

recall v — צוריקרופן
*tsurikrufen*

recede v — צוריקגיין; אָפּטרעטן
*tsurikgein; optreten*

receipt n — קבלה־צעטל ז (עך); קריגן ס
*kabole-tsetel (-tsetlen); krigen*

receipts pl — לייזונג נ
*leizung*

receive v — דערהאַלטן; באַקומען; אויפנעמען
*derhalten; bakumen; oifnemen*

recent adj — נײַ, פריש
*nai, frish*

recently adv — לעצטנס; מיט אַ קורצער צײַט צוריק
*letstens; mit a kurtser tsait tsurik*

reception n — אויפנאַמע נ (ס), קבלת־פּנים ס; אָננעמונג נ
*oifname, kaboles-ponem; onnemung*

recess n — הפסקה נ (הפסקות); נישע נ (ס)
*hafsoke (hafsokes); nishe*

recipe n — רעצעפּט ז (ן)
*retsept*

reciprocal adj — קעגנזײַטיק
*kegenzaitik*

recite v — רעציטירן, דעקלאַמירן; דערציילן
*retsitiren, deklamiren; dertseilen*

reckless adj — הפקרדיק; ניט־פאָרזיכטיק
*hefkerdik; nit-forzichtik*

reckon v — רעכענען; האַלטן פאַר
*rechenen; halten far*

reckoning n — אָפּרעכענונג נ
*oprechenung*

reclaim v — אויסבעסערן; פאָדערן צוריק
*oisbeseren; foderen tsurik*

recline v — אָנלענען זיך
*onlenen zich*

recluse n — מתבודד ז (ים)
*misboided (misbodedim)*

recluse adj — אָפּגעזונדערט
*opgezundert*

recognition n — דערקענונג נ; אָנערקענונג נ
*derkenung; onerkenung*

recognize v — דערקענען; אָנערקענען
*derkenen; onerkenen*

recollect v — דערמאָנען זיך
*dermonen zich*

recommend v — רעקאָמענדירן
*rekomendiren*

recompense v געבן אַנטשעדיקונג
*geben ant'shedikung*

reconcile v אויסגלײַכן; שלום מאַכן
*oisglaichen; sholem machen*

reconciliation n אויסגלײַך ז (ן); איבערבעטונג נ (ען)
*oisglaich; iberbetung*

reconsider v איבערקלערן
*iberkleren*

record v פאַרצייכענען, פאַרשרײַבן
*fartseichenen; farshraiben*

record n פאַרצייכעניש ס (ן); פּראָטאָקאָל ז (ן); גראַמאָפאָן־פּלאַטע נ (ס); רעקאָרד ז (ן), העכסטער דערגרייך ז
*fartseichenish; protokol; gramofon-plate; rekord, hechster dergreich*

recount v דערציילן (אין איינצלהייטן)
*dertseilen (in eintselheiten)*

recover v צוריקקריגן; געזונט ווערן
*tsurikkrigen; gezunt veren*

recreation n פאַרווײַלונג נ (ען)
*farvailung*

recrimination n קעגנבאַשולדיקונג נ (ען)
*kegenbashuldikung*

recruit n רעקרוט ז (ן)
*rekrut*

recruit v רעקרוטירן
*rekrutiren*

rectangle n גראָדעק ז (ן)
*grodek*

recuperate v געזונט ווערן; קומען צו זיך
*gezunt veren; kumen tsu zich*

recur v פאָרקומען נאָך אַ מאָל; צוריקקומען אויפן זינען
*forkumen noch a mol; tsurikkumen oifen zinen*

red adj, n רויט; רויטער קאָליר ז
*roit; roiter kolir*

Red Cross רויטער קרייץ ז
*roiter kreits*

redden v רויט מאַכן; פאַררויטלען זיך
*roit machen; farroitlen zich*

reddish adj רויטלעך
*roitlech*

redeem v אויסלייזן
*oisleizen*

redemption n אויסלייזונג נ (ען)
*oisleizung*

redress v פאַרגיטיקן
*fargitiken*

redress n פאַרגיטיקונג נ
*fargitikung*

Red Sea רויטער ים ז, ים־סוף ז
*roiter yam, yam-suf*

reduce v פאַרמינערן
*farmineren*

reduction n פאַרמינערונג נ (ען)
*farminerung*

redundant adj איבעריק
*iberik*

reed n ראָר־פלאַנץ נ (ן)
*ror-flants*

reelect v ווידער אויסוויילן
*vider oisveilen*

refer v פאַררופן זיך, מרמז זיַין; באַציִען זיך צו, זיַין שייך צו
*farrufen zich, meramez zain; batsien zich tsu; zain shaiech tsu*

reference n רעפערענץ נ (ן)
*referents*

referendum n רעפערענדום ז (ס)
*referendum*

refine v ראַפינירן; אויסאיידלען
*rafiniren; oiseidlen*

refinery n ראַפינעריע נ (ס)
*rafinerye*

reflect v אָפּשפּיגלען (זיך); איבערטראַכטן
*opshpiglen (zich); ibertrachten*

reflex n רעפלעקס ז (ן)
*refleks*

reflexive adj רעפלעקסיוו
*refleksiv*

reform v רעפאָרמירן, פאַרבעסערן
*reformiren, farbeseren*

reform n רעפאָרם נ (ען)
*reform*

refrain v צוריקהאַלטן זיך
*tsurikhalten zich*

refrain n רעפרען ז (ען)
*refren*

refresh v דערפרישן, דערקוויקן
*derfrishen, derkviken*

refreshment n דערפרישונג נ
*derfrishung*

refreshments pl כיבוד ז (פאַר געסט)
*kibed (far gest)*

refrigerator n פרידזשידער ז (ן)
*fridzhider*

refuge n מיקלט ז (ים)
*miklet (miklotim)*

refugee n פליכטלינג ז (ען), פליט ז (ים)
*flichtling, polet (plitim)*

refund v צוריקצאָלן
*tsuriktsolen*

refund n צוריקצאָל ז (ן)
*tsuriktsol*

refurbish v פאָלירן אויף דאָס נייַ; באַנייַען
*poliren oif dos nai; banaien*

refusal n אָפּזאָג ז (ן)
*opzog*

refuse v אָפּזאָגן (זיך)
*opzogen (zich)*

refuse n אָפּפאַל ז
*opfal*

refute v אָפּשלאָגן (אַ טענה, תּביעה, אָדער מיינונג)
*opshlogen (a taine, tvie, oder meinung)*

regain v ווידער קריגן; צוריקגעווינען
*vider krigen; tsurikgevinen*

regal adj קעניגלעך
*keniglech*

regard v באַטראַכטן

*batrachten*

**regard** n אַכט נ
*acht*

**regards** pl גרוס ז (ן)
*grus*

**regime** n רעזשים ז (ען)
*rezhim*

**regiment** n רעגימענט ז (ן)
*regiment*

**region** n ראַיאָן ז (ען), געגנט ז/נ (ן)
*rayon, gegent*

**register** n רעגיסטער ז (ס)
*register*

**register** v רעגיסטרירן, פאַרשרײַבן
*registriren, farshraiben*

**registrar** n רעגיסטראַר ז (ן)
*registrar*

**regress** v צוריקטרעטן
*tsuriktreten*

**regret** v באַדויערן
*badoieren*

**regret** n חרטה נ (חרטות), באַדויער ז
*charote (charotes), badoier*

**regrets** pl אַ העפלעכער אָפּזאָג צו אַן אײַנלאַדונג
*a heflecher opzog tsu an ainladung*

**regular** adj רעגולער
*reguler*

**regulate** v רעגולירן
*reguliren*

**rehearsal** n פּראָבע נ (ס) (אין טעאַטער); איבערחזרונג נ (ען)
*probe (in teater); iberchazerung*

**reign** n הערשאַפט נ (ן)
*hershaft*

**reign** v הערשן
*hershen*

**reimburse** v צוריקגעבן די הוצאות
*tsurikgeben di hoitsoes*

**rein** n לייצע נ (ס)
*leitse*

**reinforce** v פאַרשטאַרקן
*farshtarken*

**reject** v אָפּוואַרפן
*opvarfen*

**rejoice** v פרייען זיך
*freien zich*

**relapse** v צוריקפאַלן (צו אַ פריִערדיקן מצב)
*tsurikfalen (tsu a frierdiken matsev)*

**relation** n באַציאונג נ (ען), שײַכות ס (ן); קרובהשאַפט נ; קרוב ז (ים)
*batsiung, shaiches; kroiveshaft; korev (kroivim)*

**relative** n קרוב ז (ים)
*korev (kroivim)*

**relative** adj רעלאַטיוו
*relativ*

**relax** v נאָכלאָזן; אָפּרוען זיך
*nochlozen; opruen zich*

**release** v באַפרײַען; אָפּלאָזן
*bafraien; oplozen*

**release** n באַפרײַאונג נ (ען); פרײַלאָזונג נ
*bafraiung; frailozung*

relent v מעסיקער ווערן; נאָכלאָזן
*mesiker veren; nochlozen*

relentless adj אומבאַרעמהאַרציק
*umbaremhartsik*

relevance n שײַכותדיקייט נ
*shaichesdikeit*

relevant adj שײַכותדיק; שייך
*shaichesdik; shaiech*

reliable adj פאַרלאָזלעך; באַגלויבט
*farlozlech; bagloibt*

relic n איבערבלײַבס ס (ן) (פון פאַרגאַנגענהייט)
*iberblaibs (fun fargangenheit)*

relief n פאַרלײַכטערונג נ; הילף נ; קיצבה נ; רעליעף ז (ן)
*farlaichterung; hilf; kitsve; relyef*

relieve v פאַרלײַכטערן
*farlaichteren*

religion n רעליגיע נ (ס)
*religye*

religious adj רעליגיעז
*religyez*

relinquish v אָפּלאָזן; אויפגעבן
*oplozen; oifgeben*

relish n געשמאַק ז (ן); גוסט ז (ן)
*geshmak; gust*

relish v הנאה האָבן; ליב האָבן דעם געשמאַק
*hanoe hoben; lib hoben dem geshmak*

reluctance n אומווילן ז
*umvilen*

reluctant adj אומוויליק
*umvilik*

rely v פאַרלאָזן זיך אויף
*farlozen zich oif*

remain v בלײַבן
*blaiben*

remainder n רעשט ז (ן)
*resht*

remark v באַמערקן
*bamerken*

remark n באַמערקונג נ (ען)
*bamerkung*

remarkable adj מערקווערטיק
*merkvertik*

remedy n רפואה נ (רפואות); מיטל ס (ען)
*refue (refues); mitel (mitlen)*

remember v געדענקען
*gedenken*

remembrance n דערמאָנונג נ (ען); אָנדענק ז (ען)
*dermonung; ondenk*

remind v דערמאָנען
*dermonen*

remit v שיקן (געלט); בטל מאַכן; פאַרגעבן; פאַרמינערן
*shiken (gelt); botel machen; fargeben; farmineren*

remorse n געוויסנביסן ז; פּײַנלעכע חרטה נ
*gevisenbisen; painleche charote*

remote adj ווײַט; אָפּגעלעגן; שוואַך
*vait; opgelegen; shvach*

remove v אַראָפּנעמען; באַזײַטיקן
*aropnemen; bazaitiken*

renaissance n רענעסאַנס ז (ן)
*renesans*

rend v צעררײַסן
*tseraisen*

render v מאַכן; טון; געבן אַ רעפּאָרט; איבערזעצן
*machen; tun; geben a report; iberzetsen*

renegade n רענעגאַט ז (ן) (פֿאַררעטער ז; כּופֿר ז)
*renegat ((farreter; koifer)*

renew v באַנײַען
*banaien*

renounce v מוותּר זײַן אויף; אָפּוואַרפֿן
*mevater zain oif; opvarfen*

renown n באַרימטקייט נ
*barimtkeit*

renowned adj באַרימט
*barimt*

rent n דירה־געלט ס (ער)
*dire-gelt (-gelter)*

rent v דינגען; פֿאַרדינגען
*dingen; fardingen*

reopen v ווידער עפֿענען; דיסקוטירן נאָך אַ מאָל
*vider efenen; diskutiren noch a mol*

repair v פֿאַרריכטן
*farrichten*

repair n פֿאַרריכטונג נ (ען)
*farrichtung*

repay v צוריקצאָלן
*tsuriktsolen*

repeat v איבערחזרן
*iberchazeren*

repel v אָפּשטויסן
*opshtoisen*

repent v תּשובה טון; חרטה האָבן
*tshuve tun; charote hoben*

repentance n תּשובה נ; חרטה נ
*tshuve; charote*

repercussion n אומדירעקטער רעזולטאַט ז; אָפּקלאַנג ז (ען); אָפּשפּרונג ז (ען)
*umdirekter rezultat; opklang; opshprung*

repetition n איבערחזרונג נ (ען)
*iberchazerung*

replace v פֿאַרבײַטן; צוריקשטעלן
*farbaiten; tsurikshtelen*

replica n רעפּליקע נ (ס), רעפּראָדוקציע נ
*replike, reproduktsye*

reply v ענטפֿערן
*entferen*

reply n ענטפֿער ז (ס)
*entfer*

report n רעפּאָרט ז (ן)
*report*

report v אָפּגעבן אַ רעפּאָרט
*opgeben a report*

report card באַריכט־קאַרטל ס (עך)
*baricht-kartel (-kartlech)*

repose n רו נ
*ru*

repose v רוען
*ruen*

reprehend v טאַדלען
*tadlen*

represent v רעפּרעזענטירן
*reprezentiren*

representative n פֿאָרשטייער ז (ס)
*forshteier*

repress v אונטערדריקן
*unterdriken*

reprimand n האַרבער פֿאָרוווּרף ז
*harber forvurf*

reprimand v מאַכן אַן אָפֿיציעלן פֿאָרוווּרף
*machen an ofitsyelen forvurf*

reprint v איבערדרוקן
*iberdruken*

reptile n רעפּטיליע נ (ס)
*reptilye*

republic n רעפּובליק נ (ן)
*republik*

repudiate v אָפּשטויסן
*opshtoisen*

repugnant adj אָפּשטויסנדיק; עקלדיק
*opshtoisendik; ekeldik*

reputation n שם ז, גוטער נאָמען
*shem, guter nomen*

request v בעטן; פֿאַרלאַנגען
*beten; farlangen*

request n ביטע נ (ס); פֿאַרלאַנג ז (ען)
*bite; farlang*

require v דאַרפֿן; פֿאָדערן
*darfen; foderen*

requirement n באַדערפֿעניש ס (ן); פֿאָדערונג נ (ען)
*baderfenish; foderung*

rescue v ראַטעווען
*rateven*

rescue n רעטונג נ (ען)
*retung*

research n פֿאָרשונג נ (ען)
*forshung*

researcher n פֿאָרשער ז (ס)
*forsher*

resemblance n ענלעכקייט נ (ן)
*enlechkeit*

resemble v זײַן ענלעך
*zain enlech*

resent v האָבן פֿאַראיבל
*hoben faribel*

resentment n פֿאַראיבל ז (ען); פֿאַרדראָס ז (ן)
*faribel (fariblen); fardros*

reserve v רעזערווירן
*rezerviren*

reside v וווינען
*voinen*

residence n וווינונג נ (ען)
*voinung*

resign v רעזיגנירן
*rezigniren*

resist v קעגנשטעלן זיך
*kegenshtelen zich*

resistance n ווידערשטאַנד ז
*vidershtand*

resolution n רעזאָלוציע נ (ס)
*rezolutsye*

resolve v באַשליסן
*bashlisen*

resort v ווענדן זיך, אָנקומען צו

*venden zich, onkumen tsu*

**resort** n קוראָרט ס/ז (קורערטער)
*kurort (kurerter)*

**resound** v אָפהילכן
*ophilchen*

**resource** n מיטל ס (ען)
*mitel (mitlen)*

**resources** pl אוצרות ר
(פון אַ לאַנד)
*oitsres (fun a land)*

**respect** n רעספעקט ז, דרך־ארץ ז
*respekt, derech-erets*

**respect** v רעספעקטירן
*respektiren*

**respectable** adj געשעצט; חשוב
*geshetst; choshev*

**respectfully** adv מיט דרך־ארץ
*mit derech-erets*

**respecting** prep וועגן; בנוגע
*vegen; benoigeie/benegeie*

**respiration** n אָטעמונג נ
*otemung*

**respite** n צײַטווײַליקע
דערלײַכטערונג נ
(פון אַן אומאײַנגענעמען מצב);
אָפלייג ז (ן)
*tsaitvailike derlaichterung*
*(fun an umaingenemen*
*matsev); opleig*

**resplendent** adj גלאַנציק; פראַכטיק
*glantsik; prachtik*

**respond** v ענטפערן; רעאַגירן
*entferen; reagiren*

**response** n תשובה נ (תשובות),
ענטפער ז (ס); רעאַקציע נ (צו
אַ סטימול)
*tshuve (tshuves), entfer;*
*reaktsye (tsu a stimul)*

**responsibility** n
פאַראַנטוואָרטלעכקייט נ (ן)
*farantvortlechkeit*

**responsible** adj פאַראַנטוואָרטלעך
*farantvortlech*

**responsive** adj אָפרופיק
*oprufik*

**rest** n רו נ; אָפרו ז (ען);
אָנלען ז (ען); רעשט ז
*ru; opru; onlen; resht*

**rest** v רוען; אָנלענען זיך
*ruen; onlenen zich*

**restaurant** n רעסטאָראַן ז (ען)
*restoran*

**restive** adj אומרואיק; ווידערשפעניק
*umruik; vidershpenik*

**restless** adj אומרואיק
*umruik*

**restoration** n רעסטאַוראַציע נ
(די צוריקברענגונג
צום פריִערדיקן מצב)
*restavratsye (di*
*tsurikbrengung tsum*
*frierdiken matsev)*

**restrain** v צוריקהאַלטן, אײַנהאַלטן
*tsurikhalten, ainhalten*

**restrict** v באַגרענעצן
*bagrenetsen*

**result** n רעזולטאַט ז (ן)
*rezultat*

**result** v אַרויסקומען
*aroiskumen*

**resume** v ווידער אָנהייבן
*vider onheiben*

**retail** n דעטײַל־האַנדל ז (ען)
*detail-handel (-handlen)*

**retailer** n דעטײַל־קרעמער ז (ס)
*detail-kremer*

**retain** v האַלטן; געדענקען; אָנשטעלן (אַן אַדוואָקאַט)
*halten; gedenken; onshtelen (an advokat)*

**retaliate** v באַצאָלן מידה כנגד מידה
*batsolen mide keneged mide*

**retard** v פֿאַרלאַנגזאַמען; אָפּהאַלטן
*farlangzamen; ophalten*

**reticent** adj שווײַגעוודיק
*shvaigevdik*

**retire** v צוריקציִען זיך; פּענסיאָנירן
*tsuriktsien zich; pensyoniren*

**retirement** n פּענסיאָנירונג נ
*pensyonirung*

**retreat** v צוריקטרעטן
*tsuriktreten*

**retreat** n צוריקטראָט ז (ן); מקום־מנוחה ז
*tsuriktrot; mokem/mekom-menuche*

**retribution** n רעטריבוציע נ
*retributsye*

**retrieve** v צוריקקריגן; געפֿינען און צוריקברענגען (דערשאָסענע בעלי־חיים)
*tsurikkrigen; gefinen un tsurikbrengen (dershosene baalei-chaiyim /bale-cha'im)*

**retroactive** adj רעטראָאַקטיוו
*retroaktiv*

**return** v צוריקקומען; צוריקגעבן
*tsurikkumen; tsurikgeben*

**return** n צוריקקער ז (ן); צוריקגעבונג נ
*tsurikker; tsurikgebung*

**reveal** v אַנטדעקן, אַנטפּלעקן
*antdeken, antpleken*

**revel** v הוליען
*hulyen*

**revel** n הוליאַנקע נ (ס)
*hulyanke*

**revenge** n נקמה נ (נקמות)
*nekome (nekomes)*

**revenge** v נעמען נקמה
*nemen nekome*

**revengeful** adj נקמה־גײַציק
*nekome-gaitsik*

**revenue** n אײַנקונפֿט נ (ן), הכנסה נ (הכנסות)
*ainkunft, hachnose (hachnoses)*

**reverence** n יראת־הכּבֿוד ס, ערפֿורכט נ; פֿאַרערונג נ
*yires-hakoved, erfurcht; farerung*

**reverse** adj פֿאַרקערט
*farkert*

**reverse** n היפּוך ז (ים); מפּלה נ (מפּלות); הינטערשטע זײַט נ (ן)
*hipech (hipuchim); mapole*

*(mapoles); hintershte zait*

**reverse** v איבערקערן, איבערדרייען
*iberkeren, iberdreien*

**revert** v צוריקגיין; צוריקקערן זיך (צו אַ פריִערדיקן צושטאַנד)
*tsurikgein; tsurikkeren zich (tsu a frierdiken tsushtand)*

**review** v איבערקוקן; רעצענזירן
*iberkuken; retsenziren*

**review** n איבערקוק ז (ן); רעצענזיע נ (ס)
*iberkuk; retsenzye*

**revile** v זידלען
*zidlen*

**revise** v רעווידירן
*revidiren*

**revival** n אויפלעבונג נ; אויפבלי ז (ען)
*oiflebung; oifbli*

**revive** v אויפלעבן; אויפמינטערן
*oifleben; oifminteren*

**revoke** v אָפּרופן; צוריקציִען
*oprufen, tsuriktsien*

**revolt** n אויפשטאַנד ז (ן), בונט ז (ן)
*oifshtand, bunt*

**revolt** v אויפשטיין, בונטעווען
*oifshtein, bunteven*

**revolution** n רעוואָלוציע נ (ס)
*revolutsye*

**revolve** v דרייען (זיך); נאָכדענקען
*dreien (zich); nochdenken*

**revolver** n רעוואָלווער ז (ס)
*revolver*

**revulsion** n עקל ז (ען); פלוצעמדיקע צוריקציִאונג נ
*ekel (eklen); plutsemdike tsuriktsiung*

**reward** n באַלוינונג נ (ען)
*baloinung*

**reward** v באַלוינען
*baloinen*

**rhapsody** n ראַפּסאָדיע נ (ס)
*rapsodye*

**rhetoric** n רעטאָריק נ
*retorik*

**rhetorical** adj רעטאָריש
*retorish*

**rheumatism** n רעומאַטיזם ז
*revmatizm*

**rhinoceros** n נאָזהאָרן ז (ס)
*nozhoren*

**rhubarb** n ראַבאַרבער ז
*rabarber*

**rhyme** v גראַמען
*gramen*

**rhyme** n גראַם ז (ען)
*gram*

**rhythm** n ריטעם ז (ס/ריטמען)
*ritem (ritems/ritmen)*

**rhythmical** adj ריטמיש
*ritmish*

**ribald** adj שמוציק; גראָב
*shmutsik; grob*

**ribbon** n בענדל ס (עך)
*bendel (bendlech)*

**rice** n רײַז ז/נ
*raiz*

rich adj — רײַך
*raich*

riches n pl — רײַכקייט נ, עשירות ס
*raichkeit, ashires*

rid v — באַפרײַען פון; פטור ווערן פון
*bafraien fun; poter veren fun*

riddance n — באַפרײַאונג נ (פון); פטור־ווערונג נ
*bafraiung (fun); poter-verung*

riddle n — רעטעניש ס (ן)
*retenish*

riddle v — דורכלעכלען
*durchlechlen*

ride v — רײַטן; פאָרן
*raiten; foren*

ridicule v — אָפשפעטן, אָפחוזקן
*opshpeten, opchoizeken*

ridicule n — שפאָט ז, חוזק ז
*shpot, choizek*

ridiculous adj — לעכערלעך
*lecherlech*

rife adj — אָפט; פול; פאַרשפרייט
*oft; ful; farshpreit*

riffraff n — ערב־רב ז; אָפפאַל ז
*eirev-rav; opfal*

rifle n — ביקס נ (ן)
*biks*

rifle v — נישטערן און רויבן
*nishteren un roiben*

rift n — שפאַלט ז (ן)
*shpalt*

rig v — אויסשטאַטן (אַ שיף) מיט מאַסטבײמער, זעגלען, א״ע; (שמועסדיק) באַקליידן
*oisshtaten (a shif) mit mastbeimer, zeglen, etc. (shmuesdik) bakleiden*

right adj — רעכט; ריכטיק
*recht; richtik*

right n — רעכט ס
*recht*

righteous adj — גערעכטפאַרטיק
*gerechtfartik*

righteousness n — גערעכטיקייט נ; יושר
*gerechtikeit; yoisher*

rigid adj — שטײַף; שטרענג
*shtaif; shtreng*

rigor, rigour n — שטרענגקייט נ; שטײַפקייט נ
*shtrengkeit; shtaifkeit*

rill n — טײַכעלע ס (ך)
*taichele*

rim n — ראַנד ז (ן)
*rand*

ring n — רינג ז (ען); פינגערל ס (עך), פינגער־רינג ז; קלונג ז (ען)
*ring; fingerel (fingerlech), finger-ring; klung*

ring v — אײַנרינגלען; קלינגען
*ainringlen; klingen*

rinse v — שווענקען
*shvenken*

rinse n — שווענק ז (ען); שווענקעכץ ס (ן)
*shvenk; shvenkechts*

**riot** n מהומה נ (מהומות), ווילד גערודער ס; אומרוען ר
*mehume (mehumes), vild geruder; umruen*

**riot** v ווילדעווען; אָנטיילנעמען אין אַ מהומה
*vildeven; onteilnemen in a mehume*

**rip** v אויפרײַסן; צערײַסן
*oifraisen; tseraisen*

**rip** n ריס ז (ן)
*ris*

**ripe** adj רײַף, צײַטיק
*raif, tsaitik*

**ripen** v רײַף ווערן; צײַטיק מאַכן
*raif veren; tsaitik machen*

**rip-off** n (סלענג) עקספּלואַטאַציע־אַקט ז (ן); שווינדל ז (ען)
*(sleng) ekspluatatsye-akt; shvindel (shvindlen)*

**ripple** n כוואַלקע נ (ס)
*chvalke*

**rise** v אויפגיין; אויפשטיין; אויפהייבן זיך; שטײַגן
*oifgein; oifshtein; oifheiben zich; shtaigen*

**rise** n אויפגאַנג ז (ען); אויפשטײַג ז (ן); העכערונג נ (ען)
*oifgang; oifshtaig; hecherung*

**risk** n ריזיקע נ (ס)
*rizike*

**risk** v ריזיקירן
*rizikiren*

**rite** n פֿײַערלעכע צערעמאָניע נ (ס); רעליגיעזער מינהג ז
*faierleche tseremonye; religyezer minheg/mineg*

**rival** n קאָנקורענט ז (ן)
*konkurent*

**rival** v קאָנקורירן
*konkuriren*

**river** n טײַך ז (ן)
*taich*

**rivulet** n טײַכעלע ס (עך)
*taichele*

**road** n וועג ז (ן)
*veg*

**roam** v אַרומוואַנדערן
*arumvanderen*

**roar** v בּרומען, בּרילן (ווי אַ לייבֿ); שרײַען בקולי־קולות
*brumen, brilen (vi a leib); shraien bekoilei-koiles*

**roar** n בּרום ז (ען), בּריל ז (ן); געשריי ס (ען)
*brum, bril; geshrei*

**roast** v בּראָטן
*broten*

**rob** v רויבן
*roiben*

**robber** n רויבער ז (ס)
*roiber*

**robe** n כאַלאַט ז (ן); צערעמאָניע־קלייד ס (ער)
*chalat; tseremonye-kleid (-kleider)*

**robot** n ראָבאָט ז (ן)
*robot*

robust adj קרעפטיק
*kreftik*

rock n פעלדז ז (ן)
*feldz*

rock v וויגן
*vigen*

rock-and-roll n ראָק־און־ראָל (מוזיק)
*rok-un-rol (muzik)*

rocket n ראַקעטע נ (ס)
*rakete*

rocky adj פעלדזיק
*feldzik*

rodent n נאָגער ז (ס)
*noger*

roe n רויג ז (ן) (פון פיש)
*roig (fun fish)*

rogue n זשוליק ז (עס), אויסוואורף ז (ן)
*zhulik (zhulikes), oisvurf*

roister v בלאָזן פון זיך; פריצעווען
*blozen fun zich; pritseven*

role n ראָלע נ (ס)
*role*

roll v קייַקלען, קאַטשען; וועלגערן; וויקלען
*kaiklen, kat'shen; velgeren; viklen*

roll n ראָל ז (פון פאַפּיר); בולקע נ (ס); ליסטע נ (פון נעמען)
*rol (fun papir); bulke; liste (fun nemen)*

roll call נעמען־אויסרוף ז (ן)
*nemen-oisruf*

roller coaster אַרויף־און־אַראָפּ־באַן נ (ען)
*aroif-un-arop-ban*

rolling pin וואַלגערהאָלץ ס
*valgerholts*

roly-poly adj קורץ און דיקלעך
*kurts un diklech*

romance n ראָמאַנס ז (ן)
*romans*

romantic adj ראָמאַנטיש
*romantish*

Rome n רוים [ס]; רוימיש־קאַטוילישע קירכע נ
*roim; roimish-katoilishe kirche*

roof n דאַך ז (דעכער)
*dach (decher)*

roof v באַדעקן מיט אַ דאַך
*badeken mit a dach*

rook n אייראָפּעאישע קראָ נ (ען); ראָך ז (ן), טורעם ז (ס) (פיגור אין שאַך)
*eirope'ishe kro; roch, turem (figur in shach)*

rookie n (סלענג) אָנפאַנגער ז (ס); ניט־אויסגעשולטער רעקרוט ז
*(sleng) onfanger; nit-oisgeshulter rekrut*

room n צימער ס/ז (ן); פּלאַץ ז, אָרט ס, געלעגנהייט נ
*tsimer; plats, ort; gelegenheit*

room v וווינען
*voinen*

roomy adj רחבותדיק, געררים
*rachvesdik, geroim*

**rooster** n — האָן ז (הענער)
*hon (hener)*

**root** n — וואָרצל ז (ען)
*vortsel (vortslen)*

**root** v — פֿאַרוואָרצלען
*farvortslen*

**rope** n — שטריק ז
*shtrik*

**rope** v — צובינדן מיט שטריק
*tsubinden mit shtrik*

**rose** n — רויז נ (ן)
*roiz*

**Rosh Hashana, Rosh Hashono** — ראש־השנה ז
*rosh-hashone*

**rostrum** n — בימה נ (אַ פּלאַטפֿאָרם פֿאַר רעדנערס)
*bime (a platform far redners)*

**rosy** adj — רויזיק; זייער אָנגענעם
*roizik; zeier ongenem*

**rot** v — פֿוילן
*foilen*

**rot** n — פֿוילעכץ ס
*foilechts*

**rotten** adj — פֿאַרפֿוילט
*farfoilt*

**rouge** n — שמינקע נ (ס)
*shminke*

**rouge** v — שמינקען זיך
*shminken zich*

**rough** adj — רוי; ניט־גלאַט; גראָב (אין כאַראַקטער)
*roi; nit-glat; grob (in charakter)*

**roughen** v — רוי מאַכן; גראָב ווערן
*roi machen; grob veren*

**roughly** adv — מער־ווייניקער, אַרום
*mer-veiniker, arum*

**roughness** n — רויהייט נ; גראָבקייט נ
*roiheit; grobkeit*

**round** adj — קײַלעכדיק, רונדיק
*kailechdik, rundik*

**round** v — מאַכן קײַלעכדיק, פֿאַררונדיקן
*machen kailechdik, farrundiken*

**route** n — מאַרשרוט ז (ן)
*marshrut*

**routine** n — רוטין ז (ען)
*rutin*

**routine** adj — אײַנגעשטעלט; רעגולער; ניט־אינטערעסאַנט
*aingeshtelt; reguler; nit-interesant*

**rove** v — אַרומוואַנדערן
*arumvanderen*

**rover** n — וואַנדערער ז (ס)
*vanderer*

**row** n — קריגערײַ ס (ען)
*krigerai*

**row** n — ריי נ (ען), שורה נ (שורות)
*rei, shure (shures)*

**row** v — רודערן
*ruderen*

**rowboat** n — רודערשיפֿל ס (עך)
*rudershifel (rudershiflech)*

**rowdy** n — כוליגאַן ז (עס); גראָבּיאַן ז (עס)

*chuligan (chuliganes); grobyan (grobyanes)*

rowdy adj כוליגאַניש; גראָב; אומלײַטיש
*chuliganish; grob; umlaitish*

royal adj קעניגלעך
*keniglech*

royalty n קעניגלעכע פאַמיליע נ (ס); דינאַסטיש רעכט ס; אַדל ז; האָנאָראַר ז (ן)
*kenigleche familye; dinastish recht; adel; honorar*

rub v רײַבן
*raiben*

rubber n גומע נ (ס)
*gume*

— often rubbers pl קאַלאָשן ר
*kaloshen*

rubbish n מיסט ס; (שמועסדיק) שטות ז/ס
*mist; (shmuesdik) shtus*

ruble n רובל ז (אַ רוסישע מטבע)
*rubel (a rusishe matbeie)*

ruby n רובין ז (ען) (אַ טיף־רויטער איידלשטיין)
*rubin (a tif-roiter eidelshtein)*

rude adj גראָב; אומהעפלעך
*grob; umheflech*

rudiment n רודימענט ז (ן) (גרונדיקער פרינציפ ז; ערשטיקער יסוד ז; אָנהייב ז)
*rudiment (grundiker printsip; ershtiker yesod; onheib)*

rue v באַדויערן
*badoieren*

rueful adj באַדויערלעך
*badoierlech*

ruffian n כוליגאַן ז (עס); פּאַרך ז (עס)
*chuligan (chuliganes); parch (parches)*

rug n טעפּיך ז (ן/ער), דיוואַן ז (ען)
*tepich (tepicher), divan*

rugged adj צעשניטן; אומגלײַך; שטאַרק; האַרב
*tseshniten; umglaich; shtark; harb*

ruin n צעשטערונג נ; חורבה נ (חורבות)
*tseshterung; churve (churves)*

ruin v צעשטערן; חרוב מאַכן
*tseshteren; chorev machen*

rule n הערשאַפט נ (ן); כלל ז (ים); ליניע נ (ס)
*hershaft; klal (klolim); linye*

rule v הערשן; פּסקענען; לינירן, ווירען
*hershen; paskenen; liniren, viren*

ruler n הערשער ז (ס); ווירע נ (ס)
*hersher; vire*

rumble v בורטשען, וואָרטשען
*burt'shen, vort'shen*

ruminate v מעלה־גירהן (איבערקײַען אויפגעשטויסענע שפּײַז); באַקלערן
*maale-geiren (iberkaien oifgeshtoisene shpaiz); bakleren*

**rummage** v — נישטערן
*nishteren*

**rumor, rumour** n — קלאַנג ז (ען)
*klang*

**run** v — לויפן
*loifen*

**run** n — לויף ז
*loif*

**rung** n — שטאַפּל ז (ען)
*shtapel (shtaplen)*

**runner** n — לויפער ז (ס)
*loifer*

**rupture** n — ברוך ז (ן); ריס ז (ן)
*bruch; ris*

**rupture** v — צעברעכן; צערײַסן
*tsebrechen; tseraisen*

**rural** adj — דאָרפיש
*dorfish*

**ruse** n — תחבולה נ (תחבולות), טריק ז (ן)
*tachbule (tachbules), trik*

**rush** v — אײַלן; יאָגן זיך; דריקן
*ailen; yogen zich; driken*

**rush** n — געאײַל ס; געדראַנג ס
*geail; gedrang*

**Russia** n — רוסלאַנד [ס]
*rusland*

**Russian** adj — רוסיש
*rusish*

**Russian** n — רוס ז (ן); רוסיש ס (שפּראַך)
*rus; rusish (shprach)*

**rust** n — זשאַווער ז
*zhaver*

**rust** v — זשאַווערען
*zhaveren*

**rustle** n — שאָרך ז (ן)
*shorch*

**rustle** v — שאָרכן; (שמועסדיק) גנבענען רינדער
*shorchen; (shmuesdik) ganvenen rinder*

**rusty** adj — פאַרזשאַווערט
*farzhavert*

**ruth** n — (אַרכײַאיש) רחמנות ס, באַרעמהאַרציקייט נ
*(archaiish) rachmones, baremhartsikeit*

**ruthless** adj — אומבאַרעמהאַרציק; גרויזאַם
*umbaremhartsik; groizam*

**ruthlessness** n — אומבאַרעמהאַרציקייט נ; אכזריות ס
*umbaremhartsikeit; achzeriyes/achzories*

**rye** n — קאָרן ז
*koren*

# S s

**s, S** n — עס ז (בוכשטאַב)
*es (buchshtab)*

**Sabbath** n — שבת ז (ים)
*shabes (shabosim)*

**Sabbath** adj — שבתדיק
*shabesdik*

**sabotage** n — סאַבאָטאַזש ז
*sabotazh*

**sabotage** v — סאַבאָטירן
*sabotiren*

**sabra** n — צבר ז (ים), סאַברע נ (ס)
(צונאָמען פאַר אַ קינד געבוירן
אין ארץ־ישׂראל)
*tsaber (tsabarim), sabre (sabres)*
*(tsunomen far a kind geboiren*
*in erets-yisroel)*

**saccharin** n — סאַכאַרין ז
*sacharin*

**sack** n — זאַק ז (זעק), טאָרבע נ (ס);
(סלענג) אָפּזאָג ז (פון אַרבעט)
*zak (zek), torbe;*
*(sleng) opzog (fun arbet)*

**sack** v — צעראַבעווען;
(שמועסדיק) אָפּזאָגן, קינדיקן
*tserabeven; (shmuesdik)*
*opzogen, kindiken*

**sacred** adj — הייליק
*heilik*

**sacrifice** n — קרבן ז (ות)
*korben (korbones)*

**sacrifice** v — ברענגען אַ קרבן
*brengen a korben*

**sacrilege** n — חילול־הקדש ז
(פאַרשוועכונג פון הייליקייט)
*chilel-hakoidesh*
*(farshvechung fun heilikeit)*

**sacrosanct** adj — זייער הייליק;
געהייליקט
*zeier heilik; geheilikt*

**sad** adj — אומעטיק, טרויעריק
*umetik, troierik*

**sadden** v — אומעטיק מאַכן
*umetik machen*

**saddle** n — זאָטל ז (ען)
*zotel (zotlen)*

**saddle** v — אָנזאָטלען
*onzotlen*

**sadist** n — סאַדיסט ז (ן),
אומנאַטירלעכער אכזר ז
*sadist, umnatirlecher achzer*

**sadness** n — אומעט ז
*umet*

**safari** n — סאַפאַרי ז (ס)
*safari*

**safe** adj — זיכער
*zicher*

**safe** n — פֿייער־קאַסע נ (ס)
*faier-kase*

**safety** n — זיכערקייט נ
*zicherkeit*

**saffron** n — זאַפרען ז (ען)
*zafren*

**sag** v — זינקען; אַראָפּהענגען
*zinken; arophengen*

**sage** adj — קלוג
*klug*

**sage** n — גרויסער חכם ז
*groiser chochem*

**said** adj — איבנדערמאָנט
*oibendermont*

**sail** n — זעגל ז (ען)
*zegel (zeglen)*

**sail** v — זעגלען; אָפּפאָרן מיט אַ שיף
*zeglen; opforen mit a shif*

**sailboat** n — זעגלשיף נ (ן)
*zegelshif*

**sailor** n — מאַטראָס ז (ן)
*matros*

**saint** n — הייליקער ז, קדוש ז (ים)
*heiliker, kodesh (kdoishim)*

**sake** n — צוועק ז (ן); טובה נ
*tsvek; toive*

— for the sake of — לשם, צוליב; לטובת
*lesheim, tsulib; letoives*

**salaam** n — שלום ז
*sholem*

**salaam** v — גריסן מיט אַ שלום, געבן שלום
*grisen mit a sholem, geben sholem*

**salad** n — סאַלאַט ז (ן)
*salat*

**salamander** n — סאַלאַמאַנדרע נ (ס)
*salamandre*

**salami** n — סאַלאַמי ז (ס)
*salami*

**salary** n — געהאַלט ס (ן)
*gehalt*

**sale** n — פאַרקויף ז; אויספאַרקויף ז (ן)
*farkoif; oisfarkoif*

**salesman** n — פאַרקויפער ז (ס)
*farkoifer*

**saliva** n — שפּייעכץ ס (ן/ער)
*shpaiechts (shpaiechtsen/shpaiechtser)*

**salmon** n — לאַקס ז (ן)
*laks*

**salon** n — סאַלאָן ז (ען)
*salon*

**saloon** n — שענק נ (ען)
*shenk*

**salt** n — זאַלץ ס/נ (ן)
*zalts*

**salt** v — זאַלצן, אײַנזאַלצן
*zaltsen, ainzaltsen*

**salty** adj — געזאַלצן
*gezaltsen*

**salutary** adj — היילנדיק; געזונט; ווירקנדיק
*heilendik; gezunt; virkendik*

**salute** v — סאַלוטירן, באַגריסן
*salutiren, bagrisen*

**salute** n — סאַלוט ז (ן), באַגריסונג נ (ען)
*salut, bagrisung*

**salvation** n ישועה נ (ישועות), דערלייזונג נ
*yeshue (yeshues), derleizung*

**samba** n סאַמבע נ (ס) (טאַנץ)
*sambe (tants)*

**same** adj זעלביקער
*zelbiker*

**sameness** n זעלביקייט נ; איינטאָניקייט נ
*zelbikeit; eintonikeit*

**samovar** n סאַמאָוואַר ז (ן)
*samovar*

**sample** n מוסטער ז (ן), דוגמא נ (ות)
*muster, dugme (dugmes)*

**sample** v נעמען אַ דוגמא; פֿאַרזוכן
*nemen a dugme; farzuchen*

**Samson** n שמשון פּ״נ (זען שופטים י״ג — י״ד); גיבור ז (ים)
*shimshoin/shimshon (zen shoftim 13—14); giber (giboirim)*

**sanctify** v פֿאַרהייליקן
*farheiliken*

**sanctimony** n היפּאָקריזיע נ (אין רעליגיעזע ענינים)
*hipokrizye (in religyeze inyonim)*

**sanction** n סאַנקציע נ (ס); באַשטעטיקונג נ (ען)
*sanktsye; bashtetikung*

**sanction** v באַשטעטיקן
*bashtetiken*

**sanctuary** n מקום־קדוש ז; מיקלט ז (ים)
*mokem-kodesh; miklet (miklotim)*

**sand** n זאַמד ס (ן)
*zamd*

**sand** v באַשיטן מיט זאַמד
*bashiten mit zamd*

**sandal** n סאַנדאַל ז (ן); לאַטש ז (ן)
*sandal; lat'sh*

**sandwich** n סענדוויטש ז (ן)
*sendvit'sh*

**sandy** adj זאַמדיק
*zamdik*

**sane** adj קלאָר־זיניק
*klor-zinik*

**sanitarium** n סאַניטאַריום ז (ס)
*sanitaryum*

**sap** n זאַפט ז (ן)
*zaft*

**sapless** adj אָן זאַפט; פֿאַרוועלקט
*on zaft; farvelkt*

**sapling** n יונג ביימל ס
*yung beimel*

**sapphire** n סאַפּיר ז (ן) (איידלשטיין)
*safir (eidelshtein)*

**sappy** adj זאַפטיק; ענערגיש; (סלענג) נאַריש
*zaftik; energish; (sleng) narish*

**sarcasm** n סאַרקאַזם ז
*sarkazm*

**sarcastic** adj סאַרקאַסטיש
*sarkastish*

**sardine** n סאַרדין ז (ען)
*sardin*

**sari** n סאַרי נ (פֿרויען־קלייד)

*sari (froien-kleid)*

**sass** n (שמועסדיק) חוצפה נ
*(shmuesdik) chutspe*

**Satan** n שטן ז
*soten*

**satanic** adj טײַוולאָניש
*taivlonish*

**satchel** n רענצל ס (עך)
*rentsel (rentslech)*

**satellite** n סאַטעליט ז (ן)
*satelit*

**satiate** v זעטיקן
*zetiken*

**satin** n סאַטין ז, אַטלעס ז
*satin, atles*

**satire** n סאַטירע נ (ס)
*satire*

**satirical** adj סאַטיריש
*satirish*

**satirize** v קריטיקירן מיט סאַטירע
*kritikiren mit satire*

**satisfaction** n באַפרידיקונג (ען)
*bafridikung*

**satisfactory** adj באַפרידיקנדיק
*bafridikendik*

**satisfy** v באַפרידיקן, צופרידנשטעלן
*bafridiken, tsufridenshtelen*

**saturate** v אָנזעטיקן
*onzetiken*

**Saturday** n שבת ז (ים)
*shabes (shabosim)*

**satyr** n סאַטיר ז (ן) (גריכישער וואַלד־אָפּגאָט ז; בעסטיאַלישער מענטש ז)
*satir (grichisher vald-opgot; bestyalisher ment'sh)*

**sauce** n סאָס ז (ן); (שמועסדיק) חוצפה נ
*sos; (shmuesdik) chutspe*

**saucepan** n פענדל ס (עך)
*fendel (fendlech)*

**saucer** n טעצעלע ס (עך); טעלערל ס (עך)
*tetsele; telerel (telerlech)*

**saucy** adj חוצפהדיק; פאַרשײַט
*chutspedik; farshait*

**sault** n (קאַנאַדיש) וואַסערפאַל ז (ן)
*(kanadish) vaserfal*

**sauna** n סאַאונע נ (ס) (פינישע שוויצבאָד)
*saune (finishe shvitsbod)*

**saunter** v שפּאַצירן פּאַמעלעך, דורכגיין זיך
*shpatsiren pamelech, durchgein zich*

**saunter** n נחתדיקער שפּאַציר ז
*nachesdiker shpatsir*

**sausage** n וווּרשט ז (ן)
*vursht*

**sauve qui peut** אַלגעמיינער אַנטלויף ז, ויברח ז (פראַנצויזיש: זאָל יעדער וואָס איז אומשטאַנד זיך ראַטעווען)
*algemeiner antloif, vayivrech (frantsoizish: zol yeder vos iz umshtand zich rateven)*

**savage** adj ווילד; באַרבאַריש; רציחהדיק

*vild; barbarish; retsichedik*

savage n ווילדער מענטש ז; פּרא־אדם ז (ס)

*vilder ment'sh; pere-odem*

savanna, savannah n סאַוואַנע נ (ס)

*savane*

savant n ידען ז (ים), געלערנטער ז

*yaden (yadonim), gelerenter*

save v ראַטעווען; שפּאָרן; שאַנעווען

*rateven; shporen; shaneven*

save prep אַחוץ, אויסער

*achuts, oiser*

saving n רעטונג; אײַנשפּאָרונג נ (ען)

*retung; ainshporung*

savior, saviour n גואל ז (ים), אויסלייזער ז (ס)

*goiel (goialim), oisleizer*

savor, savour n געשמאַק ז (ן)

*geshmak*

savor v פאַרזוכן אָדער שמעקן; צוריכטן

*farzuchen oder shmeken; tsurichten*

saw n זעג נ (ן)

*zeg*

saw v זעגן

*zegen*

sawdust n זעגעכץ ס

*zegechts*

sawyer n זעגער ז (ס)

*zeger*

say v זאָגן

*zogen*

say n זאָג ז; דעה נ

*zog; deie*

saying n ווערטל ס (עך)

*vertel (vertlech)*

scab n פּאַרך ז (עס); (סלענג) שטרײַקברעכער ז (ס)

*parch (parches); (sleng) shtraikbrecher*

scabby adj פּאַרכעוואַטע; (שמועסדיק) געמיין

*parchevate; (shmuesdik) gemein*

scabies n (takes sing. v.) קרעץ ר

*krets*

scaffold n רישטאָוואַניע נ (ס); עשאַפאָט ז (ן)

*rishtovanye; eshafot*

scald v בריִען, אָפּבריִען

*brien, opbrien*

scald n ברי ז (ען)

*bri*

scale n שופּ נ (ן) (פון פיש); סקאַלע נ (ס); וואָגשאָל נ (ן)

*shup (fun fish); skale; vogshol*

— scales pl וואָג נ

*vog*

scalp n סקאַלפּ ז (ן)

*skalp*

scalp v סקאַלפּירן; אָפּשינדן; באַרײַסן (פּרײַזן)

*skalpiren; opshinden; baraisen (praizen)*

scamp n ליידיק־גייער ז (ס); לאָבוז ז (עס)

*leidik-geier; lobuz (lobuzes)*

scamper v לויפן געשווינד
*loifen geshvind*

scan v איבערקוקן
*iberkuken*

scan n איבערקוק ז (ן)
*iberkuk*

scandal n סקאַנדאַל ז (ן)
*skandal*

scandalous adj סקאַנדאַליעז
*skandalyez*

scant adj קנאַפּ
*knap*

scapegoat n שׂעיר־לעזאזל ז (זען ויקרא ט״ז, ה—כב); כּפּרה־הינדל ס
*so'ir-laazozeil/soer-lazozel (zen vayikro 16:5—22); kapore-hindel*

scar n שנאַר ז (ן), שראַמע נ (ס) (צייכן פון אַ פאַרהיילטער וווּנד)
*shnar, shrame (tseichen fun a farheilter vund)*

scar v מאַכן אַ שראַמע; (פאַרהיילן זיך און) בלײַבן אַ שנאַר
*machen a shrame; (farheilen zich un) blaiben a shnar*

scarce adj זעלטן
*zelten*

scarcely adv קוים
*koim*

scarcity n מאַנגל ז; זעלטנקייט נ (ן)
*mangel; zeltenkeit*

scare v איבערשרעקן
*ibershreken*

scare n איבערשרעק ז (ן)
*ibershrek*

scarecrow n שרעקפויגל ז (ען), סטראַשידלע נ (ס)
*shrekfoigel (shrekfoiglen), strashidle*

scarf n שאַל נ (ן)
*shal*

scarlet adj שאַרלעך־רויט
*sharlech-roit*

scary adj (שמועסדיק) שרעק־אָנוואַרפנדיק; שרעקעוודיק
*(shmuesdik) shrek-onvarfendik; shrekevdik*

scatter v צעוואַרפן; צעטרײַבן; צעלויפן זיך; צעזייען
*tsevarfen; tsetraiben; tseloifen zich; tsezeien*

scavenger n פּגרים־פרעסער ז (ס) (בעל־חי)
*pgorim-freser (balchai/baal-chai)*

scene n סצענע נ (ס)
*stsene*

scenery n לאַנדשאַפט ז/נ (ן); דעקאָראַציע נ (ס) (אין אַ טעאַטער)
*landshaft; dekoratsye (in a teater)*

scent n ריח ז (ות); פּאַרפום ז (ען)
*reiech (reiches); parfum*

scent v שמעקן; פּאַרפומירן; חושד זײַן

*shmeken; parfumiren; choished zain*

**scepter, sceptre** n סקעפּטער ז (ס)
*skepter*

**schedule** n צײַטפּלאַן ז (צײַטפּלענער)
*tsaitplan (tsaitplener)*

**scheme** n סכעמע נ (ס); פּלאַן ז (פּלענער)
*scheme; plan (plener)*

**scheme** v פּלאַנירן; אינטריגירן
*planiren; intrigiren*

**schlemiel** n (סלענג) שלומיאל ז (ס) (שלימזל ז; בטלן ז; טויגעניש ז)
*(sleng) shlumiel (shlimazel; batlen; toigenisht)*

**schlepp, schlep** v (סלענג) שלעפּן
*(sleng) shlepen*

**schlepp** n (סלענג) שלעפּער ז (ס); ליימענער גולם ז
*shleper; leimener goilem*

**schmaltzy, schmalzy** adj (סלענג) שמאַלציק; זייער סענטימענטאַל
*shmaltsik; zeier sentimental*

**schmear** n (סלענג) שמיר ז (ן)
*(sleng) shmir*

**schmear** v (סלענג) שמירן
*(sleng) shmiren*

**schmooze** v (סלענג) שמועסן; פּלוישן
*(sleng) shmuesen; ploishen*

**schmooze** n (סלענג) שמועס ז (ן); פּלויש ז
*(sleng) shmues; ploish*

**scholar** n געלערנטער ז; למדן ז (ים)
*gelerenter; lamden (lamdonim)*

**scholarship** n געלערנטקייט נ; סטיפּענדיע נ (ס)
*gelerentkeit; stipendye*

**school** n שול נ (ן), שולע נ (ס)
*shul, shule*

**schottische** n שאָטיש ז (סקאָטישער טאַנץ)
*shotish (skotisher tants)*

**science** n וויסנשאַפט נ (ן)
*visenshaft*

**scientific** adj וויסנשאַפטלעך
*visenshaftlech*

**scientist** n וויסנשאַפטלער ז (ס)
*visenshaftler*

**scion** n פלאַנץ־צווײַגל ס (עך); אָפּשפּראָץ ז (ן)
*flants-tsvaigel (-tsvaiglech); opshprots*

**scissor** v שערן
*sheren*

**scissors** n pl or sing שערל ס (עך)
*sherel (sherlech)*

**scoff** v אָפּשפּעטן, אויסשטעלן צו שפּאָט
*opshpeten, oisshtelen tsu shpot*

**scold** v זידלען *zidlen*

**scoop** n שעפּ נ (ן); (סלענג) סקופּ ז (נײַעס־אויסכאַפּ)
*shep; (sleng) skup (naies-oischap)*

**scoop** v אויסשעפּן; (סלענג) מפרסם זײַן אַ סקופּ

oisshepen;
(sleng) mefarsem zain
a skup

scope n פאַרנעם ז (ען), היקף ז (ים)
farnem, hekef (hekeifim)

scorch v פאַרברענען; פאַרוועלקן
farbrenen; farvelken

score n פונקטן־חשבון ז (ות)
punkten-cheshben (-cheshboines)

scorn v פאַראַכטן
farachten

scorn n פאַראַכטונג נ
farachtung

scorpion n עקדיש ז (ן), סקאָרפּיאָן ז (ען)
ekdish, skorpyon

Scotland n סקאָטלאַנד, שאָטלאַנד [ס]
skotland, shotland

Scottish adj סקאָטיש, שאָטיש
skotish, shotish

scoundrel n אויסוווּרף ז (ן)
oisvurf

scourge n בייטש נ (ן); פּלאָג נ (ן)
bait'sh; plog

scourge v שמייסן; פּלאָגן
shmaisen; plogen

scout n סקויט ז (ן)
skoit

scraggy adj דאַר
dar

scramble v צונויפמישן; גרייפן; קלעטערן
tsunoifmishen; graifen; kleteren

scrap n ברעקל ס (עך); ברעך ס
brekel (breklech); brech

scrape v אָפּקראַצן, שקראָבען
opkratsen, shkroben

scrappy adj פראַגמענטאַריש; (שמועסדיק) קריגעריש
fragmentarish;
(shmuesdik) krigerish

scratch v קראַצן; צעדראַפּען
kratsen; tsedrapen

scratch n קראַץ ז (ן); דראַפּ ז (ן); אַרויסגאַנג־פּונקט ז (פון אַ פאַרמעסט)
krats; drap; aroisgang-punkt
(fun a farmest)

— from scratch פון אַלף
fun alef

scrawl v שמירן, פּאַטשקען (מיט דער פּען)
shmiren, pat'shken
(mit der pen)

scrawny adj (שמועסדיק) דאַר
(shmuesdik) dar

scream v שרייַען, גוואַלדעווען
shraien, gvaldeven

scream n געשריי ס (ען), גוואַלד ז (ן)
geshrei, gvald

screech v קוויטשען
kvit'shen

screech n קוויטש ז (ן)
kvit'sh

screen n שירמע נ (ס); שפּאַניש ווענטל ס; זיפּ נ (ן); עקראַן ז (ען)

*shirme; shpanish ventel;*
*zip; ekran*

screen v פֿאַרשטעלן; דורכזיפּן; פּראָיעקטירן, באַשטראַלן
*farshtelen; durchzipen;*
*proyektiren, bashtralen*

screw n שרויף נ/ז (ן)
*shroif*

screw v שרויפֿן
*shroifen*

screwball n (סלענג) טשודאַק ז (עס)
*(sleng) t'shudak (t'shudakes)*

screwdriver n שרויפֿנציִער ז (ס)
*shroifentsier*

scribble v מאַזשגען, פּאַטשקען (מיט דער פּען); שרײַבן אומקלאָר
*mazhgen, pat'shken (mit*
*der pen); shraiben umklor*

scribe n סופֿר ז (ים) (שרײַבער פֿון ספֿר־תּורות, תּפֿילין און מזוזות)
*soifer (sofrim) (shraiber fun*
*seifer-toires, tfilin un mezuzes)*

scrimp v אײַנשפּאָרן
*ainshporen*

script n שריפֿט נ (ן)
*shrift*

Scripture n (often Scriptures) ביבל נ
*bibel*

scroll n מגילה נ (מגילות)
*megile (megiles)*

Scrooge n סקרודזש פּ״נ (דיקענס); געמיינער קמצן ז
*skrudzh (dikens); gemeiner*
*kamtsen*

scrub v רײַבן, שײַערן; צוואָגן (האָר)
*raiben, shaieren; tsvogen (hor)*

scruple n מאָראַלישער צווייפֿל ז; סקרופּל ז (געוויכט)
*moralisher tsveifel;*
*skrupel (gevicht)*

scrupulous adj געוויסנדיק
*gevisendik*

scrutinize v גוט אויספֿאָרשן, בודק זײַן
*gut oisforshen, boidek zain*

scud v באַוועגן זיך שנעל
*bavegen zich shnel*

scud n ווינט־געטריבענע וואָלקנס ר
*vint-getribene volkens*

scuffle n געשלעג ס (ן)
*geshleg*

sculptor n סקולפּטאָר ז (ן)
*skulptor*

sculpture n סקולפּטור־קונסט נ; סקולפּטור נ (ן)
*skulptur-kunst; skulptur*

scum n שלײַם ז; פּסולת ס
*shlaim; psoiles*

scythe n קאָסע נ (ס)
*kose*

scythe v שנײַדן מיט אַ קאָסע
*shnaiden mit a kose*

sea n ים ז (ען/ים)
*yam (yamen/yamim)*

sea gull מעווע נ (ס) (ים־פֿויגל)
*meve (yam-foigel)*

seal n זיגל ז (ען); ים־הונט ז

*zigel (ziglen); yam-hunt*

**seal** v פאַרזיגלען, פאַרחתמענען; פאַנגען יַם־הינט
*farziglen, farchasmenen; fangen yam-hint*

**seam** n נאָט נ (נעט)
*not (net)*

**seamstress** n נייטאָרין נ (ס)
*neitorin*

**search** v זוכן; דורכזוכן
*zuchen; durchzuchen*

**search** n זוכונג נ (ען); דורכזוך ז (ן)
*zuchung; durchzuch*

**seashell** n (יַם־) מושל נ (ען), מייערקעפּל ס (עך)
*(yam-) mushel (mushlen), meierkepel (meierkeplech)*

**seashore** n יַם־ברעג ז (ן)
*yam-breg*

**seasickness** n יַם־קראַנקייט נ
*yam-krankeit*

**season** n צײַט פון יאָר (פרילינג, זומער, האַרבסט, אָדער ווינטער); (יום־טובדיקער, קאָמערציעלער, א"ע) סעזאָן ז (ען)
*tsait fun yor (friling, zumer, harbst, oder vinter); (yontevdiker, komertsyeler, etc.) sezon*

**season** v צוריכטן, ווירצן
*tsurichten, virtsen*

**seat** n זיצפּלאַץ ס (זיצפּלעצער); באַזע נ (ס); שטול נ/ז (ן)
*zitsplats (zitspletser); baze; shtul*

**seat** v אַוועקזעצן; אויסזעצן
*avekzetsen; oiszetsen*

**secede** v אָפּשיידן זיך, אַרויסטרעטן (פון אַן אָרגאַניזאַציע אָדער אַליאַנץ)
*opsheiden zich, aroistreten (fun an organizatsye oder alyants)*

**secession** n סעצעסיע נ (ס)
*setsesye*

**seclude** v אָפּזונדערן
*opzunderen*

**seclusion** n אָפּזונדערונג נ
*opzunderung*

**second** adj צווייט
*tsveit*

**second** n סעקונדע נ (ס)
*sekunde*

**second** v שטיצן (אַ פאָרשלאָג)
*shtitsen (a forshlog)*

**second-hand** adj ניט־אָריגינעל; גענוצט
*nit-originel; genitst*

**secondly** adv צווייטנס
*tsveitens*

**secrecy** n געהיימקייט נ
*geheimkeit*

**secret** adj געהיים
*geheim*

**secret** n סוד ז (ות), געהיימניש ס (ן)
*sod (soides), geheimnish*

**secret agent** געהיים־אַגענט ז (ן)
*geheim-agent*

**secretary** n סעקרעטאַר ז (ן)

*sekretar*

sect n — סעקטע נ (ס)
*sekte*

section n — חלק ז (ים), טייל ז (ן); אָפּטייל ז (ן)
*cheilek (chalokim), teil; opteil*

secular adj — סעקולער, וועלטלעך
*sekuler, veltlech*

secure adj — באַוואָרנט, געזיכערט; זיכער
*bavorent, gezichert; zicher*

secure v — באַוואָרענען, זיכער מאַכן
*bavorenen, zicher machen*

security n — זיכערקייט נ; פאַרזיכערונג נ (ען); ערבות ס
*zicherkeit; farzicherung; arvus/arves*

— securities pl — ווערטפּאַפּירן ר
*vertpapiren*

Seder n — סדר ז (ים)
*seider (sdorim)*

seduce v — פאַרפירן
*farfiren*

see v — זען
*zen*

seed n — זוימען ז (ס), זרע נ
*zoimen, zere*

seek v — זוכן; פּרובירן
*zuchen; prubiren*

seem v — אויסזען
*oiszen*

seemly adj — פּאַסיק; לײַטיש
*pasik; laitish*

seep v — רינען
*rinen*

seesaw n — וויגברעט נ (ער), הוידעווקע נ (ס)
*vigbret (vigbreter), hoidevke*

seesaw v — וויגן זיך (אַהין און אַהער אָדער אַרויף און אַראָפּ)
*vigen zich (ahin un aher oder aroif un arop)*

seethe v — זידן, קאָכן
*ziden, kochen*

segment n — אָפּשניט ז (ן)
*opshnit*

segregate v — סעגרעגירן, אָפּזונדערן
*segregiren, opzunderen*

segregation n — סעגרעגאַציע נ (ס), אָפּזונדערונג נ
*segregatsye, opzunderung*

seize v — אָנכאַפּן; קאָנפיסקירן
*onchapen; konfiskiren*

seizure n — פאַרכאַפּונג נ; פּלוצעמדיקער אַטאַק ז (פון קראַנקייט)
*farchapung; plutsemdiker atak (fun krankeit)*

seldom adv — זעלטן
*zelten*

select v — אויסקלײַבן
*oisklaiben*

selection n — סעלעקציע נ (ס)
*selektsye*

self- prefix — זיך־
*zich-*

self-defense n — זיך־פאַרטיידיקונג נ
*zich-farteidikung*

**selfish** adj עגאָאיסטיש
*ego'istish*

**selfishness** n עגאָאיזם ז
*ego'izm*

**self-respect** n זיך־רעספּעקט ז
*zich-respekt*

**sell** v פֿאַרקויפֿן
*farkoifen*

**seller** n פֿאַרקויפֿער ז (ס); פֿאַרקויפֿלעכער חפֿץ ז
*farkoifer; farkoiflecher cheifets*

**semantics** n (takes sing. v.) סעמאַנטיק נ
*semantik*

**semblance** n אויסזע ז (ען)
*oisze*

**semester** n סעמעסטער ז (ס)
*semester*

**semi-** prefix האַלב־
*halb-*

**semi-annual** adj האַלביאָריק
*halbyorik*

**semicircle** n האַלבצירקל ז (ען)
*halbtsirkel (halbtsirklen)*

**semicolon** n פּינטל־קאָמע נ (ס)
*pintel-kome*

**semilunar** adj האַלב־לבֿנהדיק
*halb-levonedik*

**seminarian** n סעמינאַריסט ז (ן)
*seminarist*

**seminary** n סעמינאַר ז (ן)
*seminar*

**semi-official** adj האַלב־אָפֿיציעל
*halb-ofitsyel*

**Semite** n סעמיט ז (ן)
*semit*

**Semitic** adj סעמיטיש
*semitish*

**senate** n סענאַט ז (ן)
*senat*

**senator** n סענאַטאָר ז (ן)
*senator*

**send** v שיקן
*shiken*

**senile** adj סעניל
*senil*

**senior** adj עלטער; העכער (אין ראַנג)
*elter; hecher (in rang)*

**senior citizen** עלטערער בירגער ז
*elterer birger*

**seniority** n סטאַזש ז (ן)
*stazh*

**sensation** n געפֿיל ס (ן); סענסאַציע נ (ס)
*gefil; sensatsye*

**sense** n חוש ז (ים); געפֿיל ס (ן); זינען ז, שׂכל ז
*chush (chushim); gefil; zinen, seichel*

**sense** v פֿילן, דערשפּירן
*filen, dershpiren*

**senseless** adj אומזיניק; אָן שפּירונג
*umzinik; on shpirung*

**sensible** adj שׂכלדיק; פֿילבאַר
*seicheldik; filbar*

**sensitive** adj זייער פֿילעוודיק
*zeier filevdik*

sentence n זאַץ ז (ן); אורטייל ז (ן)
*zats; urteil*

sentence v פֿאַראורטיילן
*farurteilen*

sentiment n סענטימענט ז (ן)
*sentiment*

sentimental adj סענטימענטאַל
*sentimental*

sentinel n וואַכסאָלדאַט ז (ן); וועכטער ז (ס)
*vachsoldat; vechter*

sentry n וואַכסאָלדאַט ז (ן); שומר ז (ים)
*vachsoldat; shoimer (shomrim)*

separate v אָפּזונדערן; צעשיידן זיך
*opzunderen; tsesheiden zich*

separation n אָפּזונדערונג נ (ען)
*opzunderung*

September n סעפּטעמבער ז (ס)
*september*

sequel n המשך ז (ים)
*hemshech/hemsheich (hemsheichim)*

sequence n סעקווענץ נ (ן), נאָכאַנאַנדיקייט נ (ן)
*sekvents, nochanandikeit*

serenade n סערענאַדע נ (ס)
*serenade*

serenade v סערענאַדירן
*serenadiren*

serene adj שלווהדיק; רואיק; קלאָר
*shalvedik; ruik; klor*

serenity n שלווה נ; רואיקייט נ; קלאָרקייט נ
*shalve; ruikeit; klorkeit*

serf n לײַבקנעכט ז
*laibknecht*

sergeant n סערזשאַנט ז (ן)
*serzhant*

series n סעריע נ (ס)
*serye*

serious adj ערנסט
*erenst/ernst*

seriousness n ערנסטקייט נ
*erenstkeit*

sermon n דרשה נ (דרשות)
*droshe (droshes)*

serpent n שלאַנג נ (ען/שלענג)
*shlang (shlangen/shleng)*

servant n משרת ז (ים), דינער ז (ס); דינסט נ (ן)
*meshores (meshorsim), diner; dinst*

serve v דינען; באַדינען
*dinen; badinen*

service n דינסט ס (ן); באַדינונג נ
*dinst; badinung*

service v באַדינען
*badinen*

servile adj שקלאַפֿיש; אונטערטעניק
*shklafish; untertenik*

servility n אונטערטעניקייט נ
*untertenikeit*

session n סעסיע נ (ס), זיצונג נ (ען)
*sesye, zitsung*

set v לייגן; באַשטימען; אָנשטעלן (אַ זייגערל); אײַנפֿאַסן

(איידלשטיינער); פאַרגיין (זון)
*leigen; bashtimen; onshtelen (a zeigerel); ainfasen (eidelshteiner); fargein (zun)*

**set** adj באַשטימט; באַשלאָסן; פעסט; האַרט; (שמועסדיק) אײַנגעשפּאַרט
*bashtimt; bashlosen; fest; hart; (shmuesdik) aingeshpart*

**setback** n אומגעריכטער אָפּהאַלט ז; אָפּשטופּ ז (ן)
*umgerichter ophalt; opshtup*

**settle** v באַזעצן (זיך); אויסגלײַכן; דעצידירן; אָפּצאָלן (אַ חוב)
*bazetsen (zich); oisglaichen; detsidiren; optsolen (a choiv)*

**settlement** n קאָלאָניזירונג נ; ישוב ז (ים); אויסגלײַך ז (ן); אײַנצאָל ז (ן); באַשטימונג נ
*kolonizirung; yishev (yishuvim); oisglaich; aintsol; bashtimung*

**settler** n באַזעצער ז (ס); קאָלאָניסט ז (ן)
*bazetser; kolonist*

**set-up** n אַראַנזשירונג נ (ען); (סלענג) שווינדלערישער פאַרמעסט ז
*aranzhirung; (sleng) shvindlerisher farmest*

**seven** adj זיבן
*ziben*

**seventeen** adj זיבעצן
*zibetsen*

**seventh** adj זיבעט
*zibet*

**seventh** n זיבעטל ס (עך) (ברוכצאָל)
*zibetel (zibetlech) (bruchtsol)*

**seventy** adj זיבעציק
*zibetsik*

**sever** v צערײַסן; אָפּשנײַדן; ענדיקן (אַ פאַרבינדונג)
*tseraisen; opshnaiden; endiken (a farbindung)*

**several** adj עטלעכע; באַזונדערע
*etleche; bazundere*

**severance** n צערײַסונג נ; איבעררײַס ז (פון דיפּלאָמאַטישע באַציאונגען)
*tseraisung; iberrais (fun diplomatishe batsiungen)*

**severe** adj זייער שטרענג; האַרב
*zeier shtreng; harb*

**severity** n שטרענגקייט נ
*shtrengkeit*

**sew** v נייען
*neien*

**sewer** n אָפּגאַנג־קאַנאַל ז (ן)
*opgang-kanal*

**sewerage** n קאַנאַליזאַציע נ
*kanalizatsye*

**sex** n געשלעכט ס (ער)
*geshlecht (geshlechter)*

**sh!** שאַ!
*sha!*

**shabby** adj אָפּגעלאָזן; אויסגעריבן; געמיין
*opgelozen; oisgeriben; gemein*

**shack** n בײַדל ס (עך); אײַנפאַלנדיק הויז ס

baidel (baidlech);
ainfalendik hoiz

shackle n קייט נ (ן)
keit

shackle v שמידן, שליסן (אין קייטן); באַגרענעצן; אײַנהאַלטן
shmiden, shlisen (in keiten); bagrenetsen; ainhalten

shade n שאָטן ז (ס), טיילווײַז־טונקל אָרט ס; שאַטירונג נ (ען); (פענצטער) שטאָרע נ (ס)
shoten, teilvaiz-tunkel ort; shatirung; (fentster) shtore

shade v פאַרשטעלן (פון דער זון); פאַרציִען (די שטאָרעס); שאַטירן
farshtelen (fun der zun); fartsien (di shtores); shatiren

shadow n שאָטן ז (ס), שאָטן־געשטאַלט נ/ס (ן); שמץ ז; נאָכשפּירער ז (ס)
shoten, shoten-geshtalt; shemets; nochshpirer

shadow v וואַרפן אַ שאָטן; נאָכשפּירן
varfen a shoten; nochshpiren

shadowy adj שאָטנדיק; אומרעאַל
shotendik; umreal

shady adj שאָטן־געבנדיק; טונקל; קיל; (שמועסדיק) פאַרדאַכטלעך
shoten-gebendik; tunkel; kil; (shmuesdik) fardachtlech

shaggy adj קודלעוואַטע; באַדעקט מיט האָר, וואָל, א״ע.
kudlevate; badekt mit hor, vol, etc.

Shah n שאַך ז (ן) (פּערסישער קעניג)
shach (persisher kenig)

shake v שאָקלען; טרייסלען זיך
shoklen; treislen zich

shake n שאָקל ז (ען)
shokel (shoklen)

shaky adj שאָקלדיק, וואַקלדיק; שוואַך
shokeldik, vakeldik; shvach

shall aux. v. וועל; זאָל
vel; zol

shallow adj ניט־טיף, פלאַך
nit-tif, flach

sham n פעלשונג נ (ען); שווינדלער ז (ס)
felshung; shvindler

sham adj פאַלש
falsh

sham v פּרעטענדירן, מאַכן אַן אָנשטעל
pretendiren, machen an onshtel

shamble v שלעפּן זיך
shlepen zich

shambles n (takes sing. v.) שעכט־הויז ס; (שמועסדיק) באַלאַגאַן ז
shecht-hoiz; (shmuesdik) balagan

shame n בושה נ (בושות), שאַנד נ
bushe (bushes), shand

shame v פאַרשעמען
farshemen

shameful adj שענדלעך
shendlech

shameless adj אומפאַרשעמט
*umfarshemt*

shampoo v וואַשן די האָר (מיט שאַמפּו)
*vashen di hor (mit shampu)*

shampoo n שאַמפּו ז (ען)
*shampu*

shamus n (סלענג) פּריוואַטער דעטעקטיוו
*(sleng) privater detektiv*

Shangri-La n ערדישער גן־עדן ז
*erdisher gan-eiden*

shanty n בײַדל ס (עך)
*baidel (baidlech)*

shantyman n (פֿאַרצײַטנס אין קאַנאַדע) האָלצהעקער ז (ס),
*(fartsaitens in kanade) holts'heker*

shape n פֿאָרם נ (ען), פֿאָרמע נ (ס), געשטאַלט ס (ן)
*form, forme, geshtalt*

shape v פֿורעמען
*furemen*

shapeless adj אָן אַ געשטאַלט
*on a geshtalt*

shapely adj געשטאַלטיק, שיין־געפֿורעמט
*geshtaltik, shein-gefuremt*

share n חלק ז (ים); אַקציע נ (פֿינאַנצן)
*cheilek (chalokim); aktsye (finantsen)*

share v טיילן זיך
*teilen zich*

shark n הײַפֿיש ז (ן); אכזריותדיקער עקספּלואַטאַטאָר ז
*haifish; achzoriyesdiker ekspluatator*

sharp adj שאַרף
*sharf*

sharpen v שאַרפֿן, שלײַפֿן; אָפּשניצן (אַ בלײַפֿעדער)
*sharfen, shlaifen; opshnitsen (a blaifeder)*

sharpness n שאַרפֿקייט נ
*sharfkeit*

sharpshooter n שאַרף־שיסער ז (ס)
*sharf-shiser*

shatter v צעשמעטערן
*tseshmeteren*

shave n גאָלונג נ (ען), ראַזירונג נ (ען)
*golung, razirung*

shave v גאָלן, ראַזירן
*golen, raziren*

shawl n שאַל זנ (ן)
*shal*

she pron, n זי; נקבה נ
*zi; nekeive*

sheaf n גאַרב ז (ן); זאַנגען־בינטל ס (עך)
*garb, zangen-bintel (-bintlech)*

shear v שערן
*sheren*

shears n pl or sing שער נ (ן)
*sher*

sheath n שייד נ (ן)
*sheid*

shed n אָפּדאַך ז (ן); שטעלכל ס (עך)
*opdach; shtelchel (shtelchlech)*

**shed** v פאַרגיסן (טרערן, בלוט); פאַרשפּרייטן, אַרויסגעבן (ליכט, פאַרפום); אַראָפּוואַרפן פון זיך (הויט)
*fargisen (treren, blut); farshpreiten, aroisgeben (licht, parfum); aropvarfen fun zich (hoit)*

**sheep** n שאָף נ; ניכנע ז (ים)
*shof; nichne (nichno'im)*

**sheer** adj לויטער
*loiter*

**sheet** n בויגן ז (ס); לײַלעך ז (ער)
*boigen; lailech (lailecher)*

**sheik, sheikh** n שייך ז (ן) (אַראַבישער שבט־עלטסטער)
*sheich (arabisher sheivet-elt'ster)*

**shekel** n שקל ז (ים)
*shekel (shkolim)*

**shelf** n פּאָליצע נ (ס)
*politse*

**shell** n שאָל נ (ן), שאָלעכץ נ/ס (ן); אַרטילערישע קויל נ (ן)
*shol, sholechts; artilerishe koil*

**shelter** n אָפּדאַך ז (ן); שוץ נ (ן), באַשיצונג נ (ען)
*opdach; shuts; bashitsung*

**shelter** v באַשיצן
*bashitsen*

**shelve** v לייגן אויף דער פּאָליצע; אָפּלייגן
*leigen oif der politse; opleigen*

**shepherd** n פּאַסטעך ז (ער)
*pastech (pastecher)*

**sheriff** n שעריף ז (ן)
*sherif*

**shibboleth** n רייד־אייגנקייט נ (ן); קלינגוואָרט ס; פּאַסוואָרט ס (זען שופטים י"ב, ד—ו)
*reid-eigenkeit; klingvort; pasvort (zen shoftim 12:4—6)*

**shield** n שילד ז (ן); שוץ־שילד ז (ן), פּאַנצער ז (ס)
*shild; shuts-shild, pantser*

**shield** v זײַן אַ שוץ־שילד; באַשיצן
*zain a shuts-shild; bashitsen*

**shift** v איבעררוקן
*iberruken*

**shift** n איבעררוק ז (ן); שיכט ז (ן) (אין אַ פאַבריק)
*iberruk; shicht (in a fabrik)*

**shifty** adj כיטרע
*chitre*

**shilly-shallier** n אַהין־און־אַהער פּערזאָן ז (ען)
*ahin-un-aher perzon*

**shilly-shally** v וואַקלען זיך, קווענקלען זיך; זײַן אומבאַשלאָסן; אָפּלייגן
*vaklen zich, kvenklen zich; zain umbashlosen; opleigen*

**shimmer** v פינקלען; אונטערשפּרינגען (פלעמל פון אַ ליכט); שײַנען שוואַך
*finklen; untershpringen*

*(flemel fun a licht);*
*shainen shvach*

**shine** v שײַנען; גלאַנצן
*shainen; glantsen*

**shine** n שײַן ז/נ; גלאַנץ ז;
שײנער װעטער ז
*shain; glants; sheiner veter*

**shingle** n שינדל נ (ען)
*shindel (shindlen)*

**shiny** adj גלאַנציק
*glantsik*

**ship** n שיף נ (ן)
*shif*

**ship** v שיקן, טראַנספּאָרטירן;
אָפּשיפן; פֿאָרן מיט דער שיף
*shiken, transportiren; opshifen;*
*foren mit der shif*

**shipment** n טראַנספּאָרט ז (ן);
פֿראַכט נ (ן)
*transport; fracht*

**shipwreck** n שיפֿבּרוך ז (ן);
רויִן נ/ז (ען)
*shifbruch; ruin*

**shipwreck** v רויִנירן; לײַדן
אַ שיפֿבּרוך
*ruiniren; laiden a shifbruch*

**shirk** v אַרויסדרייען זיך
*aroisdreien zich*
*(fun a flicht)*
(פֿון אַ פֿליכט)

**shirt** n העמד ס (ער)
*hemd (hemder)*

**shirt-sleeve** adj (שמועסדיק)
אומפֿאָרמעל
*(shmuesdik) umformel*

**shiva** n שבֿעה נ
*shive*

**shiver** v ציטערן
*tsiteren*

**shiver** n ציטער ז
*tsiter*

**Shoah** n שואה נ, האָלאָקאָסט ז
*shoa/shoe, Holokost*

**shock** n שאָק ז (ן);
אויפֿטרייסלונג נ (ען)
*shok; oiftreislung*

**shock** v שאָקירן; אויפֿטרייסלען
*shokiren; oiftreislen*

**shoddy** adj שמאַטעװאַטע
*shmatevate*

**shoe** n שוך ז (שיך)
*shuch (shich)*

**shoe** v באַשוכן; באַשמידן
(מיט פּאָדקעוועס)
*bashuchen; bashmiden*
*(mit podkeves)*

**shoelace** n שוכבענדל ס (עך)
*shuchbendel (shuchbendlech)*

**shoemaker** n שוסטער ז (ס)
*shuster*

**shoestring** n שוכבענדל; (שמועסדיק)
זײער קלײנע געלט־סומע נ
(געניצט פֿאַר אַ געשעפֿט,
אינוועסטמענט, א״ע)
*shuchbendel; (shmuesdik) zeier*
*kleine gelt-sume (genitst far*
*a gesheft, investment, etc.)*

**shoo** interj שו! (אַן אויסגעשריי צו

פאַרטרײַבן הינער, פייגל, א״ע)
*shu! (an oisgeshrei tsu fartraiben hiner, feigel, etc.)*

**shoot** v שיסן
*shisen*

**shoot** n שפּראָץ ז (ן)
*shprots*

**shop** n קראָם נ (ען); וואַרשטאַט ז (ן)
*krom; varshtat*

**shop** v גיין אײַנקויפן
*gein ainkoifen*

**shoplifter** n קראָמען־גנבֿ ז (ים)
*kromen-ganev (-ganovim)*

**shopper** n אײַנקויפער ז (ס)
*ainkoifer*

**shopping plaza** (קאַנאַדיש) אײַנקויף־פּלאַזע נ
*(kanadish) ainkoif-plaze*

**shore** n ברעג ז (ן)
*breg*

**short** adj קורץ
*kurts*

**shortage** n מאַנגל ז (ען), דוחק ז
*mangel (manglen), doichek*

**short-change** v געבן ווייניקער פון דעם ריכטיקן רעשט; אָפּנאַרן
*geben veiniker fun dem richtiken resht; opnaren*

**shortcoming** n חסרון ז (ים); דעפעקט ז (ן)
*chisoren (chesroinim); defekt*

**shortcut** n דורכוועג ז (ן)
*durchveg*

**shorten** v קירצן, פאַרקירצן
*kirtsen, farkirtsen*

**shorthand** n סטענאָגראַפיע נ
*stenografye*

**shortly** adv קירצלעך, באַלד
*kirtslech, bald*

**shortness** n קורצקייט נ
*kurtskeit*

**shortsighted** adj קורצזיכטיק; ניט־פאָראויסזעאיק; אומבאַרעכנט
*kurtszichtik; nit-foroisze'ik; umbarechent*

**shot** n שאָס ז (ן)
*shos*

**should** aux v וואָלט; זאָל
*volt; zol*

**shoulder** n אַקסל ז (ען), פּלייצע נ (ס)
*aksel (akslen), pleitse*

**shout** v שרײַען
*shraien*

**shout** n געשריי ס (ען), שרײַ ז (ען)
*geshrei, shrai*

**shove** v שטופּן, רוקן
*shtupen, ruken*

**shove** n שטופּ ז (ן), רוק ז (ן)
*shtup, ruk*

**shovel** n שופל ז (ען), לאָפּעטע נ (ס)
*shufel (shuflen), lopete*

**shovel** v שופלען
*shuflen*

**show** v ווײַזן; באַווײַזן
*vaizen; bavaizen*

**show** n אויסשטעלונג נ (ען);

ספעקטאַקל ז (ען)
*oisshtelung; spektakel (spektaklen)*

**shower** n קורצער רעגנפאַל ז (ן); אויסגאָס ז (ן); שפריץ ז (ן), שפריצבאָד נ (שפריצבעדער), טוש ז (ן), דוש ז (ן)
*kurtser regenfal; oisgos; shprits, shpritsbod (shpritsbeder), tush, dush*

**shower** v רעגענען אין משך פון אַ קורצער צײַט; גיסן; שפריצן; נעמען אַ טוש
*regenen in meshech fun a kurtser tsait; gisen; shpritsen; nemen a tush*

**shred** n ברעקל ס (עך); שטיקל ס (עך)
*brekel (breklech); shtikel (shtiklech)*

**shred** v צערײַסן אָדער צעשנײַדן אין שטיקלעך
*tseraisen oder tseshnaiden in shtiklech*

**shrew** n שלעכטע פרוי נ (ען), מרשעת נ (ן)
*shlechte froi, mirshaas*

**shrewd** adj שאַרפזיניק; איבערגעשפיצט, כיטרע
*sharfzinik; ibergeshpitst, chitre*

**shriek** n קוויטש ז (ן)
*kvit'sh*

**shriek** v קוויטשען
*kvit'shen*

**shrill** adj שרײַאיק, רײַסיק
*shraiik, raisik*

**shrine** n הייליקער פלאַץ ז; קאַפליצע נ (ס)
*heiliker plats; kaplitse*

**shrink** v צוריקציִען זיך; אײַנציִען זיך, אײַנגעשרומפן ווערן
*tsuriktsien zich; aintsien zich, aingeshrumpen veren*

**shrinkage** n אײַנשרומפונג נ
*ainshrumpung*

**shrivel** v פאַרוועלקן; אײַנגעדאַרט ווערן
*farvelken; aingedart veren*

**shrub** n קשאַק ז (עס)
*kshak (kshakes)*

**shrug** v ציִען די אַקסלען, קוועטשן מיט די פלייצעס
*tsien di akslen, kvet'shen mit di pleitses*

**shudder** v שוידערן
*shoideren*

**shudder** n שוידער ז (ס)
*shoider*

**shun** v אויסמײַדן
*oismaiden*

**shut** v פאַרמאַכן
*farmachen*

**shutter** n לאָדן ז (ס)
*loden*

**shy** adj שעמעוודיק
*shemevdik*

**shy** v צוריקשפרינגען; אַ ריר טאָן

זיך פלוצעם; וואַרפן
*tsurikshpringen; a rir ton zich plutsem; varfen*

Siberia n סיבּיר [ס]
*sibir*

Siberian husky סיבּירער שליטנהונט ז
*sibirer shlitenhunt*

sick adj קראַנק
*krank*

sicken v קראַנק ווערן, קרענקען; קראַנק מאַכן; מיגלען
*krank veren, krenken; krank machen; miglen*

sickle n סערפּ ז (ן)
*serp*

sickness n קרענק נ (ען); מיגל ז
*krenk; migel*

side n זײַט נ (ן); צד ז (צדדים)
*zait; tsad (tsdodim)*

sidewalk n טראָטואַר ז (ן)
*trotuar*

siege n באַלאַגערונג נ (ען)
*balagerung*

siege v באַלאַגערן
*balageren*

sieve n זיפּ נ (ן)
*zip*

sift v דורכזיפּן
*durchzipen*

sigh v זיפצן
*ziftsen*

sigh n זיפץ ז (ן)
*zifts*

sight n רְאִיה נ; זעאונג נ (ען); ספּעקטאַקל ז (ען)
*re'iye/rie; zeung; spektakel (spektaklen)*

sign n צייכן ז (ס), סימן ז (ים)
*tseichen, simen (simonim)*

sign v אונטערשרײַבן זיך, חתמענען
*untershraiben zich, chasmenen*

signal n סיגנאַל ז (ן)
*signal*

signature n אונטערשריפט נ (ן)
*untershrift*

significance n באַדײַטונג נ (ען); וואָגיקייט נ
*badaitung; vogikeit*

significant adj באַדײַטיק; וואָגיק
*badaitik; vogik*

signify v באַדײַטן
*badaiten*

silence n שטילקייט נ; שווײַגונג נ
*shtilkeit; shvaigung*

silent adj שטיל; שווײַגנדיק
*shtil; shvaigendik*

silently adv שטילערהייט
*shtilerheit*

silk n זײַד נ/ס; זײַדנס ס
*zaid; zaidens*

silk adj זײַדן
*zaiden*

silken adj זײַדן; ווייך; גלאַט און גלאַנציק
*zaiden; veich; glat un glantsik*

silliness n נאַרישקייט נ

narishkeit

silly adj נאַריש
narish

silo n סילאָ ז (ס)
silo

silver n זילבער ס
zilber

silver adj זילבערן ס
zilberen

silverfish n זילבערפיש ז
zilberfish

silvern adj (אַרכײַאיש) זילבערן
(archaiish) zilberen

silver-plated adj באַזילבערט
bazilbert

silversmith n זילבערשמיד ז (ן)
zilbershmid

silvery adj זילבערדיק; מעלאָדיש
zilberdik; melodish

similar adj ענלעך
enlech

similarity n ענלעכקייט נ (ן)
enlechkeit

simile n פאַרגלײַך ז (ן)
(פון צוויי פאַרשיידענע זאַכן אָדער אידייען)
farglaich (fun tsvei farsheidene zachen oder ideien)

similitude n ענלעכקייט נ (ן); פאַרגלײַכונג נ (ען)
enlechkeit; farglaichung

simmer v זידן לאַנגזאַם; אויפקאָכן זיך (פון כעס)
ziden langzam; oifkochen zich (fun kaes/kaas)

simple adj איינפאַך, פשוט
einfach, poshet

simpleton n תּם ז (ען), שוטה ז (שוטים)
tam, shoite (shoitim)

simplicity n איינפאַכקייט נ
einfachkeit

simplify v פאַראיינפאַכן, מאַכן פשוט
fareinfachen, machen poshet

simulate v סימולירן (פרעטענדירן; אימיטירן)
simuliren (pretendiren; imitiren)

simultaneous adj סימולטאַניש, איינצײַטיק
simultanish, eintsaitik

sin n זינד נ
zind

sin v זינדיקן
zindiken

Sinai n סיני [ז] (זען שמות י״ט, כ)
sinai (zen shmois 19:20)

since prep, conj, adv זינט; ווײַל; פון דעמאָלט אָן
zint; vail; fun demolt on

sincere adj אָפנהאַרציק, אויפריכטיק
ofenhartsik, oifrichtik

sincerely adv באמת
beemes

sincerity n אויפריכטיקייט נ, אֶמתדיקייט נ

*oifrichtikeit, emesdikeit*

sinew n שפּאַנאָדער נ (ן)‏; כּוח ז (ות)
*shpanoder; koiech (koiches)*

sing v זינגען
*zingen*

singe v אָפּזענגען, אָפּבּרענען; (שמועסדיק) באַשעדיקן
*opzengen, opbrenen; (shmuesdik) bashediken*

singer n זינגער ז (ס)
*zinger*

singing n געזאַנג ס
*gezang*

single adj איינציק; אומפאַרהייראַט
*eintsik; umfarheirat*

singular adj אויסערגעוויינטלעך; מאָדנע; איינציק
*oisergeveintlech; modne; eintsik*

singular n איינצאָל נ, לשון־יחיד ס
*eintsol, loshen-yoched*

sinister adj בייז־סימנדיק; שלעכט
*beiz-simendik; shlecht*

sink v זינקען; פאַרזינקען
*zinken; farzinken*

sink n אָפּגאָס ז (ן)
*opgos*

sinuous adj שלענגלדיק; (מאָראַליש) קרום
*shlengeldik; (moralish) krum*

sip v זופּן
*zupen*

sip n זופּ ז (ן)
*zup*

sir n ( often Sir) הער ז (ן)
*her*

sister n שוועסטער נ; מאַנאַשקע נ (ס)
*shvester; monashke*

sister-in-law n שוועגערין נ (ס)
*shvegerin*

sisterly adj שוועסטערלעך; האַרציק
*shvesterlech; hartsik*

sit v זיצן
*zitsen*

sit down אַוועקזעצן זיך
*avekzetsen zich*

sitting n זיצן ס; זיצונג נ (ען)
*zitsen; zitsung*

situation n סיטואַציע נ (ס)
*situatsye*

six adj זעקס
*zeks*

sixteen adj זעכצן
*zechtsen*

sixth adj זעקסט
*zekst*

sixth n זעקסטל ס (עך) (בּרוכצאָל)
*zekstel (zekstlech) (bruchtsol)*

sixty adj זעכציק
*zechtsik*

size n גרייס נ (ס)
*greis*

sizzle v צישען, זידן; זײַן צעהיצט
*tsishen, ziden; zain tsehitst*

skate n אײַז־גליטשער ז (ס); רעדלשוך ז (רעדלשיך)
*aiz-glit'sher; redelshuch (redelshich)*

**skate** v גליטשן זיך; רעדלען זיך
*glit'shen zich; redlen zich*

**skeleton** n סקעלעט ז (ן)
*skelet*

**skeptic, sceptic** n סקעפּטיקער ז (ס), צווייפלער ז (ס)
*skeptiker, tsveifler*

**skeptical** adj סקעפּטיש
*skeptish*

**skepticism** n סקעפּטיציזם ז
*skeptitsizm*

**sketch** n סקיצע נ (ס)
*skitse*

**sketch** v סקיצירן
*skitsiren*

**ski** n נאַרטע נ (ס), סקי ז (ס)
*narte, ski*

**ski** v נאַרטלען זיך
*nartlen zich*

**skid** n אויסגליטש ז (ן)
*oisglit'sh*

**skid row** פֿאַרברעכער־דיסטריקט ז
*farbrecher-distrikt*

**skill** n טאַט־פֿעאיקייט נ; מלאכה נ (מלאכות)
*tat-fe'ikeit; meloche (meloches)*

**skillful** adj געשיקט
*geshikt*

**skim** v אָפּשעפּן (די סמעטענע פֿון דער מילך); אויבערפֿלעכלעך לייענען; דורכבלעטערן
*opshepen (di smetene fun der milch); oiberflechlech leienen; durchbleteren*

**skim milk** אָפּגעשעפּטע מילך נ
*opgeshepte milch*

**skimp** v אײַנשפּאָרן; פֿושערן
*ainshporen; fusheren*

**skimpy** adj קנאַפּ; קמצניש
*knap; kamtsonish*

**skin** n הויט נ (ן); פֿעל נ (ן); שאָלעכץ ס/נ (ן)
*hoit; fel; sholechts*

**skin** v שינדן
*shinden*

**skinny** adj זייער דאַר
*zeier dar*

**skip** v שפּרינגען לײַכט; איבערשפּרינגען; (שמועסדיק) אַוועקגיין גיך
*shpringen laicht; ibershpringen; (shmuesdik) avekgein gich*

**skirmish** n שלאַכטל ס (עך)
*shlachtel (shlachtlech)*

**skirmish** v אָנטיילנעמען אין אַ שלאַכטל
*onteilnemen in a shlachtel*

**skirt** n קליידל ס (עך)
*kleidel (kleidlech)*

**skirt** v גיין אַרום (אַ גרענעץ); אויסמײַדן (אַ טעמע)
*gein arum (a grenets); oismaiden (a teme)*

**skull** n שאַרבן ז (ס)
*sharben*

**skullcap** n יאַרמאָלקע נ, יאַרמלקע נ (ס), קאַפּל ס (עך)

*yarmolke, yarmelke, kapel (kaplech)*

**sky** n הימל ז (ען) *himel (himlen)*

**skyscraper** n װאָלקן־קראַצער ז (ס) *volken-kratser*

**slack** adj לויז *loiz*

**slacken** v פאַרלאַנגזאַמען; שוואַכער ווערן; לויז מאַכן *farlangzamen; shvacher veren; loiz machen*

**slam** v פאַרמאַכן מיט אַ קלאַפּ; (שמועסדיק) האַרב קריטיקירן *farmachen mit a klap; (shmuesdik) harb kritikiren*

**slam** n קלאַפּ ז (קלעפּ), זעץ ז (ן) *klap (klep), zets*

**slander** n פאַלשע באַרעדעריי נ; לשון־הרע ס *falshe barederai; loshen-hore*

**slander** v פאַלש באַרעדן; רעדן אָדער פאַרשפּרייטן לשון־הרע *falsh bareden; reden oder farshpreiten loshen-hore*

**slang** n סלענג ז *sleng*

**slap** n פאַטש ז (פעטש) *pat'sh (pet'sh)*

**slap** v פאַטשן *pat'shen*

**slash** v צעהאַקן; שמײַסן; דראַסטיש רעדוצירן; אויסשנײַדן טיילן פון (אַ בוך, א״ע) *tsehaken; shmaisen; drastish redutsiren; oisshnaiden teilen fun (a buch, etc.)*

**slaughter** n קײלונג נ (טרייף); שחיטה נ (כשר); ברוטאַלישע טויטונג נ *kailung (treif); shchite (kosher); brutalishe toitung*

**slaughter** v קײלן; שעכטן; ברוטאַליש הרגענען *kailen; shechten; brutalish hargenen*

**slaughterhouse** n שעכטהויז ס (שעכטהײַזער) *shechthoiz (shechthaizer)*

**Slav** n סלאַוו ז (ן) *slav*

**slave** n שקלאַף ז (ן), קנעכט ז *shklaf, knecht*

**slave** v שקלאַפן; אַרבעטן זייער שווער *shklafen; arbeten zeier shver*

**slaver** n שקלאַפן־הענדלער ז (ס); שקלאַפן־שיף נ (ן) *shklafen-hendler; shklafen-shif*

**slavery** n קנעכטשאַפט נ *knecht'shaft*

**Slavic** adj סלאַוויש *slavish*

**slavish** adj שקלאַפיש; געמיין *shklafish; gemein*

**slay** v הרגענען, מאָרדן *hargenen, morden*

**sled** n שליטן ז (ס)

*shliten*

**sled** v שליטלען זיך
*shlitlen zich*

**sled dog** שליטנהונט ז (אין די אַרקטישע ראַיאָנען)
*shlitenhunt*
*(in di arktishe rayonen)*

**sledge** n טראַנספּאָרט־שליטן ז (ס)
*transport-shliten*

**sledgehammer** n שמידהאַמער ז (ס)
*shmidhamer*

**sleep** v שלאָפן
*shlofen*

**sleep** n שלאָף ז
*shlof*

**sleepless** adj אָן שלאָף
*on shlof*

**sleepy** adj שלעפעריק, פאַרשלאָפן
*shleferik, farshlofen*

**sleet** n שניירעגן ז; רעגנפריר ז
*shneiregen; regenfrir*

**sleeve** n אַרבל ז
*arbel*

**sleeveless** adj אָן אַרבל
*on arbel*

**sleigh** n שליטן ז (ס)
*shliten*

**sleigh** v שליטלען זיך
*shlitlen zich*

**slender** adj שלאַנק; מאָגער
*shlank; moger*

**slice** n פענעץ ז (ן/ער), רעפטל ס (עך)
*penets (penetsen/penetser),*
*reftel (reftlech)*

**slice** v שנײַדן אין פענעצן, צערעפטלען
*shnaiden in penetsen,*
*tsereftlen*

**slide** v גליטשן זיך
*glit'shen zich*

**slide** n גליטש ז (ן)
*glit'sh*

**slight** adj לײַכט; קליין; שוואַך
*laicht; klein; shvach*

**slight** n פּחיתות־הכּבוד ז
*pchises-hakoved*

**slight** v אָנרירן דעם כּבוד פון, באַהאַנדלען מיט אומכּבוד
*onriren dem koved fun,*
*bahandlen mit umkoved*

**slightly** adv אַ ביסל
*a bisel*

**slim** adj דאַר, מאָגער; קנאַפּ; שוואַך
*dar, moger; knap; shvach*

**sling** n שטיין־שלײַדערער ז (ס)
*shtein-shlaiderer*

**sling** v שלײַדערן
*shlaideren*

**slip** v גיין שטיל און געהיים; אויסגליטשן זיך; אונטעררוקן בסוד
*gein shtil un geheim;*
*oisglit'shen zich;*
*unterruken besod*

**slip** n אויסגליטש ז (ן); פאַרזע ז (ען); אונטערקלייד ס (ער); קוויטל ס (עך)
*oisglit'sh; farze;*

*unterkleid (unterkleider);*
*kvitel (kvitlech)*

**slipper** n שטעקשוך ז (שטעקשיך)
*shtekshuch (shtekshich)*

**slippery** adj גליטשיק
*glit'shik*

**slit** v שפּאַלטן; אײַנשנײַדן
*shpalten; ainshnaiden*

**slit** n שפּאַלט ז (ן); אײַנשניט ז (ן)
*shpalt; ainshnit*

**slob** n (סלענג) סלאָב ז (עס), שווינטוך ז (עס) (אָפּגעלאָזענער און שמוציקער פּערזאָן)
*(sleng) slob (slobes),*
*shvintuch (shvintuches)*
*(opgelozener un shmutsiker*
*perzon)*

**slogan** n לאָזונג נ (ען)
*lozung*

**slope** n שיפּוע ז (ים)
*shipue (shipuim)*

**slope** v גיין משופּע; נייגן משופּעדיק
*gein meshupe; neigen*
*meshupedik*

**sloppy** adj זייער נאַס; שמוציק; (שמועסדיק) אָפּגעלאָזן
*zeier nas; shmutsik;*
*(shmuesdik) opgelozen*

**slot** n לעכל ס (עך), שפּעלטל ס (עך)
*lechel (lechlech), shpeltel*
*(shpeltlech)*

**slouch** v גיין אָדער זיצן אײַנגעבויגן
*gein oder zitsen aingeboigen*

**sloven** n שלומפּער ז (ס)
*shlumper*

**slovenly** adj שלומפּערדיק, אָפּגעלאָזן
*shlumperdik, opgelozen*

**slow** adj פּאַמעלעך, לאַנגזאַם
*pamelech, langzam*

**slow** v פֿאַרפּאַמעלעכן; פֿאַרלאַנגזאַמען זיך
*farpamelechen; farlangzamen*
*zich*

**sluggard** n פֿוילער ז (ס)
*foiler*

**sluggish** adj פֿויל; פּאַמעלעך
*foil; pamelech*

**slum** n דלות־קוואַרטל ז (ען)
*dales-kvartel (-kvartlen)*

**slumber** v דרימלען
*drimlen*

**slump** v פֿאַלן פּלוצלינג
*falen plutsling*

**slump** n פּרײַזנפֿאַל ז (ן)
*praizenfal*

**slur** v אַרויסרעדן אומקלאָר; פֿאַרבלאָטיקן, באַשמוצן דעם נאָמען פֿון
*aroisreden umklor;*
*farblotiken, bashmutsen dem*
*nomen fun*

**slur** n אומקלאָרער אַרויסרעד ז; שאַנדפֿלעק ז (ן)
*umklorer aroisred; shandflek*

**slush** n צעגייענדיקער שניי ז; ווייכע בלאָטע נ
*tsegeiendiker shnei;*

*veiche blote*

slut n חזירטע נ (ס), חזירינע נ (ס), שמאָדערקע נ (ס)
*chazerte, chazerine, shmoderke*

sly adj כיטרע
*chitre*

small adj קליין
*klein*

smallpox n פּאָקן ר
*poken*

small talk פרײַנדלעך פּלאַפּלערײַ ס
*fraindlech plaplerai*

small-town adj קליין־שטעטלדיק
*klein-shteteldik*

smart v גורם זײַן אָדער פילן שאַרפע שמערצן; לײַדן
*goirem zain oder filen sharfe shmertsen; laiden*

smart adj קלוג; מאָדיש
*klug; modish*

smash v צעשמעטערן
*tseshmeteren*

smatter, smattering n אויבערפלעכלעך קענטעניש ס
*oiberflechlech kentenish*

smear v באַשמירן; באַשמוצן
*bashmiren; bashmutsen*

smear n שמיר ז (ן)
*shmir*

smell n גערוך ז (ן), ריח ז (ות)
*geruch, reiech (reiches)*

smell v שמעקן
*shmeken*

smelt v שמעלצן
*shmeltsen*

smile v שמייכלען
*shmeichlen*

smile n שמייכל ז (ען)
*shmeichel (shmeichlen)*

smirch v באַשמוצן
*bashmutsen*

smirch n פלעק ז (ן)
*flek*

smith n שמיד ז (ן)
*shmid*

smithy n שמידערײַ נ (ען), קוזניע נ (ס)
*shmiderai, kuznye*

smoke n רויך ז (ן)
*roich*

smoke v רויכערן, רייכערן
*roicheren, reicheren*

smoker n רויכערער ז (ס)
*roicherer*

smooth adj גלאַטיק
*glatik*

smooth v אויסגלעטן
*oisgleten*

smother v דערשטיקן
*dershtiken*

smoulder, smolder v טליִען
*tlien*

smudge n שמיר ז (ן)
*shmir*

smudge v פאַרשמירן; באַפלעקן
*farshmiren; bafleken*

smug adj צופרידן מיט זיך; אומפאַרזאָרגט

*tsufriden mit zich; umfarzorgt*

**smuggle** v שמוגלען
*shmuglen*

**smuggler** n שמוגלער ז (ס)
*shmugler*

**smut** n סאַזשע נ; שמוץ ס
*sazhe; shmuts*

**snack** n איבערבײַסן ס (ס)
*iberbaisen*

**snail** n שנעק ז (ן), סלימאַק ז (עס)
*shnek, slimak (slimakes)*

**snake** n שלאַנג נ/ז (ען/שלענג)
*shlang (shlangen/shleng)*

**snap** v קנאַקן
*knaken*

**snap** n קנאַק ז (ן)
*knak*

**snare** n כאַפּשטײַגל ס (עך); פּאַסטקע נ (ס)
*chapshtaigel (chapshtaiglech); pastke*

**snare** v כאַפּן אין אַ פּאַסטקע
*chapen in a pastke*

**snatch** v כאַפּן
*chapen*

**sneak** v אונטערגנבענען זיך; שלײַכן זיך
*unterganvenen zich; shlaichen zich*

**sneaky** adj גנביש; פּחדנותדיק
*ganeivish; pachdonesdik*

**sneer** v אָפּשפּעטן
*opshpeten*

**sneer** n שפּאָט־אויסדרוק ז (ן)
*shpot-oisdruk*

**sneeze** v ניסן
*nisen*

**sneeze** n נאָס ז (ן)
*nos*

**snide** adj זילזולדיק; געמיין; פֿאַלש
*zilzeldik; gemein; falsh*

**sniff** v שנאַפּן; שמעקן
*shnapen; shmeken*

**sniff** n שנאַפּונג נ; שמעק ז (ן)
*shnapung; shmek*

**snipe** n שנאָבלער ז (ס) (זומפּ־פֿויגל)
*shnobler (zump-foigel)*

**snipe** v פֿאַנגען שנאָבלערס; שיסן פֿון אַ באַהעלטעניש
*fangen shnoblers; shisen fun a baheltenish*

**sniper** n פֿאַרבאָרגענער שאַרפֿצילער ז
*farborgener sharftsiler*

**snob** n סנאָב ז (עס/ן)
*snob (snobes/snoben)*

**snoop** v (שמועסדיק) שלײַכן זיך, לוגן
*(shmuesdik) shlaichen zich, lugen*

**snooze** v (שמועסדיק) דרימלען, דרעמלען
*(shmuesdik) drimlen, dremlen*

**snooze** n (שמועסדיק) דרימל ס/ז (ען)
*(shmuesdik) drimel (drimlen)*

**snore** v כראָפּען, שנאָרכן, שנאָרכצן
*chropen, shnorchen,*

*shnorchtsen*

**snore** n — כראָפ ז (עס), שנאָרך ז (ן)
*chrop (chropes), shnorch*

**snow** n — שניי ז (ען)
*shnei*

**snow** v — שנייען
*shneien*

**snowflake** n — שנייעלע ס (עך)
*shneiele*

**snowstorm** n — שניישטורעם ז (ס)
*shneishturem*

**snow-white** adj — שניי־ווײַס
*shnei-vais*

**snowy** adj — שנייאיק
*shneiik*

**snub** v — באַהאַנדלען קאַלט אָדער מיט ביטול
*bahandlen kalt oder mit bitel/bitul*

**snub** n — אומכּבֿודיקע באַהאַנדלונג נ (ען)
*umkovedike bahandlung*

**snuff** v — שמעקן (טאַביק); שנײַצן (אַ קנויט); אויסלעשן (אַ ליכט)
*shmeken (tabik); shnaitsen (a knoit); oisleshen (a licht)*

**snuff** n — שמעקטאַביק ז; שנויץ ז (ן)
*shmektabik; shnoits*

**snuffle** v — פאָנפען
*fonfen*

**snug** adj — נורעדיק; באַקוועם און וואַרעם; קליין און ציכטיק; ענג (מלבוש); קאָמפּאַקט
*nuredik; bakvem un varem; klein un tsichtik; eng (malbesh); kompakt*

**snuggle** v — צונורען זיך; טוליען
*tsunuren zich; tulyen*

**so** adv, conj, interj — אַזוי; בכדי; אַהאַ!
*azoi; bichdei; aha!*

**soak** v — ווייקן
*veiken*

**soap** n — זייף נ (ן)
*zeif*

**soap** v — זייפן, אײַנזייפן
*zeifen, ainzeifen*

**soap bubble** — זייפנבלאָז ז (ן)
*zeifenbloz*

**soar** v — שוועבן; אַרויפפליִען
*shveben; aroifflien*

**sob** v — כליפען
*chlipen*

**sob** n — כליפ ז (ן)
*chlip*

**sober** adj — ניכטער; ערנסט; מעסיק
*nichter; erenst; mesik*

**sobriety** n — ניכטערקייט נ; ערנסטקייט נ; מעסיקייט נ
*nichterkeit; erenstkeit; mesikeit*

**soccer** n — סאָקער ז (ספּאָרט)
*soker (sport)*

**social** adj — סאָציאַל; געזעלשאַפטלעך
*sotsyal; gezelshaftlech*

**socialism** n — סאָציאַליזם ז
*sotsyalizm*

socialist n — סאָציאַליסט ז (ן) — *sotsyalist*

socialist, socialistic adj — סאָציאַליסטיש — *sotsyalistish*

society n — געזעלשאַפט נ (ן) — *gezelshaft*

sociology n — סאָציאָלאָגיע נ — *sotsyologye*

sock n — סקאַרפּעט ז (ן) — *skarpet*

sod n — גראָז־ערד נ — *groz-erd*

soda n — סאָדע נ (ס) — *sode*

sofa n — סאָפע נ (ס), קאַנאַפּע נ (ס) — *sofe, kanape*

soft adj — ווייך — *veich*

soft drink — אומאַלקאָהאָליש געטראַנק ס — *umalkoholish getrank*

soften v — פאַרווייכערן — *farveicheren*

softness n — ווייכקייט נ — *veichkeit*

soggy adj — דורכגעווייקט — *durchgeveikt*

soil n — באָדן ז (ס); ערד נ — *boden; erd*

soil v — באַשמוצן, פאַראומרייניקן — *bashmutsen, farumreiniken*

sojourn n — אויפהאַלט ז (ן) — *oifhalt*

sojourn v — אויפהאַלטן זיך — *oifhalten zich*

solace n — טרייסט נ (ן) — *treist*

solace v — טרייסטן — *treisten*

solar year — זוניאָר ס (ן) — *zunyor*

solder n — לייטעכץ ס — *leitechts*

solder v — לייטן — *leiten*

soldier n — סאָלדאַט ז (ן), זעלנער ז (ס) — *soldat, zelner*

sole adj — איינציק — *eintsik*

sole n — פּיאַטע נ (ס); זויל נ (ן) — *pyate; zoil*

solely adv — אַליין — *alein*

solemn adj — פּייערלעך — *faierlech*

solicit v — ווענדן זיך נאָך; בעטן שטאַרק — *venden zich noch; beten shtark*

solicitor n — סאָליסיטאָר ז (ן), אַדוואָקאַט ז (ן) — *solisitor, advokat*

solicitous adj — באַזאָרגט — *bazorgt*

solicitude n — באַזאָרגטקייט נ — *bazorgtkeit*

solid adj — סאָליד

*solid*

**solidarity** n סאָלידאַריטעט נ
*solidaritet*

**solitary** adj איינזאַם; אָפּגעזונדערט
*einzam; opgezundert*

**solitude** n איינזאַמקייט נ; פאַרוואָרפן אָרט ס
*einzamkeit; farvorfen ort*

**solo** n סאָלאָ ז (ס)
*solo*

**Solomon** n שלמה פ״נ (זען מלכים א ה׳, ט־יד); גרויסער חכם ז
*shloime (zen melochim alef 5, 9-14); groiser chochem*

**so long** (שמועסדיק) זײַ געזונט; שלום
*(shmuesdik) zai gezunt, sholem*

**solstice** n זון־שטילשטאַנד ז (ן), זונשטיל נ (ן)
*zun-shtilshtand, zunshtil*

**solution** n באַשייד נ (ן); צעלאָזונג נ (ען)
*basheid; tselozung*

**solve** v באַשיידן; קלאָר מאַכן; מסביר זײַן
*basheiden; klor machen; masber zain*

**solvency** n צאָלפעאיקייט נ
*tsolfe'ikeit*

**sombre, somber** adj טונקל; אומעטיק
*tunkel; umetik*

**sombrero** n סאָמברעראָ ז (ס) (מעקסיקאַנישער הוט)
*sombrero (meksikanisher hut)*

**some** adj, pron, adv עטלעכע; עטוואָס; בערך; (שמועסדיק) גרויס
*etleche; etvos; beerech/beeirech; (shmuesdik) grois*

**somebody** pron עמעצער
*emetser*

**somebody** n (שמועסדיק) חשוב ז (ים)
*(shmuesdik) choshev (chashovim)*

**somehow** adv ווי עס איז
*vi es iz*

**someone** pron עמעצער
*emetser*

**somersault** n קאָזשעליק ז (ס), קאָזשלקע נ (קאָזשלקעס)
*kozhelik, kozhelke (kozhelkes)*

**sometime** adv, adj אַ מאָל; אַמאָליק
*a mol; amolik*

**somewhere** adv ערגעץ ווו
*ergets vu*

**somnambulist** n סאָמנאַמבוליסט ז (ן), נאַכטוואַנדלער ז (ס)
*somnambulist, nachtvandler*

**son** n זון ז (זין)
*zun (zin)*

**sonata** n סאָנאַטע נ (ס) (מוזיק)
*sonate (muzik)*

**song** n ליד ס (ער)
*lid (lider)*

**son-in-law** n איידעם ז (ס)
*eidem*

**sonorous** adj קלינגעוודיק

*klingevdik*

**soon** adv באַלד, אין גיכן, אינגיכן

*bald, in gichen, ingichen*

**soot** n סאַזשע נ

*sazhe*

**soot** v פֿאַרשוואַרצן מיט סאַזשע

*farshvartsen mit sazhe*

**sooth** n, adj (אַרכּײַאיש) אמת ז; וואָרהאַפּטיק

*(archaiish) emes; vorhaftik*

**soothe** v באַרויִקן; לינדערן

*baruiken; linderen*

**soothsayer** n וואָרזאָגער ז (ס); פֿאָראויסזאָגער ז (ס)

*vorzoger; foroiszoger*

**sophisticated** adj געחכמהט (אין וועלטלעכע ענינים); ראַפֿינירט

*gechochmet (in veltleche inyonim); rafinirt*

**soppy** adj זייער נאַס; דורכגעווייקט

*zeier nas; durchgeveikt*

**soprano** n סאָפּראַן ז (ען)

*sopran*

**sorcerer** n כּישופֿמאַכער ז (ס), צויבערער ז (ס)

*kishefmacher, tsoiberer*

**sorcery** n כּישוף ז (ים)

*kishef (kishufim)*

**sordid** adj שמוציק; געמיין; גײַציק

*shmutsik; gemein; gaitsik*

**sore** adj ווייטיקדיק; (שמועסדיק) ברוגז

*veitikdik; (shmuesdik) broigez*

**sore** n וווּנד נ (ן)

*vund*

**sorehead** n (שמועסדיק) כּעסן ז (ים)

*(shmuesdik) kaasen/kaisen (kaasonim/kaisonim)*

**sorrow** n טרויער ז; לייד נ (ן)

*troier; leid*

**sorrowful** adj טרויעריק

*troierik*

**sorry** adj טרויעריק; נעבעכדיק

*troierik; nebechdik*

— **be sorry** באַדויערן; אַנטשולדיקן זיך

*badoieren; ant'shuldiken zich*

**sort** n סאָרט ז (ן), מין ז (ים)

*sort, min (minim)*

**sot** n כראָנישער שיכּור ז

*chronisher shiker*

**soul** n נשמה נ (נשמות)

*neshome (neshomes)*

**sound** n קלאַנג ז (ען)

*klang*

**sound** v קלינגען

*klingen*

**sound** adj געזונט; ריכטיק; גרונטיק

*gezunt; richtik; gruntik*

**soup** n זופּ נ (ן)

*zup*

**sour** adj זויער

*zoier*

**source** n קוואַל; מקור ז (ים)

*kval; mekor (mekoirim)*

**south** n דרום ז

*dorem*

**southern** adj דרומדיק
*doremdik*

**southwester** n זיד־וועסטער ז (ס)
(אַ דרום־מעריבדיקערווינט;
אַ וואַסער־באַוואָרנטער הוט)
*zid-vester*
*(a dorem-maarevdiker vint;*
*a vaser-bavorenter hut)*

**souvenir** n סוּווענִיר ז (ן)
*suvenir*

**sovereignty** n סוּווערעניטעט נ
*suverenitet*

**Soviet Union** סאָוועטן־פאַרבאַנד ז
*soveten-farband*

**sow** v זייען
*zeien*

**sow** n חזירטע נ (ס), ליאָכע נ (ס)
*chazerte, lyoche*

**spa** n ספּאַ ז (ס) (קוראָרט
בײַ אַ מינעראַלן־קוואַל)
*spa (kurort*
*bai a mineralen-kval)*

**space** n שטח ז (ים); וועלט־רוים ז (ען)
*shetech (shtochim); velt-roim*

**spaceman** n קאָסמאָנויט ז (ן)
*kosmonoit*

**spaceship** n קאָסמאָסשיף נ (ן)
*kosmosshif*

**spacious** adj געראַם
*geram*

**spade** n לאָפּעטע נ (ס), רידל ז (ען)
*lopete, ridel (ridlen)*

**spaghetti** n pl ספּאַגעטי ר
(דינע לאָקשן)
*spageti (dine lokshen)*

**Spain** n שפּאַניע [נ]
*shpanye*

**span** n שפּאַן ז (ען), גרייך ז (ן)
*shpan, greich*

**Spaniard** n שפּאַניער ז
*shpanyer*

**Spanish** adj, n שפּאַניש; שפּאַנישע
שפּראַך נ
*shpanish; shpanishe shprach*

**spank** v אָפּשמײַסן
*opshmaisen*

**spank** n שמיץ ז (ן)
*shmits*

**spare** v שאַנעווען; פאַרשפּאָרן;
באַגיין זיך אָן
*shaneven; farshporen;*
*bagein zich on*

**spark** n פונק ז (ען)
*funk*

**spark** v פינקלען; סטימולירן
*finklen; stimuliren*

**sparkle** v פינקלען; בלישטשען;
ברויזן
*finklen; blisht'shen; broizen*

**sparkle** n פינקל ז; בלישטש ז
*finkel, blisht'sh*

**sparrow** n שפּערל ז (עך)
*shperel (shperlen)*

**sparse** adj שיטער
*shiter*

**Spartan** adj ספּאַרטאַניש
(שטאַרק דיסציפּלינירט)
*spartanish (shtark distsiplinirt)*

spatter v בּאַשפּרענקלען; בּאַשמוצן
*bashprenklen; bashmutsen*

spawn n רויג ז (ן)
*roig*

spawn v אָנרויגענען
*onroigenen*

speak v רעדן
*reden*

speaker n רעדנער ז (ס)
*redner*

spear n שפּיז נ (ן); שפּראָץ ז (ן)
*shpiz; shprots*

spear v שטעכן מיט אַ שפּיז; אויסשפּראָצן אין אַ לאַנג שטענגל
*shtechen mit a shpiz; oisshprotsen in a lang shtengel*

special adj ספּעציעל
*spetsyel*

specialist n ספּעציאַליסט ז (ן)
*spetsyalist*

specialize v ספּעציאַליזירן זיך
*spetsyaliziren zich*

species n מין ז (ים); גאַטונג נ (ען)
*min (minim); gatung*

specific adj ספּעציפיש
*spetsifish*

specify v ספּעציפיצירן (זאָגן בּפירוש; בּאַשרײַבּן אין אײנצלהײטן)
*spetsifitsiren (zogen befeiresh; bashraiben in eintselheiten)*

specimen n מוסטער ז (ן), עקזעמפּלאַר ז (ן)
*muster, ekzemplar*

specious adj שײַן נאָר פון אויבּן; אָפּנאַרעריש
*shein nor fun oiben; opnarerish*

speck n שפּרענקל ס (עך)
*shprenkel (shprenklech)*

spectacle n ספּעקטאַקל ז (ען)
*spektakel (spektaklen)*

spectacles n pl שפּאַקולן ר; בּרילן ר
*shpakulen; brilen*

spectator n צוקוקער ז (ס)
*tsukuker*

speculate v ספּעקולירן
*spekuliren*

speculation n ספּעקולאַציע נ (ס)
*spekulatsye*

speculator n ספּעקולאַנט ז (ן)
*spekulant*

speech n רעדן ס; רעדע נ (ס); שפּראַך נ (ן)
*reden; rede; shprach*

speechless adj אָן לשון; שטום
*on loshen; shtum*

speed n גיכקײט נ, שנעלקײט נ
*gichkeit, shnelkeit*

speed v פאַרגיכערן; צואײַלן זיך
*fargicheren; tsuailen zich*

speedily adv געשווינד
*geshvind*

speedy adj גיך, שנעל
*gich, shnel*

spell v אויסלייגן (אותיות)
*oisleigen (oisiyes)*

spell n צויבּער ז; משך ז (ן), צײַט־אָפּשניט ז (ן)

*tsoiber; meshech, tsait-opshnit*

**spellbound** adj באַצויבערט
*batsoibert*

**spelling** n אויסלייג ז (ן)
*oisleig*

**spend** v אויסגעבן (געלט); פאַרברענגען (צײַט)
*oisgeben (gelt); farbrengen (tsait)*

**spendthrift** n פאַרשווענדער ז (ס)
*farshvender*

**sperm** n ספּערמע נ
*sperme*

**spew** v אויסברעכן; אַרויסוואַרפן
*oisbrechen; aroisvarfen*

**sphere** n קײַלעך ז (ער); תּחום ז (ען/ים)
*kailech (kailecher); tchum (tchumen/tchumim)*

**sphinx** n ספינקס ז (ן)
*sfinks*

**spice** n געווירץ ס (ן)
*gevirts*

**spice** v באַווירצן
*bavirtsen*

**spick-and-span** ריין און שיין; פריש; נײַ; שפּיגלדיק
*rein un shein; frish; nai; shpigeldik*

**spicy** adj געווירציק; פּיקאַנט
*gevirtsik; pikant*

**spider** n שפּין נ (ען)
*shpin*

**spill** v פאַרגיסן; אויסגיסן זיך; (סלענג) דערציילן
*fargisen; oisgisen zich; (sleng) dertseilen*

**spin** v שפּינען; דרייען זיך געשווינד
*shpinen; dreien zich geshvind*

**spinach** n ספּינאַק ז
*spinak*

**spindle** n שפּינדל ס (ען)
*shpindel (shpindlen)*

**spine** n רוקנביין ז (ער)
*rukenbein (rukenbeiner)*

**spinner** n שפּינער ז (ס)
*shpiner*

**spinster** n אַלטע מויד נ (ן)
*alte moid*

**spire** n טורעמשפּיץ ז (ן)
*turemshpits*

**spirit** n גײַסט ז (ער); קוראַזש ז
*gaist (gaister); kurazh*

— **spirits** pl שטימונג נ
*shtimung*

**spirited** adj מונטער, לעבעדיק
*munter, lebedik*

**spiritual** adj גײַסטיק
*gaistik*

**spiritual** n ספּיריטואַל ז (ן) (נעגעריש־רעליגיעז ליד)
*spiritual (negerish-religyez lid)*

**spit** v שפּײַען
*shpaien*

**spite** n צולהכעיס ז
*tsulehaches/tseloches*

**spite** v טאָן אויף להכעיס
*ton oif lehaches*

— in spite of טראָץ, ניט געקוקט אויף
*trots, nit gekukt oif*

spiteful adj להכעיסדיק
*lehachesdik*

splash v פּליושקען; באַשפּריצן
*plyushken; bashpritsen*

splash n פּליושק ז (ן)
*plyushk*

spleen n מילץ נ (ן); ביטערקייט נ
*milts; biterkeit*

splendid adj פּראַכטיק; גלענצנדיק
*prachtik; glentsendik*

splendor, splendour n פּראַכט נ
*pracht*

splinter n שפּאָן ז (שפּענער), שפּליטער ז (ס)
*shpon (shpener), shpliter*

split v שפּאַלטן
*shpalten*

split n שפּאַלטונג נ (ען); שפּאַלט ז (ן)
*shpaltung; shpalt*

spoil v קאַליע מאַכן; קאַליע ווערן; פאַרדאַרבן; פאַרשטערן; רויבן
*kalye machen; kalye veren; fardarben; farshteren; roiben*

spoils n pl מלחמה־רויב ז
*milchome-roib*

spoke n ספּיצע נ (ס), ראָד־שטאַנג ז (ען); שטאַפּל ז (ען) (פון אַ לייטער)
*spitse, rod-shtang; shtapel (shtaplen) fun a leiter)*

spokesman n פירשפּרעכער ז (ס)
*firshprecher*

sponge n שוואָם ז (ען)
*shvom*

sponsor n ספּאָנסאָר ז (ן); עָרֵב ז (ים)
*sponsor; orev (areivim)*

sponsor v זײַן אַ ספּאָנסאָר פאַר
*zain a sponsor far*

spontaneous adj ספּאָנטאַן
*spontan*

spook n (שמועסדיק) רוח ז (ות), שד ז (ים)
*(shmuesdik) ruech (ruches), shed (sheidim)*

spool n פאָדעם־קלעצל ס (עך), שפּולקע נ (ס)
*fodem-kletsel (-kletslech), shpulke*

spoon n לעפל ז
*lefel*

spoon-feed v קאָרמען מיט אַ לעפל; איבערבאַשיצן
*kormen mit a lefel; iberbashitsen*

spoor n שפּור נ/ז (ן) (פון אַ חיה)
*shpur (fun a chaie)*

spoor v נאָכשפּירן
*nochshpiren*

sporadic adj ספּאָראַדיש
*sporadish*

spore n ספּאָר ז (ן)
*spor*

sport n ספּאָרט ז (ן); (שמועסדיק) גאַלאַנטאָן ז (ען)

*sport; (shmuesdik) galanton*

**sport** v שפּילן זיך; (שמועסדיק) באַפּוצן זיך
*shpilen zich; (shmuesdik) baputsen zich*

**sportsman** n ספּאָרטלער ז (ס); גאַלאַנטאָן ז (ען)
*sportler; galanton*

**spot** n פלעק ז (ן); אָרט ס (ערטער); (שמועסדיק) שווערער מצב נ
*flek; ort (erter); (shmuesdik) shverer matsev*

**spot** v באַפלעקן; (שמועסדיק) דערווישן; דערזען
*bafleken; (shmuesdik) dervishen; derzen*

**spot cash** באַלדיק מזומן ס (מיטן צושטעלונג פון דער סחורה אָדער פאַרענדיקונג פון דער אַרבעט)
*baldik mezumen (miten tsushtelung fun der schoire oder farendikung fun der arbet)*

**spotless** adj אָן אַ פלעק
*on a flek*

**spotlight** n פּראָיעקטאָר ז (ן); עפנטלעכע אויפמערקזאַמקייט נ
*proyektor; efentleche oifmerkzamkeit*

**spouse** n בן־זוג ז (בני־זוג)
*ben-zug (bnei-zug)*

**sprain** v אויסלינקען זיך
*oislinken zich*

**sprain** n אויסלינקונג נ (ען), לונק ז (ען)
*oislinkung, lunk*

**sprawl** v ליגן אויסגעשטרעקט; אויסשפּרייטן זיך אומגעלומפּערט
*ligen oisgeshtrekt; oisshpreiten zich umgelumpert*

**spray** n באַשפּריצונג נ (ען); שפּריצעכץ ס (ן)
*bashpritsung; shpritsechts*

**spray** v באַשפּריצן
*bashpritsen*

**spread** v אויסשפּרייטן; פאַרשפּרייטן
*oisshpreiten; farshpreiten*

**spread** n אויסשפּרייט ז (ן); פאַרשפּרייטונג נ
*oisshpreit; farshpreitung*

**spree** n הוליאַנקע נ (ס); שטאַרקער אינטערעס ז (אין אַ טעטיקייט)
*hulyanke; shtarker interes (in a tetikeit)*

**sprig** n שטענגעלע ס (ך); צווייַגל ס (עך)
*shtengele; tsvaigel (tsvaiglech)*

**spring** v שפּרינגען; שפּראָצן; קומען פון
*shpringen; shprotsen; kumen fun*

**spring** n שפּרונג ז (ען); ספּרונזשינע נ (ס); פרילינג ז (ען); קוואַל ז (ן)
*shprung; sprunzhine; friling; kval*

**springtime** n פרילינגצייַט נ
*frilingtsait*

**sprinkle** v שפּריצן; באַשפּרענקלען

shpritsen; bashprenklen

sprinkle n שפּריץ ז (ן); שפּרענקל ס (עך); רעגנדל ס (עך)
*shprits; shprenkel (shprenklech); regendel (regendlech)*

sprout v שפּראָצן
*shprotsen*

sprout n שפּראָץ ז (ן)
*shprots*

spruce n טענענבוים ז
*tenenboim*

spruce adj באַפּוצט; נעט, ציכטיק
*baputst; net, tsichtik*

spruce v באַפּוצן (זיך)
*baputsen (zich)*

spry adj טעטיק; פלינק
*tetik; flink*

spume n שוים ז (ען)
*shoim*

spume v שוימען
*shoimen*

spunk n (שמועסדיק) קוראַזש; צונטער ז (ס)
*(shmuesdik) kurazh; tsunter*

spunky adj (שמועסדיק) מוטיק; היציק
*(shmuesdik) mutik; hitsik*

spur n שפּאָר ז (ן) (אויפן שטיוול פון אַ ריַיטער); סטימול ז (ן)
*shpor (oifen shtivel fun a raiter); stimul*

spur v שטויסן מיט שפּאָרן; סטימולירן
*shtoisen mit shporen; stimuliren*

spurn v אָפּוואַרפן מיט פאַראַכטונג; אָפּשטויסן
*opvarfen mit farachtung; opshtoisen*

sputnik n ספּוטניק ז (עס), סאַטעליט ז (ן)
*sputnik (sputnikes), satelit*

sputter v שפּרודלען; שפּריצן שפּיַיעכץ (בײַם רעדן)
*shprudlen; shpritsen shpaiechts (baim reden)*

spy n שפּיאָן ז (ען)
*shpyon*

spy v שפּיאָנירן
*shpyoniren*

squab n טײַבעלע ס (עך)
*taibele*

squabble n נישטיק קריגערײַ ס
*nishtik krigerai*

squad n אָפּטיילונג נ (ען) (קלענסטע מיליטער־גרופּע)
*opteilung (klenste militer-grupe)*

squalid adj ברודיק; אָפּגעלאָזן
*brudik; opgelozen*

squander v פאַרשווענדן
*farshvenden*

squanderer n פאַרשווענדער ז (ס)
*farshvender*

square n סקווער ז (ן); קוואַדראַט ז (ן)
*skver; kvadrat*

square adj קוואַדראַטיש; קוויט; יושרדיק

*kvadratish; kvit; yoisherdik*

squash v צעקוועטשן
*tsekvet'shen*

squash n צעקוועטשטע זאַך נ (ן); ענגע מאַסע נ (ס); סקוואָש ז (ן) (שפּיל נ; פרוכט־געטראַנק)
*tsekvet'shte zach; enge mase; skvosh (shpil; frucht-getrank)*

squashy adj צעקוועטשט; ווייך און נאַס
*tsekvet'sht; veich un nas*

squat v זיצן איַינגעקאָרטשעט; באַזעצן זיך אומלעגאַל אויף לער לאַנד
*zitsen aingekort'shet; bazetsen zich umlegal oif ler land*

squeak v פּישטשען; (סלענג) מסרן
*pisht'shen; (sleng) maseren*

squeak n פּישטש ז (ן)
*pisht'sh*

squeal v קוויטשען; (סלענג) מסרן
*kvit'shen; (sleng) maseren*

squeeze v קוועטשן
*kvet'shen*

squeeze n קוועטש ז (ן)
*kvet'sh*

squint v שיקלען
*shiklen*

squirrel n וועווערקע נ (ס), וועוויאָרקע נ (ס)
*veverke, vevyorke*

stab v שטעכן
*shtechen*

stab n שטאָך ז (שטעך)
*shtoch (shtech)*

stability n סטאַבילקייט נ, פעסטקייט נ
*stabilkeit, festkeit*

stable adj סטאַביל, פעסט
*stabil, fest*

stable n שטאַל נ (ן)
*shtal*

stack v אָנלייגן, צונויפזאַמלען אין אַ סטויג
*onleigen, tsunoifzamlen in a stoig*

stack n קופּע נ (ס), סטויג ז (ן); קוימען ז (ס)
*kupe, stoig; koimen*

— stacks pl פּאָליצעס ס (פאַר ביכער); ספרים־סקלאַד ז (אין אַ ביבליאָטעק)
*politses (far bicher); sforim-sklad (in a bibliotek)*

stadium n סטאַדיאָן ז (ען)
*stadyon*

staff n שטעקן ז (ס); פּערסאָנאַל ז; שטאַב ז (ן)
*shteken; personal; shtab*

stag n הירש ז (ן)
*hirsh*

stage n סטאַדיע נ (ס); בינע נ (ס)
*stadye; bine*

stage v אויפפירן (אַ פאָרשטעלונג); דורכפירן עפנטלעך
*oiffiren (a forshtelung); durchfiren efentlech*

**stagger** v וואַקלען זיך; שווינדלען (אין קאָפּ)
*vaklen zich; shvindlen (in kop)*

**stagnant** adj סטאַגנאַנט (פאַרדומפּן; שטיל־שטייענדיק; ניט־אַקטיוו)
*stagnant (fardumpen; shtil-shteiendik; nit-aktiv)*

**stain** n פלעק ז (ן)
*flek*

**stain** v באַפלעקן
*bafleken*

**stainless** adj אומבאַפלעקט; זשאַווער־באַוואָרנט
*umbaflekt; zhaver-bavorent*

**stair** n טרעפּל ס (עך)
*trepel (treplech)*

**stake** n פלאָקן ז (ס); אײַנשטעל־געלט ס (ער), קאָן ז (ען); שײַטער־הויפן ז (ס)
*floken; ainshtel-gelt (gelter), kon; shaiter-hoifen*

**stake** v אײַנשטעלן; ריזיקירן
*ainshtelen; rizikiren*

**stale** adj אַלט־געבאַקן; ניט־פריש
*alt-gebaken; nit-frish*

**stalemate** n פּאַט ז (אין שאַך); פולקומער שטילשטאַנד ז
*pat (in shach); fulkumer shtilshtand*

**stalk** n שטענגל ס (עך)
*shtengel (shtenglech)*

**stalk** v אָפּטשאַטעווען; שפּרײַזן
*opt'shateven; shpraizen*

**stall** n שטאַל נ (ן); שטעל נ (ן)
*shtal; shtel*

**stall** v אַרײַנשטעלן אין אַ שטאַל; אָפּהאַלטן
*arainshtelen in a shtal; ophalten*

**stallion** n אָגער ז (ס)
*oger*

**stamina** n אויסהאַלט־כּוח ז; לעבנסקראַפט נ
*ois'halt-koiech; lebenskraft*

**stammer** v שטאַמלען
*shtamlen*

**stamp** v טופּען (מיט אַ פוס); שטעמפּלען
*tupen (mit a fus); shtemplen*

**stamp** n פּאָסט־מאַרקע נ (ס); שטעמפּל ז (ען)
*post-marke; shtempel (shtemplen)*

**stand** v שטיין; אויסהאַלטן
*shtein; ois'halten*

**stand** n שטעל נ (ן), קיאָסק ז (ן); שטעלונג נ (ען)
*shtel, kyosk; shtelung*

**standard** n סטאַנדאַרד ז (ן)
*standard*

**standpoint** n שטאַנדפּונקט ז (ן)
*shtandpunkt*

**staple** n דרעטל ס (עך); הויפּטפּראָדוקט ז (ן)
*dretel (dretlech); hoiptprodukt*

**staple** adj הויפּט־; וויכטיקסט
*hoipt-; vichtikst*

**stapler** n דרעטלער ז (ס)

dretler

star n — שטערן ז
shteren

star v — באַפּוצן מיט שטערן; באַצייכענען מיט אַ שטערנדל; זײַן אַ הויפּט־אַקטיאָר
baputsen mit shteren; batseichenen mit a shterendel; zain a hoipt-aktyor

starch n — קראָכמאַל ז
krochmal

starch v — אָנקראָכמאַלען
onkrochmalen

stare v — גלאָצן
glotsen

staring adj — גלאָצנדיק
glotsendik

starry adj — אויסגעשטערנט
oisgeshterent

start v — אָנפֿאַנגען, אָנהייבן
onfangen, onheiben

start n — אָנהייב ז (ן); צאַפּל ז (ען)
onheib; tsapel (tsaplen)

startle v — איבערשרעקן
ibershreken

starvation n — הונגער ז
hunger

starve v — אויסהונגערן; הונגערן, לײַדן הונגער
ois'hungeren; hungeren, laiden hunger

stash v — (סלענג) אַוועקלייגן פֿאַר קומענדיקן נוצן
(sleng) avekleigen far kumendiken nutsen

state n — לאַגע נ (ס), מצב ז; שטאַט ז (ן); מדינה נ (מדינות)
lage, matsev; shtat; medine (medines)

state v — דערקלערן; פֿעסטשטעלן
derkleren; fest'shtelen

stately adj — פּראַכטיק; מאַיעסטעטיש
prachtik; mayestetish

statement n — דערקלערונג נ (ען)
derklerung

static adj — סטאַטיש, אומבאַוועגלעך
statish, umbaveglech

station n — סטאַנציע, סטאַציע נ (ס); וואָקזאַל ז (ן); סאָציאַלע פּאָזיציע נ (ס); (אויסטראַליש) ראַנטש ז (ן)
stantsye, statsye; vokzal; sotsyale pozitsye; (oistralish) rant'sh

stationary adj — שטילשטייענדיק; אומבאַוועגלעך
shtilshteiendik; umbaveglech

stationery n — שרײַב־מאַטעריאַלן ר
shraib-materyalen

statue n — סטאַטוע נ (ס)
statue

status n — סטאַטוס ז (ן); (מצב ז; מעמד ז; ראַנג ז)
status (matsev; maamed/ maimed; rang)

statute n — געזעץ ס (ן); תּקנה נ (תּקנות)
gezets; takone (takones)

stave n — קלעפּקע נ (ס) (פֿון אַ פֿאַס)

*klepke (fun a fas)*

**stave** v דורכברעכן; דורכלעכערן

*durchbrechen; durchlecheren*

**— stave off** אָפּשטופּן; פאַרמײַדן

*opshtupen; farmaiden*

**stay** v אײַנשטיין; בלײַבן; צוריקהאַלטן

*ainshtein; blaiben; tsurikhalten*

**stay** n וויזיט ז (ן); אָפּהאַלט ז (ן)

*vizit; ophalt*

**steadfast** adj פעסט; לאָיאַל

*fest; loyal*

**steady** adj שטאַנדהאַפטיק; רעגולער

*shtandhaftik; reguler*

**steal** v גנבענען

*ganvenen*

**stealthy** adj גנביש; געהיים

*ganeivish; geheim*

**steam** n דאַמפּ, דאַמף ז (ן), פּאַרע נ (ס)

*damp, damf, pare*

**steam bath** שוויצבאָד נ

*shvitsbod*

**steam engine** דאַמפּמאָטאָר ז (ן)

*damfmotor*

**steamship** n דאַמפשיף נ (ן)

*damfshif*

**steamy** adj דאַמפּיק, דאַמפיק

*dampik, damfik*

**steel** n שטאָל ס

*shtol*

**steel** adj שטאָלן

*shtolen*

**steel** v באַשלאָגן מיט שטאָל; פאַרהאַרטעווען

*bashlogen mit shtol; farharteven*

**steeple** n קירכע־טורעם ז (ס)

*kirche-turem*

**steer** v קערעווען

*kereven*

**steer** n יונגער אָקס ז

*yunger oks*

**stein** n ביר־קופל ז (ען)

*bir-kufel (-kuflen)*

**stem** n שטענגל ס (עך); שטאַם ז (ען)

*shtengel (shtenglech); shtam*

**stem** v שטאַמען פון; אָפּהאַלטן; פאַרשטאָפּן

*shtamen fun; ophalten; farshtopen*

**stench** n געשטאַנק ס (ען), געסרחה נ (געסרחות)

*geshtank, geschore (geschores)*

**stenographer** n סטענאָגראַפיסט ז (ן)

*stenografist*

**stenography** n סטענאָגראַפיע נ

*stenografye*

**step** n טראָט ז (טריט)

*trot (trit)*

**step** v טרעטן

*treten*

**stepbrother** n שטיפברודער ז (שטיפברידער)

*shtifbruder (shtifbrider)*

**stepchild** n שטיפקינד ס (ער)

*shtifkind (shtifkinder)*

**stepdaughter** n שטיפטאָכטער נ (שטיפטעכטער)

*shtiftochter (shtiftechter)*

**stepfather** n שטיפטאַטע ז (ס)
*shtiftate*

**stepmother** n שטיפמאַמע נ (ס)
*shtifmame*

**steppe** n סטעפ ז (עס)
*step*

**stepsister** n שטיפשוועסטער נ
*shtifshvester*

**stepson** n שטיפזון ז (שטיפזין)
*shtifzun (shtifzin)*

**stereotype** n סטערעאָטיפ ז (ן)
*stereotip*

**sterile** adj סטעריל
*steril*

**sterling** n סטערלינג ז (בריטיש געלט, ספּעציעל דער פונט; סטערלינג־זילבער)
*sterling (british gelt, spetsyel der funt; sterling-zilber)*

**sterling** adj געמאַכט פון סטערלינג־זילבער; ערשטקלאַסיק
*gemacht fun sterling-zilber; ershtklasik*

**sterling silver** סטערלינג־זילבער ס (אַ געשמעלץ פון 92.5% זילבער מיט קופּער אָדער אַן אַנדער מעטאַל)
*sterling-zilber (a geshmelts fun 92.5% zilber mit kuper oder an ander metal)*

**stern** adj שטרענג; ערנסט
*shtreng; erenst*

**stew** v קאָכן אויף אַ קליין פּייער; (שמועסדיק) זאָרגן
*kochen oif a klein faier; (shmuesdik) zorgen*

**steward** n סטואַרד ז (ן)
*stuard*

**stick** n שטעקן ז (ס)
*shteken*

**stick** v שטעקן; שטעכן; צוקלעפּן; האַלטן זיך בײַ
*shteken; shtechen; tsuklepen; halten zich bai*

**sticker** n קלעפּצעטל זס (ען)
*kleptsetel (kleptsetlen)*

**sticky** adj קלעפּעדיק; הייס און דאַמפּיק; (סלענג) ניט־אָנגענעם
*klepedik; heis un dampik; (sleng) nit-ongenem*

**stiff** adj שטײַף
*shtaif*

**stiffen** v פֿאַרשטײַפֿן (זיך)
*farshtaifen (zich)*

**stiff-necked** adj האַרטנעקיק; אײַנגעשפּאַרט
*hartnekik; aingeshpart*

**stifle** v דערשטיקן
*dershtiken*

**stigma** n סטיגמע נ (ס) (פֿלעק ז; שאַנדפֿלעק ז)
*stigme (flek; shandflek)*

**stigmatize** v פֿאַרפֿלעקן (די רעפּוטאַציע פֿון); בראַנדן
*farfleken (di reputatsye fun); branden*

still adj שטיל, רויִק
*shtil, ruik*

still adv, conj נאָך; פונדעסטוועגן, דאָך
*noch; fundestvegen, doch*

stillness n שטילקייט
*shtilkeit*

stimulate v סטימולירן
*stimuliren*

sting v שטעכן
*shtechen*

sting n שטאָך ז (שטעך)
*shtoch (shtech)*

stingy adj קאַרג
*karg*

stink n געשטאַנק ס (ען)
*geshtank*

stink v שטינקען
*shtinken*

stipulate v שטעלן אַ באַדינג
*shtelen a bading*

stir v באַוועגן; אויפרודערן; רירן זיך
*bavegen; oifruderen; riren zich*

stir n באַוועגונג נ (ען); אויפרודער ז
*bavegung; oifruder*

stirring adj רירנדיק
*rirendik*

stitch n אייגל ס (ען); שטאָך ז (שטעך)
*eigel (eiglech); shtoch (shtech)*

stitch v שטעפּן; נייען; העפטן
*shtepen; neien; heften*

stock n אינווענטאַר ז (ן), זאַפּאַס ז (ן); שטאַם ז (ען); אַקציעס ר
*inventar, zapas; shtam; aktsyes*

stock v פאַרזאָרגן (מיט זאַפּאַסן)
*farzorgen (mit zapasen)*

stock exchange בערזע נ (ס)
*berze*

stocking n זאָק ז (ן)
*zok*

stocky adj קורצוווקסיק און דיק
*kurtsvuksik un dik*

stodgy adj לאַנגווײַליק; שווער
*langvailik; shver*

stomach n מאָגן ז (ס)
*mogen*

stomach v פאַרדײַען; פאַרטראָגן, טאָלערירן
*fardaien; fartrogen, toleriren*

stone n שטיין ז (ער)
*shtein (shteiner)*

stone adj שטיינערן
*shteineren*

stone v באַוואַרפן מיט שטיינער
*bavarfen mit shteiner*

stonecutter n שטיינהאַקער ז (ס)
*shteinhaker*

stony adj שטיינערדיק
*shteinerdik*

stoop v בייגן זיך; אַראָפּלאָזן זיך
*beigen zich; aroplozen zich*

stop v אָפּשטעלן
*opshtelen*

stop n אָפּשטעל ז (ן)
*opshtel*

storage n אײַנלאַגערונג נ; אײַנמאַגאַזינירונג־פּלאַץ ז
*ainlagerung;*

*ainmagazinirung-plats*

**store** n קראָם נ (ען), געוועלב ס (ער); זאַפּאַס ז (ן)
*krom, gevelb (gevelber); zapas*

**store** v אײַנלאַגערן, אײַנמאַגאַזינירן
*ainlageren, ainmagaziniren*

**storehouse** n מאַגאַזין ז (ען), סקלאַד ז (ן)
*magazin, sklad*

**storekeeper** n קרעמער ז (ס)
*kremer*

**stork** n בושל ז (ען), שטאָרך ז (ן)
*bushel (bushlen), shtorch*

**storm** n שטורעם ז (ס)
*shturem*

**storm** v שטורעמען
*shturemen*

**stormy** adj שטורעמדיק, שטורמיש
*shturemdik, shturmish*

**story** n דערציילונג נ (ען), מעשׂה נ (מעשׂיות)
*dertseilung, maase/maise (maases/maises)*

**stout** adj דיק און גרויס; פעסט; שטאַרק; דרייסט
*dik un grois; fest; shtark; dreist*

**stove** n אויוון ז (ס)
*oiven*

**stow** v פּאַקן; אָנפּאַקן
*paken; onpaken*

**straight** adj גלײַך, גראָד
*glaich, grod*

**straighten** v אויסגלײַכן
*oisglaichen*

**strain** v אָנשטרענגען, אָנציִען; דורכזײַען
*onshtrengen, ontsien; durchzaien*

**strain** n אָנשטרענגונג נ (ען)
*onshtrengung*

**strainer** n זײַער ז (ס)
*zaier*

**strange** adj פרעמד; מאָדנע
*fremd; modne*

**stranger** n פרעמדער ז
*fremder*

**strangle** v דערשטיקן (זיך)
*dershtiken (zich)*

**strap** n רימען ז (ס); פּאַסיק ז (עס)
*rimen; pasik (pasikes)*

**strap** v בינדן; שמײַסן
*binden; shmaisen*

**strategy** n סטראַטעגיע נ
*strategye*

**straw** n (קאָלעקטיװ) שטרוי נ; (איינציקער) שטרוי ז (ען)
*(kolektiv) shtroi; (eintsiker) shtroi (shtroien)*

**straw** adj שטרויען
*shtroien*

**strawberry** n טרוסקאַפקע נ (ס)
*truskafke*

**straw hat** שטרויהוט ז
*shtroihut*

**straw-hat** n שטרוי־הוט ז (ן), דרויסנדיקער זומער־קאָנצערט ז (ן)
*shtroi-hut,*

*droisendiker zumer-kontsert*

**stray** v בלאָנדזשען
*blondzhen*

**stray** adj פאַרבלאָנדזשעט
*farblondzhet*

**stream** n שטראָם ז (ען); טײַכל ז (עך)
*shtrom; taichel (taichlech)*

**stream** v שטראָמען
*shtromen*

**street** n גאַס נ (ן)
*gas*

**strength** n שטאַרקייט נ, קראַפט נ
*shtarkeit, kraft*

**strengthen** v פאַרשטאַרקן
*farshtarken*

**stress** n דרוק ז; טראָפ ז, דגש ז
*druk; trop, dogeish*

**stress** v אונטערשטרײַכן, שטעלן אַ טראָפ
*untershtraichen, shtelen a trop*

**stretch** v אויסשטרעקן, אויסציִען
*oisshtreken, oistsien*

**stretch** n אויסציִאונג נ; מהלך ז (ן)
*oistsiung; mahalech*

**stretcher** n טראָגבעטל ס (עך)
*trogbetel (trogbetlech)*

**stricken** adj געשלאָגן, געטראָפן
*geshlogen, getrofen*

**strict** adj שטרענג
*shtreng*

**stride** v שפרײַזן
*shpraizen*

**stride** n שפרײַז ז (ן)
*shpraiz*

**strife** n קריג נ (ן)
*krig*

**strike** v שלאָגן; שטרײַקן, סטרײַקן
*shlogen; shtraiken, straiken*

**strike** n שטרײַק, סטרײַק ז (ן)
*shtraik, straik*

**striker** n שטרײַקער, סטרײַקער ז (ס)
*shtraiker, straiker*

**string** n שנירל ס (עך); סטרונע נ (ס)
*shnirel (shnirlech); strune*

**string** v בינדן מיט אַ שנירל; אָנציִען (סטרונעס)
*binden mit a shnirel; ontsien (strunes)*

**stringency** n שטרענגקייט נ; אײַנציִאונג נ; מאַנגל ז (אין געלט)
*shtrengkeit; aintsiung; mangel (in gelt)*

**strip** v אויסטאָן (זיך); אָפדעקן
*oiston (zich); opdeken*

**strip** n שטרײַף ז (ן), פאַס ז (ן)
*shtraif, pas*

**stripe** n בענדל ס (עך); (מיליטעריש) טרעסטל ס (עך)
*bendel (bendlech); (militerish) trestel (trestlech)*

**strive** v שטרעבן
*shtreben*

**stroke** n קלאַפ ז (קלעפ); זעץ ז (ן); שלאַק ז (שלעק)
*klap (klep); zets; shlak (shlek)*

**stroke** v **גלעטן**
*gleten*

**stroll** v **שפּאַצירן**
*shpatsiren*

**stroll** n **שפּאַציר** ז (ן)
*shpatsir*

**strong** adj **שטאַרק**
*shtark*

**strong drink** **ליקער** ז (ן)
*liker*

**stronghold** n **פֿעסטונג** נ (ען)
*festung*

**structure** n **סטרוקטור** נ (ן)
*struktur*

**strudel** n **שטרודל** ז (ען) (געבעקס)
*shtrudel (shtrudlen) (gebeks)*

**struggle** v **ראַנגלען זיך; קעמפֿן**
*ranglen zich; kemfen*

**struggle** n **ראַנגלעניש** ס (ן); **קאַמף** ז (ן)
*ranglenish; kamf*

**strut** v **גיין קוממיות**
*gein komemiyes*

**strut** n **שטאָלצער גאַנג** ז
*shtoltser gang*

**stub** n **בלײַבל** ס (עך); **קאָרטש** ז (עס)
*blaibel (blaiblech); kort'sh (kort'shes)*

**stub** v **אויסרײַסן ביימער־קאָרטשעס**
*oisraisen beimer-kort'shes*

**stubble** n **געשניט** ס (וואָרצל־שטענגלעך פֿון תּבֿואה נאָכן שניט)
*geshnit (vortsel-shtenglech fun tvue nochen shnit)*

**stubborn** adj **פֿאַרעקשנט, אײַנגעשפּאַרט; אומבייגעוודיק**
*farakshent, aingeshpart; umbeigevdik*

**student** n **סטודענט** ז (ן), **שילער** ז (ס)
*student, shiler*

**studio** n **סטודיאָ** ז (ס)
*studyo*

**study** n **לימוד** ז (ים)
*limed/limud (limudim)*

**study** v **שטודירן**
*shtudiren*

**stuff** n **שטאָף** ז (ן)
*shtof*

**stuff** v **אָנשטאָפּן**
*onshtopen*

**stuffy** adj **דושנע; נודנע;** (שמועסדיק) **בייז, אָנגעבלאָזן**
*dushne; nudne; (shmuesdik) beiz, ongeblozen*

**stumble** v **געשטרויכלט ווערן**
*geshtroichelt veren*

**stumbling block** **שטרויכלשטיין** ז (ער)
*shtroichelshtein (shtroichelshteiner)*

**stun** v **פֿאַרבליפֿן; פֿאַרטויבן; אויפֿטרײַסלען**
*farblifen; fartoiben; oiftraislen*

**stunning** adj **פּלעפּיק; זייער אַטראַקטיוו; ערשטקלאַסיק**
*plefik; zeier atraktiv, ershtklasik*

**stupid** adj נאַריש
*narish*

**stupidity** n נאַרישקייט נ (ן)
*narishkeit*

**stutter** v שטאַמלען
*shtamlen*

**stutterer** n שטאַמלער ז (ס)
*shtamler*

**sty** n חזיר־שטאַל נ/ז (ן)
*chazer-shtal*

**style** n סטיל ז (ן); מאָדע נ (ס), פאַסאָן ז (ען)
*stil; mode, fason*

**stylish** adj מאָדיש
*modish*

**subdue** v באַזיגן; פאַרווייכערן
*bazigen; farveicheren*

**subject** n טעמע נ (ס); לימוד ז (ים); סוביעקט ז (ן) (אין גראַמאַטיק)
*teme; limed (limudim); subyekt (in gramatik)*

**subject** v אונטערוואַרפן, אונטערטעניק מאַכן; אויסשטעלן
*untervarfen, untertenik machen; oisshtelen*

**subjective** adj סוביעקטיוו
*subyektiv*

**subjectivity** n סוביעקטיווקייט נ
*subyektivkeit*

**subjugate** v אונטעריאָכן; באַהערשן
*unteryochen; bahershen*

**subjunctive** n סוביונקטיוו ז (ן) (אין גראַמאַטיק)
*subyunktiv (in gramatik)*

**sublime** adj דערהויבן; מאַיעסטעטיש
*derhoiben; mayestetish*

**submarine** n סובמאַרין ז (ען)
*submarin*

**submerge** v אונטערטונקען
*untertunken*

**submit** v אונטערגעבן זיך; פאָרלייגן
*untergeben zich; forleigen*

**subscribe** v אַבאָנירן; צושטיין צו, מסכּים זײַן
*aboniren; tsushtein tsu, maskem zain*

**subsequent** adj נאָכדעמדיק
*nochdemdik*

**subside** v זינקען; אײַנשטילן זיך
*zinken; ainshtilen zich*

**subsidize** v סובסידירן
*subsidiren*

**subsidy** n סובסידיע נ (ס)
*subsidye*

**subsist** v לעבן, אויסהאַלטן זיך
*leben, ois'halten zich*

**subsistence** n עקזיסטענץ נ; פּרנסה נ
*ekzistents; parnose*

**substance** n סובסטאַנץ נ (ן)
*substants*

**substantial** adj ממשותדיק, היפּש
*mamoshesdik, hipsh*

**substantiate** v באַגרינדן
*bagrinden*

**substitute** n פאַרטרעטער ז (ס), ממלא־מקום ז (ס); פאַרטרעט־פּראָדוקט ז (ן), סוראָגאַט ז (ן)
*fartreter, memale-mokem;*

*fartret-produkt, surogat*

**substitute** v פֿאַרטרעטן, ממלא־מקום זײַן *fartreten, memale-mokem zain*

**subtle** adj סובטיל (דעליקאַט; פֿאַרשפּיצט; כיטרע; געשיקט) *subtil (delikat; farshpitst; chitre; geshikt)*

**subtract** v אַראָפּרעכענען *aroprechenen*

**subtraction** n חיסור ז *chiser*

**suburb** n פֿאָרשטאָט נ (פֿאָרשטעט) *forshtot (forshtet)*

**subversive** adj סובווערסיוו *subversiv*

**subvert** v איבערקערן; פֿאַרדאַרבן *iberkeren; fardarben*

**subway** n סאָבוויי נ (ס), אונטערבאַן נ (ען) *sobvei, unterban*

**succeed** v מצליח זײַן; קומען נאָך *matsliech zain; kumen noch*

**success** n הצלחה נ (הצלחות), דערפֿאָלג ז (ן) *hatsloche (hatsloches), derfolg*

**successful** adj הצלחהדיק, דערפֿאָלגרײַך *hatslochedik, derfolgraich*

**successive** adj נאָכאַנאַנדיק *nochanandik*

**succinct** adj תּמציתדיק *tamtsesdik*

**succulent** adj זאַפֿטיק; אינטערעסאַנט *zaftik; interesant*

**succumb** v פֿאַלן אונטער; נאָכגעבן; שטאַרבן *falen unter; nochgeben; shtarben*

**such** adj, pron אַזאַ; אַזעלכער (אַזעלכע), אַזוינער (אַזוינע) *aza; azelcher (azelche), azoiner (azoine)*

**suck** v זויגן; נאָגן *zoigen; nogen*

**sucker** n זויגער ז (ס); (סלענג) יאָלד ז (ן) *zoiger; (sleng) yold*

**suckle** v זייגן (קאָרמען מיט דער ברוסט); נערן; דערציִען *zeigen (kormen mit der brust); neren; dertsien*

**suckling** n זויגלינג ז (ען) (זויג־קינד ס; זויג־חיה נ) *zoigling (zoig-kind; zoig-chaie)*

**sudden** adj פּלוצעמדיק, פּלוצלינגדיק *plutsemdik, plutslingdik*

**suddenly** adv פּלוצעם, פּלוצלינג *plutsem, plutsling*

**sue** v אײַנגעבן אַ תּביעה; לאָדן; בעטן *aingeben a tvie; loden; beten*

**suede, suède** n שוועדיש לעדער ס *shvedish leder*

**suffer** v לײַדן *laiden*

**suffering** n לײַדן ס, לייד נ (ן)
*laiden, leid*

**suffice** v זײַן גענוג; באַפרידיקן
*zain genug; bafridiken*

**sufficient** adj גענוגיק, גענוגנדיק
*genugik, genugendik*

**sufficiently** adv גענוג
*genug*

**suffix** n סופיקס ז (ן)
*sufiks*

**suffocate** v דערשטיקן; שטיקן זיך
*dershtiken; shtiken zich*

**suffrage** n שטימרעכט ס
*shtimrecht*

**sugar** n צוקער ז
*tsuker*

**sugary** adj צוקערדיק; נאַשערדיק; צו זיס
*tsukerdik; nasherdik; tsu zis*

**suggest** v פֿאָרשלאָגן, פֿאָרלייגן
*forshlogen, forleigen*

**suggestion** n פֿאָרשלאָג ז (ן), פֿאָרלייג ז (ן)
*forshlog, forleig*

**suicide** n זעלבסטמאָרד ז (ן)
*zelbstmord*

**suit** n קאָסטיום ז (ען), אָנצוג ז (ן); געריכט־פּראָצעס ז (ן)
*kostyum, ontsug; gericht-protses*

**suit** v פּאַסן
*pasen*

**suitable** adj פּאַסיק
*pasik*

**suitcase** n װאַליזע נ (ס)
*valize*

**suite** n סוויטע נ (ס)
*svite*

**sulky** adj ברוגזדיק; שלעכט געשטימט
*broigezdik; shlecht geshtimt*

**sullen** adj בייז; אָנגעכמורעט
*beiz; ongechmuret*

**sulphur** (Also **sulfur**) n שוועבל ז
*shvebel*

**sultan** n סולטאַן ז (ען)
*sultan*

**sultry** adj דושנע
*dushne*

**sum** n סומע נ (ס); סך־הכּל ז (ען)
*sume; sachakel*

**sum up** v סומירן, מאַכן דעם סך־הכּל
*sumiren, machen dem sachakel*

**summarize** v רעזומירן
*rezumiren*

**summary** n רעזומע ז (ען)
*rezume*

**summer** n זומער ז (ס)
*zumer*

**summer, summery** adj זומערדיק
*zumerdik*

**summit** n שפּיץ ז (פֿון אַ באַרג); הויכפּונקט ז (ן)
*shpits (fun a barg); hoichpunkt*

**summon** v אַרויסרופֿן; באַפֿעלן צו קומען
*aroisrufen; bafelen tsu kumen*

**sumptuous** adj קאָסטיק; פּראַכטיק
*kostik; prachtik*

**sun** n זון נ (ען)
*zun*

**sun** v וואַרעמען אויף דער זון
*varemen oif der zun*

**sunburned** adj אָפּגעבּרענט פון דער זון
*opgebrent fun der zun*

**Sunday** n זונטיק ז (ן)
*zuntik*

**sunder** v אָפּטיילן; אָפּרײַסן; צעשפּאַלטן
*opteilen; opraisen; tseshpalten*

**sundry** adj פאַרשידענע, כּלערליי
*farshidene, kolerlei*

**sunflower** n זונבלום נ (ען)
*zunblum*

**sunglasses** n pl זונברילן ר
*zunbrilen*

**sunless** adj אָן זונשײַן
*on zunshain*

**sunny** adj זוניק
*zunik*

**sunrise** n זונאויפגאַנג ז (ען)
*zunoifgang*

**sunset** n זונפאַרגאַנג ז (ען)
*zunfargang*

**sunshine** n זונשיין נ
*zunshein*

**sup** v עסן וועטשערע
*esen vet'shere*

**superb** adj דערהויבן; ערשטקלאַסיק; הערלעך
*derhoiben; ershtklasik; herlech*

**superficial** adj אויבערפלעכלעך
*oiberflechlech*

**superintendent** n אויפזעער ז (ס)
*oifzeer*

**superior** adj העכער
*hecher*

**superior** n שעף ז (ן); הויפּט פון אַ מאָנאַסטיר ז
*shef; hoipt fun a monastir*

**superlative** n סופּערלאַטיוו ז (ן) (דער דריטער פאַרגלײַכגראַד)
*superlativ (der driter farglaichgrad)*

**supermarket** n סופּערמאַרק ז
*supermark*

**supernatural** adj איבערנאַטירלעך
*ibernatirlech*

**superstition** n גלייבעכץ ס (ן) (נאַרישע אמונה)
*gleibechts (narishe emune)*

**superstitious** adj גלייבעכצדיק
*gleibechtsdik*

**supervise** v אויפזען, משגיח זײַן
*oifzen, mashgiech zain*

**supper** n וועטשערע נ (ס)
*vet'shere*

**supplant** v ממלא־מקום זײַן; אַרויסשטופּן
*memale-mokem zain; aroisshtupen*

**supplement** n בײַלאַגע (ס)
*bailage*

**supplicate** v בעטן גנאָד
*beten gnod*

**supply** v פֿאַרזאָרגן, צושטעלן
*farzorgen, tsushtelen*

**supply** n זאַפּאַס ז (ן); פֿאַרזאָרגונג נ
*zapas; farzorgung*

**support** v אונטערשפּאַרן; שטיצן; אויסהאַלטן, מפרנס זײַן
*untershparen; shtitsen; ois'halten, mefarnes zain*

**support** n אָנשפּאַר ז (ן); שטיצע נ (ס); אויסהאַלטונג נ
*onshpar; shtitse; ois'haltung*

**suppose** v משער זײַן, פֿאָרשטעלן זיך
*meshaer zain, forshtelen zich*

**supposition** n השערה נ (השערות); מיינונג נ (ען)
*hashore (hashores); meinung*

**suppress** v אונטערדריקן
*unterdriken*

**suppression** n אונטערדריקונג נ (ען)
*unterdrikung*

**supremacy** n העכערקייט נ; אויבֿערמאַכט נ
*hecherkeit; oibermacht*

**supreme** adj העכסט
*hechst*

**surcharge** n צוצאָל ז (ן); איבֿערלאָדונג נ
*tsutsol; iberlodung*

**surcharge** v צוצאָלן; איבֿערלאָדן
*tsutsolen; iberloden*

**sure** adj זיכער, געוויס
*zicher, gevis*

**surface** n אויבֿערפֿלאַך נ (ן)
*oiberflach*

**surgeon** n כירורג ז (ן)
*chirurg*

**surgery** n כירורגיע נ; אָפּעראַציע נ (ס); אָפּעריר־זאַל ז (ן)
*chirurgye; operatsye; operir-zal*

**surmount** v איבֿערשטײַגן; גובר זײַן
*ibershtaigen; goiver zain*

**surname** n פֿאַמיליע־נאָמען ז (־נעמען); (אַרכיִיש) צונאָמען ז (צונעמען)
*familye-nomen (-nemen); (archaiish) tsunomen (tsunemen)*

**surname** v געבֿן אַ צונאָמען
*geben a tsunomen*

**surpass** v אַריבֿערשטײַגן
*aribershtaigen*

**surplus** n עודף ז (ים)
*oidef (odofim)*

**surprise** n איבֿערראַשונג נ (ען)
*iberrashung*

**surprise** v איבֿערראַשן
*iberrashen*

**surrender** v איבֿערגעבֿן; קאַפּיטולירן, אונטערגעבֿן זיך
*ibergeben; kapituliren, untergeben zich*

**surrender** n איבֿערגעבֿונג נ; קאַפּיטולירונג נ (ען)
*ibergebung; kapitulirung*

**surround** v אַרומרינגלען
*arumringlen*

**surrounding** adj אַרומיק

*arumik*

surroundings n pl — סביבה נ
*svive (svives)*

survey v — איבערקוקן; באַטראַכטן; מעסטן (לאַנד)
*iberkuken; batrachten; mesten (land)*

survey n — איבערבליק ז (ן); מעסטונג נ
*iberblik; mestung*

surveying n — לאַנדמעסטונג נ
*landmestung*

surveyor n — לאַנדמעסטער ז (ס)
*landmester*

survival n — איבערלעבונג נ; שׂריד ז (ים)
*iberlebung; sored (sridim)*

survive v — איבערלעבן
*iberleben*

suspect v — פאַרדעכטיקן, חושד זײַן
*fardechtiken, choished zain*

suspect n — חשוד ז (ים)
*choshud / choshed (chashudim)*

suspected adj — פאַרדעכטיק
*fardechtik*

suspend v — אַראָפּהענגען; צוריקהאַלטן, אָפּהאַלטן (אַקטיוויטעט); אויסשליסן אויף דערווײַלע
*arophengen; tsurikhalten, ophalten (aktivitet); oisshlisen oif dervaile*

suspender n — שעלקע נ (ס)
*shelke*

suspense n — שפּאַנונג נ
*shpanung*

suspicion n — פאַרדאַכט ז (ן)
*fardacht*

suspicious adj — פאַרדעכטיק
*fardechtik*

sustain v — אויסהאַלטן; שטיצן
*ois'halten; shtitsen*

swagger v — גיין קוממיות; באַרימען זיך בקול
*gein komemiyes; barimen zich bekol*

swallow v — שלינגען; אײַנשלינגען
*shlingen; ainshlingen*

swallow n — שלונג ז (ען); (פויגל) שוואַלב נ (ן)
*shlung; (foigel) shvalb*

swamp v — פאַרזינקען אין אַ זומפּ
*farzinken in a zump*

swamp n — זומפּ ז (ן)
*zump*

swampy adj — זומפּיק
*zumpik*

swan n — שוואַן ז (ען) (וואַסער־פויגל)
*shvan (vaser-foigel)*

swan song — שוואַן־ליד ס
*shvan-lid*

swap v — (שמועסדיק) אויסבײַטן
(Also swop)
*(shmuesdik) oisbaiten*

swarm n — שוואָרעם ז (ס) (פון אינסעקטן); מענגע נ (ס)
*shvorem (fun insekten); menge*

swarm v — שווערמען, שוויבלען
*shvermen, shviblen*

**swastika** n סוואַסטיקע נ (ס),
האַקנקרייץ ז (ן)
*svastike, hakenkreits*

**swear** v שווערן; שעלטן
*shveren; shelten*

**sweat** n שווייס ז
*shveis*

**sweat** v שוויצן
*shvitsen*

**sweater** n סוועטער ז (ס)
*sveter*

**sweep** v קערן, אויסקערן
*keren, oiskeren*

**sweet** adj זיס
*zis*

**sweeten** v זיס מאַכן, פאַרזיסן
*zis machen, farzisen*

**sweetheart** n געליבטער ז;
געליבטע נ
*gelibter; gelibte*

**sweetness** n זיסקייט נ
*ziskeit*

**swell** v געשוואָלן ווערן;
אויפלויפן; אויפגעבלאָזן ווערן
*geshvolen veren; oifloifen;*
*oifgeblozen veren*

**swell** n אָנגעשוואָלנקייט נ;
קײַלעכדיק בערגל ס;
לאַנגע כוואַליע נ (ס)
*ongeshvolenkeit; kailechdik*
*bergel; lange chvalye*

**swell** adj (שמועסדיק) מאָדיש,
עלעגאַנט; (סלענג) אויסגעצייכנט
*(shmuesdik) modish, elegant;*
*(sleng) oisgetseichent*

**swelling** n געשווילעכץ ס (ן)
*geshvilechts*

**swelter** v לײַדן פון היץ; שוויצן
*laiden fun hits; shvitsen*

**swift** adj שנעל, געשווינד
*shnel, geshvind*

**swiftness** n שנעלקייט נ,
געשווינדקייט נ
*shnelkeit, geshvindkeit*

**swim** v שווימען
*shvimen*

**swimmer** n שווימער ז (ס)
*shvimer*

**swimming** n שווימען ס
*shvimen*

**swindle** v שווינדלען, באַשווינדלען
*shvindlen, bashvindlen*

**swindle** n שווינדל ז (ען)
*shvindel (shvindlen)*

**swindler** n שווינדלער ז (ס)
*shvindler*

**swine** n חזיר ז (ים)
*chazer (chazeirim)*

**swing** v הוידען; שאָקלען;
וויגן זיך; שפּילן סווינג־מוזיק;
(שמועסדיק) מאַניפּולירן
*hoiden; shoklen; vigen zich;*
*shpilen sving-muzik;*
*(shmuesdik) manipuliren*

**swing** n שווונג ז (ען);
שאָקל ז (ען);
הוידע נ (ס); (מוזיק) סווינג ז
*shvung; shokel (shoklen);*

*hoide; (muzik) sving*

**swinish** adj חזיריש
*chazerish*

**switch** n איבערבײַט ז (ן); (עלעקטריע) אויסשליסער ז (ס); רוט נ (ריטער)
*iberbait; (elektrye) oisshliser; rut (riter)*

**switch** v איבערבײַטן; שמײַסן
*iberbaiten; shmaisen*

— **switch off** אויסשליסן, אויסלעשן
*oisshlisen, oisleshen*

— **switch on** אײַנשליסן, אָנצינדן
*ainshlisen, ontsinden*

**switchboard** n שליסברעט ס/נ (ער)
*shlisbret (shlisbreter)*

**swollen** adj געשוואָלן
*geshvolen*

**swoon** v חלשן
*chaleshen*

**swoon** n חלשות ס
*chaloshes*

**sword** n שווערד נ (ן)
*shverd*

**sycamore** n סיקאַמאָר ז (ן) (זען שביעית ט, ב)
*sikamor (zen shviis 9,2)*

**syllable** n טראַף ז (ן), זילבע נ (ס)
*traf, zilbe*

**symbiosis** n סימביאָזיס ז
*simbyozis*

**symbol** n סימבאָל ז (ן)
*simbol*

**symbolic** adj סימבאָליש
*simbolish*

**symmetry** n סימעטריע נ
*simetrye*

**sympathize** v סימפּאַטיזירן
*simpatiziren*

**sympathy** n סימפּאַטיע נ (ס)
*simpatye*

**symphony** n סימפאָניע נ (ס)
*simfonye*

**symposium** n סימפּאָזיום ז (ס)
*simpozyum*

**symptom** n סימפּטאָם ז (ען)
*simptom*

**synagogue** n שול ז (ן), בית־הכנסת ז/ס (בתּי־כנסיות)
*shul, beis-hakneses (bote-kneisiyes)*

**syndicate** n סינדיקאַט ז (ן)
*sindikat*

**synonym** n סינאָנים ז (ען)
*sinonim*

**synopsis** n סינאָפּסיס ז (ן)
*sinopsis*

**syntax** n סינטאַקס ז
*sintaks*

**synthesis** n סינטעז ז (ן)
*sintez*

**syrup** n סיראָפּ ז (ן)
*sirop*

**system** n סיסטעם נ/ז (ען)
*sistem*

**systematic** adj סיסטעמאַטיש
*sistematish*

# T t

t, T n טע ז (ען) (בּוכשטאַב)
*te (buchshtab)*

tabernacle n געבּעט־הויז ס (־הײַזער); געצעלט ס (ן)
*gebet-hoiz (-haizer); getselt*

Tabernacle n מישכּן ז (זען שמות כ״ו, א)
*mishken (zen shmois 26:1)*

table n טיש ז (ן)
*tish*

tablecloth n טישטעך ז (ער)
*tishtech (tishtecher)*

tablet n טאָוול ז (ען); (מעדיצין) טאַבּלעט ז (ן)
*tovel (tovlen); (meditsin) tablet*

taboo n טאַבּו ז (ען)
*tabu*

tacit adj שווײַגנדיק; זעלבּסט־פאַרשטענדלעך
*shvaigendik; zelbst-farshtendlech*

tact n טאַקט ז
*takt*

tactful adj טאַקטיש
*taktish*

tactics n (takes sing v.) טאַקטיק נ
*taktik*

tag n עטיקעט ז (ן)
*etiket*

taiga n טײַגע נ (ס) (דער זומפּיקער וואַלד פון נאָדלבּיימער אין סיבּיר, אייראַזיע און נאָרד־אַמעריקע)
*taige (der zumpiker vald fun nodelbeimer in sibir, eirazye un nord-amerike)*

tail n ווײדל ז (ען), שוואַנץ ז (שווענץ)
*veidel (veidlen), shvants (shvents)*

tailor n שנײַדער ז (ס)
*shnaider*

taint n פלעק ז (ן); מאָראַלישער פּגם ז
*flek; moralisher pgam*

taint v באַפלעקן; קאָנטאַמינירן
*bafleken; kontaminiren*

take v נעמען
*nemen*

— take aback איבּערראַשן
*iberrashen*

— take after זײַן געראָטן אין
*zain geroten in*

— take against זײַן געגן עמעצנס צד; קעגנשטעלן זיך
*zain gegen emetsens tsad; kegenshtelen zich*

— take apart פונאַנדערנעמען
*funandernemen*

— take away אַוועקנעמען

*aveknemen*

— take back צוריקנעמען; דערמאָנען אין דער פאַרגאַנגענהייט
*tsuriknemen; dermonen in der fargangenheit*

— take down אַרונטערנעמען; פאַרשרײַבן
*arunternemen; farshraiben*

— take for האַלטן פאַר
*halten far*

— take in אַרײַננעמען; תּופס זײַן; אָפּנאַרן
*arainnemen; toifes zain; opnaren*

— take it באַנעמען, פאַרשטיין; אויסשטיין
*banemen, farshtein; oisshtein*

— take off אויסטאָן; אַראָפּנעמען; (עראָפּלאַן) אָפּפליִען
*oiston; aropnemen; (eroplan) opflien*

— take on אָננעמען; פאַרמעסטן זיך קעגן
*onnemen; farmesten zich kegen*

— take out אַרויסנעמען; עסקאָרטירן
*aroisnemen; eskortiren*

— take over איבערנעמען
*ibernemen*

— take place געשען
*geshen*

— take to גערן האָבן; ווערן צוגעבונדן צו
*geren hoben; veren tsugebunden tsu*

taking adj אַטראַקטיוו; צוציִענדיק
*atraktiv; tsutsiendik*

taking n נעמונג נ
*nemung*

— takings pl לייזונג נ; קבלות ר
*leizung; kaboles*

tale n דערציילונג (ען)
*dertseilung*

talebearer n צוטראָגער ז (ס), איבערדערציילער ז (ס)
*tsutroger, iberdertseiler*

talent n טאַלאַנט ז (ן)
*talant*

talented adj טאַלאַנטירט
*talantirt*

taleteller n באַרעדער ז (ס)
*bareder*

talisman n קמיע נ (ות)
*kameie/kmeie (kameies/kmeies)*

talk v רעדן; שמועסן
*reden; shmuesen*

talk n רייד ר; שמועס ז (ן)
*reid; shmues*

talkative adj באַרעדעוודיק
*baredevdik*

tall adj הויך
*hoich*

tallow n חֵלֶב ס, האַרט פעטס ס (באַנוצט צו מאַכן זייף און ליכט)

*cheilev, hart fet's (banutst tsu machen zeif un licht)*

**Talmud** n תלמוד ז (ים)
*talmud (talmudim)*

**Talmud Torah** תלמוד־תורה נ
(יידישע רעליגיעזע שולע)
*talmetoire/talmud-toire (yidishe religyeze shule)*

**talon** n קלאָ ז (ען)
(נאָגל פון אַ רויב־פויגל)
*klo (nogel fun a roib-foigel)*

**tamarisk** n טאַמאַריסק ז (ן)
(אַן אָרנאַמענטאַלער פעדער־קשאַק אָדער ביימל)
*tamarisk (an ornamentaler feder-kshak oder beimel)*

**tame** adj געצאַמט; שטוביק
*getsamt; shtubik*

**tame** v צאַמען
*tsamen*

**tamper with** טשעפּען; אַרייַנמישן זיך לרעה; אונטערקויפן
*t'shepen; arainmishen zich leroe; unterkoifen*

**tan** v גאַרבן (פעל); אָפּברוינען זיך אויף דער זון;
(שמועסדיק) אָפּשמייַסן
*garben (fel); opbroinen zich oif der zun;*
*(shmuesdik) opshmaisen*

**tan** n געלבלעך־ברוינער קאָליר ז
*gelblech-broiner kolir*

**tan** adj געלבלעך־ברוין
*gelblech-broin*

**tangible** adj אָנטאַפּיק, ממשותדיק
*ontapik, mamoshesdik*

**tangle** v פאַרפּלאָנטערן
*farplonteren*

**tangle** n פּלאָנטער ז (ס)
*plonter*

**tango** n טאַנגאָ ז (ס) (טאַנץ)
*tango (tants)*

**tank** n טאַנק ז (ן)
*tank*

**tanner** n גאַרבער ז (ס)
*garber*

**tannery** n גאַרבעריַי נ (ען)
*garberai*

**tap** n קראַן ז (ען), צאַפּן ז (ס); לייַכטער קלאַפּ ז
*kran, tsapen; laichter klap*

**tap** v צאַפּן; קלאַפּן לייַכט
*tsapen; klapen laicht*

**tape** n באַנד ז (בענדער)
*band (bender)*

— **Scotch tape** קלעפּבאַנד ז
*klepband*

**tapestry** n (וואַנט־) טעפּיך ז (ן), טעפּעך ז (ער)
*(vant-) tepich, tepech (tepecher)*

**tar** n סמאָלע נ (ס); פּעך ז
*smole; pech*

**tar** v באַשמירן מיט סמאָלע
*bashmiren mit smole*

**tarantella** n טאַראַנטעלע נ (ס)
(איטאַליענישער טאַנץ)
*tarantele (italyenisher tants)*

tarantula n טאַראַנטולע נ (ס) (שפּין)
*tarantule (shpin)*

tardy adj פֿאַרשפּעטיקט; פּאַמעלעך
*farshpetikt; pamelech*

target n צילברעט נ/ס (ער); ציל ז (ן)
*tsilbret (tsilbreter); tsil*

tariff n טאַריף ז (ן)
*tarif*

tarnish v מאַכן מאַט; מבייש זײַן; באַפלעקן
*machen mat; mevayesh zain; bafleken*

tarry v זאַמען זיך
*zamen zich*

tar sand סמאָלע־זאַמד ס/ז (ן)
*smole-zamd*

tart adj זויער; שאַרף; בײַסיק
*zoier; sharf; baisik*

Tarzan n טאַרזאַן ז (אַ פֿלינקער העלד)
*tarzan (a flinker held)*

task n אויפֿגאַבע נ (ס)
*oifgabe*

taste n געשמאַק ז (ן), טעם ז (ים/ען)
*geshmak, taam (taamim/taamen)*

taste v פֿאַרזוכן
*farzuchen*

tasteful adj מיט טעם
*mit taam*

tasteless adj אָן טעם
*on taam*

tasty adj געשמאַק
*geshmak*

tatter n שמאַטע נ (ס)
*shmate*

tattered adj אָפּגעריסן
*opgerisen*

tattle v פּלוידערן
*ploideren*

tattle n פּלוידערײַ ס (ן)
*ploiderai*

taunt v אָפּשפּעטן; טאַדלען
*opshpeten; tadlen*

taunt n שפּאָט ז; שטעכיקע באַמערקונג נ (ען)
*shpot; shtechike bamerkung*

tavern n שענק נ (ען); קרעטשמע נ (ס)
*shenk; kret'shme*

tawdry adj שרײַעריש; רײַסיק און ביליק
*shraierish; raisik un bilik*

tawny adj ברוינלעך־געל
*broinlech-gel*

tax n שטײַער ז (ן); עול ז/ס
*shtaier; ol*

tax v באַשטײַערן; אָנשטרענגען
*bashtaieren; onshtrengen*

taxable adj שטײַערבאַר
*shtaierbar*

taxation n באַשטײַערונג נ
*bashtaierung*

taxi n טאַקסי ז (ס)
*taksi*

tea n טיי נ (ען)
*tei*

teach v לערנען, אונטערריכטן
*lernen, unterrichten*

teacher n לערער ז (ס)
*lerer*

teaching n לערערײַ ס; לערע נ (ס)
*lererai; lere*

team n מאַנשאַפט נ (ן);
געשפּאַן ס (ען)
*manshaft; geshpan*

teamwork n צוזאַמענאַרבעט נ
*tsuzamenarbet*

tear n טרער נ (ן)
*trer*

tear v רײַסן
*raisen*

tear n ריס ז (ן)
*ris*

tearful adj פאַרוויינט
*farveint*

tease v רייצן זיך
*reitsen zich*

teaspoon n טיי־לעפעלע ס (ך)
*tei-lefele*

teat n ציצקע נ (ס)
*tsitske*

technical adj טעכניש
*technish*

technician n טעכניקער ז (ס)
*techniker*

technique n טעכניק נ (עס)
*technik (technikes)*

technology n טעכנאָלאָגיע נ
*technologye*

tedious adj לאַנגווײַליק, נודנע
*langvailik, nudne*

tedium n לאַנגווײַל נ, נודנעקייט נ
*langvail, nudnekeit*

teem v רויען זיך
*roien zich*

Tel Aviv n תּל־אבֿיב [ס]
*telaviv/tel-oviv*

telegram n טעלעגראַמע נ (ס)
*telegrame*

telegraph n טעלעגראַף ז (ן)
*telegraf*

telegraph v טעלעגראַפירן
*telegrafiren*

telephone n טעלעפאָן ז (ען)
*telefon*

telephone v טעלעפאָנירן
*telefoniren*

telescope n טעלעסקאָפּ ז (ן)
*teleskop*

televise v טעלעוויזירן
*televiziren*

television n טעלעוויזיע נ (ס)
*televizye*

tell v זאָגן; דערציילן
*zogen; dertseilen*

teller n באַנק־קאַסיר ז (ן)
*bank-kasir*

telltale n באַרעדער;
מסור ז (מוסרים)
*bareder; moser (mosrim)*

temerity n לײַכטזיניקע דרייסטקייט; נ
איבעראײַלעניש (ס)
*laichtzinike dreistkeit;*
*iberailenish*

temper n געמיט ס (ער),
שטימונג; נ (ען);

פאַרהאַרטונג (פון אַ מעטאַל)
*gemit (gemiter), shtimung; farhartung (fun a metal)*

**temper** v פאַרמילדערן; פאַרווייכערן; פאַרהאַרטעווען (שטאָל)
*farmilderen; farveicheren; farharteven (shtol)*

**temperament** n טעמפּעראַמענט ז (ן)
*temperament*

**temperate** adj מילד; אײַנגעהאַלטן
*mild; aingehalten*

**temperature** n טעמפּעראַטור נ (ן)
*temperatur*

**tempest** n שטורעמווינט ז (ן)
*shturemvint*

**Temple** n בית־המקדש ז
*beisamikdesh/beis-hamikdesh*

**temple** n טעמפּל ז (ען); שלייף נ (ן)
*tempel (templen); shleif*

**tempo** n טעמפּאָ ז (ס)
*tempo*

**temporary** adj צײַטווײַליק
*tsaitvailik*

**tempt** v פאַרפירן; רייצן
*farfiren; reitsen*

**ten** adj צען
*tsen*

**tenacity** n אָנהאַלטיקייט נ; עקשנות (ס)
*onhaltikeit; akshones*

**tenant** n לאָקאַטאָר ז (ן)
*lokator*

**tend** v זײַן געניגט; באַדינען
*zain geneigt; badinen*

**tendency** n טענדענץ נ (ן)
*tendents*

**tender** adj צאַרט; ווייך
*tsart; veich*

**tender** v אָנבאָטן
*onboten*

**tender** n אָנבאָט ז (ן)
*onbot*

**tenet** n עיקר ז (ים)
*iker (ikorim)*

**tennis** n טעניס ז
*tenis*

**tenor** n טענאָר ז (ן)
*tenor*

**tense** n (גראַמאַטיק) צײַט נ (ן)
*(gramatik) tsait*

**tense** adj געשפּאַנט
*geshpant*

**tension** n שפּאַנונג נ (ען)
*shpanung*

**tent** n געצעלט ס (ן)
*getselt*

**tentacle** n פאַנגאָרעם ז (ס)
*fangorem*

**tenth** adj צענט
*tsent*

**tenth** n צענטל ס (עך)
*tsentel (tsentlech)*

**tenure** n חזקה נ; פּאָסטנרעכט ס
*chazoke; postenrecht*

**term** n זמן ז (ים); טעכנישער אויסדרוק ז
*zman (zmanim); technisher oisdruk*

— terms pl ר באַדינגונגען
*badingungen*

terminal adj ענדלעך, סופיק
*endlech, sofik*

terminal n וואָקזאַל ז (ן)
*vokzal*

terminate v פאַרענדיקן
*farendiken*

terminology n טערמינאָלאָגיע נ (ס)
*terminologye*

termite n טערמיט ז (ן)
*termit*

terrace n טעראַסע נ (ס)
*terase*

terrain n באָדן ז (ס)
*boden*

terrible adj שרעקלעך
*shreklech*

terrier n טעריער ז (הונט)
*teryer (hunt)*

terrific adj מוראדיק; (שמועסדיק) גוואַלדיק; פּראַכטיק
*moiredik; (shmuesdik)*
*gvaldik; prachtik*

terrify v אָנשרעקן
*onshreken*

territory n טעריטאָריע נ (ס)
*teritorye*

terror n טעראָר ז
*teror*

terrorist n טעראָריסט ז (ן)
*terorist*

terse adj תּמציתדיק
*tamtsesdik*

test n פּראָבע נ (ס)
*probe*

test v פּרובירן
*prubiren*

testament n צוואה נ (צוואות)
*tsavoe (tsavoes)*

Testament n (ביבל) טעסטאַמענט ז (ן) (ביבל)
*testament (bibel)*

test case פּרוּוופאַל ז (ן)
*pruvfal*

testicle n ביצה נ (ביצים) (פון אַ זכר)
*beitse (beitsim)*
*(fun a zocher)*

testify v עדות זאָגן
*eidus zogen*

text n טעקסט ז (ן)
*tekst*

textbook n לערנבוך (לערנביכער)
*lerenbuch (lerenbicher)*

textile n טעקסטיל ז (ן)
*tekstil*

than conj ווי, איידער; פון
*vi, eider; fun*

thank v דאַנקען
*danken*

thankful adj דאַנקבאַר
*dankbar*

thankless adj אומדאַנקבאַר
*umdankbar*

thanks n pl, interj דאַנק ז (ען), יישר־כּוח ז; אַ דאַנק!
*dank, yasher-koiech;*
*a dank!*

that adj, pron, conj יענער, יענע, יענץ;

וואָס; אַז
*yener, yene, yents; vos; az*

**thatch** n דאַכשטרוי נ
*dachshtroi*

**thatch** v באַדעקן
(אַ דאַך) מיט שטרוי
*badeken (a dach) mit shtroi*

**thaw** v צעגיין, אָפּגיין, צעלאָזן
*tsegein, opgein, tselozen*

**thaw** n צעגייאונג נ, צעלאָזונג נ
*tsegeiung, tselozung*

**the** definite article דער ז;
די נ, ר; דאָס ס
*der; di; dos*

**theater, theatre** n טעאַטער ז (ס)
*teater*

**theatrical** adj טעאַטראַליש
*teatralish*

**theft** n גנבה נ (גנבות)
*ganeive/gneive*
*(ganeives/gneives)*

**their** adj זייער
*zeier*

**theme** n טעמע נ (ס)
*teme*

**themselves** pron זיך; זיי אַליין
*zich; zei alein*

**then** adv דעמאָלט; דעריבער
*demolt; deriber*

**theology** n טעאָלאָגיע נ
*teologye*

**theoretical** adj טעאָרעטיש
*teoretish*

**theory** n טעאָריע נ (ס)
*teorye*

**therapy** n טעראַפּיע נ (ס)
*terapye*

**there** adv דאָרט, דאָרטן
*dort, dorten*

**therefore** adv דעריבער, דערפֿאַר
*deriber, derfar*

**thermometer** n טערמאָמעטער ז (ס)
*termometer*

**thesis** n טעזיס ז (ן)
*tezis*

**they** pron זיי
*zei*

**thick** adj דיק, גראָב; געדיכט
*dik, grob; gedicht*

**thicket** n פֿלאַנצן־געדיכטעניש נ (ן)
*flantsen-gedichtenish*

**thickness** n דיק נ, גרעב נ;
געדיכטקייט נ; שיכט ז (ן)
*dik, greb; gedichtkeit;*
*shicht*

**thief** n גנב ז (ים)
*ganev (ganovim)*

**thigh** n דיך ז (ן)
*dich*

**thimble** n פֿינגערהוט ז (פֿינגערהיט)
*fingerhut (fingerhit)*

**thin** adj דין; שיטער
*din; shiter*

**thing** n זאַך נ (ן); חפץ ז (ים)
*zach; cheifets (chafotsim)*

**think** v דענקען, מיינען; טראַכטן
*denken, meinen; trachten*

**third** adj דריט

*drit*

**thirdly** adv **דריטנס**

*dritens*

**thirst** n **דאָרשט** ז, **דורשט** ז

*dorsht, dursht*

**thirst** v **דאָרשטן, דורשטן**

*dorshten, durshten*

**thirsty** adj **דאָרשטיק, דורשטיק**

*dorshtik, durshtik*

**thirteen** adj **דרײַצן**

*draitsen*

**thirteenth** adj **דרײַצנט, דרײַצעט**

*draitsent, draitset*

**thirtieth** adj **דרײַסיקסט**

*draisikst*

**thirty** adj **דרײַסיק**

*draisik*

**this** pron, adj **דער** ז; **די** נ; **דאָס**; ס; **דיזער**

*der; di; dos; dizer*

**thorn** n **דאָרן** ז (דערנער)

*doren (derner)*

**thorough** adj **גרונטיק**

*gruntik*

**thoroughly** adv **גרינטלעך**

*grintlech*

**though** conj, adv **כאָטש**

*chot'sh*

**thought** n **געדאַנק** ז (עך)

*gedank*

**thousand** adj **טויזנט**

*toizent*

**thread** n **פאָדעם** ז (פעדעם)

*fodem (fedem)*

**thread** v **אײַנפעדעמען**

*ainfedemen*

**threat** n **דראָאונג** נ (ען); **סכנה** נ (סכנות)

*droung; sakone (sakones)*

**threaten** v **דראָען, סטראַשען; שטעלן אין געפאַר**

*droen, strashen; shtelen in gefar*

**three** adj **דרײַ**

*drai*

**thresh** v **דרעשן**

*dreshen*

**threshold** n **שוועל** נ (ן)

*shvel*

**thrice** adv **דרײַ מאָל**

*drai mol*

**thrift** n **שפּאָרעוודיקייט** נ

*shporevdikeit*

**thrifty** adj **שפּאָרזאַם**

*shporzam*

**thrive** v **וואַקסן שטאַרק; פּראָספּערירן**

*vaksen shtark; prosperiren*

**throat** n **גאָרגל** ז (ען)

*gorgel (gorglen)*

**throne** n **טראָן** ז (ען)

*tron*

**through** prep **דורך**

*durch*

**throw** v **וואַרפן**

*varfen*

**throw** n **וואָרף** ז (ן)

*vorf*

**thrust** v **שטויסן**

*shtoisen*

**thrust** n שטויס ז (ן)
*shtois*

**thug** n כוליגאַן ז (עס)
*chuligan (chuliganes)*

**thumb** n גראָבער פינגער ז
*grober finger*

**thumbtack** n פּלוסקעווקע נ (ס), קנאָפּקע נ (ס)
*pluskevke, knopke*

**thunder** n דונער ז (ן)
*duner*

**thunder** v דונערן
*duneren*

**Thursday** n דאָנערשטיק ז (ן)
*donershtik*

**thus** adv אַזוי
*azoi*

**thwart** v צענישטיקן
*tsenishtiken*

**ticket** n בילעט ז (ן)
*bilet*

**tickle** v קיצלען
*kitslen*

**tickle** n קיצל ז (ען)
*kitsel (kitslen)*

**ticklish** adj קיצלדיק; ריזיקאַליש
*kitseldik; rizikalish*

**tick-tock** n טיק־טאַק ז (פון אַ זייגער)
*tik-tak (fun a zeiger)*

**tidbit** (Also titbit) n געשמאַק שטיקל ס
*geshmak shtikel*

**tide** n ים־פלייץ ז (ן) (צופלוס און אָפּפלוס); שטראָם ז (ען)
*yam-fleits (tsuflus un opflus); shtrom*

**tidings** n pl נײַעס ר; בשׂורות ר
*naies; bsoires*

**tidy** adj ציכטיק
*tsichtik*

**tidy** v אָרדענען; ראַמען
*ordenen; ramen*

**tie** v בינדן
*binden*

**tie** n בונד ז (ן); שניפּס ז (ן); קראַוואַט ז (ן)
*bund; shnips; kravat*

**tiger** n טיגער ז (ס)
*tiger*

**tight** adj ענג
*eng*

**tighten** v אײַנציִען
*aintsien*

**tile** n קאַכל נ (ען); (דאַך) דאַכלקע נ (ס)
*kachel (kachlen); (dach) dachelke*

**till** prep, conj ביז
*biz*

**till** v באַאַרבעטן (לאַנד), קולטיווירן
*baarbeten (land), kultiviren*

**timber** n בוי־האָלץ ס
*boi-holts*

**time** n צײַט נ (ן)
*tsait*

**timely** adj בײַצײַטיק
*baitsaitik*

**timid** adj שרעקעוודיק

*shrekevdik*

**tin** n — צין ס
*tsin*

**tinge** v — צופאַרבן
*tsufarben*

**tinge** n — צופאַרב ז (ן); שמץ ז
*tsufarb; shemets*

**tinkle** v — קלינגלען
*klinglen*

**tinsmith** n — בלעכער ז (ס)
*blecher*

**tint** n — שאַטירונג נ (ען)
*shatirung*

**tint** v — שאַטירן
*shatiren*

**tiny** adj — קליינטשיק
*kleint'shik*

**tip** n — שפיץ ז (ן); אָנוווּנק ז (ען);
באַדין־געלט ס, טרינקגעלט ס
*shpits; onvunk;*
*badin-gelt, trinkgelt*

**tiptop** n — העכסטער פונקט ז
*hechster punkt*

**tiptop** adj — (שמועסדיק) אויסגעצייכנט
*(shmuesdik) oisgetseichent*

**tire** n — גומי־רייף ז (ן)
*gumi-reif*

**tire** v — מיד מאַכן, פאַרמאַטערן
*mid machen, farmateren*

**tired** adj — מיד
*mid*

**tithe** n — מעשׂר ז (מעשׂרות)
*maaser/maiser (maasers/maisers)*

**title** n — טיטל ז (ען)
*titel (titlen)*

**title page** — שער־בלאַט ז (־בלעטער)
*shaar-blat (-bleter)*

**to** prep — צו; ביז
*tsu; biz*

**toast** n — טאָסט ז (ן)
(צוגעברוינט ברויט ס; לחיים ז)
*tost (tsugebroint broit;*
*lechayim)*

**toast** v — צוברוינען ברויט;
טרינקען לחיים
*tsubroinen broit;*
*trinken lechayim*

**tobacco** n — טאַביק ז, טיטון ז
*tabik, titun*

**today** adv — הײַנט
*haint*

**toe** n — פינגער ז (פון פוס)
*finger (fun fus)*

**toga** n — טאָגע נ ס
*toge*

**together** adv — צוזאַמען
*tsuzamen*

**toil** n — האָרעוואַניע נ
*horevanye*

**toil** v — האָרעווען
*horeven*

**toilet** n — טואַלעט ז (ן)
*tualet*

**token** n — צייכן ז (ס);
באַווײַז ז (ן); מינצל ס (עך)
*tseichen; bavaiz; mintsel*
*(mintslech)*

**tolerance** n — טאָלעראַנץ נ

*tolerants*

tolerate v טאָלערירן
*toleriren*

toll n אָפּצאָל ז
*optsol*

tomato n פּאָמידאָר ז (ן)
*pomidor*

tomb n קבר ז (ים)
*keiver (kvorim)*

tombstone n מצבה נ (מצבות)
*matseive (matseives)*

tomcat n קאָטער ז (ס)
*koter*

tomfoolery n אומזינען ז, שטות ז/ס (ים)
*umzinen, shtus (shtusim)*

tomorrow n מאָרגן ז (ס)
*morgen*

tomorrow adv מאָרגן
*morgen*

ton n טאָן נ (ען)
*ton (tonen)*

tone n טאָן ז (טענער)
*ton (tener)*

tongs n (often takes sing. v.) צוואַנג נ (ען)
*tsvang*

tongue n צונג נ (צינגער); לשון ס (ות), שפּראַך נ (ן)
*tsung (tsinger); loshen (leshoines), shprach*

tonight adv הײַנט בײַ נאַכט
*haint bai nacht*

tonsil n (האַלדז־) מאַנדל ז (ען)
*(haldz-) mandel (mandlen)*

too adv אויך; צו
*oich; tsu*

tool n געצײַג ס; מכשיר ז (ים)
*getsaig; machsher (machshirim)*

tooth n צאָן ז (ציין)
*tson (tsein)*

toothache n צאָנווייטיק ז (ן)
*tsonveitik*

toothbrush n ציינבערשטל ס (עך)
*tseinbershtel (tseinbershtlech)*

toothpick n ציינשטעכער ז (ס)
*tseinshtecher*

top n אויבן ז (ס), שפּיץ ז (ן); דריידל ס (עך)
*oiben, shpits; dreidel (dreidlech)*

top adj העכסט
*hechst*

top v אַריבערשטײַגן
*aribershtaigen*

topic n טעמע נ (ס)
*teme*

topical adj אַקטועל; אָרטיק
*aktuel; ortik*

topography n טאָפּאָגראַפיע נ (ס)
*topografye*

topple v פאַלן; אומוואַרפן
*falen; umvarfen*

torah (or tora) לערנען ס, לימוד ז (ים); חוק ז (ים)
*lernen, limed (limudim); chok (chukim)*

Torah n תּורה נ
*toire*

torch n פאַקל ז (ען)
*fakel (faklen)*

torment v פּייניקן; מאַטערן
*painiken; materen*

torment n פּיין נ (ען); מאַטערניש ס (ן)
*pain; maternish*

tornado n טאָרנאַדאָ ז (ס)
*tornado*

torpedo n טאָרפּעדע נ (ס)
*torpede*

torpedo v טאָרפּעדירן; צעשטערן
*torpediren; tseshteren*

torpid adj אומאַקטיוו; געליימט
*umaktiv; geleimt*

torrent n גאָס ז (ן), פליייץ ז (ן)
*gos, fleits*

torrid adj זייער הייס, ברענענדיק
*zeier heis, brenendik*

tortoise n טשערעפּאַכע נ (ס)
*t'sherepache*

torture n פּייניקונג נ (ען)
*painikung*

torture v פּייניקן
*painiken*

toss v וואַרפן; שאָקלען; וואַרפן זיך
*varfen; shoklen; varfen zich*

toss n וואָרף ז (ן)
*vorf*

tot n קליין קינד ס
*klein kind*

total adj גאַנץ
*gants*

total n סך־הכל ז (ען)
*sachakel/sach-hakel*
*(sachaklen/sach-haklen)*

totalitarian adj טאָטאַליטאַריש, דיקטאַטאָריש
*totalitarish, diktatorish*

totality n גאַנצהייט נ (ן)
*gantsheit*

touch v רירן, אָנרירן
*riren, onriren*

touch n ריר ז (ן), אָנריר ז (ן)
*rir, onrir*

touching adj רירנדיק
*rirendik*

tough adj האַרט, פאַרהאַרטעוועט
*hart, farhartevet*

tour v מאַכן אַ רייַזע, רייַזן, באַרייַזן
*machen a raize, raizen, baraizen*

tour n רייַזע נ (ס), טור ז (ן)
*raize, tur*

tourist n טוריסט ז (ן)
*turist*

tow v שלעפּן (מיט אַ שטריק, קייט, א״ע)
*shlepen (mit a shtrik, keit, etc.)*

toward prep צו, אין דער ריכטונג צו
(Also towards)
*tsu, in der richtung tsu*

towel n האַנטעך ז (ער)
*hantech (hantecher)*

tower n טורעם ז (ס)
*turem*

tower v שטיין הויך
*shtein hoich*

**town** n — שטעטל ס (עך)
*shtetel (shtetlech)*

**toy** n — שפּילכל ס (עך)
*shpilchel (shpilchlech)*

**trace** n — שפּור נ/ז (ן); צייכן ז (ס)
*shpur; tseichen*

**trace** v — נאָכשפּירן; איבערצייכענען
*nochshpiren; ibertseichenen*

**track** n — באַן־ליניע נ (ס); שפּור נ/ז (ן); שטעג ז (ן)
*ban-linye; shpur; shteg*

**track** v — גיין נאָכן שפּור
*gein nochen shpur*

**tractor** n — טראַקטאָר ז (ן)
*traktor*

**trade** n — האַנדל ז; פֿאַך ז (ן); אויסבײַט ז (ן)
*handel; fach; oisbait*

**trade** v — האַנדלען; אויסבײַטן
*handlen; oisbaiten*

**tradition** n — טראַדיציע נ (ס)
*traditsye*

**traditional** adj — טראַדיציאָנעל
*traditsyonel*

**traffic** n — פֿאַרקער ז; האַנדל ז
*farker; handel*

**traffic** v — האַנדלען
*handlen*

**tragedy** n — טראַגעדיע נ (ס)
*tragedye*

**tragic** adj — טראַגיש
*tragish*

**trail** n — שפּור נ/ז (ן); סטעשקע נ (ס)
*shpur; steshke*

**trail** v — שלעפּן; נאָכשלעפּן זיך; נאָכשפּירן
*shlepen; nochshlepen zich; nochshpiren*

**train** n — באַן נ (ען), צוג ז (ן); שלעפּע נ (ס) (פֿון אַ קלייד)
*ban, tsug; shlepe (fun a kleid)*

**train** v — בילדן, טרענירן
*bilden, treniren*

**traitor** n — פֿאַררעטער ז (ס)
*farreter*

**tramp** v — ארומשלעפּן זיך; אַרומוואַנדערן
*arumshlepen zich; arumvanderen*

**tramp** n — שלעפּער ז (ס)
*shleper*

**trample** v — טרעטן שווער; צעטרעטן
*treten shver; tsetreten*

**tranquil** adj — שלווהדיק; באַרויִקט
*shalvedik; baruikt*

**tranquility** n — שלווה נ; רו נ
*shalve; ru*

**tranquilize** v — באַרויִקן
*baruiken*

**transaction** n — טראַנזאַקציע נ (ס)
*tranzaktsye*

**transcribe** v — איבערשרײַבן, קאָפּירן
*ibershraiben, kopiren*

**transcription** n — טראַנסקריפּציע נ (ס)
*transkriptsye*

**transfer** v — אַריבערטראָגן, אַריבערפֿירן
*aribertrogen, ariberfiren*

**transfer** n — טראַנספער ז (ן) — *transfer*

**transfusion** n — טראַנספוזיע נ (ס) — *transfuzye*

**transgress** v — איבערשפּרייַזן; מסיג־גבול זייַן — *ibershpraizen; masig-gvul zain*

**transgression** n — עבירה נ (עבירות) — *aveire (aveires)*

**transient** adj — פֿאַרבייַגייענדיק — *farbaigeiendik*

**transistor** n — טראַנזיסטאָר ז (ן) — *tranzistor*

**transit** n — טראַנזיט ז — *tranzit*

**transition** n — איבערגאַנג ז (ען) — *ibergang*

**transitive** adj — טראַנזיטיוו — *tranzitiv*

**translate** v — איבערזעצן — *iberzetsen*

**translation** n — איבערזעצונג נ (ען) — *iberzetsung*

**transmit** v — איבערשיקן — *ibershiken*

**transparent** adj — דורכזעעוודיק — *durchzeevdik*

**transplant** v — איבערפלאַנצן — *iberflantsen*

**transport** v — טראַנספּאָרטירן — *transportiren*

**transport** n — טראַנספּאָרט ז (ן) — *transport*

**trap** n — פּאַסטקע נ (ס) — *pastke*

**trap** v — פֿאַנגען (אין אַ פּאַסטקע) — *fangen (in a pastke)*

**trash** n — אָפּפֿאַל ז — *opfal*

**travel** v — רייַזן, אַרומפֿאָרן — *raizen, arumforen*

**travel** n — רייַזע נ (ס), נסיעה נ (נסיעות) — *raize, nesie (nesies)*

**traveler** n — רייַזנדער ז (ס) — *raizender*

**tray** n — טאַץ נ (ן) — *tats*

**treacherous** adj — פֿאַררעטעריש; פֿאַלש — *farreterish; falsh*

**treachery** n — פֿאַרראַט ז (ן); פֿאַלשקייט נ (ן) — *farrat; falshkeit*

**tread** v — טרעטן — *treten*

**tread** n — טריט ז — *trit*

**treason** n — פֿאַרראַט ז (ן) — *farrat*

**treasure** n — אוצר ז (ות) — *oitser (oitsres)*

**treasurer** n — קאַסירער ז (ס) — *kasirer*

**treat** v — באַהאַנדלען; מכבד זייַן; קורירן — *bahandlen; mechabed zain; kuriren*

**treatment** n — באַהאַנדלונג נ (ען)

bahandlung

treaty n אָפּמאַך ז (ן)
opmach

tree n בוים ז (ביימער)
boim (beimer)

tremble v ציטערן
tsiteren

tremendous adj שרעקלעך; (שמועסדיק) קאָלאָסאַל
shreklech; (shmuesdik) kolosal

trench n אַקאָפּע, אָקאָפּע נ (ס); גראָבן ז (ס)
akope, okope; groben

trenchant adj שאַרף; דײַטלעך
sharf; daitlech

trend n ווענדונג נ (ען); טענדענץ נ (ן)
vendung; tendents

trespass v מסיג־גבול זײַן
masig-gvul zain

trespass n הסגת־גבול ס. גרענעץ־איבערטרעטונג נ
hasoges-gvul, grenets-ibertretung

trial n פּראָצעס ז (ן); פּרוּוו ז (ן)
protses; pruv

triangle n דרײַעק ז (ן)
draiek

tribe n שבט ז (ים)
sheivet (shvotim)

tributary n בײַטײַך ז (ן)
baitaich

tribute n טריבוט ז (ן), צינדז ז (ן); אָנערקענונג נ
tribut, tsindz; onerkenung

trick n קונץ נ (ן), שפּיצל ס (עך)
kunts, shpitsel (shpitslech)

trick v אַרײַננאַרן
arainnaren

trickle v קאַפּען, טריפן
kapen, trifen

trickle n גערינס (ס)
gerins

trifle n קלייניקייט נ (ן), שיבוש ז (ים)
kleinikeit, shibesh (shibushim)

trigger n ביקסן־צינגל ס (עך)
biksen-tsingel (-tsinglech)

trigger v אַקטיווירן
aktiviren

trill n טריל ז (ן), טרעל ז (ן)
tril, trel

trill v טרילערן, זינגען מיט אַ טרעל
trileren, zingen mit a trel

trillion n טריליאָן ז (ען)
trilyon

trim v אַרומשנײַדן; באַפּוצן
arumshnaiden; baputsen

trip n רײַזע נ (ס)
raize

triplex adj דרײַאיק; דרײַפאַכיק
draiik; draifachik

triplex n (קאַנאַדיש) טריפּלעקס ז (בנין פון דרײַ דירות)
(kanadish) tripleks (binyen fun drai dires)

trite adj אויסגעדראָשן; באַנאַל
oisgedroshen; banal

triumph n טריאומף ז (ן), זיג ז (ן)

*triumf, zig*

triumph v טריאומפירן, זיגן
*triumfiren, zigen*

trivial adj טריוויאַל, נישטיק
*trivyal, nishtik*

troop n גרופּע ז (ס)
*grupe*

— troops pl סאָלדאַטן ר
*soldaten*

tropical adj טראָפּיש
*tropish*

troubadour n טרובאַדור ז (ן)
*trubadur*

trouble n צרה נ (צרות);
טירחה נ (טירחות)
*tsore (tsores);*
*tirche (tirches)*

trouble v מטריח זײַן
*matriech zain*

trough n קאָרעטע נ (ס); זשאָלעב ז (עס)
*korete; zholeb (zholebes)*

troupe n טרופּע נ (ס)
(פון אַקטיאָרן, א״ע)
*trupe (fun aktyoren, etc.)*

trousers n pl הויזן ר
*hoizen*

troy weight טרוי־געוויכט ס (ן)
*troi-gevicht*

truce n (קורצער)
וואָפן־שטילשטאַנד ז (ן)
*(kurtser) vofen-shtilshtand*

truck n משא־אויטאָ ז (ס)
*mase-oito*

truculent adj רציחהדיק; ווילד
*retsichedik; vild*

trudge v שלעפּן זיך
*shlepen zich*

true adj אמתדיק, ריכטיק
*emesdik, richtik*

truly adv באמת
*beemes*

trumpet n טרומייט ז (ן)
*trumeit*

trumpet v טרומייטערן (בלאָזן
אַ טרומייט; אויסרופן הילכיק)
*trumeiteren (blozen*
*a trumeit; oisrufen hilchik*

truncate v אָפּשנײַדן; פאַרקירצן
*opshnaiden; farkirtsen*

truncate adj אָפּגעשניטן
*opgeshniten*

trunk n שטאַם ז (ען) (פון אַ בוים);
שנוק ז (פון אַן עלפאַנט);
קופערט ז (ן); טאָרסאָ ז (ס)
*shtam (fun a boim);*
*shnuk (fun an elfant);*
*kufert; torso*

trust n צוטרוי ז
*tsutroi*

trust v געטרויען, האָבן צוטרוי
*getroien, hoben tsutroi*

trustee n נאמן ז (ים)
*neemen (neemonim)*

truth n אמת ז
*emes*

truthful adj אמתדיק
*emesdik*

try v פּרוּוון, פּרובירן

*pruven, prubiren*

**try** n פּרוּוו ז (ן)
*pruv*

**tube** n רערל ס (עך); רער נ (ן); (שמועסדיק) אונטערבאַן נ (ען)
*rerel (rerlech); rer; (shmuesdik) unterban*

**tuberculosis** n טובערקולאָז ז
*tuberkuloz*

**Tuesday** n דינסטיק ז (ן)
*dinstik*

**tuft** n קודלע נ (ס)
*kudle*

**tug** v ציִען, שלעפּן
*tsien, shlepen*

**tuition** n לימוד ז; שׂכר־לימוד ז
*limed/limud; schar-limed*

**tulip** n טוליפּאַן, טולפּאַן ז (ען), טולפּע נ (ס)
*tulipan, tulpan, tulpe*

**tumble** v פֿאַלן; אײַנפֿאַלן
*falen; ainfalen*

**tumor, tumour** n אָנוווקס ז (ן)
*onvuks*

**tumult** n טומל ז (ען)
*tumel (tumlen)*

**tumultuous** adj טומלדיק; שטורעמדיק
*tumeldik; shturemdik*

**tundra** n טונדרע נ (ס)
*tundre*

**tune** n מעלאָדיע נ (ס); האַרמאָניע נ
*melodye; harmonye*

**tunic** n טוניק ז (עס)
*tunik (tunikes)*

**tunnel** n טונעל ז (ן)
*tunel*

**turban** n טורבאַן ז (ען)
*turban*

**turbid** adj בלאָטיק; אומקלאָר; צעמישט
*blotik; umklor; tsemisht*

**turbine** n טורבין נ (ען)
*turbin*

**turbulent** adj ברויזיק, שטורעמדיק
*broizik, shturemdik*

**turf** n טאָרף ז
*torf*

**turgid** adj געשוואָלן; באָמבאַסטיש
*geshvolen; bombastish*

**Turk** n טערק ז (ן)
*terk*

**turkey** n אינדיק ז (עס)
*indik (indikes)*

**Turkey** n טערקײַ [נ]
*terkai*

**Turkish** adj טערקיש
*terkish*

**Turkish** n טורקיש, טערקיש ס (שפּראַך)
*turkish, terkish (shprach)*

**turmoil** n מהומה נ (מהומות); גערודער ס (ס)
*mehume (mehumes); geruder*

**turn** v דרייען; קערעווען; ווענדן (זיך)
*dreien; kereven; venden (zich)*

**turn** n דריי ז (ען); קער ז (ן); ווענד ז (ן)

*drei; ker; vend*

**turncoat** n רענעגאַט ז (ן)
*renegat*

**turnkey** n תּפיסה־היטער ז (ס)
*tfise-hiter*

**turnout** n עולם ז (אויף אַן אסיפה); (בריטיש) שטרײַק ז (ן); שטרײַקער ז (ס)
*oilem (oif an aseife); (british) shtraik; shtraiker*

**turnover** n איבערקערונג נ; פדיון ז, אומזאַץ ז, אָבאָראָט ז
*iberkerung; pidyen, umzats, oborot*

**turpentine** n טערפענטין ז
*terpentin*

**turpitude** n געמיינקייט נ
*gemeinkeit*

**turret** n טורעמל ס (עך)
*turemel (turemlech)*

**turtle** n ים־טשערעפאַכע נ (ס)
*yam-t'sherepache*

**tutor** n פריוואַטער לערער ז; מדריך ז (ים)
*privater lerer; madrech/madrich (madrichim)*

**tuxedo** n טאָקסידאָ ז (ס)
*toksido*

**twaddle** v רעדן אָדער שרײַבן נאַריש
*reden oder shraiben narish*

**twain** adj (אַרכײַאיש אָדער פאָעטיש) צוויי
*(archaiish oder poetish) tsvei*

**tweed** n טוויד ז
*tvid*

**tweet** v פיפטשען
*pipt'shen*

**twelfth** adj צוועלפט
*tsvelft*

**twelve** adj צוועלף
*tsvelf*

**twenty** adj צוואָנציק, צוואַנציק
*tsvontsik, tsvantsik*

**twice** adv צוויי מאָל
*tsvei mol*

**twig** n צווײַגל ס (עך)
*tsvaigel (tsvaiglech)*

**twilight** n בין־השמשות ס
*bein-hashmoshes*

**twin** n (איינער אָדער איינע פון אַ) צווילינג
*(einer oder eine fun a) tsviling*

**twinkle** v בלינצלען, פינקלען
*blintslen, finklen*

**twist** v פאַרדרייען; פלעכטן
*fardreien; flechten*

**twister** n (שמועסדיק) טאָרנאַדאָ ז (ס)
*(shmuesdik) tornado*

**twitter** v צוויטשערן
*tsvit'sheren*

**two** adj צוויי
*tsvei*

**two-faced** adj צוויי־פנימדיק, היפאָקריטיש
*tsvei-ponemdik, hipokritish*

**twofold** adj צווייפאַכיק
*tsveifachik*

**tycoon** n טײַקון ז (חשובֿער סוחר, אינדוסטריאַליסט, א״ע; אדיר שבֿאדירים)
*taikun (choshever soicher, industryalist, etc.; ader/adir shebeadirim)*

**type** n טיפּ ז (ן)
*tip*

**typewriter** n שרײַבמאַשין נ (ען)
*shraibmashin*

**typhus** n טיפוס ז
*tifus*

**typical** adj טיפּיש
*tipish*

**tyrannical** adj טיראַניש
*tiranish*

**tyrant** n טיראַן ז (ען)
*tiran*

**tyro, tiro** n אָנפאַנגער ז (ס); גרינהאָרן ז ס [פֿון לאַטײַן: tiro = רעקרוט; העברעאיש: טִירוֹן]
*onfanger; grinhoren [fun latain: tiro = rekrut; hebre'ish: tiron]*

# U u

**u, U** n או ז (ען) (בוכשטאַב)
*u (buchshtab)*

**udder** n אײַטער ז (ס)
*aiter*

**ugly** adj מיאוס
*mies*

**ulcer** n אולקוס ז (ן)
*ulkus*

**ulterior** adj ווײַטערדיק; פֿאַרבאָרגן
*vaiterdik; farborgen*

**ultimate** adj ענדגילטיק
*endgiltik*

**ultimately** adv צו לעצט, צום סוף
*tsu letst, tsum sof*

**ultimatum** n אולטימאַטום ז (ס)
*ultimatum*

**umbrella** n שירעם ז (ס)
*shirem*

**unanimous** adj אײנשטימיק
*einshtimik*

**unanswered** adj ניט־געענטפֿערט
*nit-geentfert*

**unapt** adj אומפּאַסיק; ניט־מסוגל
*umpasik; nit-mesugel*

**unassuming** adj באַשײדן
*basheiden*

**unattached** adj ניט־פֿאַרבונדן
*nit-farbunden*

**unbecoming** adj ניט־אָנשטענדיק; אומלײַטיש
*nit-onshtendik; umlaitish*

**unbutton** v אָפּקנעפּלען
*opkneplen*

uncertain adj אומזיכער
*umzicher*

uncle n פעטער ז (ס)
*feter*

— Uncle Sam די רעגירונג אָדער דאָס פאָלק פון די פאַראייניקטע שטאַטן.
*di regirung oder dos folk fun di fareinikte shtaten.*

unclean adj אומריין
*umrein*

uncomfortable adj אומבאַקוועם
*umbakvem*

unconditional adj אָן באַדינגען; אַבסאָלוט
*on badingen; absolut*

unconscious adj אומוויסיק; פאַרחלשט
*umvisik; farchalesht*

unconventional adj ניט־קאָנווענציאָנעל, ניט־אָנגענומען
*nit-konventsyonel, nit-ongenumen*

uncouth adj מגושמדיק
*megushemdik*

uncover v אויפדעקן
*oifdeken*

undaunted adj אומדערשראָקן
*umdershroken*

undecided adj אומדעצידירט, אומבאַשלאָסן
*umdetsidirt, umbashlosen*

under prep אונטער
*unter*

underbrush n געקוסט ס
*gekust*

underdog n באַעוולטער ז
*baavelter*

undermine v אונטערגראָבן; אָפּשוואַכן דורך אומיושרדיקע מיטלען
*untergroben; opshvachen durch umyoisherdike mitlen*

underneath prep, adv אונטער; אונטן
*unter; unten*

understand v פאַרשטיין
*farshtein*

undertake v אונטערנעמען זיך
*unternemen zich*

underworld n אונטערוועלט נ
*untervelt*

undoubtedly adv אָן צווייפל, בלי־ספק
*on tsveifel, bli-sofek*

undress v אויסטאָן (זיך)
*oiston (zich)*

uneasy adj אומרואיק
*umruik*

unemployed adj אַרבעטלאָז
*arbetloz*

unemployment n אַרבעטלאָזיקייט נ
*arbetlozikeit*

unfair adj אומיושרדיק
*umyoisherdik*

unfaithful adj אומגעטריי
*umgetrai*

unfavorable adj אומגינציק
*umgintsik*

unfortunate adj אומגליקלעך
*umgliklech*

unfortunately adv צום באַדויערן
*tsum badoieren*

unfriendly adj ניט־פרײַנדלעך
*nit-fraindlech*

unfurnished adj ניט־מעבלירט
*nit-meblirt*

ungrateful adj אומדאַנקבאַר
*umdankbar*

unhappy adj ניט־גליקלעך; טרויעריק
*nit-gliklech; troierik*

unhealthy adj ניט־געזונט
*nit-gezunt*

unhuman adj אוממענטשלעך
*umment'shlech*

uniform adj גלײַכפאָרמיק
*glaichformik*

uniform n מונדיר ז (ן)
*mundir*

unify v פאַראייניקן
*fareiniken*

unilateral adj איינזײַטיק
*einzaitik*

unilingual adj איינשפּראַכיק
*einshprachik*

union n פאַראייניקונג נ (ען); פאַראיין ז (ען), יוניאָן נ (ס)
*fareinikung; farein, yunyon*

unique adj איינציק
*eintsik*

unite v פאַראייניקן
*fareiniken*

united adj פאַראייניקט
*fareinikt*

United Nations פאַראייניקטע פעלקער ר
*fareinikte felker*

United States פאַראייניקטע שטאַטן ר
*fareinikte shtaten*

universal adj אוניווערסאַל
*universal*

universe n אוניווערס ז
*univers*

university n אוניווערסיטעט ז (ן)
*universitet*

unjust adj ניט־גערעכט; אומיושרדיק
*nit-gerecht; umyoisherdik*

unkind adj אומפרײַנדלעך; האַרב
*umfraindlech; harb*

unknown adj אומבאַקאַנט
*umbakant*

Unknown Soldier אַנאָנימער זעלנער ז
*anonimer zelner*

unlawful adj אומגעזעצלעך
*umgezetslech*

unlearn v פטור ווערן פון (אידעעס, געוווינהייטן, א"ע); פאַרגעסן
*poter veren fun (idees, gevoinheiten, etc.); fargesen*

unless conj סײַדן
*saiden*

unmentionable adj ניט־געדאַכט
*nit-gedacht*

unnatural adj אומנאַטירלעך

*umnatirlech*

unnecessary adj אומנײַטיק
*umnaitik*

unorganized adj ניט־אָרגאַניזירט
*nit-organizirt*

unpleasant adj אומאײַנגענעם
*umaingenem*

unpretentious adj ניט־פּרעטענציעז; באַשיידן
*nit-pretentsyez; basheiden*

unprovoked adj ניט־פּראָוויצירט
*nit-provitsirt*

unquestionably adv אָן אַ ספק
*on a sofek*

unread adj ניט־געלייענט
*nit-geleient*

unreal adj אומרעאַל
*umreal*

unreasonable adj אומשׂכלדיק; ניט־מעסיק
*umseicheldik; nit-mesik*

unreliable adj ניט־פאַרלאָזלעך; אומבאַגלייבט
*nit-farlozlech; umbagleibt*

unruly adj צעיושעט
*tseyushet*

unsafe adj אומזיכער
*umzicher*

unscrupulous adj אָן סקרופּלען
*on skruplen*

unseat v אַראָפּזעצן
*aropzetsen*

unseemly adj ניט־אָנשטענדיק
*nit-onshtendik*

unsuitable adj אומפּאַסיק
*umpasik*

unsung adj אומבאַזונגען; ניט־געלויבט
*umbazungen; nit-geloibt*

untidy adj אומציכטיק
*umtsichtik*

until prep, conj ביז; ביזוואַנעט
*biz; bizvanet*

unused adj ניט־גענוצט
*nit-genitst*

unusual adj אומגעוויינטלעך
*umgeveintlech*

unveil v אָפּשלייערן; אויפדעקן
*opshleieren; oifdeken*

unveiling n מצבה־אויפדעקונג נ (ען)
*matseive-oifdekung*

unwilling adj אומוויליק
*umvilik*

unwise adj ניט־קלוג
*nit-klug*

unwittingly adv בשוגג
*beshoigeg*

up adv אַרויף
*aroif*

upbraid v מוסרן; אויסזידלען
*museren; oiszidlen*

upbringing n דערציאונג נ
*dertsiung*

upheaval n אויפהייבונג נ; סאָציאַלע אויפטרייסלונג נ (ען), איבערקערעניש ס (ן)
*oifheibung; sotsyale oiftreislung, iberkerenish*

**uphill** adv, adj בּאַרג־אַרויף; אויסמאַטערדיק
*barg-aroif; oismaterdik*

**upon** prep אויף
*oif*

**upper** adj אייבּער־
*eiber-*

**uprising** n אויפשטאַנד ז (ן)
*oifshtand*

**uproot** v אויסוואָרצלען
*oisvortslen*

**upwards** adv אַרויף
*aroif*

**uranium** n אוראַניום ז
*uranyum*

**urban** adj שטאָטיש
*shtotish*

**urchin** n ראָצער ז (ס); לאָבוז, לאָבעס ז (עס)
*rotser; lobuz, lobes (lobuzes, lobeses)*

**urge** v אָנטרײַבן; צורעדן
*ontraiben; tsureden*

**urge** n חשק ז; אימפולס ז (ן)
*cheishek; impuls*

**urgent** adj דרינגלעך
*dringlech*

**urinate** v פּישן, משתין זײַן
*pishen, mashtin zain*

**usage** n בּאַניץ ז (ן); געוווינהייט נ (ן)
*banits; gevoinheit*

**use** v נוצן, ניצן; בּאַניצן
*nutsen, nitsen; banitsen*

**use** n נוץ ז (ן)
*nuts*

**used** adj געניצט; ניט־נײַ
*genitst; nit-nai*

**useful** adj נוציק, נוצלעך
*nutsik, nutslech*

**useless** adj נוצלאָז
*nutsloz*

**usher** n אָרדענער ז (ס)
*ordener*

**usual** adj געוויינטלעך
*geveintlech*

**usurer** n פּראָצענטניק ז (עס)
*protsentnik (protsentnikes)*

**utensil** n כּלי נ (ים)
*keile (keilim)*

**utility** n ניצלעכקייט נ; נוציקייט נ (ן)
*nitslechkeit; nutsikeit*

**utilize** v מאַכן נוצלעך
*machen nutslech*

**utmost** adj העכסט
*hechst*

**utopia** n אוטאָפּיע נ (ס)
*utopye*

**utter** adj פולקום; אַבּסאָלוט
*fulkum; absolut*

**utter** v אַרויסזאָגן, אויסשפּרעכן
*aroiszogen, oisshprechen*

**utterance** n אַרויסזאָגונג נ (ען)
*aroiszogung*

# V v

v, V n — ווע ז (ען) (בוכשטאַב)
*ve (buchshtab)*

vacant adj — ליידיק; פרײַ
*leidik; frai*

vacate v — מאַכן ליידיק
*machen leidik*

vacation n — וואַקאַציע נ (ס)
*vakatsye*

vaccinate v — וואַקצינירן
*vaktsiniren*

vaccine n — וואַקצין ז (ען)
*vaktsin*

vacillate v — וואַקלען זיך
*vaklen zich*

vacuum n — וואַקואום ז (ס)
*vakuum*

vacuum v — (שמועסדיק) ראַמען מיט אַ שטויבזויגער
*(shmuesdik) ramen mit a shtoibzoiger*

vacuum cleaner — שטויבזויגער ז (ס)
*shtoibzoiger*

vagabond n — וואַנדערער ז (ס); יונגאַטש ז (עס)
*vanderer; yungat'sh (yungat'shes)*

vagrant n — שלעפּער ז (ס)
*shleper*

vague adj — אומבאַשטימט; אומקלאָר
*umbashtimt; umklor*

vain adj — גרויסהאַלטעריש; פּוסט
*grois'halterish; pust*

— in vain adv — אומנישט
*umnisht*

vale n — (פּאָעטיש) טאָל ז (ן)
*(poetish) tol*

valid adj — גילטיק
*giltik*

validity n — גילטיקייט נ
*giltikeit*

valise n — וואַליזע נ (ס), טשעמאָדאַן ז (עס)
*valize, t'shemodan (t'shemodanes)*

valley n — טאָל ז (ן)
*tol*

valor, valour n — העלדישקייט נ
*heldishkeit*

valorous adj — העלדיש
*heldish*

valuable adj — ווערטפול; זייער טײַער
*vertful; zeier taier*

value n — ווערט ז/נ
*vert*

valve n — ווענטיל ז (ן)
*ventil*

vampire n — וואַמפּיר ז (ן);

בלוט־זויגער ז (ס)
*vampir; blut-zoiger*

vandal n — וואַנדאַל ז (ן)
*vandal*

vandalize v — אָנמאַכן אַ חורבן
*onmachen a churben*

vanguard n — אַוואַנגאַרד ז (ן)
*avangard*

vanilla n — וואַניל ז
*vanil*

vanish v — פֿאַרשוווּנדן ווערן
*farshvunden veren*

vanity n — פּוסטע גאווה נ; הבל ז (ים)
*puste gaave/gaive; hevel (havolim)*

vanquish v — באַזיגן
*bazigen*

vapor, vapour n — פּאַרע נ (ס)
*pare*

variety n — פֿאַרשידנקייט נ; אויסקלײַב ז (ן)
*farshidenkeit; oisklaib*

various adj — פֿאַרשידן, פֿאַרשיידן
*farshiden, farsheiden*

varnish n — לאַק ז (ן)
*lak*

varnish v — לאַקירן
*lakiren*

vary v — בײַטן זיך; ענדערן
*baiten zich; enderen*

vase n — וואַזע נ (ס)
*vaze*

vaseline n — וואַזעלין ז (ען)
*vazelin*

vassal n — וואַסאַל ז (ן); קנעכט ז
*vasal; knecht*

vast adj — זייער גרויס; ריזיק
*zeier grois; rizik*

vault n — געוועלבונג נ (ען)
*gevelbung*

vaunt v — באַרימען זיך
*barimen zich*

vegetable n — גרינס ס (ן)
*grins*

vegetarian n — וועגעטאַריער ז
*vegetaryer*

vegetate v — וועגעטירן (וואַקסן ווי אַ געוויקס; לעבן פֿויל)
*vegetiren (vaksen vi a geviks; leben foil)*

vehicle n — קאָמוניקאַציע־מיטל ס (ען) (וואָגן ז, אויטאָמאָביל ז, א״א)
*komunikatsye-mitel (-mitlen) (vogen, oitomobil, etc.)*

veil n — שלייער ז (ס)
*shleier*

veil v — פֿאַרשלייערן
*farshleieren*

vein n — אָדער ז/נ (ן)
*oder*

velocity n — גיכקייט נ (ן)
*gichkeit*

velvet n — סאַמעט ז
*samet*

velvet adj — סאַמעטן
*sameten*

velvety adj — ווייך ווי סאַמעט
*veich vi samet*

**vendor** n פאַרקויפער ז (ס)
*farkoifer*

**venerable** adj מכובדיק, געערט, געאַכט
*mechubedik, geert, geacht*

**venereal** adj ווענעריש
*venerish*

**vengeance** n נקמה נ
*nekome*

**vengeful** adj נקמה־גײַציק
*nekome-gaitsik*

**venom** n גיפט ז (ן), סם ז (ען/ים)
*gift, sam (samen/samim)*

**venomous** adj גיפטיק
*giftik*

**ventilation** n ווענטילאַציע נ
*ventilatsye*

**ventilator** n ווענטילאַטאָר ז (ן)
*ventilator*

**venture** n ריזיקאַלישע אונטערנעמונג נ (ען)
*rizikalishe unternemung*

**venture** v ריזיקירן; דערוועגן זיך
*rizikiren; dervegen zich*

**veranda, verandah** n ווערַאנדע נ (ס)
*verande*

**verb** n ווערב ז (ן)
*verb*

**verbally** adv מיט ווערטער; בעל־פה
*mit verter; balpe/beal-pe*

**verbatim** adv וואָרט פאַר וואָרט
*vort far vort*

**verdant** adj גרין
*grin*

**verdict** n פסק־דין ז (ים)
*psak-din (-dinim)*

**verify** v דערקלערן פאַר אמת; באַשטעטיקן
*derkleren far emes; bashtetiken*

**vermin** n, pl. or sing. שרצים ר; פאַסקודניאַק ז
*shrotsim; paskudnyak*

**vernacular** n פאָלקשפּראַך נ (ן)
*folkshprach*

**verse** n פערז ז (ן); פסוק ז (ים) (אין תּנך)
*ferz; posek/posuk (psukim) (in tanach)*

**versed** adj עקספּערט; בקי
*ekspert; boke/boki*

**version** n נוסח ז (אָות); גירסא נ (ות)
*nusech (nuschoes); girse (girsoes)*

**versus** prep קעגן
*kegen*

**vertical** adj ווערטיקאַל
*vertikal*

**very** adv, adj זייער; סאַמע; אידענטיש
*zeier; same; identish*

**vessel** n שיף נ (ן); כּלי נ (ים)
*shif; keile (keilim)*

**vest** n וועסטל ס (עך)
*vestel (vestlech)*

**vest** v געבן אויטאָריטעט; באַקליידן
*geben oitoritet; bakleiden*

**vested** adj פאַרפונדעוועט; באַקליידט
*farfundevet; bakleidt*

**vestige** n שפור נ (ן); איבערבלײַבס ס (ן)
*shpur; iberblaibs*

**veteran** n וועטעראַן ז (ען)
*veteran*

**veterinarian** n וועטערינאַר ז (ן)
*veterinar*

**veto** n וועטאָ ז (ס)
*veto*

**vex** v רייצן
*reitsen*

**via** prep דורך
*durch*

**vibrate** v ציטערן; שאָקלען זיך
*tsiteren; shoklen zich*

**vice** n שלעכטע מידה נ (מידות); שלעכטס ס
*shlechte mide (mides); slecht's*

**vice-** prefix וויצע־
*vitse-*

**vice-president** n וויצע־פּרעזידענט ז (ן)
*vitse-prezident*

**viceroy** n וויצע־קעניג ז (ן)
*vitse-kenig*

**vicinity** n געגנט זהנ; שכנות ס
*gegent; shcheines*

**vicious** adj בייז; רישעותדיק
*beiz; rishesdik*

**victim** n קרבן ז (ות)
*korben (korbones)*

**victory** n זיג ז (ן), ניצחון ז (ות)
*zig, nitsochen (nitschoines)*

**view** n אויסבליק ז (ן), פּאַנאָראַמע נ (ס); מיינונג נ (ען), קוק ז (ן)
*oisblik, panorame; meinung, kuk*

**vigil** n וואַך נ (ן)
*vach*

**vigor, vigour** n קראַפט נ
*kraft*

**vigorous** adj קראַפטיק
*kraftik*

**vile** adj געמיין
*gemein*

**villa** n ווילע נ (ס)
*vile*

**village** n דאָרף ס (דערפער)
*dorf (derfer)*

**villain** n אויסוואָרף ז (ן); רשע ז (ים)
*oisvorf; roshe (resho'im)*

**vindicate** v אָפּריייניקן פון שולד; באַרעכטיקן
*opreiniken fun shuld; barechtiken*

**vindictive** adj נקמה־דאָרשטיק
*nekome-dorshtik*

**vine** n קריכיקע פלאַנץ נ (ן); קלעטער־געוויקס ס (ן); ווײַנשטאָק ז (ן)
*krichike flants; kleter-geviks; vainshtok*

**vinegar** n עסיק ז
*esik*

**vineyard** n ווײַנגאָרטן ז (ווײַנגערטנער)
*vaingorten (vaingertner)*

vintner n ווײַנהענדלער ז (ס)
*vainhendler*

viola n וויאָלע נ (ס)
(מוזיק־אינסטרומענט)
*vyole (muzik-instrument)*

violate v ברעכן
(אַ געזעץ, א״ע); שענדן
*brechen (a gezets, etc.);*
*shenden*

violence n געוואַלט־טאַט ז (ן)
*gevalt-tat*

violent adj היציק; האַרב
*hitsik; harb*

violet n פיאַלקע נ (ס) (בלום)
*fyalke (blum)*

violet adj וויאָלעט
*vyolet*

violin n פידל ז (ען)
*fidel (fidlen)*

violinist n פידלער ז (ס)
*fidler*

viper n באַזיליסקן־שלאַנג נ/ז
(־שלענג); להכעיסניק ז (עס)
*bazilisken-shlang (-shleng);*
*lehachesnik (lehachesnikes)*

virgin n בתולה נ (בתולות)
*bsule (bsules)*

virile adj גבֿורותדיק, מענלעך
*gavresdik, menlech*

virtually adv פאַקטיש
(הגם ניט אין נאָמען)
*faktish*
*(hagam nit in nomen)*

virtue n מאָראַלישע
אויסגעצייכנטקייט נ; גוטע מידה
(מידות); ווערט נ
*moralishe oisgetseichentkeit;*
*gute mide (mides); vert*

virtuous adj גוט; ערלעך; צניעותדיק
*gut; erlech; tsniesdik*

virulent adj זייער גיפטיק; טויטלעך
*zeier giftik; toitlech*

virus n ווירוס ז (ן)
*virus*

visa n וויזע נ (ס)
*vize*

visibility n זעעוודיקייט נ;
זעאונג נ (ען)
*zeevdikeit; zeung*

visible adj זעבאַר
*zebar*

vision n רְאִיה נ;
וויזיאָנעריש בילד ס (ער)
*re'iye/rie; vizyonerish bild*
*(bilder)*

visionary adj פֿאַנטאַזיאָריש;
פֿאַרטרוימט
*fantazyorish; fartroimt*

visionary n בעל־דימיון ז;
טרוימער ז (ס)
*baal-dimyen; troimer*

visit v קומען צו גאַסט;
מאַכן אַ וויזיט; אָנשיקן אויף
*kumen tsu gast; machen*
*a vizit; onshiken oif*

visit n וויזיט ז (ן)
*vizit*

visitor n גאַסט ז (געסט)

*gast (gest)*

**visor** n דאַשיק ז (עס)
*dashik (dashikes)*

**vitality** n לעבנסקראַפט נ
*lebenskraft*

**vitamin** n וויטאַמין ז (ען)
*vitamin*

**vivid** adj לעבעדיק; שײַנענדיק
*lebedik; shainendik*

**vixen** n פוקסיכע נ (ס); כלבטע נ (ס), מרשעת נ (ן)
*fuksiche; kelevte/klafte, mirshaas*

**vocabulary** n ווערטער־אוצר ז (ות)
*verter-oitser (-oitsres)*

**vodka** n בראָנפן ז (ס)
*bronfen*

**vogue** n מאָדע נ (ס)
*mode*

**voice** n שטים נ (ען)
*shtim*

**voice** v אויסדריקן
*oisdriken*

**void** adj ניט גילטיק; ליידיק
*nit giltik; leidik*

**void** n חלל ז; פוסטקייט נ
*cholel; pustkeit*

**volcano** n ווולקאַן ז (ען)
*vulkan*

**volley** n זאַלפּ ז (ן)
*zalp*

**volume** n באַנד ז (בענד)
*band (bend)*

**voluntarily** adv גערנוויליק, פרײַוויליק
*gerenvilik, fraivilik*

**volunteer** n וואָלונטיר ז (ן), פרײַוויליקער ז
*voluntir, fraiviliker*

**volunteer** v וואָלונטירן
*voluntiren*

**vomit** v אויסברעכן
*oisbrechen*

**voodoo** n (אַפריקאַנישער) כישוף ז; מכשף ז (ים)
*(afrikanisher) kishef; mechashef (mechashfim)*

**voracious** adj פרעסעריש
*freserish*

**vote** n וויילונג נ (ען), אָפּשטימונג נ (ען)
*veilung, opshtimung*

**vote** v וויילן, אָפּשטימען
*veilen, opshtimen*

**voter** n וויילער ז (ס)
*veiler*

**vow** n נדר ז (ים)
*neider/neder (nedorim)*

**vow** v טון אַ נדר
*tun a neider*

**vowel** n וואָקאַל ז (ן)
*vokal*

**voyage** n רײַזע נ (ס), נסיעה נ (נסיעות)
*raize, nesie (nesies)*

**vulgar** adj ווולגאַר, פּראָסט
*vulgar, prost*

**Vulgate** n ווולגאַטע נ

(די לאַטײַנישע
איבערזעצונג פון דער ביבל)

*vulgate (di latainishe*
*iberzetsung fun der bibel)*

# W w

**w, W** n טאָפּלווע ז (ען) (בוכשטאַב)
*topelve (buchshtab)*

**wacky** adj (Also **whacky**) (סלענג) אומראַציאָנעל; עקסצענטריש; צעדרייט
*(sleng) umratsyonel; ekstsentrish; tsedreit*

**waddle** v גיין ווי אַ קאַטשקע
*gein vi a kat'shke*

**wade** v גיין אין וואַסער; בראָדזשען
*gein in vaser; brodzhen*

**wadi** n וואַדי ז (ס)
*vadi*

**waffle** n וואַפליע נ (ס)
*vaflye*

**wag** v באַוועגן; שאָקלען
*bavegen; shoklen*

**wag** n וויצלער ז (ס)
*vitsler*

**wage** n (Usually **wages**, pl) לוין ז (ען), געהאַלט ס (ן)
*loin, gehalt*

**wage** v פירן (מלחמה)
*firen (milchome)*

**wagon** n וואָגן ז (ס/וועגענער), פור נ (ן)
*vogen (vogens/vegener), fur*

**wail** n געוויין ס (ען), יאָמער ז (ן)
*gevein, yomer*

**Wailing Wall** כותל־מערבי ז
*koisel-maarovi*

**waist** n טאַליע נ (ס)
*talye*

**wait** v וואַרטן
*varten*

**waiter** n קעלנער ז (ס)
*kelner*

**waiting room** וואַרט־צימער ז/ס (ן)
*vart-tsimer*

**waitress** n קעלנערין נ (ס)
*kelnerin*

**waive** v מוותּר זײַן אויף; אָפּלייגן
*mevater zain oif; opleigen*

**waiver** n (אין געזעץ) וויתּור ז (ים)
*(in gezets) viter (viturim)*

**wake** v וועקן, אויפוועקן
*veken, oifveken*

**walk** v גיין; שפּאַצירן
*gein; shpatsiren*

**walk** n גאַנג ז (גענג); שפּאַציר ז (ן)
*gang (geng); shpatsir*

**walkover** n (שמועסדיק) לײַכטער ניצחון ז
*(shmuesdik) laichter nitsochen*

**wall** n — װאַנט נ (װענט); מױער ז (ן)
*vant (vent); moier*

**wallaby** n — װאָלאַבי ז (ס)
*volabi*

**wallet** n — בײַטל ס (עך)
*baitel (baitlech)*

**wallop** v — (שמועסדיק) שלאָגן שטאַרק; דרעשן
*(shmuesdik) shlogen shtark; dreshen*

**wallow** v — קײַקלען זיך, װאַלגערן זיך; קװיקן זיך
*kaiklen zich, valgeren zich; kviken zich*

**walnut** n — װעלטשענער נוס ז
*velt'shener nus*

**waltz** n — װאַלס, װאַלץ ז (ן)
*vals, valts*

**waltz** v — טאַנצן אַ װאַלס
*tantsen a vals*

**wander** v — װאַנדערן
*vanderen*

**wanderer** n — װאַנדערער ז (ס)
*vanderer*

**want** v — װעלן; דאַרפן; פעלן
*velen; darfen; felen*

**want** n — װעלעניש ס (ן); באַדערפעניש ס (ן); נױט נ
*velenish; baderfenish; noit*

**wanton** adj — הפקרדיק; אױסגעלאַסן
*hefkerdik; oisgelasen*

**war** n — מלחמה נ (מלחמות), קריג ז (ן)
*milchome (milchomes), krig*

**warden** n — שומר ז (ים); טורמע־פאַרװאַלטער ז (ס)
*shoimer (shomrim); turme-farvalter*

**warder** n — װעכטער ז (ס); תּפֿיסה־װעכטער ז
*vechter; tfise-vechter*

**wardrobe** n — גאַרדעראָב ז (ן)
*garderob*

**ware** n (Usually, **wares**, pl) — סחורה נ (סחורות); טעפּערװאַרג ס
*schoire (schoires); tepervarg*

**warehouse** n — סקלאַד ז (ן), מאַגאַזין ז (ען)
*sklad, magazin*

**warm** adj — װאַרעם
*varem*

**warmth** n — װאַרעמקײט נ
*varemkeit*

**warn** v — װאָרענען
*vorenen*

**warning** n — װאָרענונג נ (ען)
*vorenung*

**warp** n — לענג־פֿעדעם ר (אין געװעב)
*leng-fedem (in geveb)*

**warrant** n — אױטאָריטעט נ (ן); אַרעסט־באַפֿעל ז (ן); גאַראַנטיע נ (ס)
*oitoritet; arest-bafel; garantye*

**warrant** v — אױטאָריזירן; באַרעכטיקן; גאַראַנטירן
*oitoriziren; barechtiken; garantiren*

**warranty** n — גאַראַנטיר־צעטל ס (עך);

באַרעכטיקונג נ (ען); באַפולמעכטיקונג נ (ען)
*garantir-tsetel (-tsetlech); barechtikung; bafulmechtikung*

**warrior** n — קריגער ז (ס)
*kriger*

**warship** n — קריגשיף נ (ן)
*krigshif*

**wart** n — בראָדעווקע נ (ס), ווערצעלע ס (ך)
*brodevke, vertsele*

**wash** v — וואַשן
*vashen*

**washing machine** — וואַשמאַשין נ (ען)
*vashmashin*

**wasp** n — וועספּ נ (ן)
*vesp*

**waste** v — פאַרשווענדן, אויסברענגען, פאַרטאַכלעווען
*farshvenden, oisbrengen, fartachleven*

**waste** n — פאַרשווענדונג נ; וויסטעניש נ (ן); אָפּפאַל ז (ן)
*farshvendung; vistenish; opfal*

**waste** adj — וויסט
*vist*

**wasteful** adj — אויסברענגעריש
*oisbrengerish*

**watch** v — אָבסערווירן; היטן
*observiren; hiten*

**watch** n — וואַך נ (ן); זייגערל ס (עך)
*vach; zeigerel (zeigerlech)*

**watchmaker** n — זייגער־מאַכער ז (ס)
*zeiger-macher*

**watchman** n — וועכטער ז (ס)
*vechter*

**water** n — וואַסער ס (ן)
*vaser*

**water** v — באַוואַסערן
*bavaseren*

**waterfall** n — וואַסערפאַל ז (ן)
*vaserfal*

**watermelon** n — אַרבוז ז (ן)
*arbuz*

**water mill** — וואַסערמיל נ (ן)
*vasermil*

**wave** n — כוואַליע נ (ס); פאָכע נ (ס); אָנדולירונג נ (ען)
*chvalye; foche; ondulirung*

**wave** v — כוואַליען; פאָכען
*chvalyen; fochen*

**wavy** adj — כוואַליעדיק
*chvalyedik*

**wax** n — וואַקס ז
*vaks*

**way** n — וועג ז (ן); אופן ז (ים)
*veg; oifen (oifanim/ofonim)*

**wayfarer** n — וועגפאָרער ז (ס) (ספּעציעל אַ פוסגייער)
*vegforer (spetsyel a fusgeier)*

**waylay** v — אָפּטשאַטעווען
*opt'shateven*

**weak** adj — שוואַך
*shvach*

**weaken** v — אָפּשוואַכן
*opshvachen*

**weakness** n — שוואַכקייט נ (ן)
*shvachkeit*

wealth n רײַכקייט נ
*raichkeit*

wealthy adj רײַך; נגידיש
*raich; negidish*

wean v אַנטווײנען
*antveinen*

weapon n וואָפן ז (ס)
*vofen*

wear n הלבשה נ; אָפּניצונג נ
*halboshe; opnitsung*

wear v טראָגן
*trogen*

— wear out אָפּטראָגן; אָפּניצן; אויסמאַטערן
*optrogen; opnitsen; oismateren*

weariness n מידקייט נ
*midkeit*

weary adj מיד, אויסגעמאַטערט
*mid, oisgematert*

weather n וועטער ז (ן)
*veter*

weather v אויסשטעלן אויף דער ווירקונג פונעם וועטער; איבערהאַלטן
*oisshtelen oif der virkung funem veter; iberhalten*

weathercock n וועטערהאָן ז
*veterhon*

weave v וועבן
*veben*

weaver n וועבער ז (ס)
*veber*

web n געוועב ס (ן); שווימהײַטל ס (עך)
*geveb; shvimhaitel (shvimhaitlech)*

wedding n חתונה נ (חתונות)
*chasene (chasenes)*

Wednesday n מיטוואָך ז (ן)
*mitvoch*

wee adj פּיצינק, קלײנטשיק
*pitsink, kleint'shik*

weed n ווילדגראָז ס (ן)
*vildgroz*

weed v אויסרײַסן ווילדגראָזן
*oisraisen vildgrozen*

week n וואָך נ (ן)
*voch*

weekend n סוף־וואָך נ (ן)
*sof-voch*

weekly n וואָכנבלאַט ס
*vochenblat*

weep v וויינען
*veinen*

weigh v וועגן, אָפּוועגן
*vegen, opvegen*

weight n וואָג נ (ן); געוויכט ס (ן)
*vog; gevicht*

weird adj מיסטעריעז; (שמועסדיק) משונהדיק
*misteryez; (shmuesdik) meshunedik*

welcome interj ברוך־הבא!
*borech-habo!*

welcome n קבלת־פּנים ס/ז
*kaboles-ponem*

welcome v אַנטקעגנגיין און באַגריסן

*antkegengein un bagrisen*

welfare n וווילזיין ס; סאָציאַל־פאַרזאָרג ז
*voilzain; sotsyal-farzorg*

well adv, adj ווויל, גוט; געזונט
*voil, gut; gezunt*

well interj נו; מילא
*nu; meile*

well n ברונעם ז (ס); קוואַל ז (ן)
*brunem; kval*

well v קוואַלן, שפּרודלען
*kvalen, shprudlen*

well-behaved adj העפלעך, דרך־ארצדיק
*heflech, derech-eretsdik*

well-bred adj גוטדערצויגן
*gutdertsoigen*

well-known adj באַוווּסט
*bavust*

well-mannered adj נימוסדיק
*nimusdik*

well-to-do adj פאַרמעגלעך
*farmeglech*

well-wisher n גוט־ווינטשער ז (ס)
*gut-vint'sher*

wench n מיידל ס/נ (עך); משרתטע נ (ס)
*meidel (meidlech); meshoreste*

west n מערב ז
*maarev/mairev*

western adj מערבדיק
*maarevdik*

wet adj נאַס
*nas*

wet v באַנעצן
*banetsen*

whack n האַק ז, כמאַל (ן)
*hak, chmal*

whale n וואַלפיש ז (ן)
*valfish*

wharf n ווערף נ (ן)
*verf*

what pron וואָס
*vos*

what interj האַ?
*ha?*

wheat n ווייץ ז
*veits*

wheedle v אויסבעטן (דורך חניפה)
*oisbeten (durch chanife)*

wheel n ראָד נ/ס (רעדער)
*rod (reder)*

when adv, conj ווען; בעת
*ven; beeis*

where adv ווּ
*vu*

whereas conj היות
*heyois*

whet v שלייַפן, שאַרפן; סטימולירן
*shlaifen, sharfen; stimuliren*

whether conj צי
*tsi*

which adj, pron וועלך; וואָס
*velch; vos*

while conj בעת
*beeis*

whim n קאַפּריז ז (ן)
*kapriz*

whimsical adj קאַפּריזנע

*kaprizne*

whine v פּישטשען; וויינען שטיל
*pisht'shen; veinen shtil*

whine n פּישטש ז (ן)
*pisht'sh*

whip v שמײַסן
*shmaisen*

whip n בײַטש נ (ן); פּאַרטיי־אונטערטרײַבער נ (אין פּאַרלאַמענט)
*bait'sh; partei-untertraiber (in parlament)*

whirl v דרייען זיך; וויכערן
*dreien zich; vicheren*

whirlwind n דריי־ווינט ז (ן), וויכער ז (ס)
*drei-vint, vicher*

whisky n וויסקי ז
*viski*

whisper v שעפּטשען
*shept'shen*

whisper n שעפּטש ז (ן)
*shept'sh*

whistle v פֿײַפֿן
*faifen*

whistle n פֿײַף ז (ן); פֿײַפֿל ס (עך)
*faif; faifel (faiflech)*

whistler n פֿײַפֿער ז (ס)
*faifer*

white adj ווײַס
*vais*

white-hot adj ווײַס־הייס, עקסטרעמלעך הייס
*vais-heis, ekstremlech heis*

whiz v זשוזשען
*zhuzhen*

who pron ווער; וואָס, וועלכער
*ver; vos, velcher*

whoever pron ווער נאָר
*ver nor*

whole adj גאַנץ
*gants*

wholesale n הורט־האַנדל ז
*hurt-handel*

wholesaler n הורט־סוחר ז (ים)
*hurt-soicher (-sochrim)*

wholly adv אין גאַנצן, אינגאַנצן
*in gantsen, ingantsen*

whore n זונה נ (זונות)
*zoine (zoines)*

why adv פֿאַרוואָס
*farvos*

wick n קנויט ז (ן)
*knoit*

wicked adj בייז, שלעכט
*beiz, shlecht*

wickedness n בייזקייט נ; רישעות ס
*beizkeit; rishes*

wide adj ברייט
*breit*

widen v אויסברייטערן (זיך)
*oisbreiteren (zich)*

widow n אלמנה נ (אלמנות)
*almone (almones)*

widower n אלמן ז (ס)
*almen (almens)*

width n ברייט נ (ן)

*breit*

**wife** n — ווײַב נ/ס (ער)
*vaib (vaiber)*

**wig** n — פּאַרוק ז (ן); שייטל ס (ען/עך)
*paruk; sheitel (sheitlen/sheitlech)*

**wild** adj — ווילד
*vild*

**wilderness** n — ווילדעניש נ (ן)
*vildenish*

**wild flower** (or wildflower) n — ווילדבלום נ (ען) (וואַלדבלום נ; פעלדבלום נ)
*vildblum (valdblum; feldblum)*

**wile** n — טריק ז (ן); כיטרעקייט נ
*trik; chitrekeit*

**wile** v — פֿאַרנאַרן
*farnaren*

**will** aux v. — וועל
*vel*

**will** n — ווילן ז (ס); צוואה נ (צוואות)
*vilen; tsavoe (tsavoes)*

**will** v — ווילן; געבן אין אַ צוואה
*velen; geben in a tsavoe*

**willfully** adv — במזיד
*bemeizid*

**willingly** adv — גערן
*geren*

**willow** n — ווערבע נ (ס) (בּוים)
*verbe (boim)*

**wily** adj — כיטרע
*chitre*

**win** v — געווינען
*gevinen*

**wind** n — ווינט ז (ן)
*vint*

**wind** v — אָנדרייען, אָנציִען (אַ זייגערל, א״ע); שלענגלען זיך
*ondreien, ontsien (a zeigerel, etc.); shlenglen zich*

**winding** adj — שלענגלדיק
*shlengeldik*

**windmill** n — ווינטמיל נ (ן)
*vintmil*

**window** n — פענסטער, פענצטער ז
*fenster, fentster*

**windy** adj — ווינטיק
*vintik*

**wine** n — ווײַן ז (ען)
*vain*

**wing** n — פליגל ז (ען)
*fligel (fliglen)*

**wink** v — ווינקען
*vinken*

**wink** n — ווונק ז (ען)
*vunk*

**winter** n — ווינטער ז (ס)
*vinter*

**wintry** adj — ווינטערדיק; קאַלט
*vinterdik; kalt*

**wipe** v — ווישן
*vishen*

**wire** n — דראָט ז (ן); (שמועסדיק) טעלעגראַם נ (ען)
*drot; (shmuesdik) telegram*

**wire** v — צודראָטעווען; (שמועסדיק) טעלעגראַפירן

*tsudroteven;*
*(shmuesdik) telegrafiren*

wisdom n — קלוגשאַפט נ
*klugshaft*

wise adj — קלוג
*klug*

wisecrack n — (סלענג) וויציקע באַמערקונג נ (ען)
*(sleng) vitsike bamerkung*

wish v — ווינטשן; ווועלן
*vint'shen; velen*

wish n — ווונטש ז (ן); פאַרלאַנג ז (ען)
*vunt'sh; farlang*

wit n — וויציקייט נ; פאַרשטאַנד ז
*vitsikeit; farshtand*

witch n — מכשפה נ (מכשפות)
*machsheife (machsheifes)*

witch hunt — מכשפה־געיעג ס (ן)
*machsheife-geyeg*

with prep — מיט
*mit*

withdraw v — צוריקציִען (זיך)
*tsuriktsien (zich)*

wither v — פאַרוועלקן
*farvelken*

within prep, adv — אין; אינעווייניק
*in; ineveinik*

without prep — אָן
*on*

withstand v — שטיין אַנטקעגן; אויסהאַלטן
*shtein antkegen; ois'halten*

witness n — עדות ז
*eides*

witness v — צוזען; עדות זאָגן
*tsuzen; eides zogen*

witty adj — וויציק
*vitsik*

wizard n — צויבערער ז (ס); (שמועסדיק) מומחה ז (מומחים)
*tsoiberer; (shmuesdik) mumche (mumchim)*

woe n — אומגליק ס (ן); צרה נ (צרות)
*umglik; tsore (tsores)*

woe interj — ווײ!
*vei!*

woeful adj — קלאָגעדיק; נעבעכדיק
*klogedik; nebechdik*

wolf n — וואָלף ז (וועלף)
*volf (velf)*

wolf fish n — וואָלף־פיש ז
*volf-fish*

wolfish adj — וועלפיש; פרעסעריש
*velfish; freserish*

woman n — פרוי נ (ען)
*froi*

womanish adj — ווײַבעריש
*vaiberish*

womanly adj — ווײַבלעך
*vaiblech*

wonder n — ווונדער ז (ס)
*vunder*

wonder v — ווונדערן זיך
*vunderen zich*

wonderful adj — ווונדערלעך
*vunderlech*

woo v בעטן די האַנט (פון אַ מיידל); מאַכן באַמיאונגען
*beten di hant (fun a meidel); machen bamiungen*

wood n האָלץ ס
*holts*

— woods pl וואַלד ז (וועלדער)
*vald (velder)*

woodcutter n האָלצהעקער ז (ס)
*holts'heker*

wooden adj האָלצערן, הילצערן
*holtseren, hiltseren*

woof n ברייט־פעדעם ר (בײַם וועבן)
*breit-fedem (baim veben)*

wool n וואָל נ
*vol*

woolen, woollen adj וואָלן
*volen*

woozy adj (סלענג) שוואַך; צעטומלט
*(sleng) shvach; tsetumelt*

word n וואָרט ס (ווערטער)
*vort (verter)*

word v אויסדריקן אין ווערטער
*oisdriken in verter*

work n אַרבעט נ (ן); ווערק ס
*arbet; verk*

work v אַרבעטן
*arbeten*

worker n אַרבעטער ז (ס)
*arbeter*

workman n בעל־מלאכה ז (־מלאכות)
*balmeloche/baal-meloche (-meloches)*

workshop n וואַרשטאַט ז (ן)
*varshtat*

world n וועלט נ (ן)
*velt*

worm n וואָרעם ז (ווערעם)
*vorem (verem)*

wormy adj ווערעמדיק; ניבזהדיק
*veremdik; nivzedik*

worn adj אָפּגעטראָגן; אָפּגעניצט
*opgetrogen; opgenitst*

worn-out adj אויסגעריבן; אויסגעמאַטערט
*oisgeriben; oisgematert*

worry v דאגהן, זאָרגן זיך; פאַרשאַפן זאָרג
*daagen/daigen, zorgen zich; farshafen zorg*

worry n דאגה נ (דאגות), זאָרג נ (ן)
*daage/daige (daages/daiges), zorg*

worse adj ערגער
*erger*

worsen v פאַרערגערן (זיך)
*farergeren (zich)*

worst adj ערגסט
*ergst*

worth n ווערט זו (ן)
*vert*

worth adj ווערט
*vert*

worthless adj אָן אַ ווערט
*on a vert*

worthwhile adj ווערטיק
*vertik*

worthy adj ווערדיק; ווערט

*verdik; vert*

**worthy** n ניכבד ז (ים)
(pl. worthies)
*nichbed (nichbodim)*

**would** aux. v וואָלט
*volt*

**wound** n ווּנד נ (ן)
*vund*

**wound** v פאַרווּנדן
*farvunden*

**wow** interj הו־האַ!
*hu-ha!*

**wrack** n חורבן ז (ות)
*churben (churbones)*

**wrack** v חרוב מאַכן; פּײַניקן
*chorev machen; painiken*

**wrangle** v אַמפּערן זיך
*amperen zich*

**wrangle** n געאַמפּער ס (ס)
*geamper*

**wrap** v אײַנוויקלען; אײַנפּאַקן
*ainviklen; ainpaken*

**wrapping paper** פּאַקפּאַפּיר ס
*pakpapir*

**wrath** n צאָרן ז
*tsoren*

**wrathful** adj צאָרנדיק
*tsorendik*

**wreath** n קראַנץ ז (ן/קרענץ)
*krants (krents)*

**wreck** n בראָך ז (פון אַ שיף, באַן, בנין, א״ע)
*broch (fun a shif, ban, binyen, etc.)*

**wreck** v צעברעכן; חרוב מאַכן
*tsebrechen; chorev machen*

**wrestle** v ראַנגלען זיך
*ranglen zich*

**wrestler** n ראַנגלער ז (ס)
*rangler*

**wretch** n נעבעכל ס (עך); לײַדאַק ז (עס)
*nebechel (nebechlech); laidak (laidakes)*

**wretched** adj נעבעכדיק; בידנע; רישעותדיק
*nebechdik; bidne; rishesdik*

**wriggle** v דרייען זיך; באַוועגן זיך אַהין און אַהער
*dreien zich; bavegen zich ahin un aher*

**wring** v אויספּרעסן, אויסקוועטשן; אַרויסרײַסן
*oispresen, oiskvet'shen; aroisraisen*

**wrinkle** n קנייטש ז (ן)
*kneit'sh*

**wrinkle** v קנייטשן
*kneit'shen*

**writ** n כּתב ז (ים), שריפטלעכער באַפעל ז (פון אַ שופט)
*ksav (ksovim), shriftlecher bafel (fun a shoifet)*

**write** v שרײַבן
*shraiben*

**writer** n שרײַבער ז (ס)
*shraiber*

**writing** n שרײַבונג נ; שריפט נ (ן)

*shraibung; shrift*

written adj שריפטלעך
*shriftlech*

wrong adj אומגערעכט; ניט־ריכטיק
*umgerecht; nit-richtik*

wrong n אומרעכט ס;
עוולה נ (עוולות)
*umrecht; avle (avles)*

wrong v באַעוולען
*baavlen*

wuther n (דיאַלעקטיש) געוויטער ס (ן), וויכער ז (ס), שטורעמווינט ז (ן)
*(dialektish) geviter, vicher, shturemvint*

# X x

x, X n איקס ז (ן) (בוכשטאַב)
*iks*

xerography n זיראָגראַפיע נ, קסעראָגראַפיע נ
*zirografye, kserografye*

Xerox n זיראָקס ז
*ziroks*

xerox v קאָפּירן (אויף אַ זיראָקס־מאַשין)
*kopiren (oif a ziroks-mashin)*

xerox copy זיראָקס־קאָפּיע נ (ס)
*ziroks-kopye*

X ray איקסשטראַל ז, רענטגען־שטראַל ז (ן)
*iksshtral, rentgen-shtral*

X-ray, x-ray v נעמען אַן איקסשטראַל־פּאָטאָגראַפיע
*nemen an iksshtral-fotografye*

# Y y

y, Y n איגרעק ז (ן) (בוכשטאַב)
*igrek (buchshtab)*

yacht n יאַכט ז (ן)
*yacht*

yahoo n גראָבּיאַן ז (עס)
*grobyan (grobyanes)*

Yankee n יענקי ז (ס), אַמעריקאַנער ז
*yenki, amerikaner*

yap n קוויטשערישער בּיל ז;

(סלענג) קוויטשער ז (ס)
*kvit'sherisher bil;*
*(sleng) kvit'sher*

**yard** n — הויף ז (ן); (מאָס) יאַרד ז (ן)
*hoif; (mos) yard*

**yarmulke** n (Also **yarmelke**) — יאַרמאָלקע, יאַרמעלקע נ (ס)
*yarmolke, yarmelke*

**yawn** v — גענעצן
*genetsen*

**yawn** n — גענעץ ז (ן)
*genets*

**yawp** v — (שמועסדיק) קוויטשען
*(shmuesdik) kvit'shen*

**ye** pron — (אַרכײַאיש) איר
*(archaish) ir*

**yea** adv — יאָ
*yo*

**yea** n — (וואַל שטימע) יאָ ז (ען)
*(val shtime) yo*

**yean** v — געבוירן (אַ קעלבל אָדער ציקעלע)
*geboiren (a kelbel oder tsikele)*

**yeanling** n — קעלבל ס (עך); ציקעלע ס (ך)
*kelbel (kelblech); tsikele*

**year** n — יאָר ס (ן)
*yor*

**yearbook** n — יאָרבוך ס
*yorbuch*

**yearly** adj — יערלעך
*yerlech*

**yearn** v — בענקען
*benken*

**yeast** n — הייוון ר
*heiven*

**yell** v — שרײַען
*shraien*

**yell** n — געשריי ס (ען)
*geshrei*

**yellow** adj — געל
*gel*

**yellowish** adj — געלבלעך
*gelblech*

**yes** adv — יאָ
*yo*

**Yeshiva** n — ישיבה נ (ישיבות)
*yeshive (yeshives)*

**yesterday** adv — נעכטן
*nechten*

**yestreen** adv — (סקאָטיש) נעכטן בײַנאַכט
*(skotish) nechten bainacht*

**yet** adv, conj — נאָך; דאָך; פונדעסטוועגן
*noch; doch; fundestvegen*

**Yiddish** n — ייִדיש ס (שפּראַך)
*yidish*

**Yiddish** adj — ייִדיש
*yidish*

**yield** v — פּראָדוצירן; געבן; נאָכגעבן
*produtsiren; geben; nochgeben*

**yodel** v — יאָדלען
*yodlen*

**yogurt** n — יאָגורט ז (ן)

*yogurt*

**yoke** n — יאָך ז (ן)
*yoch*

**yoke** v — שפּאַנען אין יאָך
*shpanen in yoch*

**yokel** n — זשלאָב ז (עס)
*zhlob (zhlobes)*

**yolk** n — געלכל ס (עך)
*gelchel (gelchlech)*

**Yom Kippur** — יום־כּיפּור ז
*yonkiper/yom-kiper*

**yonder** adv, adj — דאָרטן; יענער
*dorten; yener*

**you** pron — דו; איר
*du; ir*

**young** adj — יונג
*yung*

**youngster** n — ייִנגל ס/ז (עך)
*yingel (yinglech)*

**youth** n — יוגנט נ
*yugent*

**youthful** adj — יוגנטלעך
*yugentlech*

**yo-yo** n — יאָ־יאָ ז (ס) (שפּילכל)
*yo-yo (shpilchel)*

**yummy** adj — (שמועסדיק) מחיידיק
*(shmuesdik) mechayedik*

# Z z

**z, Z** n — זעט ז (ן) (בּוכשטאַב)
*zet (buchshtab)*

**zany** n — נאַר ז (נאַראָנים); לץ ז (ים)
*nar (naronim); lets/leits (leitsim)*

**zany** adj — נאַריש; קאָמיש
*narish, komish*

**zeal** n — בּרען ז, אײפער ז
*bren, eifer*

**zealot** n — קנאי ז (ם); פֿאַנאַטיקער ז
*kanai (kano'im); fanatiker*

**zealotry** n — קנאות ס; פֿאַנאַטיזם ז
*kanoes; fanatizm*

**zealous** adj — אײפערדיק; ענטוזיאַסטיש
*eiferdik; entuzyastish*

**zebra** n — זעבּרע נ (ס)
*zebre*

**zenith** n — זעניט ז; העכסטער פּונקט ז
*zenit; hechster punkt*

**zephyr** n — זעפֿיר ז (מערבֿ־ווינט); ווינטל ס (עך)
*zefir (maarev-vint); vintel (vintlech)*

**zeppelin** n — צעפּעלין ז (ען)
*tsepelin*

**zero** n — זעראָ ז/נ (ס), נול ז/נ (ן)

*zero, nul*

zest n טעם ז; רייץ ז; ענטוזיאַזם ז; תּענוג ז
*taam; reits; entuzyazm; taaneg/taineg*

zigzag n זיגזאַג ז (ן)
*zigzag*

zinc n צינק ס
*tsink*

Zion n ציון [ס] (זען ישעיה ל״ה, י׳)
*tsiyon/tsion*
*(zen yeshaye 35:10)*

Zionism n ציוניזם ז
*tsiyonizm*

Zionist n ציוניסט ז (ן)
*tsiyonist*

Zionistic adj ציוניסטיש
*tsiyonistish*

zipper n זיפּער ז (ס)
*ziper*

zippy adj (שמועסדיק) ענערגיש; לעבעדיק; פריילעך
*(shmuesdik) energish; lebedik; freilech*

zloty n זלאָטי ז (ס) (פּוילישע מטבע)
*zloti (poilishe matbeie)*

zodiac n זאָדיאַק ז
*zodyak*

zone n זאָנע נ (ס)
*zone*

zoo n זאָאָלאָגישער גאָרטן ז
*zoologisher gorten*

zoology n זאָאָלאָגיע נ
*zoologye*

# א

| | | |
|---|---|---|
| א ז/נ | *alej* | the 1st letter of the Hebrew alphabet |
| אַ (אומבאַשטימטער אַרטיקל) | *a* | a |
| אָאַזיס ז (ן) | *oazis* | oasis |
| אַבאָנירן (אַבאָנירט) | *aboniren* | subscribe |
| אַבי | *abi* | any |
| אַביסיניע [נ] | *abisinye* | Abyssinia |
| אָביעקט ז (ן) | *obyekt* | object |
| אַבסורד ז (ן) | *absurd* | absurdity |
| אַבסורד | *absurd* | absurd; ridiculous |
| אָבעליסק ז (ן) | *obelisk* | obelisk |
| אָבער | *ober* | but; however |
| אָבצאַס ז (ן) | *obtsas* | heel (of a shoe) |
| אגב | *agev* | by the way |
| אַגענדע נ (ס) | *agende* | agenda |
| אַגענט ז (ן) | *agent* | agent |
| אַגענטור נ (ן) | *agentur* | agency |
| אָגער ז (ן) | *oger* | stallion |
| אַגראָנאָמיע נ | *agronomye* | agronomy |
| אַגראַפקע נ (ס) | *agrafke* | safety pin |
| אַגרעס ז (ן) | *agres* | gooseberry |
| אַ דאַנק | *a dank* | thanks to |
| אַדאָפּטירן (אַדאָפּטירט) | *adoptiren* | adopt (a child) |
| אַדוואָקאַט ז (ן) | *advokat* | lawyer |
| אַדווערב ז (ן) | *adverb* | adverb |
| אַדיעקטיוו ז (ן) | *adyektiv* | adjective |
| אַדל ז | *adel* | nobility |
| אדלי | | ADLI (a new and simple universal language that has been developed by Antoine Piras) |
| אָדלער ז (ס) | *odler* | eagle |
| אַדמיניסטראַטאָר ז (ן) | *administrator* | administrator |
| אַדמיניסטראַציע נ (ס) | *administratsye* | administration |
| אַדמיראַל ז (ן) | *admiral* | admiral |
| אָדעקאָלאָן ז (ען) | *odekolon* | cologne |
| אָדער ז/נ (ן) | *oder* | vein |
| אָדער | *oder* | or |
| אדרבא | *adrabe* | on the contrary |
| אַדרעס ז (ן) | *adres* | address |
| אַדרעסירן (אַדרעסירט) | *adresiren* | address |
| אַהאַ! | *aha!* | aha! |
| אַהיים | *aheim* | homeward, homewards |
| אַהין | *ahin* | there, thither |
| אַהער | *aher* | here, hither |
| אוגערקע נ (ס) | *ugerke* | cucumber |
| אָוואַציע נ (ס) | *ovatsye* | ovation |
| אַוואָקאַדאָ ז (ס) | *avokado* | avocado |
| אַוודאי | *avade* | certainly |
| אָוונט ז (ן) | *ovent* | evening |
| אָוונטשול נ (ן) | *oventshul* | night school |

אַוועק *avek* — away

אַוועקגיין *avekgein* (אַוועקגעגאַנגען) — leave

אַוועקוואַרפן *avekvarfen* (אַוועקגעוואָרפן) — throw away

אַוועקפאָרן *avekforen* (אַוועקגעפאָרן) — depart

אַוועקשטעלן *avekshtelen* (אַוועקגעשטעלט) — place, put

אַוועקשיקן *avekshiken* (אַוועקגעשיקט) — send away

אַוועקשלעפּן *avekshlepen* (אַוועקגעשלעפּט) — drag away

אוטאָפּיע נ (ס) *utopye* — utopia

אוי! *oi!* — oh!

אויבּ *oib* — if

אויבּן *oiben* — above

אויבּנאויף ז (ן) *oibenoif* — surface

אויבּנאויפיק *oibenoifik* — superficial

אויבּנאָן ז(ען) *oibenon* — place of honor

אויבּערפלאַך ז (ן) *oiberflach* — surface

אויג ס (ן) *oig* — eye

אויגוסט ז (ן) *oigust* — August

אויגנבּליק ז (ן) *oigenblik* — glimpse

אויוון ז (ס) *oiven* — oven

אויטאָ ז (ס) *oito* — car

אויטאָבּוס ז (ן) *oitobus* — bus

אויטאָבּיאָגראַפיע נ (ס) *oitobiografye* — autobiography

אויטאָנאָמיע נ *oitonomye* — autonomy

אויטאָסטראַד ז (ן) *oitostrad* — expressway

אויטאָר ז (ן) *oitor* — author

אויטאָריטעט ז (ן) *oitoritet* — authority

אויך *oich* — also

אויס *ois* — no more

אויסאַרבּעטונג נ (ען) *oisarbetung* — manufacture

אויסבּײַטן *oisbaiten* (אויסגעבּיטן) — exchange

אויסבּליק ז (ן) *oisblik* — outlook; prospect

אויסבּעסערונג נ (ען) *oisbeserung* — correction

אויסבּעסערן *oisbeseren* (אויסגעבּעסערט) — improve

אויסבּרעכן *oisbrechen* (אויסגעבּראָכן) — erupt; vomit

אויסבּרענגער ז (ס) *oisbrenger* — spendthrift

אויסגאַבּע נ (ס) *oisgabe* — edition

אויסגיין *oisgein* (אויסגעגאַנגען) — expire

אויסגיסן *oisgisen* (אויסגעגאָסן) — pour out

אויסגלײַך ז (ן) *oisglaich* — settlement

אויסגעבּן *oisgeben* (אויסגעגעבּן) — spend (money); give (in marriage)

אויסגעדאַרט *oisgedart* — emaciated

אויסגעטראַכט *oisgetracht* — invented; untrue

אויסגעלאַסנקייט נ *oisgelasenkeit* — lewdness

אויסגעמאַטערט *oisgematert* — exhausted

אויסגעמישט *oisgemisht* — mixed

אויסגעפּאַשעט *oisgepashet* well-fed; plump
אויסגעפּוצט *oisgeputst* dressed up
אויסגעפינען *oisgefinen* (אויסגעפונען) find out
אויסגעצויגן *oisgetsoigen* stretched out
אויסגעצייכנט *oisgetseichent* excellent
אויסגעקליבן *oisgekliben* chosen
אויסגעריבן *oisgeriben* worn-out
אויסגערעכנט *oisgerechent* prudent
אויסגעשלאָסן *oisgeshlosen* excluded
אויסגעשריי ז (ען) *oisgeshrei* outcry
אויסגראָבונג נ (ען) *oisgrobung* excavation
אויסדויער ז *oisdoier* endurance
אויסדרוק, אויסדריק ז (ן) *oisdruk*, *oisdrik* expression
אויסדריקלעך *oisdriklech* explicitly
אויסהאַלטן *ois'halten* (אויסגעהאַלטן) endure; support
אויסהונגערן *ois'hungeren* (אויסגעהונגערט) starve
אויסהיילן *ois'heilen* (אויסגעהיילט) cure
אויסהערן *ois'heren* (אויסגעהערט) listen to
אויסוואַנדערונג נ (ען) *oisvanderung* emigration
אויסוואָרצלען *oisvortslen* (אויסגעוואָרצלט) uproot
אויסוווּרף ז (ן) *oisvurf* outcast

אויסזיכט נ (ן) *oiszicht* prospect; view
אויסטאָן *oiston* (אויסגעטאָן) undress
אויסטײַטשן *oistait'shen* (אויסגעטײַטשט) interpret
אויסטער ז (ס) *oister* oyster
אויסטראַכטן *oistrachten* (אויסגעטראַכט) make up (a deception)
אויסטראַליע [נ] *oistralye* Australia
אויסטראַליער *oistralyer* Australian
אויסכאַפּן *oischapen* (אויסגעכאַפּט) snatch up
אויסלאָדן *oisloden* (אויסגעלאָדן) unload
אויסלאָזן *oislozen* (אויסגעלאָזט) leave out; omit
אויסלאַכן *oislachen* (אויסגעלאַכט) ridicule
אויסלאַנד ס *oisland* foreign country
אויסלייג ז (ן) *oisleig* spelling
אויסלייגן *oisleigen* (אויסגעלייגט) spread; spell
אויסליידיקן *oisleidiken* (אויסגעליידיקט) empty
אויסלייזונג נ (ען) *oisleizung* redemption
אויסלייזן *oisleizen* (אויסגעלייזט) redeem
אויסלייזער ז (ס) *oisleizer* savior
אויסלענדיש *oislendish* foreign
אויסלענדער ז *oislender* alien
אויסלערן *oisleren* (אויסגעלערט) empty

אויסלערנען *oislernen* teach
(אויסגעלערנט)
אויסלערנען זיך *oislernen zich* learn
אויסלעשן *oisleshen* extinguish
(אויסגעלאָשן)
אויסמאַכן *oismachen* amount to
(אויסגעמאַכט)
אויסמייַדן *oismaiden* avoid
(אויסגעמיטן)
אויסמעקן *oismeken* erase
(אויסגעמעקט)
אויסנאַם ז (ען) *oisnam* exception
אויסנאַרן *oisnaren* cheat
(אויסגענאַרט)
אויסנווייניק *oisenveinik* by heart
אויסנוצן take advantage of
(אויסגענוצט) *oisnutsen*
אויסניכטערן זיך become sober
*oisnichteren zich*
(אויסגעניכטערט)
אויסער *oiser* except
אויסערגעוויינלעך extraordinary
*oisergeveinlech*
אויסערוועלט נ *oiservelt* outer space
אויסערלעך *oiserlech* external
אויספאַקן *oispaken* unpack
(אויסגעפאַקט)
אויספוצן *oisputsen* dress up
(אויסגעפוצט)
אויספלאָנטערן disentangle
(אויסגעפלאָנטערט)
*oisplonteren*
אויספרוּוון *oispruven* try out, test
(אויסגעפרוּווט)

אויספרעסן *oispresen* iron
(אויסגעפרעסט)
אויספאַרטיקן make ready,
*oisfartiken* complete
(אויסגעפאַרטיקט)
אויספאַרקויף ז (ן) *oisfarkoif* sale
אויספאַרקויפט *oisfarkoift* sold out
אויספאָרשונג נ (ען) investigation;
*oisforshung* exploration
אויספאָרשן *oisforshen* investigate;
(אויסגעפאָרשט) explore
אויספייַפן *oisfaifen* boo
(אויסגעפייַפט)
אויספילן *oisfilen* fill out
(אויסגעפילט)
אויספיר ז (ן) *oisfir* conclusion
אויספירלעך *oisfirlech* detailed;
in detail
אויספירן accomplish
(אויסגעפירט) *oisfiren*
אויסצייכענונג נ (ען) distinction
*oistseichenung*
אויסצייכענען זיך excel
(אויסגעצייכנט)
*oistseichenen zich*
אויסציִען *oistsien* stretch
(אויסגעצויגן)
אויסקומען *oiskumen* get along
(אויסגעקומען)
אויסקוק ז (ן) *oiskuk* outlook
אויסקלייַבן *oisklaiben* choose
(אויסגעקליבן)
אויסקערן (מיט אַ בעזעם) sweep
(אויסגעקערט) *oiskeren*

אויסקריצן *oiskritsen* engrave
(אויסגעקריצט)
אויסראָטונג נ (ען) extermination
*oisrotung*
אויסראָטן *oisroten* exterminate
(אויסגעראָטן)
אויסרוען זיך *oisruen zich* rest
(אויסגערוט)
אויסרוף ז (ן) *oisruf* exclamation
אויסרופן *oisrufen* call out
(אויסגערופן)
אויסרופצייכן ז (ס) exclamation mark
*oisruftseichen*
אויסרייד ז (ן) *oisreid* excuse; reprimand
אויסרעכענונג נ (ען) calculation
*oisrechenung*
אויסרעכענען *oisrechenen* calculate
(אויסגערעכנט)
אויסשטאַרבן *oisshtarben* die out
(אויסגעשטאָרבן)
אויסשטיין *oisshtein* endure
(אויסגעשטאַנען)
אויסשטעל ז (ן) *oisshtel* layout
אויסשטעלונג נ (ען) exhibition
*oisshtelung*
אויסשטראַלונג נ (ען) radiation
*oisshtralung*
אויסשטרייַכן cross out
*oisshtraichen* (אויסגעשטראָכן)
אויסשטרעקן stretch out
*oisshtreken* (אויסגעשטרעקט)
אויסשיטן *oisshiten* spill
(אויסגעשאָטן)

אויסשיסן *oisshisen* fire
(אויסגעשאָסן)
אויסשליסונג נ exclusion
*oisshlisung*
אויסשליסן *oisshlisen* exclude
(אויסגעשלאָסן)
אויסשניט ז (ן) *oisshnit* clipping
אויסשנייַדן *oisshnaiden* cut out
(אויסגעשניטן)
אויסשנייַצן blow one's nose
*oisshnaitsen* (אויסגעשנייַצט)
אויסשעפּונג נ exhaustion
*oisshepung*
אויסשפּאַנען *oisshpanen* unharness
(אויסגעשפּאַנט)
אויסשפּראַך נ (ן) pronunciation
*oisshprach*
אויסשרייַבן *oisshraiben* write out
(אויסגעשריבן)
אויער ז/ס (ן) *oier* ear
אויערינגל ס (עך) *oieringel* earring
אויפּס ס *oips* fruit collectively
אויף *oif* on, upon; in
אויפבויען *oifboien* erect
(אויפגעבויט)
אויפבינדן *oifbinden* untie
(אויפגעבונדן)
אויפברעכן *oifbrechen* break open
(אויפגעבראָכן)
אויפגאַבע נ (ס) problem, task
*oifgabe*
אויפגאַנג ז (ען) *oifgang* rise
אויפגיין *oifgein* rise
(אויפגעגאַנגען)

| | | |
|---|---|---|
| אויפגעבן (אויפגעגעבן) | *oifgeben* | give up |
| אויפגעבראַכט | *oifgebracht* | angry |
| אויפגעלאָפן | *oifgelofen* | swollen |
| אויפגערעגט | *oifgeregt* | upset |
| אויפדעקן (אויפגעדעקט) | *oifdeken* | uncover |
| אויפהייבן (אויפגעהויבן) | *oifheiben* | raise, lift |
| אויפהערן (אויפגעהערט) | *oifheren* | cease, stop |
| אויפוואַקסן (אויפגעוואַקסן) | *oifvaksen* | grow up |
| אויפוויקלען (אויפגעוויקלט) | *oifviklen* | roll up |
| אויפוועקן (אויפגעוועקט) | *oifveken* | awaken |
| אויפזעער ז (ס) | *oifzeer* | supervisor |
| אויפטאָן (אויפגעטאָן) | *oifton* | accomplish |
| אויפטו ז (ען) | *oiftu* | accomplishment |
| אויפלאַגע נ (ס) | *oiflage* | edition, printing |
| אויפלעבן (אויפגעלעבט) | *oifleben* | come to life |
| אויפמאַכן (אויפגעמאַכט) | *oifmachen* | open |
| אויפמערקזאַם | *oifmerkzam* | attentive |
| אויפן (=אויף דעם) | *oifen* | on the |
| אויפנעמען (אויפגענומען) | *oifnemen* | receive (guests) |
| אויפפירונג נ (ען) | *oiffirung* | behavior; performance |
| אויפפירן (אויפגעפירט) | *oiffiren* | perform (a play) |
| אויפפירן זיך | *oiffiren zich* | behave |
| אויפקלערן (אויפגעקלערט) | *oifkleren* | enlighten; clarify |
| אויפקנעפלען (אויפגעקנעפלט) | *oifkneplen* | unbutton |
| אויפרודערן (אויפגערודערט) | *oifruderen* | stir |
| אויפרוימען (אויפגערוימט) | *oifroimen* | tidy up |
| אויפרוף ז (ן) | *oifruf* | call; appeal |
| אויפרײַס ז (ן) | *oifrais* | explosion |
| אויפרײַסן (אויפגעריסן) | *oifraisen* | explode |
| אויפרעגונג נ (ען) | *oifregung* | excitement |
| אויפרעגן (אויפגערעגט) | *oifregen* | excite |
| אויפשוידערן (אויפגעשוידערט) | *oifshoideren* | shudder; shock |
| אויפשטאַנד ז (ן) | *oifshtand* | uprising |
| אויפשטיין (אויפגעשטאַנען) | *oifshtein* | stand up; revolt |
| אויפשטעלן (אויפגעשטעלט) | *oifshtelen* | erect |
| אויפשליסן (אויפגעשלאָסן) | *oifshlisen* | unlock |
| אויפשנײַדן (אויפגעשניטן) | *oifshnaiden* | cut open |
| אויפשריפט נ (ן) | *oifshrift* | inscription |

אוירינגל ס (עך) *oiringel* earring

אולטימאַטום ז (ס) *ultimatum* ultimatum

אום *um* on, during

אומאיידל *umeidel* impolite

אומאָנגענעם *umongenem* unpleasant

אומאָפּהענגיק *umophengik* independent

אומאָפּהענגיקייט נ *umophengikeit* independence

אומאָפיציעל *umofitsyel* unofficial

אומאָרדענונג נ (ען) *umordenung* disorder

אומאָרנטלעך *umorntlech* dishonest

אומבאַדינגט *umbadingt* unconditional

אומבאַהאָלפן *umbaholfen* helpless

אומבאַמערקט *umbamerkt* unnoticed

אומבאַפרידיקט *umbafridikt* dissatisfied

אומבאַקאַנט *umbakant* unknown

אומבאַקוועם *umbakvem* uncomfortable

אומבאַרעכטיקט *umbarechtikt* unjustified

אומבאַשטימט *umbashtimt* vague

אומבאַשלאָסן *umbashlosen* undecided

אומברענגען *umbrengen* annihilate (אומגעבראַכט)

אומגילטיק *umgiltik* invalid

אומגינציק *umgintsik* unfavorable

אומגלויבלעך *umgloiblech* incredible

אומגליק ס (ן) *umglik* misfortune

אומגליקלעך *umgliklech* unfortunate

אומגעדולד נ/ס *umgeduld* impatience

אומגעדולדיק *umgeduldik* impatient

אומגעזעצלעך *umgezetslech* illegal

אומגעטריַי *umgetrai* faithless

אומגעלומפּערט *umgelumpert* clumsy

אומגעפער *umgefer* approximately

אומגעריכט *umgericht* unexpected

אומגערעכט *umgerecht* unjust

אומגערעכטיקייט נ (ן) *umgerechtikeit* injustice; wrong

אומגראָד *umgrod* odd (not even)

אומגרייכלעך *umgreichlech* inaccessible

אומדאַנקבאַר *umdankbar* ungrateful

אומדירעקט *umdirekt* indirect

אומדערטרעגלעך *umdertreglech* unbearable

אומוואַרפן *umvarfen* knock down (אומגעוואָרפן)

אומוויכטיק *umvichtik* unimportant

אומוויסיק *umvisik* unconscious

אומוויסן ס *umvisen* ignorance

אומוויסנדיק *umvisendik* ignorant

אומווערדיק *umverdik* unworthy
אומזיסט *umzist* gratis, free
אוממעגלעך *ummeglech* impossible
אוממעגלעכקייט נ (ן) *ummeglechkeit* impossibility
אומנאַטירלעך *umnatirlech* unnatural
אומנייטיק *umneitik* unnecessary
אומנישט *umnisht* in vain
אומעטום *umetum* everywhere
אומעטיק *umetik* sad
אומענדלעך *umendlech* endless
אומער ז *umer* disposition; gloom
אומפאַסיק *umpasik* improper
אומפאַראַנטוואָרטלעך *umfarantvortlech* irresponsible
אומפאַרגלײַכלעך *umfarglaichlech* incomparable
אומפאָרזיכטיק *umforzichtik* careless
אומפאַרמײַדלעך *umfarmaidlech* unavoidable
אומפאַרשעמט *umfarshemt* shameless
אומפעאיק *umfe'ik* incapable
אומפרײַנדלעך *umfraindlech* unfriendly
אומצוטרוי ז *umtsutroi* mistrust
אומצופרידנקייט נ *umtsufridenkeit* dissatisfaction
אומקום ז *umkum* holocaust
אומקומען *umkumen* (אומגעקומען) perish

אומקוקן זיך (אומגעקוקט) *umkuken zich* look around
אומראַציאָנעל *umratsyonel* irrational
אומרואיק *umruik* restless
אומרעכט ס *umrecht* injustice
אומשולד נ *umshuld* innocence
אומשולדיק *umshuldik* innocent
אומשטאַנד ז (ן) *umshtand* circumstance
אומשעדלעך *umshedlech* harmless
און *un* and
אונגאַרן [ס] *ungaren* Hungary
אונדז *undz* us
אונדזער *undzer* our
אונדזעריק *undzerik* ours
אונטן *unten* below
אונטן ז (ס) *unten* bottom
אונטער *unter* beneath, under
אונטערבאַן נ (ען) *unterban* subway
אונטערגאַנג ז (ען) *untergang* decline; downfall
אונטערגיין *untergein* (אונטערגעגאַנגען) decline; sink (ship)
אונטערגעבן זיך (אונטערגעגעבן) *untergeben zich* surrender
אונטערגראָבן (אונטערגעגראָבן) *untergroben* undermine
אונטערדריקן *unterdriken* (אונטערגעדריקט) oppress
אונטערהעצן *unterhetsen* (אונטערגעהעצט) incite

| | | |
|---|---|---|
| אונטערוואַסער־שיף נ (ן) | *untervaser shif* | submarine |
| אונטערוועלט נ | *untervelt* | underworld |
| אונטערוועש ס | *untervesh* | underwear |
| אונטערטעניק | *untertenik* | submissive |
| אונטערטעצל ס (עך) | *untertetsel* | coaster |
| אונטערן (= אונטער דעם, אונטער דער) | *unteren* | beneath the |
| אונטערנעמונג נ (ען) | *unternemung* | undertaking |
| אונטערנעמען זיך (אונטערגענומען) | *unternemen zich* | undertake |
| אונטערצינדונג נ (ען) | *untertsindung* | arson |
| אונטערקויפן (אונטערגעקויפט) | *unterkoifen* | bribe |
| אונטערשאַצן (אונטערגעשאַצט) | *untershatsen* | underrate |
| אונטערשט | *untersht* | lowest |
| אונטערשטיצונג נ (ען) | *untershtitsung* | support; aid |
| אונטערשטיצן (אונטערגעשטיצט) | *untershtitsen* | support |
| אונטערשיד, אונטערשייד ז (ן) | *untershid*, *untersheid* | difference |
| אונטערשיידן (אונטערגעשיידט) | *untersheiden* | differentiate |
| אונטערשרײַבן (אונטערגעשריבן) | *untershraiben* | sign |
| אונטערשריפט נ (ן) | *untershrift* | signature |
| אוניווערסיטעט ז (ן) | *universitet* | university |
| אונץ נ (ן) | *unts* | ounce |
| אוצר ז (ות) | *oitser-oitsres* | treasure |
| אוקראַאינע, אוקראַיִנע (נ) | *ukra'ine* | Ukraine |
| אוקראַאינער ז | *ukra'iner* | Ukrainian |
| אוראייניקל ס (עך) | *ureinikel* | great-grandchild |
| אורטייל ז (ן) | *urteil* | sentence; verdict |
| אורלויב ז (ן) | *urloib* | leave of absence |
| אות ז/ס (יות) | *os-oisyes* | letter (of the alphabet) |
| אַז | *az* | that; if |
| אַזוי | *azoi* | thus |
| אַזיאַט ז (ן) | *azyat* | Asian |
| אַזיאַטיש | *azyatish* | Asiatic |
| אַ זייגער | *a zeiger* | o'clock |
| אַזיע [נ] | *azye* | Asia |
| אַזעלכער | *azelcher* | such |
| אָזערע נ (ס) | *ozere* | lake |
| אָט | *ot* | just |
| אָט־אָט | *ot ot* | in a moment |
| אַטאָם ז (ען) | *atom* | atom |
| אַטאַקירן (אַטאַקירט) | *atakiren* | attack |
| אַטאַקע נ (ס) | *atake* | attack |
| אַטלאַנטיק ז | *atlantik* | Atlantic |
| אַטלאַס ז (ן) | *atlas* | atlas |
| אַטלעט ז (ן) | *atlet* | athlete |
| אַטלעס ז | *atles* | satin |

אַטמאָספּערע נ (ס) *atmosfere* atmosphere

אָטעם ז (ס) *otem* breath

אָטעמען (געאָטעמט) *otemen* breathe

אַטראַקציע נ (ס) *atraktsye* attraction

איבונג נ (ען) *ibung* exercise

איבן זיך (געאיבט) *iben zich* exercise

איבער *iber* over; above

איבעראַיאָר *iberayor* next year

איבעראַכטאָג *iberachtog* next week

איבעראַרבעטן (איבערגעאַרבעט) *iberarbeten* revise; do over again

איבעראַרבעטן זיך *iberarbeten zich* overwork

איבערבאַטראַכטן (איבערבאַטראַכט) *iberbatrachten* reconsider

איבערבלייַבן (איבערגעבליבן) *iberblaiben* remain

איבערבליק ז (ס) *iberblik* review

איבערבעטן (איבערגעבעטן) *iberbeten* ask forgiveness

איבערבעטן זיך *iberbeten zich* be reconciled

איבערגאַנג ז (ען) *ibergang* transition

איבערגיין (איבערגעגאַנגען) *ibergein* pass

איבערגעבן (איבערגעגעבן) *ibergeben* hand over

איבערגעגעבן *ibergegeben* devoted

איבערגענוגיק *ibergenugik* excessive

איבערגעשפּיצט *ibergeshpitst* cunning

איבערדרוקן (איבערגעדרוקט) *iberdruken* reprint

איבערהויפּט *iberhoipt* mainly

איבערזאָגן (איבערגעזאָגט) *iberzogen* repeat

איבערזען (איבערגעזען) *iberzen* review, check

איבערזעצונג נ (ען) *iberzetsung* translation

איבערזעצן (איבערגעזעצט) *iberzetsen* translate

איבערזעצער ז (ס) *iberzetser* translator

איבערחזרן (איבערגעחזרט) *iberchazeren* repeat

איבערטרייַבן (איבערגעטריבן) *ibertraiben* overdo

איבעריאָגן (איבערגעיאָגט) *iberyogen* overtake

איבעריק *iberik* superfluous

איבערלעבונג נ (ען) *iberlebung* experience; survival

איבערלעבן (איבערגעלעבט) *iberleben* experience; survive

איבערמאַכן (איבערגעמאַכט) *ibermachen* make over

איבערמאָרגן *ibermorgen* on the day after tomorrow

איבערן (= איבער דעם, איבער דער) *iberen* over the

supernatural איבערנאַטירלעך *ibernatirlech*

stay overnight איבערנעכטיקן *ibernechtiken* (איבערגענעכטיקט)

take over *ibernemen* איבערנעמען (איבערגענומען)

attack suddenly איבערפאַלן *iberfalen* (איבערגעפאַלן)

transplant איבערפלאַנצן *iberflantsen* (איבערגעפלאַנצט)

conviction איבערצײַגונג נ (ען) *ibertsaigung*

convince *ibertsaigen* איבערצײַגן (איבערגעצײַגט)

cover *ibertsien* איבערציִען (איבערגעצויגן)

look over, examine *iberkuken* איבערקוקן (איבערגעקוקט)

overturn *iberkeren* איבערקערן (איבערגעקערט)

upheaval איבערקערעניש ס (ן) *iberkerenish*

interrupt *iberraisen* איבעררײַסן (איבערגעריסן)

overrate *ibershatsen* איבערשאַצן (איבערגעשאַצט)

surpass *ibershtaigen* איבערשטײַגן (איבערגעשטיגן)

frighten *ibershreken* איבערשרעקן (איבערגעשראָקן)

ignore *ignoriren* איגנאָרירן (איגנאָרירט)

idiot *idyot* אידיאָט ז (ן)

idiom *idyom* אידיאָם ז (ען)

idyll *idilye* אידיליע נ (ס)

Jewish; Yiddish *idish* אידיש אדי, ס

Jewishness *idishkeit* אידישקייט ס/נ

Jewry *identum* אידנטום ס

ideal *ideal* אידעאַל ז (ן)

ideology *ideologye* אידעאָלאָגיע נ (ס)

idealist *idealist* אידעאַליסט ז (ן)

identify אידענטיפיצירן *identifitsiren* (אידענטיפיצירט)

idea *idee* אידעע נ (ס)

is (infinitive: be= זײַן) *iz* איז

Italy *italye* איטאַליע [נ]

Italian איטאַליעניש אדי, ס *italyenish*

Italian *italyener* איטאַליענער ז

everyone *itlecher* איטלעכער

egg *ei* איי ס (ער)

oh! *ai!* אײַ!

eternal *eibik* אייביק

eternity *eibikeit* אייביקייט נ

the Lord *eibershter* אייבערשטער ז

own; same *eigen* אייגן

trait *eigenart* אייגנאַרט נ (ן)

characteristic אייגנאַרטיק *eigenartik*

owner אייגנטימער ז (ס) *eigentimer*

attribute; peculiarity אייגנשאַפט נ (ן) *eigenshaft*

gentle, noble *eidel* איידל

gentleness *eidelkeit* איידלקייט נ

gem *eidelshtein* איידלשטיין ז (ער)

son-in-law *eidem* איידעם ז (ס)

אײדער *eider* before; than
אײַז ס *aiz* ice
אײזל ז (ען) *eizel* donkey
אײַזן ס (ס) *aizen* iron
אײַזנבאַן נ (ען) *aizenban* railroad
אײַזנוואַרג ס *aizenvarg* hardware
אײַזקרעם ז (ען) *aizkrem* ice cream
אײל ז (ן) *eil* oil
אײלבערט ז (ן) *eilbert* olive
אײלן *eilen* (געאײלט) lubricate
אײַלן *ailen* (געאײַלט) rush, hasten
אײַלעניש ס *ailenish* haste
אײן *ein* one
אײַנאָטעמען *ainotemen* (אײַנגעאָטעמט) inhale
אײַנבײגן *ainbeigen* (אײַנגעבויגן) bend
אײַנבינדן *ainbinden* (אײַנגעבונדן) bind (a book)
אײַנבינדער ז (ס) *ainbinder* bookbinder
אײַנבינדערײַ נ (ען) *ainbinderai* bindery
אײַנבליק ז (ן) *ainblik* insight
אײַנברענגען *ainbrengen* (אײַנגעבראַכט) save
אײַנגאָס ז (ן) *aingos* gulf
אײַנגעבויגן *aingeboigen* bent; stooped
אײַנגעהאַלטן *aingehalten* restrained
אײַנגעוויינען (אײַנגעוויינט) *aingeveinen* accustom
אײַנגעטריקנט *aingetrikent* dried up
אײַנגעמאַכץ ס (ן) *aingemachts* preserves
אײַנגעקלאָגטער ז *aingeklogter* defendant
אײַנגעשוווירענער ז *aingeshvoirener* juror
אײַנגעשלאָסן *aingeshlosen* included
אײַנגעשפּאַרט *aingeshpart* stubborn
אײַנדרוק ז (ן) *aindruk* impression
אײַנהאַלטן (אײַנגעהאַלטן) *ainhalten* hold, restrain
אײַנהאַנדלען (אײַנגעהאַנדלט) *ainhandlen* purchase
אײנהײט נ *einheit* unity
אײַנהילן (אײַנגעהילט) *ainhilen* wrap
אײַנהעריק *ainherik* attentive
אײַנוווינער ז (ס) *ainvoiner* resident
אײַנווייקן (אײַנגעווייקט) *ainveiken* soak
אײַנוויקלען (אײַנגעוויקלט) *ainviklen* wrap
אײַנזאַלצן (אײַנגעזאַלצט) *ainzaltsen* salt
אײנזאַם *einzam* lonely
אײַנזאַפּן (אײַנגעזאַפּט) *ainzapen* absorb

איינזײַטיקייט נ *einzaitikeit* partiality

אײַנזעצן (אײַנגעזעצט) *ainzetsen* imprison

איינטאָניק *eintonik* monotonous

אײַנטריט ז *aintrit* admission

אייניקל ז/ס (עך) *einikel* grandchild

אײַנלאַדונג נ (ען) *ainladung* invitation

אײַנלאַדן (אײַנגעלאַדן) *ainladen* invite

איינס ז/נ (ן) *eins* one

אײַנעקשנען זיך (אײַנגעעקשנט) *ainakshenen zich* become stubborn

אײַנפּאַקן (אײַנגעפּאַקט) *ainpaken* pack

אײַנפאַל ז (ן) *ainfal* notion, idea

אײַנפעדעמען (אײַנגעפעדעמט) *ainfedemen* thread

איינצאָל נ (ן) *eintsol* singular

אײַנצאָלונג נ (ען) *aintsolung* payment

איינציק *eintsik* single

איינציקווײַז *eintsikvaiz* one by one

איינצלהייט נ (ן) *eintselheit* detail

אײַנקויפן (אײַנגעקויפט) *ainkoifen* buy

אײַנקונפט נ (ן) *ainkunft* income

אײַנקלאָגונג נ (ען) *ainklogung* indictment

אײַנקלאָגן (אײַנגעקלאָגט) *ainklogen* indict

אײַנקנייטשן (אײַנגעקנייטשט) *ainkneit'shen* fold

אײַנרוימען (אײַנגערוימט) *ainroimen* whisper (into the ear)

אײַנרעדעניש ס (ן) *ainredenish* fantasy; obsession

אײַנשאַפונג נ (ען) *ainshafung* acquisition

אײַנשאַפן (אײַנגעשאַפט) *ainshafen* acquire

אײַנשווערונג נ (ען) *ainshverung* inauguration

אײַנשולדיקונג נ (ען) *ainshuldikung* impeachment

אײַנשטובּיקן (אײַנגעשטובּיקט) *ainshtubiken* domesticate

איינשטימיק *einshtimik* unanimous

אײַנשטעלן (אײַנגעשטעלט) *ainshtelen* risk, gamble; fix

אײַנשלאָפן (אײַנגעשלאָפן) *ainshlofen* fall asleep

אײַנשליסיק *ainshlisik* inclusive

אײַנשליסן (אײַנגעשלאָסן) *ainshlisen* include; lock in

אײַנשפּאַנען (אײַנגעשפּאַנט) *ainshpanen* harness

אײַנשפּאָרונג נ (ען) *ainshporung* saving

אײַנשפּאַרן (אײַנגעשפּאַרט) *ainshparen* shut in

אײַנשפּאַרן זיך *ainshparen zich* become stubborn

אײַנשפּאָרן (אײַנגעשפּאָרט) *ainshporen* save

| | | |
|---|---|---|
| אײַנשפּריצונג נ (ען) | *ainshpritsung* | injection |
| אײַנשפּריצן (אײַנגעשפּריצט) | *ainshpritsen* | inject |
| אײַער | *aier* | your (pl) |
| אייערנעכטן | *eiernechten* | on the day before yesterday |
| אייקאַליפּט ז (ן) | *eikalipt* | eucalyptus (tree) |
| אייראָפּע [נ] | *eirope* | Europe |
| אייראָפּעער ז | *eiropeer* | European |
| איך | *ich* | I |
| אילוזיע נ (ס) | *iluzye* | illusion |
| אילומינאַציע נ | *iluminatsye* | illumination |
| אילוסטראַציע נ (ס) | *ilustratsye* | illustration |
| אימיגראַנט ז (ן) | *imigrant* | immigrant |
| אימיגראַציע נ (ס) | *imigratsye* | immigration |
| אימפּאָרט ז (ן) | *import* | import |
| אימפּאָרטירן (אימפּאָרטירט) | *importiren* | import |
| אימפּאָרטער ז (ס/ן) | *importer* | importer |
| אימפּעט ז (ן) | *impet* | impetus |
| אימפּעטיק | *impetik* | impetuous |
| אימפּעריאַליזם ז | *imperyalizm* | imperialism |
| אימפּעריאַליסט ז (ן) | *imperyalist* | imperialist |
| אימפּעריע נ (ס) | *imperye* | empire |
| אימפּרעסאַריאָ ז (ס) | *impresaryo* | impresario |
| אין | *in* | in; at; to |
| אינאיינעם | *ineinem* | together |
| אינגאַנצן | *ingantsen* | entirely |
| אינגיכן | *ingichen* | soon |
| אינגל ס/ז (עך) | *ingel* | boy |
| אינד ז (ן) | *ind* | male deer; billow |
| אינדוסטריע נ (ס) | *industrye* | industry |
| אינדוסטריעל | *industryel* | industrial |
| אינדזל ז (ען) | *indzel* | island |
| אינדין נ (ס) | *indin* | hind, female deer |
| אינדיע [נ] | *indye* | India |
| אינדיער ז | *indyer* | Indian |
| אינדיק ז (עס) | *indik* | turkey |
| אין דער היים | *in der heim* | at home |
| אינדערפרי | *inderfri* | early in the morning |
| אינדרויסן | *indroisen* | outside |
| אינהאַלט ז (ן) | *inhalt* | contents |
| אינוואַליד ז (ן) | *invalid* | invalid |
| אינזל ז (ען) | *inzel* | island |
| אינזעלע ס (ך) | *inzele* | small island |
| אינזשעניר ז (ן) | *inzhenir* | engineer |
| אינטעליגענט אדי | *inteligent* | intelligent |
| אינטעליגענט ז (ן) | *inteligent* | intellectual |
| אינטעריעקציע נ (ס) | *interyektsye* | interjection |
| אינטערנאַציאָנאַל | *internatsyonal* | international |
| אינטערעס ז (ן) | *interes* | interest; concern |

| | | |
|---|---|---|
| אינטערעסאַנט | interesant | interesting |
| אינטערעסירן זיך (אינטערעסירט) | interesiren zich | take an interest |
| אינטריגע נ (ס) | intrige | intrigue |
| איניציאַטיוו נ (ן) | initsyativ | initiative |
| אינמיטן | inmiten | amidst |
| אינסטאַלאַטאָר ז (ן) | instalator | plumber |
| אינסטיטוט ז (ן) | institut | institute |
| אינסטיטוציע נ (ס) | institutsye | institution |
| אינסטינקט ז (ן) | instinkt | instinct |
| אינסטינקטיוו | instinktiv | instinctive |
| אינסטרומענט ז (ן) | instrument | instrument |
| אינסעקט ז (ן) | insekt | insect |
| אינספעקטאָר ז (ן) | inspektor | inspector |
| אינספעקציע נ (ס) | inspektsye | inspection |
| אינעווייניק | ineveinik | inside |
| אינעם (=אין דעם, אין דער) | inem | in the |
| אינערלעך | inerlech | internal |
| אינפאַנטעריע נ (ס) | infanterye | infantry |
| אינפאָרמאַציע נ (ס) | informatsye | information |
| **אינפאָרמירן** (אינפאָרמירט) | informiren | inform |
| אינפלאַציע נ (ס) | inflatsye | inflation |
| אינפעקציע נ (ס) | infektsye | infection |
| אינקובאַטאָר ז (ן) | inkubator | incubator |
| אינקוויזיציע נ | inkvizitsye | inquisition |
| אינקרימינירן (אינקרימינירט) | inkriminiren | incriminate |
| איסלאַם ז | islam | Islam |
| איצט | itst | now |
| איצטיק | itstik | present; current |
| איקס ז (ן) | iks | x (letter) |
| איקסשטראַלן ר | iksshtralen | x rays |
| איראָניע נ | ironye | irony |
| איראָניש | ironish | ironical |
| אירלאַנד [ס] | irland | Ireland |
| אירלענדער ז | irlender | Irishman |
| אַך! | ach! | ah! |
| אָך! | och! | alas! |
| אַכט | acht | eight |
| אַכטונג נ | achtung | esteem; respect |
| אַכטל ס (ען) | achtel | eighth |
| אַכציק | achtsik | eighty |
| אַכצן | achtsen | eighteen |
| אָכצן (געאָכצט) | ochtsen | moan |
| אַלאַרעם ז (ס) | alarem | alarm |
| אַלבאָם ז (ען) | albom | album |
| אַלגעברע נ | algebre | algebra |
| אַלגעמיין | algemein | general |
| אַלומיניום ז | aluminyum | aluminium |
| אַלזאָ | alzo | consequently; then |
| אַלט | alt | old |
| אַלטוואַרג ס | altvarg | old things |
| אַלטלעך | altlech | obsolescent |
| אַלטער ז | alter | old man |

אַלטערטום ס *altertum* Antiquity

אַליטעראַציע נ (ס) *aliteratsye* alliteration

אַליין *alein* alone

אַלייע נ (ס) *aleie* avenue

אַלמאַנאַך ז (ן) *almanach* almanac

אלמן ז *almen* (ס/ים) *almens/almonim* widower

אלמנה נ *almone* (אלמנות) *almones* widow

אַלס *als* as

אַלע *ale* all

אַלעגאָריע נ (ס) *alegorye* allegory

אַלעמאָל *alemol* always

אַלעע נ (ס/ן) *alee* avenue

אַלערגיע נ (ס) *alergye* allergy

אַלערליי *alerlei* all kinds of

אַלפּן ר *alpen* Alps

אלף־בית ז (ן) *alefbeis* alphabet

אַלץ *alts* everything, all

אַלצדינג *altsding* everything

אַלקאָהאָל ז (ן) *alkohol* alcohol

אַמאָל *amol* sometimes; formerly

אַמבאַסאַדאָר ז (ן) *ambasador* ambassador

אַמבאַסאַדע נ (ס) *ambasade* embassy

אַמבולאַנס ז (ן) *ambulans* ambulance

אַמביציע נ (ס) *ambitsye* ambition

אַמוניציע נ *amunitsye* ammunition

אַמט ז (ן) *amt* office

אַמנעסטיע נ (ס) *amnestye* amnesty

אַמעבע נ (ס) *amebe* amoeba

אַמעריקאַניש *amerikanish* American

אַמעריקאַנער ז *amerikaner* American

אַמעריקע [נ] *amerike* America

אַמפּערניש ס (ן) *ampernish* bickering

אמת *emes* true

אמת ז (ן) *emes* truth

אמתדיק *emesdik* truthful

אַן (אומבאַשטימטער אַרטיקל) *an* an

אָן *on* without

אַנאַטאָמיע נ (ס) *anatomye* anatomy

אַנאַכראָניזם ז (ען) *anachronizm* anachronism

אַנאַלאָגיע נ (ס) *analogye* analogy

אַנאַליז ז (ן) *analiz* analysis

אַנאַלפאַבעט ז (ן) *analfabet* illiterate

אַנאַלפאַבעטיזם ז *analfabetizm* illiteracy

אַנאַנאַס ז (ן) *ananas* pineapple

אַנאַרכיע נ *anarchye* anarchy

אָנבאָטן *onboten* (אָנגעבאָטן) bid, offer

אָנבייסן ס (ס) *onbaisen* lunch

אָנבלאָזן *onblozen* (אָנגעבלאָזן) inflate

אַנגלאָסאַקס ז (ן) *anglosaks* Anglo-Saxon

אָנגעבלאָזן *ongeblozen* inflated

אָנגעבן *ongeben* (אָנגעגעבן) state; submit

אָנגעוויזן (אויף) *ongevizen oif* dependent (on)

| | | |
|---|---|---|
| אָנגעווייטיקט | *ongeveitikt* | painful |
| אָנגעווענדט | *ongevendt* | applied |
| אָנגעזען | *ongezen* | distinguished |
| אָנגעכמאַרעט | *ongechmaret* | cloudy; sullen |
| אָנגעלאָדן | *ongeloden* | loaded |
| אָנגענומען | *ongenumen* | accepted |
| אָנגענעם | *ongenem* | pleasant |
| אָנגעצונדן | *ongetsunden* | ignited; furious |
| אָנגעקלאָגטער ז | *ongeklogter* | defendant |
| אָנגעשטאָפּט | *ongeshtopt* | crammed |
| אָנגעשטעלטער ז | *ongeshtelter* | employee |
| אָנגעשטרענגט | *ongeshtrengt* | strained |
| אָנגרייטן (אָנגעגרייט) | *ongreiten* | prepare |
| אָנגרײַפן (אָנגעגריפן) | *ongraifen* | assault |
| אָנדענק ז (ען) | *ondenk* | remembrance |
| אַנדער | *ander* | other; another |
| אָנדערטהאַלבן | *onderthalben* | one and a half |
| אַנדערש | *andersh* | differently |
| אַנדערשוווּ | *andershvu* | elsewhere |
| אָנדרייען (אָנגעדרייט) | *ondreien* | wind (clock) |
| אָנהאַלטן (אָנגעהאַלטן) | *onhalten* | persist |
| אָנהאַלטן זיך | *onhalten zich* | hold on to |
| אָנהייב ז (ן) | *onheib* | beginning |
| אָנהייבן (אָנגעהויבן) | *onheiben* | begin |
| אָנהענגער ז (ס) | *onhenger* | adherent |
| אָנוואַלגערן (אָנגעוואַלגערט) | *onvalgeren* | pile up |
| אָנוואַרעמען (אָנגעוואַרעמט) | *onvaremen* | warm up |
| אָנוואַרפן (אָנגעוואָרפן) | *onvarfen* | litter; strew about |
| אָנוווּקס ז (ן) | *onvuks* | tumor |
| אָנווײַזן (אָנגעוויזן) | *onvaizen* | indicate |
| אָנווענדן (אָנגעווענדט) | *onvenden* | apply |
| אָנווערן (אָנגעווירן) | *onveren* | lose |
| אַנומלט | *anumelt* | some time ago |
| אַנונג נ (ען) | *anung* | idea, concept |
| אָנזאַמלען (אָנגעזאַמלט) | *onzamlen* | accumulate |
| אָנזעץ ז (ן) | *onzets* | bankruptcy |
| אַנטאָלאָגיע נ (ס) | *antologye* | anthology |
| אָנטאָן (אָנגעטאָן) | *onton* | dress; inflict |
| אַנטאַרקטיק ז | *antarktik* | Antarctic |
| אַנטדעקונג נ (ען) | *antdekung* | discovery |
| אַנטוואָפענונג נ | *antvofenung* | disarmament |
| אַנטווײנען (אַנטווײנט) | *antveinen* | wean |
| אַנטוויקלונג נ (ען) | *antviklung* | development |

אַנטוויקלען *antviklen* (אַנטוויקלט) develop

אַנטוישונג נ *antoishung* disappointment

אַנטוישן *antoishen* (אַנטוישט) disappoint

אַנטיביאָטיק ז (ן) *antibiotik* antibiotic

אָנטייל ז (ן) *onteil* share, participation

אַנטיסעמיט ז (ן) *antisemit* anti-Semite

אַנטיסעמיטיזם ז *antisemitizm* anti-Semitism

אַנטיסעמיטיש *antisemitish* anti-Semitic

אַנטיק ז (ן) *antik* antique

אַנטיק *antik* ancient

אַנטלויפן *antloifen* (אַנטלאָפן) run away

אַנטענע נ (ס) *antene* antenna

אַנטפּלעקן *antpleken* (אַנטפּלעקט) reveal; discover

אַנטקעגן *antkegen* opposite; against

אַנטקעגנרעדן (אַנטקעגנגערעדט) *antkegenreden* speak disrespectfully

אַנטראָפּאָלאָגיע נ *antropologye* anthropology

אַנטשולדיקונג נ (ען) *ant'shuldikung* apology

אַנטשולדיקן *ant'shuldiken* (אַנטשולדיקט) excuse

אַנטשולדיקן זיך *ant'shuldiken zich* apologize

אַנטשטייאונג נ (ען) *ant'shteiung* origin; rise

אַנטשטיין *ant'shtein* (אַנטשטאַנען) originate

אַנטשלאָסן *ant'shlosen* resolute

אַנטשעדיקונג נ (ען) *ant'shedikung* compensation

אָנטשעפּען *ont'shepen* (אָנגעטשעפּעט) hook on

אַנידער *anider* down

אַנידערוואַרפן *anidervarfen* (אַנידערגעוואָרפן) throw down

אַנידערזעצן זיך *aniderzetsen zich* (אַנידערגעזעצט) sit down

אָנכאַפּן *onchapen* (אָנגעכאַפּט) seize, grasp

אָנלייגן *onleigen* (אָנגעלייגט) pile, heap up

אָנלענען זיך *onlenen zich* (אָנגעלענט) lean on; recline

אָנמאַכן *onmachen* (אָנגעמאַכט) cause; soil, pollute

אָנמעסטן *onmesten* (אָנגעמאָסטן) fit, try on (clothes)

אָננעמען *onnemen* (אָנגענומען) accept; assume

אָננעמען זיך פאַר *onnemen zich far* support; defend

אָנעם *onem* (=אָן דעם) *on dem* without the

anemone *anemon* אַנעמאָן ז (ען)
anesthetic *anestetik* אַנעסטעטיק ז (ן)
anecdote *anekdot* אַנעקדאָט ז (ן)
acknowledgment *onerkenung* אָנערקענונג נ (ען)
acknowledge *onerkenen* אָנערקענען (אָנערקענט)
make a mess *onpat'shken* אָנפּאַטשקען (אָנגעפּאַטשקעט)
talk foolishly *onplaplen* אָנפּלאַפּלען (אָנגעפּלאַפּלט)
attack; fit, stroke *onfal* אָנפאַל ז (ן)
attack *onfalen* אָנפאַלן (אָנגעפאַלן)
beginning *onfang* אָנפאַנג ז (ען)
fill, stuff *onfilen* אָנפילן (אָנגעפילט)
leadership *onfirung* אָנפירונג נ (ען)
lead *onfiren* אָנפירן (אָנגעפירט)
suit (of clothes) *ontsug* אָנצוג ז (ן)
kindle *ontsinden* אָנצינדן (אָנגעצונדן)
beam with joy *onkvelen* אָנקוועלן (אָנגעקוואָלן)
buy much *onkoifen* אָנקויפן (אָנגעקויפט)
arrive *onkumen* אָנקומען (אָנגעקומען)
accuse *onklogen* אָנקלאָגן (אָנגעקלאָגט)
plaintiff *onkloger* אָנקלאָגער ז (ס)
knock *onklapen* אָנקלאַפּן (אָנגעקלאַפּט)

ring *onklingen* אָנקלינגען (אָנגעקלונגען)
glue, stick *onklepen* אָנקלעפּן (אָנגעקלעפּט)
anchor *anker* אַנקער ז (ס)
amass by robbery *onrabeven* אָנראַבעווען (אָנגעראַבעוועט)
pluck (flowers) *onraisen* אָנרײַסן (אָנגעריסן)
incite *onreitsen* אָנרייצן (אָנגערייצט)
touch *onriren* אָנרירן (אָנגערירט)
amass *onsharen* אָנשאַרן (אָנגעשאַרט)
instead *onshtot* אָנשטאָט
institution *anshtalt* אַנשטאַלט ז (ן)
stuff, fill *onshtopen* אָנשטאָפּן (אָנגעשטאָפּט)
pretense *onshtel* אָנשטעל ז (ן)
hire; set (watch) *onshtelen* אָנשטעלן (אָנגעשטעלט)
decent *onshtendik* אָנשטענדיק
infection *onshtekung* אָנשטעקונג נ (ען)
infect *onshteken* אָנשטעקן (אָנגעשטעקט)
effort, strain *onshtrengung* אָנשטרענגונג נ (ען)
strain, exert *onshtrengen* אָנשטרענגען (אָנגעשטרענגט)
nuisance; vexation *onshikenish* אָנשיקעניש ס (ן)

אָנשלאָגן *onshlogen* strike; offer (אָנגעשלאָגן)
אָנשעפּן *onshepen* draw (water) (אָנגעשעפּט)
אָנשפּאַר ז (ן) *onshpar* support
אָנשפּאַרן *onshparen* lean (אָנגעשפּאַרט)
אַסאָציאַציע נ (ס) *asotsyatsye* association (of ideas)
אַסטראָנאָט, *astronot* astronaut
אַסטראָנויט · (ן) *astronoit*
אַסטראָנאָם ז (ען) *astronom* astronomer
אַסטראָנאָמיע נ *astronomy* astronomy
אַסימילאַציע נ (ס) *asimilatsye* assimilation
אַסימילירט *asimilirt* assimilated
אַסימילירן *asimiliren* assimilate (אַסימילירט)
אַ סך *a sach* many; a lot
אַספּירין ז (ען) *aspirin* aspirin
אַספאַלט ז *asfalt* asphalt
אַעראָפּלאַן ז (ען) *aeroplan* airplane
אָפּאָזיציע נ (ס) *opozitsye* opposition
אַפּאַטיע נ *apatye* apathy
אָפּאָטעמען *opotemen* recover one's breath (אָפּגעאָטעמט)
אַפּאַראַט ז (ן) *aparat* apparatus
אָפּבּרוך ז (ן) *opbruch* fragment
אָפּבּריִען *opbrien* scald (אָפּגעבּריט)
אָפּבּרעכן *opbrechen* break off (אָפּגעבּראָכן)

אָפּגאָט ז (אָפּגעטער) *opgot* idol
אָפּגיין *opgein* go off; abate (אָפּגעגאַנגען)
אָפּגיסן *opgisen* cast, mold; pour (אָפּגעגאָסן)
אָפּגעבן *opgeben* deliver, give back (אָפּגעגעבן)
אָפּגעלאָזן *opgelozen* neglected
אָפּגעפרעמדט *opgefremdt* estranged
אָפּגעריסן *opgerisen* ragged
אָפּגעשוואַכט *opgeshvacht* weakened
אָפּגעשטאַנען *opgeshtanen* backward; retarded
אָפּגרונט ז (ן) *opgrunt* abyss
אָפּדינען *opdinen* serve one's time; reciprocate (אָפּגעדינט)
אָפּהאַלט ז (ן) *ophalt* obstacle; deterrent
אָפּהאַלטן *ophalten* stop; deter (אָפּגעהאַלטן)
אָפּהאַנדלונג נ (ען) *ophandlung* treatise
אָפּהאַקן *ophaken* cut off; interrupt (אָפּגעהאַקט)
אָפּהיטונג נ *ophitung* observance
אָפּהיטן *ophiten* observe, keep (אָפּגעהיטן)
אָפּהילך ז (ן) *ophilch* echo
אָפּהענגיק *ophengik* dependent
אָפּהענגיקייט נ *ophengikeit* dependence

depend on *ophengen* אָפּהענגען (אָפּגעהאָנגען)
disarmament אָפּוואָפענונג נ (ען) *opvofenung*
disarm *opvofenen* אָפּוואָפענען (אָפּגעוואָפנט)
reject *opvarfen* אָפּוואַרפן (אָפּגעוואָרפן)
wash oneself אָפּוואַשן זיך (אָפּגעוואַשן) *opvashen zich*
wipe off *opvishen* אָפּווישן (אָפּגעווישט)
dismissal; refusal *opzog* אָפּזאָג ז (ן)
dismiss; refuse אָפּזאָגן (אָפּגעזאָגט) *opzogen*
isolation; separation אָפּזונדערונג נ *opzunderung*
isolate; separate *opzunderen* אָפּזונדערן (אָפּגעזונדערט)
do, perform; play (a trick) *opton* אָפּטאָן (אָפּגעטאָן)
section *opteil* אָפּטייל ז (ן)
separate, divide *opteilen* אָפּטיילן (אָפּגעטיילט)
pharmacy *apteik* אַפּטייק נ (ן)
pharmacist *apteiker* אַפּטייקער ז (ס)
optimism *optimizm* אָפּטימיזם ז
optimist *optimist* אָפּטימיסט ז (ן)
optician *optiker* אָפּטיקער ז (ס)
carry back; wear out *optrogen* אָפּטראָגן (אָפּגעטראָגן)
get away אָפּטראָגן זיך *optrogen zich*
rest room *optret* אָפּטרעט ז (ן)

yield; recede *optreten* אָפּטרעטן (אָפּגעטראָטן)
detach *opt'shepen* אָפּטשעפּען (אָפּגעטשעפּעט)
opium *opyum* אָפּיום ז
nipple *opel* אָפּל ז (ען)
applaud *aplodiren* אַפּלאָדירן (אַפּלאָדירט)
let off; abandon *oplozen* אָפּלאָזן (אָפּגעלאָזט)
laugh at *oplachen* אָפּלאַכן (אָפּגעלאַכט)
run off; expire *oploifen* אָפּלויפן (אָפּגעלאָפן)
put aside; postpone *opleigen* אָפּלייגן (אָפּגעלייגט)
deny *opleikenen* אָפּלייקענען (אָפּגעלייקנט)
agreement אָפּמאַך ז (ן) *opmach*
measure *opmesten* אָפּמעסטן (אָפּגעמאָסטן)
erase *opmeken* אָפּמעקן (אָפּגעמעקט)
deceive *opnaren* אָפּנאַרן (אָפּגענאַרט)
deviation *opneig* אָפּנייג ז (ן)
turn away *opneigen* אָפּנייגן (אָפּגענייגט)
wear out *opnitsen* אָפּניצן (אָפּגעניצט)
appetite *apetit* אַפּעטיט ז (ן)
(Law) appeal אַפּעלאַציע נ (ס) *apelatsye*

אַפּעלירן *apeliren* (אַפּעלירט) appeal

אַפּענדיציט ז (ן) *apenditsit* appendicitis

אָפּענטפערן (אָפּגעענטפערט) *opentferen* reply; rebut

אָפּעסן *opesen* (אָפּגעגעסן) finish eating

אָפּעראַציע נ (ס) *operatsye* operation

אָפּערירן *operiren* (אָפּערירט) operate

אָפּערע נ (ס) *opere* opera

אָפּפאַל ז *opfal* trash; junk

אָפּפאַלן *opfalen* (אָפּגעפאַלן) fall off

אָפּפאָרן *opforen* (אָפּגעפאָרן) depart

אָפּפלייץ ז (ן) *opfleits* ebb

אָפּפרישן *opfrishen* (אָפּגעפרישט) refresh

אָפּפרעמדן *opfremden* (אָפּגעפרעמדט) estrange

אָפּצאָל ז (ן) *optsol* dues; toll

אָפּצאָלן *optsolen* (אָפּגעצאָלט) repay

אָפּצאַמען *optsamen* (אָפּגעצאַמט) fence off

אָפּצייכן ז (ס) *optseichen* badge

אָפּציילן *optseilen* (אָפּגעציילט) count

אָפּקאָכן *opkochen* (אָפּגעקאָכט) finish cooking; boil

אָפּקאָסטן *opkosten* (אָפּגעקאָסט) cost too much

אָפּקויפן *opkoifen* (אָפּגעקויפט) purchase

אָפּקומען *opkumen* (אָפּגעקומען) suffer; get off

אָפּקומעניש ס (ן) *opkumenish* suffering; atonement

אָפּקילן *opkilen* (אָפּגעקילט) cool off

אָפּקירצונג נ (ען) *opkirtsung* abridgement

אָפּקירצן *opkirtsen* (אָפּגעקירצט) abridge

אָפּקלעקן *opkleken* (אָפּגעקלעקט) blot, dry (ink) with blotting paper

אָפּקערן *opkeren* (אָפּגעקערט) turn away

אָפּקריכן *opkrichen* (אָפּגעקראָכן) creep away; fade

אָפּראַזירן *opraziren* (אָפּראַזירט) shave

אָפּראַטעווען *oprateven* (אָפּגעראַטעוועט) rescue

אָפּראַמען *opramen* (אָפּגעראַמט) clear, remove

אָפּרו ז (ען) *opru* rest

אָפּרוען *opruen* (אָפּגערוט) rest, relax

אָפּרוף ז (ן) *opruf* response

אָפּרופן *oprufen* (אָפּגערופן) call off, cancel

אָפּרופן זיך *oprufen zich* respond

אָפּרייניקן *opreiniken* (אָפּגערייניקט) clean up

אָפּריכטן *oprichten* (אָפּגעריכט) perform

אַפּריל ז (ן) *april* April

אָפּרינען *oprinen* (אָפּגערונען) run off; drain

אָפּרעדן *opreden* (אָפּגערעדט) stipulate; agree

אָפּרעדן פֿון *opreden fun* dissuade

אָפּרעכענען *oprechenen* (אָפּגערעכנט) deduct

אָפּרעכענען זיך *oprechenen zich* settle with; get even with

אָפּשאַפֿונג נ (ען) *opshafung* abolition

אָפּשאַפֿן *opshafen* (אָפּגעשאַפֿן) abolish

אָפּשאַצונג נ (ען) *opshatsung* appraisal; evaluation

אָפּשאַצן *opshatsen* (אָפּגעשאַצט) appraise; evaluate

אָפּשאָקלען *opshoklen* (אָפּגעשאָקלט) shake off

אָפּשוואַכן *opshvachen* (אָפּגעשוואַכט) weaken

אָפּשטאַמונג נ *opshtamung* descent; derivation

אָפּשטאַמען *opshtamen* (אָפּגעשטאַמט) be descended; be derived

אָפּשטויסן *opshtoisen* (אָפּגעשטויסן) repel

אָפּשטײַגן *opshtaigen* (אָפּגעשטיגן) alight (from a vehicle)

אָפּשטימונג נ (ען) *opshtimung* vote; poll

אָפּשטעל ז (ן) *opshtel* stop, halt

אָפּשטעלן *opshtelen* (אָפּגעשטעלט) stop

אָפּשיידן *opsheiden* (אָפּגעשיידט) separate

אָפּשיילן *opsheilen* (אָפּגעשיילט) peel

אָפּשײַן ז (ען) *opshain* reflection; glare

אָפּשײַנען *opshainen* (אָפּגעשײַנט) reflect; glare

אָפּשלאָגן (אָפּגעשלאָגן) *opshlogen* beat off; refute

אָפּשליסן (אָפּגעשלאָסן) *opshlisen* close; conclude

אָפּשלעפּן *opshlepen* (אָפּגעשלעפּט) drag away; delay

אָפּשמײַסן (אָפּגעשמיסן) *opshmaisen* whip; spank

אָפּשנײַדן *opshnaiden* (אָפּגעשניטן) cut off

אָפּשערן *opsheren* (אָפּגעשוירן) shear

אָפּשערן זיך *opsheren zich* get a haircut

אָפּשפּאָרונג נ (ען) *opshporung* savings

אָפּשפּאָרן *opshporen* (אָפּגעשפּאָרט) save; economize

אָפּשפּיגלונג נ (ען) *opshpiglung* reflection

| | | |
|---|---|---|
| אָפּשפּיגלען (אָפּגעשפּיגלט) | *opshpiglen* | reflect; mirror |
| אָפּשפּעטן (אָפּגעשפּעט) | *opshpeten* | scoff |
| אָפּשפּרינגען (אָפּגעשפּרונגען) | *opshpringen* | bounce; recoil |
| אָפּשפּרעכן (אָפּגעשפּראָכן) | *opshprechen* | exorcise |
| אָפּשרויפן (אָפּגעשרויפט) | *opshroifen* | unscrew |
| אָפּשרעקן (אָפּגעשראָקן) | *opshreken* | frighten |
| אָפט אדי | *oft* | frequent |
| אָפט אדוו | *oft* | often |
| אפילו | *afile* | even |
| אָפיציעל | *ofitsyel* | official |
| אָפיציר ז (ן) | *ofitsir* | officer (of the army) |
| אָפן | *ofen* | open |
| אָפסעט ז | *ofset* | offset (printing) |
| אַפריקאַנער ז | *afrikaner* | African |
| אַפריקע [נ] | *afrike* | Afrika |
| אפשר | *efsher* | perhaps |
| אַקאַדעמיע נ (ס) | *akademye* | academy |
| אַקאַדעמיקער ז (ס) | *akademiker* | academician |
| אַקאַציע נ (ס) | *akatsye* | acacia (tree) |
| אָקאָרסט, אָקאָרשט | *okorst*, *okorsht* | just now |
| אַקוואַריום ז (ס) | *akvaryum* | aquarium |
| אַקושערקע נ (ס) | *akusherke* | midwife |
| אַקט ז (ן) | *akt* | act |
| אָקטאָבער ז (ס) | *oktober* | October |
| אַקטיאָר ז (ן) | *aktyor* | actor |
| אַקטריסע נ (ס) | *aktrise* | actress |
| אָקס ז (ן) | *oks* | ox |
| אַקסל ז (ען) | *aksel* | shoulder |
| אָקעאַן ז (ען) | *okean* | ocean |
| אַקער ז (ס) | *aker* | plow; acre |
| אַקערן (געאַקערט) | *akeren* | plow |
| אַקצידענט ז (ן) | *aktsident* | accident, mishap |
| אַקציע נ (ס) | *aktsye* | (capital) share; action |
| אַקצענט ז (ן) | *aktsent* | accent |
| אַקצענטירן (אַקצענטירט) | *aktsentiren* | accentuate; emphasize |
| אַראַביע [נ] | *arabye* | Arabia |
| אַראַביש | *arabish* | Arabic |
| אַראַבער ז | *araber* | Arab |
| אָראַטאָר ז (ן) | *orator* | orator |
| אָראַטאָריש | *oratorish* | oratorical |
| אַראָמאַטיש | *aromatish* | aromatic |
| אַראַמעאיש | *arame'ish* | Aramaic |
| אָראַנזש ז (ן) | *oranzh* | orange (fruit) |
| אָראַנזשן אדי | *oranzhen* | orange (color) |
| אַראָפּ | *arop* | down |
| אַראָפּגאַנג ז (ען) | *aropgang* | descent |
| אַראָפּגיין (אַראָפּגעגאַנגען) | *aropgein* | go down |
| אַראָפּהענגען (אַראָפּגעהאָנגען) | *arophengen* | hang down |
| אַראָפּוואַרפן (אַראָפּגעוואָרפן) | *aropvarfen* | throw down |
| אַראָפּזעצן (אַראָפּגעזעצט) | *aropzetsen* | seat down; depose |

let down; reduce *aroplozen* אַראָפּלאָזן (אַראָפּגעלאָזט)

take down; subtract *aropnemen* אַראָפּנעמען (אַראָפּגענומען)

fall down אַראָפּפֿאַלן *aropfalen* (אַראָפּגעפֿאַלן)

look down *aropkuken* אַראָפּקוקן (אַראָפּגעקוקט)

crawl down אַראָפּקריכן *aropkrichen* (אַראָפּגעקראָכן)

tear off *apropraisen* אַראָפּרײַסן (אַראָפּגעריסן)

discount, deduct אַראָפּרעכענען *aroprechenen* (אַראָפּגערעכנט)

shake off אַראָפּשאָקלען *aropshoklen* (אַראָפּגעשאָקלט)

flush down אַראָפּשווענקען *aropshvenken* (אַראָפּגעשווענקט)

place down אַראָפּשטעלן *aropshtelen* (אַראָפּגעשטעלט)

swallow אַראָפּשלינגען *aropshlingen* (אַראָפּגעשלונגען)

pull down אַראָפּשלעפּן *aropshlepen* (אַראָפּגעשלעפּט)

jump down אַראָפּשפּרינגען *aropshpringen* (אַראָפּגעשפּרונגען)

oracle *orakel* אָראַקל ז (ען)

watermelon *arbuz* אַרבוז ז (ן)

orbit *orbit* אָרביט ז (ן)

sleeve *arbel* אַרבל ז

work; job *arbet* אַרבעט נ (ן)

unemployed אַרבעטלאָז, *arbetloz* אַרבעטסלאָז

unemployment אַרבעטלאָזיקייט נ, *arbetlozikeit* אַרבעטסלאָזיקייט

work *arbeten* אַרבעטן (געאַרבעט)

laborer, workman אַרבעטער ז (ס) *arbeter*

pea *arbes* אַרבעס ז

organization אָרגאַניזאַציע נ (ס) *organizatsye*

organize *organiziren* אָרגאַניזירן (אָרגאַניזירט)

orgy *orgye* אָרגיע נ (ס)

(musical) organ *orgel* אָרגל ז (ען)

organist *orgler* אָרגלער ז (ס)

Argentina *argentine* אַרגענטינע [נ]

order; arrangement *ordenung* אָרדענונג נ (ען)

out *arois* אַרויס אדוו

get out! *arois!* אַרויס !

escort, see off אַרויסבאַגלייטן *aroisbagleiten* (אַרויסבאַגלייט)

elicit *aroisbakumen* אַרויסבאַקומען (אַרויסבאַקומען)

bring forth אַרויסברענגען *aroisbrengen* (אַרויסגעבראַכט)

exit *aroisgang* אַרויסגאַנג ז (ען)

go out; be published אַרויסגיין *aroisgein* (אַרויסגעגאַנגען)

pour out *aroisgisen* אַרויסגיסן (אַרויסגעגאָסן)

give out; publish *aroisgeben* אַרויסגעבן (אַרויסגעגעבן)

publisher אַרויסגעבער ז (ס) *aroisgeber*

useless אַרויסגעוואָרפן *aroisgevorfen*

evasion אַרויסדריי ז (ען) *aroisdrei*

evade *aroisdreien zich* אַרויסדרייען זיך (אַרויסגעדרייט)

infer, deduce *aroisdringen* אַרויסדרינגען (אַרויסגעדרונגען)

assist *arois'helfen* אַרויסהעלפן (אַרויסגעהאָלפן)

grow out *aroisvaksen* אַרויסוואַקסן (אַרויסגעוואַקסן)

throw out *aroisvarfen* אַרויסוואַרפן (אַרויסגעוואָרפן)

carry outside אַרויסטראָגן *aroistrogen* (אַרויסגעטראָגן)

drive out, expel אַרויסטרײַבן *aroistraiben* (אַרויסגעטריבן)

snatch *aroischapen* אַרויסכאַפּן (אַרויסגעכאַפּט)

let out *aroislozen* אַרויסלאָזן (אַרויסגעלאָזט)

run outside *aroisloifen* אַרויסלויפן (אַרויסגעלאָפן)

take out *aroisnemen* אַרויסנעמען (אַרויסגענומען)

challenge אַרויספאָדערונג נ (ען) *aroisfoderung*

challenge אַרויספאָדערן *aroisfoderen* (אַרויסגעפאָדערט)

fall out *aroisfalen* אַרויספאַלן (אַרויסגעפאַלן)

go away (by vehicle) *aroisforen* אַרויספאָרן (אַרויסגעפאָרן)

extract *aroistsien* אַרויסציִען (אַרויסגעצויגן)

squeeze out אַרויסקוועטשן *aroiskvet'shen* (אַרויסגעקוועטשט)

come out *aroiskumen* אַרויסקומען (אַרויסגעקומען)

outlook אַרויסקוק ז (ן) *aroiskuk*

look out *aroiskuken* אַרויסקוקן (אַרויסגעקוקט)

sweep out *aroiskeren* אַרויסקערן (אַרויסגעקערט)

elicit, exact אַרויסקריגן *aroiskrigen* (אַרויסגעקראָגן)

rescue *aroisrateven* אַרויסראַטעווען (אַרויסגעראַטעוועט)

challenge *aroisruf* אַרויסרוף ז (ן)

challenge; call forth *aroisrufen* אַרויסרופן (אַרויסגערופן)

tear out *aroisraisen* אַרויסרײַסן (אַרויסגעריסן)

leak out *aroisrinen* אַרויסרינען (אַרויסגערונען)

push out *aroisshtupen* אַרויסשטופּן (אַרויסגעשטופּט)

put out *aroisshtelen* אַרויסשטעלן (אַרויסגעשטעלט)

stick out *aroisshteken* אַרויסשטעקן (אַרויסגעשטעקט)

אַרויסשיקן *aroisshiken* (אַרויסגעשיקט) send out

אַרויסשפּרינגען *aroisshpringen* (אַרויסגעשפּרונגען) jump out

אַרויסשפּריצן *aroisshpritsen* (אַרויסגעשפּריצט) spout

אַרויף *aroif* up, upwards

אַרויפאַרבעטן זיך *aroifarbeten zich* (אַרויפגעאַרבעט) succeed, get ahead

אַרויפגאַנג ז (ען) *aroifgang* ascent

אַרויפגיין *aroifgein* (אַרויפגעגאַנגען) go up

אַרויפוואַרפן *aroifvarfen* (אַרויפגעוואָרפן) throw upwards

אַרויפלייגן *aroifleigen* (אַרויפגעלייגט) put upon

אַרויפקאַטשען *aroifkat'shen* (אַרויפגעקאַטשעט) roll up

אַרויפשפּרינגען *aroifshpringen* (אַרויפגעשפּרונגען) jump upon

אַרום *arum* around; about; approximately

אַרומגיין *arumgein* (אַרומגעגאַנגען) go around

אַרומדרייען זיך *arumdreien zich* (אַרומגעדרייט) walk about; loiter

אַרומזוכן *arumzuchen* (אַרומגעזוכט) search everywhere

אַרומטאַנצן *arumtantsen* (אַרומגעטאַנצט) dance around; bustle

אַרומכאַפּן *arumchapen* (אַרומגעכאַפּט) embrace

אַרומלויפן *arumloifen* (אַרומגעלאָפן) run aimlessly, ramble

אַרומנעמען *arumnemen* (אַרומגענומען) embrace; comprise

אַרומפאָרן *arumforen* (אַרומגעפאָרן) travel; tour

אַרומקוק ז (ן) *arumkuk* inspection

אַרומקוקן *arumkuken* (אַרומגעקוקט) inspect; survey

אַרומקוקן זיך *arumkuken zich* look around

אַרומרײַסן זיך *arumraisen zich* (אַרומגעריסן) quarrel

אַרומרינגלען *arumringlen* (אַרומגערינגלט) surround

אַרומשלעפּן *arumshlepen* (אַרומגעשלעפּט) drag around

אַרומשלעפּן זיך *arumshlepen zich* tramp; rove

אָרון ז (ות) *oren-aroines* coffin

אָרון־קודש ז (ן) *oren koidesh* Holy Ark

אָרט ס (ערטער) *ort* place; spot

אָרטאָדאָקס ז (ן) *ortodoks* orthodox man

אָרטאָדאָקסיע נ *ortodoksye* orthodoxy

אָרטאָדאָקסיש *ortodoksish* orthodox

אַרטילעריע נ *artilerye* artillery

אַרטיקל ז (ען) *artikel* commodity; scholarly paper; article (in grammar)

אַריבער *ariber* over, across

אַריבערברענגען *ariberbrengen* (אַריבערגעבראַכט) bring over

אַריבערגאַנג ז (ען) *aribergang* crossing

אַריבערגיין *aribergein* (אַריבערגעגאַנגען) cross; exceed

אַריבערפירן *ariberfiren* (אַריבערגעפירט) transport

אָריגינאַל ז (ן) *original* original

אַריטמעטיק נ *aritmetic* arithmetic

אַריטמעטיש *aritmetish* arithmetical

אַרײַן *arain* in, into

אַרײַנבליק ז (ן) *arainblik* insight

אַרײַנבּרעך ז (ן) *arainbrech* burglary

אַרײַנבּרעכן זיך *arainbrechen zich* (אַרײַנגעבּראָכן) break into

אַרײַנבּרעכער ז (ס) *arainbrecher* burglar

אַרײַנגאַנג ז (ען) *araingang* entrance

אַרײַנגעבן *araingeben* (אַרײַנגעגעבן) hand in

אַרײַנגעטאָן *araingeton* absorbed

אַרײַנגערעכנט *araingerechent* inclusive

אַרײַנדרייען זיך *araindreien zich* (אַרײַנגעדרייט) sneak in

אַרײַנדרינגען *araindringen* (אַרײַנגעדרונגען) penetrate

אַרײַנוואַרפן *arainvarfen* (אַרײַנגעוואָרפן) throw in

אַרײַנטאָן *arainton* (אַרײַנגעטאָן) put in

אַרײַנטײַטשן *araintait'shen* (אַרײַנגעטײַטשט) read into

אַרײַנטראָגן *araintrogen* (אַרײַנגעטראָגן) bring in

אַרײַנטרעטן *araintreten* (אַרײַנגעטראָטן) step in; join

אַרײַנכאַפּן *arainchapen* (אַרײַנגעכאַפּט) snatch, grab; take (punishment, etc.)

אַרײַנלאָזן *arainlozen* (אַרײַנגעלאָזט) let in

אַרײַנלייגן *arainleigen* (אַרײַנגעלייגט) put in

אַרײַנמישן *arainmishen* (אַרײַנגעמישט) mix in

אַרײַננאַרן *arainnaren* (אַרײַנגענאַרט) lure

אַרײַננעמען *arainnemen* (אַרײַנגענומען) take in; comprise

אַרײַנפאַלן *arainfalen* (אַרײַנגעפאַלן) fall in; be caught; be deceived

אַרײַנפאָרן *arainforen* (אַרײַנגעפאָרן) drive in

אַרײַנפיר ז (ן) *arainfir* introduction

אַרײַנפֿירן *arainfiren* lead in

אַרײַנציִען *araintsien* draw in; implicate (אַרײַנגעצויגן)

אַרײַנקום ז (ען) *arainkum* entrance

אַרײַנקומען *arainkumen* come in (אַרײַנגעקומען)

אַרײַנקוקן *arainkuken* look in (אַרײַנגעקוקט)

אַרײַנקלערן *arainkleren* (אַרײַנגעקלערט) contemplate

אַרײַנקנאַקן *arainknaken* knock in (אַרײַנגעקנאַקט)

אַרײַנקריכן *arainkrichen* crawl in (אַרײַנגעקראָכן)

אַרײַנרופֿן *arainrufen* call in (אַרײַנגערופֿן)

אַרײַנרוקן *arainruken* shove in (אַרײַנגערוקט)

אַרײַנרײַסן זיך *arainraisen zich* (אַרײַנגעריסן) intrude

אַרײַנרעגענען *arainregenen* rain in (אַרײַנגערעגנט)

אַרײַנשטופּן *arainshtupen* push in (אַרײַנגעשטופּט)

אַרײַנשטעלן *arainshtelen* (אַרײַנגעשטעלט) place into; insert

אַרײַנשטעקן *arainshteken* stick in (אַרײַנגעשטעקט)

אַרײַנשײַנען *arainshainen* (אַרײַנגעשײַנט) shine into

אַרײַנשיקן *arainshiken* send in (אַרײַנגעשיקט)

אַרײַנשפּרינגען *arainshpringen* (אַרײַנגעשפּרונגען) jump in

אַריסטאָקראַט ז (ן) *aristokrat* aristocrat

אַריסטאָקראַטיע נ (ס) *aristokratye* aristocracy

אַריסטאָקראַטיש *aristokratish* aristocratic

אָרכידעע נ (ס) *orchidee* orchid

אַרכיוו ז (ן) *archiv* archives

אַרכיוואַר ז (ן) *archivar* archivist

אַרכיטעקט ז (ן) *architekt* architect

אַרכיטעקטור נ *architektur* architecture

אַרכיפּעלאַג ז (ן) *archipelag* archipelago

אַרכעאָלאָג ז (ן) *archeolog* archaeologist

אַרכעאָלאָגיע נ *archeologye* archaeology

אַרמיי נ (ען) *armei* army

אַרמעניע [נ] *armenye* Armenia

אַרמענער ז *armener* Armenian

אַרן *aren* (געאַרט) concern; care

אָרנטלעך *orentlech* honest

אָרנטלעכקייט נ *orentlechkeit* honesty

אָרעם ז (ס) *orem* arm

אָרעם אדי *orem* poor

אָרעמאַן ז *oreman* (אָרעמעלײַט) *oremelait* poor man

אָרעמקייט נ *oremkeit* poverty

אַרענדאַר ז (ן) *arendar* lessee (of a farm)

אַרענדע נ (ס) *arende* lease (of a farm)

אַרעסט ז (ן) *arest* arrest, imprisonment

אַרעסטירן (אַרעסטירט) *arestiren* arrest

ארץ־ישראל [ס] *erets yisroel* Eretz Israel

ארץ־ישראל־פעדעם ר *erets yisroel fedem* gossamer

אַרקטיק ז *arktik* Arctic

אַרקטיש אדי *arktish* Arctic

אַש ס *ash* ashes

אַש־טעצל ס (עך) *ash tetsel* ashtray

אַשכּנזי ז (ים) *ashkenazi-ashkenazim* Ashkenazic Jew

# ב

ב זנ *beis* the 2nd letter of the Hebrew alphabet

באַאומרואיקן (באַאומרואיקט) *baumruiken* alarm; disturb

באַאַמטער ז *baamter* official; clerk

באַאַרבעטונג נ (ען) *baarbetung* cultivation

באַאַרבעטן (באַאַרבעט) *baarbeten* cultivate

באָב ז (עס) *bob* bean

באָבע נ (ס) *bobe* grandmother

באָבע־מעשׂה נ (־מעשׂות, מעשׂיות) *bobe maise -maises, maisiyes* old wives' tale, fish story

באָבקע נ (ס) *bobke* dung of goats or sheep

באַגאַזש ז (ן) *bagazh* baggage

באַגזלען (באַגזלט) *bagazlen* rob

באַגיין (באַגאַנגען) *bagein* commit

באַגײַסטערונג נ (ען) *bagaisterung* inspiration

באַגײַסטערן (באַגײַסטערט) *bagaisteren* inspire

באַגילדט *bagildt* gold-plated

באַגילדן (באַגילדט) *bagilden* gild

באַגיסן (באַגאָסן) *bagisen* water; spill on

באַגלייבט *bagleibt* trusted

באַגלייטונג נ (ען) *bagleitung* escort; accompaniment

באַגלייטן (באַגלייט) *bagleiten* escort; accompany

באַגלייטער ז (ס) *bagleiter* escort

באַגליקן (באַגליקט) *bagliken* be fortunate

באַגנעדיקונג נ (ען) *bagnedikung* amnesty, general pardon

באַגנעט ז (ן) *bagnet* bayonet

באַגעגעניש ס (ן) *bagegenish* encounter

באַגעגענען (באַגעגנט) *bagegenen* encounter, meet

באַגער ז (־) *bager* desire

באַגערן (באַגערט) *bageren* desire

באַגראָבן (באַגראָבן) *bagroben* bury

באַגרײַפן (באַגריפן) *bagraifen* comprehend

באַגרינדן (באַגרינדט) *bagrinden* prove; substantiate

באַגריסונג נ (ען) *bagrisung* greeting

באַגריסן (באַגריסט) *bagrisen* greet

באַגריף ז (ן) *bagrif* concept

באַגרענעצונג נ (ען) *bagrenetsung* limitation

באַגרענעצן (באַגרענעצט) *bagrenetsen* limit

באָד נ (בעדער) *bod* bath

באַדאַרף ז (ן) *badarf* need

באַדויערונג נ (ען) *badoierung* regret

באַדויערן (באַדויערט) *badoieren* regret

באַדײַטונג נ (ען) *badaitung* meaning; significance

באַדײַטן (באַדײַט) *badaiten* mean; signify

באַדינג ז (ען) *bading* condition

באַדינונג נ (ען) *badinung* service

באַדינען (באַדינט) *badinen* serve; wait on

באָדן ז (ס) *boden* terrain, ground

באָדן (געבאָדן) *boden* bathe

באַדערפעניש ס (ן) *baderfenish* need, want

באַדריקונג נ (ען) *badrikung* oppression

באַדריקן (באַדריקט) *badriken* oppress

באַהאַוונט *bahavent* proficient, versed

באַהאַוונטקייט נ *bahaventkeit* proficiency

באַהאַלטן (באַהאַלטן) *bahalten* hide

באַהאַנדלונג נ (ען) *bahandlung* treatment

באַהאַנדלען (באַהאַנדלט) *bahandlen* treat

באַהייצונג נ *baheitsung* heating

באַהייצן (באַהייצט) *baheitsen* heat

באַהעלטעניש ס (ן) *baheltenish* hiding place

באַהערשן (באַהערשט) *bahershen* dominate

באַוואַכן (באַוואַכט) *bavachen* guard

באַוואַסערונג נ *bavaserung* irrigation
באַוואַסערן *bavaseren* (באַוואַסערט) irrigate
באַוואָפענונג נ *bavofenung* armament
באַוואָפענען *bavofenen* (באַוואָפנט) arm
באַוואָרעניש ס (ן) *bavorenish* safeguard, precaution
באַוואָרענען *bavorenen* (באַוואָרנט) safeguard
באַוואַרפן *bavarfen* (באַוואָרפן) pelt
באַוווּנדערן *bavunderen* (באַוווּנדערט) admire
באַוווּסטזיַין ס *bavustzain* consciousness
באַוויַיז ז (ן) *bavaiz* proof
באַוויַיזן *bavaizen* (באַוויזן) prove
באַוויינען *baveinen* (באַוויינט) lament
באַוול ז *bavel* cotton
באַוועגונג נ (ען) *bavegung* movement
באַוועגן *bavegen* (באַוועגט) move
באַזאַלצן *bazaltsen* (באַזאַלצט) salt
באַזאַר ז (ן) *bazar* bazaar
באַזאָרגט *bazorgt* worried; provided
באַזאָרגן *bazorgen* (באַזאָרגט) attend to; provide
באַזוך ז (ן) *bazuch* visit
באַזוכן *bazuchen* (באַזוכט) visit
באַזונדער *bazunder* separate; special
באַזיגן *bazigen* (באַזיגט) conquer
באַזיַיטיקן *bazaitiken* (באַזיַיטיקט) remove
באַזילבערט *bazilbert* silver-plated
באַזילבערן *bazilberen* (באַזילבערט) silver (cover with a thin layer of silver)
באַזינגען *bazingen* (באַזונגען) laud (in song)
באַזיץ ז *bazits* possession
באַזיצן *bazitsen* (באַזיצט) possess
באַזעצונג נ (ען) *bazetsung* occupation; settling
באַזעצן *bazetsen* (באַזעצט) occupy; settle
באַזעצער ז (ס) *bazetser* settler
באַטאַטע נ (ס) *batate* sweet potato
באַטאַליאָן ז (ען) *batalyon* battalion
באָטאַניק נ *botanik* botany
באָטאַניקער ז (ס) *botaniker* botanist
באַטאָנען *batonen* (באַטאָנט) accentuate
באַטייליקונג נ *bateilikung* participation

| | | |
|---|---|---|
| participate | *bateiliken zich* | באַטייליקן זיך (באַטייליקט) |
| bid, offer | *boten* | באָטן (געבאָטן) |
| battery | *baterye* | באַטעריע נ (ס) |
| consideration | *batracht* | באַטראַכט ז |
| consider | *batrachten* | באַטראַכטן (באַטראַכט) |
| tread, set foot on | *batreten* | באַטרעטן (באַטראָטן) |
| amount to | *batrefen* | באַטרעפן (באַטראָפן) |
| stork | *bot'shan* | באָטשאַן ז (עס) |
| ball (game) | *bal, balem* | באַל ז (ן) באַלעם ז (ס) |
| ball (dance) | *bal* | באַל ז (בעלער) |
| showbooth; mess | *balagan* | באַלאַגאַן ז (ען) |
| siege | *balagerung* | באַלאַגערונג נ (ען) |
| besiege | *balageren* | באַלאַגערן (באַלאַגערט) |
| ballad | *balade* | באַלאַדע נ (ס) |
| balalaika | *balalaike* | באַלאַלײַקע נ (ס) |
| balloon | *balon* | באַלאָן ז (ען) |
| belong | *balangen* | באַלאַנגען (באַלאַנגט) |
| balance | *balans, balants* | באַלאַנס ז (ן), באַלאַנץ ז (ן) |
| burden | *balastiken* | באַלאַסטיקן (באַלאַסטיקט) |
| soon, immediately | *bald* | באַלד |
| prompt | *baldik* | באַלדיק |
| reward | *baloinung* | באַלוינונג נ (ען) |
| reward | *baloinen* | באַלוינען (באַלוינט) |
| balm; balsam | *balzam* | באַלזאַם ז |
| beloved | *balibt* | באַליבט |
| insult | *baleidikung* | באַליידיקונג נ (ען) |
| insult | *baleidiken* | באַליידיקן (באַליידיקט) |
| light up; elucidate | *balaichten* | באַלײַכטן (באַלויכטן) |
| well-to-do; responsible | *balebatish* | באַלעבאַטיש |
| owner; boss | *balebos, balebatim* | באַלעבאָס ז (באַלעבאַטים) |
| good homemaker; bossy lady | *baleboste* | באַלעבאָסטע נ (ס) |
| ballet | *balet* | באַלעט ז (ן) |
| playing ball | *balem* | באַלעם ז (ס) |
| waste time; babble | *balemut'shen* | באַלעמוטשען (באַלעמוטשעט) |
| almemar (in a synagogue) | *balemer* | באַלעמער ז (ס) |
| molest | *balestiken* | באַלעסטיקן (באַלעסטיקט) |
| balcony | *balkon* | באַלקאָן ז (ען) |
| ceiling; rafter | *balken* | באַלקן ז (ס) |
| box of candies | *bombonyerke* | באָמבאָניערקע נ (ס) |
| bombing | *bombardirung* | באָמבאַרדירונג נ (ען) |
| bomb | *bombardiren* | באָמבאַרדירן (באָמבאַרדירט) |
| dangle | *bomblen zich* | באָמבלען זיך (געבאָמבלט) |
| bomb | *bombe* | באָמבע נ (ס) |

באַמיִען זיך (באַמיט) *bamien zich* endeavor, strive

באַמערקונג נ (ען) *bamerkung* remark; observation

באַמערקן (באַמערקט) *bamerken* remark; observe

באַן נ (ען) *ban* train; railway

באַנאַנע נ (ס) *banane* banana

באַנאַרישן זיך (באַנאַרישט) *banarishen zich* act foolishly

באַנג טאָן (באַנג געטאָן) *bang ton* be sorry

באַנד נ (בענדער) *band* ribbon, band

באַנד ז (בענד/בענדער) *band* volume (book)

באַנדאַזש ז (ן) *bandazh* bandage

באַנדאַזשירן (באַנדאַזשירט) *bandazhiren* bandage

באַנדיט ז (ן) *bandit* bandit

באַנדע נ (ס) *bande* gang, band

באַנוגענען זיך (באַנוגנט) *banugenen zich* be satisfied

באָנוס ז (ן) *bonus* bonus

באַנוצן (באַנוצט) *banutsen* use; employ

באַנײַאונג נ (ען) *banaiung* renewal

באַנײַען (באַנײַט) *banaien* renew

באַנעם ז (ען) *banem* comprehension

באַנעמען (באַנומען) *banemen* comprehend

באַנעצן (באַנעצט) *banetsen* moisten

באַנק נ (בענק) *bank* bench; bank (financial institution)

באַנקע נ (ס) *banke* cupping glass

באַנקעט ז (ן) *banket* banquet

באַנקראָט ז (ן) *bankrot* bankruptcy

באַנקראָטירן (באַנקראָטירט) *bankrotiren* go bankrupt

באַס ז (ן) *bas* bass (in music)

באַסטיאָן ז (ען) *bastyon* bastion

באַעוולען (באַעוולט) *baavlen* wrong, abuse

באַפאַלן (באַפאַלן) *bafalen* assault, attack

באַפולמעכטיקונג נ (ען) *bafulmechtikung* authorization

באַפולמעכטיקן (באַפולמעכטיקט) *bafulmechtiken* authorize

באַפעל ז (ן) *bafel* order, command

באַפעלן (באַפוילן) *bafelen* order, command

באַפעלקערונג נ (ען) *bafelkerung* population

באַפעסטיקונג נ (ען) *bafestikung* fortification

באַפעסטיקן (באַפעסטיקט) *bafestiken* fortify

באַפרידיקונג נ (ען) *bafridikung* satisfaction

באַפרידיקן (באַפרידיקט) *bafridiken* satisfy

באַפרײַאונג נ *bafraiung* liberation

באַפרײַען (באַפרײַט) *bafraien* liberate

payment *batsolung* באַצאָלונג נ (ען)

pay *batsolen* באַצאָלן (באַצאָלט)

enchantment *batsoiberung* באַצויבערונג נ (ען)

enchant; charm *batsoiberen* באַצויבערן (באַצויבערט)

relation; attitude *batsiung* באַציאונג נ (ען)

label; designation *batseichenung* באַצייכענונג נ (ען)

label; designate *batseichenen* באַצייכענען (באַצייכנט)

bed linens *batsiechts* באַציִעכץ ס

cover (with linens) *batsien* באַציִען (באַצויגן)

relate to; refer *batsien zich* באַציִען זיך

cheek *bak* באַק נ (ן)

he-goat *bok* באָק ז (בעק)

acquainted; known *bakant* באַקאַנט

acquaintance *bakanter* באַקאַנטער -

comfortable; convenient *bakvem* באַקוועם

comfort; convenience *bakvemlechkeit* באַקוועמלעכקייט נ (ן)

receive *bakumen* באַקומען (באַקומען)

examine *bakuken* באַקוקן (באַקוקט)

bacterium *bakterye* באַקטעריע נ (ס)

lament *baklogen* באַקלאָגן (באַקלאָגט)

complain *baklogen zich* באַקלאָגן זיך

clothe *bakleiden* באַקליידן (באַקליידט)

bake *baken* באַקן (געבאַקן)

carob *bokser* באָקסער ז (ן)

fight; contest *bakemfen* באַקעמפן (באַקעמפט)

introduce to *bakenen* באַקענען (באַקענט)

get acquainted *bakenen zich* באַקענען זיך

rob *barabeven* באַראַבעווען (באַראַבעוועט)

consultation *baratung* באַראַטונג נ (ען)

consult *baraten zich* באַראַטן זיך (באַראָטן)

barometer *barometer* באַראָמעטער ז (ס)

baron *baron* באַראָן ז (ען)

barbarian *barbar* באַרבאַר ז (ן)

barbarian *barbarish* באַרבאַריש

mountain *barg* באַרג ז (בערג)

mountainous *bargik* באַרגיק

borrow; lend *borgen* באָרגן (געבאָרגט)

beard *bord* באָרד נ (בערד)

calm *baruiken* באַרואיקן (באַרואיקט)

barefoot *borves* באָרוועס

rob *baroiben* באַרויבן (באַרויבט)

| | | |
|---|---|---|
| באַריטאָן ז (ען) | *bariton* | baritone |
| באַרײַכערן (באַרײַכערט) | *baraicheren* | enrich |
| באַריכט ז (ן) | *baricht* | report |
| באַרימט | *barimt* | famous |
| באַרימטקייט נ | *barimtkeit* | fame |
| באַרימען זיך (באַרימט) | *barimen zich* | boast |
| באַרימער ז (ס) | *barimer* | braggart |
| באַרימערײַ ס (ען) | *barimerai* | bragging |
| באַריקאַדע נ (ס) | *barikade* | barricade |
| באַרירן (באַרירט) | *bariren* | touch; mention (a problem) |
| באַרנע נ (ס) | *barne* | pear |
| באַרעדן (באַרעדט) | *bareden* | backbite |
| באַרעכטיקונג נ (ען) | *barechtikung* | justification |
| באַרעכטיקן (באַרעכטיקט) | *barechtiken* | justify |
| באַרעכענען (באַרעכנט) | *barechenen* | calculate; consider |
| באַרעמהאַרציק | *baremhartsik* | merciful |
| באַרעמהאַרציקייט נ | *baremhartsikeit* | mercy |
| באַרשט נ (בערשט) | *barsht* | brush |
| באָרשט ז (ן) | *borsht* | borsht (beet soup) |
| באַשאַפן (באַשאַפן) | *bashafen* | create |
| באַשווינדלען (באַשווינדלט) | *bashvindlen* | defraud |
| באַשולדיקונג נ (ען) | *bashuldikung* | accusation |
| באַשולדיקטער ז | *bashuldikter* | accused |
| באַשולדיקן (באַשולדיקט) | *bashuldiken* | accuse |
| באַשטויבונג נ | *bashtoibung* | pollination |
| באַשטויבן | *bashtoiben* | pollinate |
| באַשטיין (באַשטאַנען) | *bashtein* | consent |
| באַשטײַערונג נ | *bashtaierung* | taxation |
| באַשטײַערן (באַשטײַערט) | *bashtaieren* | tax |
| באַשטײַערן זיך | *bashtaieren zich* | contribute |
| באַשטימט | *bashtimt* | definite |
| באַשטימען (באַשטימט) | *bashtimen* | appoint, designate |
| באַשטעטיקונג נ (ען) | *bashtetikung* | confirmation |
| באַשטעטיקן (באַשטעטיקט) | *bashtetiken* | confirm |
| באַשטעלונג נ (ען) | *bashtelung* | order (for goods) |
| באַשטעלן (באַשטעלט) | *bashtelen* | order (goods) |
| באַשטערנט | *bashterent* | starry, spangled with stars |
| באַשטראָפן (באַשטראָפט) | *bashtrofen* | punish |
| באַשיטן (באַשאָטן/באַשיט) | *bashiten* | strew |

limit *bashrenken* באַשרענקען (באַשרענקט)

jester (at a wedding) בדחן ז (ים) *badchen-badchonim*

cow; beast; fool בהמה נ *beheime-beheimes* (בהמות)

budget *budzhet* בודזשעט ז (ען)

booth; kennel *bude* בודע נ (ס)

bosom *buzem* בוזעם ז (ס)

bow; sheet *boigen* בויגן ז (ס)

attic *boidem* בוידעם ז (ס/ער)

belly *boich* בויך ז (בײַכער)

tree *boim* בוים ז (ביימער)

olive oil *boimel* בוימל ז (ען)

build *boien* בויען (געבויט)

drill *boier* בויער ז (ס)

bore, drill *boieren* בויערן (געבויערט)

boycott *boikot* בויקאָט ז (ן)

boycott *boikotiren* בויקאָטירן (בויקאָטירט)

book *buch* בוך ס (ביכער)

bookkeeper בוכהאַלטער ז (ס) *buchhalter*

bookkeeping בוכהאַלטעריע נ *buchhalterye*

bookseller בוכהענדלער ז (ס) *buchhendler*

letter (of the alphabet) *buchshtab* בוכשטאַב ז (ן)

Bulgaria *bulgarye* בולגאַריע [נ]

bulldog *buldog* בולדאָג ז (ן)

bulletin *buletin* בולעטין ז (ען)

interpretation; decision באַשייד ז (ן) *basheid*

interpret *basheiden* באַשיידן (באַשיידט)

modest *basheiden* באַשיידן אדי

modesty באַשיידנקייט נ *basheidenkeit*

protection באַשיצונג נ *bashitsung*

protect *bashitsen* באַשיצן (באַשיצט)

protector באַשיצער ז ס *bashitser*

decision *bashlus* באַשלוס ז (ן)

decide *bashlisen* באַשליסן (באַשלאָסן)

defile; pollute *bashmutsen* באַשמוצן (באַשמוצט)

hurt *bashediken* באַשעדיקן (באַשעדיקט)

employment באַשעפטיקונג נ (ען) *basheftikung*

employ *basheftiken* באַשעפטיקן (באַשעפטיקט)

creature באַשעפעניש ס (ן) *bashefenish*

Creator *bashefer* באַשעפער ז

destined *bashert* באַשערט

sprinkle; splash *bashpritsen* באַשפּריצן (באַשפּריצט)

description באַשרײַבונג נ (ען) *bashraibung*

describe *bashraiben* באַשרײַבן (באַשריבן)

roll (a small rounded portion of bread) *bulke* בולקע נ (ס)
alliance *bund* בונד ז (ן)
Bund (Jewish labor party) *bund* בונד ז
member of the Bund *bundist* בונדיסט ז (ן)
rebellion *bunt* בונט ז (ן)
stir (to rebellion) *bunteven* בונטעווען (געבונטעוועט)
rebel *bunteven zich* בונטעווען זיך
buffalo *bufloks* בופלאָקס ז (ן)
buffet *bufet* בופעט ז (ן)
bow *buken zich* בוקן זיך (געבוקט)
bouquet *buket* בוקעט ז (ן)
bourgeois *burzhua* בורזשואַ ז (ען)
bourgeoisie בורזשואַזיע נ *burzhuazye*
grumble *burt'shen* בורטשען (געבורטשעט)
beet *burik* בוריק ז (עס)
arbitrator *boirer* בורר ז *borerim* (ים)
arbitration *boreres* בוררות ס
shame *bushe* בושה נ *bushes* (בושות)
stork; bushel (measure) *bushel* בושל ז (ען)
bachelor *bocher* בחור ז *bocherim* (ים)
gratis, free *bechinem* בחינם
impractical person *batlen* בטלן ז *batlonim* (ים)

biography *biografye* ביאָגראַפיע נ (ס)
biology *biologye* ביאָלאָגיע נ
Bible *bibel* ביבל נ
library *bibliotek* ביבליאָטעק נ (ן)
librarian ביבליאָטעקאַר ז (ן) *bibliotekar*
librarian ביבליאָטעקער ז (ס) *biblioteker*
beaver *biber* ביבער ז (ס)
bureau; office *byuro* ביוראָ ס/ז (ען)
bureaucrat ביוראָקראַט ז (ן) *byurokrat*
bureaucracy ביוראָקראַטיע נ *byurokratye*
till, until *biz* ביז
until; till when? ביזוואַנען *bizvanen*
till the ביזן (=ביז דעם; ביז דער) *bizen (=biz dem, biz der)*
confidence *bitochen* ביטחון ז
request *bite* ביטע נ (ס)
please *bite* ביטע אינט
bitter *biter* ביטער
bitterness *biterkeit* ביטערקייט נ
at, by, near *bai* בײַ
bending; declension *beigung* בייגונג נ (ען)
bagel (a ring-shaped bread roll) *beigel* בייגל ז
bend *beigen* בייגן (געבויגן)
flexible *beigevdik* בייגעוודיק
enclosed *baigeleigt* בײַגעלייגט
booth *baidel* בײַדל ס (עך)

both *beide* ביידע

angry; bad, evil *beiz* בייז

subordinate clause בײַזאַץ ז (ן) *baizats*

malignant tumor בייזוווקס ז (ן) *beizvuks*

attend, be present at *baizain* בײַזײַן (איז בײַגעווען)

be angry *beizeren zich* בייזערן זיך (געבייזערט)

anger; malice *beizkeit* בייזקייט נ

garden bed *beit* בייט נ/ז (ן)

exchange *bait* בײַט ז (ן)

handbag; wallet; pouch *baitel* בײַטל ז (ען)

change *baiten* בײַטן (געביטן)

whip *bait'sh* בײַטש נ (ן)

supplement *bailage* בײַלאַגע נ (ס)

enclose *baileigen* בײַלייגן (בײַגעלייגט)

at the בײַם (בײַ דעם; בײַ דער) *baim (=bai dem; bai der)*

nursery (for trees) *beimershul* ביימערשול נ (ן)

bone *bein* ביין ז (ער)

small bone *beindel* ביינדל ס (עך)

bony *beinerdik* ביינערדיק

bit *baisen* בײַסן (געביסן)

overcome *baikumen* בײַקומען (בײַגעקומען)

stand by; help; withstand *baishtein* בײַשטיין (בײַגעשטאַנען)

contribute, donate *baishtaieren* בײַשטײַערן (בײַגעשטײַערט)

comma *baishtrich* בײַשטריך ז (ן)

example *baishpil* בײַשפּיל ז (ן)

bookcase בִיכערשאַפע נ (ס) *bichershafe*

picture *bild* בילד ס (ער)

education *bildung* בילדונג נ

educate *bilden* בילדן (געבילדט)

billion *bilyon* ביליאָן ז (ען)

cheap *bilik* ביליק

preferable *bilcher* בילכער

bark *bilen* בילן (געבילט)

ticket *bilet* בילעט ז (ן)

barking *bilerai* בילערײַ נ/ס (ען)

ding-dong *bim-bom* בים־באָם ז

bee *bin* בין נ (ען)

am (infinitive: be) *bin* בין וו

conjunction *bindvort* בינדוואָרט ס *bindverter* (בינדווערטער)

bind *binden* בינדן (געבונדן)

hyphen *bindshtrich* בינדשטריך ז (ן)

bundle *bintel* בינטל ס (עך)

stage (in a theater) *bine* בינע נ (ס)

beehive *binshtok* בינשטאָק ז (ן)

bite *bis* ביס ז (ן)

you are (infinitive: be) *bist* ביסט

bit *bisel* ביסל ס (עך)

bit by bit *bislechvaiz* ביסלעכווײַז

morsel, bite *bisen* ביסן ז (ס)

biscuit *biskvit* ביסקוויט ז (ן)

| | | |
|---|---|---|
| bull | *bik* | ביק ז (עס) |
| rifle | *biks* | ביקס נ (ן) |
| beer | *bir* | ביר ס |
| Birobidzhan | *birobidzhan* | ביראָבידזשאַן [ס] |
| citizen | *birger* | בירגער ז (ס) |
| citizenship | *birgershaft* | בירגערשאַפט נ (ן) |
| cemetery | *beis oilem* | בית־עולם ז/ס (ס) |
| blue | *blo* | בלאָ |
| blow | *bloz* | בלאָז ז (ן) |
| blow | *blozen* | בלאָזן (געבלאָזן) |
| leaf; page | *blat* | בלאַט ז/ס (בלעטער) |
| muddy | *blotik* | בלאָטיק |
| mud | *blote* | בלאָטע נ (ס) |
| blister | *bloter* | בלאָטער ז (ס) |
| blond | *blond* | בלאָנד |
| go astray | *blondzhen* | בלאָנדזשען (געבלאָנדזשעט) |
| blonde | *blondinke* | בלאָנדינקע נ (ס) |
| blank (form) | *blank* | בלאַנק ז (ען) |
| pale | *blas* | בלאַס |
| paleness | *blaskeit* | בלאַסקייט נ |
| bluff | *blof* | בלאָף ז (ן) |
| bluff | *blofen* | בלאָפן (געבלאָפט) |
| bluffer; liar | *blofer* | בלאָפער ז (ס) |
| blockade | *blokade* | בלאָקאַדע נ (ס) |
| blouse | *bluze* | בלוזע נ (ס) |
| blood | *blut* | בלוט ס (ן) |
| bloodthirsty; ferocious | *blutdorshtik* | בלוטדאָרשטיק |
| blue | *bloi* | בלוי |
| only | *bloiz* | בלויז |
| flower | *blum* | בלום נ (ען) |
| flower pot | *blumentop* | בלומענטאָפּ ז (־טעפּ) |
| cauliflower | *blumenkroit* | בלומענקרויט ס (ן) |
| bloom; prime | *bli* | בלי ז |
| blooming | *bliung* | בליאונג נ (ען) |
| lead (metal) | *blai* | בלײַ ס |
| remain | *blaiben* | בלײַבן (געבליבן) |
| pale | *bleich* | בלייך |
| bleach | *bleichen* | בלייכן (געבלייכט) |
| pencil | *blaier* | בלײַער ז (ס) |
| pencil | *blaifeder* | בלײַפעדער ז (ס) |
| blind | *blind* | בלינד |
| blind man | *blinder* | בלינדער ז |
| blindness | *blindkeit* | בלינדקייט נ |
| blintz, blintze (pancake) | *blintse* n | בלינצע נ (ס) |
| blossom | *bliechts* | בליִעכץ ס |
| blossom; flourish | *blien* | בליִען (געבליט) |
| lightning; flash | *blits* | בליץ ז (ן) |
| lighten; flash | *blitsen* | בליצן (געבליצט) |
| glitter; glamor | *blisht'sh* | בלישטש ז |
| glitter, shine | *blisht'shen* | בלישטשען (געבלישטשעט) |
| bubble | *blezel* | בלעזל ס (עך) |
| bubble | *blezlen* | בלעזלען (געבלעזלט) |
| leaflet | *bletel* | בלעטל ס (עך) |

בלעטערן *bleteren* leaf
(געבלעטערט) (turn pages)
בלעך ס *blech* tin plate
בלעכער ז (ס) *blecher* tinsmith
בנוגע *benegeie* concerning
בן־מלך ז *ben meilech* prince
(בני־מלכים) *bnei melochim*
בע ! *be!* pooh!
בעבל ס (עך) *bebel* small bean
בעבעכעס ר *bebeches* entrails; rags
בעבען *beben* babble
(געבעבעט)
בעדואינער ז *beduiner* Bedouin
בעדער ז (ס) *beder* bath-keeper
בעז ז (ן) *bez* lilac
בעזעם ז (ער/ס) *bezem* broom
בעט ס/נ (ן) *bet* bed
בעטאָן ז *beton* concrete
בעטגעוואַנט ס *betgevant* bedding
בעטלען *betlen* beg
(געבעטלט)
בעטלער ז (ס) *betler* beggar
בעטן *beten* beg, request
(געבעטן)
בעטשען *bet'shen* bleat; jabber
(געבעטשעט)
בעכער ז (ס) *becher* wine cup
בעל־בית ז *balebos* owner; boss
(בעלי־בתים) *balebatim*
בעלגיע [נ] *belgye* Belgium
בעלגיער ז *belgyer* Belgian (a citizen of Belgium)
בעלגיש *belgish* Belgian

בעל־מלאכה *balmeloche* craftsman
(־מלאכות) *balmeloches*
בעלן ז *baalen* interested man
(ים) *baalonim*
בעל־עגלה ז *balagole* coachman
(־עגלות) *balagoles*
בעלעטריסטיק נ *beletristik* fiction
בעלפער ז *belfer* assistant teacher (in a cheder)
בע־מע ! *be-me!* blah-blah!
בענזין ז *benzin* gasoline; benzine
בענטשן *bent'shen* bless; say grace after a meal
(געבענטשט)
רַבּוֹתַי, מִיר וֶועלִין בֶּענְטְשֶׁן Gentlemen, let us say grace
(בִּרְכַּת הַמָּזוֹן, סידור קרבּן מנחה, ת״ו)
בענקל ס (עך) *benkel* small bench; stool
בענקען *benken* long, be homesick
(געבענקט)
בענקעניש ס (ן) *benkenish* longing
בענקשאַפט נ (ן) *benkshaft* nostalgia
בעסט *best* best
בעסטיע נ (ס) *bestye* beast
בעסער *beser* better
בעסערונג נ (ען) *beserung* improvement
בעסערן *beseren* better, improve
(געבעסערט)
בעקן ז (ס) *beken* basin
בעקען *beken* bleat
(געבעקעט)
בעקער ז (ס) *beker* baker

בעקערײַ נ (ען) *bekerai* bakery
בער ז (ן) *ber* bear
בערגל ס (עך) *bergel* hill
בערזע נ (ס) *berze* stock exchange
בעריש *berish* bearish
בערשטל ס (עך) *bershtel* brush
בראַוואָ! *bravo!* bravo!
בראַזיליע [נ] *brazilye* Brazil
בראָטן (געבראָטן) *broten* roast
בראָך ז (ן) *broch* fracture; disaster
בראָנע נ (ס) *brone* harrow
בראָנעווען (געבראָנעוועט) *broneven* harrow
בראָנפן ז (ס) *bronfen* whisky, liquor
בראָשור נ (ן) *broshur* pamphlet
ברוגז *broigez* angry
ברוד ז *brud* filth
ברודיק *brudik* filthy
ברודער ז (ברידער) *bruder* brother
ברודערשאַפט נ (ן) *brudershaft* brotherhood
ברוטאַל *brutal* brutal
ברויט ס (ן) *broit* bread
ברויכן (געברויכט) *broichen* need; use
ברוין *broin* brown
ברוך־הבא *borech habo!* welcome!
ברוכצאָל נ (ן) *bruchtsol* fraction
ברונעט *brunet* brunet
ברונעטקע נ (ס) *brunetke* brunette
ברונעם ז (ס/ברינעמער) *brunem* well
ברוסט נ (ן) *brust* breast

ברוסטקאַסטן ז (ס) *brustkasten* chest
ברוק ז (ן) *bruk* pavement
ברוקירן (ברוקירט) *brukiren* pave
בריגאַדע נ (ס) *brigade* brigade
ברידערקריג זנ (ן) *briderkrig* civil war
בריה זנ (בריות) *berye* *beryes* energetic person
בריה נ (בריות) *berye* *beryes* efficient housewife
בריוו ז *briv* letter (a written or printed message)
בריווטרעגער ז (ס) *brivtreger* mailman
בריווקאַסטן ז (ס) *brivkasten* mailbox
ברייט *breit* wide
ברייט נ (ן) *breit* width
ברייטהאַרציקייט נ *breithartsikeit* generosity
ברײַל ז *brail* Braille
בריליאַנט ז (ן) *brilyant* diamond
ברילן ר *brilen* eyeglasses
בריִען (געבריט) *brien* scald
בריק נ (ן) *brik* bridge
ברירה נ (ברירות) *breire* *breires* alternative
ברכה נ (ברכות) *broche* *broches* blessing
בר־מצווה נ (־מצוות) *bar mitsve* *bar mitsves* Bar Mitzvah
ברעג ז (ן/עס) *breg* shore; brim

| | | |
|---|---|---|
| ברעזענט ז (ן) | *brezent* | tarpaulin |
| ברעט ס (ער) | *bret* | board |
| ברעכן (געבראָכן) | *brechen* | break |
| ברעם נ (ען) | *brem* | eyebrow |
| ברען ז | *bren* | fervor; ardor |
| ברענגען (געבראַכט) | *brengen* | bring |
| ברענען (געברענט) | *brenen* | burn |
| ברעקל ס (עך) | *brekel* | crumb |
| ברעקלען (געברעקלט) | *breklen* | crumble |
| בת־מלכּה נ (־מלכּות) | *bas malke*, *bas malkes* | princess |

# ג

| | | |
|---|---|---|
| ג ז/נ | *gimel* | the 3rd letter of the Hebrew alphabet |
| גאווה נ | *gaive, gaave* | arrogance |
| גאולה נ (גאולות) | *geule*, *geules* | redemption |
| גאון ז (ים) | *goen*, *geoinim* | genius |
| גאַז ז (ן) | *gaz* | gas |
| גאַזע נ (ס) | *gaze* | gauze |
| גאָט ז | *got* | God |
| גאָט ז (געטער) | *got* | deity |
| גאַטקעס ר | *gatkes* | underpants |
| גאַל נ | *gal* | gall, bile |
| גאַלאָן ז (ען) | *galon* | gallon |
| גאַלאַנטעריע נ | *galanterye* | haberdashery |
| גאַלאָפּ ז (ן) | *galop* | gallop |
| גאַלאָפּירן (גאַלאָפּירט) | *galopiren* | gallop |
| גאָלבערשטל ס (עך) | *golbershtel* | shaving brush |
| גאָלד ס | *gold* | gold |
| גאָלדן | *golden* | golden |
| גאָלדשמיד ז (ן) | *goldshmid* | goldsmith |
| גאַליציאַנער ז | *galitsyaner* | Galician |
| גאַליציע [נ] | *galitsye* | Galicia |
| גאָלמעסער ס/ז (ס) | *golmeser* | razor |
| גאָלמעסערל ס (עך) | *golmeserel* | razor blade |
| גאָלן (געגאָלט) | *golen* | shave |
| גאַלעריע נ (ס) | *galerye* | gallery |
| גאָלף ז | *golf* | golf |
| גאָלקרעם ז (ען) | *golkrem* | shaving cream |
| גאָמבע נ (ס) | *gombe* | chin |
| גאַנג ז (גענג) | *gang* | gait; course; way, manner |
| גאַנדז נ (גענדז) | *gandz* | goose |

גאָנער ז (ס) *goner* gander
גאַנץ *gants* whole, complete
גאַס נ (ן) *gas* street
גאַסט ז (געסט) *gast* guest
גאָפּל ז (ען) *gopel* fork
גאָר אדי, אדוו *gor* whole; entirely
גאַראַזש ז (ן) *garazh* garage
גאַראַנטיע נ (ס) *garantye* guarantee
גאַראַנטירן *garantiren* guarantee
(גאַראַנטירט)
גאַרבער ז (ס) *garber* tanner
גאַרבערײַ נ (ען) tannery
*garberai*
גאָרגל ז (ען) *gorgel* throat
גאָרגלען *gorglen* gargle
(געגאָרגלט)
גאַרדין ז (ען) *gardin* drape
גאַרדעראָב ז (ן) *garderob* wardrobe
גאַרטל ז (ען) *gartel* girdle, belt
גאָרטן ז (ס/גערטנער) *gorten* garden
גאָרילע נ (ס) *gorile* gorilla
גאָרן ז (ס) *goren* story, floor
גאַרניזאָן ז (ען) *garnizon* garrison
גאָרניט, גאָרנישט nothing;
*gornit, gornisht* not at all
גביר ז (ים) *gvir-gvirim* rich man
גדולה נ (גדולות) grandeur
*gdule-gdules*
גוואַלד ז (ען) *gvald* scream, cry
גוואַלד! *gvald!* help!
גוואַלדעווען *gvaldeven* scream
(געגוואַלדעוועט)
גוזמא נ *guzme* exaggeration
(ות) *guzmes, guzmoes*

גוט *gut* good
גוט ס (גיטער) *gut* property, estate
גוט־וואָך *gut voch* good week
(said on Saturday nights)
גוט־יאָר *gut yor* good year
(reply to greetings)
גוט־יום־טוב good holiday
*gut yom tov*
(said on Jewish holidays)
גוט־מאָרגן *gut morgen* good morning
גוטן־אָוונט *guten ovent* good evening
גוט־שבת good Sabbath
*gut shabes*
(said on Sabbaths)
גוי ז (ים) gentile, non-Jew
*goi-goiyim*
גוידער ז (ס) *goider* double chin
גולם ז (ס) *goilem-goilems* dummy
גורל ז (ות) *goirel-goiroles* fate; lot
גזילה נ *gzeile* robbery
(גזילות) *gzeiles*
גזירה נ *gzeire* evil decree
(גזירות) *gzeires*
גזלן ז (ים) *gazlen-gazlonim* robber
גט ז *get* divorce
(גטין, גיטין) *getin, gitin*
גטן *geten* divorce
(געגטן)
גיבור ז (ים) strong man; hero
*giber-giboirim*
גיהנום ז (ס) hell
*gehenem-gehenems*

| | | |
|---|---|---|
| גיטאַר נ (ן) | *gitar* | guitar |
| גיין (געגאַנגען) | *gein* | go |
| גײַסט ז (ער) | *gaist* | spirit |
| גײַסטלעכער ז | *gaistlecher* | clergyman |
| גיך | *gich* | quick |
| גיכער | *gicher* | rather |
| גיכשריפט נ | *gichshrift* | shorthand |
| גילדערן | *gilderen* | golden |
| גילטיק | *giltik* | valid |
| גימנאַזיע נ (ס) | *gimnazye* | high school |
| גינציק | *gintsik* | favorable |
| גיסן (געגאָסן) | *gisen* | pour |
| גיפט ז (ן) | *gift* | poison |
| גיפטיק | *giftik* | poisonous |
| גלאָבוס ז (ן) | *globus* | globe |
| גלאָז ס | *gloz* | glass (material) |
| גלאָז (נ/ס) (גלעזער) | *gloz* | drinking glass |
| גלאַט, גלאַטיק | *glat*, *glatik* | smooth |
| גלאַנץ ז (ן) | *glants* | shine; luster; gleam |
| גלאַנציק | *glantsik* | shiny |
| גלאַנצן (געגלאַנצט) | *glantsen* | shine; gleam |
| גלאָצן (געגלאָצט) | *glotsen* | stare |
| גלאָק ז (גלעקער) | *glok* | bell |
| גלויבּן ז (ס) | *gloiben* | faith |
| גלויבּן (געגלויבּט) | *gloiben* | believe |
| גלוסטן (געגלוסט) | *glusten* | desire |
| גלות ס/ז (ן) | *goles* | diaspora |
| גלח ז (ים) | *galech-galochim* | Christian clergyman |
| גלי ז | *gli* | glow |
| גליד ס (ער) | *glid* | limb |
| גליוואָרעם ז (גליווערעם) | *glivorem* | firefly |
| גליטש ז (ן) | *glit'sh* | skating rink |
| גליטשיק | *glit'shik* | slippery |
| גליטשן זיך (געגליטשט) | *glit'shen zich* | skate |
| גלייבּן (געגלייבּט) | *gleiben* | believe |
| גלײַך אדי | *glaich* | straight; equal |
| גלײַך אדוו | *glaich* | immediately; equally |
| גלײַכגילטיק | *glaichgiltik* | indifferent |
| גלײַכגילטיקייט נ | *glaichgiltikeit* | indifference |
| גלײַכהייט נ | *glaichheit* | equality |
| גלײַכן ס | *glaichen* | comparison; equal |
| גלײַכן (געגליכן) | *glaichen* | compare |
| גליִען (געגליט) | *glien* | glow |
| גליק ס (ן) | *glik* | happiness |
| גליקלעך | *gliklech* | happy |

| | | |
|---|---|---|
| גלעזל ס (עך) | glezel | small drinking glass |
| גלעזער ז (ס) | glezer | glazier |
| גלעט ז (ן) | glet | caress |
| גלעטן (געגלעט) | gleten | caress, stroke |
| גלענצנדיק | glentsendik | bright; splendid |
| גלעקל ס (עך) | glekel | small bell |
| גלעקלען (געגלעקלט) | gleklen | jingle |
| גמילות־חסד ס/ז (ים) | gmiles chesed, gmiles chasodim | loan without interest |
| גנאָד נ (ן) | gnod | grace |
| גנב ז (ים) | ganef, ganev, ganovim | thief |
| גנבה נ (גנבות) | ganeive, gneive, gneives | theft |
| גנבענען (געגנבעט) | ganvenen | steal |
| גנעדיק | gnedik | gracious |
| גן־עדן ז/ס (ס) | ganeiden | paradise |
| געאָגראַפיע נ | geografye | geography |
| געאָלאָגיע נ | geologye | geology |
| געאָמעטריע נ | geometrye | geometry |
| געבאָט ס (ן) | gebot | commandment |
| געבויט | geboit | built; based |
| געבוירן (געבוירן) | geboiren | give birth |
| געבוירן ווערן | geboiren veren | be born |
| געבוירנטאָג, געבורטסטאָג ז | geboirentog, geburt'stog | birthday |
| געבײַדע נ (ס) | gebaide | building |
| געביפט | gebift | shrewd |
| געבן (געגעבן) | geben | give |
| געבעט ס (ן) | gebet | prayer; plea |
| געבעקס ס (ן) | gebeks | pastry |
| געבראָטן | gebroten | roasted |
| געברויך ז (ן) | gebroich | use |
| געגליכן | geglichen | comparable |
| געגנט נ/ז (ן) | gegent | region; neighborhood |
| געדאַנק ז (ען) | gedank | thought, idea |
| געדויערן (געדויערט) | gedoieren | last, continue |
| געדולד ס/נ | geduld | patience |
| געדולדיק | geduldik | patient |
| געדענקען (געדענקט) | gedenken | remember |
| געדערעם ר | gederem | intestines |
| געדראַנג ס (ען) | gedrang | congestion; throng |
| געהאַלט ס (ן) | gehalt | salary |
| געהאָרכזאַם | gehorchzam | obedient |
| געהויבן | gehoiben | exalted |
| געהיט | gehit | guarded |
| געהיים | geheim | secret |
| געהילף ז (ן) | gehilf | assistant |
| געהעריק | geherik | proper |
| געהערן (געהערט) | geheren | belong |
| געוואַגט | gevagt | daring |
| געוווינהייט נ (ן) | gevoinheit | habit |

| | | |
|---|---|---|
| used to | *gevoint* | געווינט |
| get used to | *gevoinen zich tsu* | געווינען זיך צו (געווינט) |
| be informed | *gevoir veren* | געוויר ווערן (געוויר געוואָרן) |
| lament | *gevein* | געוויין ס (ען) |
| usual, common | *geveintlech* | געוויינטלעך |
| weight | *gevicht* | געוויכט ס (ן) |
| winnings; prize | *gevins* | געווינס ס (ן) |
| win | *gevinen* | געווינען (געוווּנען) |
| winner | *geviner* | געווינער ז (ס) |
| certain; certainly | *gevis* | געוויס אדי, אדוו |
| conscience | *gevisen* | געוויסן ס (ס) |
| plant | *geviks* | געוויקס ס (ן) |
| spice | *gevirts* | געווירץ ס (ן) |
| former | *gevezen* | געוועזן |
| bet | *gevet* | געוועט ס (ן) |
| store, shop | *gevelb* | געוועלב ס (ער/ן) |
| vault | *gevelbung* | געוועלבונג נ (ען) |
| dominate | *geveltiken* | געוועלטיקן (געוועלטיקט) |
| weapon; arms | *gever* | געווער ס |
| mechanism | *geverk* | געווערק ס (ן) |
| salty | *gezaltsen* | געזאַלצן |
| singing; chant | *gezang* | געזאַנג ס (ען) |
| healthy, well | *gezunt* | געזונט אדי |
| so long! | *zai (zait) gezunt!* | — זײַ (זײַט) געזונט! |
| health | *gezunt* | געזונט ס |
| bless you! | *gezuntheit!* | געזונטהייט! |
| in good health | *gezunterheit* | געזונטערהייט |
| countenance | *gezicht* | געזיכט ס (ער) |
| household, family | *gezind* | געזינד ס (ער/ן) |
| bid farewell | *gezegenen zich* | געזעגענען זיך (געזעגנט) |
| journeyman | *gezel* | געזעל ז (ן) |
| society | *gezelshaft* | געזעלשאַפט נ (ן) |
| social | *gezelshaftlech* | געזעלשאַפטלעך |
| seat | *gezes* | געזעס ס (ן) |
| law | *gezets* | געזעץ ס (ן) |
| lawful | *gezetslech* | געזעצלעך |
| ghetto | *geto* | געטאָ נ (ס) |
| goddess | *getin* | געטין נ (ס) |
| divine | *getlech* | געטלעך |
| beverage | *getrank* | געטראַנק ס (ען) |
| trust | *getroien* | געטרויען (געטרויט) |
| faithful | *getrai* | געטרײַ |
| faithfulness | *getraishaft* | געטרײַשאַפט נ (ן) |
| chase | *geyeg* | געיעג ס (ן) |
| yellow | *gel* | געל |

| | | |
|---|---|---|
| געלא͏ַסן | *gelasen* | calm; leisurely |
| געלבלעך | *gelblech* | yellowish |
| געלונגען | *gelungen* | successful |
| געלט ס (ער) | *gelt* | money |
| געליבט | *gelibt* | beloved |
| געלינגען (געלונגען) | *gelingen* | succeed |
| געלכל ס (עך) | *gelchel* | yolk |
| געלעגנהייט נ (ן) | *gelegenheit* | opportunity, chance |
| געלעגער ס (ס) | *geleger* | couch |
| געלעכטער ס (ס) | *gelechter* | laughter |
| געלענק ס (ען) | *gelenk* | wrist; aptitude |
| געלערנט | *gelerent* | learned |
| געלערנטער ז | *gelerenter* | scholar |
| געמא͏ַכט | *gemacht* | artificial |
| געמיט ס (ער) | *gemit* | mood, disposition |
| געמיטלעך | *gemitlech* | cozy |
| געמיין | *gemein* | mean; common |
| געמיינדע נ (ס) | *gemeinde* | community |
| געמעסיקט | *gemesikt* | moderate |
| גענא͏ַרערײַ ס | *genarerai* | deception |
| גענגסטער ז (ס) | *gengster* | gangster |
| גענוג | *genug* | enough |
| גענוי | *genoi* | precisely |
| געניט | *genit* | skilled |
| גענייגט | *geneigt* | inclined |
| גענייט | *geneit* | forced; sewn |
| געניסן (גענא͏ָסן) | *genisen* | enjoy |
| געניצט | *genitst* | used |
| גענעא͏ַלא͏ָגיע נ (ס) | *genealogye* | genealogy |

| | | |
|---|---|---|
| גענעטיק נ | *genetik* | genetics |
| גענעץ ז (ן) | *genets* | yawn |
| גענעצן (געגענעצט) | *genetsen* | yawn |
| גענעראַל ז (ן) | *general* | general |
| געסל ס (עך) | *gesel* | alley |
| געסרחה נ (געסרחות) | *gesroche-gesroches* | stench |
| געפּינטלט | *gepintelt* | speckled; dotted |
| געפֿא͏ַלן (געפֿא͏ַלן) | *gefalen* | fall on, occur |
| געפֿא͏ַנגענער ז | *gefangener* | prisoner |
| געפֿא͏ַנגענשא͏ַפֿט נ | *gefangenshaft* | captivity |
| געפֿא͏ַר נ (ן) | *gefar* | danger |
| געפֿיל ס (ן) | *gefil* | feeling |
| געפֿינען (געפֿונען) | *gefinen* | find |
| געפֿעלן (געפֿעלן) | *gefelen* | be pleasing, appeal to |
| געפֿעס ס | *gefes* | dishes |
| געפֿערלעך | *geferlech* | dangerous |
| געצא͏ַצקעט | *getsatsket* | ornate |
| געצוווּנגען | *getsvungen* | forced |
| געציילט | *getseilt* | counted; few |
| געצעלט ס (ן) | *getselt* | tent |
| געקלא͏ָגטער ז | *geklogter* | defendant |
| געקעכץ ס (ן) | *gekechts* | cooked food |
| גערא͏ָטן (גערא͏ָטן) | *geroten* | succeed; resemble |
| גערא͏ַנגל ס (ען) | *gerangel* | struggle |

| | | |
|---|---|---|
| געראַניום ז (ס) (פלאַנץ) | *geranyum* | geranium |
| גערודער ס (ס) | *geruder* | commotion, tumult |
| גערויש ס (ן) | *geroish* | noise |
| גערוך ס (ן) | *geruch* | odor |
| גערטנער ז (ס) | *gertner* | gardener |
| געריכט ס (ן) | *gericht* | court |
| גערירט | *gerirt* | moved |
| גערן | *geren* | gladly; willingly |
| גערעטעניש ס (ן) | *geretenish* | abundance; harvest |
| גערעכט | *gerecht* | right |
| גערעכטיקייט נ | *gerechtikeit* | justice |
| גערשט ז (ן) | *gersht* | (grain of) barley |
| געשאַנק ס (ען) | *geshank* | gift |
| געשוואָלן | *geshvolen* | swollen |
| געשוווירענער ז | *geshvoirener* | juror |
| געשווינד | *geshvind* | quickly |
| געשוויר ס (ן) | *geshvir* | abscess |
| געשטאַלט ס/נ (ן) | *geshtalt* | shape, form |
| געשטימט | *geshtimt* | disposed |
| געשטיקט | *geshtikt* | embroidered |
| געשטעל ז/ס | *geshtel* | stand, rack, easel |
| געשיכטע נ (ס) | *geshichte* | history; story |
| געשיקט | *geshikt* | skillful |
| געשלעג ס (ן) | *geshleg* | fight |
| געשלעכט ס (ער) | *geshlecht* | sex |
| געשמאַק | *geshmak* | tasty |
| געשמאַק ז (ן) | *geshmak* | taste |
| געשמירט | *geshmirt* | lubricated |
| געשען (געשען) | *geshen* | happen |
| געשעעניש ס (ן) | *gesheenish* | event |
| געשעפט ס (ן) | *gesheft* | business |
| געשפאָלטן | *geshpolten* | split |
| געשפאַן ס (ען) | *geshpan* | harness |
| געשפאַנט | *geshpant* | strained |
| געשפעט ס (ן) | *geshpet* | mockery |
| געשפענסט ס (ער/ן) | *geshpenst* | specter |
| געשפרעך ס (ן) | *geshprech* | conversation |
| געשריי ס (ען) | *geshrei* | scream, shout |
| גראָ | *gro* | gray |
| גראָב | *grob* | thick; rude |
| גראָביאַן ז (עס) | *grobyan* | grobian, boor |
| גראַבליע נ (ס) | *grablye* | rake |
| גראַבלען (געגראַבלט) | *grablen* | scratch |
| גראָבן (געגראָבן) | *groben* | dig |
| גראָבער־יונג ז (גראָבע־יונגען) | *grober yung* | ruffian |
| גראָבקייט נ (ן) | *grobkeit* | rudeness |
| גראַגער ז (ס) | *grager* | rattle |
| גראַגערן (געגראַגערט) | *grageren* | rattle |
| גראַד ז (ן) | *grad* | grade |
| גראָד אדי | *grod* | straight; even |
| גראָד אדוו | *grod* | just, precisely |
| גראָד ווען | *grod ven* | just when |

| | | |
|---|---|---|
| גראַוויור נ (ן) | *gravyur* | etching |
| גראַווירונג נ (ען) | *gravirung* | engraving |
| גראַווירן (גראַווירט) | *graviren* | engrave |
| גראַווירער ז (ס) | *gravirer* | engraver |
| גראָז ס (ן/גרעזער) | *groz* | grass |
| גראַטולירן (גראַטולירט) | *gratuliren* | congratulate |
| גראַטשקע נ (ס) | *grat'shke* | frantic confusion |
| גראַם ז (ען) | *gram* | rhyme; gram |
| גראַמאַטיק נ (עס) | *gramatik* | grammar |
| גראַמאַטיקער ז (ס) | *gramatiker* | grammarian |
| גראַמאַטיש | *gramatish* | grammatical |
| גראַמאַפאָן ז (ען) | *gramafon* | phonograph |
| גראַמען (געגראַמט) | *gramen* | rhyme |
| גראַנאַט ז (ן) | *granat* | grenade |
| גראַניט ז | *granit* | granite |
| גראַף ז (ן) | *graf* | count |
| גראַפיניע נ (ס) | *grafinye* | countess |
| גראַציעז | *gratsyez* | gracious |
| גראָשן ז (ס) | *groshen* | groschen; penny; cent (small coin) |
| גרוב ז/ס (גריבער) | *grub* | pit; grave |
| גרוי | *groi* | gray |
| גרויזאַם | *groizam* | gruesome |
| גרויל ז (ן) | *groil* | terror; shudder |
| גרויס | *grois* | great |
| גרויס־בריטאַניע [נ] | *grois britanye* | Great Britain |
| גרויסהאַלטער ז (ס) | *grois'halter* | boaster |
| גרויסהאַלטעריש | *grois'halterish* | hoity-toity |
| גרויסמאַכט נ (ן) | *groismacht* | great power |
| גרויסקייט נ | *groiskeit* | greatness |
| גרונט ז (ן) | *grunt* | ground; foundation; reason |
| גרונטצאָל נ (ן) | *grunttsol* | cardinal number |
| גרונטשטיין ז (ער) | *grunt'shtein* | cornerstone |
| גרוס ז (ן) | *grus* | greeting |
| גרופּירן (גרופּירט) | *grupiren* | group |
| גרופּע נ (ס) | *grupe* | group |
| גריבלען (געגריבלט) | *griblen* | probe; search thoroughly |
| גריזשען (געגריזשעט) | *grizhen* | gnaw |
| גרײַז ז (ן) | *graiz* | error |
| גרײַזל ס (עך) | *graizel* | curl |
| גרייט | *greit* | ready |
| גרייטן (געגרייט) | *greiten* | prepare |
| גרייטקייט נ | *greitkeit* | readiness |
| גרייכן (געגרייכט) | *greichen* | reach |
| גרייס נ (ן) | *greis* | size |
| גרייפּפרוכט ז (ן) | *greipfrucht* | grapefruit |

גריך ז (ן) *grich* Greek
גריכיש *grichish* Greek
גריכנלאַנד (ס) *grichenland* Greece
גריל נ/ז (ן) *gril* cricket
גרילצן *griltsen* (געגרילצט) chirp; grate
גרימפּלען *grimplen* (געגרימפּלט) strum
גרין *grin* green
גרינג *gring* light; easy
גרינדן *grinden* (געגרינדט) establish; found
גרינדער ז (ס) *grinder* founder
גרינוואַרג ס *grinvarg* vegetables
גרינער ז *griner* greenhorn (an inexperienced person)
גרינשטיין ז *grinshtein* jade
גריס ז (ן) *gris* regards

גריסן *grisen* (געגריסט) greet
גריפּע נ (ס) *gripe* grippe
גריף ז (ן) *grif* vulture
גרעב נ (ן) *greb* thickness
גרעבער ז (ס) *greber* digger
גרעגער ז (ס) *greger* greger (Purim toy); rattle
גרעגערן *gregeren* (געגרעגערט) rattle
גרענעץ נ/ז (ן) *grenets* boundary
גרענעצן *grenetsen* (געגרענעצט) border on
גרעסער *greser* major
גרעפּץ ז (ן) *grepts* belch
גרעפּצן *greptsen* (געגרעפּצט) belch
גרעק ז (ן) *grek* Greek
גרעקיש *grekish* Grecian, Greek

# ד

ד ז/נ *dalet* the 4th letter of the Hebrew alphabet
דאָ *do* here
דאגה נ *daage/daige* (דאגות *daages/daiges*) worry
דאַווענען *davenen* (געדאַוונט) pray
דאָזיקער, *doziger* dozikеr, דאָזיקער that
דאַטיוו ז (ן) *dativ* dative

דאַטע נ (ס) *date* date
דאַטשע נ (ס) *dat'she* summer house
דאַך ז (דעכער) *dach* roof
דאָך *doch* yet, still
דאַכטן זיך *dachten zich* (געדאַכט) seem
דאָלאַר ז (ן) *dolar* dollar
דאָלעטע נ (ס) *dolete* chisel

דאַמבע נ (ס) *dambe* dam, dike

דאָמינאָ ז (ס) *domino* domino

דאַמע נ (ס/ן) *dame* lady

דאַמף ז (ן) *damf* steam

דאַמקע נ (ס) *damke* checkers (game)

דאַנען, פון דאַנען *danen, fun danen* from here

דאָנערשטאָג, דאָנערשטיק ז (ן) *donershtog, donershtik* Thursday

דאַנק ז (ען) *dank* thanks; gratitude

דאַנקבאַר *dankbar* thankful

דאַנקבאַרקייט נ *dankbarkeit* gratitude

דאַנקען (געדאַנקט) *danken* thank

דאָס אַרט *dos* the (neuter)

דאָס פּראָנ *dos* this

דאָסן (געדאָסט) *dosen* defecate

דאָצענט ז (ן) *dotsent* docent

דאָקומענט ז (ן) *dokument* document

דאָקומענטירן (דאָקומענטירט) *dokumentiren* document

דאָקטאָר ז (ן) *doktor* doctor

דאָקטער ז (דאָקטוירים) *dokter* physician

דאַר *dar* lean

דאָרט, דאָרטן *dort, dorten* there

דאָרן ז (דערנער) *doren* thorn

דאָרנדיק *dorendik* thorny

דאָרף ס (דערפער) *dorf* village

דאַרפן (געדאַרפט) *darfen* need, require

דאָרשט ז *dorsht* thirst

דאָרשטיק *dorshtik* thirsty

דאָרשטן (געדאָרשט) *dorshten* be thirsty

דאַשיק ז (עס) *dashik* visor

דבר־אחר ז (ס) *doveracher* pig; scoundrel

דהײַנו *dehaine* namely

דו *du* you sg.

דווקא *dafke* only so; necessarily

דויער ז *doier* duration

דולן (געדולט) *dulen* annoy

דונער ז (ן) *duner* thunder

דונערן (געדונערט) *duneren* thunder

דועל ז (ן) *duel* duel

דור ז (דורות) *dor-doires* generation

דורך *durch* through

דורכבלעטערן (דורכגעבלעטערט) *durchbleteren* leaf through

דורכברעכן (דורכגעבראָכן) *durchbrechen* break through

דורכגיין (דורכגעגאַנגען) *durchgein* go through

דורכדרינגען (דורכגעדרונגען) *durchdringen* penetrate

דורכווערטלען זיך (דורכגעווערטלט) *durchvertlen zich* quarrel, dispute angrily

דורכלאָזן (דורכגעלאָזט) *durchlozen* let through; omit
דורכמאַכן (דורכגעמאַכט) *durchmachen* go through
דורכפאַל ז (ן) *durchfal* failure
דורכפאַלן (דורכגעפאַלן) *durchfalen* fail
דורכפאַרהער ז (ן) *durchfarher* cross-examination
דורכפאָרן (דורכגעפאָרן) *durchforen* drive through
דורכפירן (דורכגעפירט) *durchfiren* carry out
דורכקוקן (דורכגעקוקט) *durchkuken* look through
דורכרעדן זיך (דורכגערעדט) *durchreden zich* talk over
דורכשניט ז (ן) *durchshnit* crosscut; average
דורכשניטלעך אדי, אדוו *durchshnitlech* average; on the average
דזשאָבען (געדזשאָבעט) *dzhoben* peck
דזשאָנגל ז (ען) *dzhongel* jungle
דזשעז ז *dzhez* jazz
דזשעט ז (ן) *dzhet* jet airplane
דזשעק ז (ן) *dzhek* jack (a device for raising heavy objects)
די ארט *di* the (pl., and fem. sg.)
דיאַגנאָז ז (ן) *diagnoz* diagnosis
דיאַלאָג ז (ן) *dialog* dialogue
דיאַלעקט ז (ן) *dialekt* dialect
דיבוק ז (ים) *dibuk - dibukim* dibbuk, dybbuk; obsession
דיוואַן ז (ען) *divan* carpet; sofa
דיוויזיע נ (ס) *divizye* division (army)
דײַטלעך *daitlech* clear; distinctly
דײַטש *dait'sh* German
דײַטשלאַנד [ס] *dait'shland* Germany
דײַטשמעריזם ז (ען) *dait'shmerizm* Germanism
דײַטשמעריש *dait'shmerish* Germanlike
דיך ז (ן) *dich* thigh
דיכטער ז (ס) *dichter* poet
דיל ז/נ (ן) *dil* floor (the inside lower surface of a room)
דיליזשאַנס ז (ן) *dilizhans* stagecoach
דילעטאַנט ז (ן) *diletant* dilettante
דילעמע נ (ס) *dileme* dilemma
דימענט ז (ן) *diment* diamond
דין *din* thin
דינאַמיט ז *dinamit* dynamite
דינאַסטיע נ (ס) *dinastye* dynasty
דינגען (געדונגען) *dingen* hire; rent
דינגען זיך *dingen zich* haggle
דינסט נ (ן) *dinst* female servant; service
דינסטאָג, דינסטיק ז (ן) *dinstog*, *dinstik* Tuesday
דינען (געדינט) *dinen* serve
דינקע נ (ס) *dinke* cantaloupe
דיסענטעריע נ *disenterye* dysentery

דיסערטאַציע נ (ס) *disertatsye* dissertation

דיסציפּלין נ (ען) *distsiplin* discipline

דיסציפּלינירן (דיסציפּלינירט) *distsipliniren* discipline

דיסקאָטעק נ (ן) *diskotek* discotheque

דיסקוטירן (דיסקוטירט) *diskutiren* discuss

דיסקוסיע נ (ס) *diskusye* discussion

דיסקרימינאַציע נ *diskriminatsye* discrimination

דיסקרימינירן (דיסקרימינירט) *diskriminiren* discriminate

דיעטע נ (ס) *diete* diet

דיפּלאָמאַט ז (ן) *diplomat* diplomat

דיפּלאָמאַטיע נ *diplomatye* diplomacy

דיפּלאָמאַטיש *diplomatish* diplomatic

דיפּלאָמע נ (ס) *diplome* diploma

דיק *dik* thick

דיקט ז (ן) *dikt* plywood

דיקטאַט ז (ן) *diktat* dictation

דיקטאַטאָר ז (ן) *diktator* dictator

דיקטאַטור נ (ן) *diktatur* dictatorship

דיקטירן (דיקטירט) *diktiren* dictate

דירה נ (דירות) *dire-dires* apartment

דירה־געלט ס (ער) *dire gelt* rent

דיריגירן (דיריגירט) *dirigiren* conduct an orchestra

דיריגענט ז (ן) *dirigent* conductor (of an orchestra)

דירעקט *direkt* direct

דירעקטאָר ז (ן) *direktor* director

דישל ז (עס) *dishel* wagon shaft

דישען (געדישעט) *dishen* choke

דלות ז *dales* poverty

דלפון, *dalfen* poor man

דלפן ז (ים) *dalfonim*

דנאָ ז (ען) *dno* bottom

דעגענעראַט ז (ן) *degenerat* degenerate

דעה נ (דעות) *deie deies* opinion; influence

דעזינפעקציע נ (ס) *dezinfektsye* disinfection

דעזערטיר ז (ן) *dezertir* deserter

דעזערטירן (דעזערטירט) *dezertiren* desert (abandon one's duty or post)

דעטאַל ז (ן) *detal* detail

דעטעקטיוו ז (ן) *detektiv* detective

דעליקאַט *delikat* delicate

דעלעגאַט ז (ן) *delegat* delegate

דעלעגאַציע נ (ס) *delegatsye* — delegation
דעלפֿין ז (ען) *delfin* — dolphin
דעמאַגאָג ז (ן) *demagog* — demagogue
דעמאַגאָגיע נ (ס) *demagogye* — demagogy
דעמאָלט *demolt* — then
דעמאָנסטראַציע נ (ס) *demonstratsye* — demonstration
דעמאָנסטרירן (דעמאָנסטריט) *demonstriren* — demonstrate
דעמאָקראַט ז (ן) *demokrat* — democrat
דעמאָקראַטיע נ (ס) *demokratye* — democracy
דעמאָקראַטיש *demokratish* — democratic
דעמאָראַליזירן (דעמאָראַליזירט) *demoraliziren* — demoralize
דעמב ז (ן) *demb* — oak
דעמפּיק *dempik* — humid
דענטיסט ז (ן) *dentist* — dentist
דעניש *denish* — Danish
דענמאַרק [ס] *denmark* — Denmark
דענער ז *dener* — Dane
דענערווירן (דענערווירט) *denerviren* — vex
דענערווירן זיך *denerviren zich* — be nervous
דענקען (געדענקט) *denken* — think
דעסגלײַכן *desglaichen* — likewise
דעספּאָט ז (ן) *despot* — despot
דעפּאָרטירן (דעפּאָרטירט) *deportiren* — deport
דעפּעש נ (ן) *depesh* — telegram
דעפֿיניציע נ (ס) *definitsye* — definition
דעפֿיציט ז (ן) *defitsit* — deficit
דעצידירן (דעצידירט) *detsidiren* — decide
דעצעמבער ז (ס) *detsember* — December
דעק ז (ן) *dek* — lid; blanket; deck (of a ship)
דעקאַן ז (ען) *dekan* — dean
דעקאָראַציע נ (ס) *dekoratsye* — decoration
דעקאָרירן (דעקאָרירט) *dekoriren* — decorate
דעקל ס (עך) *cover* — cover, lid
דעקלאַמירן (דעקלאַמירט) *deklamiren* — recite
דעקלאַראַציע נ (ס) *deklaratsye* — declaration
דעקלאַרירן (דעקלאַרירט) *deklariren* — declare
דעקלינאַציע נ (ס) *deklinatsye* — declension
דעקלינירן (דעקלינירט) *dekliniren* — decline
דעקן (געדעקט) *deken* — cover
דעקרעט ז (ן) *dekret* — decree
דער אַרט — the (masc. sg.)
דעראָבערן (דעראָבערט) *deroberen* — acquire

| | | |
|---|---|---|
| דערבאַרעמדיק | *derbaremdik* | merciful |
| דערבײַ | *derbai* | nearby, close |
| דערגרייכונג נ (ען) | *dergreichung* | achievement |
| דערגרייכן (דערגרייכט) | *dergreichen* | achieve |
| דערדריקן (דערדריקט) | *derdriken* | oppress |
| דערהאַלטן (דערהאַלטן) | *derhalten* | receive; preserve |
| דערהייבן (דערהויבן) | *derheiben* | elevate |
| דערהײַנטיקן (דערהײַנטיקט) | *derhaintiken* | update |
| דערהרגענען (דערהרגעט) | *derhargenen* | kill |
| דערוואַקסן | *dervaksen* | grown-up, adult |
| דערוואַרגן (דערוואָרגן) | *dervargen* | choke |
| דערוואַרעמען (דערוואַרעמט) | *dervaremen* | |
| דערווײַז ז (ן) | *dervaiz* | proof |
| דערווײַזן (דערוויזן) | *dervaizen* | prove |
| דערווײַל | *dervail* | meanwhile |
| דערוויסן זיך (דערוווּסט) | *dervisen zich* | learn, find out |
| דערווישן (דערווישט) | *dervishen* | catch; trace |
| דעריאָגן (דעריאָגט) | *deryogen* | overtake |
| דעריבער | *deriber* | therefore |
| דערלאָזן (דערלאָזט) | *derlozen* | allow; tolerate |
| דערלאַנגען (דערלאַנגט) | *derlangen* | hand over |
| דערלויבן (דערלויבט) | *derloiben* | allow |
| דערלויבעניש ס (ן) | *derloibenish* | permission |
| דערלייגן (דערלייגט) | *derleigen* | add; lose (money in an enterprise) |
| דערלעבן (דערלעבט) | *derleben* | live to see |
| דערמאָנונג נ (ען) | *dermonung* | reminder |
| דערמאַנען, דערמאָנען (דערמאַנט, דערמאָנט) | *dermanen, dermonen* | remind |
| דערמאָנען זיך | *dermonen zich* | recollect |
| דערמוטיקן (דערמוטיקט) | *dermutiken* | encourage |
| דערמיט | *dermit* | with it; herewith |
| דערמעגלעכן (דערמעגלעכט) | *dermeglechen* | enable |
| דערנאָך | *dernoch* | afterwards |
| דערנידעריקונג נ (ען) | *derniderikung* | humiliation |
| דערנידעריקן (דערנידעריקט) | *dernideriken* | humiliate |
| דערנענטערן (דערנענטערט) | *dernenteren* | bring near |
| דערנענטערן זיך | *dernenteren zich* | approach |

| | | |
|---|---|---|
| דערנערונג נ | *dernerung* | nourishment |
| דערנערן (דערנערט) | *derneren* | nourish |
| דעריקרשט | *derikersht* | essentially |
| דערעסן (דערעסן) | *deresen* | bore; annoy |
| דערפאָלג ז (ן) | *derfolg* | success |
| דערפֿאַר | *derfar* | therefore |
| דערפינדונג נ (ען) | *derfindung* | invention |
| דערפירן (דערפירט) | *derfiren* | bring about |
| דערפל ס (עך) | *derfel* | hamlet |
| דערפרייען (דערפרייט) | *derfreien* | gladden |
| דערפרייען זיך | *derfreien zich* | be delighted |
| דערפרישונג נ (ען) | *derfrishung* | refreshment |
| דערפרישן (דערפרישט) | *derfrishen* | refresh |
| דערצו | *dertsu* | thereto, to it |
| דערציאונג נ | *dertsiung* | upbringing |
| דערציילונג נ (ען) | *dertseilung* | tale, story |
| דערציילן (דערציילט) | *dertseilen* | tell, narrate |
| דערציִען (דערצויגן) | *dertsien* | bring up, educate |
| דערציִער ז (ס) | *dertsier* | educator |
| דערקוויקן (דערקוויקט) | *derkviken* | refresh; delight |
| דערקוטשען (דערקוטשעט) | *derkut'shen* | pester |
| דערקלערונג נ (ען) | *derklerung* | explanation; statement |
| דערקלערן (דערקלערט) | *derkleren* | explain |
| דערקעגן | *derkegen* | against it |
| דערקענען (דערקענט) | *derkenen* | recognize |
| דערשטוינען (דערשטוינט) | *dershtoinen* | amaze |
| דערשטיקן (דערשטיקט) | *dershtiken* | choke |
| דערשיטערן (דערשיטערט) | *dershiteren* | shock |
| דערשײַנונג נ (ען) | *dershainung* | appearance; phenomenon |
| דערשײַנען (דערשינען) | *dershainen* | appear; be published |
| דערשיסן (דערשאָסן) | *dershisen* | kill by shooting |
| דערשלאָגן (דערשלאָגן) | *dershlogen* | depress |
| דערשמעקן (דערשמעקט) | *dershmeken* | scent; detect |
| דערשנאַפּן (דערשנאַפּט) | *dershnapen* | detect (by smelling); |
| דערשרעקן (דערשראָקן) | *dershreken* | frighten |
| דראָט ז/ס (ן) | *drot* | wire |
| דראַמאַטורג ז (ן) | *dramaturg* | playwright |
| דראַמאַטיזירן (דראַמאַטיזירט) | *dramatiziren* | dramatize |

| | | |
|---|---|---|
| דראַמאַטיש | *dramatish* | dramatic |
| דראַמע נ (ס) | *drame* | drama |
| דראַנג ז (ען) | *drang* | striving |
| דראָנג ז (ען/דרענגער) | *drong* | pole, bar |
| דראָען (געדראָט) | *droen* | threaten |
| דראַפּען (געדראַפּעט) | *drapen* | scratch |
| דראַפּען זיך | *drapen zich* | clamber |
| דראָשקע נ (ס) | *droshke* | droshky |
| דרויסן אדוו | *droisen* | outside |
| דרויסן ז (ס) | *droisen* | exterior |
| דרום ז | *dorem* | south |
| דרומדיק | *doremdik* | southern, austral |
| דרום־ליכט ר | *dorem licht* | southern lights, aurora australis |
| דרוק ז (ן) | *druk* | print; pressure |
| דרוקן (געדרוקט) | *druken* | print |
| דרוקער ז (ס) | *druker* | printer |
| דרוקערײַ נ (ען) | *drukerai* | printing shop |
| דרוקרעכט ר | *drukrecht* | copyright |
| דריז נ (ען) | *driz* | gland |
| דריט | *drit* | third |
| דריטל ס (עך) | *dritel* | third (fraction) |
| דריטנס | *dritens* | thirdly |
| דרײַ | *drai* | three |
| דריי ז (ען) | *drei* | turning; trick |
| דריידל ס (עך) | *dreidel* | dreydel (for Chanukah) |
| דרייסט | *dreist* | bold |
| דרייסטקייט נ | *dreistkeit* | boldness |
| דרײַסיק | *draisik* | thirty |
| דרײַסיקסט | *draisikst* | thirtieth |
| דרייען (געדרייט) | *dreien* | turn, twist |
| דרײַעק ז (ן) | *draiek* | triangle |
| דרייער ז (ס) | *dreier* | swindler |
| דרײַצן | *draitsen* | thirteen |
| דרײַצנט | *draitsent* | thirteenth |
| דרימל ז (ען) | *drimel* | nap |
| דרימלען (געדרימלט) | *drimlen* | nap, doze |
| דרינגלעך | *dringlech* | urgent |
| דריקונג נ (ען) | *drikung* | stress, pressure |
| דריקן (געדריקט) | *driken* | press; oppress |
| דריקנדיק | *drikendik* | oppressive |
| דרך־אגב | *derech agev* | by the way |
| דרך־ארץ ז | *derech erets* | respect |
| דרעק ס | *drek* | excrement |
| דרעשן (געדראָשן) | *dreshen* | thresh |
| דרשה נ (דרשות) | *droshe* / *droshes* | sermon |
| דרשה־געשאַנק ס (ען) | *droshe geshank* | wedding present |
| דרשן ז (ים) | *darshen* / *darshonim* | preacher |
| דרשענען (געדרשנט) | *darshenen* | preach |

# ה

ה ז/נ *hei* — the 5th letter of the Hebrew alphabet

האַ *ha* — ha! what?

האָבן *hoben* (געהאַט) — have

האָבער ז/ס *hober* — oat, oats

האָגל ז (ען) *hail* — hail

האָגלען *hoglen* (געהאָגלט) — hail

האָדעווען *hodeven* (געהאָדעוועט) — cultivate; rear, breed

האָז ז (ן) *hoz* — hare

האָטעל ז (ן) *hotel* — hotel

האַלאָ ! *halo!* — hello!

האָלאַנד [ס] *holand* — Holland

האָלאָקאָסט ז *holokost* — Holocaust (coined by Elie Wiesel)

האַלב *halb* — half

האַלבאינדזל ז (ען) *halbindzel* — peninsula

האַלבמיטל ס (ען) *halbmitel* — half measure

האַלבקרײַז ז (ן) *halbkraiz* — semicircle

האַלדז ז (העלדזער) *haldz* — neck

האַלדזבאַנד נ (האַלדזבענדער) haldzband — necklace

האַלדזונג נ (ען) *haldzung* — embrace

האַלדזן *haldzen* (געהאַלדזט) — embrace

האָלדערן *holderen* (געהאָלדערט) — gobble (make a sound like a male turkey)

האַלט ! *halt!* — halt! stop!

האַלטונג נ (ען) *haltung* — posture; attitude

האַלטן *halten* (געהאַלטן) — hold

האָלענדיש אדי. ס *holendish* — Dutch

האָלענדער ז *holender* — Dutchman

האָלץ ס *holts* — wood (material)

האָלץ ס (העלצער) *holts* — block (of wood)

האָלצהעקער ז (ס) *holts'heker* — woodcutter

האַמעווען *hameven* (געהאַמעוועט) — check, restrain

האַמער ז (ס) *hamer* — hammer

האַמערן *hameren* (געהאַמערט) — hammer

האָן ז (הענער) *hon* — rooster

האָנאָראַר ז (ן) *honorar* — honorarium; royalties

האַנדל ז (ען) *handel* — commerce

האַנדלונג נ (ען) *handlung* — action

האַנדלען *handlen* (געהאַנדלט) — act; trade

האַנט נ (הענט) *hant* — hand

האַנטאַרבעט נ (ן) *hantarbet* — handwork

towel *hantech* האַנטעך זס (ער)

palm (of the hand) *hantflach* האַנטפלאַך נ (ן)

handwriting האַנטשריפט נ (ן) *hant'shrift*

honey *honik* האָניק ז

honeycake האָניק־לעקעך ז (ער) *honik lekech*

hasty *hastik* האַסטיק

hate *hasen* האַסן (געהאַסט)

hop *hopken* האָפקען (געהאָפקעט)

hope *hofen* האָפן (געהאָפט)

hope האָפענונג נ (ען) *hofenung*

axe *hak* האַק נ (העק)

hook *hok* האָק ז (ן)

hockey *hoki* האָקי ז

chopper האַקמעסער ז (ס) *hakmeser*

chop; knock; chatter האַקן *haken* (געהאַקט)

swastika האַקנקרייץ ז (ן) *hakenkreits*

master *har* האַר ז (ן)

hair *hor* האָר נ

hump *horb* האָרב ז (ן)

autumn *harbst* האַרבסט ז (ן)

hard *hart* האַרט

hardness *hartkeit* האַרטקייט נ

horizon *horizont* האָריזאָנט ז (ן)

hairy *horik* האָריק

listen, obey *horchen* האָרכן (געהאָרכט)

cannon *harmat* האַרמאַט ז (ן)

hormone *hormon* האָרמאָן ז (ען)

harmony האַרמאָניע נ (ס) *harmonye*

harmonious *harmonish* האַרמאָניש

harmonica האַרמאָשקע נ (ס) *harmoshke*

horn *horen* האָרן ז (הערנער)

hora (Israeli dance) *hore* האָרע נ (ס)

toil *horeven* האָרעווען (געהאָרעוועט)

harem *harem* האַרעם ז (ס)

toiler האָרעפאַשניק ז (עס) *horepashnik*

harp *harf* האַרף נ/ז (ן)

heart *harts* האַרץ ס (הערצער)

heartache האַרצווייטיק ז (ן) *hartsveitik*

cordial *hartsik* האַרציק

sweetie האַרצעניו ס (ס), אינט *hartsenyu*

hairpin האָרשפילקע נ (ס) *horshpilke*

Haggadah *hagode* הגדה נ *hagodes* (הגדות)

plane (tool) *hubel* הובל ז (ען)

plane, smooth with a plane הובלען *hublen* (געהובלט)

noise, bustle *hu ha* הו־הַא ז

wow! *hu-ha!* הו־הַא!

present (tense) *hoive* הווה ז

| | | |
|---|---|---|
| hat | *hut* | הוט ז (ן/היט) |
| seesaw, teeter-totter | *hoidevke* | הוידעווקע נ (ס) |
| ride on a seesaw | *hoiden zich* | הוידען זיך (געהוידעט) |
| house | *hoiz* | הויז ס (הײַזער) |
| pants | *hoizen* | הויזן ר |
| skin | *hoit* | הויט נ (ן) |
| high; tall; loud | *hoich* | הויך |
| capital city | *hoipt'shtot* | הויפּטשטאָט נ (הויפּטשטעט) |
| yard; court | *hoif* | הויף ז (ן/הייף) |
| handful; heap | *hoifen* | הויפן ז (ס) |
| hunchback | *hoiker* | הויקער ז (ס) |
| debauchee | *hultai* | הולטײַ ז (עס) |
| revel, carouse | *hulyen* | הוליען (געהוליעט) |
| the humanities | *humanistik* | הומאַניסטיק נ |
| humor | *humor* | הומאָר ז (ן) |
| humorist | *humorist* | הומאָריסט ז (ן) |
| humorous | *humoristish* | הומאָריסטיש |
| hen, chicken | *hun* | הון נ (הינער) |
| hunger; famine | *hunger* | הונגער ז |
| hungry | *hungerik* | הונגעריק |
| starve | *hungeren* | הונגערן (געהונגערט) |
| hundred | *hundert* | הונדערט |
| dog | *hunt* | הונט ז (הינט) |
| cough | *hust* | הוסט ז |
| cough | *husten* | הוסטן (געהוסט) |
| hurrah! | *hura!* | הוראַ ! |
| hurricane | *huragan* | הוראַגאַן ז (ען) |
| wholesale | *hurt* | הורט ז |
| wholesaler | *hurt soicher-hurt sochrim* | הורט־סוחר ז (ים) |
| local | *hig* | היג |
| hygiene | *higyene* | היגיענע נ |
| inhabitant of this locality | *higer* | היגער ז |
| damage | *hezek-hezeikes* | היזק ז (ות) |
| cap | *hitel* | היטל ס (עך/ען) |
| guard, watch | *hiten* | היטן (געהיט/געהיטן) |
| guard | *hiter* | היטער ז (ס) |
| hey! | *hei!* | היי ! |
| hay | *hei* | היי ס |
| pitchfork | *heigopel* | הייגאָפּל ז (ען) |
| raise, lift | *heiben* | הייבן (געהויבן) |
| yeast | *heiven* | הייוון ר |
| small house | *haizel* | הײַזל ס (עך) |
| hoarse | *heizerik* | הייזעריק |
| hut | *haizke* | הײַזקע נ (ס) |
| membrane | *haitel* | הײַטל ס (עך) |
| this year's | *hai yorik, hai yerik* | הײַ־יאָריק, הײַ־יעריק |
| height; elevation | *heich* | הייך נ (ן) |
| cave | *heil* | הייל נ (ן) |
| cure | *heilung* | היילונג נ (ען) |
| holy | *heilik* | הייליק |
| saint | *heiliker* | הייליקער ז |
| heal, cure | *heilen* | היילן (געהיילט) |

| | | |
|---|---|---|
| היים נ (ען) | *heim* | home |
| היימיש | *heimish* | familiar |
| היימלאַנד ס (היימלענדער) | *heimland* | fatherland |
| היימלעך | *heimlech* | cheerful |
| הײַנט | *haint* | today |
| הײַנטיק | *haintik* | of today |
| הייס | *heis* | hot |
| הייסן (געהייסן) | *heisen* | tell, order |
| הײַפיש ז (ן) | *haifish* | shark |
| הייצונג נ | *heitsung* | heating |
| הייצן (געהייצט) | *heitsen* | heat |
| היישעריק ז (ן) | *heisherik* | locust |
| הילכיק | *hilchik* | resounding |
| הילכן (געהילכט) | *hilchen* | resound |
| הילכער ז (ס) | *hilcher* | loudspeaker |
| הילף נ | *hilf* | help |
| הילצערן | *hiltseren* | wooden |
| הימל ז (ען) | *himel* | sky, heaven |
| הימליש | *himlish* | celestial |
| הימען ז (ס) | *himen* | anthem |
| הינד נ (ן) | *hind* | doe |
| הינדל ס (עך) | *hindel* | chick |
| הינטיש | *hintish* | canine; mean |
| הינטל ס (עך) | *hintel* | puppy |
| הינטן | *hinten* | behind |
| הינטן ז (ס) | *hinten* | back, rear |
| הינטערגרונט ז (ן) | *hintergrunt* | background |
| הינטערשטעליק | *hintershtelik* | backward |
| הינערשטאַל נ (ן) | *hinershtal* | roost |
| הינקעדיק | *hinkedik* | limping, lame |
| הינקען (געהינקט/געהונקען) | *hinken* | limp |
| היסטאָריע נ (ס) | *historye* | history; story |
| היסטאָריקער ז (ס) | *historiker* | historian |
| היסטעריע נ (ס) | *histerye* | hysteria |
| היסטעריש | *histerish* | hysterical |
| היענע נ (ס) | *hiene* | hyena |
| היפאָטעז ז (ן) | *hipotez* | hypothesis |
| היפאָטעטיש | *hipotetish* | hypothetical |
| היפאָטעק נ (ן) | *hipotek* | mortgage |
| היפאָקריט ז (ן) | *hipokrit* | hypocrite |
| היפנאָז ז | *hipnoz* | hypnosis |
| היפנאָטיזירן (היפנאָטיזירט) | *hipnotiziren* | hypnotize |
| היפש | *hipsh* | considerable |
| היץ נ (ן) | *hits* | heat; fever |
| היצעל ז (ס/היצלעס) | *hitsel* | dogcatcher |
| הירש ז (ן) | *hirsh* | deer (stag) |
| הכנסה נ (הכנסות) | *hachnose* / *hachnoses* | income |
| הכשר ז (ים) | *hechsher-hechsheirim* | rabbinical permit |
| הלוואה נ (הלוואות) | *halvoe-halvoes* | loan |
| הלוואי | *halevai* | would that! |
| המון ז (ים/ען) | *hamoin* / *hamoinim* | crowd; rabble |

המן־טאַש ז (ן) *homen tash* triangular Purim cake

המשך ז (ים) *hemshech-hemsheichim* sequel

הנאה נ (הנאות) *hanoe-hanoes* pleasure

הנחה נ (הנחות) *hanoche-hanoches* premise; discount

הסכם ז (ס) *heskem* agreement

הסכם־כּולם ז *heskem kulem* consensus

הספד ז (ים) *hesped-hespeidim* funeral lament

העברעאיש *hebre'ish* Hebrew

העוויה נ (העוויות) *havaye-havayes* grimace

העזה נ *heoze* impudence

העט *het* far away

העכט, *hecht* pike (fish)

העכסט *hechst* highest

העכסטנס *hechstens* at most

העכער *hecher* higher

העכערן (געהעכערט) *hecheren* raise (price, wages); promote

העל *hel* bright, clear

העלד ז (ן) *held* hero

העלדיש *heldish* heroic

העלדישקייט נ (ן) *heldishkeit* heroism

העליקאָפּטער ז (ס) *helikopter* helicopter

העלפאַנד, *helfand* elephant

העלפאַנט ז (ן) *helfant*

העלפט *helft* half

העלפן (געהאָלפן) *helfen* help, aid

העלפער ז (ס) *helfer* helper

העמד ס (ער) *hemd* shirt

הענגל ס (עך) *hengel* bunch (of grapes)

הענגען (געהאָנגען) *hengen* hang

הענדלער ז (ס) *hendler* merchant

הענטל ס (עך) *hentel* handle

הענטשקע נ (ס) *hent'shke* glove

הענקער ז (ס) *henker* hangman

העסלעך *heslech* ugly

העפט ס (ן) *heft* notebook

העפלעך *heflech* polite

העפלעכקייט נ (ן) *heflechkeit* politeness

העצן (געהעצט) *hetsen* incite

העצע נ (ס) *hetse* incitement

העקל ס (עך) *hekel* hatchet

הער ז (ן) *her* gentleman

הערינג ז *hering* herring

הערלעך *herlech* glorious

הערן (געהערט) *heren* hear

הערצאָג ז (ן) *hertsog* duke

הערשן (געהערשט) *hershen* rule, reign

הפקר *hefker* ownerless; licentious

הצלחה נ (הצלחות) *hatsloche-hatsloches* success

הקדמה נ (הקדמות) *hakdome-hakdomes* preface

הרגענען (געהרגעט) *hargenen* kill

השגחה נ *hashgoche* supervision; Providence

השערה נ *hashore* assumption

(השערות) *hashores*

השפעה נ *hashpoe* influence

(השפעות) *hashpoes*

התמדה נ *hasmode* diligence

# ו

ו ז/נ *vov* the 6th letter of the Hebrew alphabet

וואָג נ (ן) *vog* weight; scales

וואַגאָן ז (ען) *vagon* railroad car

וואָגן ז (ס/וועגענער) *vogen* cart, buggy

וואָזנע ז (ס) *vozne* bailiff

וואַזע נ (ס) *vaze* vase

וואַזעלין ז (ען) *vazelin* vaseline

וואַטיקאַן ז *vatikan* Vatikan

וואַטע נ *vate* cotton batting

וואָיען (געוואָיעט) *voyen* howl

וואַך נ (ן) *vach* guard

וואָך נ (ן) *voch* week

וואַכטל ז (ען) *vachtel* quail

וואָכיק *vochik* weekly

וואַכן (געוואַכט) *vachen* keep a vigil

וואָכנבלאַט ס *vochenblat* weekly (publication)

וואָכנדיק *vochendik* weekly

וואָכעדיק *vochedik* everyday, ordinary

וואָל נ *vol* wool

וואַלגערברעט ס (ער) *valgerbret* kneading board

וואַלגערהאָלץ ס (וואַלגערהעלצער) *valgerholts* rolling pin

וואַלגערן (געוואַלגערט) *valgeren* roll

וואַלגערן זיך *valgern zich* be homeless

וואַלד ז (וועלדער) *vald* forest

וואָלוול *volvel* cheap

וואַלוטע נ ס *valute* foreign currency

וואָלט *volt* would, should

וואַליזע נ (ס) *valize* suitcase

וואַלן ר *valen* election

וואָלף ז (וועלף) *volf* wolf

וואַלפיש ז (ן) *valfish* whale

וואָלקן ז (ס) *volken* cloud

וואָלקנדיק *volkendik* cloudy

וואַנדאַל ז (ן) *vandal* vandal

וואַנדאַליזם ז *vandalizm* vandalism

וואַנדערן (געוואַנדערט) *vanderen* wander

וואַנדערער ז (ס) *vanderer* wanderer

וואַנט נ (ווענט) *vant* wall

וואַנע נ (ס) *vane* bathtub

וואַנעט, וואַנען: פון וואַנעט, פון וואַנען *vanet, vanen: fun vanet fun vanen* whence, from where

וואַנץ נ (ן) *vants* bedbug

וואָנצע : (ס) *vontse* mustache

וואָנצעלעך ר *vontselech* whiskers (of an animal)

וואָס *vos* what; who, which, that

וואָס אָנבאַלאַנגט *vos onbalangt* with reference to

וואַסער ס (ן) *vaser* water

וואָסער *voser* what, which

וואַסערפאַל נ (ן) *vaserfal* waterfall

וואַפליע : (ס) *vaflye* waffle

וואָפן ז (ס) *vofen* weapon

וואָפן־שטילשטאַנד ז (ן) *vofen shtilshtand* armistice

וואָקאַל ז (ן) *vokal* vowel

וואַקאַציע נ (ס) *vakatsye* vacation

וואָקזאַל ז (ס) *vokzal* railway station

וואַקלען (געוואַקלט) *vaklen* shake

וואַקלען זיך *vaklen zich* hesitate; shake

וואַקס ז (ן) *vaks* wax

וואַקסן (געוואַקסן) *vaksen* grow

וואָר נ *vor* reality

וואָרהייט נ (ן) *vorheit* truth

וואָרט ס (ווערטער) *vort* word

וואַרטזאַל ז (ן) *vartzal* waiting room

וואַרטן (געוואַרט) *varten* wait

וואָרטש ז (ן) *vort'sh* growl

וואָרטשען (געוואָרטשעט) *vort'shen* growl; grumble

וואָרטשפיל נ/ס (ן) *vort'shpil* pun

וואַרעם *varem* warm

וואָרעם ז (ווערעם) *vorem* worm

וואַרעמען (געוואַרעמט) *varemen* heat

וואַרעמען זיך *varemen zich* warm oneself

וואַרעמעס ס *varemes* warm meal

וואַרעמקייט נ *varemkeit* warmth

וואָרענונג נ (ען) *vorenung* warning

וואָרענען (געוואָרנט) *vorenen* warn

וואָרף ז (ן) *vorf* hurl, throw

וואַרפן (געוואָרפן) *varfen* throw, cast

וואָרצל ז (ען) *vortsel* root

וואָרקען (געוואָרקעט) *vorken* coo

וואַרשטאַט ז (ן) *varshtat* workshop

וואָרשיינלעך *vorshainlech* apparently

וואַשמאַשין נ (ען) *vashmashin* washing machine

| | | |
|---|---|---|
| וואַשן (געוואַשן) | *vashen* | wash |
| וואַשצימער ז (ן) | *vashtsimer* | washroom |
| וווּ | *vu* | where |
| וווּהין | *vuhin* | where to, whither |
| ווויל | *voil* | nice, good |
| וווינונג נ (ען) | *voinung* | dwelling, apartment |
| וווינען (געוווינט) | *voinen* | live, reside |
| ווויען (געוווּיעט) | *voien* | howl |
| וווּלגאַר | *vulgar* | vulgar |
| וווּלקאַן ז (ען) | *vulkan* | volcano |
| וווּנד נ (ן) | *vund* | wound, injury |
| וווּנדער ז (ס) | *vunder* | wonder |
| וווּנדערן (געוווּנדערט) | *vunderen* | astonish, surprise |
| וווּנדערן זיך | *vunderen zich* | wonder, be surprised |
| וווּנטש ז (ן) | *vunt'sh* | wish |
| וווּנק ז (ען) | *vunk* | wink |
| וווּקס ז (ן) | *vuks* | growth |
| וווּרשט ז (ן) | *vursht* | sausage |
| ווי | *vi* | how; as |
| ווי אַזוי | *vi azoi* | how |
| וויאָלאָנטשעל ז (ן) | *vyolont'shel* | cello, violoncello |
| וויאָלעט | *vyolet* | violet |
| וויאָרסט ז (ן) | *vyorst* | verst (Russian measure) |
| וויג נ (ן) | *vig* | cradle |
| וויגליד ס (ער) | *viglid* | lullaby |
| וויגשטול נ (ן) | *vigshtul* | rocking chair |
| וויגן (געוויגט) | *vigen* | swing, rock |
| ווידוי נ (ים) | *vide-viduim* | confession |
| ווידלע | *vidle* | pitchfork |
| ווידמען (געווידמעט) | *vidmen* | dedicate |
| ווידער | *vider* | again |
| ווידערקול ס (ות) | *viderkol* *viderkoiles* | echo |
| ווידערשטאַנד ז | *vidershtand* | resistance |
| וויזיט ז (ן) | *vizit* | visit |
| וויזע נ (ס) | *vize* | visa |
| וויטאַמין ז (ען) | *vitamin* | vitamin |
| וויטרינע נ (ס) | *vitrine* | shop window |
| ווײ ! | *vei!* | alas, woe! |
| ווײַב ס/נ (ער) | *vaib* | wife |
| ווײַבלעך | *vaiblech* | feminine; female |
| וויידל ז (ען) | *veidel* | tail |
| ווײַזן (געוויזן) | *vaizen* | show |
| ווײַט | *vait* | far |
| ווייטיק ז (ן) | *veitik* | pain |
| ווײַטיק | *vaitik* | remote |
| ווייטיקדיק | *veitikdik* | painful |
| ווייטיקן (געווייטיקט) | *veitiken* | ache |
| ווײַטער | *vaiter* | further |

|  |  |  |
|---|---|---|
| soft | ווייך | *veich* |
| softness | ווייכקייט נ | *veichkeit* |
| because; as long as | ווײַל | *vail* |
| elect | וויילן (געווײלט) | *veilen* |
| stay | ווײַלן (געווײַלט) | *vailen* |
| enjoy oneself | ווײַלן זיך | *vailen zich* |
| while | ווײַלע נ (ס) | *vaile* |
| wine | ווײַן ז (ען) | *vain* |
| vineyard | ווײַנגאָרטן ז (ס/ווײַנגערטנער) | *vaingorten* |
| tail | וויינדל ז (עך) | *veindel* |
| grape | ווײַנטרויב נ (ן) | *vaintroib* |
| few | ווייניק | *veinik* |
| at least | ווייניקסטנס | *veinikstens* |
| weep | וויינען (געוויינט) | *veinen* |
| vine | ווײַנשטאָק ז (ן) | *vainshtok* |
| white | ווײַס | *vais* |
| white (of eye, egg) | ווײַסל ס (עך) | *vaisel* |
| Vistula (a river in Poland) | ווײַסל נ | *vaisel* |
| blow; winnow | ווייען (געווייעט) | *veien* |
| wheat | ווייץ ז | *veits* |
| wheaten, made of wheat | ווייצן | *veitsen* |
| soak | ווייקן (געווייקט) | *veiken* |
| debate | וויכּוח ז (ים) | *vikuech-vikuchim* |
| important | וויכטיק | *vichtik* |
| importance | וויכטיקייט נ | *vichtikeit* |
| wild | ווילד | *vild* |
| weed | ווילדגראָז ס (ן) | *vildgroz* |
| rampage | ווילדעווען (געווילדעוועט) | *vildeven* |
| wilderness | ווילדעניש נ (ן) | *vildenish* |
| willing | וויליק | *vilik* |
| will | ווילן ז (ס) | *vilen* |
| intentionally | ווילנדיק | *vilendik* |
| wind | ווינט ז (ן) | *vint* |
| windy | ווינטיק | *vintik* |
| breeze | ווינטל ס (עך) | *vintel* |
| windmill | ווינטמיל נ (ן) | *vintmil* |
| winter | ווינטער ז (ס) | *vinter* |
| wintry | ווינטערדיק | *vinterdik* |
| wish | ווינטשונג נ (ען) | *vint'shung* |
| wish | ווינטשן (געווונטשן) | *vint'shen* |
| little | ווינציק | *vintsik* |
| at least | ווינציקסטנס | *vintsikstens* |
| corner; angle | ווינקל ז (ען) | *vinkel* |
| cornerstone | ווינקלשטיין ז (ער) | *vinkelshtein* |
| wink | ווינקען (געווונקען) | *vinken* |

וויסט *vist* desolate

וויסטעניש נ (ן) *vistenish* wasteland; desert

וויסיק *visik* conscious

וויסן ס *visen* knowledge

וויסן *visen* (געוווּסט) know

וויסנדיק *visendik* knowingly

וויסנשאַפט נ (ן) *visenshaft* science; knowledge

וויפל *vifel* how many; how much

וויפלט *vifelt* what, which (in order)

וויץ ז (ן) *vits* joke

וויציק *vitsik* witty

וויצלען זיך *vitslen zich* (געוויצלט) joke

וויקלען *viklen* (געוויקלט) wrap

ווירטשאַפט נ (ן) *virt'shaft* economy

ווירקונג נ (ען) *virkung* effect

ווירקלעך *virklech* real; indeed

ווירקלעכקייט נ *virklechkeit* reality

ווירקן *virken* (געווירקט) effect

ווישן *vishen* (געווישט) wipe

וועבן *veben* (געוועבט) weave

וועבער ז (ס) *veber* weaver

וועבשטול נ (ן) *vebshtul* loom

וועג ז (ן) *veg* way, road

וועגן *vegen* (געווויגן) weigh

וועגן *vegen* about, regarding

וועווערקע נ (ס) *veverke* squirrel

וועזן ס (ס) *vezen* being; fuss

וועט ז (ן) *vet* bet

וועטן זיך *veten zich* (געוועט) bet

וועטער ז/ס (ן) *veter* weather

וועטערינאַר ז (ן) *veterinar* veterinarian

וועטשערע נ (ס) *vet'shere* supper

וועכטער ז (ס) *vechter* guard

וועל *vel* shall, will
(איך וועל, דו וועסט, ער וועט, מיר וועלן, איר וועט, זיי וועלן)

וועלדל ס (עך) *veldel* grove

וועלט נ (ן) *velt* world

וועלטלעך *veltlech* secular

וועלט־מלחמה נ (־מלחמות) *velt milchome* World War

וועלכער, וועלכע, וועלכעס *velcher, velche, velches* which, what; who, that

וועלן *velen* (געוואָלט) want, wish

וועמען *vemen* whom

וועמענס, וועמעס *vemens, vemes* whose

ווען *ven* when

ווענדן *venden* (געווענדט/געוואָנדן) turn

| | | |
|---|---|---|
| ווענטילאַטאָר ז (ן) | ventilator | ventilator |
| ווענטקע נ (ס) | ventke | fishing rod |
| וועסטל ס (עך) | vestel | vest |
| וועסלע נ (ס) | vesle | oar |
| וועקזייגער ז (ס) | vekzeiger | alarm clock |
| וועקן (געוועקט) | veken | awaken, wake |
| וועקסל ז (ען) | veksel | promissory note |
| ווער | ver | who |
| וועראַנדע נ (ס) | verande | veranda |
| ווערבֿ ז (ן) | verb | verb |
| ווערבֿע נ (ס) | verbe | willow |
| ווערגן (געוואָרגן) | vergen | choke |
| ווערדיק | verdik | dignified |
| ווערדע נ (ס) | verde | dignity |
| ווערט | vert | worthy |
| ווערט נ/ז (ן) | vert | worth; value |
| ווערטל ס (עך) | vertel | saying |
| ווערטערבֿוך ס/ז (ווערטערבֿיכער) | verterbuch | dictionary |
| ווערטערשפּיל נ/ס (ן) | vertershpil | pun |
| ווערן (געוואָרן) | veren | become |
| ווערף נ/ז (ן) | verf | wharf |
| ווערק ס | verk | opus, work of art |
| ווערקשטאַט ז/נ (ן) | verkshtat | workshop |
| וועש ס | vesh | laundry |
| וועשערין נ (ס) | vesherin | laundress |

# ז

| | | |
|---|---|---|
| ז ז/נ | zayen | the 7th letter of the Hebrew alphabet |
| זאָאָלאָגיע נ | zoologye | zoology |
| זאָאָלאָגיש | zoologish | zoological |
| זאָגן (געזאָגט) | zogen | say |
| זאַווערוכע נ (ס) | zaveruche | blizzard |
| זאַט | zat | satisfied, full |
| זאָטל ז/ס (ען) | zotel | saddle |
| זאַטקייט נ | zatkeit | satiety |
| זאַך נ (ן) | zach | thing |
| זאַכוואָרט ס (זאַכווערטער) | zachvort | noun |
| זאַכלעך | zachlech | neuter (gender) |
| זאַל ז (ן) | zal | hall |
| זאָל לעבֿן ! | zol leben | long live! |
| זאַלבֿ נ (ן) | zalb | ointment |
| זאַלבֿן (געזאַלבֿט) | zalben | anoint |
| זאָלן (געזאָלט) | zolen | ought, should |
| זאַלץ ס/נ (ן) | zalts | salt |

זאַלצן *zaltsen* salt
(געזאַלצט)

זאַמד ס/ז (ן) *zamd* sand

זאַמדיק *zamdik* sandy

זאַמלונג נ (ען) *zamlung* collection

זאַמלען *zamlen* collect
(געזאַמלט)

זאַמלער ז (ס) *zamler* collector

זאַמען זיך *zamen zich* linger
(געזאַמט)

זאַנג נ (ען) *zang* stalk; ear (of corn)

זאַנגענבינטל ס (עך) *zangenbintel* sheaf

זאָנע נ (ס) *zone* zone

זאַפט ז (ן) *zaft* sap, juice

זאַפטיק *zaftik* juicy

זאַץ ז (ן) *zats* sentence

זאַק ז (זעק) *zak* sack, bag

זאָק ז (ן) *zok* sock; stocking

זאָרג נ (ן) *zorg* care, worry

זאָרגן *zorgen* care
(געזאָרגט)

זויבער *zoiber* clean

זויג־חיה נ (־חיות) *zoig chaye* mammal

זויגן *zoigen* suck
(געזויגט)

זויל נ (ן) *zoil* sole (of a shoe)

זוים ז/נ (ען) *zoim* hem

זוימען ז (ס) *zoimen* seed; offspring

זוימען זיך *zoimen zich* linger
(געזוימט)

זויער *zoier* sour

זויערטייג ס *zoierteig* leaven

זויערשטאָף ז *zoiershtof* oxygen

זויפן *zoifen* guzzle
(געזויפט)

זויפער ז (ס) *zoifer* drunkard

זוכן *zuchen* look for, seek
(געזוכט)

זומזען *zumzen* buzz
(געזומזעט)

זומער ז (ס) *zumer* summer

זומערדיק *zumerdik* summery

זומער־פייגעלע ס (ך) *zumerfeigele* butterfly

זומער־שפּרענקעלע ס (ך) *zumershprenkele* freckle

זומפּ ז (ן) *zump* swamp

זומפּיק *zumpik* swampy

זון ז (זין) *zun* son

זון נ (ען) *zun* sun

זון־אויפגאַנג ז (ען) *zun oifgang* sunrise

זון־אונטערגאַנג ז (ען) *zun untergang* sunset

זונה נ (זונות) *zoine-zoines* prostitute

זונטאָג, *zuntog* זונטיק ז (ן) *zuntik* Sunday

זוניק *zunik* sunny

זון־פאַרגאַנג ז (ען) *zun fargang* sunset

זון־פאַרטונקלונג נ (ען) *zun fartunklung* solar eclipse

זונרויז נ (ן) *zunroiz* sunflower

זופ נ (ן) *zup* soup

זופן (געזופט) *zupen* sip

זי *zi* she

זיבן *ziben* seven

זיבעציק *zibetsik* seventy

זיבעצן *zibetsen* seventeen

זיג ז (ן) *zig* victory

זיגזאַג ז (ן) *zigzag* zigzag

זיגל ז/ס (ען) *zigel* seal

זיגן (געזיגט) *zigen* conquer

זיגער ז (ס) *ziger* conqueror

זידלען (געזידלט) *zidlen* revile, scold

זידן (געזאָדן) *ziden* seethe, boil

זיווג ז (ים) *ziveg-zivugim* match

זיי *zei* they; them

זייגן (געזייגט) *zeigen* suckle, nurse

זײַ געזונט! *zai gezunt* goodbye, be well!

זייגער ז (ס) *zeiger* clock

זייגערל ס (עך) *zeigerel* watch

זייגער־מאַכער ז (ס) *zeiger macher* watchmaker

זייגקינד ס (ער) *zeigkind* infant

זײַד ס/נ *zaid* silk

זײַדן *zaiden* silken

זיידע ז (ס) *zeide* grandfather

זײַט נ (ן) *zait* side; page

זײַל ז (ן) *zail* pillar

זײַן (געװען/געװעזן) *zain* be

זייען (געזייט) *zeien* sow

זייער אדי, אדוו *zeier* their; very

זייף נ/ס (ן) *zeif* soap

זייפבלעזל ס (עך) *zeifblezel* soap bubble

זיכּרון ז (זכרונות) *zikoren zichroines* memory

זיך *zich* oneself

זיך־אַדרעסירט *zich adresirt* self-addressed

זיכער *zicher* sure; safe

זיכערקייט נ *zicherkeit* safety

זיך־פאַרטיידיקונג נ *zich farteidikung* self-defense

זילבער ס *zilber* silver

זילבערן *zilberen* silvery

זין ז *zin* sense

זינגען (געזונגען) *zingen* sing

זינגער ז (ס) *zinger* singer

זינד נ *zind* sin

זינדיק *zindik* sinful

זינדיקן (געזינדיקט) *zindiken* sin

זינדיקער ז *zindiker* sinner

זינט *zint* since

זינען ז *zinen* sense

זינקען (געזונקען) *zinken* sink

זיס *zis* sweet

זיסקייט נ *ziskeit* sweetness

זיפּ נ (ן) *zip* sieve

זיפּן *zipen* (געזיפּט) — sift
זיפֿץ ז (ן) *zifts* — sigh
זיפֿצן *ziftsen* (געזיפֿצט) — sigh
זיץ ז (ן) *zits* — seat
זיצונג נ (ען) *zitsung* — meeting; session
זיצן *zitsen* (געזעסן) — sit
זכות ז *zchus* (ן/ים) *zchusim* — merit
זכר ז (ים) *zocher-zchorim* — male
— לשון־זכר ס *loshen zocher* — masculine (gender)
זלידנע *zlidne* — annoying
זמן ז (ים) *zman-zmanim* — term; semester
זמרל ס (עך) *zemerel* — Chasidic tune
זעברע נ (ס) *zebre* — zebra
זעג נ (ן) *zeg* — saw
זעגל ז (ען) *zegel* — sail
זעגלשיף נ (ן) *zegelshif* — sailboat
זעגן *zegen* (געזעגט) — saw
זעגעכץ ס *zegechts* — sawdust
זעט נ *zet* — satiety
זעטיקונג נ *zetikung* — saturation
זעטיקן *zetiken* (געזעטיקט) — satiate
זעכציק *zechtsik* — sixty
זעכצן *zechtsen* — sixteen
זעלבּסט *zelbst* — self

זעלבּסטמאָרד ז (ן) *zelbstmord* — suicide
זעלבּשוץ ז/נ *zelbshuts* — self-defense
זעלבּשטענדיק *zelbshtendik* — independent
זעלבּשטענדיקייט נ *zelbshtendikeit* — independence
זעלטן *zelten* — rare
זעלטנקייט נ (ן) *zeltenkeit* — rarity
זעלנער ז *zelner* — soldier
זעמל נ/ז *zemel* — roll, bun
זען, זעען *zen, zeen* (געזען, געזעען) — see
זעער ז (ס) *zeer* — seer; prophet
זעץ ז (ן) *zets* — blow, knock
זעצן *zetsen* (געזעצט) — seat, place
זעצער ז (ס) *zetser* — typesetter
זעקל ס (עך) *zekel* — pouch
זעקס *zeks* — six
זשאַבּע נ (ס) *zhabe* — frog
זשאַווער ז *zhaver* — rust
זשאַווערן *zhaveren* (געזשאַווערט) — rust
זשאַלעווען *zhaleven* (געזשאַלעוועט) — economize; spare; begrudge
זשאַרגאָן ז (ען) *zhargon* — jargon
זשוזשען *zhuzhen* (געזשוזשעט) — buzz, hum
זשוליק ז (עס) *zhulik* — crook
זשום ז (ען) *zhum* — buzz, hum

זשומזשע נ (ס) bumblebee
zhumzhe

זשופּיצע נ (ס) zhupitse frock
(worn by Chasidim)

זשוק ז (עס) beetle
zhuk

זשורנאַל ז (ן) journal
zhurnal

זשורנאַליסט ז (ן) journalist
zhurnalist

זשיפּען zhipen breathe heavily
(געזשיפּעט)

זשיראַף ז (ן) zhiraf giraffe

זשלאָב ז (עס) zhlob boor

זשע zhe so, then

זשעסט ז (ן) zhest gesture

# ח

ח ח״נ ches the 8th letter of the Hebrew alphabet

חאַלווע, כאַלווע נ (ס) halvah
chalve

חאַמסין ז (ען) chamsin chamsin
(כאַמסין) (a hot wind that reaches Israel from the desert)

חבר ז (ים) friend; comrade
chaver-chaveirim

חגא ז (ות) Christian holiday
choge-choges

חדר ז (ים) cheder
(Jewish religious school)
cheider-chadorim

חוב ז (ות) choiv- debt
choives

חודש ז choidesh month
(חדשים) chadoshim

חוזק ז mockery, ridicule
choizek

חומש ז (ים) Chumash, Pentateuch
chumesh-chumoshim

חופּה נ wedding canopy
(חופּות) chupe-chupes

חוץ chuts except

חוצפּה נ impudence, nerve
chutspe

חורבן ז (ות) destruction, ruin
churben-churbones

חוש ז (ים) chush- sense
chushim

חושד זײַן suspect
(חושד געווען) choished zain

חזיר ז (ים) chazer- pig
chazeirim

חזיר־ניסל ס (עך) acorn
chazer nisel

חזיר־שטאַל נ/ז (ן) pigsty
chazer shtal

חזן ז (ים) chazen- cantor
chazonim

חיבור ז (ים) *chiber-chiburim* addition; treatise

חיה נ (חיות) *chaie-chaies* animal

חינוך ז *chinech* education

חיסור ז *chiser* subtraction

חיסרון ז (חסרונות) *chisoren-chesroines* fault, defect

חכם ז (ים) *chochem-chachomim* wise man

חכמה נ (חכמות) *chochme chochmes* wisdom; wit

חלה נ (חלות) *chale-chales* challah

חלום ז (ות) *cholem-chaloimes* dream

חלומען (געחלומט) *cholemen* dream

חלוץ ז (ים) *cholets/choluts-chalutsim* pioneer (in Erets Yisroel)

חלילה־וחס *cholile vechas* God forbid!

חלשן (געחלשט) *chaleshen* faint

חמץ ז/ס *chomets* leavened bread

חן ז (ען) *chein-cheinen* charm

חנוכּה ז *chanike* Hanukkah

חניפה נ (חניפות) *chanife chanifes* flattery

חנפענען (געחנפעט) *chanfenen* flatter

חס־וחלילה *chas vecholile* God forbid!

חסיד ז (ים) *chosid-chsidim* Hasid

חסידיזם ז *chasidizm* Hasidism

חרטה נ *charote* regret

חרטה האָבן *charote hoben* regret

חרם ז (ס/ים) *cheirem-cheirems/charomim* ban

חרפּה נ (חרפּות) *charpe charpes* disgrace

חשבּון ז (ות) *cheshben cheshboines* account; calculation

חשד ז (ים) *chshad-chshodim* suspicion

חשוב *choshev* respected

חשק ז *cheishek* desire

חתונה נ (חתונות) *chasene-chasenes* marriage

חתן ז (ים) *chosen-chasanim* bridegroom

# ט

ט ז/נ *tes* the 9th letter of the Hebrew alphabet

טאַבאַק ז (ן) *tabak* tobacco

טאַביק ז *tabik* tobacco; snuff

טאָג ז (טעג) *tog* day

טאָגבוך ס (טאָגביכער) *togbuch* diary

טאָג־טעגלעך *tog teglech* day-to-day

טאָגן (געטאָגט) *togen* dawn

טאָגצײַטונג נ (ען) *togtsaitung* daily (a newspaper)

טאָוול ז (ען) *tovel* board

טאַטע ז (ס) *tate* dad, father

טאָטער ז (ן) *toter* Tatar

טאַטעשי ז (ס) *tateshi* daddy

טאָטשען (געטאָטשעט) *tot'shen* nag

טאַטשקע נ (ס) *tat'shke* wheelbarrow

טאָכטער נ (טעכטער) *tochter* daughter

טאָל ז (ן) *tol* valley

טאַלאַנט ז (ן) *talant* talent

טאַלאַנטירט *talantirt* talented

טאָלכל ס (עך) *tolchel* dale

טאָלער ז (ס) *toler* dollar

טאָלערירן (טאָלערירט) *toleriren* tolerate

טאָלק ז *tolk* order; sense

טאָמאַט ז (ן) *tomat* tomato

טאָמער *tomer* perhaps; if

טאָן ז (טענער) *ton* tone; tune; accent

טאָן ז (ען) *ton* ton

טאָן (געטאָן) *ton* do

טאַנץ ז (טענץ) *tants* dance

טאַנצן (געטאַנצט) *tantsen* dance

טאַנק ז (ען) *tank* tank

טאָפּ ז (טעפּ) *top* pot

טאָפּטשען (געטאָפּטשעט) *topt'shen* plod; trudge

טאָפּל *topel* double

טאַפּן (געטאַפּט) *tapen* touch; grope

טאַפּעטירן (טאַפּעטירט) *tapetiren* upholster

טאַפּעטירער, טאַפּעציִרער ז (ס) *tapetirer, tapetsirer* upholsterer

טאַפּעטן ר *tapeten* wallpaper

טאַץ נ/ז (ן) *tats* tray

טאַקט ז (ן) *takt* tact

טאַקסי ז/נ (ס) *taksi* taxicab

טאָקסין ז (ען) *toksin* toxin

טאַקע *take* indeed

טאַראַקאַן ז (עס) *tarakan* cockroach

טאָרבע נ (ס) *torbe* sack

טאַריף ז (ן) *tarif* tariff

טאָרן *toren* (געטאָרט) be allowed

— ניט טאָרן *nit toren* be forbidden

טאָרנאַדאָ ז (ס) *tornado* tornado

טאַרעראַם ז (ען) *tareram* tumult

טאָרפּעדע נ (ס) *torpede* torpedo

טאָרף ז *torf* turf; peat

טאָרקלען *torklen* (געטאָרקלט) coo

טאַש נ/ז (ן) *tash* pocket

טבע נ (ס) *teve-teves* nature; character

טובה נ *toive-toives* (טובות) favor

טוי ז (ען) *toi* dew

טויב *toib* deaf

טויב נ (ן) *toib* pigeon, dove

טויבנשלאַק ז (ן) *toibenshlak* pigeon coop

טויגן *toigen* (געטויגט) be good for; be of use

טויזנט *toizent* thousand

טויט *toit* dead

טויט ז (ן) *toit* death

טויטשטראָף נ *toit'shtrof* capital punishment

טויער ז (ן) *toier* gate

טויפן *toifen* (געטויפט) baptize

טוישן *toishen* (געטוישט) change, exchange

טוך ס (טיכער) *tuch* cloth

טוליען *tulyen* (געטוליעט) clasp, nestle

טולפּאַן ז (ען) *tulpan* tulip

טומל ז (ען) *tumel* noise

טומלדיק *tumeldik* noisy

טומלען *tumlen* (געטומלט) make noise

טון *tun* (געטון) do

טונעל ז (ן) *tunel* tunnel

טונק ז (ען) *tunk* dip

טונקל *tunkel* dim; obscure

טונקען *tunken* (געטונקען) dip

טונקער ז (ס) *tunker* diver

טוער ז (ס) *tuer* active person

טופּען *tupen* (געטופּעט) stamp (one's foot)

טוץ ז (ן) *tuts* dozen

טוריסט ז (ן) *turist* tourist

טורמע נ (ס) *turme* prison

טורעם ז (ס) *turem* tower

טוש ז (ן) *tush* India (Indian) ink; shower

טיאָכקען *tyochken* (געטיאָכקעט) throb

טיגער ז (ס) *tiger* tiger

טיטל ז (ען) *titel* title

| | | |
|---|---|---|
| טיי נ (ען) | *tei* | tea |
| טייג ס (ן) | *teig* | dough |
| טײַוול ז (טײַוואָלים/טײַוולאָנים) | *taivel* | devil |
| טײַוולאָניש | *taivlonish* | diabolical |
| טייטל ז/נ (ען) | *teitel* | date (fruit) |
| טײַטל ז (ען) | *taitel* | pointer |
| טײַטלען (געטײַטלט) | *taitlen* | point |
| טײַטש ז/נ (ן) | *tait'sh* | meaning |
| טײַטשן (געטײַטשט) | *tait'shen* | interpret |
| טײַך ז (ן) | *taich* | river |
| טײַכל ס (עך) | *taichel* | creek, brook |
| טייל ז/נ (ן) | *teil* | part; portion |
| טיילונג נ (ען) | *teilung* | division |
| טיילמאָל | *teilmol* | sometimes |
| טיילן (געטיילט) | *teilen* | divide |
| טיילער ז (ס) | *teiler* | denominator |
| טײַסטער ז (ס) | *taister* | purse |
| טײַער | *taier* | dear |
| טיכל ס (עך) | *tichel* | kerchief |
| טינט נ (ן) | *tint* | ink |
| טינטער ז (ס) | *tinter* | inkwell |
| טינק ז/נ | *tink* | plaster |
| טיפּ ז (ן) | *tip* | type |
| טיפּיש | *tipish* | typical |
| טיפּש ז (ים) | *tipesh-tipshim* | fool |
| טיפּשות ס | *tipshes* | foolishness |
| טיף | *tif* | deep |
| טיפוס ז | *tifus* | typhus |
| טיפקייט נ (ן) | *tifkeit* | depth |
| טיקטאַק ז | *tiktak* | tick-tock |
| טיר נ (ן) | *tir* | door |
| טיראַן ז (ען) | *tiran* | tyrant |
| טיראַניש | *tiranish* | tyrannical |
| טירגלעקל ס (עך) | *tirglekel* | doorbell |
| טירחה נ (טירחות) | *tirche-tirches* | trouble |
| טיש ז (ן) | *tish* | table |
| טישטעך ס/ז (ער) | *tishtech* | tablecloth |
| טלאָ נ (ען) | *tlo* | hoof |
| טליִען (געטליִעט) | *tlien* | smolder |
| טלית ז (ים) | *tales-taleisim* | tallith (Jewish prayer shawl) |
| טעאַטער ז (ס) | *teater* | theater |
| טעאָלאָגיע נ | *teologye* | theology |
| טעאָריע נ (ס) | *teorye* | theory |
| טעאָרעטיקער ז (ס) | *teoretiker* | theoretician |
| טעגלעך | *teglech* | daily |
| טעות ז/ס (ן/ים) | *toes-toesen/teusim* | mistake |
| טעזיס ז (ן) | *tezis* | thesis |
| טעטיק | *tetik* | active |
| טעטיקייט נ (ן) | *tetikeit* | activity |
| טע־טע־טע! | *te te te!* | well, well! |
| טעכנאָלאָגיע נ | *technologye* | technology |
| טעכניק נ (עס) | *technik* | technique |

| | | |
|---|---|---|
| טעכניקער ז (ס) | *techniker* | technician |
| טעכניש | *technish* | technical |
| טעלעגראַמע נ (ס) | *telegrame* | telegram |
| טעלעגראַף ז (ן) | *telegraf* | telegraph |
| טעלעוויזיע נ | *televizye* | television |
| טעלעפאָן ז (ען) | *telefon* | telephone |
| טעלעפאָנירן (טעלעפאָנירט) | *telefoniren* | telephone, communicate by telephone |
| טעלעפאָניש | *telefonish* | by telephone |
| טעלעקס ז (ן) | *teleks* | telex |
| טעלער ז (ס) | *teler* | plate |
| טעלער־לעקער ז (ס) | *teler leker* | toady, bootlicker |
| טעלערל ס (עך) | *telerel* | saucer |
| טעם ז (ען/ים) | *taam-taamen/taamim* | taste; reason |
| טעמע נ (ס) | *teme* | theme, topic |
| טעמפ | *temp* | dull |
| טעמפאָ ז (ס) | *tempo* | tempo, pace |
| טעמפעראַטור נ (ן) | *temperatur* | temperature |
| טעמפעראַמענט ז (ן) | *temperament* | temperament |
| טענדענץ נ (ן) | *tendents* | tendency |
| טענה נ (טענות) | *taine-taines* | complaint; claim |
| טענהן (געטענהט) | *tainen* | argue; plead |
| טעניס ז | *tenis* | tennis |
| טענענבוים ז (טענענביימער) | *tenenboim* | spruce |
| טענצער ז (ס) | *tentser* | dancer masc |
| טענצערין נ (ס) | *tentserin* | dancer fem |
| טעפוואַרג ס | *tepvarg* | pottery |
| טעפער ז (ס) | *teper* | potter |
| טעצל ס (עך) | *tetsel* | saucer |
| טעקסט ז (ן) | *tekst* | text |
| טעקסטיל ז (ן) | *tekstil* | textile |
| טעקע נ (ס) | *teke* | briefcase |
| טעראַסע נ (ס) | *terase* | terrace |
| טעראָר ז | *teror* | terror |
| טעראָריסט ז (ן) | *terorist* | terrorist |
| טעריטאָריע נ (ס) | *teritorye* | territory |
| טעריטאָריעל | *teritoryel* | territorial |
| טערמאָמעטער ז (ס) | *termometer* | thermometer |
| טערמיט ז (ן) | *termit* | termite |
| טערמין ז (ען) | *termin* | term |
| טערמינאָלאָגיע נ (ס) | *terminologye* | terminology |
| טערק ז (ן) | *terk* | Turk |
| טערקײַ [נ] | *terkai* | Turkey |

| | | |
|---|---|---|
| טערקיש | *terkish* | Turkish |
| טערקלטויב נ (ן) | *terkeltoib* | turtledove |
| טפו! | *tfu!* | phooey! pugh! |
| טראַגיש | *tragish* | tragic |
| טראָגן (געטראָגן) | *trogen* | carry |
| טראַגעדיע נ (ס) | *tragedye* | tragedy |
| טראָגער ז (ס) | *troger* | bearer |
| טראַדיציאָנעל | *traditsyonel* | traditional |
| טראַדיציע נ (ס) | *traditsye* | tradition |
| טראָט ז (טריט) | *trot* | step, pace |
| טראָטואַר ז (ן) | *trotuar* | sidewalk |
| טראַך! | *trach!* | bang! crash! |
| טראַכטן (געטראַכט) | *trachten* | think |
| טראַמוויי ז (ען) | *tramvai* | streetcar |
| טראָן ז (ען) | *tron* | throne |
| טראַנסיסטאָר ז (ן) | *transistor* | transistor |
| טראַנסליטערירן (טראַנסליטערירט) | *transliteriren* | transliterate |
| טראַנספּאָרט ז (ן) | *transport* | transport; shipment |
| טראַנספּאָרטירן (טראַנספּאָרטירט) | *transportiren* | transport |
| טראַנספער ז (ן) | *transfer* | transfer |
| טראַסק ז (עס/ן) | *trask* | bang, crash |
| טראַסקען (געטראַסקעט) | *trasken* | bang, clatter |
| טראָפּ ז | *trop* | accent; stress |
| טראָפּיק ז (ן) | *tropik* | tropic |
| טראָפּיש | *tropish* | tropical |
| טראָפּן ז (ס) | *tropen* | drop |
| טראַף ז (ן) | *traf* | syllable; chance |
| טראָץ דעם | *trots dem* | nevertheless, yet |
| טראַקטאַט ז (ן) | *traktat* | tractate, treatise |
| טראַקטאָר ז | *tractor* | tractor |
| טרוים ז (ען) | *troim* | dream |
| טרוימען (געטרוימט) | *troimen* | dream |
| טרויער ז | *troier* | grief |
| טרויעריק | *troierik* | sad |
| טרויערן (געטרויערט) | *troieren* | mourn, grieve |
| טרומייט ז (ן) | *trumeit* | trumpet |
| טרומייטערן (טרומייטערט) | *trumeiteren* | trumpet; blow |
| טרונק ז (ען) | *trunk* | drink |
| טרוסקאַפּקע נ (ס) | *truskafke* | strawberry |
| טריט ז | *trit* | step |
| טרײַ | *trai* | faithful |
| טרײַבן (געטריבן) | *traiben* | drive; chase |
| טרייסט נ (ן) | *treist* | consolation |

| | | |
|---|---|---|
| טרייסטן (געטרייסט) | *treisten* | console |
| טרייסלען (געטרייסלט) | *treislen* | shake |
| טרייף | *treif* | non-kosher |
| טרינקען (געטרונקען) | *trinken* | drink |
| טריפן (געטריפט) | *trifen* | drip |
| טריקאָטאַזש ז | *trikotazh* | knitwear |
| טריקעניש נ (ן) | *trikenish* | drought |
| טריקענען (געטריקענט) | *trikenen* | dry |
| טרעגער ז (ס) | *treger* | porter |
| טרעטן (געטראָטן) | *treten* | tread |
| טרעפ נ | *trep* | stair |
| טרעפן (געטראָפן) | *trefen* | guess; meet |
| טרער נ (ן) | *trer* | tear |
| טשאַד ז | *t'shad* | carbon monoxide |
| טשאַטע נ (ס) | *t'shate* | flock (of animals) |
| טשאַטעווען (געטשאַטעוועט) | *t'shateven* | lurk |
| טשאַטשקע נ (ס) | *t'shat'shke* | bauble; flower |
| טשאָלנט ז (ן) | *t'sholent* | tsholent (a traditional Sabbath dish) |
| טשוואָק ז (טשוועקעס) | *t'shvok* | nail |
| טשופרינע נ (ס) | *t'shuprine* | forelock |
| טשײַניק ז (עס) | *t'shainik* | teapot |
| — האַקן אַ טשײַניק | *haken a t'shainik* | bother, talk nonsense |
| טשיפמאָנק ז (ן) | *t'shipmonk* | chipmunk |
| טשיקאַווע | *t'shikave* | curious |
| טשעך ז (ן) | *t'shech* | Czech |
| טשעכאָסלאָוואַקיע [נ] | *t'shechoslovakye* | Czechoslovakia |
| טשעכיש | *t'shechish* | Czech |
| טשעלאָ ז (ס) | *t'shelo* | cello |
| טשעמאָדאַן ז (עס) | *t'shemodan* | valise |
| טשעפען (געטשעפעט) | *t'shepen* | bother; touch |
| טשעק ז (ן) | *t'shek* | check, cheque |
| טשערעפאַכע נ (ס) | *t'sherepache* | tortoise; turtle |

# י

י נ/ז *yud* the 10th letter of the Hebrew alphabet
יאָ *yo* yes, yea
יאָג נ (ן) *yog* chase
יאַגדע נ (ס) *yagde* berry
יאָגורט ז (ן) *yogurt* yoghurt, yogurt
יאָגן (געיאָגט) *yogen* chase
יאָגעניש ס *yogenish* haste
יאָד ז *yod* iodine
יאָדלע נ (ס) *yodle* fir
יאָדלען (געיאָדלט) *yodlen* yodel
יאוש ז *yiesh* despair
יאַט ז (ן) *yat* chap
יאַטקע : (ס) *yatke* butcher shop
יאָך ז/נ (ן) *yoch* yoke
יאַכט ז (ן) *yacht* yacht
יאָלד ז (ן) *yold* dupe, sucker
יאָמער ז (ן) *yomer* lament
יאָמערן (געיאָמערט) *yomeren* lament
יאַנואַר ז (ן) *yanuar* January
יאַסמין ז (ען) *yasmin* jasmine
יאַפּאַן [ס] *yapan* Japan
יאַפּאַניש *yapanish* Japanese
יאַפּאַנער ז *yapaner* Japanese
יאַר ז (ן) *yar* ravine
יאָר ס (ן) *yor* year
יאַרד ז (ן) *yard* yard (measure)
יאָרטאָג ז (יאָרטעג) *yortog* anniversary
יאַרמעלקע נ (ס) *yarmelke* skullcap
יאָרצײַט נ (ן) *yortsait* anniversary (of a person's death)
יאַשטשערקע נ (ס) *yasht'sherke* lizard
יובילעאום ז (ס) *yubileum* jubilee
יוגאָסלאַוויע [נ] *yugoslavye* Yugoslavia
יוגנט נ *yugent* youth
יוגנטלעך *yugentlech* youthful
יודאַאיקע, יודאַיִקע נ *yuda'ike* Judaica
יוטשען (געיוטשעט) *yut'shen* grunt
יויך נ (ן) *yoich* broth, soup
יולי ז (ס) *yuli* July
יום־טוב ז (ים) *yontef/ yomtev-yomtoivim* holiday
יום־כּיפּור ז *yonkiper/yomkiper* Day of Atonement
יונג *yung* young
יונג ז (ען) *yung* lad
יונגאַטש ז (עס) *yungat'sh* rascal
יוני ז (ס) *yuni* June

יוניאָן נ (ס) *yunyon* — (labor) union

יורש ז (ים) *yoiresh-yorshim* — heir

יושר ז *yoisher* — equity; justice; fairness

יחוס ז *yiches* — noble descent

יחסן ז (ים) *yachsen-yachsonim* — privileged man

ייִד ז (ן) *yid* — Jew

ייִדיש *yidish* — Jewish

ייִדיש ס *yidish* — Yiddish

ייִדענע נ (ס) *yidene* — elderly woman

ייִנגל ס/ז (עך) *yingel* — boy

ייִנגער *yinger* — younger; junior

ים ז (ען/ים) *yam-yamen/yamim* — sea

ים־הונט ז (־הינט) *yam hunt* — seal

ים־שפּיגל ז *yam shpigel* — sea level

יסורים ר *yisurim/yesurim* — pains

יעגער ז (ס) *yeger* — hunter

יעגערײַ ס *yegerai* — hunting

יעדנפֿאַלס *yedenfals* — in any case

יעדערער *yederer* — everyone; each one

יעטן (געיעט) *yeten* — weed

יענטע נ (ס) *yente* — yenta, yente (female busybody; gossiper)

יענער *yener* — that; other

יענק ז (ען) *yenk* — moan

יענקי ז (ס) *yenki* — Yankee (an American)

יענקען (געיענקעט) *yenken* — moan

יעצט *yetst* — now

יעקן (געיעקט) *yeken* — taunt

יעקע ז (ס) *yeke* — German Jew; pedant

יערלעך *yerlech* — yearly

יערן (געיוירן) *yeren* — ferment

יצר־הרע ז (ס) *yeitser hore* — evil inclination

ירושה נ (ירושות) *yerushe-yerushes* — inheritance

ירושלים [ס] *yerusholayim* — Jerusalem

יריד ז (ן/ים) *yarid/yerid-yariden/yeridim* — fair (for selling goods)

ירשענען (געירשנט) *yarshenen* — inherit

ישיבה נ (ישיבות) *yeshive-yeshives* — Yeshivah

ישראל [ס] *yisroel* — Israel

ישראלי ז (ים) *yisreeili-yisreeilim* — Israeli

יתום ז (ים) *yosem-yesoimim* — orphan m

יתומה נ (יתומות) *yesoime-yesoimes* — orphan f

# כּ

כּ ז/נ *kof* — the 11th letter of the Hebrew alphabet

כבוד ז *koved* — honor

כדאי *kedai* — worthwhile

כדי *kedei* — so that

כוונה נ (כוונ׳ות) *kavone-kavones* — intention

כוח ז (ות) *koiech-koiches* — strength

כוס ז (ות) *kos-koises* — cup, goblet

כיבוד ז *kibed* — refreshments

כישוף ז *kishef* — witchcraft; charm, spell

כישוף־מאַכער ז (ס) *kishef macher* — magician

כלב ז (ים) *kelev-klovim* — dog; scoundrel

כלבטע נ (ס) *klafte* — bitch

כלה נ (כלות) *kale-kales* — bride

כלומר *kloimer* — namely

כלומרשט *kloimersht* — allegedly

כלי נ (ם) *keile-keilim* — vessel; tool

כלי־זמר ז (ס/ים) *klezmer* *klezmers/klezmorim* — musician

כלל ז (ים) *klal-klolim* — rule; community

כלערליי *kolerlei* — various

כמעט *kimat* — almost

כעס ז *kaes* — anger

כפל ז *keifel* — multiplication

כשר *kosher* — kosher

# כ

| | | |
|---|---|---|
| כאָוועןְ *choven* (געכאָוועט) | raise, cultivate | |
| כאַטע נ (ס) *chate* | hut; cabin | |
| כאָטש *chot'sh* | although | |
| כאַ־כאַ! *cha cha* | ha-ha! | |
| כאַלאַט ז (ן) *chalat* | frock | |
| כאַליאַסטרע נ (ס) *chalyastre* | gang | |
| כאַליף ז (ן) *chalif* | caliph | |
| כאָלערע נ *cholere* | cholera | |
| כאַם ז (עס) *cham* | boor | |
| כאַמעלעאָן ז (ען) *chameleon* | chameleon | |
| כאַפ־לאַפ *chap lap* | helter-skelter | |
| כאַפן *chapen* (געכאַפט) | catch; grab | |
| כאַפּעניש ס *chapenish* | rush; haste | |
| כאַקי ז *chaki* | khaki | |
| כאָר ז (ן) *chor* | choir | |
| כאַראַקטער ז (ס/ן) *charakter* | character | |
| כאַראַקטעריסטיש *charakteristish* | characteristic | |
| כאַרט, *chart* כאָרט ז (עס/ן) *chort* | greyhound | |
| כאָרכלען *chorchlen* (געכאָרכלט) | rattle, wheeze | |
| כוואַליע נ (ס) *chvalye* | wave | |
| כוליגאַן ז (עס) *chuligan* | hooligan, ruffian | |
| כיטראַק ז (עס) *chitrak* | sly person | |
| כיטרע *chitre* | sly, cunning | |
| כיכען *chichen* (געכיכעט) | giggle | |
| כינין ז *chinin* | quinine | |
| כינע [נ] *chine* | China | |
| כינעזיש *chinezish* | Chinese | |
| כינעזער ז *chinezer* | Chinese | |
| כירורג ז (ן) *chirurg* | surgeon | |

כירורגיע נ *chirurgye* surgery

כלאָפּ ז (עס) *chlop* churl; peasant

כלאָר ז *chlor* chlorine

כליעפּטשען *chlyept'shen* (געכליעפּטשעט) guzzle

כליפּען *chlipen* (געכליפּעט) sob, cry

כמאַל ז (ן) *chmal* whack

כמאַרנע *chmarne* cloudy

כמאַרע נ (ס) *chmare* heavy cloud

כמורנע *chmurne* cloudy; gloomy

כניאָק ז (עס) *chnyok* bigot

כעמיע נ *chemye* chemistry

כראָם ז *chrom* chromium

כראָמאָסאָם ז (ען) *chromosom* chromosome

כראָנאָלאָגיע נ (ס) *chronologye* chronology

כראָנאָלאָגיש *chronologish* chronological

כראָפּען *chropen* (געכראָפּעט) snore

כריין ז *chrein* horseradish

# ל

ל ז/נ *lamed* the 12th letter of the Hebrew alphabet

לאַבאָראַטאָריע נ (ס) *laboratorye* laboratory

לאָבוז ז (עס) *lobuz* mischievous boy

לאָגאַריטם ז (ען) *logáritm* logarithm

לאָגיק נ *logik* logic

לאָגיש *logish* logical

לאַגע נ (ס) *lage* situation

לאַגער · (ס/ן) *lager* camp

לאָדן ז (ס) *loden* shutter

לאָדן *loden* (געלאָדן) load; litigate

לאָדקע נ (ס) *lodke* boat

לאָזונג נ/ז (ען) *lozung* slogan

לאָזן *lozen* (געלאָזט/געלאָזן) let, leave (a person alone to do something)

לאָזשע נ (ס) *lozhe* loge

לאָטאָס ז (ן) *lotos* lotus

לאַטײַן ס *latain* Latin (language)

לאַטײַניש *latainish* Latin

לאַטע נ (ס) *late* patch

לאַטען *laten* (געלאַטעט) patch, mend

| | | |
|---|---|---|
| לאָטעריע נ (ס) | *loterye* | lottery |
| לאַטקע נ (ס) | *latke* | pancake |
| לאָטקע נ (ס) | *lotke* | boat |
| לאַטש ז (ן) | *lat'sh* | slipper |
| לאָיאַל | *loyal* | loyal |
| לאָך ס/ז (לעכער) | *loch* | hole |
| לאַכן (געלאַכט) | *lachen* | laugh |
| לאָם | *lom* | lame |
| לאָמבאַרד ז (ן) | *lombard* | pawnshop |
| לאַמטערן ז (ס) | *lamtern* | lantern |
| לאָמיך | *lomich* | let me |
| לאָמיר | *lomir* | let us |
| לאַמענט ז (ן) | *lament* | lament |
| לאָמפּ ז (ן/לעמפּ) | *lomp* | lamp |
| לאַנג | *lang* | long |
| לאַנגווייליק | *langvailik* | boring |
| לאַנגזאַם | *langzam* | slow |
| לאַנד ס (לענדער) | *land* | land; country |
| לאָנדאָן [ס] | *london* | London |
| לאַנדסמאַן ז (לאַנדסלייט) | *landsman* | compatriot |
| לאַנצע נ (ס) | *lantse* | lance |
| לאָנקע נ (ס) | *lonke* | lawn |
| לאַסט נ (ן) | *last* | burden |
| לאַפּע נ (ס) | *lape* | paw |
| לאָפּעטע נ (ס) | *lopete* | spade |
| לאַץ ז/נ (ן) | *lats* | lapel |
| לאָק ז/נ (ן) | *lok* | curl |
| לאָקאַטאָר ז (ן) | *lokator* | tenant |
| לאַקיר ז (ן) | *lakir* | lacquer |
| לאַקס ז (ן) | *laks* | salmon; lox |
| לאָקערן (געלאָקערט) | *lokeren* | lurk |
| לאָקש ז (ן) | *loksh* | noodle; (slang) dollar |
| לאָרבער ז (ס) | *lorber* | laurel |
| לאָרד ז (ן) | *lord* | lord |
| לאַרווע נ (ס) | *larve* | larva |
| לאָרנעטע | *lornete* | lorgnette |
| לאָשעק ז (עס) | *loshek* | colt |
| לבֿנה נ (לבֿנות) | *levone-levones* | moon |
| לבֿנה־פֿאַרטונקלונג נ (ען) | *levone fartunklung* | lunar eclipse |
| לבֿנון [ס] | *levonen* | Lebanon |
| לוויה נ (לוויות) | *levaye levayes* | funeral |
| לוח ז (ות) | *luech luches* | Jewish calendar |
| לויבן (געלויבט) | *loiben* | praise |
| לויז | *loiz* | loose |
| לויז נ (לײַז) | *loiz* | louse |
| לויט | *loit* | according |
| לויטער | *loiter* | pure; mere |
| לויכטן (געלויכטן) | *loichten* | shine |
| לוין ז | *loin* | wages |
| לוינען (געלוינט) | *loinen* | be worthwhile |
| לויפֿן (געלאָפֿן) | *loifen* | run |
| לולקע נ (ס) | *lulke* | tobacco pipe |
| לונאַטיקער ז (ס) | *lunatiker* | sleepwalker |

| | | |
|---|---|---|
| lung | *lung* | לונג נ (ען) |
| pneumonia | *lungen ontsindung* | לונגען־אָנצינדונג נ (ען) |
| cheerful | *lustik* | לוסטיק |
| air | *luft* | לופט נ (ן) |
| airy, breezy | *luftik* | לופטיק |
| idler, impractical fellow | *luftment'sh* | לופטמענטש ז (ן) |
| ventilate | *lufteren* | לופטערן (געלופטערט) |
| airmail | *luftpost* | לופטפּאָסט נ |
| air conditioner | *luft regulator* | לופט־רעגולאַטאָר ז (ן) |
| small window, wicket | *luft'shik* | לופטשיק ז (עס) |
| luxury | *luksus* | לוקסוס ז (ן) |
| to life, to your health! (toast) | *lechayim!* | לחיים! |
| any | *lyade* | ליאַדע |
| doll | *lyalke* | ליאַלקע נ (ס) |
| noise | *lyarem* | ליאַרעם ז (ס) |
| make a noise | *lyaremen* | ליאַרעמען (געליאַרעמט) |
| dear | *lib* | ליב |
| love | *lib hoben* | ליב האָבן (ליב געהאַט) |
| amiable | *libhartsik* | ליבהאַרציק |
| darling; pet | *libling* | ליבלינג ז (ען) |
| lovely | *liblech* | ליבלעך |
| love | *liben* | ליבן (געליבט) |
| love; romance | *libe* | ליבע נ (ס) |
| liberal | *liberal* | ליבעראַל |
| liberal | *liberal* | ליבעראַל ז (ן) |
| rather | *libersht* | ליבערשט |
| affection | *libshaft* | ליבשאַפט נ |
| lie, falsehood | *ligen* | ליגן ז (ס) |
| lie, be located | *ligen* | ליגן (געלעגן/געליגן) |
| liar | *ligner* | ליגנער ז (ס) |
| league | *lige* | ליגע נ (ס) |
| song | *lid* | ליד ס (ער) |
| rejoice | *layehudim zain* | ליהודים זײַן (זען אסתּר ח׳, טז) |
| tobacco pipe | *lyulke* | ליולקע נ (ס) |
| Lithuanian Jew | *litvak* | ליטוואַק ז (עס) |
| Lithuanian | *litviner* | ליטווינער ז |
| Lithuania | *lite* | ליטע [נ] |
| liter, litre | *liter* | ליטער ז (ס) |
| literature | *literatur* | ליטעראַטור נ (ן) |
| literary | *literarish* | ליטעראַריש |
| lion | *leib* | לײב ז (ן) |
| body | *laib* | לײַב ס (ער) |
| bodyguard | *laibvechter* | לײַבוועכטער ז (ס) |
| lioness | *leibiche* | לײביכע נ (ס) |
| undershirt | *laibel* | לײַבל ס (עך) |
| serf | *laibknecht* | לײַבקנעכט ז |
| lay; put | *leigen* | לײגן (געלײגט) |
| lie down | *leigen zich* | לײגן זיך |
| suffering | *leid* | לײד נ (ן) |
| scoundrel | *laidak* | לײַדאַק ז (עס) |
| empty; idle | *leidik* | לײדיק |
| loafer | *leidikgeier* | לײדיקגײער ז (ס) |

| | | |
|---|---|---|
| לײַדן (געליטן) | *laiden* | suffer |
| לײַדנשאַפט נ (ן) | *laidenshaft* | passion |
| לײַדנשאַפטלעך | *laidenshaftlech* | passionate |
| ליידער | *leider* | unfortunately |
| לײַוונט ס/נ (ן) | *laivent* | linen |
| לייזן (געלייזט) | *leizen* | take in (receipts); solve |
| לײַט ז | *lait* | grown-up man |
| לײַטיש | *laitish* | decent, respectable |
| לײַטישקייט נ | *laitishkeit* | decency |
| לייטענאַנט ז (ן) | *leitenant* | lieutenant |
| לייטער ז (ס) | *leiter* | ladder |
| לײַכט | *laicht* | light; easy |
| לײַכטזיניק | *laichtzinik* | thoughtless |
| לײַכטיק | *laichtik* | luminous |
| לײַכטן (געלויכטן) | *laichten* | shine |
| לײַכטער ז (ס) | *laichter* | candlestick |
| לײַכטקייט נ | *laichtkeit* | ease |
| לײַלעך ז/ס (ער) | *lailech* | bed sheet |
| ליים נ/ס | *leim* | clay |
| לײַן ז | *lain* | flax |
| לײַען (געלִיען) | *laien* | lend; borrow |
| לייענען (געלייענט) | *leienen* | read |
| לייענער ז (ס) | *leiener* | reader (person) |
| לייצע נ (ס) | *leitse* | rein |
| לייקענען (געלייקנט) | *leikenen* | deny |
| ליכט נ/ס | *licht* | light; candle |
| ליכטבענטשן ס | *lichtbent'shen* | blessing over the Sabbath candles |
| ליכטיק | *lichtik* | bright |
| ליליע נ (ס) | *lilye* | lily |
| ליליפוט ז (ן) | *liliput* | Liliputian, midget |
| לימוד ז (ים) | *limed-limudim* | study; subject studied |
| לימענאַד ז (ן) | *limenad* | lemonade |
| לימענע נ (ס) | *limene* | lemon |
| לינגוויסטיק נ | *lingvistik* | linguistics |
| לינד | *lind* | mild |
| לינדערן (געלינדערט) | *linderen* | soothe; alleviate |
| לינטשן (געלינטשט) | *lint'shen* | lynch |
| ליניע נ (ס) | *linye* | line |
| לינק | *link* | left |
| לינקס | *links* | to the left |
| ליסטע נ (ס) | *liste* | list |
| ליסינע נ (ס) | *lisine* | baldness |
| ליסע | *lise* | bald |
| ליפּ נ (ן) | *lip* | lip |
| ליציטאַטאָר ז (ן) | *litsitator* | auctioneer |
| ליציטאַציע נ (ס) | *litsitatsye* | auction |
| ליקווידירן (ליקווידירט) | *likvidiren* | liquidate |
| ליקער ז (ן) | *liker* | liqueur |
| ליריק נ | *lirik* | lyric poetry |
| ליריש | *lirish* | lyrical |
| לירע נ (ס) | *lire* | lyre |

to the honor of *lekoved* לכבוד
scholar *lamden-lamdonim* למדן ז (ים)
for example *lemoshel* למשל
playboy *lebyung* לעביונג ז (ען)
loaf of bread *lebel* לעבל ס (עך)
lukewarm *leblech* לעבלעך
living *leben* לעבן ס (ס)
live *leben* לעבן (געלעבט)
near *leben* לעבן פּרעפּ
lively *lebedik* לעבעדיק
liver *leber* לעבער נ (ס)
legal *legal* לעגאַל
legion *legyon* לעגיאָן ז (ען)
legislature *legislatur* לעגיסלאַטור נ (ן)
legendary *legendarish* לעגענדאַריש
legend *legende* לעגענדע נ (ס)
leather *leder* לעדער ס"נ
leather *lederen* לעדערן אדי
read *lezen* לעזן (געלעזן)
reader (person) *lezer* לעזער ז (ס)
Latvia *letland* לעטלאַנד [ס]
little hole *lechel* לעכל ס (עך)
full of holes *lecherdik* לעכערדיק
ridiculous *lecherlech* לעכערלעך
perforate *lecheren* לעכערן (געלעכערט)
yearn *lechtsen* לעכצן (געלעכצט)
lemonade *lemonade* לעמאָנאַדע נ (ס)
leopard *lempert* לעמפּערט ז (ן)

length *leng* לענג נ
longer *lenger* לענגער
hip *lend* לענד נ (ן)
blasphemy *lesterung* לעסטערונג נ (ען)
blaspheme *lesteren* לעסטערן (געלעסטערט)
(ear) lobe *lepel* לעפּל ס (עך)
spoon *lefel* לעפל ז
teaspoon *lefele* לעפעלע ס (ך)
last *letst* לעצט
lately *letstens* לעצטנס
lecturer *lektor* לעקטאָר ז (ן)
fool; simpleton *lekish* לעקיש ז (עס/ן)
foolish, stupid *lekishevate* לעקישעוואַטע
lick *leken* לעקן (געלעקט)
lexicography *leksikografye* לעקסיקאָגראַפיע נ
lexicon *leksikon* לעקסיקאָן ז (ען)
cake *lekech* לעקעך ז (ער)
lesson; lecture *lektsye* לעקציע נ (ס)
empty *ler* לער אדי
apprenticeship *ler* לער נ
textbook *lerenbuch* לערנבוך ס (לערנביכער)
apprentice *lerenyingel* לערנייִנגל ס (עך)
learn; teach *lernen* לערנען (געלערנט)
teaching *lere* לערע נ (ס)

לערער ז (ס) *lerer* teacher masc

לערערין, *lererin* (לערערקע) נ (ס) *lererke* teacher fem

לעשן *leshen* (געלאָשן) extinguish

לעשפּאַפּיר ס (ן) *leshpapir* blotting paper

לץ ז (ים) *lets-leitsim* clown

לקחענען *lakchenen* (געלקחנט) swipe, filch

לשון ס *loshen* (ות) *leshoines* language

לשון־הרע ס *loshen hore* slander

לשון־זכר ס *loshen zocher* masculine gender

לשון־יחיד ס *loshen yoched* singular number

לשון־נקבה ס *loshen nekeive* feminine gender

לשון־סתם ס *loshen stam* (מין סתּמי) neuter gender

לשון־קודש ס *loshen koidesh* the Sacred Language, Hebrew

לשון־רבים ס *loshen rabim* plural number

# מ

מ דער *mem* the 13th letter of the Hebrew alphabet

מאָביליזאַציע נ (ס) *mobilizatsye* mobilization

מאָביליזירן *mobiliziren* (מאָביליזירט) mobilize

מאַגיסטער ז (ס) *magister* Master (of Arts or Science)

מאַגיע נ *magye* magic

מאַגיקער ז (ס) *magiker* magician

מאָגן ז (ס) *mogen* stomach

מאַגנאַט ז (ן) *magnat* magnate

מאַגנעט ז (ן) *magnet* magnet

מאַגנעטיש *magnetish* magnetic

מאָגער *moger* slim

מאַדאַם נ (ען) *madam* madam; Mrs.

מאָדיש *modish* stylish

מאָדנע *modne* strange, odd

מאָדע נ (ס) *mode* style

מאָדעל ז (ן) *model* model

מאָדערן *modern* modern

מאָזאַאיק נ (עס) *moza'ik* mosaic

מאָזלען ר *mozlen* measles

מאָזלען *mozlen* (געמאָזלט) have measles

מאַזשען *mazhen* (געמאַזשעט) grease, smear

מאַט *mat* dull

מאַט ז *mat* checkmate

מאָטאָ ז (ס) *moto* motto

מאָטאָציקל ז (ען) *mototsikel* motorcycle

מאָטאָר ז (ן) *motor* motor, engine

מאַטורע נ (ס) *mature* matriculation certificate

מאָטיוו ז (ן) motive

מאָטיווירן *motiviren* (מאָטיווירט) motivate

מאָטעל ז (ן) *motel* motel

מאַטעמאַטיק נ *matematik* mathematics

מאַטעמאַטיקער ז (ס) *matematiker* mathematician

מאַטערדיק *materdik* tiresome

מאַטעריאַל ז (ן) *materyal* material

מאַטעריאַליזם ז *materyalizm* materialism

מאַטעריע נ (ס) *materye* matter; pus

מאַטערן *materen* (געמאַטערט) torment

מאַטערן זיך *materen zich* slave; suffer

מאַטראָז ז (ן) *matroz* sailor

מאַטראַץ ז (ן) *matrats* mattress

מאַי ז (ען) *mai* May

מאַיאָנטיק ז *mayontik* (מאַיאָנטקעס) estate; fortune

מאַיאָר ז (ן) *mayor* (army) major

מאַיאָריטעט נ (ן) *mayoritet* majority

מאַיוּווקע נ (ס) *mayuvke* May excursion

מאָך ז (ן) *moch* moss

מאַכט נ (ן) *macht* might, power

מאַכן *machen* (געמאַכט) make, do

מאַכער ז (ס) *macher* doer; influential person; swindler

מאָל ס *mol* time, instance

מאָל ז (ן) *mol* moth

מאַלאַריע נ *malarye* malaria

מאַלינע נ (ס) *maline* raspberry

מאַליער ז (ס) *malyer* (house) painter

מאָלן *molen* (געמאָלט/געמאָלן) paint

מאָלן *molen* (געמאָלן) grind, mill

מאָלער ז (ס) *moler* (art) painter

מאַלפּע נ (ס) *malpe* monkey, ape

מאָלצײַט ז (ן) *moltsait* meal

מאַמע נ (ס) *mame* mother

מאַמע־לשון *mame loshen* mother tongue; Yiddish

מאָמענט ז (ן) *moment* moment, instant

מאַמעשי נ (ס) *mameshi* mommy

מאַן ז (מענער) *man* man; husband

מאָן ז (ען) *mon* poppy; poppy seed

מאָנאַט ז (ן) *monat* month

מאָנאָטאָנקייט נ *monotonkeit* monotony

מאָנאַטלעך *monatlech* monthly

מאָנאָטעאיזם ז *monote'izm* monotheism

מאָנאַטשריפט ז (ן) *monatshrift* monthly (magazine)

מאָנאַך ז (ן) *monach* monk

מאָנאָלאָג ז (ן) *monolog* monologue
מאָנאַסטיר ז (ן) *monastir* monastery
מאָנאָפּאָל ז (ן) *monopol* monopoly
מאָנאַרך ז (ן) *monarch* monarch
מאָנאַרכיע נ (ס) *monarchye* monarchy
מאָנאַשקע נ (ס) *monashke* nun
מאַנגל ז (ען) *mangel* dearth, scarcity
מאַנדאַט ז (ן) *mandat* mandate
מאַנדאָלין נ (ען) *mandolin* mandolin
מאַנדל ז (ען) *mandel* almond
מאַנוסקריפּט ז (ן) *manuscript* manuscript
מאָנטאָג, *montog* Monday
מאָנטיק ז (ן) *montik*
מאַנטל ז (ען) *mantel* coat
מאַניע נ (ס) *manye* mania, addiction
מאַניפּולירן *manipuliren* (מאַניפּולירט) manipulate
מאַניקור ז (ן) *manikur* manicure
מאַנעווער ז (ס) *manever* maneuver
מאָנען *monen* dun, ask for payment of a debt (געמאָנט)
מאַנשאַפט נ (ן) *manshaft* crew
מאָס נ (ן) *mos* measure
מאַסאַזש ז (ן) *masazh* massage
מאַסאַזשירן *masazhiren* (מאַסאַזשירט) massage
מאַסטבוים *mastboim* (מאַסטבײמער) mast

מאַסטער ז (ס) *master* Master (of Arts, Science, etc.)
מאָסיק *mosik* moderate
מאַסע נ (ס) *mase* mass
מאַסקאָט ז (ן) *maskot* mascot
מאָסקיט ז (ן) *moskit* mosquito
מאַסקע נ (ס) *maske* mask
מאַפּע נ (ס) *mape* map
מאַקאַראָנען ר *makaronen* macaroni
מאַקסימאַל *maksimal* greatest possible
מאַקסימום ז (ס) *maksimum* maximum
מאָראַל נ *moral* moral; morale
מאָראַליש *moral* moral
מאַראַן ז (ען) *maran* marrano
מאַראַנץ ז (ן) *marants* orange
מאַראָקאָ [ס] *maroko* Morocco
מאַרגאַרין ז *margarin* margarine
מאָרגן אדוו *morgen* tomorrow
מאָרגן ז (ס) *morgen* morning
— גוט־מאָרגן *gut morgen* good morning
מאָרגנשטערן ז (ס) *morgenshteren* morning star
מאַרגעריטקע נ (ס) *margeritke* daisy
מאָרד ז (ן) *mord* murder
מאָרדעווען זיך *mordeven zich* (געמאָרדעוועט) weary oneself
מאַרטירער ז (ס) *martirer* martyr
מאַרינירן *mariniren* (מאַרינירט) marinate

מאַרך ז *march* marrow

מאַרמאָר ז *marmor* marble

מאַרמעלאַד ז (ן) *marmelad* marmalade

מאַרס ז *mars* Mars

מאַרץ ז (ן) *marts* March

מאַרציפּאַן ז (עס) *martsipan* marzipan, marchpane

מאַרק ז (מערק) *mark* market

מאַרקע נ (ס) *marke* postage stamp; brand

מאַרש ז (ן) *marsh* march

מאַרשאַל ז (ן) *marshal* marshal

מאַרשירן *marshiren* (מאַרשירט) march

מאַשין נ (ען) *mashin* machine

מבול ז (ען) *mabel* Flood; downpour

מבין ז (ים) *meivin-mevinim* expert; connoisseur

מגיד ז (ים) *magid-magidim* preacher

מגייר זײַן זיך *megayer zain zich* be converted to Judaism

מגילה נ (מגילות) *megile-megiles* scroll; roll; megillah, lengthy account

מגן־דוד ז (ן) *mogen dovid* Magen David

מדבר ז (ס) *midber-midbers* desert

מדינה נ (מדינות) *medine-medines* country; state

מהומה נ (מהומות) *mehume* *mehumes* turmoil

מוזיק נ *muzik* music

מוזיקאַליש *muzikalish* musical

מוזיקאַנט ז (ן) *muzikant* musician (player)

מוזיקער ז (ס) *muziker* musician (artist)

מוזן *muzen* (געמוזט) must; have to

מוזע נ (ס) *muze* muse

מוזעאום ז (ס) *muzeum* museum

מוח ז (ות) *moiech-moiches* brain; mind

מוחל זײַן *moichel zain* (מוחל געווען) forgive

מוט ז *mut* courage

מוטיק *mutik* courageous

מוטער נ (ס) *muter* mother

מוטערלעך muterlech motherly

מוטערשפּראַך נ (ן) *mutershprach* mother tongue

מוטשען *mut'shen* (געמוטשעט) torment

מוטשען זיך *mut'shen zich* suffer; toil

מויד נ (מיידן) *moid* maid

מויז נ (מײַז) *moiz* mouse

מויל ס (מײַלער) *moil* mouth

מוילאייזל ז (ען) *moileizel* mule

מוילשלאָס ז (מוילשלעסער) *moilshlos* muzzle

מויער ז/נ (ן) *moier* (outside) wall

מוכר־ספרים ז (מוכרי־) bookseller
*moicher sforim—mochrei-*

מולטיפליצירן multiply
(מולטיפליצירט) *multiplitsiren*

מום ז (ים) *mum-mumim* defect

מומיע נ (ס) *mumye* mummy

מומע נ (ס) *mume* aunt

מונדיר ז (ן) *mundir* uniform

מונטער *munter* cheerful

מונטערן *munteren* cheer up
(געמונטערט)

מוסטער ז (ן) *muster* pattern

מוסר ז *muser* reproof

מוסר־השכל ז (ס) moral
*muser haskel* (of a story)

מוק נ (ן) *muk* gnat

מוקען *muken* moo
(געמוקעט)

מורא נ (ס) *moire-moires* fear

מורא האָבן *moire hoben* be afraid
(מורא געהאַט)

מוראַשניק ז (עס) *murashnik* anthill

מוראַשקע נ (ס) *murashke* ant

מורמלען *murmlen* murmur
(געמורמלט)

מושב־זקנים ז (ס) old folks' home
*moishev zkeinim*

מושג ז (ים) concept
*museg-musogim*

מזוזה נ *mezuze-* mezuzah
(מזוזות) *mezuzes*

מזומנים ר cash, (slang) mazuma
*mezumonim*

מזיק ז (ים) mischievous child;
*mazek-mazikim* daredevil;
prankster

מזל ס (ות) *mazel-mazoles* luck

מזל־ברכה נ *mazel broche* success

מזלדיק *mazeldik* lucky

מזל־טוב! *mazel tov* good luck!

מזלע ס (ך) *mazele-mazelech* mascot

מזרח ז *mizrech* east

מחבר ז (ים) *mechaber-* author
*mechabrim*

מחוצף ז (ים) insolent person
*mechutsef-mechutsofim*

מחותּן ז (ים) bride's or
bridegroom's father
*mechuten-mechutonim*

מחותּנעסטע נ (ס) bride's or
bridegroom's mother
*mechuteneste-mechutenestes*

מחזור ז (ים) prayer book for
Jewish festivals
*machzer-machzoirim*

מחיה נ *mechaye* pleasure
(מחיות) *mechayes*

מחילה נ *mechile-* pardon
(מחילות) *mechiles*

מטבע נ (ות) *matbeie-* coin
*matbeies*

מטורף ז (ים) madman
*meturef-meturofim*

מטריח זײַן impose upon
(מטריח געווען) *matriech zain*

מי נ (ען) *mi* toil; effort

מיאוס *mies* ugly; loathsome

מיד *mid* tired

מידקייט נ *midkeit* weariness
מיזיניק ז (עס) *mizinik* youngest son
מיזינקע נ (ס) *mizinke* youngest daughter
מיט נ *mit* middle, midst
מיט *mit* with
מיטאָג ז (ן) *mitog* midday meal; noon
מיטאָלאָגיע נ *mitologye* mythology
מיטאָס ז (ן) *mitos* myth
מיטגיין *mitgein* accompany (מיטגעגאַנגען)
מיטגליד ז (ער) *mitglid* member
מיטגעפיל ס *mitgefil* sympathy
מיטוואָך ז (ן) *mitvoch* Wednesday
מיטינג ז (ען) *miting* meeting, rally
מיטל *mitel* middle; central
מיטל ס (ען) *mitel* means, resource; device
מיטל־אַלטער ז *mitel alter* Middle Ages
מיטלייד נ *mitleid*/ *mitlaid* compassion
מיטל־לענדישער ים ז *mitellendisher yam* Mediterranean Sea
מיטלשול נ (ן) *mitelshul* high school
מיטמאַכן *mitmachen* experience (מיטגעמאַכט)
מיטן *miten* with the (=מיט דעם = *mit dem*)
מיטן ז (ס) *miten* midst, middle

מיטצײַטלער ז (ס) *mittsaitler* contemporary
מיטשולד נ *mit'shuld* complicity
מײַ ז (ען) *mai* May; lilac
מיידל ס/נ (עך) *meidel* girl
מיידלש *meidelsh* girlish, maiden
מײַדן *maiden* shun (געמיטן)
מײַטקעס ר *maitkes* bloomers
מײַל ז/נ (ן) *mail* mile
מײַן *main* my, mine
מיינונג נ (ען) *meinung* opinion
מיינסטנס *meinstens* mostly
מיינען *meinen* mean; think (געמיינט)
מײַסטער ז (ס) *maister* master, skilled craftsman
מײַסטערווערק ס *maisterverk* masterpiece
מייערקעפל ס (עך) *meierkepel* seashell
מיך *mich* me
מיל נ (ן) *mil* mill
— וואַסערמיל נ (ן) *vasermil* water mill
— ווינטמיל נ (ן) *vintmil* windmill
מילא *meile* well, anyhow
מילב נ (ן) *milb* mite
מילגרוים ז (ען) *milgroim* pomegranate
מילד *mild* mild
מיליאָן אדי *milyon* million
מיליאָן ז (ען) *milyon* million

| | | |
|---|---|---|
| מיליאָנער ז (ן) | *milyoner* | millionaire |
| מיליטאַריזם ז | *militarizm* | militarism |
| מיליטער ס | *militer* | army |
| מיליציע נ (ס) | *militsye* | militia |
| מילך נ | *milch* | milk |
| מילכיק | *milchik* | milky |
| מילכיקס ס | *milchiks* | dairy food |
| מילכיקער ז (ס) | *milchiker* | dairyman |
| מילנער ז (ס) | *milner* | miller |
| מילשטיין ז (ער) | *milshtein* | millstone |
| מימיק נ | *mimik* | mimicry |
| מין ז/ס (ים) | *min-minim* | sort; sex; gender |
| — מין סתמי ז | *min stami* | neuter gender |
| מינאָריטעט נ (ן) | *minoritet* | minority |
| מינדסט | *mindst* | least |
| מינדערהייט נ (ן) | *minderheit* | minority |
| מינדער־יעריק | *minder yerik* | minor (in age) |
| מינהג ז (ים) | *minheg-minhogim* | custom |
| מינוט נ (ן) | *minut* | minute |
| מינוס פרעפ | *minus* | minus, less |
| מינוס ז (ן) | *minus* | minus sign; liability |
| מינימאַל | *minimal* | minimal |
| מינימום ז (ס) | *minimum* | minimum |
| מיניסטער ז (מיניסטאָרן) | *minister* | minister |
| מינע נ (ס) | *mine* | mien, look; mine (explosive device) |
| מינעראַל ז (ן) | *mineral* | mineral |
| מינערווערטיקייט נ | *minervertikeit* | inferiority |
| מינק ז (ען) | *mink* | mink |
| מיסט ס (ן) | *mist* | manure; rubbish |
| מיסיאָנער ז (ן) | *misyoner* | missionary |
| מיסיע נ (ס) | *misye* | mission |
| מיִען זיך (געמיט) | *mien zich* | strive |
| מיקראָב ז (ן) | *mikrob* | microbe |
| מיקראָסקאָפּ ז (ן) | *mikroskop* | microscope |
| מיקראָפֿאָן ז (ען) | *mikrofon* | microphone |
| מיר | *mir* | we; me |
| מירטשעם | *mirt'shem* | God willing |
| מישונג נ (ען) | *mishung* | mixture |
| מישמאַש ז (ן) | *mishmash* | mishmash, hodgepodge |
| מישן (געמישט) | *mishen* | mix |
| מכשף ז (ים) | *mechashef-mechashfim* | sorcerer |
| מכשפה נ (מכשפות) | *machsheife machsheifes* | witch |
| מלאך ז (ים) | *malech-malochim* | angel |

מלאָכה נ *meloche* craft, trade
(מלאָכות) *meloches*

מלאך־המות ז *malech hamoves* angel of death

מלבוש ס/ז (ים) *malbesh-malbushim* garment

מלוכה נ *meluche* kingdom; state
(מלוכות) *meluches*

מלחמה נ *milchome* war
(מלחמות) *milchomes*

מליצה נ ornate expression
(מליצות) *melitse-melitses*

מלך ז (ים) *meilech-melochim* king

מַלכּה נ (מַלכּות) *malke-malkes* queen

מלמד ז (ים) teacher (in a cheder); impractical person
*melamed-melamdim*

ממזר ז (ים) *mamzer-mamzeirim* bastard; shrewd fellow

ממש *mamesh* actually, really

ממשות ס *mamoshes* substance; reality

ממשותדיק substantial, concrete
*mamoshesdik*

מן־הסתּם *minestam/minastam* probably

מנורה נ *menoire* menorah
(מנורות) *menoires*

מנחה נ *minche* Jewish afternoon prayer

מסור ז *moser* informer
(מוסרים) *mosrim*

מסכּים זײַן *maskem zain* agree
(מסכּים געווען)

מסכתּא נ tractate of the Talmud
(מסכתּות) *mesechte-mesechtes*

מסרן *maseren* inform against
(געמסרט)

מסתּמא *mistome* probably

מעבל ס *mebel* furniture

מעבלירן *mebliren* furnish
(מעבּלירט)

מעגלעך *meglech* possible

מעגלעכקייט נ (ן) possibility
*meglechkeit*

מעגן *megen* be allowed; may
(געמעגט)

מעדיצין נ (ען) *meditsin* medicine

מעדיציניש medical
*meditsinish*

מעווע נ (ס) *meve* sea gull

מעטאָדיש *metodish* methodical

מעטאָדע נ (ס) *metode* method

מעטאַל ז (ן) *metal* metal

מעטאַפאָר ז (ן) metaphor
*metafor*

מעטאַפיזיק נ metaphysics
*metafizik*

מעטעאָראָלאָגיע נ meteorology
*meteorologye*

מעטער ז (ס) *meter* meter

מעטריקע נ (ס) birth certificate
*metrike*

מעטשעט ז (ן) *met'shet* mosque

מעכאַניזירן mechanize
*mechaniziren* (מעכאַניזירט)

מעכאַניזם ז (ען) mechanism
*mechanizm*

מעכאַניקער ז (ס) mechanic
*mechaniker*

מעכאַניש mechanical
*mechanish*

מעכטיק *mechtik* mighty

מעל ס/נ *mel* flour

מעלאָדיע נ (ס) melody
*melodye*

מעלאָן ז (ען) *melon* melon

מעלאַנכאָליע נ melancholy
*melancholye*

מעלדונג נ (ען) announcement
*meldung*

מעלדן *melden* announce
(געמאָלדן)

מעלה נ advantage, benefit
(מעלות) *maale/maile-mailes*

מעלקן *melken* milk
(געמאָלקן)

מען, מע פּראָנ one, people
impersonal pronoun
*men, me*

מענאַזשעריע נ (ס) menagerie
*menazherye*

מענאַרקע נ (ס) *menarke* jacket

מענגע נ (ס) great number, multitude
*menge*

מענה־לשון ס abusive language; glib tongue
*maane lushen/ maine loshen*

מענטש ז (ן) human being; decent person
*ment'sh*

מענטשהייט נ mankind
*ment'shheit*

מענטשלעך *ment'shlech* humane; human

מענטשלעכקייט נ humanity
*ment'shlechkeit*

מעניו ז (ען) *menyu* menu

מענלעך *menlech* masculine

מעסטונג נ (ען) measuring; surveying
*mestung*

מעסטן *mesten* measure; survey
(געמאָסטן)

מעסיק *mesik* moderate

מעסיקייט נ moderation
*mesikeit*

מעסער ס/ז (ס) *meser* knife

מעסערל ס (עך) pocket knife
*meserel*

מעצענאַט ז (ן) rich benefactor
*metsenat*

מעקלער ז (ס) *mekler* broker

מעקן *meken* erase
(געמעקט)

מעקסיקאַנער ז Mexican
*meksikaner*

מעקסיקע [נ] *meksike* Mexico

מעקען *meken* bleat
(געמעקעט)

מעקער ז (ס) *meker* eraser

מער *mer* more

מער ז/נ (ן) *mer* carrot

מערב ז *maarev/mairev* west

מערבדיק western
*maarevdik/mairevdik*

מערדער ז (ס) murderer
*merder*

מערדעריש murderous
*merderish*

מערהייט נ (ן) majority
*merheit*

מעריב ז Jewish evening prayer
*maariv/mairev*

מערסטנס mostly
*merstens*

מערץ ז (ן) *merts* March

מערצאָל נ (ן) plural
*mertsol*

מערקווירדיק remarkable
*merkvirdik*

מעש ס *mesh* brass

מעשׂה נ *maase/* story; tale
*maise*
(מעשׂות/מעשׂיות) *maises/maisiyes*

מעשׂה־ביכל ס (עך) storybook
*maise bichel*

מעשׂים ר acts, deeds
*maasim/maisim*

מעשׂר ז (ות) *maaser/* tithe
*maiser-maisres*

מעת־לעת ז/ס (ן) a day and night
*mesles-meslesen*

מפּלה נ *mapole* downfall; defeat
(מפּלות) *mapoles*

מצב ז situation; position
*matsev*

מצבֿה נ *matseive* gravestone
(מצבֿות) *matseives*

מצה נ (מצות) matzah
*matse-matses*

מצווה נ *mitsve* commandment; good deed
(מצוות) *mitsves*

מציאה נ (מציאות) bargain
*metsie-metsies*

מצרים [ס] Egypt
*mitsra'im/mitsrayim*

מקנא זײַן *mekane zain* envy
(מקנא געווען)

מרוקען *mruken* grumble
(געמרוקעט)

מרשעת נ (ן) wicked woman
*mirshaes/marshaes-marshaesen*

משוגע crazy
*meshuge*

משוגענער ז madman
*meshugener*

משוגעת ס (ן) madness
*meshugaes-meshugaesen*

משומד ז (ים) convert, apostate
*meshumed-meshumodim*

משיח ז (ים) Messiah; messiah
*meshiech-meshichim*

משל ז (ים) parable
*moshel-mesholim*

משפּחה נ *mishpoche* family
(משפּחות) *mishpoches*

משקה נ beverage; liquor
(משקאות) *mashke-mashkoes*

משרת ז (ים) servant
*meshores-meshorsim*

משתּין זײַן urinate
*mashten zain*

משׂא נ (ות) *mase-masoes* load

מתּנה נ (מתּנות) present, gift
(מתּנות) *matone-matones*

# נ

נ דינ *nun* the 14th letter of the Hebrew alphabet

נאַ *na* here! have...
(נאַ דיר; נאַט איַיך)
*na dir; nat aich*

נאַאיוו *na'iv* naive

נאָגל ז (נעגל) *nogel* nail

נאָגן *nogen* gnaw
(גענאָגט)

נאָדל נ (ען) *nodel* needle

נאָדלבוים ז *nodelboim* conifer
(נאָדלביימער)

נאָוועמבער ז (ס) November
*november*

נאָז נ (נעזער) *noz* nose

נאָזטיכל ס (עך) handkerchief
*noztichel*

נאָזלאָך נ (נאָזלעכער) nostril
*nozloch*

נאָט נ (נעט) *not* seam

נאָטאַר ז (ן) notary public
*notar*

נאַטור נ (ן) *natur* nature

נאַטור־אויפהיט ז nature reserve
*natur oifhit*

נאָטיץ נ (ן) notice; note
*notits*

נאַטירלעך *natirlech* natural

נאָטן ר *noten* notes (in music)

נאָך *noch* still, more; after; according

נאָך אַ מאָל *noch a mol* again, once more

נאָכגיין *nochgein* follow
(נאָכגעגאַנגען)

נאָכגעבן *nochgeben* give in, yield
(נאָכגעגעבן)

נאָכגעמאַכט *nochgemacht* imitated

נאָכוואָרט ס postscript
(נאָכווערטער) *nochvort*

נאָכווישן *nochvishen* mop up
(נאָכגעווישט)

נאָכזאָגן *nochzogen* repeat
(נאָכגעזאָגט)

נאַכט (נעכט) *nacht* night

נאָכטאָן *nochton* imitate
(נאָכגעטאָן)

נאָכטאַנצן *nochtantsen* imitate; ape (dance after a person)
(נאָכגעטאַנצט)

נאַכטיגאַל נ (ן) nightingale
*nachtigal*

נאַכטקלוב ז (ן) nightclub
*nachtklub*

נאָכיאָגן *nochyogen* (נאָכגעיאָגט) — chase
נאַכלעסיק *nachlesik* — negligent
נאָכמאַכן (נאָכגעמאַכט) *nochmachen* — copy; forge
נאָכמיטאָג ז (ן) *nochmitog* — afternoon
נאָכן *nochen* (=נאָך דעם *noch dem*) — after the
נאָכפאָלגן *nochfolgen* (נאָכגעפאָלגט) — follow
נאָכפרעג ז *nochfreg* — demand
נאָמאַד ז (ן) *nomad* — nomad
נאָמען ז (נעמען) *nomen* — name
נאַס *nas* — wet
נאָס ז (ן) *nos* — sneeze
נאָסטאַלגיע נ *nostalgye* — nostalgia
נאָענט *noent* — near, close
נאָפל ז (ען) *nopel* — navel
נאַפט ז *naft* — naphtha; kerosene
נאַפטפעלד ס (ער) *naftfeld* — oil field
נאַצי ז (ס) *natsi* — nazi,
נאָצניק ז (עס) *notsnik* — chamber pot
נאַקן ז (ס) *naken* — nape
נאַקעט *naket* — naked
נאַר ז (נאַראָנים) *nar-naronim* — fool
נאָר *nor* — only
נאָרד ז *nord* — north
נאָרדפאָל ז *nordpol* — North Pole
נאַרהאַפטיק *narhaftik* — nutritious
נאָרוועגיע [נ] *norvegye* — Norway
נאָרוועגיש אדי, ס *norvegish* — Norwegian
נאָרוועגער ז *norveger* — Norwegian
נאַריש *narish* — foolish
נאַרישקייט נ (ן) *narishkeit* — folly; trifle
נאָרמאַל *normal* — normal
נאָרמע נ (ס) *norme* — norm
נאַרן *naren* (גענאַרט) — fool; deceive
נאָרע נ (ס) *nore* — lair
נאַרציס ז (ן) *nartsis* — narcissus
נאַרקאָטיק ז (ן) *narkotik* — narcotic
נאַרקאָטיקער ז (ס) *narkotiker* — drug addict
נאַשן *nashen* (גענאַשט) — eat sweets
נביא ז (ים) *novi-neviim* — prophet
נביאיש *neviish* — prophetic
נבילה נ *neveile* (נבילות) *neveiles* — carcass; slut; sloven
נגיד ז (ים) *nogid-negidim* — wealthy man
נדבה נ *nedove* (נדבות) *nedoves* — donation
נדן ז (ס) *naden-nadens* — dowry
נדר ז (ים) *neider-nedorim* — vow
נו ! *nu!* — well, now!
נודזשען *nudzhen* (גענודזשעט) — bore
נודניק ז (עס) *nudnik* — bore (a dull person)
נודנע *nudne* — boring
נויט נ (ן) *noit* — need, hardship
נול ז *nul* — nil, zero
נומער ז (ן) *numer* — number

| | | |
|---|---|---|
| נוס ה/נ (ניס) | *nus* | nut |
| נוסח ז (אות) | *nusech-nuschoes* | version |
| נוץ ה/נ (ן) | *nuts* | use |
| נוציק | *nutsik* | useful |
| נוצן ז (ס) | *nutsen* | use |
| נוצן (גענוצט) | *nutsen* | use |
| נחת ס/ז | *naches* | delight, pleasure |
| ניאַניע נ (ס) | *nyanye* | governess |
| ניגון ז (ים) | *nigen-nigunim* | tune, melody |
| נידער! | *nider* | boo! shame! down with |
| נידערטרעכטיק | *nidertrechtik* | base, vile |
| נידעריק | *niderik* | low |
| ניו זילאַנד [ס] | *nyu ziland* | New Zealand |
| ניו יאָרק [ס] | *nyu york* | New York |
| ניט, נישט | *nit, nisht* | not |
| ניטאָ, נישטאָ | *nito, nishto* | absent; there isn't/aren't |
| ניט־געדאַכט | *nit gedacht* | unmentionable |
| ניטל ז (ען) | *nitel* | Christmas |
| נײַ | *nai* | new |
| נייגונג נ (ען) | *neigung* | inclination |
| נייגן (גענייגט) | *neigen* | incline; bow |
| נײַגעריק | *naigerik* | curious |
| נײַגעריקייט נ | *naigerikeit* | curiosity |
| נייטאָרין נ (ס) | *neitorin* | seamstress |
| נייטיק | *neitik* | necessary |
| נייטיקייט נ (ן) | *neitikeit* | necessity |
| נייטן (גענייט) | *neiten* | compel |
| נייטראַל | *neitral* | neutral |
| נייטראַליטעט נ | *neitralitet* | neutrality |
| ניימאַשין נ (ען) | *neimashin* | sewing machine |
| ניין | *nein* | no |
| נײַן | *nain* | nine |
| נײַנציק | *naintsik* | ninety |
| נײַנצן | *naintsen* | nineteen |
| נייען (גענייט) | *neien* | sew |
| נײַעס ר | *naies* | news |
| ניכטער | *nichter* | sober; empty (stomach) |
| ניל, נילוס ז | *nil, nilus* | Nile |
| נימאס | *nimes* | disgusting |
| נימפע נ (ס) | *nimfe* | nymph |
| ניסן (גענאָסן) | *nisen* | sneeze |
| ניצחון ז (ות) | *nitsochen-nitschoines* | victory |
| ניצלעך | *nitslech* | usable |
| ניצן (געניצט) | *nitsen* | use |
| ניקאָטין ז | *nikotin* | nicotine |
| ניקל ז | *nikel* | nickel (metal) |
| ניקל ז (ען) | *nikel* | nickel (a small U.S. coin) |
| ניר נ (ן) | *nir* | kidney |
| נישטיינס (מישטיינס) געזאָגט | *nishteins gezogt* | alas! |

נישטיק *nishtik* worthless

נישטערונג נ (ען) *nishterung* rummaging search

נישטערן *nishteren* (גענישטערט) rummage

נישקשה, נישקאָשע *nishkoshe* bearable; so-so

נס ז (ים) *nes-nisim* miracle

נעבעך *nebech* what a pity!

נעבעך · *nebech* wretch, miserable person

נעבעכדיק *nebechdik* pitful

נעבעכל ס (עך) *nebechel* helpless person

נעגאַטיוו ז (ן) *negativ* negative

נעגעלע ס (ך) *negele* carnation

נעגער ז (ס) *neger* Negro, black

נעזבוים · *nezboim* (נעזביימער) maple

נעטאָ *neto* net

נעכטיקן *nechtiken* (גענעכטיקט) stay overnight

נעכטן *nechten* yesterday

נעמלעך *nemlech* namely

נעמען *nemen* (גענומען) take

נעסט נ (ן) *nest* nest

נעפל ז (ען) *nepel* fog

נעפלדיק *nepeldik* foggy

נעץ נ (ן) *nets* net; web

נעץ נ *nets* moisture

נעצבאָל ז *netsbol* volleyball

נעצן *netsen* (גענעצט) wet

נערוו ז (ן) *nerv* nerve

נערווירן *nerviren* (נערווירט) make nervous

נערוועז *nervez* nervous

נערונג נ *nerung* nutrition

נקבים גדולים ר *nekovim gdoilim* stool

נקבים קטנים ר *nekovim ktanim* urination

נקודה נ (נקודות) *nekude-nekudes* dot (vowel sign in the Hebrew and Yiddish alphabets)

נקודים וברודימדיק *nekudim uvrudimdik* (זען בראשית ל״א, י׳) motley

נקמה נ *nekome* (נקמות) *nekomes* revenge

נשמה נ *neshome* (נשמות) *neshomes* soul

# ס

ס ז/נ *samech* the 15th letter of the Hebrew alphabet

ס׳ *s'* it (abbreviation of עס, סע)

סאַבאָטאַזש ז *sabotazh* sabotage

סאַברע נ (ס) *sabre* sabra, native Israeli

סאָד ז (סעדער) *sod* orchard
סאָדע נ (ס) *sode* soda
סאָווע נ (ס) *sove* owl
סאָוועטן/ סאָוויעטן־פאַרבאַנד ז *soveten/ sovyeten farband* Soviet Union
סאַזשע נ *sazhe* soot
סאַטיספאַקציע נ (ס) *satisfaktsye* satisfaction
סאַטיריש *satirish* satirical
סאַטירע נ (ס) *satire* satire
סאַטעליט ז (ן) *satelit* satellite
סאַכאַרין ז *sacharin* saccharin
סאַלאַט ז (ן) *salat* salad
סאַלאָן ז (ען) *salon* salon
סאָלדאַט ז (ן) *soldat* soldier
סאַלווע נ (ס) *salve* salvo
סאַלוט ז (ן) *salut* salute
סאַלוטירן (סאַלוטירט) *salutiren* salute
סאָליד *solid* honest
סאָלידאַריטעט נ *solidaritet* solidarity
סאָליסט ז (ן) *solist* soloist
סאַמאָוואַר ז (ן) *samovar* samovar
סאַמע *same* very; self
סאַמעט ז *samet* velvet
סאַנדאַל ז (ן) *sandal* sandal
סאַנקציע נ (ס) *sanktsye* sanction
סאָסנע נ (ס) *sosne* pine
סאָפּען (געסאָפּעט) *sopen* pant
סאַפּער ז (ן) *saper* pioneer (in the corps of engineers)
סאָפע נ (ס) *sofe* sofa
סאָציאָלאָג ז (ן) *sotsyolog* sociologist
סאָציאָלאָגיע נ *sotsyologye* sociology
סאָציאַליזם ז *sotsyalizm* socialism
סאָציאַליסט ז (ן) *sotsyalist* socialist
סאָציאַל־פאַרזאָרגונג נ (ען) *sotsyal farzorgung* welfare
סאָציאַל־פאַרזיכערונג נ (ען) *sotsyal-farzicherung* social security
סאַקסאָפאָן ז (ען) *saksofon* saxophone
סאַראַ *sara* what kind
סאַרדין ז (ען) *sardin* sardine
סאָרט ז (ן) *sort* sort, kind
סאָרטירן (סאָרטירט) *sortiren* sort
סאַרקאַזם ז *sarkazm* sarcasm
סאַרקאַסטיש *sarkastish* sarcastic
סביבה נ (סביבות) *svive svives* environment
סבלנות ס *savlones* patience
סדר ז (ים) *seider-sdorim* order; Seder (Passover ceremonial meal)
סובּיעקט ז (ן) *subyekt* subject
סובּסידיע נ (ס) *subsidye* subsidy
סוד ז (ות) *sod-soides* secret
סוואַסטיקע נ (ס) *svastike* swastika

souvenir — *suvenir* סוּוועניר ז (ן)
swish; whistle — *svisht'shen* סווישטשען (געסווישטשעט)
sweater — *sveter* סוועטער ז (ס)
merchant — *soicher-sochrim* סוחר ז (ים)
commercial — *sochrish* סוחריש
booth — *suke-sukes* סוכּה נ (סוכּות)
Sukkos, Succoth — *sukes* סוכּות ז
sultan — *sultan* סולטאַן ז (ען)
sum — *sume* סומע נ (ס)
supermarket — *supermark* סופּערמאַרק ז (סופּערמערק)
end — *sof* סוף ז (ן)
ceiling — *sufit* סופיט ז (ן)
suffix — *sufiks* סופיקס ז (ן)
scribe (of Torah scrolls, tefillin and mezuzoth) — *soifer sofrim* סופר ז (ים)
merchandise — *schoire schoires* סחורה נ (סחורות)
stable, firm — *stabil* סטאַביל
barn — *stodole* סטאָדאָלע נ (ס)
herd — *stade* סטאַדע נ (ס)
seniority — *stazh* סטאַזש ז (ן)
statistic; statistics — *statistik* סטאַטיסטיק נ (עס)
carpenter — *stolyer* סטאָליער ז (ס)
carpentry workshop — *stolyer varshtat* סטאָליער־וואַרשטאַט ז (ן)
carpentry — *stolyerai* סטאָליערײַ ס
standard — *standard* סטאַנדאַרד ז (ן)
station; lodging — *stantsye* סטאַנציע נ (ס)
station — *statsye* סטאַציע נ (ס)
endeavor — *staren zich* סטאַרען זיך (געסטאַרעט)
stewardess — *stuardke* סטואַרדקע נ (ס)
student — *student* סטודענט ז (ן)
coed — *studentke* סטודענטקע נ (ס)
how come? is it possible? — *stait'sh* סטײַטש
style — *stil* סטיל ז (ן)
scholarship — *stipendye* סטיפּענדיע נ (ס)
stenographer — *stenografist* סטענאָגראַפיסט ז (ן)
shorthand — *stenografye* סטענאָגראַפיע נ
steppe — *step* סטעפּ ז (עס)
trail — *steshke* סטעשקע נ (ס)
strategy — *strategye* סטראַטעגיע נ
threaten — *strashen* סטראַשען (געסטראַשעט)
janitor — *struzh* סטרוזש ז (עס)
string (of a musical instrument) — *strune* סטרונע נ (ס)
strike — *straik* סטרײַק ז (ן)
strike — *straiken* סטרײַקן (געסטרײַקט)
cause; reason — *sibe sibes* סיבּה נ (סיבּות)
Siberia — *sibir* סיביר [ס]
signal — *signal* סיגנאַל ז (ן)
Jewish prayer book — *sider-sidurim* סידור ז (ים)

סיטואַציע נ (ס) *situatsye* situation
סײַדן *saiden* unless
סײַ ווי סײַ *sai vi sai* anyhow
סילאַבע נ (ס) *silabe* syllable
סיליקאָן ז *silikon* silicon
סימבאָל ז (ן) *simbol* symbol
סימבאָליש *simbolish* symbolic
סימן ז (ים) *simen-simonim* sign
סימעטריע נ *simetrye* symmetry
סימפּאָזיום ז (ס) *simpozyum* symposium
סימפּאַטיזירן (סימפּאַטיזירט) *simpatiziren* sympathize
סימפּאַטיע נ (ס) *simpatye* sympathy
סימפּאַטיש *simpatish* likable, nice
סימפּטאָם ז (ען) *simptom* symptom
סימפאָניע נ (ס) *simfonye* symphony
סינאָנים ז (ען) *sinonim* synonym
סינדיקאַט ז (ן) *sindikat* syndicate
סינטאַקס ז *sintaks* syntax
סיני [ז] *sinai* Sinai
סיסטעם נ (ען) *sistem* system
סיסטעמאַטיש *sistematish* systematic
סיראָקאָ ז (ס) *siroko* sirocco
סיריע [נ] *sirye* Syria
סירענע נ (ס) *sirene* siren

סכּנה נ (סכּנות) *sakone-sakones* danger
סך: אַ סך *sach: a sach* many; much
סך־הכּל ז (ען) *sachakel* sum, total
סכום ז (ען) *schum-schumen* amount
סכסוך ז (ים) *sichsech-sichsuchim* conflict
סכעמע נ (ס) *scheme* scheme, outline
סלאַוו ז (ן) *slav* Slav
סלאַוויש *slavish* Slavic
סלופּ ז (עס) *slup* pole, post
סלענג ז *sleng* slang
סם ז (ים/ען) *sam-samim/samen* poison
סמאָטשקען (געסמאָטשקעט) *smot'shken* smack (lips)
סמאָלע נ (ס) *smole* tar
סמאַרקאַטש ז (עס) *smarkat'sh* punk
סמוטנע *smutne* sad
סמיטשיק ז (עס) *smit'shik* bow (of a string instrument)
סמך ז (ן) *smach* basis, ground
סמעטענע נ (ס) *smetene* cream
סמען (געסמט) *samen* poison
סנאָב ז (ן) *snob* snob
סנאָביש *snobish* snobbish
סנאָפּ ז (עס) *snop* sheaf
סעדער ז (ס) *seder* keeper of an orchard

| | | |
|---|---|---|
| סעודה : (סעודות) | *sude-sudes* | meal |
| סעזאָן ז (ען) | *sezon* | season |
| סעלעקציע נ (ס) | *selektsye* | selection |
| סעמיט ז (ן) | *semit* | Semite |
| סעמיטיש | *semitish* | Semitic |
| סעמינאַר ז (ן) | *seminar* | seminar; seminary |
| סעמעסטער ז (ס) | *semester* | semester |
| סענאַט ז (ן) | *senat* | senate |
| סענאַטאָר ז (ן) | *senator* | senator |
| סענדוויטש ז (ן) | *sendvit'sh* | sandwich |
| סענט ז (ן) | *sent* | cent |
| סענטימענט ז (ן) | *sentiment* | sentiment |
| סענסאַציע נ (ס) | *sensatsye* | sensation |
| סעסיע נ (ס) | *sesye* | session |
| סעפטעמבער ז (ס) | *september* | September |
| סעקונדע נ (ס) | *sekunde* | second (unit of time) |
| סעקטאָר ז (ן) | *sektor* | sector |
| סעקס ז | *seks* | sex |
| סעקציע נ (כ) | *sektsye* | section |
| סעקרעטאַר ז (ן) | *sekretar* | secretary |
| סערזשאַנט ז (ן) | *serzhant* | sergeant |
| סעריע נ (ס) | *serye* | series |
| סערענאַדע נ (ס) | *serenade* | serenade |
| סערפ ז (ן/עס) | *serp* | sickle |
| ספאָדיק ז (עס) | *spodik* | high fur cap |
| ספאָנטאַן | *spontan* | spontaneous |
| ספאָראַדיש | *sporadish* | sporadic |
| ספאָרט ז (ן) | *sport* | sport |
| ספעציאַליסט ז (ן) | *spetsyalist* | specialist |
| ספעציעל | *spetsyel* | special |
| ספעקולאַנט ז (ן) | *spekulant* | speculator |
| ספעקולאַציע נ (ס) | *spekulatsye* | speculation |
| ספעקולירן (ספעקולירט) | *spekuliren* | speculate |
| ספרוזשינע נ (ס) | *spruzhine* | spring (of a clock, etc.) |
| ספערע נ (ס/ספערן) | *sfere* | sphere |
| ספק ז (ות) | *sofek-sfeikes* | doubt |
| ספר ז/ס (ים) | *seifer-sforim* | Hebrew religious book |
| ספרדי ז (ים) | *sfardi-sfardim* | Sephardic Jew |
| ספר־תורה נ (ות) | *seifer toire-seifer toires* | scroll of the Torah |
| סצענע נ (ס) | *stsene* | scene; stage |
| סקאַנדאַל ז (ן) | *skandal* | scandal |
| סקאַנדאַליעז | *skandalyez* | scandalous |
| סקאָרפיאָן ז (ען) | *skorpyon* | scorpion |
| סקאַרפעט ז (ן) | *skarpet* | sock |
| סקולפטאָר ז (ן) | *skulptor* | sculptor |
| סקולפטור נ (ן) | *skulptur* | sculpture |
| סקי ז | *ski* | ski |

סקיצירן *skitsiren* sketch
(סקיצירט)

סקיצע נ (ס) *skitse* sketch

סקלאַד ז (ן) *sklad* warehouse

סקעלעט ז (ן) *skelet* skeleton

סקעפּטיציזם ז *skeptitsizm* skepticism

סקעפּטיש *skeptish* skeptical

סתּירה נ (סתּירות) *stire* *stires* contradiction

סתּם *stam* indefinitely; ordinary

# ע

ע ז/נ *aien* the 16th letter of the Hebrew alphabet

עבֿירה נ (עבֿירות) *aveire* *aveires* transgression

עָבר ז (ס) *over* past

עֵבֶר־הירדן ס *eiver hayarden* Trans-Jordan

עִברי ס *ivre* reading of Hebrew (in a cheder)

עִברי־טײַטש ס *ivre tait'sh* archaic Yiddish

עִברית ס *ivrit* modern Hebrew

עגאָאיזם ז *ego'izm* egoism

עגאָאיסט ז (ן) *ego'ist* egoist

עגיפּטיש *egiptish* Egyptian

עגיפּטן [ס] *egipten* Egypt

עַגמת־נפש ס *agmes nefesh* grief

עֵדות ז *eides* witness

עֵדות־זאָגן ס *eides zogen* evidence

עוֹדף ז *oidef* excess, surplus

עוואָלוציע נ (ס) *evolutsye* evolution

עוואַנגעליע נ (ס) *evangelye* gospel

עַוולה נ (עוולות) *avle* *avles* injustice, wrong

עוֹל ז/ס *ol* yoke; burden

עוֹלם ז (ס) *oilem* public; people

עוֹלם־הבא ז *oilem habe* world to come

עוֹלם־הזה ז *oilem haze* this world

עוֹנג ז *oineg* enjoyment

עוֹף ס (ות) *of-oifes* fowl

עוֹשר ז *oisher* wealth; rich man

עַזות ס *azes* impertinence

עַזות־פָּנים ז (פֶּנימער) *azes ponem-azes penimer* impertinent person

עט! *et!* so what, it's nothing

עטוואָס *etvos* something

עטימאָלאָגיע נ (ס) *etimologye* etymology

עטיק נ *etik* ethics

עטיש *etish* ethical

עטלעכע *etleche* several

עטער ז *eter* ether

| | | |
|---|---|---|
| עיבור־יאָר ס (ן) | *iber yor* | leap year |
| עיכּוב ז (ים) | *ikev-ikuvim* | hindrance |
| עילוי ז (ים) | *ile-iluim* | genius |
| עין־הרע ז/נ (ס) | *aien hore/nehore* | evil eye |
| עיפּוש ז | *ipesh* | stench |
| עיקר ז (ים) | *iker-ikorim/ikrim* | principle |
| עך ! | *ech!* | oh, eh! |
| עכאָ ז (ס) | *echo* | echo |
| עכט | *echt* | genuine |
| עלאַסטיש | *elastish* | elastic |
| עלאַסטישקייט נ | *elastishkeit* | elasticity |
| עלטסטער | *elt'ster* | oldest |
| עלטער | *elter* | older |
| עלטער נ | *elter* | age; old age |
| עלטער־באָבע נ (ס) | *elter bobe* | great-grandmother |
| עלטער־זיידע ז (ס) | *elter zeide* | great-grandfather |
| עלטערן ר | *elteren* | parents |
| עלטערן זיך (געעלטערט) | *elteren zich* | grow old |
| עלטער־פּענסיע | *elter pensye* | old age pension |
| עלנבויגן ז (ס) | *elenboigen* | elbow |
| עלנט | *elent* | lonely |
| עלנטקייט נ | *elentkeit* | loneliness |
| עלעגאַנט | *elegant* | elegant |
| עלעגאַנט ז (ן) | *elegant* | dandy |
| עלעמענט ז (ן) | *element* | element |
| עלעמענטאַר | *elementar* | elementary |
| עלעקטראָניק נ | *elektronik* | electronics |
| עלעקטראָניש | *elektronish* | electronic |
| עלעקטריע נ | *elektrye* | electricity |
| עלעקטריקער ז (ס) | *elektriker* | electrician |
| עלעקטריש | *elektrish* | electrical |
| עלף | *elf* | eleven |
| עלפט | *elft* | eleventh |
| עמאַנציפּאַציע נ | *emantsipatsye* | emancipation |
| עמאָציאָנעל | *emotsyonel* | emotional |
| עמאָציע נ (ס) | *emotsye* | emotion |
| עמבאַרגאָ ז (ס) | *embargo* | embargo |
| עם־הארץ ז | *amorets-ameratsim* | ignoramus, boor |
| עם־הארצות ס | *ameratses* | ignorance |
| עמיגראַנט ז (ן) | *emigrant* | emigrant |
| עמיגראַציע נ (ס) | *emigratsye* | emigration |
| עמיגרירן (עמיגרירט) | *emigriren* | emigrate |
| עַמְךָ ס | *amcho* | common people |
| עמעצער | *emetser* | somebody, someone |
| עמער ז (ס) | *emer* | bucket |
| עמעריטור נ | *emeritur* | retirement |

| | | |
|---|---|---|
| ענג | *eng* | tight; crowded |
| ענגלאַנד [ס] | *england* | England |
| ענגליש אדי, ס | *english* / *english* | English |
| ענגלענדער ז | *englender* | Englishman |
| ענגשאַפט נ | *engshaft* | narrowness; crush |
| ענד נ (ן) | *end* | end |
| ענדיקן (געענדיקט) | *endiken* | end, finish |
| ענדלעך | *endlech* | at last |
| ענדערונג נ (ען) | *enderung* | change |
| ענדערן (געענדערט) | *enderen* | change |
| ענו, עניו ז (ים) | *onev-anovim* | modest man |
| ענטוזיאַזם ז (ען) | *entuzyazm* | enthusiasm |
| ענטפער ז (ס) | *entfer* | answer, reply |
| ענטפערן (געענטפערט) | *entferen* | answer, reply |
| עניין ז (ים) | *inyen-inyonim* | matter, affair |
| ענלעך | *enlech* | similar |
| ענלעכקייט נ (ן) | *enlechkeit* | similarity |
| ענערגיע נ (ס) | *energye* | energy |
| ענערגיש | *energish* | energetic |
| ענציקלאָפּעדיע נ (ס) | *entsiklopedye* | encyclopedia |
| עסטלאַנד [ס] | *estland* | Estonia |
| עסטעטיק נ | *estetik* | esthetics |
| עסטעטיש | *estetish* | esthetic |
| עסטרײַך [ס] | *estraich* | Austria |
| עסיי ז/נ (ען) | *esei* | essay |
| עסיק ז | *esik* | vinegar |
| עסן (געגעסן) | *esen* | eat |
| עסנוואַרג ס | *esenvarg* | food |
| עספּעראַנטאָ ס | *esperanto* | Esperanto (international language) |
| עסצימער ז (ן) | *estsimer* | dining room |
| עסק ז/ס (ים) | *eisek-asokim* | business |
| עסקאַלאַטאָר ז (ען) | *eskalator* | escalator |
| עסקן ז (ים) | *asken-askonim* | worker (for a cause) |
| עפּאָכע נ (ס) | *epoche* | epoch |
| עפּידעמיע נ (ס) | *epidemye* | epidemic |
| עפּידעמיש | *epidemish* | epidemical |
| עפּיזאָד ז (ן) | *epizod* | episode |
| עפּל ז | *epel* | apple |
| עפּעס | *epes* | something; somewhat |
| עפנטלעך | *efentlech* | public; publicly |
| עפענונג נ (ען) | *efenung* | opening |
| עפענען (געעפנט) | *efenen* | open |

| | | |
|---|---|---|
| עפעקט ז (ן) | *efekt* | effect |
| עצה נ (עצות) | *eitse-eitses* | advice |
| עק ז (ן) | *ek* | end; tail |
| עקאָנאָמיע נ (ס) | *ekonomye* | economy |
| עקאָנאָמיש | *ekonomish* | economical |
| עקבער ז (ס) | *ekber* | drill |
| עקבערן (געעקבערט) | *ekberen* | drill, bore |
| עקדיש ז (ן) | *ekdish* | scorpion |
| עקוואַדאָר [ס] | *ekvador* | Ecuador |
| עקוואַטאָר ז | *ekvator* | equator |
| עקומעניש | *ekumenish* | ecumenical |
| עקזאָטיש | *ekzotish* | exotic |
| עקזאַמען ז (ס) | *ekzamen* | examination, test |
| עקזאַמינירן (עקזאַמינירט) | *ekzaminiren* | examine |
| עקזיסטירן (עקזיסטירט) | *ekzistiren* | exist |
| עקזעמפּלאַר ז (ן) | *ekzemplar* | specimen |
| עקל ז (ען) | *ekel* | disgust |
| עקלדיק | *ekeldik* | disgusting |
| עקלען (געעקלט) | *eklen* | disgust, sicken |
| עקסטאַז ז (ן) | *ekstaz* | ecstasy |
| עקסטרע | *ekstre* | extra |
| עקסטרעם | *ekstrem* | extreme |
| עקסטרעם נ (ען) | *ekstrem* | extreme |
| עקספּאָנאַט ז (ן) | *eksponat* | exhibit |
| עקספּאָרט ז (ן) | *eksport* | export |
| עקספּאָרטירן (עקספּאָרטירט) | *eksportiren* | export |
| עקספּלאָדירן (עקספּלאָדירט) | *eksplodiren* | explode |
| עקספּערט ז (ן) | *ekspert* | expert |
| עקספּערימענט ז (ן) | *eksperiment* | experiment |
| עקספּרעס ז (ן) | *ekspres* | express |
| עקסקורסיע נ (ס) | *ekskursye* | excursion |
| עקסקלוסיוו | *eksklusiv/ ekskluziv* | exclusive |
| עקשן ז (ים) | *akshen-akshonim* | stubborn man |
| עקשנות ס | *akshones* | stubbornness |
| ער | *er* | he |
| עראָזיע נ (ס) | *erozye* | erosion |
| עראָטיש | *erotish* | erotic |
| עראָפּלאַן ז (ען) | *eroplan* | airplane |
| ערגסטער | *ergster* | worst |
| ערגעץ | *ergets* | somewhere |
| ערגער | *erger* | worse |
| ערד נ | *erd* | earth |
| ערדאַרבעט נ | *erdarbet* | agriculture |
| ערדמעסטער ז (ס) | *erdmester* | surveyor |

ערדציטערניש ס (ן) *erdtsiternish* earthquake

ערווה נ (ערוות) *erve-erves* pudenda

ערזאַץ ז (ן) *erzats* ersatz

ערלעך *erlech* honest

ערלעכקייט נ *erlechkeit* honesty

ערנוואָרט ס *erenvort* word of honor

ערנסט *ernst* serious

ערשט *ersht* first

ערשטנס *ershtens* at first

ערשטקלאַסיק *ershtklasik* first-rate

עשירות ס *ashires* wealth

עתיד ז *osid* future

# פ

פ ז/נ *pei* the 17th letter of the Hebrew alphabet

פאַגאַנער ז (ס) *paganer* pagan

פאָגראָם ז (ען) *pogrom* pogrom

פאָדלאָגע נ (ס) *podloge* floor (inside bottom covering of a room)

פאָדקעווע נ (ס) *podkeve* horseshoe

פּאה נ (פאות) *peie-peies* side curl

פאָווידלע נ (ס) *povidle* prune jam

פאַווע נ (ס) *pave* peacock; peahen

פאָזיציע נ (ס) *pozitsye* position

פאָזע נ (ס) *poze* pose

פאַטאָלאָגיש *patologish* pathological

פאַטאָס ז *patos* pathos

פאָטאַש ז *potash* potash

פאַטעטיש *patetish* pathetic

פאַטענט ז (ן) *patent* patent

פאָטענציאַל ז (ן) *potentsyal* potential

פאָטענציעל *potentsyel* potential

פאָטקעווע נ (ס) *potkeve* horseshoe

פאַטראָל ז (ן) *patrol* patrol

פאַטראָן ז (ען) *patron* patron

פאַטריאָט ז (ן) *patryot* patriot

פאַטריאָטיזם ז *patryotizm* patriotism

פאַטריאָטיש *patryotish* patriotic

פאַטריאַרך ז (ן) *patryarch* patriarch

פאַטש ז (פעטש) *pat'sh* slap

פאַטשן *pat'shen* (געפאַטשט) slap

פאַטשקען *pat'shken* (געפאַטשקעט) dirty, soil; scribble

פאַיאַץ ז (ן) *payats* clown

פאַלאַץ ז (ן) *palats* palace

פאַלטן ז (ס) *palten* overcoat

פאָליטור נ (ן) *politur* varnish; polish

פאָליטיק נ *politik* politics

פאָליטיש *politish* political

פאָליציאַנט ז (ן) *politsyant* policeman

פאָליציי נ *politsei* police

פאָליצע נ (ס) *politse* shelf

פאָליש ז/ס (ן) *polish* antechamber of a synagogue

פאַלמע נ (ס) *palme* palm (tree)

פאָלע נ (ס) *pole* lap (of a garment)

פאָלעמיק נ (עס) *polemik* polemics

פאַלעסטינע [נ] *palestine* Palestine

פאָלקע נ (ס) *polke* polka (dance)

פאָמידאָר ז (ן) *pomidor* tomato

פאַמעלעך *pamelech* slowly

פאָמעראַנץ ז (ן) *pomerants* orange (fruit)

פאָמפע נ (ס) *pompe* pump

פאָמפעווען *pompeven* (געפאָמפעוועט) pump

פאַמפלעט ז (ן) *pamflet* pamphlet

פאַנאָראַמע נ (ס) *panorame* panorama

פאַנטער ז (ן) *panter* panther

פאַנטשער ז (ס) *pant'sher* puncture; flat tire

פאַניק נ *panik* panic

פאַנסיאָן ז (ען) *pansyon* boarding house

פאַנצער ז (ס) *pantser* armor; shield

פאַס ז (ן) *pas* stripe

פאַס ז (פעסער) *pas* pass, permit

פאַסאַזשיר ז (ן) *pasazhir* passenger

פאָסט נ (ן) *post* mail

פאָסטאַמט ז (ן) *postamt* post office

פאָסטגעלט ס *postgelt* postage

פאָסטמאַרקע נ (ס) *postmarke* postage stamp

פאָסטן ז (ס) *posten* position

פאַסטע נ (ס) *paste* paste

פאַסטעך ז (ער) *pastech* shepherd

פאַסטערנאַק ז (עס) *pasternak* parsnip

| | | |
|---|---|---|
| פאָסטקאַרטל ס (עך) | *postkartel* | postcard |
| פאָסטקעסטל ס (עך) | *postkestel* | mailbox |
| פאָסטרעסטאַנט ז | *postrestant* | general delivery |
| פאָסטשטעמפּל ז (ען) | *post'shtempel* | postmark |
| פאַסיוו | *pasiv* | passive |
| פאַסיק | *pasik* | appropriate |
| פאַסיק ז (עס) | *pasik* | belt |
| פאַסירונג נ (ען) | *pasirung* | occurrence |
| פאַסירן (פאַסירט) | *pasiren* | occur |
| פאַסן (געפאַסט) | *pasen* | fit |
| פאַספאָרט ז (ן) | *pasport* | passport |
| פאַסקודניאַק ז (עס) | *paskudnyak* | scoundrel |
| פאַסקודנע | *paskudne* | nasty |
| פאַסקודסטווע נ (ס) | *paskudstve* | filth |
| פאָעזיע נ | *poezye* | poetry |
| פאָעט ז (ן) | *poet* | poet |
| פאָעטעסע נ (ס) | *poetese* | poetess |
| פאָפוגײַ ז (ען), פאַפוגע נ (ס) | *popugai, papuge* | parrot |
| פאָפולער | *populer* | popular |
| פאַפיר ס (ן) | *papir* | paper |
| פאַפיראָס ז (ן) | *papiros* | cigarette |
| פאָפן (געפאָפן/געפאָפט) | *pofen* | (cont.) sleep |
| פאַציענט ז (ן) | *patsyent* | patient |
| פאַציפיק ז | *patsifik* | Pacific |
| פאַק ז (פעק) | *pak* | pack, bundle |
| פאַקיסטאַן [ז] | *pakistan* | Pakistan |
| פאַקן (געפאַקט) | *paken* | pack, wrap |
| פאָקן ר | *poken* | smallpox |
| פאַקן־טרעגער, פאַקנטרעגער ז (ס) | *pakentreger* | book peddler |
| פאָקשיווע נ (ס) | *pokshive* | nettle |
| פאָר נ/ס (ן) | *por* | pair |
| פאַראַגראַף ז (ן) | *paragraf* | paragraph |
| פאַראַד ז (ן) | *parad* | parade |
| פאַראַדאָקס ז (ן) | *paradoks* | paradox |
| פאַראָדיע נ (ס) | *parodye* | parody |
| פאַראַזיט ז (ן) | *parazit* | parasite |
| פאַראַליז ז | *paraliz* | paralysis |
| פאַראַליזירן (פאַראַליזירט) | *paraliziren* | paralyze |
| פאַראַלעל ז (ן) | *paralel* | parallel |
| פאַראַפראַז ז (ן) | *parafraz* | paraphrase |

| | | |
|---|---|---|
| פאַראַפראַזירן (פאַראַפראַזירט) | *parafraziren* | paraphrase |
| פאַראַשוט ז (ן) | *parashut* | parachute |
| פאַראַשוטיסט ז (ן) | *parashutist* | parachutist |
| פאַרוק ז (ן) | *paruk* | wig |
| פאָרט ז (ן) | *port* | port, harbor |
| פאַרטאַטש ז (עס) | *partat'sh* | bungler |
| פאָרטוגאַל [ס] | *portugal* | Portugal |
| פאָרטוגעזיש אדי | *portugezish* | Portuguese |
| פאָרטוגעזער ז | *portugezer* | Portuguese |
| פאַרטיזאַן ז (ען) | *partizan* | partisan |
| פאַרטיי נ (ען) | *partei* | party |
| פאָרטפעל ז (ן) | *portfel* | portfolio |
| פאָרטרעט ז (ן) | *portret* | portrait |
| פאַרך ז (עס) | *parch* | scab (skin disease); rat, sneaky person |
| פאַרכעוואַטע | *parchevate* | scabby |
| פאָרל ס (ען) | *porel* | couple |
| פאַרלאַמענט ז (ן) | *parlament* | parliament |
| פאַרלאַמענטאַריש | *parlamentarish* | parliamentary |
| פאַרמעט ז (ן) | *parmet* | parchment |
| פאַרע נ (ס) | *pare* | steam |
| פאַרעווע | *pareve* | neither of meat nor of milk |
| פאָרען זיך (געפאָרעט) | *poren zich* | occupy oneself |
| פאָרפאָלק ס (ן) | *porfolk* | married couple |
| פאַרפום ז (ען) | *parfum* | perfume |
| פאַרפומירן (פאַרפומירט) | *parfumiren* | perfume |
| פאָרציע נ (ס) | *portsye* | portion |
| פאָרצעלאַן ס | *portselan* | porcelain |
| פאַרק ז (ן) | *park* | park (public garden) |
| פאַרקיראָרט ז | *parkirort* | parking place |
| פאַרקן (געפאַרקט) | *parken* | park (leave a car somewhere) |
| פאַרקע נ (ס) | *parke* | parka |
| פאַרשוין ז (ען) | *parshoin* | person |
| פאַשאָל-וואָן! | *pashol von* | get out! |
| פאַשע נ (ס) | *pashe* | pasture |
| פאַשען (געפאַשעט) | *pashen* | feed; graze |
| פגם ז (ים) | *pgam-pgomim* | blemish |
| פגר ז (ים) | *peiger-pgorim* | carcass |
| פגרן (געפגרט) | *peigeren* | (cont.) die |
| פדיון ז (ות) | *pidyen pidyoines* | proceeds; ransom |
| פודינג ז (ען) | *puding* | pudding |

פודל ז (ען) poodle (dog) *pudel*

פודער ז (ס) (cosmetic) powder *puder*

פודערן (געפודערט) powder *puderen*

פוטער נ butter *puter*

פוטש ז (ן) putsch *put'sh*

פויזע נ (ס) pause *poize*

פויליש Polish *poilish*

פוילן [ס] Poland *poilen*

פויער ז (ים) peasant *poier*

פויערטע נ (ס) peasant woman *poierte*

פויעריש rustic *poierish*

פויפסט ז (ן) pope *poipst*

פויק נ (ן) drum *poik*

פויקן (געפויקט) drum *poiken*

פוך ז down (fluffy feathers) *puch*

פולווער ז (ס) gunpowder *pulver*

פולס ז (ן) pulse *puls*

פולפיט ז (ן) pulpit *pulpit*

פולקע נ (ס) drumstick (of a fowl) *pulke*

פונקט punctually, exactly *punkt*

פונקט ז (ן) point, dot *punkt*

פונקטירן (פונקטירט) dot *punktiren*

פוסט empty; hollow; vain *pust*

פוסטעניש נ (ן) wasteland *pustenish*

פועל־יוצא ז (ס) consequence, result *poiel yoitse*

פועלן (געפועלט) prevail; convince *poielen*

פופיק ז (עס) navel *pupik*

פוצן (געפוצט) polish; brush *putsen*

פורים ז (זען אסתּר ט׳, כ־לב) Purim *purim*

פורפל ז purple *purpel*

פושטשאַק ז (עס) hollow nut; empty-headed man *pusht'shak*

פושקע נ (ס) alms box; (tin) can *pushke*

פחדן ז (ים) coward *pachden-pachdonim*

פחדניש cowardly *pachdonish*

פטור free, exempt *poter*

פטור ווערן (פטור געוואָרן) get rid of *poter veren*

פטירה נ demise *ptire*

פטרן (געפטרט) squander; ruin *pateren*

פיאַווקע נ (ס) leech *piavke*

פיאַטע heel; sole (of the foot) *pyate*

פיאַניסט ז (ן) pianist *pyanist*

פיאַנע נ (ס) piano *pyane*

פיזשאַמעס ר pajamas, pyjamas *pizhames*

פיטשעווקע נ (ס) detail *pit'shevke*

| | | |
|---|---|---|
| פײַן נ (ען) | *pain* | pain |
| פײַניקן (געפײַניקט) | *painiken* | torture |
| פײַניקער ז (ס) | *painiker* | tormentor |
| פײַנלעך | *painlech* | painful |
| פיל נ (ן) | *pil* | pill |
| פילאָט ז (ן) | *pilot* | pilot |
| פילקע נ (ס) | *pilke* | ball |
| פינגפאָנג ז | *pingpong* | ping-pong |
| פינטל ס (עך) | *pintel* | dot, point; period (.) |
| פינטלען (געפינטלט) | *pintlen* | mark with dots; blink |
| פינטל־קאָמע נ (ס) | *pintel kome* | semicolon |
| פינטעלע ס (ך) | *pintele* | dot |
| פינקטלעך | *pinktlech* | punctual, prompt; accurate |
| פינקטלעכקייט נ | *pinktlechkeit* | accuracy |
| פיסטויל ז (ן) | *pistoil* | pistol |
| פיסק ז (עס) | *pisk* | snout; big mouth |
| פיעשטשען (געפיעשטשעט) | *pyesht'shen* | pamper |
| פיפערנאָטער ז (ס) | *pipernoter* | dragon; viper |
| פיפקע נ (ס) | *pipke* | tobacco pipe |
| פיפקען (געפיפקעט) | *pipken* | smoke (a pipe) |
| פיצל ס (עך) | *pitsel* | small piece |
| פיצע נ (ס) | *pitse* | pizza |
| פיקאַנט | *pikant* | spicy; sharp |
| פיקהאָלץ ז (ן) | *pikholts* | woodpecker |
| פיקן (געפיקט) | *piken* | peck |
| פיקניק ז (ן) | *piknik* | picnic |
| פיראַט ז (ן) | *pirat* | pirate |
| פיראַמיד ז (ן) | *piramid* | pyramid |
| פירוש ז (ים) | *peiresh/ peirush-perushim* | commentary |
| פישטש ז (ן) | *pisht'sh* | whine |
| פישטשען (געפישטשעט) | *pisht'shen* | whine |
| פישן (געפישט) | *pishen* | urinate |
| פלאָג נ (ן) | *plog* | plague |
| פלאָגן (געפלאָגט) | *plogen* | harass |
| פלאָגן זיך | *plogen zich* | suffer; drudge |
| פלאַזמע נ | *plazme* | plasma |
| פלאַזשע נ (ס) | *plazhe* | beach |
| פלאַטפאָרמע נ (ס) | *platforme* | platform |
| פלאַטשיק | *plat'shik* | flat |
| פלאָמבע נ (ס) | *plombe* | leaden seal; (dental) filling |
| פלאַן ז (פלענער) | *plan* | plan |
| פלאָנטער ז (ס) | *plonter* | tangle |
| פלאָנטערן (געפלאָנטערט) | *plonteren* | entangle |
| פלאַנירן (פלאַנירט) | *planiren* | plan |
| פלאַנעט ז (ן) | *planet* | planet |

פלאַסטיק ז (ן) *plastik* — plastic

פלאַסטיש *plastish* — plastic

פלאַפּלען *plaplen* (געפּלאַפּלט) — chatter

פלאַפּלערײַ ס *plaplerai* — chatter

פלאַץ ז (פּלעצער) *plats* — place; plaza

פלאַץ ז (ן) *plats* — crack

פלאַצן *platsen* (געפלאַצט) — crack; burst

פלאַקאַט ז (ן) *plakat* — poster

פלוידערײַ ס (ען) *ploiderai* — chit-chat

פלוידערן *ploideren* (געפלוידערט) — chatter

פלויט ז (ן) *ploit* — fence

פלוס פּרעפּ *plus* — plus (added to)

פלוס ז (ן) *plus* — plus sign; advantage

פלוסקעווקע נ (ס) pluskevke — thumbtack

פלוצלינג *plutsling* — suddenly

פליוש ז *plyush* — plush

פליושקען *plyushken* (געפליושקעט) — splash

פליט ז (ים) *polit- plitim/pleitim* — refugee

פליטה נ *pleite* (פליטות) *pleites* — escape

פלייצע נ (ס) *pleitse* — shoulder

פלימעניצע נ (ס) *plimenitse* — niece

פלימעניק ז (עס) *plimenik* — nephew

פלעביסציט ז (ן) *plebistsit* — plebiscite

פלעצל ס (עך) *pletsel* — cracker

פּנים ס (פּנימער) *ponem- penimer* — face

פסוק ז (ים) *posek/ posuk-psukim* — verse

פסח ז (זען שמות י״ב) *peisech* — Passover

פסיכאָלאָג ז (ן) *psicholog* — psychologist

פסיכאָלאָגיע נ *psichologye* — psychology

פסיכאָלאָגיש *psichologish* — psychological

פסיכיאַטער ז (ס) *psichiater* — psychiatrist

פסיכיאַטריע נ *psichiatrye* — psychiatry

פסלען *paslen* (געפסלט) — invalidate; reject

פסעוודאָנים ז (ען) *psevdonim* — pseudonym

פסק ז (ים) *psak- psokim* — verdict

פסקענען *paskenen* (געפסקנט) — judge; rule

פעדאַגאָג ז (ן) *pedagog* — pedagogue

| | | |
|---|---|---|
| פעדאַגאָגיע נ | *pedagogye* | pedagogy |
| פעדאַנט ז (ן) | *pedant* | pedant |
| פעדאַנטיש | *pedantish* | pedantic |
| פעדלען (געפעדלט) | *pedlen* | peddle |
| פעדלער ז (ס) | *pedler* | peddler |
| פעטיציע נ (ס) | *petitsye* | petition |
| פעטרישקע נ (ס) | *petrishke* | parsley |
| פעטשל ס (עך) | *pet'shel* | pat |
| פעך ז/ס | *pech* | pitch |
| פעלץ ז (ן) | *pelts* | pelt, fur |
| פען נ (ען) | *pen* | pen |
| פענדזל ז (ען) | *pendzel* | paint brush |
| פעני ז (ס) | *peni* | penny, cent |
| פעניס ז (ן) | *penis* | penis |
| פענסיאָנער ז (ן) | *pensyoner* | pensioner |
| פענסיע נ (ס) | *pensye* | pension |
| פעסימיזם ז | *pesimizm* | pessimism |
| פעסימיסט ז (ן) | *pesimist* | pessimist |
| פעסימיסטיש | *pesimistish* | pessimistic |
| פעקל ס (עך) | *pekel* | parcel |
| פעקלפּאָסט נ | *pekelpost* | parcel post |
| פער | *per* | per, via, by |
| פערזאָן ז/נ (ען) | *perzon* | person |
| פערזענלעך | *perzenlech* | personal |
| פערזענלעכקייט נ (ן) | *perzenlechkeit* | personality |
| פעריאָד ז (ן) | *peryod* | period, term |
| פעריפעריע נ (ס) | *periferye* | periphery |
| פערל ז/נ | *perel* | pearl |
| פערלמוטער נ | *perelmuter* | mother-of-pearl |
| פערסאָנאַל ז | *personal* | personnel, staff |
| פערסיע [נ] | *persye* | Persia |
| פערסיש | *persish* | Persian |
| פערסער ז | *perser* | Persian |
| פערפעקט | *perfekt* | perfect |
| פרא־אדם ז (ס) | *pere odem-pere odems* | savage |
| פּראָבלעם נ (ען) | *problem* | problem |
| פּראָבלעמאַטיש | *problematish* | problematic |
| פּראָבע נ (ס) | *probe* | test; rehearsal |
| פּראָגראַם נ (ען) | *program* | program |
| פּראָגרעס ז | *progres* | progress |
| פּראָגרעסירן (פּראָגרעסירט) | *progresiren* | progress |
| פּראָדוצירן (פּראָדוצירט) | *produtsiren* | produce |
| פּראָדוקט ז (ן) | *produkt* | product |
| פּראָדוקטיוו | *produktiv* | productive |

פראָדוקציע נ (ס) *produktsye* — production

פראַוואָסלאַוונע *pravoslavne* — Greek Orthodox

פראָוואָקאַטאָר ז (ן) *provokator* — provocateur

פראָוואָקאַציע נ (ס) *provokatsye* — provocation

פראָוויזאָריש *provizorish* — provisional

פראָווינץ נ (ן) *provints* — province

פראַוועןן *praven* (געפראַוועט) — perform; celebrate

פראָזאַאיקער ז (ס) *proza'iker* — prose writer

פראָזאַאיש *proza'ish* — prosaic

פראָזע נ *proze* — prose

פראָטאָקאָל ז (ן) *protokol* — protocol; minutes

פראָטעאין ז (ען) *prote'in* — protein

פראָטעסט ז (ן) *protest* — protest

פראָטעסטאַנט ז (ן) *protestant* — Protestant

פראָטעסטירן *protestiren* (פראָטעסטירט) — protest

פראָטעקטאָראַט ז (ן) *protektorat* — protectorate

פראָטעקציע נ *protektsye* — patronage; pull, special influence

פראָיעקט ז (ן) *proyekt* — project

פראַכט נ *pracht* — splendor

פראַכטיק *prachtik* — magnificent

פראָלאָג ז (ן) *prolog* — prologue

פראָלעטאַריאַט ז (ן) *proletaryat* — proletariat

פראָלעטאַריער ז *proletaryer* — proletarian

פראָנאָם ז (ען) *pronom* — pronoun

פראָסט *prost* — plain, ordinary; vulgar

פראָסטיטוטקע נ (ס) *prostitutke* — prostitute

פראָסטקייט נ *prostkeit* — vulgarity

פראָספעקט ז (ן) *prospekt* — prospectus

פראָספעריטעט נ *prosperitet* — prosperity

פראָפאַגאַנדע נ *propagande* — propaganda

פראָפאָנירן *proponiren* (פראָפאָנירט) — propose

פראָפאָרציאָנעל *proportsyonel* — proportional

פראָפאָרציע נ (ס) *proportsye* — proportion

פראָפן ז (ס) *propen* — cork

פראָפנציִער ז (ס) *propentsier* — corkscrew

פראָפיט ז (ן) *profit* — profit

פראָפיטירן *profitiren* (פראָפיטירט) — profiteer

פראָפיל ז (ן) *profil* — profile

פראָפעסאָר ז (ן) *profesor* — professor

פראָפעסיע נ (ס) *profesye* — profession

| | | |
|---|---|---|
| פראָצעדור נ (ן) | *protsedur* | procedure |
| פראָצענט ז (ן) | *protsent* | percent; rate of interest |
| פראָצענטניק ז (עס) | *protsentnik* | usurer |
| פראָצעס ז (ן) | *protses* | process; lawsuit |
| פראָצעסיע נ (ס) | *protsesye* | procession |
| פראָקוראָר ז (ן) | *prokuror* | prosecutor |
| פראַקטיק נ | *praktik* | practice, practise |
| פראַקטיש | *praktish* | practical |
| פראָקלאַמאַציע נ (ס) | *proklamatsye* | proclamation |
| פראָקלאַמירן (פראָקלאַמירט) | *proklamiren* | proclaim |
| פראָשען (געפראָשעט) | *proshen* | sprinkle |
| פראָשעק ז (פראָשקעס) | *proshek* | powder |
| פרובירן (פרובירט) | *prubiren* | try, test |
| פרוּוו ז (ן) | *pruv* | try, attempt |
| פרוטה נ (פרוטות) | *prute* *prutes* | smallest coin |
| פרט ז (ים) | *prat* *protim* | detail; individual |
| פריוואַט | *privat* | private |
| פריוואַט־לערער ז (ס) | *privat lerer* | private teacher |
| פריווילעגיע נ (ס) | *privilegye* | privilege |
| פרײַז ז (ן) | *praiz* | price |
| פרײַס ז (ן) | *prais* | Prussian; cockroach |
| פרײַסיש | *praisish* | Prussian |
| פרײַסן [ס] | *praisen* | Prussia |
| פרימאַדאָנאַ נ (ס) | *primadona* | prima donna |
| פרימיטיוו | *primitiv* | primitive |
| פרינץ ז (ן) | *prints* | prince |
| פרינציפ ז (ן) | *printsip* | principle |
| פרינצעסין נ (ס) | *printsesin* | princess |
| פריפעטשיק ז (עס) | *pripet'shik* | fireplace, hearth |
| פריץ ז | *porets/ purits-pritsim* | lord; landowner |
| פריציש | *pritsish* | lordly |
| פריצעווען (געפריצעוועט) | *pritseven* | play lord |
| פריקרע | *prikre* | unpleasant; sullen |
| פרישטש ז (עס) | *prisht'sh* | pimple |
| פרנסה נ (פרנסות) | *parnose* *parnoses* | livelihood |
| פרעגלען (געפרעגלט) | *preglen* | fry |
| פרעדיקן (געפרעדיקט) | *prediken* | preach |
| פרעדיקער ז (ס) | *prediker* | preacher |
| פרעהיסטאָריע נ | *prehistorye* | prehistory |

פרעהיסטאָריש *prehistorish* — prehistoric

פרעזידענט ז (ן) *prezident* — president

פרעזענט ז (ן) *prezent* — present, gift

פרעכטיק *prechtik* — splendid

פרעמיע נ (ס) *premye* — premium, bonus; prize

פרעמיער ז (ן) *premyer* — premier; prime minister

פרעמיערע נ (ס) *premyere* — premiere

פרעס ז (ן) *pres* — (printing) press

פרעסאַייזן ז (ס) *presaizen* — iron (appliance)

פרעסטיזש ז *prestizh* — prestige

פרעסן *presen* (געפרעסט) — press; iron

פרעסע נ (ס) *prese* — press (newspapers and periodicals)

פרעפאָזיציע נ (ס) *prepozitsye* — preposition

פרעפיקס ז (ן) *prefiks* — prefix

פרעצעדענט ז (ן) *pretsedent* — precedent

פרעריע נ (ס) *prerye* — prairie

פרצוף ז (ים) *partsef/partsuf-partsufim* — face; physiognomy

פּרצוף־פּנים ז (ער) — physiognomy

פרק ז (פּרקים) *peirek-prokim* — chapter

פרק און פסוק *peirek un posuk* — chapter and verse; precise authority

פרשה נ (פרשיות) *parshe-parshes* — section of the Torah

פשוט *poshet/pushit* — simple

פשט ז *pshat* (ים) *pshotim* — plain meaning

פשטות ס *pashtes* — simplicity

פשטל ס (עך) *pshetel* — casuistic interpretation

פשרה נ *pshore* (פשרות) *pshores* — compromise

פתח ז (ן) *pasech* — pasech *(vowel sign as in* פַ*)*

# פ

פאַבל נ (ען) *fabel* — fable

פאַבריצירן *fabritsiren* (פאַבריצירט) — manufacture

פאַבריק נ (ן) *fabrik* — factory

פאַבריקאַנט ז (ן) *fabrikant* — manufacturer

פאָדעם ז (פעדעם) *fodem* — thread

פאָדערונג נ (ען) *foderung* — demand

פאָדערן *foderen* (געפאָדערט) — demand; require

פאָדערשט *fodersht* — foremost

פאַזאַן ז (ען) *fazan* — pheasant
פאָטאָגראַפיסט ז (ן) *fotografist* — photographer
פאָטאָגראַפיע נ (ס) *fotografye* — photograph; photography
פאָטאָגראַפירן (פאָטאָגראַפירט) *fotografiren* — photograph
פאַטאַל *fatal* — fatal
פאָטעל ז (ן) *fotel* — armchair
פאָטער ז (ס) *foter* — father
פאָטערלאַנד ס (פאָטערלענדער) *foterland* — fatherland
פאָטערלעך *foterlech* — fatherly
פאַטשיילע נ (ס) *fat'sheile* — shawl
פאַך ז (ן) *fach* — trade, profession
פאַכמאַן ז (פאַכלײַט) *fachman* — skilled worker
פאָכען (געפאָכעט) *fochen* — fan
פאָכער ז (ס) *focher* — fan
פאַכשול נ (ן) *fachshul* — vocational school
פאַל ז (ן) *fal* — fall; case
פאָלגן (געפאָלגט) *folgen* — obey
פאָלגנדיק *folgendik* — following
פאַלד ז״נ (ן) *fald* — fold
פאַליע נ (ס) *falye* — billow
פאַלן (געפאַלן) *falen* — fall
פאַלק ז (ן) *falk* — hawk
פאָלק ס (פעלקער) *folk* — nation; folk, people
פאָלקלאָר ז *folklor* — folklore
פאָלקסליד ס (ער) *folkslid* — folksong
פאָלקשול נ (ן) *folkshul* — public school
פאַלש *falsh* — false
פאַלשעווען (געפאַלשעוועט) *falsheven* — falsify
פאַלשקייט נ (ן) *falshkeit* — falseness
פאַמיליע נ (ס) *familye* — family
פאַן נ (ען) *fan* — (frying) pan
פאָן נ (פענער) *fon* — flag
פאַנאַטיזם ז *fanatizm* — fanaticism
פאַנאַטיקער ז (ס) *fanatiker* — fanatic
פאַנאַטיש *fanatish* — fanatic
פאַנגען (געפאַנגען) *fangen* — catch; capture
פאָנד ז (ן) *fond* — fund
פאַנטאַזיע נ (ס) *fantazye* — fantasy
פאַנטאָם ז (ען) *fantom* — phantom
פאָנטאַנע נ (ס) *fontane* — fountain
פאַנטאַסטיש *fantastish* — fantastic
פאָניע ז *fonye* — (nickname) Russian
פאָנעטיק נ *fonetic* — phonetics
פאָנעטיש *fonetish* — phonetic
פאָנפען (געפאָנפעט) *fonfen* — snuffle (speak with a nasal tone)

| | | |
|---|---|---|
| barrel | *fas* | פאַס ס (פעסער) |
| bean | *fasolye* | פאַסאָליע נ (ס) |
| fashion, style | *fason* | פאַסאָן ז (ען) |
| fast (abstain from food) | *fasten* | פאַסטן (געפאַסט) |
| fossil | *fosil* | פאָסיל ז (ן) |
| phosphorus | *fosfor* | פאָספאָר ז |
| dandy, fop | *fatset* | פאַצעט ז (ן) |
| faculty (a division at a college or university) | *fakultet* | פאַקולטעט ז (ן) |
| fact | *fakt* | פאַקט ז (ן) |
| actual | *faktish* | פאַקטיש |
| torch | *fakel* | פאַקל ז (ען) |
| for; before | *far* | פאַר |
| pollute | *farumreiniken* | פאַראומרייניקן (פאַראומרייניקט) |
| prejudice | *forurteil* | פאָראורטייל ז (ן) |
| last year's | *farayorik* | פאַראַיאָריק |
| grudge | *faribel* | פאַראיבל ז (ען) |
| immortalize | *fareibiken* | פאַראייביקן (פאַראייביקט) |
| union | *farein* | פאַראיין ז (ען) |
| unification | *fareinikung* | פאַראייניקונג נ (ען) |
| United Nations | *fareinikte natsyes* | פאַראייניקטע נאַציעס ר |
| United States | *fareinikte shtaten* | פאַראייניקטע שטאַטן ר |
| unite | *fareiniken* | פאַראייניקן (פאַראייניקט) |
| a week ago | *farachtogen* | פאַראַכטאָגן |
| contempt | *farachtung* | פאַראַכטונג נ |
| responsible | *farantvortlech* | פאַראַנטוואָרטלעך |
| responsibility | *farantvortlechkeit* | פאַראַנטוואָרטלעכקייט נ (ן) |
| dye, paint | *farb* | פאַרב נ (ן) |
| prohibition | *farbot* | פאַרבאָט ז (ן) |
| forbid | *farboten* | פאַרבאָטן (פאַרבאָטן) |
| union | *farband* | פאַרבאַנד ז (ן) |
| dress a wound or sore | *farbandazhiren* | פאַרבאַנדאַזשירן (פאַרבאַנדאַזשירט) |
| embitter | *farbiteren* | פאַרביטערן (פאַרביטערט) |
| passage | *farbaigang* | פאַרבײַגאַנג ז (ען) |
| pass by; elapse | *farbaigein* | פאַרבײַגיין (פאַרבײַגעגאַנגען) |
| passer-by | *farbaigeier* | פאַרבײַגייער ז (ס) |
| replacement | *farbait* | פאַרבײַט ז (ן) |
| replaceable | *farbaitlech* | פאַרבײַטלעך |
| replace | *farbaiten* | פאַרבײַטן (פאַרביטן) |

פאַרבֿײַסן (פאַרבֿיסן) *farbaisen* — take a snack; bite

פאַרבֿינדונג נ (ען) *farbindung* — connection

פאַרבֿינדן (פאַרבֿונדן) *farbinden* — bind; connect

פאַרבֿיסן *farbisen* — grim; stubborn

פאַרבלאָנדזשען (פאַרבלאָנדזשעט) *farblondzhen* — go astray

פאַרבלײַבן (פאַרבליבן) *farblaiben* — remain; stay

פאַרבן (געפאַרבט) *farben* — color; dye

פאַרבעטונג נ (ען) *farbetung* — invitation

פאַרבעטן (פאַרבעטן) *farbeten* — invite

פאַרבענקט *farbenkt* — nostalgic

פאַרבענקען זיך (פאַרבענקט) *farbenken zich* — yearn, long

פאַרבעסערונג נ (ען) *farbeserung* — improvement

פאַרבעסערן (פאַרבעסערט) *farbeseren* — improve

פאַרבֿרייטערן (פאַרבֿרייטערט) *farbreiteren* — widen

פאַרבֿריִען (פאַרבֿריט) *farbrien* — scald; boil; brew (tea)

פאַרבֿרעכן ס (ס) *farbrechen* — crime

פאַרבֿרעכער ז (ס) *farbrecher* — criminal

פאַרבֿרענגען (פאַרבֿראַכט) *farbrengen* — spend (time); enjoy oneself

פאַרבֿרענט *farbrent* — burned; ardent

פאַרבֿרענען (פאַרבֿרענט) *farbrenen* — burn

פאַרגאַנגענהייט נ *fargangenheit* — past

פאַרגאַפט *fargaft* — amazed

פאַרגוואַלדיקונג נ (ען) *fargvaldikung* — rape

פאַרגוואַלדיקן (פאַרגוואַלדיקט) *fargvaldiken* — rape

פאַרגיטיקונג נ (ען) *fargitikung* — compensation

פאַרגיטיקן (פאַרגיטיקט) *fargitiken* — compensate

פאַרגיכערן (פאַרגיכערט) *fargicheren* — accelerate

פאַרגינען (פאַרגונען) *farginen* — wish well, not begrudge

פאַרגיסן (פאַרגאָסן) *fargisen* — spill

פאַרגיפטונג נ (ען) *fargiftung* — poisoning

פאַרגלאָצן (פאַרגלאָצט) *farglotsen* — roll up (one's eyes)

פאַרגליווערן (פאַרגליווערט) *fargliveren* — congeal; benumb

פאַרגלײַך ז (ן) *farglaich* — comparison

פאַרגלײַכלעך *farglaichlech* — comparable

פאַרגלײַכן *farglaichen* compare
(פאַרגלײַכט/פאַרגליכן)

פאַרגלעטן *fargleten* smooth over
(פאַרגלעט)

פאַרגעטערן idolize; adore
*fargeteren* (פאַרגעטערט)

פאַרגעניגן ס/ז (ס) pleasure
*fargenigen*

פאַרגעסן *fargesen* forget
(פאַרגעסן)

פאָרגעפיל ס (ן) premonition
*forgefil*

פאַרגראָבן *fargroben* bury
(פאַרגראָבן)

פאַרגרײַזט full of errors
*fargraizt*

פאַרגרינגערן facilitate
*fargringeren* (פאַרגרינגערט)

פאַרגרעבט *fargrebt* boorish

פאַרגרעסער־ *fargreser* magnifying
גלאָז ס (־גלעזער) *gloz* glass

פאַרגרעסערונג נ (ען) enlargement
*fargreserung*

פאַרגרעסערן *fargreseren* enlarge
(פאַרגרעסערט)

פאַרדאגהט *fardaiget* worried

פאַרדאַכט ז (ן) suspicion
*fardacht*

פאַרדאַרבן *fardarben* corrupt
(פאַרדאָרבן)

פאַרדאָרבנקייט נ depravity
*fardorbenkeit*

פאַרדאַרט withered
*fardart*

פאַרדולן *fardulen* stun
(פאַרדולט)

פאַרדײַאונג נ (ען) digestion
*fardaiung*

פאַרדײַען *fardaien* digest
(פאַרדײַעט)

פאַרדינגען let, rent out
*fardingen* (פאַרדונגען)

פאַרדינסט ס (ן) earnings
*fardinst*

פאַרדינען *fardinen* earn
(פאַרדינט)

פאַרדעכטיקן *fardechtiken* suspect
(פאַרדעכטיקט)

פאַרדעקן *fardeken* cover
(פאַרדעקט)

פאַרדראָס ז (ן) resentment
*fardros*

פאַרדרייט distorted
*fardreit*

פאַרדרייען distort; twist
*fardreien* (פאַרדרייט)

פאַרדרייעניש ס (ן) tangle
*fardreienish*

פאַרדריסן *fardrisen* be annoyed; resent
(פאַרדראָסן)

פאַרהאַלטן *farhalten* detain
(פאַרהאַלטן)

פאָרהאַנג ז (ען) curtain
*forhang*

פאַרהאַנדלונגען ר negotiations
*farhandlungen*

פאַרהאַנדלען negotiate; sell
*farhandlen* (פאַרהאַנדלט)

פאַרהאַקן (פאַרהאַקט) *farhaken* slam

פאַרהאַקן זיך *farhaken zich* get stuck

פאַרהאַרטעווען (פאַרהאַרטעוועט) *farharteven* harden

פאַרהיטונג נ *farhitung* prevention

פאַרהיטן (פאַרהיט) *farhiten* prevent

פאַרהייליקן (פאַרהייליקט) *farheiliken* sanctify

פאַרהייראַט *farheirat* married

פאַרהילכן (פאַרהילכט) *farhilchen* deafen (with noise)

פאַרהער ז (ן) *farher* interrogation

פאַרהערן (פאַרהערט) *farheren* examine

פאַרוואָגלט *farvogelt* far from home

פאַרוואַלטונג נ (ען) *farvaltung* management

פאַרוואָלקנט *farvolkent* cloudy

פאַרוואַנדלען (פאַרוואַנדלט) *farvandlen* convert; transform

פאַר וואָס, פאַרוואָס *farvos* why?

פאַרוואַסערן (פאַרוואַסערט) *farvaseren* dilute

פאָרוואָרט ס (פאָרווערטער) *forvort* foreword, preface

פאַרוואַרפן (פאַרוואָרפן) *farvarfen* misplace

פאַרוואָרפן *farvorfen* remote

פאַרוואָרצלען (פאַרוואָרצלט) *farvortslen* root; fix firmly

פאַרוווּנדיקן (פאַרוווּנדיקט) *farvundiken* wound

פאָרווּרף ז (ן) *forvurf* reproof

פאַרוויגן (פאַרוויגט) *farvigen* lull (to sleep)

פאַרוויַילונג נ (ען) *farvailung* entertainment

פאַרוויַילן (פאַרוויַילט) *farvailen* entertain

פאַרוויינט *farveint* tearfull

פאַרוויקלען (פאַרוויקלט) *farviklen* wrap; entangle

פאַרווירקלעכן (פאַרווירקלעכט) *farvirklechen* realize; accomplish

פאַרווישן (פאַרווישט) *farvishen* efface

פאַרוועלקונג נ (ען) *farvelkung* withering

פאַרווער ז (ן) *farver* ban

פאַרווערן (פאַרווערט) *farveren* ban; forbid

פאָרויס *forois* forward

פאָרויסזאָגן (פאָרויסגעזאָגט) *foroiszogen* predict

פאָרויסזען (פאָרויסגעזען) *foroiszen* foresee

פאַרזאַמלונג נ (ען) *farzamlung* assembly

פאַרזאַמלען (פאַרזאַמלט) *farzamlen* assemble

פאַרזאָרגט *farzorgt* worried; provided

פאַרזאָרגן *farzorgen* (פאַרזאָרגט) provide

פאַרזוכן *farzuchen* (פאַרזוכט) taste

פאַרזייען *farzeien* (פאַרזייט) sow

פאָרזיכטיק *forzichtik* cautious

פאַרזיכערונג נ (ען) *farzicherung* assurance; insurance

פאַרזיכערן *farzicheren* (פאַרזיכערט) assure; insure

פאָרזיצער ז (ס) *forzitser* chairman

פאַרזעעניש ס (ן) *farzeenish* freak

פאַרזשאַווערט *farzhavert* rusty

פאָרט *fort* yet, after all

פאַרטאָג ז (ן) *fartog* dawn

פאַרטאָן *farton* absorbed

פאַרטומלען *fartumlen* (פאַרטומלט) confuse

פאַרטיידיקונג נ (ען) *farteidikung* defense, defence

פאַרטיידיקן *farteidiken* (פאַרטיידיקט) defend

פאַרטײַטשן *fartait'shen* (פאַרטײַטשט) interpret

פאַרטיילן *farteilen* (פאַרטיילט) distribute; omit a person's share

פאַרטיליקן *fartiliken* (פאַרטיליקט) annihilate

פאַרטיפט *fartift* absorbed

פאַרטיפן זיך *fartifen zich* (פאַרטיפט) become absorbed

פאַרטיפערן *fartiferen* (פאַרטיפערט) deepen

פאַרטיק *fartik* ready

פאַרטעך ס/ז (ער) *fartech* apron

פאַרטראָגן *fartrogen* (פאַרטראָגן) carry away; endure

פאַרטראַכט *fartracht* deep in thought

פאַרטרויען *fartroien* (פאַרטרויט) confide

פאַרטרויערט *fartroiert* mournful

פאַרטרײַבן *fartraiben* (פאַרטריבן) expel

פאַרטריקנט *fartrikent* arid

פאַרטרעטונג נ (ען) *fartretung* representation

פאַרטרעטן *fartreten* (פאַרטראָטן) represent

פאַרטרעטער ז (ס) *fartreter* representative; substitute

פאַרטשעפּען *fart'shepen* (פאַרטשעפּעט) hook

פאַרטשעפּען זיך *fart'shepen zich* stumble; pick a quarrel

פאַריאָגט *faryogt* very busy

פאַריאָגן *faryogen* (פאַריאָגט) drive away

פאַרכּישופֿן *farkishefen* (פאַרכּישופֿט) bewitch; charm

פאַרכאַפּן *farchapen* (פאַרכאַפּט) seize

פאַרלאַג ז (ן) *farlag* — publishing house

פאַרלאָזן *farlozen* (פאַרלאָזט/פאַרלאָזן) — leave; neglect

פאַרלאָזן זיך *farlozen zich* — rely on

פאַרלאַטען *farlaten* (פאַרלאַטעט) — patch

פאַרלאַנג ז (ען) *farlang* — request; desire

פאַרלאַנגען *farlangen* (פאַרלאַנגט) — request; desire

פאַרלויף ז *farloif* — course

פאַרלוירן *farloiren* — lost

פאַרליבן זיך *farliben zich* (פאַרליבט) — fall in love

פאַרלייגן *farleigen* (פאַרלייגט) — misplace; cross (hands)

פאָרלייגן *forleigen* (פאָרגעלייגט) — propose

פאַרלײַכטערן *farlaichteren* (פאַרלײַכטערט) — facilitate; lighten

פאַרלייקענען *farleikenen* (פאַרלייקנט) — deny

פאַרלירן *farliren* (פאַרלוירן/פאַרלאָרן) — lose

פאַרלעגנהייט נ (ן) *farlegenheit* — embarrassment

פאַרלעגער ז (ס) *farleger* — publisher

פאַרלענגערונג נ (ען) *farlengerung* — extension

פאַרלענגערן *farlengeren* (פאַרלענגערט) — lengthen

פאַרלעשן *farleshen* (פאַרלאָשן) — extinguish

פאַרם נ (ען) *farm* — farm

פאַרמאָגן *farmogen* (פאַרמאָגט) — possess, own

פאַרמאַטערט *farmatert* — tired

פאַרמאַטערן *farmateren* (פאַרמאַטערט) — tire

פאַרמאַכן *farmachen* (פאַרמאַכט) — close

פאָרמאַליטעט נ (ן) *formalitet* — formality

פאַרמוטשען *farmut'shen* (פאַרמוטשעט) — exhaust

פאַרמיטאָג ז (ן) *farmitog* — forenoon

פאַרמיטלונג נ *farmitlung* — mediation

פאַרמײַדן *farmaiden* (פאַרמיטן) — avoid

פאָרמירן *formiren* (פאָרמירט) — form; shape

פאַרמישן *farmishen* (פאַרמישט) — mix

פאַרמישפטן *farmishpeten* (פאַרמישפט) — sentence

פאַרמעגלעך *farmeglech* — affluent

פאַרמעגן ס (ס) *farmegen* — property; holdings

פאָרמעל *formel* — formal

פאַרמעסט ז (ן) *farmest* — contest

פאַרמעסטן זיך *farmesten zich* (פאַרמאָסטן) — contest

פאַרמער ז (ס) *farmer* — farmer

פאַרמשכּונען (פאַרמשכּונט) pawn, *farmashkenen* mortgage

פאַרן (=פאַר דעם; פאַר דער =*far dem, far der*) for the *faren*

פאָרן (געפאָרן) go (by vehicle), travel *foren*

פאַרנאַכט ז (ן) dusk *farnacht*

פאַרנאַשן (פאַרנאַשט) spend on sweets; spend foolishly *farnashen*

פאַרנומען occupied; busy *farnumen*

פאָרנט אדוו in front *forent*

פאָרנט ז (ן) front; forepart *forent*

פאַרנייען (פאַרנייט) sew up *farneien*

פאַרניצן (פאַרניצט) use up *farnitsen*

פאַרנעם ז (ען) volume; scope *farnem*

פאַרנעמען (פאַרנומען) occupy; grasp *farnemen*

פאַרנעפּלט foggy *farnepelt*

פאַרסמען (פאַרסמט) poison *farsamen*

פאַרעלטערט obsolete *farelterT*

פאַרענדיקן (פאַרענדיקט) complete *farendiken*

פאַרענטפערן (פאַרענטפערט) justify; explain *farentferen*

פאַרענטפערן זיך apologize *farentferen zich*

פאַרעקשנען זיך (פאַרעקשנט) be stubborn *farakshenen zich*

פאָרער ז (ס) traveler *forer*

פאַרערגערן (פאַרערגערט) worsen *farergeren*

פאַרפּאַטשקען (פאַרפּאַטשקעט) dirty, soil *farpat'shken*

פאַרפּוצן (פאַרפּוצט) adorn *farputsen*

פאַרפּלאָנטערן (פאַרפּלאָנטערט) entangle *farplonteren*

פאַרפאָלגן (פאַרפאָלגט) persecute *farfolgen*

פאַרפאַלן lost; hopeless *farfalen*

פאַרפוילט rotten *farfoilt*

פאַרפינצטערן (פאַרפינצטערט) darken; embitter *farfintsteren*

פאַרפירן (פאַרפירט) mislead; seduce; start (a conversation, etc.) *farfiren*

פאַרפירער ז (ס) seducer *farfirer*

פאַרפל ר farfl (noodles); tiny person *farfel*

פאַרפלייצונג נ (ען) flood *farfleitsung*

פאַרפלייצן (פאַרפלייצט) flood *farfleitsen*

פאַרפליכטונג נ (ען) obligation *farflichtung*

פאַרפעלן (פאַרפעלט) omit; miss *farfelen*

פאַרפרוירן frozen *farfroiren*

פאַרפרעמדט estranged *farfremdt*

פאָרץ ז (פערץ) *forts* — fart

פאַרצווייפלונג נ (ען) *fartsveiflung* — despair

פאַרצווייפלט *fartsveifelt* — desperate

פאַרצײַטנס *fartsaitens* — of old, formerly

פאַרצייכענען (פאַרצייכענט) *fartseichenen* — write down

פאַרציילן (פאַרציילט) *fartseilen* — miscount; tell

פאָרצימער ז (ן) *fortsimer* — hall

פאַרציִען (פאַרצויגן) *fartsien* — tighten; delay

פאַרצירעווען (פאַרצירעוועט) *fartsireven* — darn

פאַרצן (געפאָרצן) *fartsen* — break wind

פאַרקאַטשען (פאַרקאַטשעט) *farkat'shen* — roll up (sleeves)

פאַרקאָכט *farkocht* — ardent

פאַרקאָכן (פאַרקאָכט) *farkochen* — boil; concoct

פאַרקויפן (פאַרקויפט) *farkoifen* — sell

פאַרקויפער ז (ס) *farkoifer* — vendor

פאָרקומען (פאָרגעקומען) *forkumen* — occur

פאַרקוקן (פאַרקוקט) *farkuken* — overlook

פאַרקילונג נ (ען) *farkilung* — cold (infection)

פאַרקילן זיך (פאַרקילט) *farkilen zich* — catch a cold

פאַרקירצונג נ (ען) *farkirtsung* — abbreviation; abridgment

פאַרקירצן (פאַרקירצט) *farkirtsen* — shorten

פאַרקלענערונג נ (ען) *farklenerung* — decrease

פאַרקלענערן (פאַרקלענערט) *farkleneren* — decrease, lessen

פאַרקניפן (פאַרקניפט) *farknipen* — tie in a knot; unite closely

פאַרקנעפלען (פאַרקנעפלט) *farkneplen* — button

פאַרקער ז *farker* — traffic

פאַרקערט אדי, אדוו *farkert* — reverse; on the contrary

פאַרקערפערונג נ (ען) *farkerperung* — embodiment

פאַרקריכן (פאַרקראָכן) *farkrichen* — crawl; get stuck

פאַרקרימט *farkrimt* — distorted; crooked

פאַרקרימען (פאַרקרימט) *farkrimen* — distort

פאַרקריצן (פאַרקריצט) *farkritsen* — gnash (teeth)

פאַרראַט ז (ן) *farrat* — betrayal

פאַרראַטן (פאַרראַטן) *farraten* — betray

פאַררויטלען זיך (פאַררויטלט) *farroitlen zich* — blush

פאַרריגלען *farriglen* bolt
(פאַרריגלט)

פאַררייכערן *farreicheren* light
(פאַררייכערט) a cigarette, etc.

פאַרריכטן *farrichten* repair
(פאַרראָכטן)

פאַררעטער ז (ס) *farreter* traitor

פאַרשאָלטן accursed
*farsholten*

פאַרשוואַרצן blacken
(פאַרשוואַרצט) *farshvartsen*

פאַרשווייַגן refrain from
(פאַרשוויגן) divulging; swallow
*farshvaigen* (an insult)

פאַרשווענדן *farshvenden* squander
(פאַרשווענדט)

פאַרשווענדער ז (ס) spendthrift
*farshvender*

פאָרשונג נ (ען) exploration
*forshung*

פאָרשטאָט נ *forshtot* suburb
(פאָרשטעט)

פאַרשטאַנד ז understanding
*farshtand*

פאַרשטאָפּן stop, plug up
(פאַרשטאָפּט) *farshtopen*

פאַרשטאַרקונג נ (ען) reinforcement
*farshtarkung*

פאַרשטאַרקן strengthen
(פאַרשטאַרקט) *farshtarken*

פאַרשטופּן *farshtupen* push aside
(פאַרשטופּט)

פאַרשטיין *farshtein* understand
(פאַרשטאַנען)

פאָרשטייער ז (ס) representative
*forshteier*

פאַרשטעלונג נ (ען) obstruction;
*farshtelung* disguise

פאָרשטעלונג נ (ען) performance,
*forshtelung* play

פאַרשטעלן *farshtelen* obstruct;
(פאַרשטעלט) disguise

פאָרשטעלן *forshtelen* perform;
(פאָרגעשטעלט) introduce

פאָרשטעלן זיך imagine
*forshtelen zich*

פאַרשטענדיקן זיך communicate
*farshtendiken zich*
(פאַרשטענדיקט)

פאַרשטענדלעך intelligible
*farshtendlech*

פאַרשטערן *farshteren* spoil;
(פאַרשטערט) frustrate

פאַרשידן different, various
*farshiden*

פאַרשיטונג ז (ען) covering
*farshitung* (with earth, etc.)

פאַרשייַט *farshait* wanton

פאַרשילטן damn, curse
(פאַרשאָלטן) *farshilten*

פאַרשימלט moldy
*farshimelt*

פאַרשיקן *farshiken* banish
(פאַרשיקט)

פאָרשלאָג ז (ן) proposition
*forshlog*

פאָרשלאָגן *forshlogen* propose
(פאָרגעשלאָגן)

פאַרשלאָפן *farshlofen* (פאַרשלאָפן) miss by sleeping
פאַרשליסן *farshlisen* (פאַרשלאָסן) lock
פאַרשלעפן *farshlepen* (פאַרשלעפט) drag away
פאַרשלעפערן *farshleferen* (פאַרשלעפערט) lull, cause to sleep
פאַרשמוצן *farshmutsen* (פאַרשמוצט) make dirty; disgrace
פאַרשמירן *farshmiren* (פאַרשמירט) smear, soil
פאָרשן *forshen* (געפאָרשט) explore
פאַרשנורעווען *farshnureven* (פאַרשנורעוועט) lace
פאַרשעלטן *farshelten* (פאַרשאָלטן) curse
פאַרשעמען *farshemen* (פאַרשעמט) put to shame
פאַרשענערן *farsheneren* (פאַרשענערט) beautify
פאָרשער ז (ס) *forsher* researcher
פאַרשפּאַרן *farshparen* (פאַרשפּאַרט) imprison
פאַרשפּאָרן *farshporen* (פאַרשפּאָרט) spare, save
פאַרשפּילן *farshpilen* (פאַרשפּילט) lose (in a game); forfeit
פאַרשפּעטיקן *farshpetiken* (פאַרשפּעטיקט) be late
פאַרשפּרייטונג נ (ען) *farshpreitung* distribution
פאַרשפּרייטן *farshpreiten* (פאַרשפּרייט) spread, distribute
פאָרשריט ז *forshrit* progress
פאַרשרײַבונג נ (ען) *farshraibung* registration
פאַרשרײַבן *farshraiben* (פאַרשריבן) register
פאַרתּכלעווען *fartachleven* (פאַרתּכלעוועט) squander
פאַשיזם ז *fashizm* fascism
פאַשיסט ז (ן) *fashist* fascist
פאַשיסטיש *fashistish* fascist
פוטבאָל ז *futbol* football
פוטער ז (ס) *futer* fur; fur coat
פוי ! *fuy* phew, fie!
פויגל ז (פייגל) *foigel* bird
פויל *foil* lazy
פוילן *foilen* (געפוילט) rot
פוילן זיך *foilen zich* be lazy
פוילער ז (ס) *foiler* lazy man, idler
פוילקייט נ *foilkeit* laziness
פויסט נ (ן) *foist* fist
פוירהאַנג ז (ען) *foirhang* curtain
פול *ful* full
פולמאַכט נ (ן) *fulmacht* power of attorney
פון *fun* of; from; by
פונדאַמענט ז (ן) *fundament* foundation

| | | |
|---|---|---|
| פונט ז (ן) | *funt* | pound |
| פונעם (= פון דעם) | *funem* (= *fun dem*) | of the |
| פונק ז (ען) | *funk* | spark |
| פונקציאָנירן (פונקציאָנירט) | *funktsyoniren* | function |
| פונקציע נ (ס) | *funktsye* | function |
| פוס ז (פיס) | *fus* | foot |
| פוסבאָל ז (ן) | *fusbol* | football; soccer |
| פוסבענקל ס (עך) | *fusbenkel* | footstool |
| פוסגייער ז (ס) | *fusgeier* | pedestrian |
| פוסדרוק ז (ן) | *fusdruk* | footprint |
| פוסנאָגל ז (פוסנעגל) | *fusnogel* | toenail |
| פופציק | *fuftsik* | fifty |
| פופצן | *fuftsen* | fifteen |
| פוקס ז (ן) | *fuks* | fox |
| פור נ (ן) | *fur* | wagon |
| פורמאַן ז (עס) | *furman* | coachman |
| פושער ז (ס) | *fusher* | botcher |
| פיאַלקע נ (ס) | *fyalke* | violet (flower) |
| פיאָרד ז (ן) | *fyord* | fjord |
| פיבער ז | *fiber* | fever |
| פיגור נ (ן) | *figur* | figure |
| פידל ז (ען) | *fidel* | fiddle, violin |
| פידלען (געפידלט) | *fidlen* | fiddle, play a violin |
| פידלער ז (ס) | *fidler* | fiddler, violinist |
| פיזיק נ | *fizik* | physics |
| פיזיקאַליש | *fizikalish* | physical (of physics) |
| פיזיקער ז (ס) | *fiziker* | physicist |
| פיזיש | *fizish* | physical (pertaining to the body) |
| פײַג נ (ן) | *faig* | fig |
| פייגעלע ס (ך) | *feigele* | young bird |
| פײַכט | *faicht* | moist |
| פײַכטקייט נ | *faichtkeit* | moisture |
| פײַל נ (ן) | *fail* | file (tool); arrow |
| פײַלן (געפײַלט) | *failen* | file |
| פײַן | *fain* | fine, nice |
| פײַנד ז | *faind* | enemy |
| פײַנדשאַפט נ | *faindshaft* | enmity |
| פײַנט האָבן (פײַנט געהאַט) | *faint hoben* | hate |
| פײַער ס/ז (ן) | *faier* | fire |
| פײַערדיק | *faierdik* | fiery |
| פײַערונג נ (ען) | *faierung* | celebration |
| פײַערלעך | *faierlech* | solemn |
| פײַער־לעשער ז (ס) | *faier lesher* | fireman |

| | | |
|---|---|---|
| פײַער־קאַסע נ (ס) | *faier kase* | safe (a strong box for valuables) |
| פײַף ז (ן) | *faif* | whistle |
| פײַפל ס (עך) | *faifel* | whistle (instrument) |
| פײַפן (געפײַפט/געפיפן) | *faifen* | whistle |
| פיל | *fil* | many; much |
| פילאָלאָג ז (ן) | *filolog* | philologist |
| פילאָלאָגיע נ | *filologye* | philology |
| פילאַנטראָפּ ז (ן) | *filantrop* | philanthropist |
| פילאַנטראָפּיע נ (ס) | *filantropye* | philanthropy |
| פילאָסאָף ז (ן) | *filosof* | philosopher |
| פילאָסאָפיע נ (ס) | *filosofye* | philosophy |
| פילאָסאָפירן (פילאָסאָפירט) | *filosofiren* | philosophize |
| פילאָסאָפיש | *filosofish* | philosophical |
| פילטער ז (ס) | *filter* | filter |
| פילײַכט | *filaicht* | perhaps |
| פילם ז (ען) | *film* | film |
| פילן (געפילט) | *filen* | feel |
| פילץ ס | *filts* | felt |
| פינאַנציעל | *finantsyel* | financial |
| פינאַנצן ר | *finantsen* | finances |
| פינגער ז | *finger* | finger; toe |
| פינגערדרוק ז (ן) | *fingerdruk* | fingerprint |
| פינגערהוט ז (ן/פינגערהיט) | *fingerhut* | thimble |
| פינגערל ס (עך) | *fingerel* | ring |
| פיניש | *finish* | Finnish |
| פינלאַנד [ס] | *finland* | Finland |
| פינלענדער ז | *finlender* | Finn |
| פינף | *finf* | five |
| פינצטער | *fintster* | dark |
| פינצטערניש ס | *fintsternish* | darkness |
| פינקלען (געפינקלט) | *finklen* | sparkle |
| פיסטאַשקע נ (ס) | *fistashke* | peanut |
| פיפיק | *fifik* | shrewd |
| פיקטיוו | *fiktiv* | fictitious |
| פיקציע נ (ס) | *fiktsye* | fiction, made-up story |
| פיר | *fir* | four |
| פירונג נ (ען) | *firung* | conduct, custom |
| פירמע נ (ס) | *firme* | firm |
| פירן (געפירט) | *firen* | lead |
| פירעק ז (ן) | *firek* | quadrangle |
| פירער ז (ס) | *firer* | leader |
| פירערשאַפט נ | *firershaft* | leadership |

פירשט ז (ן) *firsht* duke
פירשטין נ (ס) *firshtin* duchess
פיש ז *fish* fish
פישן *fishen* (געפישט) fish
פישער ז (ס) *fisher* fisher
פלאָדן ז (ס) *floden* flat fruit cake
פלאָט ז (ן) *flot* fleet
פלאַטערל ס (עך) *flaterel* butterfly
פלאַטערן *flateren* (געפלאַטערט) flutter, wave
פלאַך *flach* flat
פלאַם ז (ען) *flam* flame
פלאַמיק *flamik* flaming
פלאַמען *flamen* (געפלאַמט) flame
פלאַנעל ז *flanel* flannel
פלאַנץ נ (ן) *flants* plant
פלאַנצן *flantsen* (געפלאַנצט) plant
פלאַסטער ז (ס) *flaster* adhesive tape
פלאָקן ז (ס) *floken* pole
פלאַקס ז *flaks* flax
פלאַקער ז (ס) *flaker* blaze
פלאַקערן *flakeren* (געפלאַקערט) blaze
פלאַש נ *flash* (פלעשער) bottle
פלוי ז *floi* (פליי) flea
פלוים נ (ען) *floim* plum

פלי ז (ען) *fli* flight
פליאַסק ז (עס) *flyask* slap
פליאַסקען *flyasken* (געפליאַסקעט) slap
פליבלעטל ס (עך) *fliblelel* leaflet
פליג נ (ען) *flig* fly
פליגל ז *fligel* (פליגל/ען) wing
פלייט נ (ן) *fleit* flute
פלײַס ז *flais* diligence
פלײַסיק *flaisik* diligent
פלייצן *fleitsen* (געפלייצט) gush, flow
פלייש ס (ן) *fleish* meat; flesh
פליישיק *fleishik* meaty
פליישיקס ס *fleishiks* food made of meat
פליכט נ (ן) *flicht* duty
פליכטלינג ז (ען) *flichtling* refugee
פלינק *flink* agile
פלינקייט נ *flinkeit* agility
פליסיק *flisik* fluid; fluent
פליסן *flisen* (געפלאָסן) flow
פליִען *flien* (געפלויגן) fly
פליִער ז (ס) *flier* flier
פליפלאַץ ז *fliplats* (פליפלעצער) airfield
פליקן *fliken* (געפליקט) pluck

פלירט ז (ן) *flirt* flirtation

פלירטעווען *flirteven* (געפלירטעוועט) flirt

פלעגן *flegen* (פלעג/פלעגט) used to, be accustomed

פלעדערמויז נ *fledermoiz* (פלעדערמײַז) bat

פלעכטן *flechten* (געפלאָכטן) twist, braid

פלעק ז (ן) *flek* stain

פלעשל ס (עך) *fleshel* small bottle

פע! *fe!* fie!

פעאָדאַליזם ז *feodalizm* feudalism

פעאיק *fe'ik* capable

פעאיקייט נ (ן) *fe'ikeit* capability

פעברואַר ז (ן) *februar* February

פעדער נ (ן) *feder* feather

פעדער נ (ס) *feder* pen

פעדעראַל *federal* federal

פעדעראַציע נ (ס) *federatsye* federation

פעט *fet* fat

פעטס ס *fet's* fat; tallow

פעטער ז (ס) *feter* uncle

פעכער ז (ס) *fecher* fan

פעל נ (ן) hide, pelt, fell

פעלד ס (ער) *feld* field

פעלדז ז (ן) *feldz* cliff

פעלדמאַרשאַל ז (ן) *feldmarshal* field marshal

פעלדשער ז (ס) *feldsher* barber-surgeon

פעלן *felen* (געפעלט) lack; be missing

פעלער ז (ן) *feler* fault

פעלערדיק *felerdik* faulty

פעלקערמאָרד ז *felkermord* genocide

פעלשונג נ (ען) *felshung* forgery

פעלשן *felshen* (געפעלשט) forge, falsify

פעלשער ז (ס) *felsher* forger

פענסטער, *fenster* פענצטער ז *fentster* window

פעסט *fest* firm

פעסטונג נ (ען) *festung* fortress

פעסטקייט נ *festkeit* firmness

פעסטשטעלונג נ (ען) *fest'shtelung* statement

פעסטשטעלן *fest'shtelen* (פעסטגעשטעלט) state; establish

פעסל ס (עך) *fesel* keg

פעפער ז *fefer* pepper

פעפערדיק *feferdik* peppery

פערד ס *ferd* horse

פערטל ס (עך) *fertel* quarter

פערציק *fertsik* forty

פערצן *fertsen* fourteen

פראַגע נ (ס) *frage* question

פראַזע נ (ס) *fraze* phrase

פראַכט ז *fracht* freight

פראַנדז נ *frandz* (פרענדז/ן) fringe

פראָנט ז (ן) *front* front

פראַנצויז ז (ן) *frantsoiz* Frenchman

פראַנצויזיש *frantsoizish* French

פראַנקרײַך [ס] *frankraich* France

פראָסט ז (פרעסט) *frost* frost, freezing weather

פראָסטיק *frostik* frosty

פראַסק ז (ן) *frask* slap

פראַק ז (ן) *frak* dress coat

פראָש מ/ז (פרעש) *frosh* frog

פרוי נ (ען) *froi* woman; wife

פרוכט נ (ן) *frucht* fruit

פרוכטבאַר *fruchtbar* fruitful

פרום *frum* pious

פרומקייט נ *frumkeit* piety

פרי *fri* early

פרידזשידער ז (ן) *fridzhider* refrigerator

פרידלעך *fridlech* peaceful

פרידן ז *friden* peace

פריזירער ז (ס) *frizirer* hairdresser

פרײַ *frai* free; loose; vacant

פרייד נ (ן) *freid* joy

פרײַהייט נ (ן) *fraiheit* freedom

פרײַוויליק *fraivilik* voluntary

פרײַטאָג, פרײַטיק ז (ן) *fraitog, fraitik* Friday

פרײַלין נ (ס) *frailin* miss, young lady

פריילעך *freilech* cheerful, joyful

פריילעכקייט נ *freilechkeit* rejoicing

פרײַנד, פרײַנט ז *fraind, fraint* friend

פרײַנדלעך *fraindlech* friendly

פרײַנדשאַפט נ (ן) *fraindshaft* friendship

פרייען זיך (געפרייט) *freien zich* rejoice

פרילינג ז (ען) *friling* spring (the season before summer)

פרימאָרגן ז (ס) *frimorgen* morning

פריִער *frier* earlier; before

פריִערדיק *frierdik* previous

פריצײַטיק *fritsaitik* premature

פרירן (געפרוירן) *friren* freeze

פריש *frish* fresh

פרישטיק ז (ן) *frishtik* breakfast

פרעגן (געפרעגט) *fregen* ask

פרעגצייכן ז (ס) *fregtseichen* question mark

פרעך *frech* impudent

פרעמד *fremd* strange; foreign

פרעמדער ז *fremder* stranger

פרעסן (געפרעסן) *fresen* glut, eat greedily

פרעסער ז (ס) *freser* glutton

פרעקווענץ נ (ז) *frekvents* frequency

# צ

צ ז/נ *tsadek* — the 18th letter of the Hebrew alphabet

צאָל נ (ן) *tsol* — number

צאָלונג נ (ען) *tsolung* — payment

צאָלטאָג ז (צאָלטעג) *tsoltog* — payday

צאָלן (געצאָלט) *tsolen* — pay

צאָן ז (ציין/ציינער) *tson* — tooth

צאָנבערשטל ס (עך) *tsonbershtel* — toothbrush

צאָנווייטיק ז (ן) *tsonveitik* — toothache

צאַנקען (געצאַנקט) *tsanken* — flicker

צאַפּ ז (עכ) *tsap* — male goat

צאָפּ ז (צעפּ) *tsop* — braid

צאַפּלען (געצאַפּלט) *tsaplen* — squirm, quiver

צאַפּן (געצאַפּט) *tsapen* — draw, tap

צאַפּן־בערדל ס (עך) *tsapen berdel* — goatee

צאַצקע נ (ס) *tsatske* — toy; ornament

צאַצקען זיך (געצאַצקעט) *tsatsken zich* — delight in

צאַר ז (ן) *tsar* — czar

צאַרט *tsart* — tender, gentle

צאָרן ז *tsoren* — wrath, anger

צאָרנדיק *tsorendik* — furious

צביעות ס *tsvies* — hypocrisy

צד ז (צדדים) *tsad* *tsdodim* — side (in a dispute)

צדיק ז (ים) *tsadik-tsadikim* — saint

צדקה נ (צדקות) *tsdoke* *tsdokes* — charity

צדקת נ (ן) *tsedeikes* — pious woman

צו פרעפּ, אַדוו *tsu* — to; at; excessively

צואה נ (צואות) *tsoie* *tsoies* — excrement

צואײַלן (צוגעאײַלט) *tsuailen* — hasten

צובאָמקען (צוגעבאָמקעט) *tsubomken* — hum (in accompaniment); consent

צובײַס ז (ן) *tsubais* — snack

צובײַסן (צוגעביסן) *tsubaisen* — eat a snack

צובינדן (צוגעבונדן) *tsubinden* — bind; attach

צוברענגען (צוגעברענגט/צוגעבראַכט) *tsubrengen* — bring to

| | | |
|---|---|---|
| צוברענען (צוגעברענט) | *tsubrenen* | burn (in cooking) |
| צוג ז (ן) | *tsug* | train; draft (of air); move (in a game) |
| צוגאָב ז (ן) | *tsugob* | addition |
| צוגאַנג ז (ען) | *tsugang* | approach |
| צוגאַסט | *tsugast* | as a guest |
| — קומען צוגאַסט | *kumen tsugast* | visit |
| צוגיין (צוגעגאַנגען) | *tsugein* | go near |
| צוגלײַכן (צוגעגליכן/צוגעגלײַכט) | *tsuglaichen* | compare |
| צוגעוויינען (צוגעוויינט) | *tsugeveinen* | accustom |
| צוגרייטונג נ (ען) | *tsugreitung* | preparation |
| צוגרייטן (צוגעגרייט) | *tsugreiten* | prepare |
| צוגרעפטונג נ (ען) | *tsugreftung* | grafting |
| צודעקן (צוגעדעקט) | *tsudeken* | cover |
| צודריקן (צוגעדריקט) | *tsudriken* | press |
| צוהעלפן (צוגעהאָלפן) | *tsuhelfen* | assist |
| צוהערן זיך (צוגעהערט) | *tsuheren zich* | listen |
| צוואה נ (צוואות) | *tsavoe-tsavoes* | will, testament |
| צוואָגן (געצוואָגן) | *tsvogen* | wash, scrub (hair) |
| צוואַנג נ (ען) | *tsvang* | tongs; pliers |
| צוואַנג ז | *tsvang* | compulsion |
| צוואַנגאַרבעט נ | *tsvangarbet* | forced labor |
| צוואַנציק, צוואָנציק | *tsvantsik*, *tsvontsik* | twenty |
| צוויטשערן (געצוויטשערט) | *tsvit'sheren* | twitter |
| צוויי | *tsvei* | two |
| צווײַג נ/ז (ן) | *tsvaig* | branch |
| צווײַגל ס (ען) | *tsvaigel* | twig |
| צווידײַטיק | *tsveidaitik* | ambiguous |
| צווייט | *tsveit* | second |
| צווייטנס | *tsveitens* | secondly |
| צווייפּינטל ס (ען) | *tsveipintel* | colon (:) |
| צווייפל ז (ען) | *tsveifel* | doubt |
| צווייפלען (געצווייפלט) | *tsveiflen* | doubt |
| צוויישפּראַכיק | *tsveishprachik* | bilingual |
| צווילינג ז (ען) | *tsviling* | twin(s) |
| צווינגען (געצוווּנגען) | *tsvingen* | compel |
| צווישן | *tsvishen* | between, amid |
| צווישנרוף ז (ן) | *tsvishenruf* | (heckler's) interruption |
| צווישנרופער ז (ס) | *tsvishenrufer* | heckler |
| צוועלף | *tsvelf* | twelve |
| צוועק ז (ן) | *tsvek* | purpose |
| צוזאָג ז (ן) | *tsuzog* | promise |

צוזאָגן *tsuzogen* (צוגעזאָגט) promise

צוזאַמען *tsuzamen* together

צוזאַמענאַרבעטן *tsuzamenarbeten* (צוזאַמענגעאַרבעט) collaborate

צוזאַמענפאָר ז (ן) *tsuzamenfor* convention

צוזאַמענשטויס ז (ן) *tsuzamenshtois* collision

צוטוליען זיך (צוגעטוליעט) *tsutulyen zich* cuddle; cling to

צוטיילן *tsuteilen* (צוגעטיילט) allocate

צוטרוי ז *tsutroi* confidence; trust

צוטשעפען זיך (צוגעטשעפעט) *tsut'shepen zich* pick on; bother

צוטשעפעניש ס (ן) *tsut'shepenish* pest; nuisance

צויבער ז *tsoiber* charm, magic

צוים ז (ען) *tsoim* bridle; fence

צוימען *tsoimen* (געצוימט) restrain

צולאַטכענען *tsulatchenen* (צוגעלאַטכענט) pilfer

צולהכעיס *tseloches*/ tsulehaches/*tsuloches* in spite

צוליב *tsulib* for the sake of

צוליב טאָן *tsulib ton* (צוליב געטאָן) oblige

צולייגן *tsuleigen* (צוגעלייגט) add; lose (money)

צולייגן זיך *tsuleigen zich* take a nap

צולייטן *tsuleiten* (צוגעלייט) solder

צום *tsum* (= צו דעם; צו דער) =*tsu dem; tsu der* to the

צומאַכן *tsumachen* (צוגעמאַכט) close, shut

צונאָמען ז *tsunomen* (צונעמען) nickname

צונג נ *tsung* (ען/צינגער) tongue

צונויף *tsunoif* together

צונויפברענגען *tsunoifbrengen* (צונויפגעברענגט/צונויפגעבראַכט) assemble

צונויפפאַסן *tsunoifpasen* (צונויפגעפאַסט) match up

צונויפצי ז (ען) *tsunoiftsi* contraction

צונויפקומען זיך *tsunoifkumen zich* (צונויפגעקומען) convene

צונטער ז (ס) *tsunter* tinder

צו נישט מאַכן, צונישטמאַכן *tsunishtmachen* (צונישטגעמאַכט) undo

צונעמען *tsunemen* (צוגענומען) take away

צועסן זיך *tsuesen zich* (צוגעגעסן) become tedious

צופ ז (ן) *tsup* pluck, twitch

צופאַסונג נ (ען) *tsupasung* adaptation

צופאַסיק *tsupasik* adaptable

צופאַסן *tsupasen* (צוגעפּאַסט) fit

צופּן *tsupen* (געצופּט) pluck, twitch

צופאַל ז (ן) *tsufal* accident, chance

צופוס *tsufus* on foot

צופעליק *tsufelik* accidental

צופרידן *tsufriden* satisfied, pleased

צופרידנקייט נ *tsufridenkeit* satisfaction

צופרידנשטעלן *tsufridenshtelen* (צופרידנגעשטעלט) satisfy, please

צוציען *tsutsien* (צוגעצויגן) attract

צוציק ז (עס) *tsutsik* puppy; little boy

צוקאָפּנס *tsukopens* at one's head

צוקוועטשן *tsukvet'shen* press

צוקומען *tsukumen* (צוגעקומען) come to, approach

צוקונפט נ *tsukunft* future

צוקוקן זיך *tsukuken zich* (צוגעקוקט) observe, watch

צוקוקער ז (ס) *tsukuker* spectator

צוקילן זיך *tsukilen zich* (צוגעקילט) catch a cold

צוקלעפּן *tsuklepen* (צוגעקלעפּט) glue, paste

צוקער ז *tsuker* sugar

צוקערל ס (עך) *tsukerel* candy

צוקריכן *tsukrichen* (צוגעקראָכן) creep to

צורופן *tsurufen* (צוגערופן) call over

צוריק *tsurik* back; again

צוריקהאַלטן *tsurikhalten* (צוריקגעהאַלטן) restrain

צוריקטרײַבן *tsuriktraiben* (צוריקגעטריבן) repulse

צוריקצאָל ז (ן) *tsuriktsol* rebate

צוריקציִען *tsuriktsien* (צוריקגעצויגן) pull back; withdraw

צוריקציִען זיך *tsuriktsien zich* retreat; retire

צוריקקומען *tsurikkumen* (צוריקגעקומען) come back

צוריקשלאָגן *tsurikshlogen* (צוריקגעשלאָגן) strike back

צורך: *tsoirech* ease oneself
טאָן דעם צורך *ton dem tsoirech*

צורעדן *tsureden* (צוגערעדט) persuade

צושטאַנד ז (ן) *tsushtand* state, condition

צושטיין *tsushtein* (צוגעשטאַנען) join

צושטעלן *tsushtelen* (צוגעשטעלט) deliver; submit

צושיקן *tsushiken* (צוגעשיקט) — send to

צושרײַבן (צוגעשריבן) *tsushraiben* — add in writing; ascribe

צי ז (ען) *tsi* — pull

צי קאָנ *tsi* — or; if; whether

ציבעלע נ (ס) *tsibele* — onion

ציג נ (ן) *tsig* — goat

ציגאַר ז (ן) *tsigar* — cigar

ציגײַנער ז *tsigainer* — Gypsy

ציגל ז *tsigel* — brick

ציוויליזאַציע נ (ס) *tsivilizatsye* — civilization

ציוויליזירן *tsiviliziren* (ציוויליזירט) — civilize

ציוניזם ז *tsiyonizm* — Zionism

ציוניסט ז (ן) *tsiyonist* — Zionist

ציוניסטיש *tsiyonistish* — Zionistic

ציטאַדעל ז (ן) *tsitadel* — citadel

ציטאַט ז (ן) *tsitat* — quotation

ציטירן *tsitiren* (ציטירט) — quote

ציטער ז (ס) *tsiter* — tremble, shiver

ציטערדיק *tsiterdik* — trembling

ציטערן *tsiteren* (געציטערט) — tremble

ציטרין ז (ען) *tsitrin* — lemon

צײַט נ (ן) *tsait* — time; tense (gram.)

צײַט קאָנ *tsait*

צײַטוואָרט ס *tsaitvort* (צײַטווערטער) — verb

צײַטווײַליק *tsaitvailik* — temporary

צײַטונג נ (ען) *tsaitung* — newspaper

צײַטיק *tsaitik* — mature, ripe

צײַטפּלאַן ז *tsaitplan* (צײַטפּלענער) — timetable

צײַטשריפט נ (ן) *tsaitshrift* — periodical

צייכן ז (ס) *tseichen* — sign

צייכענונג נ (ען) *tseichenung* — drawing

צייכענען *tseichenen* (געצייכנט) — draw

ציילן *tseilen* (געציילט) — count

ציך נ (ן) *tsich* — blanket cover

ציכטיק *tsichtik* — clean, tidy

ציכל ס (עך) *tsichel* — pillowcase

ציל ז (ן) *tsil* — aim, purpose; target

צילינדער ז (ס) *tsilinder* — cylinder; top hat

צילן *tsilen* (געצילט) — aim

צימבל ז (ען) *tsimbel* — cymbal

צימעס ז (ן) *tsimes* — dessert (served on Sabbath); fuss

צימער ז (ן) *tsimer* — room

צימערינג, *tsimering*, צימרינג ז *tsimring* — cinnamon

צין ס *tsin* — tin

צינדבאָמבע נ (ס) *tsindbombe* — incendiary bomb

צינדז ז (ן) *tsindz* — toll; tribute

צינדן *tsinden* (געצונדן) — light, kindle

ציניזם ז *tsinizm* — cynicism

| | | |
|---|---|---|
| ציניקער ז (ס) | *tsiniker* | cynic |
| ציניש | *tsinish* | cynical |
| צינק ס | *tsink* | zinc |
| ציסטערנע נ (ס) | *tsisterne* | cistern, water tank |
| ציִען (געצויגן) | *tsien* | pull, draw |
| ציפּרעס ז (ן) | *tsipres* | cypress |
| ציפער ז (ן) | *tsifer* | digit; number |
| ציצקע | *tsitske* | teat |
| ציקאָריע נ | *tsikorye* | chicory |
| ציקלאָן ז (ען) | *tsiklon* | cyclone |
| צירונג ס (ען) | *tsirung* | jewelry; ornament |
| צירלען (געצירלט) | *tsirlen* | chirp |
| צירעווען (געצירעוועט) | *tsireven* | darn |
| צירק ז (ן) | *tsirk* | circus |
| צירקולאַציע נ (ס) | *tsirkulatsye* | circulation |
| צירקולירן (צירקולירט) | *tsirkuliren* | circulate |
| צלם ז (ים) | *tseilem-tslomim* | cross |
| צלמען זיך (געצלמט) | *tseilemen zich* | cross oneself |
| צמאָקען (געצמאָקעט) | *tsmoken* | smack (lips) |
| צניעות ס | *tsnies* | modesty |
| צעבּלאָזן (צעבּלאָזן) | *tseblozen* | fan (fire); exaggerate |
| צעבּליִען זיך (צעבּליט) | *tseblien zich* | blossom forth |
| צעבּרעכן (צעבּראָכן) | *tsebrechen* | break |
| צעבּרעקלען (צעבּרעקלט) | *tsebreklen* | crumble |
| צעגיין (צעגאַנגען) | *tsegein* | melt |
| צעגיין זיך | *tsegein zich* | part; disperse |
| צעדערבּוים ז (צעדערבּיימער) | *tsederboim* | cedar |
| צעדראַפּען (צעדראַפּעט) | *tsedrapen* | scratch |
| צעדרייען (צעדרייט) | *tsedreien* | distort |
| צעהאַקן (צעהאַקט) | *tsehaken* | chop |
| צעהיצן זיך (צעהיצט) | *tsehitsen zich* | get excited |
| צעוואַרפן (צעוואָרפן) | *tsevarfen* | scatter |
| צעוויינען זיך (צעוויינט) | *tseveinen zich* | burst into tears |
| צעווערטלען זיך (צעווערטלט) | *tsevertlen zich* | exchange angry words |
| צעזייען (צעזייט) | *tsezeien* | scatter |
| צעחושט | *tsechusht* | distraught |
| צעטומלען (צעטומלט) | *tsetumlen* | bewilder |
| צעטיילן (צעטיילט) | *tseteilen* | divide |
| צעטל ז (ען/ער) | *tsetel* | note, slip |

צעטראָגן *tsetrogen* — absent-minded

צעטראָגן (צעטראָגן) *tsetrogen* — scatter; spread

צעטרײַבן (צעטריבן) *tsetraiben* — disperse

צעיושעט *tseyushet* — unruly

צעיושען זיך (צעיושעט) *tseyushen zich* — rave, rage

צעך ז (ן) *tsech* — guild

צעכאַפּן (צעכאַפּט) *tsechapen* — snatch up

צעלויפן זיך (צעלאָפן) *tseloifen zich* — run away (in different directions)

צעלייגן (צעלייגט) *tseleigen* — lay out; arrange

צעלייגן זיך *tseleigen zich* — stretch oneself

צעלייגער ז (ס) *tseleiger* — showoff

צעמישן (צעמישט) *tsemishen* — mix up, confuse

צעמענט ז *tsement* — cement

צעמענטירן (צעמענטירט) *tsementiren* — cement

צען *tsen* — ten

צענזאָר ז (ן) *tsenzor* — censor

צענזוס ז (ן) *tsenzus* — census

צענזור נ (ן) *tsenzur* — censorship

צענזורירן (צענזורירט) *tsenzuriren* — censor

צענט *tsent* — tenth

צענטער ז (ס) *tsenter* — center, centre

צענטראַל *tsentral* — central

צענעלע ס (ך) *tsenele* — dime

צענעמען (צענומען) *tsenemen* — take apart

צעפאַקן (צעפאַקט) *tsepaken* — unpack

צעפויקן (צעפויקט) *tsepoiken* — make known widely

צעפל ס (עך) *tsepel* — pigtail

צעפאַלן זיך (צעפאַלן) *tsefalen zich* — fall apart

צעפוילט *tsefoilt* — rotten

צעפלאַקערן זיך (צעפלאַקערט) *tseflakeren zich* — flare up

צעצווײַגן (צעצווײַגט) *tsetsvaigen* — ramify

צעצווײַגן זיך *tsetsvaigen zich* — branch out

צעקאָכן (צעקאָכט) *tsekochen* — boil well

צעקאָכן זיך *tsekochen zich* — become furious

צעקוועטשן (צעקוועטשט) *tsekvet'shen* — crush; mash

צעקושן זיך (צעקושט) *tsekushen zich* — kiss each other

צעקנייטשן (צעקנייטשט) *tsekneit'shen* — crumple; wrinkle

צעקרישלען (צעקרישלט) *tsekrishlen* — crumble

צער ז *tsaar* — grief

צעראַבעוועןק (צעראַבעוועט) *tserabeven* — plunder, loot

צעראַטע נ (ס) *tserate* — oilcloth

צערטיפיקאַט ז (ן) *tsertifikat* — certificate

צערטלעך *tsertlech* — tender, gentle

צערטלען (געצערטלט) *tsertlen* — caress

צערײַסן (צעריסן) *tseraisen* — tear up

צערעמאָניע נ (ס) *tseremonye* — ceremony

צערקווע נ (ס) *tserkve* — Russian church

צעשויבערן (צעשויבערט) *tseshoiberen* — dishevel (hair)

צעשטערן (צעשטערט) *tseshteren* — destroy; mar

צעשיידן (צעשיידט) *tsesheiden* — separate

צעשיקן (צעשיקט) *tseshiken* — send out in various directions

צעשלאָגן (צעשלאָגן) *tseshlogen* — batter

צעשלעפן (צעשלעפט) *tseshlepen* — drag asunder

צעשמעטערן (צעשמעטערט) *tseshmeteren* — smash

צעשמעלצן (צעשמאָלצן) *tseshmeltsen* — melt

צעשנײַדן (צעשניטן) *tseshnaiden* — cut

צעשפּאַלטן (צעשפּאָלטן) *tseshpalten* — split

צעשפּרייטן (צעשפּרייט) *tseshpreiten* — spread

צפון ז *tsofen* — north

צפונדיק *tsofendik* — northern

צפון־ליכט ר *tsofen licht* — northern lights, aurora borealis

צרה נ (צרות) *tsore-tsores* — trouble; woe

# ק

ק ז/נ *kuf* — the 19th letter of the Hebrew alphabet

קאָאָפּעראַטיוו ז (ן) *kooperativ* — cooperative

קאָאָפּעראַציע נ (ס) *kooperatsye* — cooperation

קאָאָרדינאַטאָר ז (ן) *koordinator* — coordinator

קאָאָרדינאַציע נ (ס) *koordinatsye* — coordination

קאַבינעט ז (ן) *kabinet* — cabinet

קאָד ז (ן) *kod* — code (a system of signals; a secret writing)

קאָדעקס ז (ן) *kodeks* — code (a collection of laws)

קאָוואַדלע נ (ס) *kovadle* — anvil

קאָוואַל ז (עס) *koval* blacksmith

קאַוואַלעריע נ *kavalerye* cavalry

קאַוויאַר ז *kavyar* caviar

קאַווע נ *kave* coffee

קאָוען (געקאָוועט) *koven* forge, hammer

קאָזאַק ז (ן) *kozak* Cossack

קאַזאַרמע נ (ס) *kazarme* barracks

קאָזשעליק ז (קאָזשעלקעס) *kozhelik* somersault

קאַטאַלאָג ז (ן) *katalog* catalog

קאַטאָליק ז (ן) *katolik* Catholic

קאָטאָן ז (ען) *koton* cotton

קאַטאַסטראָפע נ (ס) *katastrofe* catastrophe

קאַטאָרגע ז *katorge* penal servitude

קאַטאָרזשנע אַרבעט נ (ן) *katorzhne arbet* hard labor

קאַטויליש *katoilish* Catholic

קאָטלעט ז (ן) *kotlet* cutlet

קאַטעגאָריע נ (ס) *kategorye* category

קאַטעגאָריש *kategorish* categorical

קאַטעדראַלע נ (ס) *katedrale* cathedral

קאַטעדרע נ (ס) *katedre* cathedra

קאַטער ז (ס) *kater* (nose) cold

קאָטער ז (ס) *koter* tomcat

קאַטערינקע נ (ס) *katerinke* barrel organ

קאַטשען (געקאַטשעט) *kat'shen* roll

קאָטשער ז (ס) *kot'sher* drake

קאַטשקע נ (ס) *kat'shke* duck

קאָכבוך ס (קאָכביכער) *kochbuch* cookbook

קאָכלעפל ז *kochlefel* dipper; busybody

קאָכן (געקאָכט) *kochen* boil; cook

קאָלאָניאַל *kolonyal* colonial

קאָלאָניזאַציע *kolonizatsye* colonization

קאָלאָניזירן (קאָלאָניזירט) *koloniziren* colonize

קאָלאָניע נ (ס) *kolonye* colony

קאָלאָנע נ (ס) *kolone* column

קאָלאָנעל ז (ן) *kolonel* colonel

קאַלאָריע נ (ס) *kalorye* calorie, calory

קאַלאָש ז (ן) *kalosh* galosh, rubber

קאַלב ס (קעלבער) *kalb* calf

קאָלדרע נ (ס) *koldre* blanket

קאָלומניסט ז (ן) *kolumnist* columnist

קאַלט *kalt* cold

קאַלטבלוטיק *kaltblutik* coldblooded

קאַליבער ז (ס) *kaliber* caliber, calibre

קאַליגראַפֿיע נ *kaligrafye* calligraphy

קאַליום ז *kalyum* potassium

קאָלייקע נ (ס) *koleike* narrow (railway) train

קאַליע *kalye* spoiled

קאַליע מאַכן *kalye machen* spoil

קאַליפֿיאָר ז (ן) *kalifyor* cauliflower

קאַליקע ז/נ (ס) *kalike* cripple

קאָליר ז (ן) *kolir* color

קאָלירט *kolirt* colored

קאַלך ז *kalch* lime

קאַלך־אויוון ז (ס) *kalch oiven* lime kiln

קאַלכן *kalchen* (געקאַלכט) whitewash

קאָלנער ז *kolner* (ס/קעלנער) collar

קאָלעגע ז (ס) *kolege* colleague

קאָלעדזש ז (ן) *kaledzh* college

קאַלענדאַר ז (ן) *kalendar* calendar

קאָלעקציע נ (ס) *kolektsye* collection

קאַלציום ז *kaltsyum* calcium

קאַלקולאַטאָר ז (ן) *kalkulator* calculator

קאַלקולאַציע נ (ס) *kalkulatsye* calculation

קאַלקולוס ז *kalkulus* calculus

קאַלקע נ (ס) *kalke* carbon paper

קאַם ז (ען) *kam* comb

קאָמאַנדיר ז (ן) *komandir* commander

קאָמאַנדירן (קאָמאַנדירט) *komandiren* command

קאָמאַנדעווען (קאָמאַנדעוועט) *komandeven* give orders

קאָמאַר ז (ן) *komar* mosquito

קאָמבינאַציע נ (ס) *kombinatsye* combination

קאָמבינירן (קאָמבינירט) *kombiniren* combine

קאָמוניזם ז *komunizm* communism

קאָמוניסט ז (ן) *komunist* communist

קאָמוניסטיש *komunistish* communistic

קאָמוניקאַציע נ (ס) *komunikatsye* communication

קאָמונע נ (ס) *komune* commune

קאַמופֿלאַזש ז *kamuflazh* camouflage

קאָמיוואָיאַזשאָר ז (ן) *komivoyazhor* traveling salesman

קאָמיטעט ז (ן) *komitet* committee

קאָמיסאַר ז (ן) *komisar* commissar

קאָמיקער ז (ס) *komiker* comedian

| | | |
|---|---|---|
| קאָמיש | *komish* | comical |
| קאָמע נ (ס) | *kome* | comma |
| קאָמעדיע נ (ס) | *komedye* | comedy |
| קאָמעט ז (ן) | *komet* | comet |
| קאַמען (געקאַמט) | *kamen* | comb |
| קאָמענדאַנט ז (ן) | *komendant* | commandant |
| קאָמענטאַר ז (ן) | *komentar* | commentary |
| קאַמער נ (ן) | *kamer* | chamber |
| קאָמערץ ז | *komerts* | commerce |
| קאָמערציעל | *komertsyel* | commercial |
| קאָמפּאָזיטאָר ז (ן) | *kompozitor* | composer |
| קאָמפּאָט ז (ן) | *kompot* | compote, stewed fruit |
| קאָמפּאַס ז (ן) | *kompas* | compass |
| קאַמפּוס ז (ן) | *kampus* | campus |
| קאָמפּיוטער ז (ס) | *kompyuter* | computer |
| קאָמפּלימענט ז (ן) | *kompliment* | compliment |
| קאָמפּליצירן (קאָמפּליצירט) | *komplitsiren* | complicate |
| קאָמפּליקאַציע נ (ס) | *komplikatsye* | complication |
| קאָמפּענסאַציע נ (ס) | *kompensatsye* | compensation |
| קאָמפּענסירן (קאָמפּענסירט) | *kompensiren* | compensate |

| | | |
|---|---|---|
| קאָמפּראָמיס ז (ן) | *kompromis* | compromise |
| קאַמף ז (ן) | *kamf* | combat, fight |
| קאַנאַדיש | *kanadish* | Canadian |
| קאַנאַדע [נ] | *kanade* | Canada |
| קאַנאַדער ז | *kanader* | Canadian |
| קאַנאַל ז (ן) | *kanal* | canal; channel; sewer |
| קאַנאַליזאַציע נ | *kanalizatsye* | sewerage |
| קאַנאָן ז (ען) | *kanon* | canon |
| קאַנאַפּע נ (ס) | *kanape* | couch, sofa |
| קאַנאַריק ז (עס) | *kanarik* | canary |
| קאָנגרעס ז (ן) | *kongres* | congress |
| קאָנדאָמיניום ז (ס) | *kondominyum* | condominium |
| קאַנדידאַט ז (ן) | *kandidat* | candidate |
| קאַנדידאַטור נ (ן) | *kandidatur* | candidacy |
| קאָנדיטאָריע נ (ס) | *konditorye* | confectionery; pastry shop |
| קאָנוועגט ז (ן) | *konvent* | convent |
| קאָנווערט ז (ן) | *konvert* | envelope |
| קאַנט ז (ן) | *kant* | edge |
| קאַנטאַטע נ (ס) | *kantate* | cantata |
| קאַנטאָן ז (ען) | *kanton* | canton |

קאָנטאַקט ז (ן) contact
*kontakt*

קאָנטינענט ז (ן) continent, mainland
*kontinent*

קאָנטע נ (ס) (bank) account
*konte*

קאָנטעקסט ז (ן) context
*kontekst*

קאָנטראָל ז (ן) control, check
*kontrol*

קאָנטראָלירן *kontroliren* control
(קאָנטראָלירט)

קאָנטראַסט ז (ן) contrast
*kontrast*

קאָנטראַקט ז (ן) contract
*kontrakt*

קאָנטראַקטאָר ז (ן) contractor
*kontraktor*

קאַנטשיק ז (עס) leather whip
*kant'shik*

קאָניאַק ז (ן) *konyak* cognac

קאַניבאַל ז (ן) cannibal
*kanibal*

קאָניוגאַציע נ (ס) conjugation
*konyugatsye*

קאָניוגירן *konyugiren* conjugate
(קאָניוגירט)

קאָניונקציע נ (ס) conjunction
*konyunktsye*

קאָנסאָנאַנט ז (ן) consonant
*konsonant*

קאָנסול ז (ן) *konsul* consul

קאָנסולאַט ז (ן) consulate
*konsulat*

קאָנסומפּציע נ consumption
*konsumptsye*

קאָנסטיטוציע נ (ס) constitution
*konstitutsye*

קאָנסערוואַטאָריע נ (ס) conservatory (a school of music)
*konservatorye*

קאָנסערוואַטיוו conservative
*konservativ*

קאָנסערוון ר canned goods
*konserven*

קאָנספּיראַציע נ (ס) conspiracy
*konspiratsye*

קאָנפיסקאַציע נ (ס) confiscation
*konfiskatsye*

קאָנפיסקירן *konfiskiren* confiscate
(קאָנפיסקירט)

קאָנפליקט ז (ן) conflict
*konflikt*

קאָנפעדעראַציע נ (ס) confederation
*konfederatsye*

קאָנפערענץ נ (ן) conference
*konferents*

קאַנצלער ז (ס) chancellor
*kantsler*

קאָנצענטראַציע־לאַגער ז (ן) concentration camp
*kontsentratsye lager*

קאָנצענטרירן concentrate
*kontsentriren* (קאָנצענטרירט)

קאָנצעסיע נ (ס) concession
*kontsesye*

קאָנצעפּט ז (ן) concept
*kontsept*

קאָנצערט ז (ן) *kontsert* — concert

קאָנקאָרדאַנציע נ (ס) *konkordantsye* — concordance

קאָנקורירן (קאָנקורירט) *konkuriren* — compete

קאָנקורענט ז (ן) *konkurent* — competitor

קאָנקורענץ נ (ן) *konkurents* — competition

קאָנקרעט *konkret* — concrete, real

קאָסטיום ז (ען) *kostyum* — costume

קאַסטן ז (ס) *kasten* — box, case

קאָסטן ר *kosten* — cost, expense

קאָסטן (געקאָסט) *kosten* — cost

קאַסינאָ ז (ס) *kasino* — casino

קאַסיר ז (ן) *kasir* — cashier

קאַסירן (קאַסירט) *kasiren* — cash; cancel

קאָסמאָנויט ז (ן) *kosmonoit* — cosmonaut

קאָסמאָס ז *kosmos* — cosmos

קאָסמאָפּאָליט ז (ן) *kosmopolit* — cosmopolitan

קאָסמאָפּאָליטיש *kosmopolitish* — cosmopolitan

קאָסמיש *kosmish* — cosmic

קאָסמעטיק נ *kosmetic* — cosmetics

קאָסמעטיש *kosmetish* — cosmetic

קאַסע נ (ס) *kase* — cashbox; treasury

קאָסע נ (ס) *kose* — scythe

קאָסען (געקאָסעט) *kosen* — mow (with a scythe)

קאַסקע נ (ס) *kaske* — helmet

קאָעדוקאַציע נ *koedukatsye* — coeducation

קאָפּ ז (קעפּ) *kop* — head

קאַפּאָטע נ (ס) *kapote* — capote, long coat

קאָפּווייטיק ז (ן) *kopveitik* — headache

קאַפּויער *kapoier* — topsy-turvy, upside down

קאָפּטשען (געקאָפּטשעט) *kopt'shen* — smoke (candle, lamp)

קאַפּיטאַל ז (ן) *kapital* — capital

קאַפּיטאַליזם ז *kapitalizm* — capitalism

קאַפּיטאַליסט ז (ן) *kapitalist* — capitalist

קאַפּיטאַליסטיש *kapitalistish* — capitalistic

קאַפּיטאַן ז (ען) *kapitan* — captain

קאַפּיטולירן (קאַפּיטולירט) *kapituliren* — capitulate

קאַפּיטל ס/ז (ען/עך) *kapitel* — chapter

קאָפּיטע נ (ס) *kopite* — hoof

קאָפּיע נ (ס) *kopye* — copy

קאָפּירן (קאָפּירט) *kopiren* — copy

קאַפּל ס (עך) *kapel* — skullcap

קאַפּעליוש ז (ן) *kapelyush* — hat

קאַפּעליע נ (ס) *kapelye* band, orchestra

קאַפּען *kapen* trickle, drip (געקאַפּעט)

קאָפּען *kopen* kick (געקאָפּעט)

קאָפּעקע נ (ס) *kopeke* kopeck (a small Russian coin)

קאַפּריז ז (ן) *kapriz* caprice, whim

קאַפּריזיק *kaprizik* capricious

קאָפּ־שאַרבן ז (ס) *kop sharben* skull

קאַפּעטעריע נ (ס) *kafeterye* cafeteria

קאַץ נ (קעץ) *kats* cat

קאַצעט ז (ן) *katset* concentration camp

קאַקאַאָ ז *kakao* cocoa

קאַקטוס ז (ן) *kaktus* cactus

קאָקטייל ז (ס) *kokteil* coctail

קאַקן *kaken* defecate (געקאַקט)

— באַקאַקן זיך *bakaken zich* flounder

קאָקעטיש *koketish* coquettish, flirtatious

קאָקעטקע נ (ס) *koketke* coquette

קאַקער ז (ס) *kaker* (cont.) upstart; good-for-nothing

קאַראַוואַן ז (ען) *karavan* caravan

קאַראַט ז (ן) *karat* carat

קאַראַנטין ז (ען) *karantin* quarantine

קאָרב ז (קערב) *korb* basket

קאַרג *karg* stingy

קאַרגן *kargen* be stingy (געקאַרגט)

קאַרגער ז *karger* stingy person

קאַרדינאַל ז (ן) *kardinal* cardinal

קאַרוסעל נ (ן) *karusel* carousel

קאָרופּציע נ *koruptsye* corruption

קאָרט נ (ן) *kort* playing card

קאַרטאָטעק נ (ן) *kartotek* file (a receptacle for keeping papers in order)

קאַרטאָן ז (ען) *karton* cardboard; carton

קאַרטאָפל ז/נ *kartofel* potato

קאַרטאָפליע נ (ס) *kartoflye* potato

קאַרטל ס (ען) *kartel* card

קאָריגירן *korigiren* correct (קאָריגירט)

קאָרידאָר ז (ן) *koridor* corridor

קאָריטע נ (ס) *korite* trough

קאַריערע נ (ס) *karyere* career

קאָריק, *korik, korek* cork
קאָרעק ז (קאָרקעס)

| | | |
|---|---|---|
| — קאָריק־ציִער ז (ס) | *korik tsier* | corkscrew |
| קאַריקאַטור נ (ן) | *karikatur* | caricature |
| קאַרליק ז (עס) | *karlik* | midget |
| קאַרמעלקע נ (ס) | *karmelke* | candy |
| קאָרן ז | *koren* | rye |
| קאַרנאַוואַל ז (ן) | *karnaval* | carnival |
| קאָרסעט ז (ן) | *korset* | corset |
| קאָרע נ (ס) | *kore* | bark (outer layer of a tree, etc.) |
| קאָרעספּאָנדירן (קאָרעספּאָנדירט) | *korespondiren* | correspond |
| קאָרעספּאָנדענט ז (ן) | *korespondent* | correspondent |
| קאָרעספּאָנדענץ נ (ן) | *korespondents* | correspondence |
| קאָרעע [נ] | *koree* | Korea |
| קאָרעער ז | *koreer* | Korean |
| קאָרעקט | *korekt* | correct |
| קאָרעקטאָר ז (ן) | *korektor* | proofreader |
| קאַרפּ ז (ן) | *karp* | carp |
| קאָרפּאָראַל ז (ן) | *korporal* | corporal |
| קאָרפּאָראַציע נ (ס) | *korporatsye* | corporation |
| קאָרפּוס ז (ן) | *korpus* | corps; corpus |
| קאַרצער ז (ס) | *kartser* | dungeon |
| קאַרק ז (עס/קערק) | *kark* | nape |
| קאַרש נ (ן) | *karsh* | cherry |
| קאַשטאַן ז (עס) | *kashtan* | chestnut |
| קאָשיק ז (עס) | *koshik* | basket |
| קאָשמאַר ז (ן) | *koshmar* | nightmare |
| קאַשע נ (ס) | *kashe* | gruel; cereal; mess |
| קאָשציאָל, קאָשטשאָל ז (ן) | *kosht'shol* | Polish church |
| קאַשקעט ז (ן) | *kashket* | cap |
| קבצן ז (ים) | *kabtsen-kabtsonim* | pauper |
| קבצניש | *kabtsonish* | beggarly |
| קבר ז/ס (ים) | *keiver-kvorim* | grave (burial place) |
| קהילה נ (קהילות) | *kehile* *kehiles* | Jewish community |
| קהל ז/ס | *kohol* | Jewish public |
| קו נ (קי) | *ku* | cow |
| — קו־שטאַל נ/ז (ן) | *ku sthal* | cowshed |
| קוב ז (ן) | *kub* | cube |
| קובאַ [ס] | *kuba* | Cuba |
| קובאַנער ז | *kubaner* | Cuban |
| קוגל ז (ען) | *kugel* | kugel (a traditional Sabbath pudding) |
| קודלע נ (ס) | *kudle* | shag, tuft |
| קוואַדראַט ז (ן) | *kvadrat* | square |
| קוואָטע נ (ס) | *kvote* | quota |
| קוואַטש ז | *kvat'sh* | squash; twaddle; milksop |
| קוואַל ז (ן) | *kval* | spring, source |

קוואַליטעט נ (ן) *kvalitet* quality
קוואַליפיצירט *kvalifitsirt* qualified
קוואַליפיצירן (קוואַליפיצירט) *kvalifitsiren* qualify
קוואַליפיקאַציע נ (ס) *kvalifikatsye* qualification
קוואַנטיטעט נ (ן) *kvantitet* quantity
קוואַס ז *kvas* kvas (a sour beverage)
קוואָקטשען (געקוואָקטשעט) *kvokt'shen* cluck
קוואָקע נ (ס) *kvoke* brooding hen
קוואָקען (געקוואָקעט) *kvoken* cluck; hatch
קוואַקען (געקוואַקעט) *kvaken* quack; croak
קוואָרום ז (ס) *kvorum* quorum
קוואַרטאַל ז (ן) *kvartal* quarter, ward (of a city)
קוויט *kvit* quits
קוויטל ס (עך) note, slip
קוויטש ז (ן) *kvit'sh* scream
קוויטשען (געקוויטשעט) *kvit'shen* scream, shriek
קוויקן זיך (געקוויקט) *kviken zich* be delighted
קוועטש ז (ן) *kvet'sh* squeeze
קוועטשן (געקוועטשט) *kvet'shen* squeeze, press

קוועלן (געקוואָלן) *kvelen* beam, smile radiantly
קווענקלען זיך (געקווענקלט) *kvenklen zich* hesitate
קווענקלעניש ס (ן) *kvenklenish* hesitation
קוועקזילבער ס *kvekzilber* quicksilver
קוזין ז (ען) *kuzin* (male) cousin
קוזינע, *kuzine* קוזינקע נ (ס) *kuzinke* (female) cousin
קוזניע נ (ס) *kuznye* smithy
קויל נ (ן) *koil* bullet; globe
קוילן ר *koilen* coal
קוילנגרוב נ (קוילנגריבער) *koilengrub* coal mine
קוילנשטאָף ז *koilenshtof* carbon
קוילערן זיך (געקוילערט) *koileren zich* roll
קוים *koim* barely, scarcely
קוימען ז (ס) *koimen* chimney
קוימען־קערער ז (ס) *koimen kerer* chimney sweep
קויפן (געקויפט) *koifen* buy
קויפער ז (ס) *koifer* buyer
קויש ז (ן) *koish* basket
קוכן ז (ס) *kuchen* cake
קוכער ז (ס) *kucher* cook, chef
קול ס (ות) *kol-koiles* voice
קולט ז (ן) *kult* cult
קולטור נ (ן) *kultur* culture
קולטורעל *kulturel* cultural

| | | |
|---|---|---|
| קולטיווירן (קולטיווירט) | *kultiviren* | cultivate |
| קוליס ז (ן) | *kulis* | (theater) wing; curtain |
| קומזיץ ז (ן) | *kumzits* | picnic |
| קומען (געקומען) | *kumen* | come |
| קומען (געקומט) | *kumen* | owe; be due; deserve |
| קומענדיק | *kumendik* | coming, next |
| קונד ז (ן) | *kund* | customer |
| קונדס ז (ים) | *kundes* / *kundeisim* | prankster |
| קונה ז (קונים) | *koine* / *koinim* | buyer, customer |
| קונסט נ (ן) | *kunst* | art |
| קונסטווערק ס | *kunstverk* | work of art |
| קונץ נ (־) | *kunts* | trick |
| קונצנמאַכער ז (ס) | *kuntsenmacher* | juggler; trickster |
| קוסט ז (ן/עס) | *kust* | bush, shrub |
| קופּאָל ז (ן) | *kupol* | cupola, dome |
| קופּאָן ז (ען) | *kupon* | coupon |
| קופּע נ (ס) | *kupe* | pile, heap |
| קופּער ס | *kuper* | copper |
| קופערט ז (ן) | *kufert* | coffer, trunk |
| קוק ז (ן) | *kuk* | look, glance |
| קוקאַווקע נ (ס) | *kukavke* | cuckoo |
| קוקו נ (ס) | *kuku* | cuckoo |
| קוקורידזע נ | *kukuridze* | maize |
| קוקן (געקוקט) | *kuken* | look |
| קוקעריקו! | *kukeriku!* | cock-a-doodle-doo! |
| קוראַזש ז | *kurazh* | courage |
| קוראַטאָר ז (ן) | *kurator* | curator |
| קוראַציע נ (ס) | *kuratsye* | cure |
| קוראָרט ז (קורערטער) | *kurort* | spa, health resort |
| קוריאָז ז (ן) | *kuryoz* | curiosity |
| קוריער ז (ן) | *kuryer* | courier |
| קוריערצוג ז (ן) | *kuryertsug* | express train |
| קורירן (קורירט) | *kuriren* | cure |
| קורס ז (ן) | *kurs* | course; rate of exchange |
| קורץ | *kurts* | short, brief |
| קורצזיכטיק | *kurtszichtik* | nearsighted |
| קורצשלוס ז (ן) | *kurtsshlus* | short circuit |
| קוש ז (ן) | *kush* | kiss |
| קושוואָך נ (ן) | *kushvoch* | first week of a newly married couple |
| קושן (געקושט) | *kushen* | kiss |

| | | |
|---|---|---|
| קיאָסק ז (ן) | *kyosk* | newsstand |
| קיבוץ ז (ים) | *kibuts-kibutsim* | kibbutz |
| קיבל ז (עס) | *kibel* | pail, bucket |
| קיבעצן (געקיבעצט) | *kibetsen* | kibitz |
| קיבעצער ז (ס) | *kibetser* | kibitzer |
| קיבערנעטיק נ | *kibernetik* | cybernetics |
| קיווי ז (ס) | *kivi* | kiwi (a New Zealand bird that cannot fly); Kiwi (informally: a New Zealander) |
| קיט ז | *kit* | putty |
| קיטל ז (ען) | *kitel* | kittel (a ceremonial white robe) |
| קיטש ז (ן) | *kit'sh* | kitsch |
| קייט נ (ן) | *keit* | chain |
| קייטלען (געקייטלט) | *keitlen* | link |
| קײַכן (געקײַכט) | *kaichen* | gasp |
| קײַלעכדיק, קײַלעכיק | *kailechdik, kailechik* | round |
| קיין | *kein* | no; not any; to |
| קיינמאָל ניט | *keinmol nit* | never |
| קיינער... ... ניט | *keiner... nit* | nobody, no one |
| קייסער ז (קייסאָרים) | *keiser keisorim* | emperor |
| קייסערינע נ (ס) | *keiserine* | empress |
| קײַען (געקײַט, געקײַעט) | *kaien* | chew |
| קײַער ז (ס) | *kaier* | jaw |
| קיישל ס (עך) | *keishel* | basket |
| קיך נ (ן) | *kich* | kitchen |
| קיכל ס (עך) | *kichel* | cookie |
| קיל | *kil* | cool, chilly |
| קילאָ ז (ס) | *kilo* | kilo, kilogram |
| קילאָגראַם ז (ען) | *kilogram* | kilogram |
| קילאָמעטער ז (ס) | *kilometer* | kilometer |
| קילן (געקילט) | *kilen* | cool |
| קילקייט נ | *kilkeit* | coolness |
| קימל ז | *kimel* | caraway seeds, kimel |
| קימערן זיך (געקימערט) | *kimeren zich* | care, worry |
| קימפעטאָרין נ (ס) | *kimpetorin* | woman in childbirth |
| קין ז (ען) | *kin* | chin |
| קינאָ ז (ס) | *kino* | cinema |
| קינד ס (ער) | *kind* | child |
| קינדהייט נ | *kindheit* | childhood |
| קינדיש | *kindish* | childish |
| קינדערגאָרטן ז (ס/קינדערגערטנער) | *kindergorten* | kindergarten |
| קינדעריש | *kinderish* | childlike |
| קיניגל ס (עך) | *kinigel* | rabbit |
| קינסטלעך | *kinstlech* | artificial |
| קינסטלער ז (ס) | *kinstler* | artist |

|  |  |  |
|---|---|---|
| קינסטלעריש | *kinstlerish* | artistic |
| קיסר ז (ים) | *keiser-keisorim* | emperor |
| קיפּראָס [ז] | *kipros* | Cyprus |
| קיצבה נ | *kitsve* | dole |
| קיצור ז (ים) | *kitser-kitsurim* | abbreviation; abridgment |
| קיצל ז (ען) | *kitsel* | tickle |
| קיצלען (געקיצלט) | *kitslen* | tickle |
| קירבעס ז (ן) | *kirbes* | pumpkin |
| קירזשנער ז (ס) | *kirzhner* | hatter; furrier |
| קירך נ (ן) | *kirch* | church |
| קירצן (געקירצט) | *kirtsen* | shorten |
| קישן ז (ס) | *kishen* | cushion |
| קישקע נ (ס) | *kishke* | intestine; hose |
| קלאָג נ (ן) | *klog* | lamentation |
| קלאָגליד ס (ער) | *kloglid* | dirge |
| קלאָגן (געקלאָגט) | *klogen* | lament |
| קלאָזעט ז (ן) | *klozet* | toilet |
| קלאַמער ז (ן) | *klamer* | bracket |
| קלאַנג ז (ען) | *klang* | sound; rumor |
| קלאַס ז (ן) | *klas* | class, grade; schoolroom |
| קלאַסיפיצירן (קלאַסיפיצירט) | *klasifitsiren* | classify |
| קלאַסיפיקאַציע נ (ס) | *klasifikatsye* | classification |
| קלאַסיקער ז (ס) | *klasiker* | classicist |
| קלאַסיש | *klasish* | classic |
| קלאַסנקאַמף ז (ן) | *klasenkamf* | class struggle |
| קלאַפּ ז (קלעפּ) | *klap* | blow, knock |
| קלאָפּאָט ז (ן) | *klopot* | bother, trouble |
| קלאַפּן (געקלאַפּט) | *klapen* | knock |
| קלאָפּס ז (ן) | *klops* | meat loaf |
| קלאַפּערשלאַנג נ (ען) | *klapershlang* | rattlesnake |
| קלאָץ ז (קלעצער) | *klots* | log |
| קלאָץ־קשיא נ (־קשיות) | *klots kashe-klots kashes* | foolish question |
| קלאָר | *klor* | clear |
| קלאָרקייט נ | *klorkeit* | clarity |
| קלוב ז (ן) | *klub* | club |
| קלוג | *klug* | wise |
| קלוגשאַפט נ | *klugshaft* | wisdom |
| קלויז נ (ן) | *kloiz* | small Jewish house of prayer |
| קלויסטער ז (ס) | *kloister* | cloister |
| קלונג ז (ען) | *klung* | ring |
| קליאַטשע נ (ס) | *klyat'she* | mare |
| קליאַמקע נ (ס) | *klyamke* | door handle |
| קליאַפּע נ (ס) | *klyape* | lapel |

קליגער *kliger* wiser
קליגעריש *kligerish* shrewd
קליי ז (ען) *klei* glue
קלײַבן *klaiben* (געקליבן) choose; gather
קלייד ס (ער) *kleid* dress
קליידונג נ *kleidung* clothing
קליידל ס (עך) *kleidel* skirt
קליידן *kleiden* (געקליידט) clothe, dress
קלייט נ (ן) *kleit* shop, store
קליין *klein* little, small
קליינגעלט ס *kleingelt* small change
קלייניקייט נ (ן) *kleinikeit* *kleinikeit* trifle
קליינשטעטלדיק *kleinshteteldik* of a small town
קלימאַט ז (ן) *klimat* climate
קלימאַקס ז (ן) *klimaks* climax
קלינגען *klingen* (געקלונגען) ring, sound
קליניק נ (עס) *klinik* clinic
קליניש *klinish* clinical
קליִענט ז (ן) *klient* client, customer
קליִענטור נ *klientur* clientele
קליקע נ (ס) *klike* clique
קללה נ *klole* (קללות) *kloles* curse

קלעבן *kleben* (געקלעבט) glue
קלעזמער ז *klezmer* (ס/קלעזמאָרים) musician
קלעטערן *kleteren* (געקלעטערט) climb
קלעם נ *klem* straits, plight
קלעמען *klemen* (געקלעמט) pinch; grieve
קלענער *klener* smaller
קלעפן *klepen* (געקלעפט) glue, paste
קלעפעדיק *klepedik* sticky
קלעפצעטל ז (ען) *kleptsetel* sticker, label
קלעצל ס (עך) *kletsel* (small wooden) block
קלעק ז (ן) *klek* (ink) blot
קלעקן *kleken* (געקלעקט) suffice; blot
קלעקער ז (ס) *kleker* blotter
קלעקפאַפיר ס (ן) *klekpapir* blotting paper
קלערן *kleren* (געקלערט) think
קמיע נ *kameie/kmeie* (ות) *kameies/kmeies* amulet
קמץ ז (ן) *komets* komets (vowel sign as in קָ)
קמצן ז *kamtsen* (ים) *kamtsonim* miser
קמצנות ס *kamtsones* stinginess
קנאָבל ז *knobel* garlic

| | | |
|---|---|---|
| קנאה נ | *kine* | envy |
| קנאַל ז (ן) | *knal* | bang, crack |
| קנאַלן (געקנאַלט) | *knalen* | bang, crack |
| קנאָספּ ז (ן) | *knosp* | bud |
| קנאַפּ | *knap* | scarce, scant; almost |
| קנאָפּ ז (קנעפּ) | *knop* | button; knob |
| קנאָפּקע נ (ס) | *knopke* | thumbtack |
| קנאַק ז (ן) | *knak* | crack, snap |
| קנאַקן (געקנאַקט) | *knaken* | crack, snap |
| קנאַקניסל ס (עך) | *knaknisel* | nutcracker |
| קנאַקעדיק | *knakedik* | crackling |
| קנאַקער ז (ס) | *knaker* | bigshot |
| קנויט ז/נ (ן) | *knoit* | wick |
| קנויל ז (ן) | *knoil* | ball (of thread) |
| קנופּ ז (ן) | *knup* | knot |
| קנורען (געקנורעט) | *knuren* | snarl |
| קני ז/נ (עך) | *kni* | knee |
| קניידל ס (עך) | *kneidel* | matzo ball |
| קנייטש ז (ן) | *kneit'sh* | crease; wrinkle |
| קנייטשן (געקנייטשט) | *kneit'shen* | crease; crumple |
| קנײַפּן (געקנײַפּט/געקניפּן) | *knaipen* | pinch |
| קניִען (געקניט) | *knien* | kneel |
| קניפּ ז (ן) | *knip* | pinch, nip |
| קניש ז (עס) | *knish* | knish |
| קנס ז (ים) | *knas-knosim* | fine (penalty) |
| קנסען (געקנסעט) | *kansen* | fine, impose a fine on |
| קנעטן (געקנאָטן) | *kneten* | knead |
| קנעכט ז | *knecht* | slave |
| קנעכל ס (עך) | *knechel* | ankle; knuckle |
| קנעלן (געקנעלט) | *knelen* | teach (by forceful urging); inculcate |
| קנעפּל ס (עך) | *knepel* | button |
| קעבסווײַב ס/נ (ער) | *kebsvaib* | concubine |
| קעגן | *kegen* | against |
| קעגנאיבער | *kegeniber* | opposite |
| קעגנזײַטיק | *kegenzaitik* | mututal |
| קעגנחתמענען (קעגנגעחתמעט) | *kegenchasmenen* | countersign |
| קעגנמיטל ס (ען) | *kegenmitel* | countermeasure |
| קעגנער ז (ס) | *kegner* | opponent |
| קעגנשטעל ז | *kegenshtel* | resistance |
| קעז ז (ן) | *kez* | cheese |
| קעכין ז (ס) | *kechin* | (female) cook |
| קעלבערנס ס | *kelberens* | veal |

קעלט נ (ן) *kelt* — cold, chill

קעלנער ז (ס) *kelner* — waiter

קעלנערין נ (ס) *kelnerin* — waitress

קעלער ז (ס) *keler* — cellar

קעמל ז/ס (ען) *kemel* — camel

קעמען (געקעמט) *kemen* — comb

קעמפן (געקעמפט) *kemfen* — fight

קעמפער ז (ס) *kemfer* — fighter

קענגורו ז (ען) *kenguru* — kangaroo

קענטיק *kentik* — apparent

קענטשאַפט נ *kent'shaft* — knowledge, mastery

קעניג ז (ן) *kenig* — king

קעניגין נ (ס) *kenigin* — queen

קעניגן (געקעניגט) *kenigen* — reign

קעניגרײַך ס (ן) *kenigraich* — kingdom

קענען (געקענט) *kenen* — can, be able; know

קענער ז (ס) *kener* — expert

קעסט ז *kest* — keep, support

קעסטל ס (עך) *kestel* — box

קעסטקינד ס (ער) *kestkind* — ward, charge

קעסל ז (ען) *kesel* — kettle, boiler

קעפל ס (עך) *kepel* — head; headline

קעצל ס (עך) *ketsel* — kitten

קעקעצן (געקעקעצט) *keketsen* — stammer

קעראַמיק נ *keramik* — ceramics

קעראָסין ז *kerosin* — kerosene

קערן ז (ער) *keren* — kernel

קערן (געקערט) *keren* — sweep; turn

קערנדל ס (עך) *kerendel* — granule

קערעווען (געקערעוועט) *kereven* — steer, guide

קערפער ז (ס) *kerper* — body

קערפערלעך *kerperlech* — corporal

קעשענע נ (ס) *keshene* — pocket

קפדן ז (ים) *kapden kapdonim* — strict person

קצב ז (ים) *katsev-katsovim* — butcher

קראָ נ (ען) *kro* — crow

קראַב ז (ן) *krab* — crab

קראַגן ז (ס) *kragen* — collar

קראַוואַט ז (ן) *kravat* — cravat, nectie

קראָט ז (ן) *krot* — mole

קראָטבערגל ס (עך) *krotbergel* — molehill

קראַך ז (ן) *krach* — crash

קראָכמאַל ז *krochmal* — starch

קראַכן (געקראַכט) *krachen* — crash

קראָליק ז (עס) *krolik* — rabbit

קראָם נ (ען) *krom* — store, shop

קראַן ז (ען) *kran* tap, faucet

קראַנץ ז (קרענץ) *krants* wreath, garland

קראַנק *krank* sick

קראַנקייט נ (ן) *krankeit* sickness

קראַנקן־שוועסטער נ *kranken shvester* nurse

קראַפט נ (ן/קרעפטן) *kraft* force, vigor

קראַפטיק *kraftik* vigorous

קראַץ ז (ן) *krats* scratch

קראַצן *kratsen* (געקראַצט) scratch

קראָקאָדיל ז (ן) *krokodil* crocodile

קרבן ז *korben* (ות) *korbones* sacrifice

קרוב ז *korev-kroivim* (ים) relative, kinsman

קרוג ז (ן/קריג) *krug* pitcher

קרויט ס (ן) *kroit* cabbage

קרוין נ (ען) *kroin* crown

קרוינונג נ (ען) *kroinung* coronation

קרוינען *kroinen* (געקרוינט) crown

קרוינפרינץ ז (ן) *kroinprints* crown prince

קרום *krum* crooked

קרומלעך *krumlech* askance

קרופניק ז (עס) *krupnik* barley soup

קריג ז/נ (ן) *krig* war; quarrel

קריגן *krigen* (געקראָגן/געקריגן) get, receive

קריגן *krigen* (געקריגט) wage war

קריגן זיך *krigen zich* quarrel

קריגסגעריכט ס (ן) *krigsgericht* court-martial

קריגערײַ ס (ען) *krigerai* quarrel, brawl

קריגרויב ס/ז *krigroib* booty, spoils

קריגשיף נ (ן) *krigshif* warship

קריוודע נ (ס) *krivde* wrong, injustice

קריוודען *krivden* (געקריוודעט) wrong, treat unjustly

קריזיס ז (ן) *krizis* crisis

קריטיק נ *kritik* criticism

קריטיקירן *kritikiren* (קריטיקירט) criticize

קריטיקער ז (ס) *kritiker* critic

קריטיש *kritish* critical

קריטעריע נ (ס) *kriterye* criterion

קרײַד נ/ס *kraid* chalk

קרײַז ז (ן) *kraiz* circle

קרייען *kreien* (געקרייט, געקרייעט) crow

קרייץ ז (ן) *kreits* cross

| | | |
|---|---|---|
| קרייצפאַרהער ז (ן) | *kreitsfarher* | cross-examination |
| קריכן (געקראָכן) | *krichen* | crawl |
| קריכער ז (ס) | *kricher* | crawler |
| קרימינעל | *kriminel* | criminal |
| קרימען זיך (געקרימט) | *krimen zich* | make faces |
| קריסט ז (ן) | *krist* | Christian |
| קריסטאָל ז (ן) | *kristol* | crystal |
| קריסטאַליזירן (קריסטאַליזירט) | *kristaliziren* | crystallize |
| קריסטנטום ס | *kristentum* | Christianity |
| קריצן (געקריצט) | *kritsen* | engrave; gnash |
| קריקבליק ז (ן) | *krikblik* | retrospect |
| קריקעט ז | *kriket* | cricket (outdoor game) |
| קריקפּאָסט נ | *krikpost* | return mail |
| קריקצאָל ז (ן) | *kriktsol* | refund |
| קרישלען (געקרישלט) | *krishlen* | crumble |
| קרישקע נ (ס) | *krishke* | crumb |
| קרן ז (ס) | *keren* | fund; capital; principal |
| קרעדיט ז (ן) | *kredit* | credit |
| קרעטשמע נ (ס) | *kret'shme* | inn, tavern |
| קרעטשמער ז (ן) | *kret'shmer* | innkeeper |
| קרעכץ ז (ן) | *krechts* | groan |
| קרעכצן (געקרעכצט) | *krechtsen* | groan |
| קרעם ז (ען) | *krem* | cream |
| קרעמל ס (עך) | *kremel* | small store |
| קרעמער ז (ס) | *kremer* | shopkeeper |
| קרענק נ (ען) | *krenk* | sickness |
| קרענקלעך | *krenklech* | sickly |
| קרענקען (געקרענקט) | *krenken* | be sick |
| קרעפּל ס (עך) | *krepel* | krepil, dumpling |
| קרעץ ר | *krets* | scabies |
| קשאַק ז (עס) | *kshak* | shrub |
| קשיא ז (קשיות) | *kashe-kashes* | (difficult) question |

# ר

ר ז/נ *reish* the 20th letter of the Hebrew alphabet

ראָב ז (ן) *rob* raven; wren

ראַבאַט ז (ן) *rabat* rebate

ראָבאָט ז (ן) *robot* robot (coined by Karel Capek)

ראַבאַרבער ז *rabarber* rhubarb

ראַבעווען *rabeven* (געראַבעוועט) rob, plunder

ראָד ס/נ *rod* (רעדער) wheel

ראַדאַר ז (ן) *radar* radar

ראַדיאָ ז (ס) *radyo* radio

ראַדיקאַל *radikal* radical

ראָווער ז (ן) *rover* bicycle

ראָז, ראָזיק *roz, rozik* pink; rosy

ראַזירן *raziren* (ראַזירט) shave

ראָזשינקע נ (ס) *rozhinke* raisin

ראַטן *raten* (געראַטן) advise

ראַטעווען *rateven* (געראַטעוועט) rescue

ראַטעווער ז (ס) *ratever* rescuer

ראַיאָן ז (ען) *rayon* region, district

ראיה נ (ראיות) *raye-rayes* proof; evidence

ראָלע נ (ס) *role* role; part

ראַם נ (ען) *ram* frame

ראָמאַן ז (ען) *roman* novel; romance

— שליסל־ראָמאַן *shlisel roman* roman à clef (a novel of real occurrences disguised as fiction)

ראָמאַנטיש *romantish* romantic

ראַמען *ramen* (געראַמט) clean, tidy up

ראַמש ז (ן) *ramsh* odds and ends

ראַמשפאַרקויף ז (ן) *ramshfarkoif* rummage sale

ראַנגלען זיך *ranglen zich* (געראַנגלט) wrestle

ראַנגלער ז (ס) *rangler* wrestler

ראַנד ז (ן) *rand* edge; brim; margin

ראַנדקע נ (ס) *randke* date

ראַסע נ (ס) *rase* race

ראַץ ז (ן) *rats* rat; scratch

ראָץ ז *rots* watery discharge from the nose

| | | |
|---|---|---|
| ראָצער ז (ס) | *rotser* | stripling; a nothing |
| ראַק ז (עס) | *rak* | lobster |
| ראַק ז (ן) | *rak* | cancer |
| ראַקעט ז (ן) | *raket* | rocket |
| ראש־חודש ז | *rosh choidesh* | beginning of the Jewish month |
| ראש־חודש־רעטעכל ס (עך) | *rosh choidesh retechel* | small red radish |
| ראשי־תּיבֿות ר | *roshe teives* | initials |
| רבֿ | *reb* | Reb (Jewish title) |
| רבּותי | *raboisai* | gentlemen, sirs! |
| רבּי ז (ס/ים) | *rebe* *rebes/rabeiyim* | Hasidic rabbi; teacher (in a cheder) |
| רבּי־געלט ס | *rebe gelt* | tuition fee (in a cheder) |
| רבּים ז (ס) | *rabim* | majority; plural |
| רביצין נ (ס) | *rebetsin* | rabbi's wife |
| רבּניש | *rabonish* | rabbinic |
| רבֿ ז (רבּנים) | *rav* *rabonim* | rabbi |
| רגזן ז (ים) | *ragzen* *ragzonim* | bad-tempered man |
| רגע נ (ס) | *rege* | moment, instant |
| רו נ | *ru* | rest, calm |
| רואינירן (רואינירט) | *ruiniren* | ruin |
| רואיק | *ruik* | calm |
| רובּין ז (ען) | *rubin* | ruby |
| רובּל ז | *rubel* | ruble |
| רובֿ ס | *rov* | majority |
| רודער ז (ס) | *ruder* | oar; helm |
| רודערן (גערודערט) | *ruderen* | row (a boat); make a noise |
| רווח ז (ים) | *revech-revochim* | profit |
| רוח ז (ות) | *ruech-ruches* | ghost |
| רוט נ (ריטער) | *rut* | rod |
| רוטין נ (ען) | *rutin* | routine |
| רוטעניש אדי, ס | *rutenish* | Ukrainian |
| רוטענער ז | *rutener* | Ukrainian |
| רוי ז (עס) | *roi* | swarm |
| רוי | *roi* | raw; unripe |
| — רוי־מאַטעריאַל ז (ן) | *roi materyal* | raw material |
| רויב ס | *roib* | booty, loot |
| רויבער ז (ס) | *roiber* | robber |
| רויג ז (ן) | *roig* | roe |
| רויז נ (ן) | *roiz* | rose |
| רויט | *roit* | red |
| רויטלעך | *roitlech* | reddish |
| רויך ז (ן) | *roich* | smoke |
| רויכיק | *roichik* | smoky |
| רויכערער ז (ס) | *roicherer* | smoker |
| רוים [ס] | *roim* | Rome |
| רוימיש | *roimish* | Roman |
| רוימען (גערוימט) | *roimen* | clean, make tidy |

| | | |
|---|---|---|
| רויען (גערויעט) | *roien* | burrow; swarm |
| רויען זיך | *roien zich* | teem |
| רוישן (גערוישט) | *roishen* | make a noise |
| רולעט ז (ן) | *rulet* | roulette |
| רומעניע [נ] | *rumenye* | Rumania |
| רומעניש | *rumenish* | Rumanian |
| רומענער ז | *rumener* | Rumanian |
| רוס ז (ן) | *rus* | Russian |
| רוסיש אדי, ס | *rusish* | Russian |
| רוסלאַנד [ס] | *rusland* | Russia |
| רוען (גערוט) | *ruen* | rest; repose |
| רוף ז (ן) | *ruf* | call |
| רופן (גערופן) | *rufen* | call |
| רוצח ז (ים) | *rotseiech rotschim* | murderer |
| רוקזאַק ז (רוקזעק) | *rukzak* | knapsack |
| רוקן ז (ס) | *ruken* | back |
| רוקן (גערוקט) | *ruken* | move, push |
| רוקנביין ז (ער) | *rukenbein* | backbone |
| רושם ז (ס) | *roishem* | impression |
| רחבות ס | *rachves* | spaciousness |
| רחמנות ס | *rachmones* | pity, compassion |
| ריבאײַזן, רײַבאײַזן ז (ס) | *ribaizen, raibaizen* | grater |
| ריגל ז (ען) | *rigel* | bolt |
| ריז ז (ן) | *riz* | giant |
| ריזיק | *rizik* | gigantic |
| ריזיקאַליש | *rizikalish* | risky |
| ריזיקאַנט ז (ן) | *rizikant* | gambler |
| ריזיקירן (ריזיקירט) | *rizikiren* | risk |
| ריזיקע נ (ס) | *rizike* | risk, gamble |
| ריזעדיק | *rizedik* | gigantic |
| ריח ז (ות) | *reiech-reiches* | smell, scent |
| ריטם ז (ען) | *ritm* | rhythm |
| ריטמיש | *ritmish* | rhythmic |
| ריטער ז (ס) | *riter* | knight |
| ריטעריש | *riterish* | chivalrous |
| ריטשען (געריטשעט) | *rit'shen* | bellow; roar |
| ריי נ (ען) | *rei* | row, line; queue |
| רײַבונג נ (ען) | *raibung* | friction |
| רײַבן (געריבן) | *raiben* | rub |
| רייד ר | *reid* | talk, words |
| רײַז נ/ז | *raiz* | rice |
| רײַזע נ (ס) | *raize* | journey |
| רײַטוואָגן ז (ס) | *raitvogen* | chariot |
| רײַטן (געריטן) | *raiten* | ride |
| רײַטער ז (ס) | *raiter* | rider, horseman |
| רײַך | *raich* | rich |

| | | |
|---|---|---|
| רייכערן (גערייכערט) | *reicheren* | smoke |
| רײַכקייט נ | *raichkeit* | wealth |
| ריין | *rein* | clean |
| ריינוואַשן (ריינגעוואַשן) | *reinvashen* | absolve |
| ריינִיקונג נ (ען) | *reinikung* | cleaning |
| ריינִיקן (גערייניקט) | *reiniken* | clean |
| ריינקייט נ | *reinkeit* | cleanliness |
| רײַסיק | *raisik* | striking; flagrant |
| רײַסן (געריסן) | *raisen* | tear, rip |
| רײַסן זיך | *raisen zich* | quarrel; strive |
| רייף נ/ז (ן) | *reif* | hoop; tire, tyre |
| רײַף | *raif* | ripe |
| רייץ ז (ן) | *reits* | irritation; charm |
| רייצן (גערייצט) | *reitsen* | irritate; allure |
| רייצנדיק | *reitsendik* | irritating; charming |
| ריכטונג נ (ען) | *richtung* | direction |
| ריכטיק | *richtik* | right, correct |
| ריכטן (געריכט) | *richten* | perform |
| ריכטן זיך | *richten zich* | expect, anticipate |
| ריכטער ז (ס) | *richter* | judge |
| רימען (גערימט) | *rimen* | praise |
| רימען זיך | *rimen zich* | boast |
| רינג ז (ען) | *ring* | ring; link |
| רינדערנס ס | *rinderens* | beef |
| רינווע, רינע נ (ס) | *rinve, rine* | drainpipe; eaves |
| רינען (גערונען) | *rinen* | leak |
| רינשטאָק ז (ן) | *rinshtok* | gutter |
| ריס ז (ן) | *ris* | rip |
| ריפּ נ (ן) | *rip* | rib |
| ריצנאייל ז | *ritseneil* | castor oil |
| ריקודל ס (עך) | *rikudel* | Chasidic dance |
| רירן (גערירט) | *riren* | move, stir; touch |
| רירנדיק | *rirendik* | stirring; touching |
| רירעוודיק | *rirevdik* | agile |
| רישעות ס | *rishes* | malice |
| רכילות ס (ן) | *rechiles* | gossip |
| רעאַגירן (רעאַגירט) | *reagiren* | react |
| רעאַל | *real* | real |
| רעאַליזם ז | *realizm* | realism |
| רעאַליסט ז (ן) | *realist* | realist |
| רעאַליסטיש | *realistish* | realistic |

| | | |
|---|---|---|
| רעאַקטאָר ז (ן) | *reaktor* | reactor |
| רעאַקציאָנער ז (ן) | *reaktsyoner* | reactionary |
| רעאַקציע נ (ס) | *reaktsye* | reaction |
| רעגולירן (רעגולירט) | *reguliren* | regulate |
| רעגימענט ז (ן) | *regiment* | regiment |
| רעגיסטראַר ז (ן) | *registrar* | registrar |
| רעגיסטרירן (רעגיסטרירט) | *registriren* | register; enroll |
| רעגירונג נ (ען) | *regirung* | government |
| רעגירן (רעגירט) | *regiren* | govern |
| רעגן ז (ס) | *regen* | rain |
| רעגנבויגן ז (ס) | *regenboigen* | rainbow |
| רעגנדיק | *regendik* | rainy |
| רעגנמאַנטל ז (ען) | *regenmantel* | raincoat |
| רעגענען (גערעגנט) | *regenen* | rain |
| רעדאַקטאָר ז (ן) | *redaktor* | editor |
| רעדאַקציע נ (ס) | *redaktsye* | editor's office |
| רעדל ס (עך) | *redel* | dial; circle; group |
| רעדן (גערעדט) | *reden* | speak |
| רעדנער ז (ס) | *redner* | speaker |
| רעדע נ (ס) | *rede* | speech |
| רעוואָלווער ז (ן) | *revolver* | revolver |
| רעוואָלוציע נ (ס) | *revolutsye* | revolution |
| רעוויזיע נ (ס) | *revizye* | revision |
| רעוומאַטיזם | *revmatizm* | rheumatism |
| רעזולטאַט ז (ן) | *rezultat* | result |
| רעזיגנירונג נ (ען) | *rezignirung* | resignation |
| רעזיגנירן (רעזיגנירט) | *rezigniren* | resign |
| רעזין ז (ען) | *rezin* | resin |
| רעזערוואַציע נ (ס) | *rezervatsye* | reservation |
| רעזערווירן (רעזערווירט) | *rezerviren* | reserve |
| רעזשים ז (ען) | *rezhim* | regime |
| רעזשיסאָר ז (ן) | *rezhisor* | stage manager |
| רעטאָריק נ | *retorik* | rhetoric |
| רעטאָריש | *retorish* | rhetorical |
| רעטעך ז (ער) | *retech* | radish |
| רעטעניש ס (ן) | *retenish* | riddle |
| רעטראָאַקטיוו | *retroaktiv* | retroactive |
| רעטראָספעקט ז | *retrospekt* | retrospect |
| רעכט | *recht* | right, proper |
| רעכטס | *recht's* | to the right |

רעכנמאַשין נ (ען) *rechenmashin* calculator

רעכענונג נ (ען) *rechenung* calculation

רעכענען *rechenen* (גערעכנט) count, calculate; consider

רעלאַטיוויטעט נ *relativitet* relativity

רעליגיע נ (ס) *religye* religion

רעליגיעז *religyez* religious

רעליעף ז (ן) *relyef* relief (in sculpture, painting, etc.)

רעליעף־מאַפּע נ (ס) *relyef mape* relief map

רעמאָנט ז (ן) *remont* renovation (of a building)

רעמי ז (ס) *remi* draw (a tie in a game)

רענדאַר ז (ן) *rendar* tenant farmer; lessee

רענטגען־שטראַל ז (ן) *rentgen shtral* x ray

רענטע נ (ס) *rente* annuity

רענעסאַנס ז *renesans* renaissance

רעסטאָראַן ז (ען) *restoran* restaurant

רעספּעקט ז *respekt* respect

רעספּעקטירן *respektiren* (רעספּעקטירט) respect

רעפּאָרט ז (ן) *report* report

רעפּאָרטירן *reportiren* (רעפּאָרטירט) report

רעפּאָרטער ז (ן) *reporter* reporter

רעפּובליק נ (ן) *republik* republic

רעפּעטיציע נ (ס) *repetitsye* rehearsal

רעפּערטואַר ז (ן) *repertuar* repertoire

רעפּרעזענטירן *reprezentiren* (רעפּרעזענטירט) represent

רעפאָרם נ (ען) *reform* reform

רעפלעקס ז (ן) *refleks* reflex

רעפעראַט ז (ן) *referat* lecture

רעפערענדום ז (ס) *referendum* referendum

רעפערענץ נ (ן) *referents* reference

רעציטאַציע נ (ס) *retsitatsye* recital

רעציטירן *retsitiren* (רעציטירט) recite

רעצענזיע נ (ס) *retsenzye* review, critique

רעצעפּט ז (ן) *retsept* prescription

רעקאָמענדאַציע נ (ס) *rekomendatsye* recommendation

רעקאָמענדירן *rekomendiren* (רעקאָמענדירט) recommend

רעקאָרד ז (ן) *rekord* record

רעקל ס (עך) *rekel* short coat; skirt

- רעקלאַמע נ (ס) *reklame* — advertisement
- רעקרוט ז (ן) *rekrut* — recruit
- רער נ/ז (ן) *rer* — pipe, tube
- רעש ז *raash* — noise
- רעשט ז/נ *resht* — remainder; change
- רעשטל ס (עך) *reshtel* — remnant
- רפואה נ *refue* (רפואות) *refues* — drug, remedy
- רצון ז *rotsen* — will, desire
- רשימה נ (רשימות) *reshime-reshimes* — register, list
- רשע ז (ים) *roshe-reshoim* — wicked man

# ש

- ש ז/נ *shin* — the 21st letter of the Hebrew alphabet
- שאַ! *sha!* — hush!
- שאַבלאָן ז (ען) *shablon* — stencil; cliché *shablon*
- שאָד ז *shod* — pity
- שאָדן ז (ס) *shoden* — damage
- שאָוויניזם ז *shovinizm* — chauvinism
- שאַטינקע נ (ס) *shatinke* — woman with auburn hair
- שאַטן (געשאַט) *shaten* — harm
- שאָטן ז (ס) *shoten* — shadow
- שאַך ז (ן) *shach* — chess
- שאַכברעט ס/נ (שאַכברעטער) *shachbret* — chessboard
- שאַכטל ס (עך) *shachtel* — small box
- שאַל ז/נ (ן) *shal* — shawl, scarf
- שאלה נ *shaile* (שאלות) *shailes* — question
- שאָלעכץ נ/ס (ן) *sholechts* — peel (of potatoes), skin (of fruits), shell (of nuts)
- שאַמפּאַניער ז *shampanyer* — champagne
- שאַמפּו ז (ען) *shampu* — shampoo
- שאַנד נ *shand* — disgrace; shame
- שאַנס ז (ן) *shans* — chance
- שאַנעווען (געשאַנעוועט) *shaneven* — spare (refrain from harming)
- שאַנק נ/ז (שענק) *shank* — closet
- שאָס ז (ן) *shos* — shot
- שאָסיי ז (ען) *shosei* — highway
- שאָפּ ז (ן) *shop* — racoon
- שאָף נ *shof* — sheep
- שאַפונג נ (ען) *shafung* — creation
- שאַפן (געשאַפן) *shafen* — create
- שאַפע נ (ס) *shafe* — cupboard; bookcase; closet

| | | |
|---|---|---|
| שאָפער ז (ן) | *shofer* | driver, chauffeur |
| שאַצונג נ (ען) | *shatsung* | estimate, appraisal |
| שאַצן (געשאַצט) | *shatsen* | estimate |
| שאַקאַל ז (ן) | *shakal* | jackal |
| שאָקאָלאַד ז (ן) | *shokolad* | chocolate |
| שאָקל ז (ען) | *shokel* | shake; nod |
| שאָקלען (געשאָקלט) | *shoklen* | shake |
| שאַרבן ז (ס) | *sharben* | potsherd; skull |
| שאָרך ז (ן) | *shorch* | rustle |
| שאָרכען (געשאָרכעט) | *shorchen* | rustle |
| שאַרלאַטאַן ז (ען) | *sharlatan* | charlatan |
| שאַרם ז | *sharm* | charm |
| שאַרן (געשאַרט) | *sharen* | scrape, rake |
| שאַרף | *sharf* | sharp |
| שאַרף נ (ן) | *sharf* | edge, blade |
| שאַרפן (געשאַרפט) | *sharfen* | sharpen |
| שאַרפקייט נ | *sharfkeit* | sharpness |
| שאַרפשטיין ז (ער) | *sharfshtein* | whetstone |
| שבת ז (ים) | *shabes-shabosim* | Sabbath |
| שבתדיק | *shabesdik* | of the Sabbath; festive |
| שבת־ליכט ר | *shabes licht* | Sabbath candles |
| שבועה נ (שבועות) | *shvue-shvues* | oath |
| שבועות | *shvues* | Shevuos (a Jewish holiday) |
| שבעה נ | *shive* | Shive (week of mourning for a close relative) |
| שד ז (ים) | *shed-sheidim* | demon |
| שדים־טאַנץ ז | *sheidim tants* | pandemonium |
| שדכן ז (ים) | *shadchen* *shadchonim* | matchmaker |
| שדכנען (געשדכנט) | *shadchenen* | propose a match to |
| שֶדרה נ (שדרות) | *shedre* *shedres* | spine |
| שואה נ | *shoe* | Shoah, the Holocaust (coined by Elie Wiesel) |
| שוואָגער ז (ס) | *shvoger* | brother-in-law |
| שוואַך | *shvach* | weak |
| שוואַכקייט נ (ן) | *shvachkeit* | weakness |
| שוואַלב נ (ן) | *shvalb* | swallow (bird) |
| שוואָם ז (ען) | *shvom* | sponge; mushroom |
| שוואַן ז (ען) | *shvan* | swan |
| שוואַנגערן (געשוואַנגערט) | *shvangeren* | be pregnant |
| שוואַנץ ז (שווענץ) | *shvants* | tail; fool |

שוואָרעם ז (ס) *shvorem* swarm

שוואַרץ *shvarts* black

שוואַרצאַפּל ס (ען) *shvartsapel* pupil (of the eye)

שוואַרצן *shvartsen* (געשוואַרצט) blacken; smuggle

שוואַקס ז (ן) *shuvaks* shoe polish

שוואָים ז (ען) *shvoim* mushroom

שוואונג ז (ען) *shvung* swing; zest

שוויגער נ (ס) *shviger* mother-in-law

שווײַג ז *shvaig* silence

שווײַגן *shvaigen* (גשוויגן) be silent

שווײַגנדיק, *shvaigendik*, שווײַגעוודיק *shvaigevdik* silent

שווייס ז *shveis* sweat

שווייסן *shveisen* (געשווייסט) weld

שווייץ [די] *shveits* Switzerland

שווייצאַריער ז *shveitsaryer* Swiss

שווייצאַריש אדי *shveitsarish* Swiss

שווייצער קעז ז (ן) *shveitser kez* Swiss cheese

שווימען *shvimen* (געשווומען) swim

שווימער ז (ס) *shvimer* swimmer

שווינדל ז (ען) *shvindel* swindle

שווינדלען *shvindlen* (געשווינדלט) swindle; feel dizzy

שווינדלער ז (ס) *shvindler* swindler

שווינטוך ז (עס) *shvintuch* hog, vulgar man

שוויצבאָד נ *shvitsbod* (שוויצבעדער) steambath

שוויצן *shvitsen* (געשוויצט) sweat

שווישטשען *shvisht'shen* (געשווישטשעט) whistle

שוועבל ז *shvebel* sulphur

שוועבן *shveben* (געשוועבט) hover

שוועבעלע ס (ך) *shvebele* match

שוועגערין נ (ס) *shvegerin* sister-in-law

שוועד ז (ן) *shved* Swede

שוועדיש אדי, ס *shvedish* Swedish

שוועדן [ס] *shveden* Sweden

שוועל נ/ז (ן) *shvel* doorstep

שוועמל ס (עך) *shvemel* mushroom

שווענקען *shvenken* (געשווענקט) rinse

שוועסטער נ *shvester* sister

שוועסטערקינד ס (ער) *shvesterkind* cousin

שווער *shver* heavy; difficult

שווער ז (ן) *shver* father-in-law

שווערד נ (ן) *shverd* sword

שווערדשייד נ (ן) *shverdsheid* scabbard

| | | |
|---|---|---|
| שוועריקייט נ (ן) | shverikeit | difficulty |
| שווערן (געשווירן/געשוואָרן) | shveren | swear |
| שוחד ז | shoiched | bribe |
| שוטה ז (שוטים) | shoite-shoitim | fool |
| שויב נ (ן) | shoib | pane, glass |
| שוידער ז (ס) | shoider | shudder |
| שוידערלעך | shoiderlech | horrible |
| שויט ז (ן) | shoit | pod (of a pea, bean, etc.) |
| שוים ז (ען) | shoim | foam |
| שוימען (געשוימט) | shoimen | foam |
| שוין | shoin | already; at once |
| שוינען (געשוינט) | shoinen | spare (treat with lenience) |
| שויס ז (ן) | shois | lap |
| שוך ז (שיך) | shuch | shoe |
| שוכבענדל ס (עך) | shuchbendel | shoelace |
| שול נ (ן) | shul | school; synagogue |
| שולד נ (ן) | shuld | guilt |
| שולדיק | shuldik | guilty |
| שולדיקער ז | shuldiker | culprit |
| שולע נ (ס) | shule | school |
| שומר ז (ים) | shoimer shomrim | guard |
| שונד ז | shund | trashy literature |
| שוסטער ז (ס) | shuster | shoemaker |
| שופט ז (ים) | shoifet shoftim | judge |
| שופלאָד ז/ס (ן/שופלעדער) | shuflod | drawer |
| שורה נ (שורות) | shure-shures | line |
| שושקען (געשושקעט) | shushken | whisper |
| שותּף ז (ים) | shutef-shutfim | partner |
| שותּפות ס (ן) | shutfes | partnership |
| שחרית ז | shachris | morning prayer |
| שטאַב ז (ן) | shtab | staff (of officers) |
| שטאַט ז (ן) | shtat | state |
| שטאָט נ (שטעט) | shtot | city |
| שטאָטגאָרטן ז (שטאָטגערטנער) | shtotgorten | park |
| שטאָטראַט ז (ן) | shtotrat | city council |
| שטאָך ז (ן/שטעך) | shtoch | prick, sting |
| שטאָך ז (שטעך) | shtoch | stitch |
| שטאָכוואָרט ס (שטאָכווערטער) | shtochvort | sarcastic word |
| שטאַל נ/ז (ן) | shtal | stable (for horses, cows, etc.) |
| שטאָל ס | shtol | steel |
| שטאָלן | shtolen | of steel |
| שטאָלץ | shtolts | proud |
| שטאָלץ ז | shtols | pride |

שטאָלצירן (שטאָלצירט) *shtoltsiren* be proud

שטאַם ז (ען) *shtam* stem, trunk; clan; ancestry

שטאַמבוים ז (שטאַמביימער) *shtamboim* pedigree

שטאַמלען (געשטאַמלט) *shtamlen* stammer

שטאַמלער ז (ס) *shtamler* stammerer

שטאַמען (געשטאַמט) *shtamen* originate, be descended

שטאַנג ז/נ (ען) *shtang* pole; bar

שטאַנד ז (ן) *shtand* standing; status

שטאַנדפונקט ז (ן) *shtandpunkt* standpoint

שטאַפּל ז (ען) *shtapel* rung, step; degree, level

שטאָפּן (געשטאָפּט) *shtopen* stuff, fill up

שטאָף ז (ן) *shtof* stuff, material

שטאָק ז *shtok* floor, story

שטאַרביק *shtarbik* mortal

שטאַרבן (געשטאָרבן) *shtarben* die

שטאָרך ז (ן) *shtorch* stork

שטאַרק *shtark* strong

שטאַרקייט נ (ן) shtarkeit strength

שטאַרקן (געשטאַרקט) *shtarken* strengthen

שטוב נ (שטיבער) *shtub* house, home; room

שטודירן (שטודירט) *shtudiren* study

שטויב ז/ס (ן) *shtoib* dust

שטויביק *shtoibik* dusty

שטוינען (געשטוינט) *shtoinen* be astonished

שטוינענדיק *shtoinendik* amazing

שטויס ז (ן) *shtois* push

שטויסל ז (עך) *shtoisel* pestle; mortar

שטויסן (געשטויסן) *shtoisen* push

שטויסעניש ס *shtoisenish* pushing

שטול נ/ז (ן) *shtul* chair

שטום *shtum* dumb, mute

שטומער ז *shtumer* dumb man

שטונדע נ (ס) *shtunde* hour

שטופּ ז (ן) *shtup* push

שטופּוועגעלע נ (ך) *shtupvegele* wheelbarrow

שטופּן (געשטופּט) *shtupen* push

שטופּעניש ס *shtupenish* pushing

שטורך ז (ן) *shturch* jostle

שטורכען (געשטורכעט) *shturchen* jostle

שטורעם ז (ס) *shturem* storm

שטורעמדיק *shturemdik* stormy

שטורעמווינט ז (ן) *shturemvint* tempest

שטורעמען (געשטורעמט) *shturemen* storm; charge; rage

שטות חס (ים) *shtus-shtusim* nonsense, folly

שטח ז (ים) *shetech-shtochim* area

שטיבל ס (עך) *shtibel* shtibel (small Hasidic house of prayer)

שטיגן ר *shtigen* staircase

שטיוול ז *shtivel* boot

שטײַג נ (ן) *shtaig* cage

שטײַגונג נ (ען) *shtaigung* rising; ascent

שטײַגן (געשטיגן) *shtaigen* rise; ascend

שטייגער ז (ס) *shteiger* manner, custom

— אַ שטייגער *a shteiger* for example

שטיין ז (ער) *shtein* stone

שטיין (געשטאַנען) *shtein* stand

שטיינדל ס (עך) *shteindel* pebble

שטיינהאַקער ז (ס) *shteinhaker* stonecutter, quarrier

שטיינהאַקערײַ נ (ען) *shteinhakerai* quarry

שטייסל ס (עך) *shteisel* mortar (kitchen utensil)

שטײַער ז (ן) *shtaier* tax

שטײַערקלאַס ז (ן) *shtaierklas* tax bracket

שטײַף *shtaif* stiff

שטײַפקייט נ *shtaifkeit* stiffness

שטיל *shtil* quiet, still

שטילן (געשטילט) *shtilen* calm; quench, slake

שטילעט ז (ן) *shtilet* dagger

שטילערהייט *shtilerheit* quietly

שטילקייט נ *shtilkeit* silence

שטילשטאַנד ז (ן) *shtilshtand* standstill

שטים נ (ען) *shtim* voice; vote

שטימונג נ (ען) *shtimung* mood

שטימען (געשטימט) *shtimen* vote; fit in, correspond

שטימרעכט ס *shtimrecht* suffrage

שטינקען (געשטונקען) *shtinken* stink

שטינקענדיק *shtinkendik* stinking

שטינקער ז (ס) *shtinker* stinker

שטיפברודער ז (שטיפברידער) *shtifbruder* stepbrother

שטיפזון ז (שטיפזין) *shtifzun* stepson

שטיפטאַטע ז (ס) *shtiftate* stepfather

שטיפטאָכטער נ (שטיפטעכטער) *shtiftochter* stepdaughter

שטיפמאַמע נ (ס) *shtifmame* stepmother

שטיפקינד ס (ער) *shtifkind* stepchild

שטיפשוועסטער נ *shtifshvester* stepsister

שטיצן (געשטיצט) *shtitsen* support

שטיצע נ (ס) *shtitse* support

שטיצער ז (ס) *shtitser* supporter

שטיק ס/ו (ער) *shtik* piece
שטיק ר *shtik* pranks
שטיקל ס (עך) *shtikel* small piece
שטיקלעכווײַז *shtiklechvaiz* piecemeal
שטיקן *shtiken* (געשטיקט) choke; embroider
שטיקשטאָף ז *shtikshtof* nitrogen
שטעג ז (ן) *shteg* path, lane
שטעטל ס (עך) *shtetel* small town
שטעכיק *shtechik* prickly
שטעכל־חזיר ז (ים) *shtechel chazer* porcupine
שטעכן (געשטאָכן) *shtechen* sting, prick; stab
שטעל נ (ן) *shtel* stall, stand
שטעלונג נ (ען) *shtelung* attitude
שטעלן *shtelen* (געשטעלט) set, put; place
שטעלע נ (ס) *shtele* position, job
שטעמפל ז (ען) *shtempel* stamp, seal
שטעמפלען (געשטעמפלט) *shtemplen* stamp; brand
שטענגל ס (עך) *shtengel* stalk, stem; cluster (of grapes)
שטענדיק אדי, אדוו *shtendik* standing; always
שטענדער ז (ס) *shtender* pulpit
שטעפּן *shtepen* (געשטעפּט) stitch
שטעקל ס (עך) *shtekel* wand
שטעקן ז (ס) *shteken* stick, cane
שטעקן *shteken* (געשטעקט) stick
שטעקשוך ז (שטעקשיך) *shtekshuch* slipper
שטער ז (ן) *shter* hindrance
שטערונג נ (ען) *shterung* disturbance
שטערן (געשטערט) *shteren* disturb, hinder
שטערן ז (ס) *shteren* forehead
שטערן ז (שטערן) *shteren* star
שטערנדל ס (עך) *shterendel* asterisk
שטערצל ס (עך) *shtertsel* lid (of a pot)
שטראַל ז (ן) *shtral* beam, ray
שטראַלן *shtralen* (געשטראַלט) beam, radiate
שטראַלנדיק *shtralendik* beaming; jubilant
שטראָם ז (ען) *shtrom* stream, current
שטראָמען *shtromen* (געשטראָמט) stream, flow
שטראָף נ (ן) *shtrof* penalty
שטראָפן *shtrofen* (געשטראָפט) punish
שטרודל ז (ען) *shtrudel* strudel

שטרוי ז (ען) *shtroi* straw

שטרוידאַך ז (שטרוידעכער) *shtroidach* thatched roof

שטרויהוט ז (ן) *shtroihut* straw hat

שטרוי־הוט ז (ן) *shtroi-hut* straw-hat, outdoor summer concert (from the wearing of straw hats in warm weather)

שטרויכלונג נ (ען) *shtroichlung* stumbling

שטרויכלען *shtroichlen* (געשטרויכלט) stumble

שטרויכלשטיין ז (ער) *shtroichelshtein* stumbling stone

שטרוימאַן ז *shtroiman* straw man; puppet

שטרויס ז (ן) *shtrois* ostrich

שטרויען, *shtroien* שטרויערן *shtroieren* of straw

שטרײַמל ס (עך/ען) *shtraimel* shtreimel (Hasidic fur hat)

שטרײַף ז (ן) *shtraif* stripe

שטרײַק ז (ן) *shtraik* strike (of employees)

שטרײַקברעכער ז (ס) *shtraikbrecher* strikebreaker, scab

שטרײַקן *shtraiken* (געשטרײַקט) strike

שטרײַקער ז (ס) *shtraiker* striker

שטריק ז/נ *shtrik* rope

שטריקל ס (עך) *shtrikel* string

שטריקן *shtriken* (געשטריקט) knit

שטרעבונג נ (ען) *shtrebung* striving, aspiration

שטרעבן *shtreben* (געשטרעבט) strive, aspire

שטרענג *shtreng* strict, rigorous

שטרענגקייט נ *shtrengkeit* strictness, rigor

שטרעקע נ (ס) *shtreke* distance

שטשור ז (עס) *sht'shur* rat

שטשעפּ ז (ן) *sht'shep* graft (of a plant)

שטשעפּען *sht'shepen* (געשטשעפּעט) graft

שיבוש ז *shibesh* (ים) *shibushim* trifle

שידוך ז (ים) *shidech*- *shiduchim* match (marriage)

שיטה נ *shite* (שיטות) *shites* system

שיטן *shiten* (געשאָטן/געשיט) strew

שיטער *shiter* sparse, thin

שייגעץ ז (שקצים) *sheigets-shkotsim* impudent boy

שיידוועג ז (ן) *sheidveg* crossroad

שיידונג נ (ען) *sheidung* parting

שיידן זיך *sheiden zich* (געשיידט) part, separate

שייטל ס (עך) *sheitel* shaitel (wig)

שײַטער ז (ס) *shaiter* pyre; bonfire

| | | |
|---|---|---|
| שײַכות ס (ן) | shaiches | relation |
| שיילן (געשיילט) | sheilen | peel |
| שיין | shein | beautiful |
| שײַן נ | shain | shine, brightness |
| שיינהייט נ (ן) | sheinheit | beauty, beautiful woman |
| שײַנען (געשײַנט) | shainen | shine |
| שיינקייט נ (ן) | sheinkeit | beauty; loveliness |
| שײַער ז (ן) | shaier | barn |
| שײַערן (געשײַערט) | shaieren | scrub |
| שיכּור ז (ים) | shiker-shikorim | drunkard |
| שיכּורן (געשיכּורט) | shikeren | drink (alcoholic liquors excessively) |
| שיכּרות ס | shikres | drunkenness |
| שיכט ז (ן) | shicht | layer |
| שילד ז/נ (ן) | shild | sign, signboard; shield |
| שילדערונג נ (ען) | shilderung | description |
| שילדערן (געשילדערט) | shilderen | describe |
| שילדקרעט ז (ן) | shildkret | tortoise; turtle |
| שילער ז (ס) | shiler | pupil; schoolboy |
| שילערין נ (ס) | shilerin | pupil; schoolgirl |
| שימל ז | shimel | mold, mould; mildew |
| שימלען (געשימלט) | shimlen | become moldy |
| שימערן (געשימערט) | shimeren | shimmer |
| שינדל נ (ען) | shindel | shingle |
| שינדן (געשונדן) | shinden | skin, flay |
| שינקע נ (ס) | shinke | ham |
| שיסל נ (ען) | shisel | bowl, dish |
| שיסן (געשאָסן) | shisen | shoot |
| שיסער ז (ס) | shiser | marksman |
| שיעור ז (ים) | shier, shiurim | lesson; limit |
| שיף נ (ן) | shif | ship |
| שיפל ס (עך) | shifel | boat |
| שיצן (געשיצט) | shitsen | protect |
| שיק ז | shik | chic, elegance |
| שיקייִנגל ס/ז (עך) | shikyingel | errand boy |
| שיקלען (געשיקלט) | shiklen | squint, look sideways |
| שיקן (געשיקט) | shiken | send |
| שיקסע נ (ס) | shikse | gentile girl |
| שירעם ז (ס) | shirem | umbrella |
| שישקע נ (ס) | shishke | cone, strobile |
| שָכן ז (שכֵנים) | shochen, shcheinim | neighbor |

שלאָגן *shlogen* beat, strike
(געשלאָגן)
שלאָגן זיך *shlogen zich* fight
שלאָך ז (עס) *shloch* slovenly person
שלאַכט נ (ן) *shlacht* battle
שלאַכטפעלד ס (ער) *shlachtfeld* battlefield
שלאַנג ז/נ (ען/שלענג) *shlang* snake
שלאַנק *shlank* slender, slim
שלאָס ז *shlos* lock; castle
(שלעסער)
שלאָסער ז (ס) *shloser* locksmith
שלאַף *shlaf* weak; sick
שלאָף ז *shlof* sleep
שלאָפן *shlofen* sleep
(געשלאָפן)
שלאָפצימער ז (ן) *shloftsimer* bedroom
שלאַק ז *shlak* stroke; wretch
(שלעק)
שלווה נ *shalve* tranquility
שלום ז *sholem* peace
שלומיאל ז (ס) *shlumiel* schlemiel, schlemihl (bungler; misfit)
שלום־עליכם *sholem aleichem* hello!
שלומפערקע נ (ס) *shlumperke* slattern
שלוק ז (ן) *shluk* swig, gulp
שלוקעכץ, *shlukechts* hiccup
שלוקערץ ז (ן) *shlukerts*

שלוקערצן *shlukertsen* hiccup
(געשלוקערצט)
שלח־מנות ז/ס *shlachemones* Purim presents
שליאָך ז (עס) *shlyoch* uncleanly person
שליאַך ז (ן) *shlyach* dirt road
שליאַכטשיץ ז (עס) *shlyacht'shits* (Polish) nobleman
שליח ז (ים) *sholiech/ sheliech-shlichim* messenger
שליחות ס (ן) *shliches* mission
שליטלען זיך *shlitlen zich* sled, ride on a sled
(געשליטלט)
שליטן ז (ס) *shliten* sled, sleigh
שלײַדער נ (ס) *shlaider* sling, hurl
שלײַדערן *shlaideren* sling, hurl
(געשלײַדערט)
שלײַם ז (ען) *shlaim* phlegm
שלייער ז (ס) *shleier* veil
שלייף נ (ן) *shleif* temple (side of the forehead)
שלײַפן *shlaifen* (געשליפן) grind, sharpen; whet
שלײַפשטיין ז (ער) *shlaifshtein* grindstone
שלימזל ז (ען) *shlimazel* shlimazl (unlucky man)
שלינגען *shlingen* swallow
(געשלונגען)
שליסל ז (ען) *shlisel* key
שליסן *shlisen* lock; conclude
(געשלאָסן)

שליפע נ (ס) *shlife* epaulet

שלעגער ז (ס) *shleger* beater; bully

שלעגעריש *shlegerish* pugnacious

שלעכט *shlecht* bad, evil

שלעכטס ס *slecht's* wrongdoing

שלענגלען זיך (געשלענגלט) *shlenglen zich* wind, meander

שלעפּ ז (ן) *shlep* drag, pull

שלעפּן (געשלעפּט) *shlepen* drag, pull, schlep

שלעפּער ז (ס) *shleper* tramp, hobo, vagrant, schlepp

שלעפעריק *shleferik* sleepy

שמאַטע נ (ס) *shmate* rag

שמאַכטן (געשמאַכט) *shmachten* languish, pine

שמאָל *shmol* narrow

שמאַלץ ס/ע *shmalts* (animal) fat

שמאַלצגרוב ח/ס *shmaltsgrub* treasure

שמאַלציק *shmaltsik* fat, greasy

שמאָנצעס ר *shmontses* nonsense

שמד ז *shmad* conversion (to Christianity, etc.)

שמדן (געשמדט) *shmaden* convert (to Christianity, etc.)

שמוגלען (געשמוגלט) *shmuglen* smuggle

שמוגלער ז (ס) *shmugler* smuggler

שמועס ז (ן) *shmues* talk, chat

שמועסן (געשמועסט) *shmuesen* talk, chat

שמוץ ס *shmuts* filth, dirt

שמוציק *shmutsik* filthy

שמיד ז (ן) *shmid* blacksmith

שמידן (געשמידט) *shmiden* forge, hammer

שמידערײַ נ (ען) *shmiderai* smithy

שמייכל ח/ס (ען) *shmeichel* smile

שמייכלדיק *shmeicheldik* smiling

שמייכלען (געשמייכלט) *shmeichlen* smile

שמײַסן (געשמיסן) *shmaisen* whip

שמינקע נ (ס) *shminke* rouge

שמיץ ז *shmits* lash, spank

שמיר ז (ן) *shmir* smear

שמירן (געשמירט) *shmiren* smear, lubricate

שמעגדע ז (ס) *shmegde* dupe

שמעגעגע ז (ס) *shmegege* dawdler; humdrum

שמעטערן (געשמעטערט) *shmeteren* smash

שמעלצן (געשמאָלצן) *shmeltsen* melt

שמעלקע ז (ס) *shmelke* confidant; prominent person

שמעק ז (ן) *shmek* sniff

שמעקן (געשמעקט) *shmeken* smell

שמערץ ז (ן) *shmerts* — pain
שמש ז *shames-shamosim* — beadle, sexton
שנאָבל ז (ען) *shnobel* — beak
שנאַפּן *shnapen* (געשנאַפּט) — sniff, spy
שנאַפּס ז (ן) *shnaps* — brandy
שנאָרכצן *shnorchtsen* (געשנאָרכצט) — snore
שנאָרען *shnoren* (געשנאָרעט) — beg, panhandle
שנאָרער ז (ס) *shnorer* — beggar
שנור ז (ן) *shnur* — string, cord
שנור נ (ן/שניר) *shnur* — daughter-in-law
שנורעווען *shnureven* (געשנורעוועט) — lace (shoes)
שניט ז (ן) *shnit* — cut; harvest
שניי ז (ען) *shnei* — snow
שנייאיק *shneiik* — snowy
שנײַדן *shnaiden* (געשניטן) — cut; harvest, reap
שנײַדער ז (ס) *shnaider* — tailor
שנייען *shneien* (געשנייט) — snow
שנײַצן *shnaitsen* (געשנײַצט) — blow (nose)
שניפּס ז (ן) *shnips* — nectie
שניצן *shnitsen* (געשניצט) — carve
שנירל ס (עך) *shnirel* — string, lace
שנעל *shnel* — fast, quick
שנעל ז (ן) *shnel* — fillip
שנעלן *shnelen* (געשנעלט) — fillip
שנעלצוג ז (ן) *shneltsug* — express train
שנעלקייט נ *shnelkeit* — rapidity
שנעק ז (ן/עס) *shnek* — snail; urchin
שעדיקן *shediken* (געשעדיקט) — hurt
שעדלעך *shedlech* — harmful
שעה נ (ען) *sho-shoen* — hour
שעכטן *shechten* (געשאָכטן) — slaughter
שעלטן *shelten* (געשאָלטן) — curse
שעלקעס ר *shelkes* — suspenders (for trousers)
שעמעוודיק, *shemevdik* שעמעדיק *shemedik* — shy
שעמען זיך *shemen zich* (געשעמט) — be ashamed
שענדן *shenden* (געשענדט) — dishonor; violate
שענק נ/ז (ען) *shenk* — saloon, tavern

שענקען *shenken* (געשאָנקען/געשענקט) give (as a gift); forgive

שענקער ז (ס) *shenker* saloonkeeper

שעפּטשען *shept'shen* (געשעפּטשעט) whisper

שעפּן *shepen* (געשעפּט) draw; scoop

שעפּס ז (ן) *sheps* sheep

שעפּסנס ס *shepsens* mutton

שעף ז (ן) *shef* chef; chief

שעפעלע ס (ך) *shefele* lamb

שעצן *shetsen* (געשעצט) esteem

שער נ (ן) *sher* shears; scissors

שַער־בלאַט ז (־בלעטער) *shaar blat* title page

שערל ס (עך) *sherel* scissors

שערן *sheren* (געשוירן) shear, cut (with shears or scissors)

שערער ז (ס) *sherer* barber

שערץ נ (ן) *sherts* apron

שפּאַגאַט ז (ן) *shpagat* cord

שפּאָט ז *shpot* mockery

שפּאַלט ז (ן) *shpalt* crack

שפּאַלטונג נ (ען) *shpaltung* split

שפּאַלטן *shpalten* (געשפּאָלטן) split

שפּאַליר ז (ן) *shpalir* lane

שפּאַן ז (ען) *shpan* span; pace

שפּאָן ז (שפּענער) *shpon* chip

שפּאַנונג נ (ען) *shpanung* tension; suspense

שפּאַניע [נ] *shpanye* Spain

שפּאַניער ז *shpanyer* Spaniard

שפּאַניש *shpanish* Spanish

שפּאַנען *shpanen* (געשפּאַנט) harness; pace, stride; strain

שפּאַנענדיק *shpanendik* thrilling

שפּאַס ז (ן) *shpas* joke

שפּאַסיק *shpasik* funny

שפּאַסן *shpasen* (געשפּאַסט) make fun

שפּאַציר ז (ן) *shpatsir* walk, stroll

שפּאַצירן (שפּאַצירט) *shpatsiren* walk, stroll

שפּאַצירער ז (ס) *shpatsirer* walker (for pleasure)

שפּאָר ז (ן) *shpor* (horseman's) spur

שפּאָרבאַנק נ (שפּאָרבענק) *shporbank* savings bank

שפּאַרבער ז (ס) *shparber* sparrow hawk

שפּאַרן זיך *shparen zich* (געשפּאַרט) dispute; insist

שפּאָרן *shporen* (געשפּאָרט) save, economize

שפּאָרעוודיק *shporevdik* thrifty

שפּאָרעוודיקייט נ *shporevdikeit* thrift

שפּול נ (ן) *shpul* spool

שפּור ז/נ (ן) *shpur* trace

| | | |
|---|---|---|
| שפיאָן ז (ען) | *shpyon* | spy |
| שפיאָנירן (שפיאָנירט) | *shpyoniren* | spy |
| שפיגל ז (ען) | *shpigel* | mirror |
| שפיגלען (געשפיגלט) | *shiglen* | shine |
| שפיגלען זיך | *shpiglen zich* | mirror; delight in |
| שפיז ז/נ (ן) | *shpiz* | spear |
| שפיטאָל ז/ס (שפיטעלער) | *shpitol* | hospital |
| שפײַ ז (ען) | *shpai* | spit |
| שפײַז נ (ן) | *shpaiz* | food |
| שפײַזונג נ | *shpaizung* | nourishment |
| שפײַזיק | *shpaizik* | nutritious |
| שפײַזן (געשפײַזט) | *shpaizen* | nourish |
| שפײַזער ז (ס) | *shpaizer* | breadwinner |
| שפײַזקראָם נ (ען) | *shpaizkrom* | grocery |
| שפײַכלער ז (ס) | *shpaichler* | granary |
| שפײַעכץ ס (ן) | *shpaiechts* | saliva |
| שפײַען (געשפיגן) | *shpaien* | spit |
| שפיל נ/ס (ן) | *shpil* | play, game |
| שפילן (געשפילט) | *shpilen* | play |
| שפילעכל ס (עך) | *shpilechel* | toy; trifle |
| שפילער ז (ס) | *shpiler* | player |
| שפילקע נ (ס) | *shpilke* | pin |
| שפין נ/ז (ען) | *shpin* | spider |
| שפינאַט, שפינאַק ז (ן) | *shpinat*, *shpinak* | spinach |
| שפינדל ס (עך) | *shpindel* | spindle |
| שפינוועבעכץ ס | *shpinvebechts* | spider web, cobweb |
| שפינען (געשפונען) | *shpinen* | spin |
| שפינער ז (ס) | *shpiner* | spinner |
| שפיץ ז (ן) | *shpits* | point; top; peak |
| שפיציק | *shpitsik* | pointed |
| שפיצל ס (עך) | *shpitsel* | prank |
| שפירן (געשפירט) | *shpiren* | feel |
| שפעט אדוו | *shpet* | late |
| שפעטזומער ז (ס) | *shpetzumer* | Indian summer (in late autumn) |
| שפעטיק אדי | *shpetik* | late |
| שפעטער | *shpeter* | later |
| שפענדל ס (עך) | *shpendel* | splinter, chip |
| שפערל ז (ען) | *shperel* | sparrow |
| שפראַך נ (ן) | *shprach* | language |
| שפראָץ ז (ן) | *shprots* | sprout |
| שפראָצן (געשפראָצט) | *shprotsen* | sprout |

| | |
|---|---|
| שפּרודלען *shprudlen* (געשפּרודלט) | well, flow; bubble |
| שפּרוך ז (ן) *shpruch* | incantation |
| שפּרונג ז (ען) *shprung* | jump, leap |
| שפּרײַז ז (ן) *shpraiz* | pace, stride |
| שפּרײַזן *shpraizen* (געשפּרײַזט) | pace, stride |
| שפּרייטונג נ (ען) *shpreitung* | spread |
| שפּרייטן *shpreiten* (געשפּרייט) | spread |
| שפּרייען *shpreien* (געשפּרייט) | drizzle |
| שפּריכוואָרט ס (שפּריכווערטער) *shprichvort* | proverb |
| שפּרינגען *shpringen* (געשפּרונגען) | jump |
| שפּרינגער ז (ס) *shpringer* | leaper; grasshopper |
| שפּרינקלען *shprinklen* (געשפּרינקלט) | sprinkle |
| שפּריץ ז (ן) *shprits* | spurt, squirt; spray |
| שפּריצן *shpritsen* (געשפּריצט) | spurt, spray; splash |
| שפּרענקלען *shprenklen* (געשפּרענקלט) | sprinkle, spray |
| שפע נ (ס) *shefe* | abundance |
| שקאַפּע נ (ס) *shkape* | mare; jade |
| שקלאַף ז (ן) *shklaf* | slave |
| שקלאַפיש *shklafish* | servile |
| שקלאַפן *shklafen* (געשקלאַפט) | slave |
| שקלאַפערײַ ס *shklaferai* | slavery |
| שקר ז (ים) *sheker-shkorim* | lie, untruth |
| שקראָבען *shkroben* (געשקראָבעט) | scrape |
| שקרן ז (ים) *shakren-shakronim* | liar |
| שרויף ז/נ (ן) *shroif* | screw |
| שרויפן *shroifen* (געשרויפט) | screw |
| שרויפנציִער ז (ס) *shroifentsier* | screwdriver |
| שרונט ז (ן) *shrunt* | part (a line where the hair on the head is parted) |
| שריט ז *shrit* | step |
| שרײַ ז (ען) *shrai* | shout |
| שרײַיִק *shraiik* | shrill; loud |
| שרײַבמאַשין נ (ען) *shraibmashin* | typewriter |
| שרײַבן *shraiben* (געשריבן) | write |
| שרײַבער ז (ס) *shraiber* | writer |
| שרײַבפּענדל ס (עך) *shraibpendel* | pen (for writing) |
| שרײַען *shraien* (געשריגן) | shout |
| שרײַער ז (ס) *shraier* | loudmouth |

שרעקן *shreken* frighten
(געשראָקן)
שרעקעוודיק *shrekevdik* timid

שתּדלן ז (ים) *shtadlen-shtadlonim* intercessor
שתּדלנות ס *shtadlones* intercession

# שׂ

שׂימחה נ *simche* joy; party
(שׂימחות) *simches*
שׂכל ז *seichel* sense, reason

שׂכל־הישר ז *seichel hayosher* common sense
שׂר ז (ים) *sar-sorim* dignitary; minister (a member of the Israeli Cabinet)

# ת

ת ז/נ *tof/tov* the 22nd letter of the Hebrew alphabet
תּאווה נ *taive* lust
(תּאוות) *taives*
תּבואה נ *tvue* grain
(תּבואות) *tvues*
תּביעה נ *tvie* claim
(תּביעות) *tvies*
תּובֿע ז *toiveie* claimant;
(ים) *toivim* plaintiff
תּוכן ז *toichen* contents
תּורה נ *toire* Torah
תּושבֿ ז *toishev* resident
(ים) *toishovim*
תּיכּף *teikef* immediately

תּימן [ס] *teimen* Yemen
תּירוץ ז *terets* answer;
(ים) *terutsim* pretext, dodge
תּכלית ז *tachles* purpose;
(ים) *tachleisim* practicality
תּכשיט ז (ים) *tachshet-tachshitim* jewel; brat
תּל ז *tel* ruin
תּל־אבֿיבֿ [ס] *tel aviv* Tel Aviv
תּלמוד ז (ים) *talmud* Talmud
תּלמוד־תּורה נ *talmud-toire* Talmud Torah (a religious Hebrew school)
(־תּורות) *talmud toires*

תלמיד ז (ים) *talmid-talmidim* — pupil masc.

תלמידה נ (תלמידות) *talmide* *talmides* — pupil fem.

תלמיד־חכם ז (תלמידי־חכמים) *talmid chochem* *talmidei chachomim* — rabbinic scholar

תם ז (ען) *tam-tamen* — simpleton

תמימותדיק *tmimesdik* — naive

תמעוואַטע *tamevate* — foolish

תמצית דס (ים) *tamtses* *tamtseisim* — essence

תנאי ז (תנאים) *tnai* *tno'im* — condition

תנאים ר *tno'im* — engagement ceremony

תענוג ז (ים) *taineg-tainugim* — pleasure

תענית ז (ים) *tones/taanis* *taneisim* — fast

תפילה נ (תפילות) *tfile* *tfiles* — prayer

תפיסה נ (תפיסות) *tfise* *tfises* — prison

תקיף ז (ים) *takif* *takifim* — influential man

תקנה נ (תקנות) *takone* *takones* — statute; remedy

תשובה נ (תשובות) *tshuve-tshuves* — answer; repentance

תתחדש *tischadesh* — wear it (the new garment) well!

# ABBREVIATIONS

| | | | |
|---|---|---|---|
| adj | adjective | m | masculine |
| adv | adverb | masc | masculine |
| coll | collective | n | noun |
| conj | conjunction | pl | plural |
| cont | contemptuous | prep | preposition |
| f | feminine | pron | pronoun |
| fem | feminine | sing | singular |
| interj | interjection | v | verb |

# קירצונגען

| | | | |
|---|---|---|---|
| א"א | און אַנדערע | נ | לשון־נקבה |
| אאז"ו | און אַזוי ווײַטער | ס | לשון־סתם, מין סתמי |
| אדוו | אַדווערב | פ"נ | פרט־נאָמען |
| אדי | אַדיעקטיוו | פראָנ | פראָנאָם |
| א"ע | און ענלעכע | פרעפּ | פרעפּאָזיציע |
| וו | ווערב | קאָל | קאָלעקטיוו |
| וכ' | וכדומה | קאָנ | קאָניונקציע |
| ז | לשון־זכר | ר | לשון־רבים |

# REFERENCE INDEX


| Letter | Page | Letter | Page |
|---|---|---|---|
| A | 1 | N | 297 |
| B | 23 | O | 306 |
| C | 47 | P | 318 |
| D | 90 | Q | 349 |
| E | 128 | R | 351 |
| F | 154 | S | 372 |
| G | 188 | T | 428 |
| H | 211 | U | 447 |
| I | 232 | V | 452 |
| J | 252 | W | 458 |
| K | 257 | X | 468 |
| L | 261 | Y | 468 |
| M | 277 | Z | 470 |


# רעפערענץ־אינדעקס


| בּוכשטאַבּ | זײַט | בּוכשטאַבּ | זײַט |
|---|---|---|---|
| א | 1 | מ | 90 |
| בּ | 30 | נ | 100 |
| ג | 43 | ס | 103 |
| ד | 51 | ע | 108 |
| ה | 59 | פּ | 112 |
| ו | 64 | פֿ | 122 |
| ז | 69 | צ | 139 |
| ח | 73 | ק | 146 |
| ט | 75 | ר | 163 |
| י | 81 | ש | 169 |
| כּ | 83 | שׂ | 184 |
| כ | 84 | ת | 184 |
| ל | 85 | | |

# PRONUNCIATION KEY

| LETTER | SOUND EQUIVALENT | REMARKS |
|---|---|---|
| א | silent | Written before the following vowels and diphthongs:<br>ו (u, pronounced like oo in ooze);<br>וי (oi, a in oil);<br>י (i, as in if);<br>יי (ei, as in eight);<br>ײַ (ai, as in Ainu, ice) |
| אַ | a | as in fast |
| אָ | o | as in hot |
| בּ | b | |
| ב | v | |
| ג | g | as in go |
| ד | d | |
| ה | h | as in hot |
| ו | u | as in put; soon |
| וּ | u | וּוו — uv, וווּ — vu, וּי uy |
| וו | v | |
| וי | oi | as in voice |
| ז | z | |
| זש | zh | like zh in Dr. Zhivago, or z in seizure |
| ח | ch | as in Bach |
| ט | t | |
| י | i | as in lid; machine |
| יִ | i | |
| י | y | as in yes |
| יי | ei | as in weigh |
| ײַ | ai | like i in fine |
| כּ | k | |
| כ | ch | as in Bach |
| ך | ch | |

| LETTER | SOUND EQUIVALENT | REMARKS |
| --- | --- | --- |
| ל | l | as in leg; hello |
| מ | m | |
| ם | m | |
| נ | n | |
| ן | n | |
| ס | s | |
| ע | e | as in red; or like *i* in a final syllable (pencil) |
| פּ | p | |
| פֿ | f | |
| ף | f | |
| צ | ts | |
| ק | k | |
| ר | r | |
| ש | sh | as in shrub |
| שׂ | s | |
| תּ | t | |
| ת | s | |

An apostrophe (') is used to show that the above letter pairs of *oi ei ai ts sh* represent two separate speech sounds. For example:

tno'im תּנאָים

fe'ikeit פֿעאיקייט

moza'ik מאָזאַאיק

kroit'salat קרויטסאַלאַט

arois'helfen אַרויסהעלפֿן

טראַנסליטערירטער

# יידיש-ענגליש ענגליש-יידיש ווערטערבוך

דוד מענדיל הרדוף

אַ וואָרט גערעדט מיט טעם
איז ווי גילדערנע עפל אויף אַ זילבערנער מאָזאַאיק
(משלי כ״ה, יא).

הרדוף - פֿאַרלאַג

**HEBREW BIBLE**
(Harduf Edition)
*with vocalized RASHI & METZUDOTH*
*Hand-dotted in Rashi script*
*and Commentary in Hebrew & Yiddish*

**Genesis 1977**
**Exodus 1975**
**Leviticus 1978**
**Numbers 1981**
**Deuteronomy 1983**
**Joshua 1982**
**Judges 1984**
**I Samuel 1986**
**II Samuel 1988**
**I Kings 1992**

*Books*
*by D.M. Harduf*

**Transliterated English-Yiddish,**
**Yiddish-English Dictionary**
**(paperback) 1991**

**English-Yiddish, Yiddish-English**
**Dictionary (non-transliterated paperback)**
**1983, 1985, 1988**

**Transliterated Yiddish-English**
**Dictionary**
**Transliterated English-Yiddish Dictionary**
**(First Volume: A-H) 1989**
**Transliterated English-Yiddish Dictionary**
**(Second Volume: I-Z) 1990**
**Transliterated Yiddish-English Dictionary**
**(Third Volume: alef-tof) 1987**

**Dictionary and Key to the Exegesis of**
**Biblical Proper Names 1960**

**Anthology of Biblical Names in**
**Rabbinic Literature 1964**

**Thesaurus of Names in Hebrew**
**Literature and Israeli Newspapers 1975**

**Biblical Proper Names**
(A Symbolic Interpretation)
1975, 1979

**Lexicon of Names in**
**S.Y. Agnon's Writings, 1985, 1986**

**TALMUD MENUKAD**
**Hamafkid 1961**
**Bava Metzia 1960, 1962, 1967, 1971**
**Bava Mathra 1960, 1962, 1966, 1973**
**Sanhedrin 1960, 1963, 1968**
**Gittin 1960, 1961, 1966, 1968**

**PROZDOR LATANACH**
**Bereshees 1964**
*(with Dr. S.B. Ulman)*
**Shemos 1968, 1976**
**Bemidbar 1965**
*(with Dr. Pesach Schindler)*
**Yehoshua 1970, 1981, 1985**